**ACCESO GRATIS** *a la Lectura en la Nube*

Para visualizar el libro electrónico en la nube de lectura envíe junto a su nombre y apellidos una fotografía del código de barras situado en la contraportada del libro y otra del ticket de compra a la dirección:

**ebooktirant@tirant.com**

AF617121

En un máximo de 72 horas laborables le enviaremos el código de acceso con sus instrucciones.

# EL TRIBUNAL UNIFICADO DE PATENTES: PRIMEROS PASOS Y RETOS DE FUTURO

Procedimiento de selección de originales, ver página web:
www.tirant.net/index.php/editorial/procedimiento-de-seleccion-de-originales

# EL TRIBUNAL UNIFICADO DE PATENTES: PRIMEROS PASOS Y RETOS DE FUTURO

DIRECTORES:
F. JAVIER JIMÉNEZ FORTEA
MARTA CANTOS PARDO

tirant lo blanch
Valencia, 2025

En caso de erratas y actualizaciones, la Editorial Tirant lo Blanch publicará la pertinente corrección en la página web www.tirant.com.

Financiado por: Fundación Manuel Serra Domínguez y la Facultad de Derecho de la Universitat de València


EDITA: TIRANT LO BLANCH
C/ Artes Gráficas, 14 - 46010 - Valencia
TELFS.: 96/361 00 48 - 50
FAX: 96/369 41 51
Email: tlb@tirant.com
www.tiranxt.com
Librería virtual: www.tirant.es
Depósito legal: V-3886-2025
ISBN Digital: 978-84-1095-781-7

Si tiene alguna queja o sugerencia, envíenos un mail a: *atencioncliente@tirant.com*. En caso de no ser atendida su sugerencia, por favor, lea en *www.tirant.net/index.php/empresa/politicas-de-empresa* nuestro procedimiento de quejas.

Responsabilidad Social Corporativa: http://www.tirant.net/Docs/RSCTirant.pdf

# *Índice*

# *Prólogo*

**J. P. REMÉDIO MARQUES**
*Catedrático de la Facultad de Derecho de la Universidad de Coimbra*

## 1. INTRODUCCIÓN. EL TUP (TRIBUNAL NACIONAL / TRIBUNAL INTERNACIONAL)

La comunidad de patentes vive hoy, después de muchos años oscuros, en el periodo del amanecer, en el que los titulares de patentes decidieron después del 1 de junio de 2023, si querían estar y quedarse en las soleadas playas del TUP o preferían vivir otros 7 o 14 años en los oscuros bosques de los litigios nacionales sobre patentes. Para toda la Comunidad Jurídica y me atrevería a decir que para los ciudadanos de la Unión Europea, el 1 de junio de 2023 fue un día importante. ¿Por qué?

El 1 de junio de 2023 abrió sus puertas el Tribunal Unificado de Patentes (el TUP). Es la primera vez en Europa que un *tribunal supranacional* (sigo sin estar seguro de decir tribunal federal) decidirá en primera instancia y en apelación sobre litigios de Derecho Civil y Derecho Mercantil entre partes privadas.

Las partes no litigan, en este caso, en un tribunal nacional ante jueces nacionales y con arreglo a las leyes, códigos procesales o procedimientos nacionales, como ocurre actualmente en materia de patentes, ni tampoco respecto de verdaderos derechos de la Unión Europea, como las marcas, la protección de las obtenciones vegetales y los dibujos y modelos de la UE.

En el TUP se litiga en un *tribunal verdaderamente internacional* (y, al mismo tiempo, un «tribunal común» de los Estados contratantes del Reglamento Bruselas I-bis)[1], con jueces de distintas nacionalidades y con arreglo a un Código de Procedimiento Civil completamente nuevo y hecho a medida, de 382 artículos, el llamado Reglamento de Procedimiento. Hay 24 Estados miembros de la UE que han firmado el Acuerdo sobre un Tribunal Unificado de Patentes (ATUP). En la actualidad, el ATUP está en vigor en los 18 Estados que lo han ratificado. Estos países de la UE han dado el valiente paso de ceder parte de su jurisdicción nacional al TUP. El ATUP abarca un territorio de más de 270 millones de ciudadanos europeos con más del 80% del PIB de la UE. Los seis Estados miembros restantes de la UE que lo han firmado pero aún no han ratificado el ATUP podrán ratificarlo en cualquier momento. Sólo Polonia, Croacia y España han decidido hasta ahora no adherirse, pero tengo buenas esperanzas de que en el futuro España lo haga.

Siento simpatía por España por el hecho de que muchos de sus conciudadanos europeos no parecen darse cuenta de la importancia de la lengua española en el mundo. Sin embargo, creo y espero que el hecho de que pudiera instaurarse una División Local en Madrid (y en la apelación de tales casos) en la que el español pudiera ser utilizado como lengua de procedimiento y el indudable interés económico que tendría a largo plazo para un país tan importante como España, hará que España finalmente se una al Tribunal Unificado de Patentes.

---

1 Tiene, de hecho, un *carácter y naturaleza internacional*, pero es *tratado formalmente*, para cuestiones de jurisdicción internacional directa, como un tribunal nacional (un "tribunal común"), que es parte de los sistemas judiciales de los Estados contratantes. Cfr., *infra*, JIMÉNEZ FORTEA, F.J., "Capítulo III. El Tribunal Unificado de Patentes: caracteres generales, estructura y composición".

Este excelente libro, cuyo *Prólogo* tengo el honor de escribir, puede contribuir a cambiar mentalidades en los círculos jurídicos, económicos y políticos de España.

¿Cómo empezó esta historia? En septiembre de 1948, el senador francés Henry Longchambon propuso al Consejo de Europa la creación de un Sistema Europeo de Patentes. Sus ideas dieron lugar al Proyecto de Patente Europea. La idea original era no sólo contar con un sistema central europeo de concesión (como el que conocemos hoy en día), sino también con un sistema europeo de ejecución. Sin embargo, resultó imposible llegar a un consenso y se decidió continuar sólo con lo que ahora se ha convertido en la Oficina Europea de Patentes.

El resultado fue que, desde 1973, resulta relativamente fácil obtener una patente que es válida en (actualmente) 48 países, pero su tutela legal ante los países del CPE requiere muchos procedimientos nacionales paralelos, lo que, especialmente para las empresas más pequeñas, resulta económicamente inviable, además de que conduce fácilmente a decisiones contradictorias en relación con la misma patente europea y, ello, a pesar de que en materia de validez e infracción son aplicables las mismas disposiciones del Convenio sobre la Patente Europea.

Hacia finales de los años noventa, algunos Estados miembros del CPE y la OEP tomaron la iniciativa de crear un sistema central de resolución de litigios que se denominó Protocolo sobre Litigios en Materia de Patentes Europeas (EPLP). Esto inspiró al abogado francés Pierre Verron a reunir en París a 20 litigantes europeos en materia de patentes y esta reunión dio lugar a la creación de la Asociación Europea de Abogados de Patentes (EPLA). Unas semanas más tarde, los redactores de este Protocolo cambiaron el nombre por el de Acuerdo sobre Litigios en materia de Patentes Europeas (EPLA). La nueva asociación de Abogados Europeos de Patentes (EPLA) decidió sabiamente no iniciar una lucha por el nombre, sino cambiar su denominación a EPLAW.

Mientras tanto, la Comisión Europea declaró que la iniciativa EPLA violaba la legislación de la UE. Experimentados jueces de patentes apoyados por EPLAW durante una de las primeras y ahora famosas reuniones de San Servolo en 2005 instaron a la OEP y a la Comisión Europea a cooperar y finalmente esto resultó en un Proyecto de Acuerdo el 2 de septiembre de 2011 que ahora, 14 años después, ha llevado a la apertura y al funcionamiento de TUP.

Entretanto, muchos voluntarios han realizado un gran trabajo. Un pequeño grupo de jueces y litigantes dedicó muchos fines de semana a crear un Reglamento de procedimiento completamente nuevo, teniendo en consideración los diferentes procedimientos nacionales. Por otro lado, casi ninguno de los Estados miembros de la Unión Europea ha podido conseguir, ni siquiera después de gastar muchos millones de euros, el establecimiento de un sistema de gestión de casos que funcione adecuadamente.

Sin embargo, esto no significa que todo esté claro y resuelto. Eso sería imposible. Si nos limitamos a observar el número de decisiones de los tribunales supremos nacionales con respecto únicamente a cuestiones procesales y nos daremos cuenta de los diferentes puntos de vista nacionales que existen sobre las mismas disposiciones convencionales del Derecho material de patentes. Por lo que, también, nos damos cuenta de que se avecinan tiempos muy interesantes.

## 2. EL REINO UNIDO Y EL *BREXIT*

A continuación, analizaré algunas de las cuestiones jurídicas procedimentales y materiales que probablemente se plantearán (y que se profundizan en esta obra), pero antes me referiré al Reino Unido y al Tribunal de Justicia de Unión Europea.

Por supuesto, la comunidad de patentes lamentó la decisión del Reino Unido no sólo de abandonar la UE, sino también el

TUP, después de haber sido decisivo en su establecimiento y en la elaboración de su Reglamento de Procedimiento. Francamente, tras el dictamen del Tribunal de Justicia de la Unión Europea con respecto al TUP, no veo ningún problema en que los países no pertenecientes a la UE que son miembros del Convenio sobre la Patente Europea (CPE), incluyendo el Reino Unido, adopten el texto (actual) del ATUP, ya que al firmarlo aceptan (en el sentido más amplio) la primacía del Derecho de la UE. En cualquier caso, sería fácil pedir al Tribunal de Justicia de la Unión Europea un dictamen basado en el texto actual del ATUP, suponiendo que un país no perteneciente a la UE estuviera dispuesto a adherirse[2].

Sin embargo, es comprensible que a un país (y especialmente al Reino Unido) le resulte difícil adherirse si tiene que aceptar decisiones de un tribunal (el TJUE) sobre el Derecho de la UE que se alcanzaron sin su participación en la Unión Europea como Estado miembro. Esto es aún más cierto en el caso de la legislación sobre patentes (y más en general sobre propiedad intelectual) porque el Tribunal de Justicia de Unión Europea en ese ámbito no tiene fama de acertar siempre en sus resoluciones –como ocurrió en el caso *Primus/Roche,* en el que el Tribunal decidió que diferentes decisiones sobre infracción en diferentes países relativas al mismo producto y a la misma patente europea no eran decisiones contradictorias (o irreconciliables)–[3].

---

2 Cfr. REMÉDIO MARQUES, J.P., "A Patente Europeia de Efeito Unitário e as Consequências da Saída do Reino Unido da União Europeia", en *Revista de Direito Intelectual,* n.º 1, 2018, pp. 43-76.

3 Proc. C-539/03, de 13 de julio de 2006.

## 3. PATENTES CON EFECTO UNITARIO Y CERTIFICADOS COMPLEMENTARIOS DE PROTECCIÓN. COMPETENCIA INTERNACIONAL DEL TUP

La Patente Unitaria o con efecto unitario (que puede obtenerse de una patente europea con las mismas reivindicaciones para todos los países del ATUP) es una patente para todo el territorio de ATUP –cuyas decisiones (en acciones de infracción, nulidad, etc.) adoptadas por el TUP son simultáneamente *efectivas, vinculantes* y *ejecutables* en todos los Estados Contratantes del TUP–, y no solo como un paquete de patentes nacionales como sería el caso de la Patente Europea «clásica» (respecto de la que también puede litigarse en el TUP, además de ante los tribunales nacionales durante el periodo transitorio).

Los Certificados Complementarios de Protección (CCP) se conceden a escala nacional. Aunque el CCP es un instrumento de la UE que se rige por dos Reglamentos, uno para los productos médicos y otro para los productos fitosanitarios, la aplicación nacional de estos Reglamentos conduce a veces a decisiones diferentes. Actualmente se está debatiendo y aprobando una propuesta de Reglamento del Parlamento Europeo y del Consejo relativo al certificado complementario de protección *unitario* para los medicamentos y por el que se modifican el Reglamento (UE) 2017/1001, el Reglamento (CE) n.º 1901/2006 y el Reglamento (UE) n.º 608/2013[4].

Con la patente unitaria en el horizonte, la Comisión Europea tomó la iniciativa de preguntar su opinión a las partes

---

4 Esta propuesta de Reglamento está disponible en: https://eur-lex.europa.eu/search.html?scope=EURLEX&text=SPC+proposals&lang=en&type=quick&qid=1694599288693&FM_CODED=PROP_REG&DD_YEAR=2023

interesadas y solicitar un estudio al Instituto Max Planck. Sin embargo, nada de esto ha desembocado aún en la posibilidad de un CCP unitario. Aunque, como decíamos, ya existe un proyecto de reglamento para la concesión de un certificado complementario de protección.

No obstante, esto no significa que el titular de una patente unitaria no pueda obtener un CCP. Los dos Reglamentos son claros a este respecto. Sólo exigen una «patente de base» (una patente que proteja un producto –«un principio activo o una combinación de principios activos de un medicamento»– como tal, etc.).

Está claro que una patente unitaria es una patente de este tipo. Esto significa que el titular puede solicitar un CCP en los distintos Estados del ATUP. El resultado será entonces un conjunto de CCPs con la consecuencia de que se perderá el carácter unitario y se producirá la misma situación que con los CCPs para una Patente Europea. Dado que la patente de base sólo puede ser objeto de litigio en el TUP, en mi opinión debería ocurrir lo mismo con estos CCP, especialmente porque la validez de la patente de base es una condición para que el CCP sea válido[5].

La influencia de un *lobby* ha dado lugar a que el TUP cuente con Jueces Técnicos, aunque a escala modesta. Un supuesto de infracción en que se interponga una demanda de reconvención por nulidad será conocido por cuatro jueces, tres con cualificación jurídica y uno con cualificación técnica. Este último nunca puede ser el Juez Presidente y si la votación es de dos contra dos, el voto del Juez Presidente será decisivo.

En la División Central (que se ocupa de las acciones de validez y de declaración de no infracción) hay dos jueces con

---

5 Sobre esto, véase, *infra*, ALANDETE SÁNCHEZ, B., "Capítulo IV. Competencia y ley aplicable".

cualificación jurídica y uno con cualificación técnica, y en apelación los jueces con cualificación técnica están en minoría (dos frente a tres jueces con cualificación jurídica).

La presión ejercida para permitir que también los abogados de patentes europeos[6] representen a sus clientes en el TUP ha dado lugar al art. 48, n.º 2, del ATUP. Si poseen las «cualificaciones apropiadas», como el denominado Certificado de litigios sobre la Patente Europea, tienen derecho a representar a un cliente. Obtener dicho Certificado no es muy difícil.

El art. 32 ATUP establece que el TUP tiene jurisdicción (entre otros) por *amenaza* de infracción de patentes (como sabemos por el art. 3 son Patentes Unitarias o Europeas «clásicas»). Obviamente, esto incluye la «infracción indirecta», pero ¿se limita a las disposiciones de las distintas leyes nacionales de patentes relativas a la infracción indirecta o puede incluir también actos ilícitos? Esto es lo que sucede, por ejemplo, cuando un tercero utiliza una autorización de comercialización de un medicamento cuyo uso constituye una infracción o cuando la empresa acusada ayuda a otras empresas de otros países a cometer infracciones (compárese con el caso *Boston Scientific contra Cook*)[7].

---

6 Incluidos los abogados del Reino Unido (y de la República de Irlanda, que aún no ha ratificado el ATUP mediante referéndum).

7 REMÉDIO MARQUES, J.P., "Um novo ilícito no direito de patentes português: a infração indireta – características deste ilícito no CPI de 2018", en *Revista de Direito Intelectual*, n.º 2, 2019, pp. 107-132.
El Tribunal de Distrito de Ámsterdam, presidido por el experimentado juez de patentes Edger Brinkman, ha desestimado la solicitud de *Boston Scientific* de una medida cautelar transfronteriza (número de caso: C/09/624716 / KG ZA 22-111). El tribunal consideró que, en principio, tenía competencia para pronunciarse sobre la demanda contra algunas empresas y conceder una medida cautelar, ya que *Cook Nederland* y *Cook Medical Nederland* tienen sede en los Países Bajos.

El propio TUP deja claro que el Tribunal también puede actuar contra otras personas distintas de los infractores cuyas acciones perjudiquen (indirectamente) al titular de la patente. Véase *v.gr.*, el art. 63 ATUP que establece que el Tribunal puede actuar contra los intermediarios cuyos servicios son utilizados por un tercero para infringir la patente. Por lo tanto, entiendo que las acciones por infracción real (o amenaza de infracción) del art. 32 ATUP deben leerse en un sentido amplio que abarque todos los actos *que causen* o *contribuyan* a la infracción.

El art. 32 ATUP muestra que este Tribunal no tiene jurisdicción sobre cuestiones de derecho a la patente o la patente *como objeto de propiedad* en lo que concierne al demandante, a menos que exista una *clara conexión* con la infracción o validez de la patente, como sería el caso, por ejemplo, si la demanda de nulidad se basa en la causa de no titularidad[8].

Sin embargo, considero que en lo que se refiere a la defensa contra una demanda por infracción, se pueden plantear *todas las defensas posibles,* como las defensas del derecho de la competencia, las defensas de licencia (incluyendo licencias

---

La concesión de medidas cautelares transfronterizas no es algo infrecuente en los tribunales holandeses. Sin embargo, un requisito previo para la jurisdicción holandesa según el art. 8 (1) del Reglamento (UE) 1215/2012 es que los demandados extranjeros *puedan esperar ser demandados en los Países Bajos* en caso de procedimientos por infracción.

Según los jueces, en este caso no es así. La participación de *Cook Nederland* en el extranjero en la comercialización de los productos en disputa es relativamente menor.

Por este motivo, el tribunal se declaró incompetente para notificar las reclamaciones contra *Cook Ireland, Cook Medical Europe, Cook Medical EMEA* y *Cook France.*

8 REMÉDIO MARQUES, J.P., *O (Novo) Tribunal Unificado de Patentes – Competência e Regras de Processo,* Coimbra, Almedina, 2024, pp. 103-106.

FRAND), la caducidad, el abuso de derecho y, por lo tanto, también se puede cuestionar la titularidad de la patente y/o su derecho a la patente.

## 4. LEY APLICABLE

Es evidente que estas defensas no relacionadas con patentes pueden implicar la aplicación de la legislación nacional de los distintos países del TUP, lo que ocasionalmente puede dar lugar a una decisión diferente para los distintos países del ATUP.

Por lo general, estas complicaciones sólo se producirán con las patentes europeas, ya que la ley aplicable que regirá las Patentes Unitarias será la ley del solicitante mencionado en primer lugar en la solicitud que dio lugar a la Patente Unitaria (véase el Reglamento 1257/2012: art. 5, párrafo 3, art. 7). Si no hay ningún solicitante que tenga su residencia, sede o centro de actividad principal en un país del ATUP, se aplicará la legislación alemana[9].

Esta aplicación de una ley nacional con respecto a las patentes unitarias parece extraña si se trata de los típicos actos de infracción para los que el TUP tiene sus propias disposiciones. El ATUP no puede ser contrario al Derecho de la UE ni al Reglamento relativo a las patentes unitarias. Así pues, mientras que en lo que respecta al ámbito de protección de las patentes europeas, el TUP debe aplicar los artículos 25-28 del ATUP, con respecto a una patente unitaria, parece que debe aplicar la legislación nacional aplicable. En la práctica, esto no supondrá una diferencia en la mayoría de los casos, pero puede haber algunas diferencias.

---

9 Sobre esto véase, *infra*, ALANDETE SÁNCHEZ, B., «Capítulo IV. Competencia y ley aplicable».

Por ejemplo, *ofrecer un procedimiento* para utilizar algo puede no encontrarse regulado en la Ley de algunos Estados miembros de la UE, mientras que alquilar un producto patentado es un acto infractor en otros Estados miembros, pero no en virtud del art. 25 del ATUP. Sin embargo, cabe preguntarse si realmente la intención del Reglamento es que el TUP aplique una ley diferente para la Patente Unitaria que para las otras Patentes Europeas (las «clásicas»). Creo que la mejor manera de resolver esto es entender que la referencia al Derecho nacional incluye el ATUP (que forma parte de ese Derecho nacional), lo que significa que los arts. 25-29 ATUP también son aplicables a las patentes europeas «clásicas».

## 5. COMPETENCIA INTERNACIONAL: TUP Y TRIBUNALES DE ESTADOS MIEMBROS NO CONTRATANTES Y TERCEROS ESTADOS

El art. 31 del ATUP deja claro que la jurisdicción internacional del TUP viene determinada por el Reglamento Bruselas I-bis (Reglamento 1215/2012) y el Convenio de Lugano. El Reglamento Bruselas I-bis fue modificado para adaptarse al ATUP (y al Tribunal del Benelux).

Así pues, debemos averiguar cuáles son las materias reguladas por el ATUP. Este Acuerdo lo deja claro en el art. 3, sub c, que menciona la «Patente Europea». No se limita a las Patentes Europeas concedidas para el territorio del TUP. En otras palabras, TUP también puede ocuparse de Patentes Europeas concedidas para países fuera del territorio de los Estados miembros de ATUP si los tribunales de un Estado miembro son competentes con respecto a dichas patentes.

Esto debería significar que el TUP (basándose en el art. 4 del Reglamento de Bruselas I-bis) tendría jurisdicción, por ejemplo, contra una empresa establecida en el territorio del TUP con respecto a la infracción de patentes europeas fuera del territorio del TUP (por ejemplo, España) y, más concretamente, la división local (o regional) del país en el que esté establecido el infractor y, si no existe tal división local (o regional), la división central.

Siguiendo la jurisprudencia del Tribunal de Justicia en el caso *Solvay contra Honeywell*, esto significaría que el TUP también tendría jurisdicción contra los codemandados situados fuera del área del TUP si el demandado principal infringe la misma patente con el mismo producto que estos codemandados. Si el codemandado está establecido en un país de la UE, esto se desprende directamente del art. 8, apartado 1, y si está establecido fuera de la UE, del art. 71-b, bajo 2; y art. 8, apartado 1 Reglamento Bruselas I-bis.

Creo que la norma más estricta con respecto a los codemandados del art. 33, 1 sub b del ATUP sólo sería aplicable con respecto a los demandados situados en el territorio de los Estados Miembros del ATUP y que el art. 8.1, del Reglamento de Bruselas I-bis se aplica a los codemandados situados fuera de dicho territorio, lo que significa que el TUP sería competente contra dichos demandados aunque no exista vínculo comercial, siempre que se cumplan las condiciones del art. 8, apartado 1 Reglamento Bruselas I-bis.

He llegado a esta conclusión porque la competencia internacional según el art. 31 ATUP viene determinada por el Convenio de Bruselas I bis (y Lugano). Sin embargo, si para los asuntos del TUP debe considerarse como un territorio, lo que corresponde según mi entender, la competencia con respecto a los codemandados situados en el territorio del ATUP parece una cuestión local regida por el art. 33.1. b) ATUP[10].

---

[10] Y el TUP puede incluso pretender ser competente para conocer y juzgar actos de infracción cometidos en un Estado no miembro de la Unión Europea, en particular el Reino Unido (*long arms' jurisdiction*).

---

A este respecto, recientemente (en 22 de enero de 2025) la División Local de Manheim se decidió que si el demandado tiene su domicilio en un Estado miembro contratante (en este caso: Alemania), el Tribunal Unificado de Patentes es competente para conocer de la acción por infracción relativa a la parte británica de la patente en litigio, en particular, en materia de medidas cautelares. medidas cautelares. Esto también se aplica si el demandado ha presentado una reconvención por revocación con respecto a *la parte alemana* de la patente en litigio. Incluso en ese caso, en lo que respecta a la acción por infracción relativa al Reino Unido, el Tribunal Unificado de Patentes es competente para conocer del caso. El tribunal declaró que tiene jurisdicción para decidir si se ha infringido o no la parte británica de las patentes europeas, siempre que el acusado tenga su sede en un Estado miembro contratante del ATUP. Esto ocurrió incluso antes de que se dictara sentencia (pendiente entonces de decisión prejudicial) del Tribunal de Justicia de la Unión Europea de 25 de febrero de 2025, según la cual "El artículo 24, punto 4, del Reglamento n.º 1215/2012 debe interpretarse en el sentido de que no se aplica a los órganos jurisdiccionales de Estados terceros ni les confiere, por consiguiente, competencia alguna, exclusiva o no, para apreciar la validez de una patente expedida o validada en esos Estados. Si un órgano jurisdiccional de un Estado miembro conoce, sobre la base del artículo 4, apartado 1, de dicho Reglamento, de una acción por violación de una patente expedida o validada en un Estado tercero en cuyo marco se ha suscitado, por vía de excepción, la cuestión de la validez de esa patente, dicho órgano jurisdiccional será competente, con arreglo al mencionado artículo 4, apartado 1, para pronunciarse sobre tal excepción, sin que su decisión al respecto pueda afectar a la existencia o al contenido de la patente en ese Estado tercero o conllevar la modificación del registro nacional de ese Estado". – cfr. la Decisión de esta División Local, de 22 de enero de 2025, *Fujifilm v. Kodak*, UPC_CFI_365/2023, disponible en: https://www.unified-patent-court.org/sites/default/files/files/api_order/6D110DDEA197D6D13EDD56227AED5832_en.pdf. En el mismo sentido, se ha pronunciado la División Local de Düsseldorf, en una decisión de 25/01/2025, *FUJIFILM Corporation c. Kodak GmbH* y otras, UPC_CFI_355/2023, afirmando que si el demandado tiene su domicilio en un Estado miembro contratante (en este caso: Alemania), el Tribunal Unificado de Patentes es competente para conocer de la acción por infracción relativa a la parte británica de la patente en litigio. Esto también se aplica si el demandado ha presentado una reconvención por revocación con respecto a la parte alemana de la patente en litigio. Incluso en ese caso, en lo que respecta a la acción por infracción relativa al Reino Unido, el Tribunal Unificado de Patentes es competente para conocer del caso.

Esta orientación coincide parcialmente con la reciente sentencia del TJUE, de 25/02/2025, según la cual "1) El artículo 24, punto 4, del Reglamento (UE) n.º 1215/2012 del Parlamento Europeo y del Consejo, de 12 de diciembre de 2012, relativo a la competencia judicial, el reconocimiento y la ejecución de resoluciones judiciales en materia civil y mercantil, debe interpretarse en el sentido de que el órgano jurisdiccional del Estado miembro del domicilio del demandado ante el que se haya ejercitado, en virtud del artículo 4, apartado 1, de dicho Reglamento, una acción por violación de una patente expedida en otro Estado miembro seguirá siendo competente para conocer de esa acción cuando el demandado impugne, *por vía de excepción*, la validez de la patente, mientras que la competencia para pronunciarse sobre dicha validez corresponde exclusivamente a los órganos jurisdiccionales de ese otro Estado miembro". En realidad, la regla de competencia exclusiva prevista en el artículo 24(4) del Reglamento Bruselas I bis se refiere únicamente a la parte del litigio relativa a la validez de la patente. Por consiguiente, un tribunal del Estado miembro del domicilio del demandado, que es competente en virtud del artículo 4, apartado 1, del Reglamento Bruselas I bis para conocer de una acción por violación de una patente expedida en otro Estado miembro, no pierde dicha competencia por el mero hecho de que el demandado impugne, con carácter excepcional, la validez de dicha patente.

De ello se deduce que el criterio adoptado por el Tribunal de Justicia en su momento, en sus sentencias *GAT y Roche Nederland* (C-539/03, del 13 de julio de 2006) fue erróneo. Por lo tanto, sería posible que en los procedimientos por infracción de patente, *ante los tribunales nacionales*, la nulidad se pudiera invocar por *vía de excepción* y el pronunciamiento al respecto tuviera solo efectos *inter partes*. Así, también

cabe la *posibilidad de suspender el procedimiento relativo a la violación* de patente, para tomar en consideración lo que pueda decidirse en el otro Estado miembro sobre la validez de la patente expedida para ese Estado, sobre todo cuando exista una posibilidad razonable y no desdeñable de que esa patente sea anulada por el tribunal competente de ese otro Estado miembro, es decir, cuando tal suspensión sea proporcionada y equitativa; en otras palabras, cuando se aprecie que la pretensión de nulidad tiene posibilidades de éxito que justifican que *no opere la presunción de validez* de la patente mientras no se declare su nulidad. Este resultado judicial es perfectamente coherente con las principales propuestas académicas tanto a nivel europeo (Principios CLIP) como internacional (ILA *Kyoto Guidelines*).
Por otra parte, este TJUE también decidió que "2) El artículo 24, punto 4, del Reglamento n.º 1215/2012 debe interpretarse en el sentido de que no se aplica a los órganos jurisdiccionales de Estados terceros ni les confiere, por consiguiente, competencia alguna, exclusiva o no, para apreciar la validez de una patente expedida o validada en esos Estados. Si un órgano jurisdiccional de un Estado miembro conoce, sobre la base del artículo 4, apartado 1, de dicho Reglamento, de una acción por violación de una patente expedida o validada en un Estado tercero en cuyo marco se ha suscitado, *por vía de excepción*, la cuestión de la validez de esa patente, dicho órgano jurisdiccional será competente, con arreglo al mencionado artículo 4, apartado 1, para pronunciarse sobre tal excepción, sin que su decisión al respecto pueda afectar a la existencia o al contenido de la patente en ese Estado tercero o conllevar la modificación del registro nacional de ese Estado." – la cursiva es mía.
Por tanto, según la sentencia del TJUE, los tribunales de la UE (incluido el TUP) pueden examinar la cuestión de la validez de las patentes europeas *en países no pertenecientes a la UE para determinar cuestiones de infracción*. Sin embargo, la decisión del tribunal de la UE no afectará a la existencia o el contenido de la patente en ese tercer país (párrafo 74). O sea, la creación del TUP elimina en gran medida los *riesgos de fragmentación* en la tutela transfronteriza de derechos de patentes con respecto a los Estados miembros de la UE participantes en el sistema de la patente unitaria. Sin embargo puede ser fuente de alguna distorsión adicional en las situaciones que impliquen a ciertos Estados

Evidentemente, al igual que un tribunal nacional de la UE, el TUP no puede dictar una sentencia (definitiva) con respecto a la validez de la patente europea para, por ejemplo, España, Croacia o Turquía, pero si el titular de la patente solicitara en el mismo caso una medida cautelar, no veo inconveniente en que dicha medida cautelar se concediera si, por ejemplo, la patente europea ya ha sido declarada válida para el TUP. El ATUP ofrece esa posibilidad (art. 62) y el Reglamento de Procedimiento no parece impedirlo.

Es cierto que el Reglamento de Procedimiento como tal no prevé expresamente una solicitud (condicional) de medidas provisionales y cautelares (según la terminología del ATUP) junto con el escrito de demanda en el procedimiento principal.

La regla 206 contempla las *medidas provisionales* antes o después del procedimiento principal, pero a efectos prácticos entiendo que el Reglamento no impide la presentación en un solo escrito tanto de la demanda principal como (condicionalmente) de las *medidas cautelares y provisionales*.

En general, parece prudente solicitar medidas provisionales (condicionalmente) en el procedimiento principal en aquellos casos en que el tribunal no puede dictar inmediatamente una resolución definitiva tras la fase oral porque, por una parte, considera necesarias más pruebas, pero, por otra, se cumplen las condiciones para las medidas provisionales. No obstante, incluso si se considerara (¡demasiado formalista!) que la solicitud de medidas provisionales debería ser objeto de una de-

---

terceros – DE MIGUEL ASENSIO, P., "La litigación transfronteriza sobre patentes tras la sentencia BSH Hausgeräte (II): competencia del Tribunal Unificado de Patentes", 26/02/2026, disponible en: https://pedrodemiguelasensio.blogspot.com/2025/02/la-litigacion-transfronteriza-sobre_26.html#more

manda separada, se podría pedir al Tribunal que conociera de ambos asuntos conjuntamente.

Por último, siempre sería posible solicitar tales *medidas provisionales* después del procedimiento principal, es decir, después de que el Tribunal hubiera suspendido el procedimiento principal con respecto a países distintos de los del ATUP porque no pueda pronunciarse sobre la validez de las medidas provisionales.

Sin embargo, esto supondría una pérdida de tiempo y sería muy poco práctico, ya que habría que repetir todo el procedimiento mientras que en el procedimiento principal el Tribunal ya se ha ocupado de la infracción y la nulidad de la patente. Sin embargo, esto último podría evitarse solicitando al Tribunal que conceda una medida cautelar *ex parte*, puesto que la infracción y la validez (para los países contratantes del ATUP) ya habrían sido establecidas.

Es evidente que si se acepta que el TUP también es competente respecto de las patentes europeas concedidas para países no pertenecientes al ATUP, como se ha defendido anteriormente, ello significaría que un tercero también puede solicitar al TUP que *declare la no infracción* respecto de una patente europea concedida (también) para países no pertenecientes al ATUP y que sea propiedad de un titular de patente establecido en un territorio de un Estado Miembro del ATUP.

Con respecto a las *medidas provisionales*, parece, también, muy claro que el TUP podrá dictar *medidas cautelares transfronterizas*. Esto se desprende del art. 71-b, apartado 2, del Reglamento Bruselas I-bis. Así, se establece que puede solicitarse a un «tribunal común la adopción de medidas provisionales o cautelares, aunque el tribunal de un tercer Estado sea competente para conocer sobre el fondo».

El apartado 3 del art. 71-*ter* del Reglamento de Bruselas I-bis también otorga una *competencia especial* sobre un demandado que no esté domiciliado en la UE en situaciones específicas. El artículo se refiere a los demandados respecto de los cuales, en virtud de las normas habituales del Convenio de Bruselas, no puede declararse la competencia, pero respecto de los cuales existe competencia en virtud del art. 71-b, apartado 2, que establece que con respecto a dichos demandados también se puede aplicar el Capítulo 2 del Reglamento de Bruselas I-bis.

Ya hemos visto que el art. 71, apartado 2, significa que dicho demandado no perteneciente a la UE puede ser demandado ante el TUP por infracciones cometidas fuera de los territorios cubiertos por este Acuerdo, sobre la base del art. 8, apartado 1, del Convenio de Bruselas. Sin embargo, este artículo ofrece una posibilidad adicional en caso de que se cumplan las condiciones del artículo.

La disposición especial (o *foro subsidiario*) del TUP en el art. 71-b (3) del Reglamento de Bruselas I-bis parece en muchos aspectos aún más limitada en su aplicación porque debe haber un daño (digamos: infracción) en la UE y el TUP debe tener jurisdicción, lo que en general sólo concurrirá si hay infracción en el territorio del ATUP.

Si ese es el caso, el TUP también puede ejercer su competencia con respecto a los daños causados por una infracción fuera de la UE (por ejemplo, en Turquía, Serbia, San Marino, Liechtenstein, Mónaco, Bosnia, Montenegro), pero sólo si el infractor posee activos en un Estado miembro del ATUP y existe una *conexión suficiente* con ese Estado miembro, lo que significa, por ejemplo, que también en ese Estado exista una infracción...

Una última observación sobre el reverso de todo esto. En primer lugar, la jurisdicción de los tribunales de los países de la UE que (todavía) no se han adherido al ATUP se mantiene sin cambios. En la práctica, dependen de las normas procesales locales (y de la forma en que las aplique el tribunal) y de si estas normas prevén la posibilidad de dictar medidas provisionales o cautelares en asuntos transfronterizos, como ocurre actualmente en los tribunales de algunos Estados miembros de la UE.

En otras palabras, en principio un tribunal español podría dictar una medida cautelar contra una empresa española para que no infrinja una patente europea en todos los países en los que esta patente esté en vigor (incluidos los países contratantes del ATUP) y si la misma patente europea (validada en España) es infringida con los mismos productos por otras entidades de la UE, la medida cautelar también podría dictarse en el mismo procedimiento contra dichas empresas si se cumplen las condiciones del art. 8.1 del Reglamento de Bruselas I-bis.

Lo mismo ocurre con una patente con *efecto unitario.* Si una Patente Unitaria es infringida por una empresa española, el Tribunal español también puede dictar medidas cautelares, pero al igual que con las Patentes Europeas no españolas, sólo puede ocuparse de la validez de forma provisional, ya que la validez es *competencia exclusiva* de la (División Central del TUP).

En cuanto a los países no pertenecientes a la UE (y a los países de Lugano), como el Reino Unido, será la legislación del Reino Unido la que se utilizará para determinar la jurisdicción internacional de los tribunales de este país con respecto a las patentes extranjeras. ¿Otorga la legislación británica jurisdicción a los tribunales británicos, por ejemplo, con respecto a la infracción por una empresa británica de patentes comunitarias/unitarias fuera del Reino Unido?

¿Puede una empresa obtener una medida cautelar *anti-suit injunction* de un tribunal británico contra un titular de patente que solicita una medida cautelar en el TUP para una patente europea («clásica») validada en el Reino Unido?

Por supuesto, lo mismo puede ocurrir a la inversa cuando el tribunal británico amenaza con tramitar, por ejemplo, *una declaración transfronteriza de no infracción* de una patente europea.

Aparte de la cuestión de cuál es el valor de tal decisión si no va acompañada de un requerimiento judicial para que no se ejecuten tales patentes, se plantea la cuestión de si el TUP estaría dispuesto a admitir y conceder una *anti-suit injunction*[11].

El TJUE ha decidido que un tribunal de la UE que sea competente en virtud del Reglamento de Bruselas I-bis o del Convenio de Lugano no puede declinar su competencia sobre la base de la doctrina *forum non conveniens* y que otro tribunal de la UE no puede dictar una *anti-suit injunction* para proseguir con una demanda en otro tribunal de la UE que sea competente en virtud del Reglamento de Bruselas I-bis o del Convenio de Lugano; pero, en mi opinión, eso no excluye que un tribunal de la UE (como el TUP) pueda dictar una *anti-suit injunction* de ese tipo en relación con una demanda pendiente ante un tribunal de un Estado no perteneciente a la UE[12].

## 6. EL REGLAMENTO DE PROCEDIMIENTO (DISPOSICIONES GENERALES)

Si uno ve cuántas decisiones han dictado los diferentes Tribunales Supremos respecto de sus Códigos de Enjuiciamiento Civil y la interpretación de los diferentes artículos de dichos Códigos, se percibe con claridad que nos encontramos

---

11 En cuanto a la posibilidad de que el TUP o un tribunal de un Estado miembro de la UE puedan dictar una *anti-suit injunction* encaminada a que el demandado no siga o retire una demanda ante un tribunal extranjero, con vistas a presentar o continuar la acción ante el TUP, véase REMÉDIO MARQUES, J.P., *Tutela Cautelar e Inibitória no Quadro da Propriedade Intelectual,* Coimbra, Gestlegal, 2023, pp. 147-148.

12 Sobre estas medidas, véase en Portugal, REMÉDIO MARQUES, J.P., *Direito Processual Civil da Propriedade Industrial,* Coimbra, Almedina, 2022, pp. 141-148.

en el inicio de un cuerpo de derecho procesal que será establecido por el Tribunal de Apelación del TUP (y en algunos casos por el TJCE).

En muchos lugares, el Reglamento de procedimiento (RoP) concede mucha discrecionalidad al tribunal y/o al magistrado ponente. También, resulta evidente que jueces de muy distinta formación pueden tener puntos de vista distintos sobre cómo utilizar la discreción y/o rellenar estos huecos. Es de esperar que con las sesiones de formación que han recibido se haya convencido a los jueces del TUP de que deben olvidar las costumbres nacionales e intentar mirar al Reglamento de Procedimiento con ojos nuevos y no tratar de leer en ellos sus propias normas nacionales en la medida de lo posible.

El propio Reglamento del TUP ofrece algunas orientaciones en el preámbulo: "*El Reglamento debe aplicarse sobre la base de los principios de proporcionalidad, flexibilidad, justicia y equidad*".

Se pretende alcanzar la eficiencia, rentabilidad y máxima calidad. Por supuesto, estos son principios que deben aplicarse a todos los procedimientos civiles.

Sin embargo, en el derecho de patentes hay un aspecto importante: el valor de las patentes reside en el hecho de que conceden derechos exclusivos por un período de tiempo limitado, lo que solo tiene sentido si se puede garantizar esa exclusividad en ese periodo temporal. Si (como sigue ocurriendo en muchas jurisdicciones europeas) se tarda años en hacer valer una patente, el valor de la misma disminuye y, al mismo tiempo, se pone en peligro el objetivo del sistema de patentes de estimular la innovación.

Esto se reconoce claramente en las Reglas de Procedimiento.

El Preámbulo establece que, en principio, la audiencia oral debe tener lugar en el plazo de un año, mientras que la regla 118, párrafo 6, deja claro que se debe dictar sentencia lo antes posible después de la audiencia y, al menos, dentro de las seis semanas posteriores a la audiencia.

Por lo tanto, los jueces del TUP deben tener esto siempre en cuenta al utilizar su discreción e interpretar las reglas. El éxito del TUP dependerá en gran medida de la consecución de este objetivo, por lo que las normas sobre plazos y discreción se han redactado teniendo en cuenta ese objetivo primordial.

El papel del juez ponente es a este respecto crucial. Puede y debe asegurarse de que se dicten resoluciones de alta calidad en un plazo de entre doce y catorce meses, lo que es posible teniendo en cuenta el sistema de carga anticipada y los plazos para el intercambio de alegaciones escritas.

## 7. EL *OPT-OUT* (REGLAS 5 Y 5A)

Después del cambio que se introdujo en la regla 5 RoP, que enumera los requisitos para una exclusión voluntaria, esta exclusión voluntaria se ha convertido en una decisión delicada.

Como después se explicará, en teoría, tras la modificación, para la exclusión del sistema se requiere la exclusión de los titulares de la patente europea pertenecientes y no pertenecientes al ATUP, esto es de los 39 titulares de la patente europea. Para complicarlo aún más, el hecho de estar registrado como titular no significa que éste sea el titular legítimo.

Antes del cambio de la regla 5 RoP, la exclusión voluntaria sólo se exigía con respecto a las patentes europeas concedidas para países del TUP. Sin embargo, la regla se modificó (antes de que entrara en funcionamiento el TUP) cuando se vio que, en determinadas situaciones, el TUP tenía competencia sobre las patentes europeas concedidas en países no pertenecientes al ATUP.

La pregunta que surge es por qué un titular de patente querría excluir sus patentes europeas de un sistema creado para hacer más eficiente la aplicación de una patente. Ésta podría ser la reacción de un típico abogado conservador (a quien no le gustan los cambios) más que una decisión bien razonada. Algunos de los argumentos que se arrojaron fueron que la calidad del Tribunal era desconocida y que una patente en el sistema unitario significaba que "todos los huevos estaban en una misma cesta", así como que se desconocía cuán estricto sería el Tribunal con respecto a la actividad inventiva.

Francamente, no entiendo estos argumentos. Asimismo, después de publicada la selección de los jueces — y después de que ya se publicaran muchas decisiones de las divisiones locales y algunas de la Sección Central y del Tribunal de Apelación —, el temor sobre la calidad del TUP claramente disminuyó y fue motivo para que ciertas empresas cambiaran de opinión y optaran por participar.

Creo que el argumento de "poner todos los huevos en la misma cesta" no tiene mucho peso. En primer lugar, en la práctica, ya en la mayoría de los casos las decisiones con respecto a las mismas patentes son las mismas en diferentes países[13].

---

[13] Todavía, en las órdenes conjuntas ORD_598488/2023 y ORD_598489/2023, de 12/11/2024 (UPC_CoA_489/2023, disponible en: https://www.unified-patent-court.org/sites/default/files/files/api_order/12B21CBC1FBCB93A97568A538CAA390D_en.pdf), el Tribunal de Apelación de TUP ha sostenido que los litigios nacionales iniciados antes del período transitorio no bloqueaban la retirada de una cláusula de exclusión voluntaria (*opt-out*), revocando la sentencia de primera instancia de la División Local de Helsinki. En la práctica, esto significa que muchas más patentes pueden caer dentro de la jurisdicción de TUP de lo que se esperaba en función de la sentencia de primera instancia.

Además, dado que el TUP tendrá que realizar una interpretación del CPE que sea aceptable para todos los países del ATUP, parece poco probable que sean más estrictas que las Salas de Recurso de la OEP con respecto a la validez, independientemente de si aplican la *problem solution approach.*

No soy partidario de la orientación problema / solución (*problem solution approach*) porque, en mi opinión, la elección del estado de la técnica más cercano es a veces arbitraria y está contaminada por la retrospección y excluye otro estado de la técnica que puede arrojar una luz diferente sobre el esfuerzo

---

En las palabras del Tribunal de Apelación: "27. The limitations to the possibility to opt-out and withdrawal of opt-out as set out above, serve to prevent an abuse of this system. The logic behind the limitation to opt out pursuant to Art. 83(3) UPCA ('unless an action has already been brought before the UPC') is that once a patent proprietor either himself already used the UPC or allowed a third party to do so (by not using his right to opt out), a subsequent opt-out to prevent further use of the UPC system would be improper and contrary to legal certainty of third parties.
28. In a similar vein, where a patent has been opted out, art. 83(4) UPCA provides that this opt-out cannot be withdrawn when an action has already been brought before a national court. Consistent with this purpose to prevent an abuse of the system by improperly switching between jurisdictional regimes, the words 'already brought' must be understood to mean an action brought before a national court after the transitional regime came into existence. Prior thereto, an abuse of the system is not even possible."
En su sentencia, el Tribunal de Apelación parece favorecer o haber adoptado por un enfoque "finalista" o "teleológico" de la interpretación jurídica: se ha recurrido a una consideración de los objetivos y el contexto del art. 83 ATUP en lugar de a una interpretación literal de la redacción de partes aisladas de dicho artículo.
La orden significa que los litigios en materia de TUP pueden ser ahora una posibilidad para muchas más patentes de alto valor para las que se iniciaron acciones nacionales antes del período de transición.

inventivo. Puedo compartir que se utilice en la OEP para los examinadores, que tienen que lidiar con miles de solicitudes de patentes, y esta es una buena herramienta, pero, en un tribunal, donde hay más tiempo para la reflexión, un enfoque más holístico/realista sería más conveniente[14].

Por lo tanto, en mi opinión, no parece haber ninguna buena razón para optar por no participar, salvo que se tenga una patente que muy probablemente sea inválida.

En una situación como esta, puede resultar atractivo no participar en el TUP y complicarle la vida a un competidor para que tenga que luchar por la patente en todos los tribunales. Sería demasiado atrevido afirmar que optar por no participar es una señal de comportamiento anticompetitivo, ya que es completamente legítimo y puede ser comprensible que exista cierto miedo a recibir un balde de agua fría; pero optar por no

14 En una decisión reciente, de 17 de octubre de 2024, la División Central de Múnich tomó una decisión algo contraria a este criterio utilizado en la OEP (UPC 252/2023, accesible en este enlace: https://www.unified-patent-court.org/sites/default/files/files/api_order/E3525787BD221DB1D17219E701C341E3_en.pdf). El enfoque del TUP para la actividad inventiva (como se analiza en el punto 11.16 de la decisión y en los puntos 11.24 a 11.26 de la decisión) se desvía sutilmente del enfoque de la OEP a partir de entonces, en particular al dejar de lado las consideraciones sobre la formulación del efecto técnico y el problema técnico objetivo que debe resolverse. La decisión sí establece en el punto 11.18 que un efecto técnico o una ventaja lograda por la materia reivindicada en comparación con la técnica anterior puede ser una indicación de la actividad inventiva, pero las consideraciones de un efecto técnico no aparecen más en el razonamiento de la decisión. Aunque la selección de un documento de la técnica anterior adecuado como punto de partida requiere la consideración de "un problema subyacente similar", este tampoco es necesariamente el mismo problema que el "problema técnico objetivo" para la evaluación de la actividad inventiva según el enfoque de la OEP.

participar no nace, desde luego, del deseo de hacer cumplir la propia patente de una manera eficiente y rentable. Así que, si ha optado por no participar, ¡aún puede cambiar de opinión y volver rápidamente a participar!

## 8. MEDIDAS «TORPEDO»

El hecho de que las patentes europeas no excluidas puedan ser objeto de litigio tanto en un tribunal nacional como en el TUP ha dado lugar a los denominados «argumentos Torpedo». Básicamente, un «Torpedo» es el nombre de una demanda que frustraría la aplicación oportuna de la patente europea. En mi opinión, los torpedos no deberían funcionar y no funcionarán.

Un ejemplo: La interposición de una demanda declarativa de no infracción en un tribunal nacional por un tercero no impide al titular de la patente interponer una demanda por infracción en el TUP contra el mismo tercero. El TUP puede ocuparse de la infracción en todos los demás países del ATUP en un caso sobre el fondo y puede pronunciar una medida provisional en el mismo caso con respecto al país en el que se presentó el torpedo en el supuesto de que el caso en el tribunal nacional siga pendiente. Este es el resultado del art. 71-c, apartado 2, del Reglamento de Bruselas I-bis que remite a los arts. 29-32 para este tipo de casos.

El art. 34 ATUP debe interpretarse en el sentido de que las decisiones del TUP deben abarcar al menos el territorio de todos los Estados miembros contratantes para los que el TUP tiene jurisdicción.

Se ha referido la locución adverbial «al menos» porque, como se ha visto, el TUP también tiene jurisdicción transfronteriza en determinados casos. Todos los demás supuestos deberían resolverse de la misma manera teniendo en cuenta que los arts. 29-32 del Reglamento de Bruselas I-bis nunca impiden a un tribunal dictar medidas provisionales.

Lo único que no deberían hacer los jueces del TUP es suspender los procedimientos sobre la base del artículo 30 Reglamento Bruselas I-bis, argumentando que las acciones están relacionadas.

## 9. ORDEN DE PRESERVACIÓN DE PRUEBAS (*SAISIE CONTREFAÇON*)

Esta medida de «conservación de pruebas» e «inspección de locales» que la Directiva de aplicación efectiva de los derechos de propriedad intelectual (arts. 6, 7) introdujo en el Derecho de la UE puede encontrarse en el art. 60 ATUP y en las reglas 170, apartado 3, sub b, y reglas 192-198 del Reglamento del Procedimiento. Estas normas son muy generales y dejan bastante margen para la interpretación. Aunque ahora todos los Estados miembros del TUP, gracias a la Directiva, conocen la posibilidad del embargo, la práctica es muy diferente en los distintos países. En Francia, ningún abogado se atrevería a iniciar un procedimiento de infracción sin una *saisie*, pero en Alemania la *saisie* parece *de facto* casi letra muerta.

Está claro que no sería deseable que las Divisiones Locales continuaran su práctica nacional anterior en el mismo Tribunal (nótese que una División Local no es en realidad más que una sala del mismo Tribunal Unificado de Patentes). Por lo tanto, considero que, como primera regla, el Tribunal sólo debería permitir una incautación si la solicitud contiene al menos información suficiente para establecer *prima facie* la existencia de una patente (válida) y de una infracción. Véase a este respecto el art. 7 de la Directiva 2004/48/CE.

Por supuesto, a este respecto puede ser importante el contenido de los *escritos preventivos* (si se presenta –véase la regla 207

RoP)[15]. Además, la incautación debe ser necesaria para probar la infracción. Si un producto está disponible libremente en el mercado y puede analizarse con bastante facilidad, no existe tal necesidad. Por supuesto, es importante que el Tribunal determine qué es exactamente lo que puede embargarse, lo que no siempre es fácil porque la solicitud suele ser *ex parte.*

Sin embargo, no encuentro inconveniente si no se entrega información al demandante antes de que haya habido una audiencia de las partes sobre qué y en qué condiciones (para, por ejemplo, preservar la confidencialidad) debe entregarse al demandante (que lo que es realmente relevante y necesario para que el demandante pueda presentar su caso). Así que creo que esto debería ser norma en lo dispuesto en la regla 196 RoP.

Entiendo que después de la incautación corresponde al demandante iniciar el procedimiento previsto en la regla 190 RoP con la solicitud de entrega de todas o determinadas muestras, documentos, descripciones, etc. Está claro que la persona que lleva a cabo la incautación, en muchos casos el individuo o profesional liberal dotado de poderes públicos (en Francia, el *commissaire de justice*, y en muchos otros países, por ejemplo, en Portugal el *agente de execução*) tiene que hacer un inventario después de la incautación de lo que se ha embargado (véase la regla 196, apartado 4 RoP «un informe escrito»), que constituye la base para la decisión sobre lo que debe o no debe ser relevante y lo que puede liberarse y en qué condiciones.

A este respecto se plantea una cuestión: ¿Debe el Tribunal aceptar pruebas obtenidas mediante embargos practicados en jurisdicciones nacionales o extranjeras? No encuentro inconveniente en ello siempre que las pruebas se obtengan de forma

---

15 Véase, *infra*, MOLINA LÓPEZ, F., "Capítulo XI. Las medidas cautelares y los escritos preventivo".

legal. Entiendo que esto puede conducir, en algunas ocasiones, a situaciones en las que el Tribunal puede rechazar una incautación o entrega de información mientras que después la incautación se permita en una jurisdicción nacional. No obstante, si se permitiera en esa jurisdicción nacional y las pruebas se obtuvieran, por tanto, de forma legal, no encuentro obstáculo para que esas pruebas no puedan utilizarse.

Con respecto al requisito (regla 211, apartado 2 RoP) de que exista un grado suficiente de certeza de que la patente es válida y ha sido infringida, la opinión general fue que el tribunal lo considerara probable, sin que sea necesario que entienda con total certeza que la patente es válida y se ha infringido[16].

También, en el ATUP y en el Reglamento de Procedimiento se persigue un cierto equilibrio; pero la opinión general es que, si se infringe la patente, la regla general sería que en el ámbito cautelar también se pueda obtener una orden judicial provisional.

Respecto de la *inminencia de la violación* a efectos de ordenar medidas cautelares, el TUP también ya se ha pronunciado.

---

16 En cuanto a los *requisitos de los que depende la adopción de medidas cautelares* en el TUP, véase la decisión de la División Local de Lisboa, de 15 de octubre de 2024, según la cual "The requirements for granting preliminary injunctions – *validity of the patent, actual or imminent infringement, urgency and balance of interests* – are cumulative, allowing the court not to address them all, if one is not satisfied. However, when that assessment is not possible at an early stage of the proceedings in order to hear the parties accordingly, the court may exercise discretion in assessing the other requirements presented by the parties" – la cursiva es mía, Orden del Tribunal de Primera Instancia del TUP, División local de Lisboa, delivered on 15 October 2024, *Telefonaktiebolaget v. Asustek Computer* et al., UPC_CFI_317/2024, disponible en: https://upc.law/wp-content/uploads/2024/10/UPC_CFI_317_2024_LD-Lisbon_October_15_2024-1.pdf

En el caso *Novartis AG y Genentech Inc. contra Celltrion Inc.*, Orden del Tribunal de Primera Instancia, División Local de Düsseldorf, 6 de septiembre de 2024, UPC_CFI_166/2024[17], los jueces afirmaron lo siguiente: "A situation of imminent infringement may be characterised by certain circumstances which suggest that the infringement has not yet occurred, but that the potential infringer has already set the stage for it to occur. The infringement is only a matter of starting the action. The preparations for it have been fully completed. These circumstances must be assessed on a *case by case basis.*"[18]

Sólo en circunstancias excepcionales el tribunal debería denegar una orden judicial. Esto se encuentra en consonancia con el art. 3 de la Directiva 2004/48/CE al respeto de los derechos de propiedad intelectual, el cual exige *proporcionalidad,* pero al mismo tiempo *medidas efectivas y disuasorias.*

El Comité de redacción del Reglamento de procedimiento fue objeto de fuertes presiones para que incluyera normas que reflejasen la decisión de *Ebay* del Tribunal Supremo de EE.UU., pero se negó a hacerlo porque no se consideró en consonancia con la Directiva 2004/48/CE.

---

[17] Disponible en: https://www.unified-patent-court.org/sites/default/files/files/api_order/9673D137E47932C96EED7ACCDA4DB3EA_en.pdf

[18] En cuanto a las medidas cautelares y los requisitos para su otorgamiento en el TUP, véase, *infra,* MOLINA LÓPEZ, F., "Capítulo XI. Las medidas cautelares y los escritos preventivos".

## 10. DERECHOS DEL USUARIO ANTERIOR (ART. 28 ATUP)

En los supuestos en los que el TUP se ocupa de una patente agrupada en los diferentes Estados miembros, el demandado que, de conformidad con la legislación nacional, tuviera un derecho fundado en una utilización anterior de dicha invención en un determinado país contratante del ATUP, este derecho se respetara en ese país. No obstante, este derecho no se extiende a los demás países, por lo que los productos comercializados por el usuario anterior no podrían llegar a otros países del ATUP (y de la UE) en virtud de la doctrina del *agotamiento.*

No existe ninguna disposición en el Acuerdo sobre el TUP con respecto a las *licencias obligatorias,* pero con respecto a las patentes de paquete me parece evidente que sí se podrían conceder *licencias obligatorias* y que se aplicaría lo mismo. En otras palabras, el titular de la *licencia obligatoria* puede utilizar la invención en el país para el que se ha concedido la licencia obligatoria, pero los productos no pueden exportarse a otros países de la UE porque no hay consentimiento del titular de la patente, entonces no hay agotamiento.

Básicamente, en un procedimiento el TUP se ocupa de los distintos países para los que se ha concedido la patente europea. En todos estos países, la patente europea tiene el estatus de una *patente nacional.* Por lo tanto, TUP debe tener en cuenta las diferentes situaciones jurídicas en todos estos países, como el hecho de que la patente europea pueda tener una reivindicación diferente en los distintos países o que en uno o más de estos países se conceda una licencia obligatoria.

Sin embargo, con respecto a la cuestión de la infracción y la validez es aplicable la misma ley (el CPE) y lo mismo ocurre en relación con los actos infractores porque estos son para todos los países iguales ya que se rigen por el art. 25 y art. 29 ATUP.

Como se ha dicho, los actos infractores y sus excepciones se enumeran en los arts. 25-29 ATUP. Además, en los países miembros la legislación sobre los aspectos más importantes del derecho de patentes es la misma, por lo que el ATUP está claramente unificado.

La consecuencia más llamativa de esto es el art. 26 ATUP que trata de la *infracción indirecta* mientras que los mismos artículos en las legislaciones nacionales de patentes tienen un requisito de *doble territorialidad*, en el sentido de que la venta u oferta en un país debe hacerse para un uso de la invención en el mismo país; en el TUP esa regla de doble territorio se ha extendido ahora a *todo el territorio del TUP*. Así pues, vender en Francia para utilizar la invención en Alemania constituye una *infracción indirecta*.

Lo anterior pone de manifiesto una ventaja de no optar por la exclusión. También, existen otras ventajas. Así, algunas de las excepciones (o *usos libres* de la invención patentada), como las previstas en virtud del art. 27, letra d) ATUP, son más limitadas que en la legislación nacional francesa y alemana. Otro ejemplo es que, si existiera una *amenaza de infracción* en los Países Bajos, se podría obtener una orden de cesación para todos los Estados miembros del ATUP, incluso si todavía no existiera una amenaza de infracción en esos otros países del ATUP.

Así pues, el TUP es un foro atractivo y la elección de una patente unitaria significa que los terceros ya no pueden recurrir a los procedimientos nacionales, lo que también puede resultar atractivo para el titular de una patente.

Además, por el precio de cuatro o cinco países se obtiene protección (uniforme y unitaria) para 18 países.

## 11. *FILE WRAPPER ESTOPPEL* (PRECLUSIÓN DE LA UTILIZACIÓN DEL DOSSIER / HISTORIAL DE PROCEDIMIENTO DE PATENTABILIDAD)

Este principio supone básicamente que el titular de la patente no puede alegar que se ha infringido una invención basándose en lo que ha sucedido durante la tramitación de la patente. La mayoría de las veces esto es consecuencia de lo que el solicitante ha escrito (o no ha escrito) durante la tramitación o durante el procedimiento de oposición.

El punto de partida para determinar si existe una infracción debe ser el art. 69 del CPE y el Protocolo. Sin embargo, el texto del art. 69 del CPE y del Protocolo (también tras la revisión del CPE 2000) no menciona nada sobre el papel del expediente (*historia de la tramitación*) con respecto a la cuestión de la infracción y, en el pasado, en países como Alemania (salvo en circunstancias muy especiales) y el Reino Unido, el expediente no podía utilizarse para determinar si existía infracción.

Los tribunales británicos fueron muy claros al respecto: no se menciona en el art. 69 ni en el Protocolo y no se puede esperar que un tercero estudie el fichero o dossier de la patente para averiguar si está infringiendo o no.

Esto puede parecer convincente, pero no es realista. En primer lugar, no es de extrañar que una empresa pequeña o mediana pida asesoramiento experto si quieren sacar un producto al mercado (desde luego, si se trata de un producto «me-too») a un experto, como un abogado de patentes. Una empresa pequeña o mediana cuenta con asistencia contable, alguien le ayuda con sus declaraciones fiscales, etc. De manera que cuando hablamos de una cuestión que afecta al derecho de patentes, se podría recurrir a un tercero, esto es, una persona experta en la patente con los conocimientos de un abogado de patentes medio. El abogado de patentes medio, antes de dar cualquier consejo, leerá el dossier de la patente.

Como se ha dicho anteriormente, en la práctica los terceros consultarán el expediente para determinar si están infringiendo o no, sobre todo en los casos en que las reivindicaciones, la descripción y los dibujos no ofrezcan una respuesta clara.

Actualmente, el Tribunal Supremo del Reino Unido entiende que las declaraciones realizadas por el solicitante durante el procedimiento de patentabilidad pueden utilizarse para determinar el alcance de la protección de la patente. En el asunto *Actavis-Eli Lilly*, Lord NEUBERGER[19] formuló dos supuestos en los que podrían utilizarse estas declaraciones. El primero se refiere a aquella situación en la que una cuestión no está realmente clara si el examen se limita a la especificación y las reivindicaciones de la patente, de modo que el contenido del expediente de tramitación resuelve el punto sin ambigüedades.

Igualmente, tengo el convencimiento de que un buen juez en una situación así simplemente interpretaría la demanda como debe interpretarse sin referencia explícita al *file wrapper*. Lo que, sin embargo, es un tanto artificial. Consiguientemente, en el TUP necesitamos la doctrina del *estoppel* para algunos casos de forma clara. Aunque, no sin reconocer que el uso de dicha doctrina puede escapársenos fácilmente de las manos.

Si se acepta el *estoppel del file wrapper*, los terceros encontrarán todo tipo de argumentos basados en el *file wrapper* por los que podrían haber creído que no estaban infringiendo. En los Países Bajos, esto llevó al Tribunal de Primera Instancia de La Haya a declarar que no había infracción en el caso *Pemetrexed* porque, durante la tramitación, el titular de la patente había restringido la reivindicación a una versión

---

19 *Actavis UK Limited and others (Appellants) v Eli Lilly and Company (Respondent)*, [2017] UKSC 48, sentencia del 12/07/2017, disponible en: https://www.bailii.org/uk/cases/UKSC/2017/48.html

que no abarcaba literalmente el producto infractor, no porque esto fuera necesario para establecer la actividad inventiva, sino porque en la solicitud de prioridad no se incluía la actividad inventiva, dado que en la solicitud prioritaria no había base (según el examinador) para una reivindicación más amplia. Sin embargo, aunque el Tribunal de Apelación en el Recurso de la orden preliminar del caso *Pemetrex* ya había dictaminado que sólo razones técnicas (de patentes) justificaban la preclusión y no razones de forma, un caso reciente de una sala diferente del Tribunal de Apelación volvió a mostrar el peligro de la teoría. En ese caso, el titular de la patente suprimió un elemento de la reivindicación que exigía múltiples aberturas. El examinador dijo al titular de la patente que no había base para una reivindicación sin ese elemento en el documento de prioridad y que la consecuencia sería que no se podría conceder la patente porque el dispositivo reivindicado había sido comercializado por el titular de la patente durante el año de prioridad. El titular de la patente volvió a incluir el elemento para restablecer la prioridad. El Tribunal de Apelación sostuvo que esto impedía al titular de la patente alegar que el dispositivo que no tenía literalmente múltiples aberturas pero que, según el Tribunal de Apelación, era un equivalente, no infringía porque un tercero podía deducir de estos hechos durante la tramitación que el titular de la patente había limitado su reivindicación para cubrir únicamente dispositivos con múltiples aberturas y no equivalentes de los mismos.

Asimismo, en el Reino Unido, después del caso *Actavis*, los infractores empezaron a alegar la *preclusión* a partir de dichas declaraciones basándose en todo tipo de argumentos. El difunto Juez CARR hizo el siguiente comentario muy digno de mención en el asunto *L'Oréal* contra *RV*: «Debe hacerse hincapié en que la referencia al historial de la tramitación es la excepción y no la regla general».

En Alemania, el BGH se refirió al historial de la reivindicación (*File wrapper estoppel*), en el que el solicitante tuvo que limitar la reivindicación de la patente en el procedimiento de concesión al uso de *pemetrexed* disódico como única materia inventiva divulgada. Sin embargo, el BGH no considera que tal limitación sea una restricción del rango de equivalencia. Al hacerlo, el BGH relativizó la jurisprudencia sobre la renuncia, muy enfatizada anteriormente, que fue desarrollada en las sentencias del BGH en los casos *Okklusionsvorrichtung* y *Diglycid*. En supuestos excepcionales, ahora se puede consultar el historial de concesión de la patente en caso de ambigüedad, aunque esto se debe manejar de manera restrictiva[20].

La doctrina del *estoppel* en los procedimientos de concesión debe ser una *excepción* a la regla de que el dossier ante la Oficina de Patentes no debe desempeñar un papel protagonista a la hora de establecer el alcance de la protección y sólo puede utilizarse para resolver la incertidumbre que pueda quedar después de estudiar las reivindicaciones, la descripción y los dibujos y utilizarse si el titular de patente quiere ampliar el alcance de su reivindicación a algo que, si se hubiera reivindicado durante

---

20 En Italia, Países Bajos y Bélgica, el caso de *Pemetrexed* provocó una desviación de la prueba *function-Way-result* (función-vía-resultado) aplicada anteriormente. En esta prueba, la detectabilidad no influyó, pero se tuvo en cuenta el *historial de concesión*. En Italia, el test de obviedad sustituyó al test *function-way-result* y corresponde a una combinación de las dos primeras preguntas de *Schneidmesser*. En Francia, el Tribunal de Casación dictaminó en la sentencia 2977/2020 (confirmada por la sentencia 112/2022) que la práctica anterior de tener en cuenta el historial de concesión será muy limitada. En Bélgica, el caso *Pemetrexed* dio lugar a la introducción de una combinación de preguntas sobre la mejora y la reducción de la dosis. Se sigue teniendo en cuenta el historial de concesión, en particular los motivos de las restricciones de las reivindicaciones.

la tramitación, habría impedido la concesión de su patente, o cuando el solicitante actúe de mala fe.

El TUP ya se ha pronunciado, en términos de *obiter dicta*, sobre esta cuestión en la sentencia del Tribunal de Apelación, de 31 de mayo de 2024, en el caso *VusionGroup v Hanshow*, UPC_CoA_1/2024[21]. El Tribunal de Apelación afirmó que la División Local tenía razón al concluir que las características 7 y 8.4 de la reivindicación excluyen que la placa de circuito impreso y la antena estén posicionadas en el mismo plano, pero dejó abierta la cuestión de si el historial de tramitación de un procedimiento de concesión de patente podía considerarse al determinar el alcance de la protección de una patente europea al afirmar *que había interpretado la característica 8.4 de la reivindicación en disputa sin tener en cuenta el historial de tramitación de la patente.*

## 12. INTERPRETACIÓN DE LAS REIVINDICACIONES Y LA DOCTRINA DE LOS EQUIVALENTES

La legislación en materia de infracción es clara en el TUP. En este sentido tenemos el art. 69 del Convenio sobre Concesión de Patentes Europeas (CPE) y el Protocolo sobre la interpretación del art. 69 modificado en el CPE 2000. Durante muchos años ésta ha sido la norma aplicada en los Estados miembros del ATUP.

Sin embargo, en la práctica se han producido enfoques bastante diferentes a la hora de aplicar el art. 69 del CPE con respecto a la *infracción no literal*. Esto, sin embargo, no ha llevado

---

[21] UPC_CoA_1/2024, disponible en: https://www.unified-patent-court.org/sites/default/files/files/api_order/Anordnung%20SES%20Hanshow%20fin%20EN.pdf

siempre a resultados divergentes en el mismo caso. Por eso, nos preguntamos si esto no se debe a la influencia de una decisión definitiva de un país respecto de los tribunales nacionales de otro, especialmente si la decisión de un tribunal nacional con buena reputación en materia de patentes es una decisión bien razonada.

No obstante, en última instancia, sería bien recibido y necesario que el Tribunal de Apelación del TUP presentara algunas directrices claras sobre cómo tratar la *infracción no literal.* La prueba debería ser preferiblemente sencilla y fácil de entender para los profesionales. Lamentablemente, en mi opinión, el *test alemán* (*Schneidemesser I*) no cumple estos requisitos, ya que es complicado y difícil de aplicar.

Especialmente la segunda y la tercera pregunta son, en mi opinión, muy difíciles y han llevado a algunos a considerar erróneamente que un «equivalente inventivo» no puede infringir. Sería un error exigir que un tercero pueda encontrar el equivalente en la fecha de prioridad.

Entiendo que quizás lo decisivo es que un tercero se plantee la cuestión de la infracción conociendo el equivalente (variante) y se ocupe de esa cuestión *en el momento de la infracción* –sin embargo, esta orientación no está exenta de opiniones discrepantes–[22]. Ese equivalente perfectamente puede ser in-

---

[22] Véase, contra, LOTH, Hans-Friedrich, in UWE FITZNER / SEBASTIAN KUBIS / THEO BODEWIG / AXEL METZGER (Herausgegeben von), *BeckOK Patentrecht,* 35.ª ed., München, C. H. Beck, 2025, PatG § 14 [Schutzbereich], nota marginal n. 60, "Die Beurteilung des betreffenden Patentanspruchs durch den fiktiven Fachmann und sein Verständnis müssen auf den Anmelde- bzw. *den Prioritätstag des Patentes bzw. der Patentanmeldung zurückversetzt werden.* Keine Rolle spielen demnach" –la cursiva es mía– en el sentido de que los descubrimientos posteriores no juegan ningún papel, ni siquiera un esta-

ventivo, ya que la pregunta de si el equivalente es inventivo debería responderse sin el conocimiento del equivalente en el momento en que se presentó la patente para el equivalente.

Responder a la pregunta del equivalente en el momento *en que el equivalente se introduce en el mercado* no significa que la pa-

---

do de la técnica posterior. En Portugal, en el mismo sentido, véase COUTO GONÇALVES, L., *Manual de Direito Industrial, Propriedade Industrial e Concorrência Desleal*, 11.ª ed., Coimbra, Almedina, 2024, p. 111. Hace mucho que defendemos esta orientación en Portugal: REMÉDIO MARQUES, J.P., *Biotecnologia(s) e Propriedade Industrial. Vol. I. Direito de Autor. Direito de Patente e Modelo de Utilidade. Desenho ou Modelo*, Coimbra, Almedina, 2006, pp. 806-807, pp. 818-827.

Sin embargo, en EE.UU. se tiene en cuenta el conocimiento que tenía el experto en la materia *en el momento de la supuesta infracción del derecho de patente* (desde el caso *Warner-Jenkinson Inc. v. Hilton Davies Chemicals Co.*: 41 USPQ2d, p. 1865), defendiendo un tipo de equivalencia dinámica (*dynamic invention scope theory*). En Japón, se determina si un experto en la materia, *en vista del conocimiento que poseía en la fecha en que se fabricó u obtuvo el dispositivo acusado*, percibe fácilmente esta "relación de sustitución" existente en ese dispositivo – REMÉDIO MARQUES, J.P., *Biotecnologia(s) e Propriedade Intelectual*, vol. cit., p. 816, pp. 820-823. Lo mismo ocurre en Suiza, Austria, Países Bajos y España – cf. SALVADOR JOVANÍ, C., *El ámbito de la protección de la patente*, Valencia, Tirant lo Blanch, 2002, pp. 298-299. En el Reino Unido, las directrices no son claras. A la luz del caso *Catnic v. Improver*, parece que la fecha pertinente es la *fecha de publicación de la solicitud de patente*, pero la *House of Lords* ha sostenido anteriormente que, a los efectos de la suficiencia de la descripción, la fecha pertinente con respecto a la cual se evalúa el conocimiento del experto en la materia debe ser la de la *solicitud de patente* (*Biogen v. Medeva*, in *R.P.C.*, 1997, p. 53-54). Sin embargo, desde 1999, la jurisprudencia ha tendido a sostener que esa fecha es la *fecha de publicación* (*Hoechts Celanese Corp. v. BP Chemicals*, decidido por el Tribunal de Apelación, en *F.S.R.*, 1999, pp. 319 y siguientes) – también en este sentido, véase BENTLY, L. y SHERMAN, B., *Intellectual Property Law*, 4.ª ed., Oxford, Oxford University Press, 2014, p. 631.

tente pueda obtener un ámbito de protección más amplio que el que tenía en la fecha de prioridad.

En todo caso, más o menos existe consenso, en el marco de la doctrina y jurisprudencia de la Europa continental (y, por tanto, de los países contratantes de la ATUP) en que el alcance de la protección debe determinarse en la fecha de prioridad. Sin embargo, es evidente que, debido al desarrollo de la tecnología desde la fecha de prioridad, podría ampliarse el ámbito de protección. Si, por ejemplo, la reivindicación dice que A está conectado a B mediante tornillos que soportan una fuerza de tracción X y después de la fecha de prioridad de esa patente se inventa un pegamento que soporta la misma fuerza de tracción, está claro (suponiendo que no hubiera otra razón para utilizar tornillos) que este equivalente sería infractor, ya que el ámbito de protección en la fecha de prioridad era un producto en el que A estaba conectado a B de tal forma que podía soportar una fuerza de tracción X.

En Francia, en el caso *Pemetrexed*, se determinó que el producto infractor era infractor sin basarse en la doctrina de la equivalencia, sino en el sentido general de la reivindicación.

Estoy de acuerdo en que «claramente divulgado, pero no reivindicado» es un factor importante a tener en cuenta, pero por experiencia sabemos que también reglas tan absolutas constituyen mala ley, por lo que las consecuencias en estos supuestos pueden depender de las *circunstancias concretas del caso.*

Creo que una buena aplicación de la teoría de los puntos de vista conduce a decisiones adaptadas y adecuadas, pero también estoy de acuerdo en que la teoría puede no ser siempre fácil de aplicar porque todos los diferentes puntos de vista deben ser reconocidos (incluyendo «la idea inventiva») y tratados.

Mi conclusión es que puede ser deseable que el TUP tenga unas directrices más sencillas y, francamente, considero que el Reino Unido, en la decisión *Actavis*, en general acertó. El Tribunal Supremo del Reino Unido dijo que debían plantearse las siguientes preguntas:

1. «A pesar de que no se ajusta al significado literal de la reivindicación o reivindicaciones pertinentes de la patente, ¿obtiene la variante sustancialmente el mismo resultado de manera sustancialmente idéntica a la invención, es decir, al concepto inventivo revelado por la patente?»
2. «¿Sería obvio para el experto en la materia, leyendo la patente en la fecha de prioridad, pero sabiendo que la variante logra sustancialmente el mismo resultado que la invención, que lo hace sustancialmente de la misma manera que la invención?»
3. «¿Habría concluido dicho lector de la patente que el titular de la patente pretendía, no obstante, que el estricto cumplimiento del significado literal de la reivindicación o reivindicaciones pertinentes de la patente era un requisito esencial de la invención?»
4. Para demostrar la infracción en un caso en el que no exista infracción literal, el titular de la patente debe demostrar que la respuesta a las dos primeras preguntas es «sí» y que la respuesta a la tercera es «no».

En resumen, se puede decir que el caso *Pemetrexed* ha iniciado una tendencia hacia la armonización de la jurisprudencia europea sobre la *infracción por equivalente*. Se está volviendo evidente que los sistemas existentes, como el test *function-way-result* basado en el sistema estadounidense y las clásicas preguntas *Catnic/Improver* están siendo reemplazados por una lista de preguntas basadas en la jurisprudencia continental. Esto conduce a una *interpretación objetiva* de las reivindicaciones, teniendo en cuenta la detectabilidad y solo una consideración muy limitada del historial de concesión de la patente. Aunque la jurisprudencia europea sigue estando fragmentada con respecto a la cuestión de cómo deben evaluarse los *rangos numéricos* en el contexto de una infracción según la *doctrina por medios equivalentes.*

Sea como fuere, en una reciente decisión de la División Local, de La Haya, de 22 noviembre de 2024, *Plant-e v. Arkyne Technologies,* UPC_CFI_239/2023,[23], se propuso un nuevo *test* de cuatro partes para evaluar la *equivalencia técnica,* extraída de diversas jurisdicciones nacionales. El *test* parece relativamente favorable para los titulares de patentes, ya que la División Local determinó que se habían infringido las reivindicaciones a pesar de que la supuesta infracción carecía de características explícitas de la invención tal como se definen en las reivindicaciones. Si bien el artículo 2 del Protocolo del artículo 69 del CPE exige que se consideren los *equivalentes técnicos,* no proporciona ninguna orientación sobre cómo evaluarlos[24]. Por lo tanto, el tribunal tuvo que elaborar su propio criterio y propuso un nuevo *criterio de cuatro partes.* Según la decisión, "el criterio se basa en la jurisprudencia de varias jurisdicciones nacionales, tal como propusieron ambas partes en este caso" (párrafo 88). Con arreglo a este nuevo criterio, una variación se considera técnicamente equivalente si se responde afirmativamente a las cuatro preguntas:

"i. Equivalencia técnica: ¿la variación resuelve (esencialmente) el mismo problema que resuelve la invención

---

23 disponible en: https://www.unified-patent-court.org/sites/default/files/files/api_order/F0236EECFC3A378B7E8D55A3151D7AE9_en.pdf

24 En Portugal véase REMÉDIO MARQUES, J.P., *Direito Europeu de Patentes e Marcas,* Coimbra, Almedina, 2021, pp. 231-254; COUTO GONÇALVES, L., *Manual de Direito Industrial,* cit., pp. 101-111.

patentada y realiza (esencialmente) la misma función en este contexto?

ii. Protección justa para el titular de la patente: ¿es proporcional la extensión de la protección a la protección justa?

iii. Certeza jurídica razonable: ¿comprende el experto en la materia a partir de la patente que el alcance es más amplio que el que se reivindica literalmente?

iv. ¿El producto supuestamente infractor es novedoso e inventivo con respecto a la técnica anterior?"[25].

En cuanto a la *interpretación de las reivindicaciones*, las Divisiones Locales del TUP han venido juzgando al respecto que *siempre se debe consultar la descripción* al interpretarlas. Las Divisiones Locales abordan en primer lugar la cuestión de la interpretación de las reivindicaciones, adoptando el estándar establecido por el Tribunal de Apelación de TUP que determina que "la reivindicación de la patente no es sólo el punto de partida, sino la base decisiva para determinar el alcance protector de la patente europea"[26].

Según esta decisión del Tribunal de Apelación, la reivindicación de la patente *no es sólo el punto de partida*, sino que es *la base decisiva* para determinar el ámbito de protección de una

---

25 La División Local sólo abordó brevemente esta última cuestión, lo que para la División Local equivale a confirmar que no existe una defensa exitosa en el *test Gillette/Formstein*.

26 Véase la Orden del Tribunal de Apelación del Tribunal Unificado de Patentes emitida el 26/02/2024, en el procedimiento de medidas provisionales relativo al EP 4 108 782 – UPC CoA_335/2023, App_576355/2023, disponible en: https://www.unified-patent-court.org/sites/default/files/upc_documents/576355-2023%20AnordnungEN.final_.pdf

patente europea según el artículo 69 del CPE en relación con el Protocolo sobre la interpretación del artículo 69 del CPE.

La interpretación de una reivindicación de patente no depende únicamente del sentido estricto y literal de los términos utilizados. Más bien, la descripción y los dibujos *deben utilizarse siempre* como ayudas explicativas para la interpretación de la reivindicación de la patente y no sólo para resolver cualquier ambigüedad en la reivindicación de la patente. Esto no significa que la reivindicación de la patente sirva simplemente como guía, sino que su objeto también se extiende a lo que, tras el examen de la descripción y los dibujos, parece ser el objeto para el que el titular de la patente solicita protección. La reivindicación de la patente debe interpretarse desde el punto de vista de un experto en la materia. La aplicación de estos principios tiene por finalidad combinar una protección adecuada para el titular de la patente con una seguridad jurídica suficiente para terceros.

Estos principios de interpretación de una reivindicación de patente se aplican igualmente a la evaluación de la *infracción* y de la *validez* de una patente europea[27]. Así es, incluso cuando la interpretación de las reivindicaciones es el tema de la muy esperada remisión a la Gran Sala de Recursos de la OEP, en el caso en el caso G1/24[28].

---

27 Esta orientación fue seguida en la reciente decisión de la División Local de Paris, de 4/07/2024, en la demanda presentada por *DexCom, Inc. contra Abbott Laboratories* y otros, UPC_CFI_230/2023, disponible en: https://www.unified-patent-court.org/sites/default/files/files/api_order/8B08C53E1E2722DE9690B9C0BDAE0AEC_en.pdf

28 Mediante la decisión T 439/22, de 24 de junio de 2024, se presentó una petición de decisión prejudicial a la Gran Cámara de Recursos con el fin de aclarar la base jurídica para la interpretación de las reivindicaciones de patentes a efectos de evaluar la patentabilidad, si la descripción y las figuras pueden tenerse en cuenta a la hora de interpretar una reivindicación de patente y, en caso afirmativo, en qué circunstancias y,

El requisito de *seguridad jurídica suficiente para terceros* se aplica no sólo a la patente nacional o a una patente según el CPE[29],

---

por último, en qué medida una patente puede servir como diccionario en sí misma. Las cuestiones exactas planteadas se pueden encontrar en la decisión T439/22. Si bien la decisión prejudicial se refiere a los procedimientos de oposición, también puede afectar a los procedimientos previos al examen de las divisiones.
Las cuestiones son las siguientes:
¿Deben aplicarse el artículo 69(1), segunda frase, del CPE y el artículo 1 del Protocolo sobre la interpretación del artículo 69 del CPE a la interpretación de las reivindicaciones de patentes al evaluar la patentabilidad de una invención con arreglo a los artículos 52 a 57 del CPE?
¿Pueden consultarse la descripción y las figuras al interpretar las reivindicaciones para evaluar la patentabilidad y, en caso afirmativo, puede hacerse de forma general o solo si el experto en la materia considera que una reivindicación no es clara o es ambigua al leerla de forma aislada?
¿Puede ignorarse una definición o información similar sobre un término utilizado en las reivindicaciones que se da explícitamente en la descripción al interpretar las reivindicaciones para evaluar la patentabilidad y, en caso afirmativo, en qué condiciones?

29 La *exigencia de seguridad jurídica* es un pilar dogmático para la elaboración del principio aplicado en la jurisprudencia consolidada, según el cual el sentido de las reivindicaciones de la patente, que debe determinarse mediante la interpretación, *constituye no sólo el punto de partida, sino la base decisiva para determinar el alcance de la protección*; Esto debe estar en consonancia con las reivindicaciones de la patente. El *principio de seguridad jurídica* tiene por objeto prever el alcance de la protección de una patente con *suficiente certeza para terceros*; debe poder confiar en el hecho de que la solución técnica protegida por la patente es clara, completa y suficientemente descrita por las características de la reivindicación de la patente, además de tener como objetivo inducir al solicitante a incluir en las reivindicaciones de la patente todo aquello para lo que busca protección. Si el solicitante no enumera en las reivindicaciones de la patente todo aquello que busca proteger, deberá aceptar un ámbito de protección correspondientemente más estrecho y estará vinculado por la enseñanza técnica que le ha sido protegida.

sino también a la patente unitaria de la UE.

Este equilibrio de intereses puede resumirse bajo el lema de racionalidad hermenéutica. Esto significa interpretar la patente de manera que pueda aplicarse también a actos distintos de los actos jurídicos unilaterales o contratos. De acuerdo con estos principios, debe tenerse en cuenta el sentido literal de los términos técnicos utilizados en las reivindicaciones y su significado lógico, tanto a la luz del sentido general del contenido de la patente (tal como se refleja en las reivindicaciones y la descripción) como a la luz del criterio de equilibrio entre la protección del titular y la seguridad jurídica de terceros. De ello se desprende una evidente afinidad entre las normas específicas sobre patentes y las normas generales para la correcta interpretación de los *actos jurídicos.*

## 13. EL CENTRO DE MEDIACIÓN Y ARBITRAJE

El ATUP prevé un doble sistema de resolución de litigios: por una parte, un sistema judicial *heterocompositivo* —basado en un Tribunal de Primera Instancia (con sede en Múnich y París), con divisiones locales y regionales, y un Tribunal de Apelación (con sede en Luxemburgo)—, que es vinculante para las partes; y, por otro lado, un *sistema amistoso y facultativo, complementario* o, mejor dicho, alternativo al sistema jurisdiccional, basado en un Centro de Mediación (autocomposición) y de Arbitraje (por regla general, de heterocomposición, pudiendo las partes poner fin al litigio mediante transacción), que se instalaría en Lisboa y Liubliana[30]. El marco jurídico, aún incompleto, de este Centro de Mediación y Arbitraje se distribuye en varios disposi-

30 Este libro también trata este tema en el interesante estudio de la Prof.ª M.ª DEL MAR ARANDA JURADO, "Capítulo XIV. Mediación

tivos y codificaciones, especialmente los arts. 35, 39, 52 y 79 del ATUP, las reglas 11 y 365 del Reglamento de Procedimiento del TUP, así como las Reglas de Funcionamiento del Centro de Mediación y Arbitraje[31].

En cuanto a la *competencia material* de este Centro, las partes pueden solicitar al Centro de Mediación y Arbitraje que intervenga en *todas las disputas que sean competencia material del TUP*. La primera frase del párrafo 2 del Reglamento de Mediación establece que la competencia del Centro se limita a la prestación de servicios de mediación y arbitraje para *disputas sobre patentes que entren en el ámbito del ATUP*, navegando en las mismas aguas que el art. 2, núm. 1, del Reglamento de Mediación. Por lo tanto, a primera vista, parece que sus servicios no pueden utilizarse para litigios de patentes (o certificados complementarios de protección) para los que el TUP no tiene jurisdicción. Aunque puede que no sea así. Las actividades de este Centro podrán centrarse en asuntos que involucren al menos una patente europea con efecto unitario (PEEU), incluso si otros elementos del objeto de los procedimientos pueden extenderse más allá de la jurisdicción del TUP[32]. De hecho, en

---

y arbitraje en los conflictos sobre Propiedad industrial: el Centro de Mediación y Arbitraje del Tribunal Unificado de Patentes".

31 Reglamento de funcionamiento del Centro de Mediación y Arbitraje, de 8 de julio de 2022, disponible en: https://www.unifiedpatentcourt.org/es/tribunal/documentos-juridicos

32 Véase, REMÉDIO MARQUES, J.P., "O Tribunal Unificado de Patentes: a competência material do Centro de Mediação e Arbitragem e a execução de decisões proferidas por este Centro", en *Actas de Derecho Industrial y Derecho de Autor*, vol. 44 (2024), p. 285 ss. (p. 289); PICHT, P. G., "Einheitspatentsystem: Die Kompetenzreichweite des Mediations- und Schiedszentrums», en *GRUR Int.* (2018), p. 1 ss. (p. 9 segs.); DE WEERA, J., "Patent Arbitration under the Agreement on a Unified Patent Court (UPC)", en Matthews. Duncan / Torre-

mi opinión, este Centro puede aceptar y juzgar disputas relativas a patentes no cubiertas por el art. 3 del ATUP (o de sus certificados complementarios de protección), en particular las patentes europeas para las que se ha expedido el *opt-out*, o las *patentes nacionales*, especialmente en el contexto en que las partes de un acuerdo hubieran sometido su controversia al Centro con el fin de resolver la controversia relativa a una *cartera global de derechos de patente*. Entendemos que esta debiera ser la respuesta. En realidad, una *interpretación literal* del alcance de su jurisdicción material prevista en el ATUP seguramente haría al Centro menos atractivo para quienes están interesados en procesos alternativos de resolución de disputas.

¿Puede este Centro juzgar cuestiones relativas a la validez de patentes y certificados complementarios de protección con efectos *inter partes*? Me inclino por dar una respuesta afirmativa. Es cierto que, en virtud del § 2 del art. 35 del ATUP — de hecho, de conformidad con el § 2 del art. 79 del mismo Convenio—, una patente no puede ser revocada (por causas relativas o causas absolutas) o incluso limitada en algunas reivindicaciones mediante la emisión de una decisión vinculante (laudo arbitral) en un procedimiento arbitral. Sin embargo, esto no significa que las partes deban abstenerse de discutir la validez de una patente en el curso de la mediación o el arbitraje. Pueden, por el contrario, llegar a un acuerdo que incluya la *renuncia voluntaria* (de algunas reivindicaciones) o la *limitación* (de algunas reivindicaciones) de

mans, Paul (eds.), *European Patent Law The Unified Patent Court and the European Patent Convention*, 2023, Berlin, Walter De Gruyter, Berlin, p. 129 ss.; GRANATA, S., "The Patent Mediation and Arbitration Centre: a centre of Opportunities», en GEIGER, Ch. / NARD, A. G. / SEUBA, X. (eds), *Intellectual Property and the Judiciary*, Cheltenham, Northampton, Edward Elgar Publishing, 2018, pp. 255 ss. (p. 259).

esa patente. De hecho, el art. 11, párrafo 2, del Reglamento de Procedimiento del TUP prevé expresamente tales declaraciones[33]. Tampoco tengo dudas de que las partes deben estar en condiciones de aceptar someter su controversia a un proceso de arbitraje, administrado por el Centro de Mediación y Arbitraje, incluso *antes de que surja una controversia*, y en relación con todas las patentes europeas ("clásicas" y con efecto unitario)[34].

---

33 Es cierto que el ATUP prohíbe la mera invocación y conocimiento de la nulidad de una patente (o CCP) con efectos *inter partes*, ya sea por el TUP o por el Centro de Arbitraje y Mediación (art. 35, párrafos 2 y 3). Además, la competencia de este Centro no alcanza a la mera invalidación o limitación de la patente con efecto directo *erga omnes* (sin necesidad de decisión judicial posterior), aunque permite la *consecución indirecta del mismo objetivo*. Si, por ejemplo, el mantenimiento de un contrato de licencia está sujeto a la condición resolutoria de la declaración de nulidad de la patente licenciada (por ejemplo, de algunas reivindicaciones), es probable que el Centro de Arbitraje y Mediación aprecie no sólo la nulidad de la patente con efecto *inter partes*, sino también *aspectos dependientes del contrato de licencia*, como el pago de rentas periódicas (*royalties*) u otras obligaciones accesorias.

34 En efecto, estos litigantes (actuales o futuros) tienen interés en resolver su disputa, *de una manera global*, en un único proceso (y no en varios procesos paralelos). Este es el caso en particular de las partes contratantes en un *contrato de patente transfronterizo* (por ejemplo, una licencia para varios países o un acuerdo de licencia de CCP). El contenido de este tipo de contratos no se limita a las patentes «clásicas» y/o patentes europeas con efecto unitario, sino que abarca también las patentes americanas, las patentes japonesas o incluso las *marcas* o los *conocimientos técnicos secretos* (*know how*). Ahora bien, a estas partes sólo les interesará someter su controversia al reglamento arbitral del Centro de Mediación y Arbitraje si éste puede garantizar una *resolución global de su controversia*, cuya cosa juzgada material sea oponible a todas las partes interesadas.

## 13. CUESTIONES YA EXAMINADAS Y JUZGADAS POR EL TUP

Desde junio del año 2023, el TUP (en sus divisiones locales, Sección Central y Tribunal de Apelación) ha tenido la oportunidad de considerar y juzgar algunas cuestiones interesantes. A 31 de enero de 2025, el TUP ha dictado casi 60 sentencias, lo que ofrece una visión sustancial de su eficiencia y sus tasas de éxito. Los titulares de patentes han disfrutado de una tasa de éxito de casi el 60% y el TUP ha demostrado ser un "expediente de órdenes" que emite sentencias con rapidez.

El TUP informa del número de asuntos presentados cada mes, y al considerar solo los procedimientos independientes, excluyendo, por ejemplo, las reconvenciones por nulidad o infracción, en total se han presentado 381 asuntos hasta el 31 de enero de 2025, de los cuales 251 son procedimientos por infracción. Durante los primeros siete meses de funcionamiento (junio – diciembre de 2023), se presentaron aproximadamente 16 casos por mes en promedio. Sin embargo, en los últimos tres meses, este promedio aumentó a unos 23 casos por mes.

De cara al año 2025, se prevé que la popularidad del TUP siga creciendo. Se están dictando cada vez más decisiones en los procedimientos principales, que ofrecen mayor claridad sobre cuestiones en las que el ATUP o el Reglamento de Procedimiento carecían de orientación anteriormente, así como sobre la aplicación material de la ley por parte del TUP. Es importante destacar que las decisiones iniciales que abordan FRAND en detalle pueden alentar a los titulares de *Standard Essential Patents* (SEP) a resolver sus disputas en el TUP[35].

---

[35] Si bien en la primera decisión del TUP de 13 septiembre de 2023 *Philips v. Belkin*, UPC_CFI_390/2023, ACT_583273/2023, CC_584891/2023, sobre una SEP, no se planteó ninguna defensa

### *13.1. A favor de los demandantes*

Dado que el TUP se encuentra en su tercero año de funcionamiento, una de las cuestiones más interesantes es saber hasta qué punto será favorable a los demandantes. Aunque no es posible recopilar estadísticas a partir de las pocas sentencias publicadas, los fallos iniciales muestran que las divisiones están analizando las patentes de forma crítica. Las primeras sentencias indican la tendencia del TUP a restringir las patentes. Hasta ahora, la mayoría de las patentes han sido restringidas o anuladas, y sólo unos pocos demandantes han tenido éxito.

---

FRAND, en las dos decisiones posteriores en las que sí se planteó (*Panasonic v Oppo* y *Huawei Technologies v. NETGEAR*, del 18 diciembre de 2024, UPC_CFI_9/2023), el TUP ha adoptado un enfoque similar al de los tribunales nacionales alemanes. En *Panasonic*, por ejemplo, el *Landsgericht* de Mannheim adoptó una posición favorable a los titulares de la SEP respecto de la interpretación de la decisión del TJUE sobre *Huawei v. ZTE*, similar a la adoptada por el Tribunal Federal de Justicia alemán en *Sisvel v. Haier*. Estas decisiones no sorprenden, dada la identidad de los jueces involucrados y su participación previa en la resolución de los casos FRAND en Alemania. El hecho de que la mayoría de los procedimientos SEP pendientes ante el TUP estén pendientes ante los *Landsgericht* alemanes, y los jueces de los Landsgericht sean los mismos jueces que se han resistido a establecer tasas FRAND en los procedimientos nacionales y, hasta ahora, en *Panasonic v Oppo* y *Huawei v NETGEAR*, se han alineado, por ejemplo, con el enfoque alemán para la interpretación de Huawei v ZTE, puede sugerir que es poco probable que el TUP establezca una tasa FRAND global. Dado el compromiso del TUP de llegar a una decisión en un plazo de 12 a 14 meses, tal vez el procedimiento del TUP no esté, en realidad, equipado para llevar a cabo la fijación de tarifas SEP, que lleva tiempo.

### *13.2. Revocación de patentes*

Efectivamente, desde junio de 2023, las distintas divisiones del TUP han ido emitiendo cada vez más resoluciones sobre el fondo en las demandas por infracción. El TUP ha restringido o anulado un número sorprendente de patentes.

Una evaluación de las sentencias de revocación más recientes muestra un panorama equilibrado. El sector farmacéutico hasta ahora se ha mostrado más reticente que otras industrias a utilizar el TUP.

### *13.3. Procedimientos por infracción*

En los procedimientos de infracción sobre el fondo, se tomaron 21 decisiones, y el TUP encontró infracción de patentes en el 57% de los casos. En las acciones de revocación independientes, se tomaron 11 decisiones, y la patente se consideró válida tal como se concedió o en forma enmendada en el 64% de los casos. Generalmente, solo se defienden las patentes que ofrecen una protección significativa, por lo que consideramos que una confirmación parcial es un éxito para el titular de la patente. Si se combinan los procedimientos de infracción y revocación sobre el fondo, los titulares de patentes tienen éxito en casi el 60% de ellos, ya sean demandantes o demandados. Con anterioridad a la puesta en marcha del TUP, se pensaba que el ATUP sería especialmente favorable para los demandantes, pero estas cifras parecen sugerir lo contrario. Resulta más difícil valorar si estas cifras indican que el TUP es favorable o desfavorable para los titulares de patentes. Los titulares de patentes no están obligados a participar con sus patentes en el sistema, por lo que puede ser que solo los que cuentan con patentes más fuertes estén participando del sistema.

### *13.4. Procedimientos cautelares / medidas provisionales*

El TUP ha ganado popularidad rápidamente para los procedimientos de medidas cautelares o provisionales, con 49 solicitudes presentadas en un corto período. Esta popularidad se debe en gran medida al enfoque del TUP en los procedimientos de medidas cautelares o provisionales, que se asemeja a un mini-juicio, además de integrar el enfoque propio en los Países Bajos. El TUP no impone umbrales altos para otorgar una medida provisional; un estándar de "más probable que no" es suficiente (en cuanto al *fumus boni iuris* y a la necesidad). Además, la UPC no adopta una postura rígida sobre la *urgencia*, ni en principio requiere que solo se puedan invocar las patentes cuya validez se haya probado en procedimientos *inter partes*, como era anteriormente el caso en Alemania.

Sin embargo, es importante señalar que una medida provisional solo se otorga en casos en que es apropiada. Las estadísticas indican que el TUP no duda en otorgar una medida provisional, con un 58% de las solicitudes aprobadas. En los casos en que se denegó la medida, casi la mitad se debió a consideraciones de equilibrio de intereses (*balance of interests*) o urgencia. Otras denegaciones se debieron a que la patente probablemente se consideró inválida o que se entendía que probablemente no había concurrido infracción.

### *13.5. Tribunal de Apelación*

Por lo que se refiere a los recursos de apelación, aunque el Tribunal de Apelación ya ha tramitado un número significativo de recursos relativos a cuestiones de procedimiento, sólo ha dictado sentencia definitiva en cinco casos de apelación. Dado que el TUP lleva en funcionamiento menos de 22 meses, esto no es sorprendente. Sin embargo, esto implica que las estadísticas no son muy reveladoras. Actualmente, vemos que en el

67% de los casos, la decisión de primera instancia se confirma, es decir, en 4 de cada 6 casos. Si se hubiera sumado un caso más, esto habría elevado el porcentaje al 83%, lo que ilustra lo sensibles que siguen siendo estas estadísticas.

Conviene señalar que un recurso de apelación supone que el Tribunal de Apelación emite su propia sentencia basándose en los hechos presentados y las cuestiones planteadas en el recurso. Si bien solo se pueden introducir nuevos hechos y argumentos en una medida limitada, la decisión no se limita a cuestiones de derecho.

### *13.6. Procedimientos paralelos*

Por ejemplo, en materia de *procedimientos paralelos*, los jueces del Tribunal de Apelación del TUP han decidido cómo proceder en principio en relación con los procedimientos paralelos durante el periodo transitorio. Esta es una decisión publicada el 17 de septiembre de 2024 (UPC CoA_227/2024). La sentencia aporta una aclaración para aquellos supuestos en que estén pendientes acciones de nulidad paralelas contra la misma parte de una patente europea ante los tribunales nacionales de patentes y el TUP. Sin embargo, el Tribunal de Apelación dictaminó: «*A la luz del objetivo de los arts. 29 a 32 del Reglamento Bruselas I, el art. 71 quater, apartado 2, debe interpretarse* ***en el sentido de que las disposiciones se aplican cuando, durante el período transitorio del art. 83 de la LPL, un procedimiento esté pendiente ante el TUP y ante un órgano jurisdiccional nacional, incluso si el procedimiento ante el órgano jurisdiccional nacional se inició antes del período transitório***» (la negrita es de este autor).

### *13.7. Resumen final*

Una evaluación de las sentencias de revocación más recientes muestra un panorama equilibrado. El sector farmacéutico hasta ahora se ha mostrado más reticente que otras industrias a utilizar el TUP.

Al examinar todos los casos en los que se ha dictado sentencia en primera instancia sobre la *validez de la patente* en cuestión, ya sea en procedimientos principales o en medidas cautelares o provisionales, es evidente que las patentes se consideran válidas en la gran mayoría de los casos. En el 72% de los casos, la patente se consideró válida en su forma concedida o en una forma modificada.

En el 28% de los casos la patente se consideró inválida. La falta de novedad, la obviedad y la materia añadida fueron también las principales razones por las que una patente se consideró inválida. El elevado número de revocaciones obedece a que el objeto excede el contenido de la solicitud de patente tal como fue presentada, lo que puede sorprender a algunos, ya que se esperaba que se evaluara de forma menos estricta en el TUP que en la OEP y en muchos tribunales de Europa continental. En términos más generales, se ha venido reconociendo que, a pesar de las expectativas iniciales de que el TUP sería en gran medida un foro a favor de los titulares de patentes (y CCP), la posición adoptada es mucho más matizada y el tribunal no ha tenido miedo de revocar patentes.

Ningún experto en patentes habría cuestionado que se hubiera interpuesto una acción sobre comunicaciones móviles en la división local de Múnich, Mannheim o Düsseldorf. Tampoco les habría sorprendido que *Ericsson* hubiera presentado una demanda ante las divisiones locales de París o La Haya. Se considera que todos estos tribunales tienen experiencia en casos de comunicaciones móviles. Pero una demanda de medidas cautelares en la división local de Lisboa y dos demandas paralelas por infracción en la división local de Milán sí que han sorprendido a muchos.

Un abogado de patentes holandés lo califica de «valiente». Un abogado británico lo califica de «test». En cualquier caso, la disputa entre *Ericsson* y *AsusTech* plantea varias preguntas.

En un tercer supuesto, *Ericsson* solicitó una medida cautelar contra *AsusTech* y sus dos codemandados ante la división local de Lisboa (ID del caso: ACT_35572/2024). La división examinó el caso el 14 de septiembre de 2024 bajo la presidencia de la juez portuguesa, Rute Lopes. Nótese que se trata del primer y hasta ahora único caso en la división portuguesa.

Por otro lado, el Tribunal de Apelación del TUP sentenció que Irlanda no es un Estado miembro contratante, porque, según los jueces, Irlanda aún no tiene tal condición. Aunque Irlanda ha firmado el ATUP, aún no lo ha ratificado. Esto requiere primero la aprobación del pueblo irlandés en un referéndum, que el Gobierno irlandés tenía previsto celebrar en junio de 2024.

Esto podría tener graves consecuencias para los abogados irlandeses que quieran representar a sus clientes. Pero mientras exista esta inseguridad jurídica, los abogados británicos activos en el TUP con licencia irlandesa no tienen nada que temer.

*

Este libro, magníficamente coordinado y dirigido por los Profesores JAVIER JIMÉNEZ FORTEA y MARTA CANTOS PARDO, en formato de obra colectiva muy actual y profunda, parte de trabajos sobre el mismo tema ya publicados en Europa. El estudio dogmático y jurisprudencial exhaustivo de las cuestiones analizadas, lo convierte en una obra de enorme interés práctico, especialmente para los juristas españoles, que a buen seguro contribuirá a una mejor comprensión de la necesidad de participación de España en este nuevo sistema. Y propiciará que en los círculos económicos, políticos y jurídicos españoles interesados reflexionen sobre la necesidad y pertinencia de que el Reino de España se adhiera, en un futuro próximo, a este ATUP e instale una División Local del TUP en España.

Coímbra, marzo de 2025

*La verdadera ciencia enseña sobre todo a dudar y a ser ignorante* (Miguel de Unamuno)

## *Capítulo I*

# *Las patentes en Europa: el ejercicio del ius prohibendi*

**CARMEN RODILLA MARTÍ**
*Profesora Contratada doctora de Derecho Mercantil*
*Universitat de València*



## I. INTRODUCCIÓN

El presente trabajo no pretende realizar un análisis jurídico exclusivamente desde la perspectiva de la propiedad industrial pura, de la situación y funcionamiento de las patentes en Europa, incluida la patente europea con efecto unitario. En cambio, acomete un estudio del fenómeno de las patentes que explique los distintos problemas de funcionamiento y litigación en un contexto como el europeo, donde los Estados Miembros cuentan con particularidades nacionales en I+D, que afectan de manera diversa al panorama innovador. Para ello, se llevará a cabo un examen que tenga en cuenta tres perspectivas: la del *law and economics*, por una parte; consideraciones de Derecho de la competencia, por otro, y, finalmente, se prestará atención a la política industrial.

Desde la primera perspectiva, interesa conocer cuáles son los resultados coste-beneficio económicos para los operadores europeos (mayoritariamente PYMEs, en cuyo favor se orienta el sistema de patente europea con efecto unitario[36], que son las que conforman el tejido empresarial europeo[37], donde se observan enormes diferencias, en solicitud y adquisición de titularidad de derechos de patente, entre las empresas con sede en distintos EE.MM., especialmente Alemania en comparación con el resto de la Unión[38]), extranjeros (sobre todo grandes empresas, que son quienes tienen incentivos y medios para registrar su innovación en Europa) y los Estados parte del acuerdo por el que se crea el modelo de patente europea con efecto unitario, donde va a mantenerse de forma paralela un sistema eminentemente nacional y el introducido de la mano de la patente europea con efecto unitario.

---

36 De acuerdo con los pronunciamientos de la Comisión Europea, donde se resalta que la patente unitaria sirve de apoyo a las PYMEs (https://single-market-economy.ec.europa.eu/industry/strategy/intellectual-property/patent-protection-eu/unitary-patent-system_en), argumento apoyado también por la EPO (https://www.epo.org/en/applying/european/unitary/unitary-patent) y que queda asimismo reflejado en el considerando segundo del *Agreement on a Unified Patent Court*, 2013.

37 Más del 99% de las empresas europeas son PYMEs. Ver al respecto: https://report-archive.epo.org/about-us/annual-reports-statistics/statistics/2022/patenting-trends.html

38 Según las estadísticas de la EPO (Oficina Europea de Patentes), el país europeo origen de la mayor parte de empresas que registran invenciones como patente (europea) es Alemania con mucha diferencia respecto del siguiente país, que es Francia. https://report-archive.epo.org/about-us/annual-reports-statistics/statistics/2021/statistics/granted-patents.html

Adicionalmente, se considerará cuáles son los incentivos económicos que impulsan o sesgan a las oficinas de patentes a un funcionamiento pro-registro, al igual que se debe incidir en el efecto que tiene en el éxito de determinadas pretensiones el Derecho procesal o, dicho de otra forma, la relevancia del diseño de los procedimientos judiciales en los que se plantean las pretensiones de infracción y nulidad de patentes y a quién favorece esta arquitectura jurídica.

En segundo lugar, es relevante subrayar el papel que tiene el Derecho *antitrust* en propiedad industrial. Está ya asentado que se trata de ramas del Derecho (la propiedad industrial y la defensa de la competencia) que, aunque desde un punto de vista superficial parecen buscar intereses antinómicos (eliminación vs. generación de derechos de exclusiva al margen de la competencia), persiguen un objetivo común[39]: el fomento de la innovación, a través de herramientas distintas, pero complementarias[40]. Siendo lo anterior cierto, o precisamente por ello, tiene sentido interpretar y aplicar ambos derechos de forma coherente. Así, aunque pocas patentes pueden ser conceptualizadas como verdaderos monopolios, esto no excluye que puedan interferir en mayor o menor medida en un modelo de libre mercado, generando ciertas disrupciones en tanto que barreras de entrada jurídicas o legales, algo que debería permitirse exclusivamente en la medida en que sea indispensable, en aras de proteger la innovación y al consumidor.

---

39 TURNER, J. D.C., *Intellectual Property and EU Competition Law*, Oxford, 2010, p. 3.

40 FTC, *To promote innovation: the proper balance of competition and patent law and policy*, 2003 a disposición para consultar en https://www.ftc.gov/sites/default/files/documents/reports/promote-innovation-proper-balance-competition-and-patent-law-and-policy/innovationrpt.pdf

No hay que perder de vista tampoco que, en la aplicación del derecho de defensa de la competencia a las patentes, en ocasiones (por ejemplo, cuando se aplica en lo que concierne a las licencias obligatorias), éste puede perseguir la protección de bienes jurídicos nacionales, lo que eventualmente desvirtuaría un pretendido sistema de derechos de propiedad industrial europeos.

Finalmente, conviene reconsiderar, a la vista del actual panorama político-económico, cuáles son los objetivos cuando diseñamos un modelo de protección de propiedad industrial determinado con aspiraciones bien paneuropeas, bien nacionales: proteger la innovación, reducción de costes para las PYMEs, tutela de los titulares de patentes, independientemente de su tamaño y nacionalidad, bienestar del consumidor europeo, etc. En este sentido, debemos replantear algunas de las cuestiones que el pensamiento económico y jurídico clásico dio por zanjadas hace ya algunos años, analizando críticamente, los mensajes tácitos que parecen atribuir una bondad connatural al incremento del número de patentes registradas en los últimos años.

Este posicionamiento, sin ninguna matización de acompañamiento, debe empezar a ponerse en tela de juicio. La proliferación de derechos de exclusiva en Europa no necesariamente redunda en un mayor bienestar del consumidor (europeo). Y considero que es una afirmación especialmente equívoca si se hace totalmente desvinculada de otros datos que contribuirían a poner en contexto más amplio esta información como: la nacionalidad y naturaleza de quienes obtienen derechos de patente en Europa y los sectores en los que se registra, que muestran un escenario extremadamente desigual y desequilibrado[41]. Así, por ejemplo, y según los propios datos que facilita

41 Fenómeno que va a exacerbarse como consecuencia de la adopción de una serie de idiomas como oficiales del procedimiento, escogidos por la razón de que son esos estados donde se encuentran las se-

la EPO, encontramos, en el año 2023, a la cabeza del listado de registros con bastante diferencia (más del 50% de todas las patentes nacionales obtenidas) se encuentran grandes empresas[42] (Huawei, Samsung, LG, Qualcomm, etc.) extranjeras (China, Corea del Sur y Estados Unidos), que han centrado su actividad de registro sobre todo en áreas de desarrollo económico clave en el futuro inmediato como la comunicación digital, tecnología médica, ingeniería informática, energía, etc.[43].

---

des de la mayor parte de solicitantes, de designaciones o de consultings y despachos de litigacion. Esta decision reforzará, aún más, los desequilibrios señalados. ULRICH, H., "Harmonizing Patent Law: The Untamable Union Patent", en AA.VV., *Harmonisation of european IP law: from European rules to Belgian law and practice,* eds. M.-Chr. Janssens, G. Van Overwalle, Bruylant, 2012, version *on line,* p. 13.

42 Estos datos, además, vienen corroborados en general para todo tipo de patentes en la doctrina, donde se sostiene que las PYMEs son menos proclives a utilizar la patente como método de protección de sus invenciones en comparación con otras fórmulas como el secreto, los acuerdos de confidencialidad, etc. por los costes derivados del modelo de patentes entre otros, pero también porque no lo pueden proteger con demandas. En cambio, cuando lo hacen y obtienen una patente, es más probable que la exploten directamente o a través de licencia que las grandes empresas porque quieren rentabilizar el coste de la protección y porque normalmente es la seguridad que contribuye a captar fondos de inversores. HUGHES, A., MINA, A., "The impact of the patent system on SMEs", *Centre for Business Research, University of Cambridge Working Paper, núm. 411,* 2010, pp. 1-33.

43 Véanse los datos de la EPO publicados en su propia página web, por ejemplo, https://report-archive.epo.org/about-us/annual-reports-statistics/statistics/2022/patenting-trends.html. Estos datos se confirman por la doctrina XENOS, D., "The European Unified Patent Court: assessment and implications of the federalisation of the patent system in Europe", *Journal of Law, Technology and Society,* vol.10, núm. 2, 2013, p. 250 donde se observa que la mayor parte de patentes se conceden a empresas que no tienen la sede en Europa y, de entre las que sí la tienen, Alemania tiene tantas patentes como los otros EM de conforma conjunta.

No parece haber muchas diferencias entre las patentes europeas nacionales centralizadas a través de la EPO y las patentes europeas con efecto unitario en lo que se refiere a las tendencias *grosso modo* esbozadas[44]. Así, en el poco tiempo que lleva en vigor este nuevo derecho de propiedad industrial, se han registrado más de veintidós mil patentes con efecto unitario, habiéndose rechazado exclusivamente un 0,1% de las solicitudes, siendo el origen de los propietarios mayoritariamente extranjero (USA, Japón, China, Corea del Sur, etc.) y pudiendo calificarse como grandes empresas (Siemens AG, Johnson & Johnson, Samsung, Qualcomm, Ericsson, etc.).

A la luz de estos datos, y sin perder de vista que se trata de una cuestión técnica la de la delimitación de los derechos de patente, no podemos ignorar que la extensión del derecho de propiedad inmaterial, el alcance de las excepciones y límites a su ejercicio no es una cuestión jurídicamente aséptica, sino que viene cargada de implicaciones políticas[45]. Si bien hay

---

44 La EPO, actualizando cifras en noviembre de 2024, que pueden consultarse en https://report-archive.epo.org/about-us/annual-reports-statistics/statistics/2022/patenting-trends.html

45 XENOS, D., "The European Unified Patent Court: assessment and implications of the federalisation of the patent system in Europe", *op.cit*, p. 252. El autor sostiene que no existen estándares connaturales de patentabilidad. Así, la política de propiedad industrial o de innovación se puede configurar, y así se hace, como un instrumento para conformar mercados (permitiendo que pequeños operadores entren en los mercados y prolifere la competencia en aquellos sectores en los que esto se necesite, restringiendo al máximo posible la concesión de derechos de exclusiva y evitando serios problemas de competencia, como las marañas de patente y los trolls de patentes) o para fomentar el desarrollo de innovación (concediendo más patentes y, por lo tanto, estimulando que las empresas inviertan en I+D ante la perspectiva de su monopolización). Y esta facultad de hacer política industrial se pierde, al menos desde la sede nacional, en el momento en el que se cede la soberanía a una agencia supranacio-

que reconocer que la economía es mundial y se aspira a una reciprocidad de medidas de protección de la innovación, debemos reevaluar a quién beneficia el fenómeno de dramático incremento del número de invenciones registradas como patente, teniendo presente que el hecho de que se registre en Europa por (grandes) empresarios extranjeros no significa que haya más innovación dentro de nuestras fronteras beneficiando a los consumidores europeos, sino que los titulares de los derechos podrán ejercer las facultades conferidas relativas al *ius prohibendi* (con sus correspondientes límites arts. 25-30 ATUP) en aquellos Estados donde hayan tenido acceso al registro competente, impidiéndose, como consecuencia, a empresas radicadas en tales Estados, realizar ninguna actividad de explotación sin su consentimiento[46]. Dado que las facultades

---

nal, donde se unifican criterios sin tener en cuenta las especialidades de cada EM, sin ser Europa un estado federal.

El autor entiende que estas decisiones se han realizado tradicionalmente por jueces nacionales (algo que en absoluto se critica como una autoridad con legitimidad democrática exclusivamente indirecta adoptando decisiones marcadamente políticas, sino que se presenta como algo positivo) y el propio legislador. Sin embargo, con esta nueva institución van a verse privados de estas herramientas de control del mercado y de la política industrial a través de un sistema judicial monopolizado por una agencia supranacional que, en teoría, no va a tener en cuenta ninguna de estas cuestiones y será neutral en sus decisiones sin un control democrático efectivo y, aunque la seguridad jurídica y la posibilidad de anticipar el resultado de cualquier decisión sea, en general, bueno, el problema se considera que es quién va a fijar los estándares transversalmente aplicables y teniendo en cuenta los intereses de quién. De hecho, el autor muestra en varios casos cómo el estándar de patentabilidad de la EPO es bastante más generoso para con los solicitantes que el criterio de algunos jueces nacionales (caso Aerotel).

46 El riesgo de un bloqueo de patente es una cuestión que se debatió en Polonia, donde las estadísticas demostraban que era uno de los estados que menos patentes registraban y donde tampoco se valida-

relativas al ius prohibendi que se confieren a los titulares de las patentes y los límites a las mismas se corresponden con los previstos en las legislaciones de patentes europeas[47], vamos a mover el foco para alumbrar un dato que merece la pena resaltar: la litigación en materia de patentes (especialmente en sede infracción, aunque en la mayor parte de casos sea complicado escindirla de los supuestos de nulidad de los derechos al ser la reconvención típica en estos procedimientos) ha aumentado considerablemente en los últimos 30 años[48], casi tanto como la

---

ban patentes europeas que, como consecuencia de la adopción de la patente europea con efecto unitario podía verse perjudicada por la dificultad de producir y la necesidad de destinar recursos al análisis de si se está infringiendo o no una patente ajena, cuestiones que quedaron reflejadas en un informe elaborado por la consultora Deloitte. ZAWADZKA, Z., "The Unitary Patent Protection– A Voice in the Discussion from the Polish Perspective", *IIC*, vol. 45, 2014, p. 388.

47 Algo que ya notó la doctrina en su momento, donde se sostiene que después de unos años de barbecho de la propuesta, la Comisión no tuvo muchos problemas para remitir una propuesta de reglamento en el año 2000, que modernizó, sin mucha ambición, la protección sustantiva, esto es, las reglas de infracción y sus excepciones [ULRICH, H., "Harmonizing Patent Law: The Untamable Union Patent", op. cit, p. 6. NORDBERG, A., "8 Exceptions and limitations (27 UPCA)", European Patent Law: The Unified Patent Court and the European Patent Convention, ed. D. Matthews, P. Torremans, Berlin, De Gruyter, 2023, p. 110], sosteniendo que hay cierto grado de armonización en las excepciones a los derechos de patente en la jurisdicción ante el TUP, como consecuencia de que el legislador del tratado de la patente unitaria escogió emplear este artículo como una técnica legislativa consistente en incorporar directamente excepciones internacionales y europeas que ya existían.

48 Véase, entre otros, el estudio BESSEN, J., MEURER, M.J., "The patent litigation explosion", Boston University School of Law Working paper series, law and economics working paper, núm. 05-18, 2005, pp. 1-40, a disposición para consultar en https://papers.ssrn.com/sol3/papers.cfm?abstract_id=831685; MEURER, M.J., BESSEN, J., "Lessons for Patent

propia concesión de los derechos de patente[49] (la EPO muestra un aumento de la concesión de derechos de patente nacionales en los últimos años en sus Annual Reports[50] [51])[52]. Y

---

Policy from Empirical Research on Patent Lessons for Patent Policy from Empirical Research on Patent Litigation", Boston University School of Law Scholarly Commons at Boston University School of Law, 2005, p. 22

49 WIPO, The Surge in Worldwide Patent Applications. Study prepared by the International Bureau, 2011, p. 8. Sostiene que se han producido dos grandes olas de incremento de registro de patentes: entre 1983 y 1990 y otro entre 1995 y 2007, siendo el crecimiento más exacerbado que en el primero. Ninguna de las dos olas puede ser explicada por cambios en la productividad del I+D.

50 Pero no solo la EPO lo muestra en sus datos. Por ejemplo, entre otros, véase KLINE, D.J., "Patent Litigation: The Sport of Kings", MIT Technology review, 2004 y WIPO, The Surge in Worldwide Patent Applications. Study prepared by the International Bureau, 2011. Donde explican que se trata de un fenómeno mundial, que, aunque ya se había observado en otros momentos en el pasado, en el periodo analizado la tendencia es extrema. Y se atribuye a varios factores: la tendencia amigable de la jurisdicción hacia los titulares de patentes, la ampliación de oportunidades tecnológicas (computing y electrónica) y los cambios en las políticas de I+D. También se subrayan motivos como, por ejemplo, el riesgo de hold up derivado de cambios legislativos. Por este motivo, se produce un registro defensivo o estratégico de invenciones, dado que ser titular de patentes incrementa el poder de negociación en casos de licencias cruzadas y de litigación.

51 Al margen de los datos de la EPO, la propia Comisión Europea anunciaba que, en octubre de 2024, habiéndose puesto en funcionamiento el sistema el 1 de junio de 2023, se habían registrado en la EPO más de 36.000 patentes unitarias y se habían iniciado más de 500 procedimientos ante el TUP. https://single-market-economy.ec.europa.eu/industry/strategy/intellectual-property/patent-protection-eu/unitary-patent-system_en

52 Pero se trata de una tendencia mundial que lleva experimentándose desde la mitad del siglo pasado. Véanse, por ejemplo, autores norteamericanos que hay apuntaban esta circunstancia, aunque atribu-

esta circunstancia, independientemente de cómo se juzgue la proliferación de los derechos, sí supone una mala noticia para el consumidor final[53], dado que los costes, dependiendo de la competencia que exista en los mercados aguas-abajo, se le repercutirán total o parcialmente.

El incremento de la litigación en materia de patentes al que aludimos puede ser debido a distintas razones o una combinación de ellas, a las que se dedicarán los apartados subsiguientes. La primera hipótesis vincularía esta intensificación de litigación a un aumento de los casos de infracción al entender que las consecuencias negativas derivadas de la infracción son leves, esto es, los infractores no se ven inhibidos como consecuencia de los daños y perjuicios impuestos, siendo las sanciones civiles insuficientes como para prevenir estos comportamientos.

La segunda conjetura explicaría el fenómeno por la enorme proliferación de patentes, en una magnitud tal y a través de unas estrategias, en ocasiones bordeando lo ilícito, de forma que se torna complicado producir bienes sin infringir algún derecho de exclusiva advertida o inadvertidamente (especialmente en biotecnología, software y farmacéutica).

---

yéndola a una serie de razones propias de USA, no europea, como, por ejemplo, cambios en el modelo legislativo estadounidense, pero también en una serie de decisiones jurisprudenciales con mucha publicidad. En cualquier caso, y a diferencia con lo que sucede en Europa, la mayoría de los solicitantes y titulares son norteamericanos. HALL, B.H., "Exploring the patent explosion", NBER WORKING PAPER SERIES Working Paper 10605, 2004, p. 4, a disposición para consultar en http://www.nber.org/papers/w10605

53 Algunos autores se refieren a esto como el coste social de la litigación de patentes. MEURER, M.J., BESSEN, J., "Lessons for Patent Policy from Empirical Research on Patent Lessons for Patent Policy from Empirical Research on Patent Litigation", cit., p. 24.

## II. EL EFECTO DISUASORIO DE LAS CONDENAS

### *1. Distorsiones estadísticas*

Antes de entrar en el examen de los datos, es conveniente apuntar que éstos son complicados de extraer y de evaluar (independientemente de las estadísticas que vaya ofreciendo el Tribunal de Patente Unitaria (TUP) en lo sucesivo en estas primeras fases de funcionamiento) por varios motivos.

El primero es que tratar las cifras de litigación como si los procedimientos fueran perfectamente aleatorios o azarosos es un error que incurre en varios sesgos estadísticos. Es indispensable tener presente, antes de extraer conclusiones, cuáles son los perfiles de demandante y demandando tipo y tratar de contrastar si coincide con el perfil del titular de patentes tipo (en la mayor parte de ocasiones, grandes corporaciones), y cuáles serían las circunstancias que determinarían que fuera preferible la litigación al acuerdo extrajudicial o la pasividad ante la posible infracción (existencia de un verdadero monopolio, duración de la patente en cuestión, costes de litigación, identidad de la contraparte, etc.[54]).

---

54 Desafiando ideas preconcebidas, algunos datos muestran que como consecuencia del *patent premium* y la imposibilidad de explotarlo o beneficiarse del mismo a través de otras fórmulas, las pequeñas y medianas empresas son las que demandan tres veces más que otro tipo de titulares. Los autores justifican esto en que posiblemente las patentes de este tipo de titulares son más valiosas que las del resto, al menos para ellos o porque intrínsecamente son más valiosas o, quizás, como señalan otros autores, porque las grandes empresas son capaces de resolver las disputas a través de fórmulas alternativas como consecuencia de las ventajas reputacionales y de escala. MEURER, M.J., BESSEN, J., “Lessons for Patent Policy from Empirical Research on

Sorprendentemente, como concluyen una serie de estudios, el litigante tipo en demandas de infracción es el de una pequeña empresa, lo que, en contra de lo que pueda parecer a primera vista, es una mala noticia porque reduce los incentivos para que inviertan en i+D, contribuyendo a concentrar los mercados. La razón que subyace tras las estadísticas que muestran que pequeñas empresas interponen más demandas de infracción es que éstas no cuentan con las herramientas alternativas de las grandes empresas para evitar la litigación: los acuerdos extrajudiciales son más frecuentes en escenarios en los que se espera una interacción continuada e intercambios de patentes (por ejemplo, a través de licencias cruzadas). Dado que la litigación ha aumentado en sofisticación, los costes son mayores, lo que coloca a las pequeñas empresas en una posición desfavorable para defender sus derechos.

En segundo lugar, los datos son problemáticos de interpretar porque este tipo de litigios en Europa, hasta la entrada en vigor del ATUP y sólo para ese caso, son nacionales, dado que nacional ha sido la única protección hasta el momento (y que cohabitará con el modelo de patente europea con efecto unitario), aunque existieran herramientas que permitieran la centralización de la solicitud.

---

Patent Lessons for Patent Policy from Empirical Research on Patent Litigation", cit., p. 13.; LANJOUW, J.O., SCHANKERMAN, M., "protecting intellectual property rights: are small firms handicapped?", *The Journal of Law and Economics,* vol. 47, núm. 1, p. 46.

Esta circunstancia, pese a que existan polos de atracción de litigación[55] en materia de patentes[56], como UK, los Países Bajos, Francia y, particularmente Alemania[57] (siendo Düsseldorf, Mannheim y Múnich los foros preferidos para litigar en materia de infracción de derechos de patente, especialmente para los supuestos de electrónica ("smartphone wars"), pero tam-

---

55 La concentración de casos en estos foros de litigación no se explica porque no haya daños en otras jurisdicciones. Sin embargo, lo más importante para los demandantes es obtener una acción de cesación en los mercados económicos más importantes para poder frenar la infracción. ZEMLA-PACUD, Z., TARGOSZ, T., "3 Cross-border patent litigation under the EPC", *European Patent Law: The Unified Patent Court and the European Patent Convention,* ed. D. Matthews, P. Torremans, Berlin, De Gruyter, 2023, p. 36.

56 HARHOFF, D., "Economic Cost-Benefit Analysis of a Unified and Integrated European Patent Litigation System", *Final Report, tender Nº. MARKT/2008/06/D,* 2009, a disposición para consultar en p. 15. Aunque uno de los problemas aludidos en lo que se refiere al modelo nacional de protección de propiedad industrial es el de la duplicación de casos en varias jurisdicciones que pueden llevar a resultados contradictorios, en realidad no hay estadísticas y el argumento es contradictorio con el de que existen polos de atracción de litigación, que parece ser más bien el caso.

57 ZIPF, M., GLÜCKLER, J., KHUCHUA, T., LAZEGA, E., LACHAPELLE, F., "The Judicial Geography of Patent Litigation in Germany: Implications for the Institutionalization of the European Unified Patent Court", *Social Sciences,* vol. 12, 2023, p. 3. Más de dos tercios de toda la litigación de patentes en Europa se produce en Alemania. Las razones para ello, HARHOFF, D., "Economic Cost-Benefit Analysis of a Unified and Integrated European Patent Litigation System", cit., pp. 13 y ss.: resolución rápida de los casos, relativos bajos costes de litigación, que permiten participar a las PYMEs, el alto nivel técnico de los tribunales especializados, la competencia técnica y calidad de las resoluciones, el uso de peritos y el hecho de que como casi siempre se llega a sentencia y no a acuerdo, el demandante puede recuperar costes del procedimiento.

bién en el sector farmacéutico en la batalla entre innovadoras y productoras de genéricos) contribuye a atomizar y dispersar considerablemente los datos.

Adicionalmente, sobre Alemania, debemos ser conscientes de que se produce un fenómeno que distorsiona todavía más las estadísticas (y que posiblemente sea una de las razones que justifica que sea el foro favorito de los demandantes[58]); la nulidad y la infracción del derecho se instruyen a través de dos procedimientos canalizados de forma separada, por lo que la validez de la patente no puede alegarse como defensa en el procedimiento de infracción.

No obstante, pese a todas las salvedades en la presentación e interpretación de los datos, se aprecia una tendencia incremental clara del número de litigios.

---

58 Al margen de que, por supuesto se trata de un EM con una cuota de mercado relevante, por lo que los daños que se obtengan en estos tribunales serán cuantiosos. Adicionalmente, se trata de tribunales muy especializados con un conocimiento del Derecho de propiedad industrial muy profundo, posiblemente como consecuencia de haber sido el foro de litigación favorito (ZIPF, M., GLÜCKLER, J., KHUCHUA, T., LAZEGA, E., LACHAPELLE, F:, "The Judicial Geography of Patent Litigation in Germany: Implications for the Institutionalization of the European Unified Patent Court", cit., p. 4). Otros motivos centrales para haberse convertido en centro de atracción de este tipo de demandas es que los procedimientos alemanes son, de media, más rápido que en otras jurisdicciones (10-18 meses para infracción, mientras que los casos de nulidad se prolongan normalmente a dos años en primera instancia, aunque los plazos han ido prolongándose a lo largo de los años) y, además, se suelen conceder medidas cautelares (por ejemplo, de cesación) con relativa facilidad, lo que favorece mucho los intereses de los demandantes.

## *2. La cuantía de los daños*

Pese al descargo anterior, parece que la hipótesis consistente en que se infringe más por razones de eficiencia estratégica, esto es, dicho de otra forma, que sale a cuenta infringir, debería desterrarse por varios motivos: la cuantía de los daños y la tasa de éxito del demandante en sede de infracción.

Por una parte, porque parece claro que, aunque en Europa, concretamente en Alemania, las indemnizaciones que se conceden por los tribunales en materia de infracción son menores, por regla general, de los que se obtienen en tribunales norteamericanos[59], en la mayoría de los casos que terminan con sentencia condenatoria a daños[60], los demandantes

---

59 VERON, P., "What Price Crime? A European hit parade of patent infringement damages", *GRUR*, vol. 2, 2021, pp. 395 y ss.; NIKOLIC, I., "Are patent assertion entities a threat to Europe ?", *Journal of Intellectual Property Law & Practice*, 2019, vol. 14, núm. 6, p. 480, donde el autor sostiene que una de las razones por las que proliferan las PAEs en USA es que los daños que se otorgan son más cuantiosos que en Europa.

60 En Alemania, por ejemplo, procesalmente se ha determinado que, aunque en el procedimiento civil se establece si se ha producido la infracción, cuando ésta se prueba, la sentencia es meramente declarativa del hecho. Esto es, no se fijan los daños. Estos deben determinarse en un procedimiento subsiguiente y, en muchas ocasiones, el mismo no llega porque las partes llegan un acuerdo al margen de los tribunales. WIPO, "An International Guide to Patent Case Management for Judges", 2023, a disposición para consultar en https://www.wipo.int/edocs/pubdocs/en/wipo-pub-1079-en-an-international-guide-to-patent-case-management-for-judges.pdf De hecho, existe un informe que analiza estadísticamente las sentencias que conceden daños en casos de infracciones de patentes en distintas jurisdicciones europeas obteniendo una serie de resultados, en parte, sorprendentes: Francia es el EM que resuelve en un mayor número de sentencias conceder

obtienen compensaciones que han ido incrementándose por distintos motivos[61].

En Alemania, por ejemplo, el Tribunal Federal, en sentencia de 14.11.2023, ha extendido los conceptos por los que los daños pueden ser reclamados en este tipo de demandas. Así, se analizaron una serie de cuestiones en relación al cálculo de daños en procedimientos de infracción entendiendo que los beneficios de los acuerdos de *leasing* que había concluido el demandado sobre máquinas en las que se explotaba la patente infringida

---

daños, mientras que Alemania se encuentra lejos de la cabeza. En realidad, el autor da una serie de explicaciones tentativas que justifican estos resultados: las partes prefieren pactar extrajudicialmente los daños (algo que se fomenta por parte de los tribunales), siendo el principal objetivo un cese de la conducta infractora. VERON, P., "What Price Crime? A European hit parade of patent infringement damages", *GRUR*, Vol. 2, 2021, pp. 392-396.

61 Y esto a pesar de que los estándares de prueba determinan que en la mayor parte de ocasiones sea complicado probar el lucro cesante, que sería el que representaría de forma más realista el valor de la fuerza monopolística usurpada por el infractor. Este problema procesal ha sido compensado por los tribunales, que han incluido correctivos compensatorios de esta distorsión, incrementando los daños y elevando artificialmente el estándar de royalty razonable o importando conceptos como "la regla de valor de mercado absoluto". Estos correctivos han llevado al resultado de que, una vez se prueba que se ha infringido la patente, la extensión de los daños que pueden obtenerse es expansiva: se pueden recuperar pérdidas sobre ventas que, en realidad, se han concluido si pueden probar que se vieron obligados a reducir el precio como consecuencia de la competencia infractora, pueden también capturar el valor de las ventas de todo un producto en el que sólo uno de los componentes se ha producido como consecuencia de la infracción, si se puede probar que ese elemento es el que genera la venta del producto, etc.. LEMLEY, M., "Distinguishing lost profits from reasonable royalties", *William and Mary Law Review*, Vol. 51, 2009, pp. 656, 660 y 662.

y otras transacciones adicionales (suministro de consumibles, que, *a priori* no se encontrarían estrictamente designadas dentro de las conductas de explotación recogidas en la ley de patentes alemana) también podían ser incluidos como conceptos a compensar, incluso daños (o beneficios) que se obtuvieron tras haber expirado la patente, pero como consecuencia de actos que se llevaron a cabo durante la vigencia de la misma.

En conclusión, los tribunales alemanes aceptan, como consecuencia del principio de compensación plena, que se incluyan todo tipo de perjuicios que tengan una relación cada vez más lejana e indirecta con la infracción, precisamente porque esta pretensión se dirige a absorber todas las ventajas económicas que el infractor ha obtenido como consecuencia de una oportunidad de mercado que sólo le ha sido posible a través de un acto ilícito no autorizado por el titular.

### *3. La tasa de éxito*

En segundo lugar, porque en Alemania[62], donde se presentan muchas de las demandas de infracción de derechos de patente, se conceden las pretensiones y las medidas cautelares[63], como la cesación, con cierta facilidad[64]. Con éstas se consigue

---

62 Aunque las estadísticas y porcentajes de éxito en las demandas presentadas por los titulares tampoco varían mucho en USA, donde se calcula que ganan más de la mitad de los casos (60%). MEURER, M.J., BESSEN, J., "Lessons for Patent Policy from Empirical Research on Patent Lessons for Patent Policy from Empirical Research on Patent Litigation", op.cit, p. 3.

63 De media, en un 69% de los casos se obtienen estas medidas. TAYLOR WESSING, "German Patent Cases: Statistics", 2021, p. 12.

64 Ibídem, p. 6. La tasa media de éxito en los casos de infracción es el 64% / 70% dependiendo del artículo doctrinal (aunque

frenar la explotación por parte de terceros rápidamente, quienes se ven compelidos, si es que tienen la intención de continuar explotando la invención, a disputar la validez del derecho en una sede distinta.

El diseño de este tipo de procedimientos presenta unos claros efectos pro-titular[65], de manera que se obtiene la pretensión

---

también ha ido incrementándose a lo largo de los años), mientras que en las acciones de nulidad, es del 50%. En apelación, la tasa de éxito del titular también se mantiene, de media, en un 61% de los supuestos. ZIPF, M., GLÜCKLER, J., KHUCHUA, T., LAZEGA, E., LACHAPELLE, F:, "The Judicial Geography of Patent Litigation in Germany: Implications for the Institutionalization of the European Unified Patent Court", cit., p. 10.
Se trata de una sensación extendida la de que se conceden acciones de cesación con cierta facilidad en determinadas jurisdicciones como Alemania y Francia. No obstante, se trata de una cuestión que está ampliamente discutida si el derecho de propiedad inmaterial debería exclusivamente protegerse con daños, especialmente en supuestos en los que la naturaleza de la patente y la función económica presentan circunstancias particulares, como pasa, por ejemplo, donde surge el problema del anticommons y las marañas de patentes. Así, los autores sugieren que, en algunos casos, las pretensiones de cesación no cumplirían con el principio de proporcionalidad, que debería ser utilizado como límite para estas peticiones. Algo, que, por ejemplo, se discutió en Alemania en el caso Wärmetauscher donde, dadas las particularidades del caso, se analizó si el ejercicio de derechos de propiedad era desproporcionado y no estaba justificado por los daños que impondría sobre el demandado y, por lo tanto, sería contrario a la buena fe. PADAMCZYK, M., MATTHEWS, D., "6 Proportionality and patent injunctions", European Patent Law: The Unified Patent Court and the European Patent Convention, ed. D. Matthews, P. Torremans, Berlin, De Gruyter, 2023, pp. 80, 81 y 89.

65 De hecho, la literatura subraya que se trata de una jurisdicción especialmente conocida por ser amigable respecto del titular de los derechos de patente. Ibídem, p. 4.

inicialmente interpuesta: cesación y daños y perjuicios, trasladando y retrasando la defensa, esto es, la acción de nulidad del derecho, a un momento posterior, *interin* durante el que la patente presuntamente viciada de nulidad seguiría desplegando sus efectos excluyentes, frenando o ralentizando, sin embargo, la innovación, pero, sobre todo, la producción de bienes.

Y este resultado perjudicial para el interés público es dramático (sobre todo si se controlan los datos por los solicitantes de medidas cautelares -grandes empresas contra PYMEs-), pese a que, al final, se termina anulando en muchas ocasiones la patente[66], pues hay también una considerable tasa de éxito en este tipo de procedimientos[67], lo que apunta hacia una valoración negativa de la fuerza de las innovaciones que acceden a los registros.

Estos resultados son consecuencia de un diseño procesal concreto, y son la prueba de que el Derecho procesal, y no sólo el Derecho sustantivo, y cómo se construyen los cauces para reclamar una serie de pretensiones, tiene un fuerte impacto en el éxito o fracaso de determinadas demandas que, a su vez, influyen en el fomento o ralentización de la innovación.

---

66 Aunque se trata éste, el de la anulación de la patente, de un riesgo que está reduciéndose con el paso del tiempo. Por lo que la incertidumbre que aqueja el resultado de la litigación afecta sobre todo a la parte de la infracción y a sus daños. MEURER, M.J., BESSEN, J., "Lessons for Patent Policy from Empirical Research on Patent Lessons for Patent Policy from Empirical Research on Patent Litigation", cit., p. 2.

67 Aunque los datos en Alemania muestran que los litigios sobre la validez de la patente sólo se producen en la mitad de los casos de infracción. TAYLOR WESSING, "German Patent Cases: Statistics", cit., p. 17.

### *4. El modelo ATUP*

El modelo ATUP viene a introducir un nivel adicional de complejidad en el panorama de los bienes inmateriales europeos. Es un sistema que no acaba con las distorsiones anteriormente mencionadas, dado que los derechos nacionales no desaparecen, se mantienen, admitiéndose, además, la doble protección (una misma invención podrá estar protegida por un derecho de patente alemán y una patente europea con efecto unitario), lo que puede originar ciertas inconsistencias en cómo se dirimen las infracciones (y la nulidad) de patentes porque tanto la doctrina y jurisprudencia alemana (al menos de momento), como el derecho procesal[68] difiere de la práctica, aún incipiente, del tribunal de patente europeo y de la OPE[69]. Empero, tampoco puede ignorarse que la práctica vaya a hacer que probablemente confluyan en una unificación o armonización de criterios con el tiempo.

Y existen dudas razonables sobre si el modelo repercutirá positivamente en los pretendidos beneficiarios (PYMEs) por

---

68 En el modelo procesal previsto en el ATUP, ambas disputas -infracción y nulidad- se discuten en el mismo procedimiento por unos jueces miembros del Tribunal.

69 Parte de la doctrina sostiene que el TUP coexiste con sistemas nacionales de patentes que evitará que el ejercicio de los derechos sea uniforme. El Sistema de protección de patentes en Europa en realidad funciona con una base nacional. El TUP busca poner una solución a esta fragmentación ofreciendo una sede jurisdiccional única. Sin embargo, el acuerdo no va a alterar la naturaleza independiente de las patentes nacionales. De esta forma, por mucho que se adhieran al ATUP, el contexto de patentes en Europa seguirá estando fragmentado dada la supervivencia del modelo nacional. Y este solapamiento de derechos contribuirá a complicar el panorama innovador. MEDINA, D., "How the Unitary Patent Will Fragment European Patent Law" *Arizona State Law Journal,* Vol. 47, núm 1, 2015, p. 338.

una serie de razones. En primer lugar, por tratarse de un modelo con unos costes elevados[70], no sólo en materia de registro, sino de litigación. Como ya detectó el *Scrutiny Commission* de UK[71], dada la estructura del tribunal establecido, el procedimiento se llevará normalmente a término en el extranjero, existiendo un margen relativamente amplio para el *forum shopping*[72] (estrategia de muy limitado recorrido con las patentes nacionales[73]), en un idioma que no les es propio a los defensores, que se verán arrastrados al mismo.

Y estas condiciones procesales son particularmente contraproducentes, sabiendo que quien va a demandar, con mayor certidumbre en el modelo de patente europea con efecto unitario, serán empresas grandes, que son los mayores usuarios de este sistema, ya que a las PYMEs el coste de registrar y proteger un derecho en la extensión geográfica que permite la patente

---

70 HARHOFF, D., "Economic Cost-Benefit Analysis of a Unified and Integrated European Patent Litigation System", *Final Report, tender Nº. MARKT/2008/06/D*, 2009, a disposición para consultar en p. 12. El informe inicialmente señalaba que precisamente ésta era una de las ventajas del sistema ATUP, la de reducir la heterogeneidad del sistema que contribuía a elevar los costes de litigación.

71 UK Parliament, *The Unified Patent Court: help or hindrance?*, 2014, a disposición para consultar en https://publications.parliament.uk/pa/cm201012/cmselect/cmeuleg/1799/179906.htm (página web consultada el 1.11.2024).

72 JACOBSMEYER, B., "Forum Shopping in Patent Cases: Lessons for the Unified Patent Court", *Michigan Technology Law Review*, Vol. 25, núm. 1, 2018, p. 146.

73 El TJUE, con la doctrina Shevill (caso C-68/93) desarrolló el "principio mosaico", por el que los tribunales de cada jurisdicción sólo pueden pronunciarse sobre los daños que el demandante ha sufrido en esa jurisdicción, excepto que se demande en el domicilio del demandado.

unitaria (por ejemplo, respecto de las tasas de mantenimiento de la patente) posiblemente no les sea de utilidad[74].

Por su parte, los demandados, ante la interposición de una demanda incrementarán enormemente sus costes al requerirse un análisis y búsqueda en grandes registros de bases de datos de patentes en múltiples idiomas sólo para conocer si se está infringiendo. Estas circunstancias, de la mano de las estrategias anticompetitivas o desleales consistentes en presentar demandas en jurisdicciones lejanas con el objetivo de intimidar (litigación predatoria, *sham, vexatious litigation, patent trolls*), y porque son conscientes de que los demandados no van a ser capaces de costearse un procedimiento, incluso en el escena-

---

[74] Sólo un porcentaje minúsculo de las patentes termina validándose en todos los EE.MM., por lo que los ahorros en costes derivados de la solicitud de una patente europea con efecto unitario son mínimos. XENOS, D., "The European Unified Patent Court: assessment and implications of the federalisation of the patent system in Europe", cit., p. 273.
La doctrina defiende casi de forma unívoca que se trata de un modelo que abarata costes de solicitud. MEDINA, D., ""How the Unitary Patent Will Fragment European Patent Law," Arizona State Law Journal, cit., p. 326. Esta afirmación es sólo cierta en una comparación en la que se pretende registrar una patente nacional en todos los países para los que protege la patente unitaria. Ésta no es, sin embargo, necesariamente la opción para pequeñas empresas que no necesitan defender sus intereses en un espacio geográfico tan grande. Consecuentemente, se protege ineficientemente en lugares donde no se va a explotar, abonándose tasas de registro y mantenimiento innecesarias para el objetivo real de las PYMEs.
En contra de esta tesis, y sosteniendo que son las PYMEs quienes mayoritariamente van a optar por este derecho, véase, JAEGER, T., LUKAN, J., "22 A system fit for innovation? Part I: (Dis-)incentives for potential patentees in the UP legal framework", European Patent Law: The Unified Patent Court and the European Patent Convention, ed. D. Matthews, P. Torremans, Berlin, De Gruyter, 2023, p. 362.

rio en el que obtienen una sentencia no condenatoria, va a dañar considerablemente la competencia[75].

La verdadera fuerza de un derecho de patente reside en la capacidad económica de ejercerlo (tanto de protegerlo en una litigación, como de la amenaza creíble de que se está en posición de hacerlo[76]) no en su mera ostentación o las facultades relativas al *ius utendi*, y, lamentablemente, la patente unitaria no parece ser el modelo más adecuado para satisfacer el interés de las PYMEs en tanto que demandantes en la medida en la que tendrán que hacer frente a procesos costosos en extremo y, en muchos casos, en el extranjero[77].

Sin embargo, la realidad parece corroborar que se trata de un derecho cuyo diseño está dirigido a la satisfacción de los intereses de los titulares, razón por la cual no se ha pensado en los demandados en la configuración del mismo[78].

## III. LA PROLIFERACIÓN DE DERECHOS DE PATENTE

La segunda hipótesis que hemos sugerido que podría explicar el incremento de demandas por infracción de patente es la propia multiplicación del número de patentes[79]. Y aunque se

---

75 Ibídem, p. 274.

76 LANJOUW, J.O., "Patent Protection in the Shadow of Infringement: Simulation Estimations of Patent Value", *The Review of Economic Studies*, Vol. 65, núm. 4, 1998, p. 673.

77 XENOS, D., "The European Unified Patent Court: assessment and implications of the federalisation of the patent system in Europe", cit., p. 274.

78 Ibídem, p. 274.

79 La del laberinto de patentes que haría imposible no infringer alguna, a la vez que las ambiciones de determinados titulares estarían detrás

pueda pensar que éste es un resultado razonable, en esta sede va a tratar de argumentarse que, quedando ya claro que cuando las patentes están viciadas de nulidad se daña abiertamente la innovación[80], éste no es el único escenario problemático. Existen otros casos en los que, aunque la patente sea válida, la proliferación de derechos puede no tener un efecto positivo general.

Se ha construido una estructura de protección de derechos de propiedad eminentemente pública (públicas son las oficinas de registro -aunque la financiación no venga exclusivamente de los presupuestos generales- y públicos son los tribunales ante los que se litiga), que debería ir dirigida a obtener un beneficio social -el fomento de la innovación[81]-, pero que quizás está produciendo ciertas distorsiones en su funcionamiento.

El modelo de apropiación de la innovación se ha de aproximar como un sacrificio social: se elevan los precios, como consecuencia de una monopolización y restricción de *output* de la invención, y, precisamente por ello, se incrementan los beneficios de los titulares, de forma que se generan incentivos

---

de las razones de aumento de litigación es una hipótesis que refieren, por ejemplo, también MEURER, M.J., BESSEN, J., "Lessons for Patent Policy from Empirical Research on Patent Lessons for Patent Policy from Empirical Research on Patent Litigation", cit., p. 25.

80 Y no en pocas ocasiones lo son. Así, los datos muestran que en las demandas de patentes que se presentan, alrededor del 50% se anulan por pequeñas empresas en Alemania.

81 SLADE, A., "4 Plausibility: a route to stronger and more robust patents?", *European Patent Law: The Unified Patent Court and the European Patent Convention,* ed. D. Matthews, P. Torremans, Berlin, De Gruyter, 2023, pp. 43 y 44: de acuerdo con la autora, es uno de los principios de la doctrina de la EPO que el monopolio con el que se identifica las patentes debe estar justificado por una aportación al estado de la técnica. Y el ámbito del monopolio debería ser acorde y proporcional con la contribución del inventor.

en el ecosistema empresarial para invertir en I+D, lo que, a su vez, debería fomentar la innovación. Sobre los beneficios de innovación compensatorios de esta elevación de precios, existen varias tesis económicas de las que nos hemos servido hasta el momento para poder justificar la bondad del sistema: por una parte, la teoría de las olas de destrucción creativa de Schumpeter, centradas en modelos de mercado y de innovación dinámicos, que, sin embargo, tenían quizás demasiado poco en cuenta los obstáculos al desarrollo y superación rápido de invenciones pasadas, pues se crean cada vez fosos más profundos o barreras más elevadas de entrada a los mercados. En cambio, Arrow sostenía que la competencia y no los monopolios, aunque fueran temporalmente limitados, era lo que fomentaba la innovación. En realidad, las dos teorías no están reñidas y funcionarán mejor o peor dependiendo del mercado, y la innovación que éste aloje, en el que se prueben. Pero, sobre todo, depende del tipo de operadores y las dinámicas económicas que en los mismos se experimentan (concentraciones de la titularidad de patentes a las que contribuye un diseño jurídico determinado del derecho).

Pese a las anteriores tesis, se ha de discutir si las patentes, aunque estrictamente no son una excepción al modelo de competencia en los mercados, en algunos casos limitan o no estimulan la innovación, que es su función principal y para lo que fue diseñado el sistema. De hecho, es quizás esta consideración -la de que en algunos contextos las patentes no son el mejor modelo para obtener el fin planteado- la que ha frenado la expansión del ámbito de lo que consideramos invenciones patentables, resistiendo la presión de algunos grupos de interés, tanto legislativamente, en Europa, donde los programas de ordenador "en sí mismos" no se consideran una invención patentables, pese a que la OEP considera que, si tienen beneficio técnico adicional, puede admitirse su patentabilidad; como jurisprudencialmente, en USA, en el caso del software (Alice

Corp vs CLS Bank, 2014), o en el caso de los métodos técnicos quirúrgicos o en el supuesto de patentes biotecnológicas y de genes (2013)[82].

La profusión de la litigación como consecuencia de la proliferación de las patentes parece responder a dos circunstancias relacionadas: el funcionamiento de las oficinas de patentes y cómo se negocia en los mercados de tecnología y aguas-abajo.

### *1. Sobre el funcionamiento de las oficinas de patentes*

Existe un motivo central que subyace la tendencia pro-registro de las oficinas, que conlleva una proliferación del número de patentes: muchas agencias de protección de invenciones son instituciones públicas que, sin embargo, no tienen adjudicada una financiación total o de ningún tipo a cargo de presupuestos generales, sino que en gran parte provienen de las tasas de los servicios que proveen a los solicitantes y titulares[83].

Como consecuencia de esta circunstancia, es posible, y así se ha sostenido por parte de la doctrina[84], que los incentivos con

---

82 Pese a que, tanto en el caso del software como en el de patente biotecnológica, en USA se está discutiendo la aprobación de una norma conocida como la *Patent elegibility restoration Act*, que revertiría las sentencias del Tribunal Supremo estadounidense.

83 De hecho, se considera que la auto-financiación genera una serie de incentivos distintos de maximizar el bienestar social consistente en mejorar la actividad innovadora, aunque en el artículo se centren sólo en la estructura de tasas y no tanto en la repercusión a la hora de valorar el cumplimiento de los requisitos. GANS, J., KING, S.P., LAMPE, R., "Patent Renewal Fees and Self-Funding Patent Offices", *The University of Melbourne Faculty of Law Legal Studies Research Paper*, núm. 64, 2004, p. 1.

84 Ibídem, p. 1.

que cuentan estos registros de innovación para ser estrictos en el análisis y, por ello, denegar el acceso a la protección a invenciones cuestionables, que no cumplen los requisitos de patentabilidad, son relativamente escasos[85] e, incluso, determinan interpretaciones de la normativa de forma que se expandan las invenciones que pueden acceder a la protección excluyente[86].

Este hecho viene a profundizar un problema inherente al propio modelo de patente, que radica en que ya es complicado ser riguroso con el cumplimiento de los requisitos de patentabilidad por el volumen de patentes que se solicitan, que ha ido incrementándose anualmente, pero, también, por la propia naturaleza del derecho y lo técnico y sofisticado de las áreas donde se registra: se basa esencialmente en descripciones ambiguas que quedan oscurecidas de forma deliberada o porque no se puede evitar por parte de los solicitantes.

---

85 La doctrina considera que la estructura de financiación de las oficinas influye en su toma de decisión sesgándolas hacia la concesión de patentes, concretamente, en el caso de la PTO, las inclina hacia la concesión de patentes solicitadas para proteger tecnologías que tengan altas tasas de renovación y se soliciten por grandes empresas (dado que las pequeñas empresas normalmente tienen las tasas reducidas o rebajadas), con el fin de maximizar los ingresos. De esta forma, concluyen los autores que los incentivos económicos, en lugar de las características de la invención, lo que determina en gran parte las decisiones de las oficinas. FRAKES, M.D., WASSERMAN, M.F., "Does Agency Funding Affect Decision making?: An Empirical Assessment of the PTO's Granting Patterns", *Vanderbilt Law Review*, vol. 66, 2013, p. 71.

86 Como, por ejemplo, ha sucedido con los programas de ordenador o software.

## *2. Sobre la alteración de las finalidades de registro de patentes y los abusos del sistema*

Pero de la multiplicación de los derechos de patente y los litigios de infracción son especialmente responsables los titulares. Se ha sugerido por la doctrina que las razones por las que se patenta y se litiga han ido variando para responder a una serie de corrientes estratégicas en el mercado: mientras que la filosofía inicial que justificaba el modelo era la de proteger una invención fuerte que va a explotarse (directa o indirectamente) y se litiga en la medida en la que se considera que se ha infringido por un tercero, ésta no es actualmente la situación.

### 2.1. Los abusos del sistema de defensa de la patente

Se producen, aunque aún pocos en Europa (con especial énfasis en el mercado farmacéutico[87]), claros casos de abuso del sistema de demandas por infracción de la patente[88] por parte de empresas con cierto músculo económico que utilizan el derecho

---

87 Véanse, por ejemplo, VEZZOSO, S., "Towards an EU Doctrine of Anticompetitive IP-Related Litigation", Journal of European Competition Law & Practice, vol. 3, núm. 6, 2012, pp. 521-535; LIANOS, I., "Litigation and regulatory strategies involving IP rights. Sham Litigation. Regulatory abuses (briefly)", a disposición para consultar en https://www.judicialcompetitiontraining.eu/wp-content/uploads/2019/03/Sham-Litigation-Valencia.pdf

88 Por supuesto, también hay abusos en los casos de solicitud de patentes, aunque éste no es el objeto del presente trabajo. Ejemplo de estos supuestos es el caso AstraZeneca en Europa (CJEU: Case C-457/10 P, AstraZeneca (December 2012). MALAGA, M., "21 The patent with unitary effect and competition law", *European Patent Law: The Unified Patent Court and the European Patent Convention*, ed. D. Matthews, P. Torremans, Berlin, De Gruyter, 2023, pp. 348-349.

procesal para reducir el margen que puedan tener aún incipientes operadores de competir en el mercado de la tecnología (los llamados, *patent trolls* o *patent assertion entities (PAEs),* cuya actividad, aún menos intensa que en USA[89], se está acelerando en los últimos años y que representan gran parte de la litigación en materia de patentes, especialmente en mercados tecnológicos[90].

Se trata de operadores oportunistas, que no tienen una actividad económica más allá de la interposición de demandas, exigiendo pago de royalties excesivos en contratos de licencia a empresas productoras[91]) multiplicando el efecto obstaculizador que tienen las patentes ya *per se* y aprovechando que son procedimientos es-

---

89 TIEZ, J.I., "The Unified Patent Court and Patent Trolls in Europe," *Michigan Technology Law Review,* Vol. 25, núm. 2, 2019, p. 307.

90 LIANOS, I., REGIBEAU, P.,""Sham" Litigation: When Can It Arise and How Can It Be Reduced?", *The Antitrust Bulletin,* Vol. 62, núm. 4, 2017, pp. 643-689. Por ejemplo, sostienen que dos tercios de los litigios de infracción en materia de patentes se promueven por este tipo de operadores en USA.

91 Este tipo de empresas no pueden considerarse en sí mismas ilegítimas, pues llevan a cabo una actividad lícita. En el pasado, sólo un tipo de PAEs eran consideradas perjudiciales, las PAEs litigantes. Incluso se ha llegado a defender que este tipo de empresas no tienen más incentivos que las operadoras que producen de interponer demandas. De hecho, incluso menos, si se tiene en cuenta que no se compite aguas-abajo. Sin embargo, también es cierto que se trata de una litigación compleja porque, al no producir, son operadores inmunes a las reconvenciones consistentes en otra demanda de infracción porque no son productoras, por lo que los acuerdos extraprocesales sólo se producen a cambio de una licencia. No obstante, concluye el autor que no existen razones económicas que hagan que la litigación por parte de estas empresas sea más costosa socialmente que la de entidades practicantes. Incluso en materia de daños, lo racional además sería que las entidades practicantes puedan incluso obtener más daños porque prueben cómo se ha dañado su negocio. Asimismo, estadísticamente en USA se obtiene solo una pretensión

pecialmente costosos entre otras cosas porque, al no existir, hasta el momento, una patente unitaria, se admitía procesalmente que se interpusieran demandas en varios frentes, enfrentándose los demandados a procedimientos en una pluralidad de EEMM[92].

A estas prácticas predatorias se las conoce, en derecho de la competencia, como *sham* o *vexatious litigation.* Y, aunque las sanciones por estas conductas sean aún poco numerosas, se trata de un comportamiento abusivo que radica en iniciar procedimientos infundados, en los que el contrafáctico hipotético con el que se compara es el de "ningún demandante razonable podría de forma realista esperar ganar por los hechos"[93].

---

de cesación por parte de empresas practicantes. NIKOLIC, I., "Are Patent Assertion Entities a Threat to Europe?", cit., p. 479.

92 LIANOS, I., REGIBEAU, P., "Sham" Litigation: When Can It Arise and How Can It Be Reduced?", cit., pp. 643-689. Algo que también queda reflejado en el documento de investigación de la COMISIÓN EUROPEA, *Pharmaceutical Sector Inquiry – Final Report,* 2009.

93 No se trata de infracciones sencillas de sancionar, pues en realidad, la interposición de acciones es un derecho. No obstante, ningún derecho puede ser ejercido de forma abusiva. Así, por ejemplo, en USA en varios casos en materia de patentes se ha terminado imponiendo una sanción cuya base se haya en varios casos: Eastern Railroad Presidents Conference v. Noerr Motor Freight, Inc., 365 U. S. 127 (a consultar en https://supreme.justia.com/cases/federal/us/365/127/) y Professional Real Estate Investors, Inc. v. Columbia Pictures Industries, Inc., 508 U.S. 49 (1993) (a consultar en https://supreme.justia.com/cases/federal/us/508/49/ ). Así, se considera que para que estemos ante una infracción es necesario que se cumpla un requisito doble: por una parte, que la demanda sea objetivamente infundada, en el sentido de que ningún demandante razonable pudiera esperar ganar en base a los hechos presentados. Sólo si la litigación sometida a juicio de competitividad es objetivamente infundada puede el tribunal analizar cuál es la motivación subjetiva del demandante, que comprende la segunda parte del requisito: que consiste en examinar si se trata

Pese a tratarse de procedimientos anticompetitivos excepcionales, las autoridades españolas no han sido ajenas a esta realidad y se ha sancionado a la titular de la patente (Merck Sharp & Dohme, S.A. (MSD)) por una conducta de abuso de posición dominante como consecuencia de la denuncia interpuesta por una farmacéutica competidora que alegaba que MSD se había servido de tácticas judiciales para retrasar la entrada de competidores en el mercado[94]. Las prácticas consistían en la iniciación de acciones judiciales por infracción de una patente que había expirado en 2018 y se concluyó por la CNMC que acciones (utilización de litigios y solicitud de medidas cautelares no proporcionales al riesgo o daño que se alegaba de forma estratégica y no legítima) constituían abuso de posición dominante al impedir o retrasar la comercialización de productos equivalentes, coligiéndose que las reclamaciones eran jurídicamente insostenibles dado que la patente ya había expirado y MSD no podía tener un interés legítimo en proteger derechos válidos, sino en crear barreras artificiales.

Estos problemas no van a ser resueltos por un sistema único de patente. De hecho, es posible que la cuantía de los daños derivados de una infracción en todos los EEMM, la jurisdic-

---

de un intento de interferir directamente en las relaciones comerciales de un competidor a través del uso de cauces procesales. Esta conducta exige un procedimiento doble: por una parte, probar la no viabilidad jurídica del demandante antes de que el tribunal analice la viabilidad económica de la demanda.

Esta doctrina ha sido importada a Europa y existen casos, excepcionales, de sanción por abuso de posición dominante en el TJUE en ITT promedia, Protégé International y Agria Polska.

94 Véase resolución MERCK SHARP DOHME, S.A. S/0026/19 de 21 de octubre de 2022.

ción única, y la posibilidad de *forum shopping* contribuya a un aumento de este tipo de litigación[95].

## 2.2. Las razones por las que se patenta y litiga

Al margen de la litigación anticompetitiva, que abusa de los procedimientos de forma estratégica, existe un incremento de acciones de infracción porque los objetivos por los que se patenta y se interponen demandas se han alterado.

En vista de estos movimientos que pueden responder a cuestiones más comerciales que de defensa pura de un derecho, las demandas pueden clasificarse, dependiendo del fin perseguido, entre defensivas y estratégicas. Las primeras se interponen como consecuencia de lo que honestamente se considera una infracción; y las demandas estratégicas se interponen con objetivos de mercado.

### *2.2.1. Grandes portfolios y política de pactos*

Sin embargo, y en contra de la tendencia a la que parecen apuntar las estadísticas, existe una significativa tasa de patentes que no se ejercitan ante los tribunales, esto es, que, aunque el titular que ostenta el derecho conoce que éste está siendo explotado económicamente por un tercero, decide no interponer demanda.

---

95 El autor sostiene que de entre las razones que atraen la litigación de las PAEs en USA, a diferencia de lo que sucede en Europa, son: intervención de jurados, jurisdicción unitaria en USA, los costes de litigar no son tan elevados como en USA, los daños y perjuicios que se conceden en USA son elevados, la imposición de costas en Europa, y el hecho de que no sea automática la concesión de la pretensión de cesación. NIKOLIC, I., "Are patent assertion entities a threat to Europe?", cit., p. 480; TIEZ, J.I., "The Unified Patent Court and Patent Trolls in Europe," *Michigan Technology Law Review*, Vol. 25, núm. 2, 2019, p. 307.

No obstante, si bien parece un oxímoron, es, precisamente, que no se ejerciten efectivamente los mecanismos de protección del Derecho de patentes lo que permite que sectores económicos florezcan. Si, en cambio, se interpusieran demandas por infracción y concedieran los tribunales medidas cautelares[96], existirían industrias completamente paralizadas por marañas de demandas, impidiéndose, en gran medida, la producción de bienes y servicios innovadores. Esta situación de bloqueo y encarecimiento se repercutiría aguas-abajo a los consumidores, a los que se trasladaría el incremento del coste de la litigación en el precio de los escasos productos que continuaran manufacturándose.

La respuesta a por qué no se demanda tanto como permitiría la ostentación de derechos de patente y la utilización por parte de terceros sin consentimiento radica en que las patentes no sirven sólo como derecho de propiedad que otorga facultades de explotación, sino como amenaza que permite negociar.

Como consecuencia de la proliferación del registro de innovación en algunos sectores, como IT, software, semiconductores y telecomunicaciones, por ejemplo, se ha hecho tan enrevesadamente, haciendo demasiado costoso el *due diligence* relativo al conocimiento de la extensión de la innovación apropiada a través de patente y distinguir cuándo se infringe e, incluso, si es válida una patente. En estos casos, litigar se convierte en una actividad ineficiente y peligrosa.

---

96 LANJOUW, J.O., LERNER, J., "Tilting the Table? The Use of Preliminary Injunctions", *The Journal of Law & Economics*, Vol. 44, núm. 2, 2001, pp. 573-603. De hecho, este tipo de pretensiones -las medidas cautelares- tienden a utilizarse por grandes empresas precisamente para imponer una carga financiera en los rivales más pequeños. Este tipo de medidas se considera que son especialmente perjudiciales en sectores o industrias muy innovadoras en las que las PYMEs participan. Precisamente por esta razón, relajar o rebajar el estándar para adoptar o conceder una medida cautelar va en detrimento de la innovación.

Una de las soluciones que se ha dado a estas marañas de patentes (*patent thickets*), creadas deliberada o inadvertidamente, ha sido la de articular lo que se conoce como *pools* o consorcios de patentes y concederse licencias cruzadas entre los miembros del consorcio (algo que, si bien por una parte elimina los costes repercutidos de la litigación[97], contribuye, por la otra, a aumentar los precios de los productos aguas abajo si las patentes nulas no se eliminan y filtran del sistema[98]). Estos consorcios están, en ocasiones, dirigidos a simplificar la producción aguas-abajo; en otros, son puramente defensivos: distintos titulares que individualmente no tienen suficiente fuerza negociadora se asocian para resistir demandas de otros operadores con grandes portfolios.

De lo anterior se desprende que contar con un *portfolio* de patentes extenso, bien individualmente, bien a través de fórmulas asociativas defensivas, reduce la probabilidad de presentar demandas de infracción por ellas[99] y, a la vez, ser

---

97 MEURER, M.J., BESSEN, J., "Lessons for Patent Policy from Empirical Research on Patent Lessons for Patent Policy from Empirical Research on Patent Litigation", cit., pp. 10 y 14. El autor sugiere que las patentes tienen utilidades alternativas a la tradicional, consistentes en reducir el riesgo de litigación y facilitar la práctica del *cross-licensing*, algo que se considera positivo. Es una variante de la teoría del control de armas de destrucción mutuamente asegurada.

98 Algún autor entiende que dado que la litigación es costosa, compleja y los resultados inciertos, determinar por parte de los jueces que se ha producido una infracción es complejado. Así que, aunque una patente esté probablemente viciada de nulidad, un demandado es probable que prefiera llegar a un acuerdo para evitar el riesgo y el coste de la demanda. Y esto es un problema enorme achacado a los patent trolls. TIEZ, J.I., "The Unified Patent Court and Patent Trolls in Europe", cit., p. 306.

99 Aunque parece que también existen pruebas que indican lo contrario: que existe una tasa importante de litigación en sectores donde

demandado en litigios cruzados de infracción. En lugar de resolver los conflictos a través de cauces procesales costosos, largos y arriesgados, las empresas grandes preferirán resolver sus controversias de forma alternativa, a través de negociaciones de licencias cruzadas, o en tácticas de no agresión mutua, confiando en que la interacción repetida con otras empresas, y no los tribunales, la que discipline al mercado. Así, se observa que empresas que participan en áreas en las que la tecnología se encuentra muy concentrada (pocas empresas acumulan la propiedad de todas las patentes) acogen escasas demandas de infracción de patentes, siendo los incentivos para pactar relativamente elevados si siempre son los mismos contendientes[100].

Lo que conceden las patentes en este caso no son derechos de explotación, sino instrumentos defensivos y estas nuevas dinámicas crean poderosos incentivos para patentar artificialmente.

### *2.2.2. La litigación de PYMEs y la concentración de la tecnología*

Aunque el anterior contexto pueda apuntar a la conclusión de que el aumento del número de patentes defensivas sea positivo globalmente, el resultado es ambivalente. Así, se advierte que, en cambio, contra quien se litiga por infracción es precisamente contra quien no cuenta con la suficiente masa crítica de patentes propias que actúe como seguro de no litigación, en tanto que se tiene una amenaza creíble de una

---

se patenta mucho. BESSEN, J., MEURER, M.J., "The patent litigation explosion", cit., pp. 15 y ss.

100 LANJOUW, J.O., SCHANKERMAN, M., "Protecting intellectual property rights: are small firms handicapped?", *The Journal of Law and Economics,* Vol. 47, núm. 1, pp. 45-74.

interposición de demanda defensiva de vuelta en caso de ser demandado[101]: las PYMEs[102].

Adicionalmente, es precisamente este fenómeno el que explica que, contra-intuitivamente, la mayor parte de la litigación, como demandantes, esté representada por pequeñas empresas titulares de patentes[103], no por grandes tenedores. El hecho de ser los primeros usuarios del sistema, tanto desde la perspectiva de los demandantes como de los demandados, supone una mala noticia desde una perspectiva de interés público, pues revela un problema de fondo: la titularidad de la tecnología va a concentrarse. Si las pequeñas empresas son las únicas que litigan y el procedimiento es tan costoso, los incentivos para desarrollar tecnología, cara de mantener, y que no van a ser económicamente capaces de defender[104]

---

101 HUGHES, A., MINA, A., "The impact of the patent system on SMEs", cit., p. 25. El autor sostiene que las estadísticas demuestran que, aunque la tasa de litigación varíe considerablemente por sector y por tamaño de empresa, las PYMEs tienden a contar por portfolios más pequeños, lo que las hace más vulnerables a la litigación, apareciendo como demandadas en muchos procedimientos, en comparación con grandes empresas.

102 De hecho, Existen estudios que prueban que las PYMEs evitan invertir en I+D en sectores donde la amenaza de litigación por parte de grandes empresas es mayor. BESSEN, J., MEURER, M.J., "The patent litigation explosion", cit.; LERNER, J., "Patenting in the Shadow of Competitors", The Journal of Law & Economics, Vol. 38, núm. 2, 1995, p. 486. Aunque correlación no es causalidad y la razón puede ser distinta como, por ejemplo, la de buscar un mercado en el que no haya competencia, en lugar de evitar la litigación.

103 LANJOUW, J.O., SCHANKERMAN, M., "protecting intellectual property rights: are small firms handicapped?", cit., p. 47.

104 HUGHES, A., MINA, A., "The impact of the patent system on SMEs", cit., p. 25. El autor sostiene que desde el punto de vista de las PYMEs los costes de ejercer el *ius prohibendi* son demasiado elevados, lo que determina que terminen inclinándose por formas de proteger distintas a la patente.

son relativamente bajos, tendiéndose hacia una concentración de los mercados por el propio diseño procesal y de patente.

## IV. CONCLUSIONES

Es indispensable recordar, a la hora de diseñar un sistema de patentes, que éste no ha de servir exclusivamente el interés de los inventores y potenciales titulares del derecho, sino que se trata de un modelo en beneficio público de los ciudadanos, quienes no necesariamente van a verse compensados como consecuencia de la elevación de precios en un contexto de inflación de patentes. Para hacer un análisis riguroso es conveniente analizar quién protege las invenciones y dónde se registra.

El sistema de patentes no es nocivo *per se* como modelo de fomento de la innovación. No obstante, es indispensable plantear problemas relativos a la proliferación de patentes débiles, cuyo impacto varía por sector, debiendo diferenciarse a la hora de conferir derechos, cuál es el coste soportado de inversión en I+D y si es un sistema que potencia la sostenibilidad de *start-ups*, sede en la cual se produce gran parte de la innovación, teniendo en cuenta que las patentes, sobre todo aquéllas que son costosas de mantener y proteger, van a servir al objetivo de consolidación posiciones de dominio, muchas de ellas, de empresas extranjeras, que elevan barreras de entrada y limitan la oferta de bienes innovadores.

Los tribunales, entre los que se encuentra el TUP, tienen un importante papel que desarrollar y en la consolidación de un sistema robusto y procompetitivo: defendiendo el interés público (interpretando la normativa pro-innovació en lugar de pro-innovador, fomentando un entorno competitivo e inclusivo), exigiendo rigor en el objeto de protección (eliminando patentes nulas) y ofreciendo seguridad jurídica, no sólo al titular, sino también a otros operadores. En esta función, es indispensable también poner atención al objetivo que persiguen las demandas de infracción interpuestas (demandas predatorias) y el cumplimiento del principio de proporcionalidad en la solicitud de determinadas pretensiones, especialmente, las acciones de cesación.

Estas funciones son especialmente relevantes en una economía en constante cambio, entre otros, de operadores internacionales en sectores de desarrollo estratégicos, y de bloques económicos hacia la que nos dirigimos.

## *Bibliografía*

BESSEN, J., MEURER, M.J., "The patent litigation explosion", *Boston University School of Law Working paper series, law and economics working paper,* núm. 05-18, 2005, pp. 1-40, a disposición para consultar en https://papers.ssrn.com/sol3/papers.cfm?abstract_id=831685

COMISIÓN EUROPEA, *Pharmaceutical Sector Inquiry – Final Report,* 2009.

FRAKES, M.D., WASSERMAN, M.F., "Does Agency Funding Affect Decisionmaking?: An Empirical Assessment of the PTO's Granting Patterns", *Vanderbilt Law Review,* Vol. 66, 2013, pp. 68-149.

FTC, *To promote innovation: the proper balance of competition and patent law and policy,* 2003, a disposición para consultar en https://www.ftc.gov/sites/default/files/documents/reports/promote-innovation-proper-balance-competition-and-patent-law-and-policy/innovationrpt.pdf

GANS, J., KING, S.P., LAMPE, R., "Patent Renewal Fees and Self-Funding Patent Offices", *The University of Melbourne Faculty of Law Legal Studies Research Paper,* núm. *64,* 2004, pp. 1-18.

HALL, B.H., "Exploring the patent explosion", NBER WORKING PAPER SERIES Working Paper 10605, 2004, pp. 1-28, a disposición para consultar en http://www.nber.org/papers/w10605

HARHOFF, D., "Economic Cost-Benefit Analysis of a Unified and Integrated European Patent Litigation System", *Final Report, tender No. MARKT/2008/06/D,* 2009, pp. 1-84, a disposición para consultar en https://www.researchgate.net/publication/267839173_Economic_Cost-Benefit_Analysis_of_a_Unified_and_Integrated_European_Patent_Litigation_System

HUGHES, A., MINA, A., “The impact of the patent system on SMEs”, *Centre for Business Research, University of Cambridge Working Paper*, núm. 411, 2010, pp. 1-33.

JACOBSMEYER, B., “Forum Shopping in Patent Cases: Lessons for the Unified Patent Court”, *Michigan Technology Law Report*, Vol. 25, núm. 1, 2018, pp. 131-162, a disposición para consultar en https://repository.law.umich.edu/mtlr/vol25/iss1/5/

JAEGER, T., LUKAN, J., “22 A system fit for innovation? Part I: (Dis-)incentives for potential patentees in the UP legal framework”, *European Patent Law: The Unified Patent Court and the European Patent Convention*, ed. D. Matthews, P. Torremans, Berlin, De Gruyter, 2023, pp.355-372.

KLINE, D.J., “Patent Litigation: The Sport of Kings”, *MIT Technology review*, 2004.

LANJOUW, J.O., “Patent Protection in the Shadow of Infringement: Simulation Estimations of Patent Value”, *The Review of Economic Studies*, Vol. 65, núm. 4, 1998, pp. 671–710.

LANJOUW, J.O., LERNER, J., “Tilting the Table? The Use of Preliminary Injunctions”, *The Journal of Law & Economics*, Vol. 44, núm. 2, 2001, pp. 573-603.

LANJOUW, J.O., SCHANKERMAN, M., “Protecting intellectual property rights: are small firms handicapped?”, *The Journal of Law and Economics*, Vol. 47, núm. 1, pp. 45-74.

LEMLEY, M., “Distinguishing lost profits from reasonable royalties”, *William and Mary Law Review*, vol. 51, 2009, pp. 655-674.

LERNER, J., “Patenting in the Shadow of Competitors”, *The Journal of Law & Economics*, Vol. 38, núm. 2, 1995, pp. 463-495.

LIANOS, I., “Litigation and regulatory strategies involving IP rights. Sham Litigation. Regulatory abuses (briefly)”, a disposición para consultar en https://www.judicialcompetitiontraining.eu/wp-content/uploads/2019/03/Sham-Litigation-Valencia.pdf LIANOS, I., REGIBEAU, P., “Sham” Litigation: When Can It Arise and How Can It Be Reduced?”, *The Antitrust Bulletin*, Vol. 62, núm. 4, 2017, pp. 643-689.

MALAGA, M., “21 The patent with unitary effect and competition law”, *European Patent Law: The Unified Patent Court and the European Patent Convention*, ed. D. Matthews, P. Torremans, Berlin, De Gruyter, 2023, pp. 339-353.

MEDINA, D., ""How the Unitary Patent Will Fragment European Patent Law, " *Arizona State Law Journal,* Vol. 47, núm. 1, 2015, pp. 319-342.

MEURER, M.J., BESSEN, J., "Lessons for Patent Policy from Empirical Research on Patent Lessons for Patent Policy from Empirical Research on Patent Litigation", Boston University School of Law Scholarly Commons at Boston University School of Law, 2005, pp. 1-29,

NIKOLIC, I., "Are patent assertion entities a threat to Europe ?", *Journal of Intellectual Property Law & Practice,* 2019, Vol. 14, núm. 6, pp. 477- 486.

NORDBERG, A., "8 Exceptions and limitations (27 UPCA)", *European Patent Law: The Unified Patent Court and the European Patent Convention,* ed. D. Matthews, P. Torremans, Berlin, De Gruyter, 2023, pp. 109-128.

PADAMCZYK, M., MATTHEWS, D., "6 Proportionality and patent injunctions", *European Patent Law: The Unified Patent Court and the European Patent Convention,* ed. D. Matthews, P. Torremans, Berlin, De Gruyter, 2023, pp. 79-94.

SLADE, A., "4 Plausibility: a route to stronger and more robust patents?", en AA.VV., *European Patent Law: The Unified Patent Court and the European Patent Convention,* ed. D. Matthews, P. Torremans, Berlin, De Gruyter, 2023, pp. 43-58,

TAYLOR WESSING, "German Patent Cases: Statistics", 2021, pp. 1-23, a disposición para consultar en https://www.taylorwessing.com/-/media/taylor-wessing/files/germany/2021/04/tw_2020_german-patent-cases—statistics.pdf TIEZ, J.I., "The Unified Patent Court and Patent Trolls in Europe," *Michigan Technology Law Review,* Vol. 25, núm. 2, 2019, pp. 303-330.

TURNER, J. D.C., *Intellectual Property and EU Competition Law,* Oxford, 2010.

UK Parliament, *The Unified Patent Court: help or hindrance?,* 2014, a disposición para consultar en https://publications.parliament.uk/pa/cm201012/cmselect/cmeuleg/1799/179906.htm

(página web consultada el 1.11.2024).

ULRICH, H., "Harmonizing Patent Law: The Untamable Union Patent", en AA.VV., *Harmonisation of european IP law: from European rules to Belgian law and practice,* eds. M.-Chr. Janssens, G. Van Overwalle, Bruylant, 2012, version *on line,* pp. 1-59.

VERON, P., "What Price Crime? A European hit parade of patent infringement damages", *GRUR,* Vol. 2, 2021, pp. 392-396.

VEZZOSO, S., "Towards an EU Doctrine of Anticompetitive IP-Related Litigation", *Journal of European Competition Law & Practice*, Vol. 3, núm. 6, 2012, pp. 521-535.

WIPO, "An International Guide to Patent Case Management for Judges", 2023, a disposición para consultar en https://www.wipo.int/edocs/pubdocs/en/wipo-pub-1079-en-an-international-guide-to-patent-case-management-for-judges.pdf WIPO, *The Surge in Worldwide Patent Applications. Study prepared by the International Bureau,* 2011, a disposición para consultar en https://view.officeapps.live.com/op/view.aspx?src=https%3A%2F%2Fwww.wipo.int%2Fedocs%2Fmdocs%2Fpct%2Fen%2Fpct_wg_4%2Fpct_wg_4_4.doc&wdOrigin=BROWSELINK

XENOS, D., "The European Unified Patent Court: assessment and implications of the federalisation of the patent system in Europe", *Journal of Law, Technology and Society,* Vol.10, núm. 2, 2013, pp. 246-277.

ZAWADZKA, Z., "The Unitary Patent Protection–A Voice in the Discussion from the Polish Perspective", *International Review of Intellectual Property and Competition Law,* Vol. 45, 2014, pp. 383–398.

ZEMLA-PACUD, Z., TARGOSZ, T., "3 Cross-border patent litigation under the EPC", *European Patent Law: The Unified Patent Court and the European Patent Convention,* ed. D. Matthews, P. Torremans, Berlin, De Gruyter, 2023, pp. 27-42.

ZIPF, M., GLÜCKLER, J., KHUCHUA, T., LAZEGA, E., LACHAPELLE, F., "The Judicial Geography of Patent Litigation in Germany: Implications for the Institutionalization of the European Unified Patent Court", *Social Sciences,* Vol. 12, 2023, pp.1-17.

## *Capítulo II*

# *La patente europea con efecto unitario: "¿qué hay de nuevo, viejo?"*[105]

**MARÍA ISABEL CANDELARIO MACÍAS**

*Profesora Titular (Acreditada a Catedrática) de Derecho Mercantil*

*Universidad Carlos III de Madrid*

SUMARIO: I. CONSIDERACIONES PRELIMINARES. II. MARCO NORMATIVO HABILITANTE. 1. Beneficios y ventajas asociados. 2. Tarifas y tasas aplicables. III. CONCEPTO. IV. LA NATURALEZA Y CARACTERÍSTICAS INHERENTES A LA PATENTE EUROPEA UNITARIA. V. EL PROCEDIMIENTO DE SOLICITUD DE PATENTE UNITARIA. VI. AGOTAMIENTO Y EFECTOS DE LA PATENTE EUROPEA UNITARIA. VII. LA PATENTE EUROPEA UNITARIA COMO OBJETO DE DERECHOS. VIII. TRIBUNAL UNIFICADO DE PATENTES (TUP). IX. REFLEXIONES FINALES. *Bibliografía.*

---

105 Orcid: 0000-0002 8646-9242. Este trabajo es resultado del Proyecto TED2021-130344B-I00, "Desafíos y Retos de la ordenación de las innovaciones de cambio climático", financiado por MCIN/AEI/10.13039/501100011033 y por la UE NextGenerationEU/PRTR como Investigadora Principal. Asimismo, es consecuencia y se incardina dentro del proyecto de I+D+i/ PID2022-138339OB-I00, "Vacíos normativos y desarrollo progresivo de la Agenda 2030 y del principio de sostenibilidad. Especial relevancia para España", financiado por MCIN/AEI/10.13039/501100011033/ "FEDER Una manera de hacer Europa".

## I. CONSIDERACIONES PRELIMINARES

Desde hace mucho tiempo, existe la sentida necesidad de proporcionarle a la patente de invención un estatus asimilado o equivalente a lo que sucede con la marca[106] o el diseño industrial internacional[107]. Y, en particular, dentro del ámbito de la Unión Europea en orden a poder fomentar la creatividad, y, la innovación mediante el activo intangible, que supone la patente de invención y en aras a poder competir con otros bloques geográficos sean contra EE. UU. o bien con otros países como China, India o Japón, sin ir más lejos.

Ante esta tesitura, cierto es que tenemos de un lado el Tratado de Cooperación de Patentes[108] (PCT) y, de otro, el Convenio de Múnich sobre patente europea[109]. No obstante, ambos sistemas legales resultan insuficientes por la necesidad de validación derivada del principio de territorialidad, amén de lo costoso tanto en tiempo como en dinero de afrontar y tener una patente trasnacional.

---

106 Más en https://www.wipo.int/es/web/madrid-system/how_to/file/index

107 *Cfr.*, https://www.wipo.int/es/web/designs

108 *Cfr.*, https://www.wipo.int/treaties/es/registration/pct/

109 Véase el *instrumento de Adhesión de España al Convenio sobre concesión de Patentes Europeas*, hecho en Múnich el 5 de octubre de 1973. *BOE* Nº 234, de 30 de septiembre de 1986.

De ahí que se promueva la creación de la patente europea con efecto unitario[110] o también conocida como patente unitaria[111], que viene reconocida en los Reglamentos (UE) n.º 1257/2012 y (UE) n.º 1260/2012 respectivamente y que, junto al Acuerdo de cooperación reforzada, que observaremos *infra*, constituyen el paquete legislativo de la patente con efecto unitario.

Hay que partir del hecho que esta patente de invención se otorga gracias a la adhesión del Convenio de concesión de Patentes Europeas[112], que despliega un efecto unitario a demanda de su titular y concede una tutela de patente uniforme en los Estados miembros adheridos.

El sistema europeo de patente con efecto unitario sustenta su justificación en dos grandes ejes de atención. Primero, este nuevo título de propiedad industrial es una patente aplicable en el ámbito geográfico-territorial europeo, que proporciona

---

110 *Cfr.*, al respecto: GÓMEZ SEGADE, J.A., "La patente europea con efecto unitario ¿hacia el final del túnel o un nuevo atasco?". *Actas de derecho industrial y derecho de autor*, Tomo 31, 2010-2011, pp. 527-544. BOTANA AGRA, M., "La Patente Europea con efecto Unitario (PEU) en el marco de la UE", *Actas de derecho industrial y derecho de autor*, Vol. XXXIII, 2012/2013, pp. 345-355. *In extenso*, GARCÍA VIDAL, A., *El sistema de la patente europea con efecto unitario*. Cizur Menor (Navarra), Aranzadi, 2014.

111 Véase los antecedentes y la trayectoria de la patente unitaria en CARBONELL, E., "La Patente Unitaria Europea: breve historia", 19, enero, 2022 [Disponible en: https://abg-ip.com/es/patente-unitaria-alemania/ (consultado por última vez el 1 de agosto de 2024)].

112 *Vid.*, GARCÍA VIDAL, A., "La Oficina Europea de Patentes y el desarrollo normativo del sistema de la patente europea con efecto unitario las 'reglas sobre la protección por medio de patente unitaria'", en AA.VV., *Problemas actuales de derecho de la propiedad industrial: V Jornada de Barcelona de Derecho de la Propiedad Industrial*, Madrid, Tecnos, 2016, pp. 31-57.

una protección uniforme en todos los Estados miembros europeos que participan en una cooperación reforzada con el objetivo de simplificar y racionalizar los procedimientos de examen y solicitud. Y, segundo eje de gravitación es la puesta en marcha de un nuevo Tribunal Unificado de Patentes (TUP)[113], que centralizará los litigios relativos a las patentes unitarias y también será competente para tramitar los litigios relativos a las patentes europeas no unitarias.

Adviértase que hasta ahora cualquier inventor podía amparar su invención con una patente nacional o una patente europea. Al punto que para obtener que una patente europea fuera válida en un Estado miembro de la Organización Europea de Patentes distinto de aquel del que es nacional el inventor, éste debía hacerla validar en cada país donde deseaba beneficiarse de su protección. Esto representó y significaba estar ante procedimientos largos y complejos, además de un costo relevante.

Cabalmente, trámite este efecto unitario[114] se intenta centralizar y reducir los costes asociados a las diferentes validaciones nacionales y alcanza a los Estados miembros que per-

---

113 *Cfr.*, sobre el particular, el *Acuerdo sobre el Tribunal Unificado de Patentes*, 2013/C 175/01, 20 de junio de 2013, que establece la creación de un Tribunal Unificado de Patentes con competencia exclusiva para conocer de esta nueva figura jurídica.

114 En 2011, se adoptó la Decisión 2011/167/UE del Consejo, de 10 de marzo de 2011, por la que se autoriza una cooperación reforzada para crear una protección unitaria mediante patente (conocida como "patente unitaria") que cubre la mayor parte del territorio de la Unión Europea. Este mecanismo permitió adoptar el paquete "patente unitaria" sin necesidad de que formasen parte de él todos los Estados miembros.

tenezcan a la cooperación reforzada[115] en aras de auxiliar a través de una patente unitaria[116] y que, a su vez, hayan ratificado el Acuerdo sobre un Tribunal Unificado de Patentes. De esta suerte, todas las controversias y litigios relacionados con las patentes unitarias y otras patentes europeas, así como los denominados certificados de protección complementarios relacionados se llevarán a efecto para estos Estados miembros según este Acuerdo.

---

115 La cooperación reforzada se desprende de la aplicación del artículo 20 del Tratado de la Unión Europea y título III del Tratado de Funcionamiento de la UE, es decir, estamos ante un procedimiento en el que se permite a un mínimo de 9 Estados miembros de la UE establecer una integración o cooperación avanzada en un ámbito particular dentro del UE, cuando ha quedado claro que la UE en su conjunto no puede alcanzar los objetivos de dicha cooperación en un plazo razonable. En febrero de 2013, este procedimiento se utilizaba en varios ámbitos de actuación del derecho, entre ellos, en materia de patentes. Véase, en https://eur-lex.europa.eu/legal-content/EN/TXT/?uri=LEGISSUM:enhanced_cooperation

116 *DOUE* L 76, de 22.3.2011. Decisión del Consejo, de 10 de marzo de 2011, *por la que se autoriza una cooperación reforzada en el ámbito de la creación de protección mediante una patente unitaria* (2011/167/UE). Declara el Considerando (14): *La cooperación reforzada en el ámbito de la creación de protección mediante una patente unitaria respeta las competencias, los derechos y las obligaciones de los Estados miembros no participantes. La posibilidad de obtener esta protección en el territorio de los Estados miembros participantes no afecta a la disponibilidad ni a las condiciones de la protección mediante patente en el territorio de los Estados miembros no participantes. Por otra parte, es conveniente que las empresas de los Estados miembros no participantes tengan la posibilidad de obtener esta protección mediante patente unitaria en el territorio de los Estados miembros participantes en las mismas condiciones que las empresas de los Estados miembros participantes. Las normas en vigor en los Estados miembros no participantes que regulan las condiciones de obtención de la protección mediante patente en su territorio no se ven afectadas.*

Desde el 1 de junio del año 2023 y, después de varios años de negociaciones[117], rechazos[118] y sobre saltos[119], ha entrado en vigor el denominado paquete de Patentes Unitarias (UPP), de esta manera se reconoce la patente europea con efecto unitario y, a la par, empieza a andar el Tribunal Unificado de Patentes (en adelante, TUP) con todo su alcance y extensión.

En efecto, en líneas generales cabe reseñar que nos encontramos con la vigencia del Tribunal Unificado de Patentes (TUP) para solventar litigios relativos a patentes europeas y patentes europeas con efecto unitario, mostrándose como un tribunal común para aquellos Estados miembros de la Unión

---

117 Más en DE VISSCHER, F., "Esquisse d'une solution alternative à la Juridiction unifiée du brevet (Unified Patent Court)", *Revue internationale de droit économique,* Vol. XXXIV (4), 2022-01, pp. 409-415.

118 Nótese que la Decisión 2011/167/UE del Consejo de 10 de marzo de 2011 por la que se autoriza una cooperación reforzada en el ámbito de la creación de protección mediante una patente unitaria fue impugnada ante el Tribunal de Justicia por España y por Italia.

119 *Cfr.,* DESAUNETTES-BARBERO L., DE VISSCHER, F., STROVEL, A. y CASSIERS, V., *The unitary patent package & Unified Patent Court: problems, possible improvements and alternatives.* Milán, Ledizioni 2023, en línea: https://directory.doabooks.org/handle/20.500.12854/99932 (consultado por última vez el 17 de abril de 2024), en esta obra se pone de relieve que "lamentablemente, el régimen de patentes establecido no es un auténtico sistema de la UE. Adoptado mediante un procedimiento de cooperación reforzada, en primer lugar, no incluye a todos los Estados miembros de la UE. En segundo lugar, las condiciones y el procedimiento para conceder la EPUE están en manos de la Oficina Europea de Patentes, una organización internacional de la que la UE no es parte. Por último, las disposiciones sustantivas y los procedimientos contenciosos están definidos por un tratado internacional (el Acuerdo UPC) del que la UE no es miembro, y por las leyes nacionales para el resto de los aspectos. Tal sistema excluye la ley de patentes del ordenamiento jurídico y judicial de la UE y reduce las funciones del Parlamento y el Tribunal de Justicia de la UE".

Europea (UE) que, en 2012 se habían unido para lograr una cooperación reforzada en el área de la protección de patentes unitarias y, luego, en el año 2013, firmaron un "Acuerdo sobre el Tribunal Unificado de Patentes" (ATUP), ya anotado, que complementa su cooperación y la amplía a patentes europeas no unitarias. El tribunal de patentes común afectaba, *ab initio*, a 17 Estados miembros de la Unión Europea, que son los firmantes del Acuerdo, si bien este tribunal será competente también para conocer de los litigios relativos a la infracción y que cuentan con patentes Unitarias y de las patentes europeas clásicas. A petición de los usuarios, se introdujo el llamado mecanismo de exclusión voluntaria, que permite excluir (huir) la competencia del Tribunal mediante la notificación correspondiente.

Aunque la competencia del TUP se limita estrictamente a las dos formas principales de acciones que pueden interponerse en el campo especial de la protección de patentes (caducidad, infracción y revocación), su establecimiento merece una evaluación analítica y cuantitativa[120] desde la perspectiva del derecho general de la Unión Europea porque es la primera vez que en los Estados miembros se crea un tribunal común aparte del sistema judicial

---

[120] Apuntan ORIA, J. y RÚA, P., "La Patente Unitaria seis meses después", *Tribuna* 25-01-2024 [Disponible en: https://elderecho.com/la-patente-unitaria-seis-meses-despues (consultado por última vez el 30 de julio de 2024)], "(...) desde la entrada en vigor del sistema hasta mediados de noviembre de 2023, se habían presentado alrededor de 540.000 solicitudes de opt-out para patentes y solicitudes publicadas, representando un 34% de las patentes europeas en vigor. Un 0,1% de los opt-outs presentados han sido retirados con el fin de llevar a cabo procedimientos de infracción ante el Tribunal. El desarrollo de estos números en los próximos años nos dará una mejor idea acerca de la aceptación de este nuevo sistema entre los titulares de derechos en Europa". *Vid.*, en: https://www.unified-patent-court.org/sites/default/files/upc_documents/Case%20load%20of%20the%20Court%20during%202023_news_21%20Dec.pdf

de la UE, no sólo para la resolución de disputas que surjan bajo sus propios regímenes legales (nacionales o internacionalmente uniformes), sino también para un régimen legal de la legislación de la Unión, la protección unitaria de las patentes. En este sentido, cabe apuntar que no es tanto el tamaño del nuevo tribunal lo que llama la atención o la importancia económica del tema que cae bajo su jurisdicción exclusiva, sino las muchas cuestiones y controversias fundamentales que acompañaron su creación y que aún se han de discutir por la literatura científica[121] y, en particular, por la aplicación de los operadores.

En la práctica, la patente europea con efecto unitario permitirá la protección de la invención a través de un procedimiento administrativo único ante la Oficina Europea de Patentes (OEP), en todos los territorios –e indivisibles– de los Estados

121 Así se manifiesta ULLRICH, H., "The unified patent court", en *Yearbook of European law*, vol.42, 2023, pp.135-168, precisa que estamos ante un "tribunal común de los Estados miembros, las principales preocupaciones se relacionan con (i) la necesidad y los riesgos de la (sobre) especialización de la UPC como tribunal técnico experto; (ii) la legitimidad y los déficits democráticos de la UPC como jurisdicción cuyas reglas y funcionamiento están esencialmente determinados a través de la autorregulación de la comunidad de derecho de patentes; (iii) las dificultades para calificar adecuadamente la naturaleza de las normas de derecho sustantivo tanto del Reglamento de la UE sobre la protección unitaria mediante patente como de la UPCA, cuya ambivalencia aparentemente deja mucho margen de interpretación y limita el alcance y la primacía del derecho de la Unión; (iv) los problemas relacionados con la definición adecuada de la relación entre la UPC y el Tribunal de Justicia de la UE en lo que respecta a salvaguardar la interpretación autónoma y uniforme del derecho de la Unión; y (v), de manera más general, los desequilibrios estructurales dentro del sistema judicial de la UE que pueden resultar del establecimiento de tribunales comunes de los Estados miembros cuya jurisdicción abarque la esencia misma de un régimen jurídico de la Unión".

participantes. Hasta septiembre de 2024, son 18 Estados los que han ratificado el acuerdo relativo a un Tribunal Unificado de Patentes. En última instancia, una mayor cooperación podría involucrar hasta los 27 Estados miembros de la UE.

Este nuevo título de propiedad industrial tiene al menos dos objetivos:

Una armonización, seguridad jurídica y simplificación: es inmediatamente válido para los Estados miembros que hayan ratificado el acuerdo a partir de una única solicitud presentada ante la OEP. Además, sólo requiere el pago centralizado de una única tarifa de renovación anual a la OEP.

Un ahorro de costes: el procedimiento centralizado ante el TUP será menos costoso y restrictivo que tener que realizar procedimientos ante diferentes tribunales nacionales. Téngase en cuenta que la patente con efecto unitario será menos costosa que una patente europea sin efecto unitario validada y mantenida en al menos 4 de los Estados miembros que participan en el sistema de patente unitaria.

La patente europea con efecto unitario comenzó su vigencia el 1 de junio de 2023 y tiene como países participantes a 18 Estados miembros de la UE: Alemania, Austria, Bélgica, Bulgaria, Dinamarca, Estonia, Finlandia, Francia, Italia, Letonia, Lituania, Luxemburgo, Malta, Países Bajos, Portugal, Eslovenia, Rumania y Suecia.

Por lo que hace al organismo emisor, nos encontramos con la Oficina Europea de Patentes (OEP). Y en cuanto a los idiomas oficiales para la presentación de solicitudes de patente ante la oficina serán el inglés, francés y alemán.

## IV. MARCO NORMATIVO HABILITANTE

Ya se han mencionado los principales instrumentos legales encargados de fijar la patente europea unitaria. Así las cosas, la regulación del sistema de patentes unificado se encuentra en varios referentes legislativos, que no todos los Estados han ratificado[122], extremo que implica una aplicación fraccionada[123] de este sistema de patente unitaria al menos durante sus primeros años de andadura. Hoy en día, sólo es posible obtener una patente unitaria que abarque aquellos 18 países de la UE, que han ratificado el Acuerdo reforzado y, por ende, la patente no necesita ningún tipo de validación, si bien plantea el potencial de ampliarse hasta 27 Estados, tal y como hemos anticipado.

Descendamos a precisar cada una de las normas habilitantes:

- La primera se ilustra en el Reglamento (UE) n°. 1257/2012 del Parlamento Europeo y del Consejo, de

---

[122] Han excepcionado el Acuerdo España y Croacia, que por ahora no participan en absoluto en el Sistema de Patente Unitaria y, aún deben ratificar el Acuerdo TUP.

[123] El nivel fragmentado de participación y ratificación del sistema unitario de patentes, así como las opciones de exclusión voluntaria, hace que nos encontremos ante un panorama variopinto que se resume del siguiente modo:
Patente europea con efecto unitario —> bajo la jurisdicción del TUP;
Patentes europeas con efecto en los 18 países que han ratificado el Acuerdo TUP —> bajo la jurisdicción del TUP;
Patentes europeas con efecto en los 18 países que ratificaron el Acuerdo TUP, pero en las que se solicitó la "exclusión voluntaria" —> bajo la jurisdicción de los tribunales nacionales;
Patente europea con efecto en países que no han ratificado el Acuerdo TUP o que no participan en el mecanismo de cooperación reforzada —> bajo la jurisdicción de los tribunales nacionales;
Patentes nacionales otorgadas por oficinas nacionales de patentes —> bajo la jurisdicción de los tribunales nacionales.

17 de diciembre de 2012[124], *por el que se establece una cooperación reforzada en el ámbito de la creación de una protección unitaria mediante patente.*

Interpretando este texto legal se nos revela que se busca tener un título de patente uniforme[125] en el mercado interior de la UE, según se descuelga del Considerando (1) del Reglamento 1257/2012. Cierto es que no todos los Estados Miembros integrantes de la UE forman parte de este título armonizado -ya comentado- y, se plantearon diferentes inconvenientes[126] en el camino, especialmente de carácter lingüístico[127], no obstante, fueron más los que decidieron unirse al acuerdo de *cooperación reforzada,* tal y como nos muestra el Considerando (3)[128] del

124 *DOUE* L 361, 31 de diciembre de 2012.

125 Expresa el Considerando 1: *(…) Las empresas deben contar, entre otros instrumentos jurídicos, con un título de patente que otorgue protección uniforme dentro del mercado interior o, al menos, en una parte significativa del mismo.*

126 *Cfr.,* GANDÍA SELLENS, Mª. A., "La viabilidad del Acuerdo sobre un Tribunal Unificado de Patentes a la luz del Brexit", en *Revista General de Derecho Europeo,* núm. 42, 2017, pp. 65-86. VERHOEVEN, A., y DAMBOIS, D., "Le brevet unitaire: enfin un «guichet unique» pour les innovateurs dans l'Union européenne", *Réalités industrielles,* Vol. novembre 2020 (4), 2020-11, pp. 85-87, DOI: 10.3917/rindu1.204.0085. También se ha de atender a *European Parliament, Directorate-General for Internal Policies of the Union, Bux, U., The unified patent court after Brexit,* European Parliament, 2020 [Disponible en: https://data.europa.eu/doi/10.2861/621223]

127 *Cfr.,* ULLRICH, H., "Les régimes linguistiques limités des systèmes de la propriété industrielle de l'Union européenne: injustes, mais inévitables?", en *Revue internationale de droit économique,* Vol. XXXIV (4), 2022-01, pp. 453-476.

128 Declara el Considerando 3: *El 10 de marzo de 2011, el Consejo adoptó la Decisión 2011/167/UE, por la que se autoriza una cooperación reforzada entre Bélgica, Bulgaria, la República Checa, Dinamarca, Alemania, Estonia, Irlanda, Grecia, Francia, Chipre, Letonia, Lituania, Luxemburgo,*

aludido texto legal, entre los países que no se adhirieron en origen a tal sistema nos encontramos a España[129], Croacia y Polonia, esta última detenta una situación excepcional.

- Segundo, nos encontramos con el Reglamento (UE) nº. 1260/2012[130], que aborda las cuestiones lingüísticas y viene a construir el sistema unitario de patentes: patente europea con efecto unitario para todos los países participantes.
- Dentro del paquete legislativo, el otro instrumento legal viene contemplado en el Acuerdo sobre un Tribunal Unificado de Patentes[131] que fue modificado en el año 2023[132].

---

*Hungría, Malta, los Países Bajos, Austria, Polonia, Portugal, Rumanía, Eslovenia, Eslovaquia, Finlandia, Suecia y el Reino Unido (en lo sucesivo, «los Estados miembros participantes») en el ámbito de la creación de una protección unitaria mediante patente.*

129 *Vid.*, ORIA, J. y RÚA, P., "La Patente Unitaria seis meses después". *Tribuna* 25-01-2024, cit., "España es relevante. Aunque no estemos dentro del sistema, que el español sea ya la primera lengua de traducción de la patente con un 29.5% del total (art. 6.1 b) Reglamento de traducción confirma que seguimos siendo un país atractivo para la inversión en tecnología. Actualmente, hay casi 370 solicitudes de patente unitaria titulares de empresas o particulares españoles".

130 El Reglamento lingüístico: Reglamento (UE) nº. 1260/2012 del Consejo de 17 de diciembre de 2012. Reglamento relativo a los arreglos lingüísticos cuya base jurídica es el artículo 118.2 TFUE. La patente europea se tramitará en uno de los idiomas oficiales de la OEP (alemán, francés o inglés).

131 *Cfr.*, https://eur-lex.europa.eu/ES/legal-content/summary/unified-patent-court-agreement.html

132 Sin olvidar que el 27 de abril de 2023, la Comisión propuso medidas para complementar el sistema de patente unitaria, a saber, nuevas normas relativas a las patentes esenciales para normas (PEN), la concesión de licencias obligatorias de patentes en situaciones de crisis y una reforma de la legislación sobre los

> Este acuerdo crea el TUP, un tribunal común a todos los Estados miembros contratantes, competente para resolver litigios relativos a las patentes europeas y a las patentes europeas con efecto unitario, tal y como se descuelga *ex* art. 1.

Los tres pilares legales enunciados constituyen, -tal y como hemos enunciado-, el paquete legislativo sobre el cual se sostiene la patente unitaria, si bien hemos de recordar que estamos ante la creación de un instrumento de Derecho internacional privado y, por tanto, hemos de atender a otras normativas concurrentes[133] para complementar y comprender de forma acabada lo disciplinado en las mismas en orden a perfilar las reglas de conflicto y saber, *vgr.*, la legislación aplicable o competencia judicial. Y, para tal finalidad, hemos de observar tanto el Convenio de Bruselas[134] como el Convenio de Lugano[135], respectivamente.

Junto a las mencionadas normas, ni qué decir tiene que la Unión Europea ya gozaba de la patente europea trámi-

---

certificados complementarios de protección (CCP), incluida la creación de un CCP unitario.

133 *Vid.*, CATALDO, V., "Concurrencia (¿o confusión?) de modelos y concurrencia de disciplinas de fuente diversa en la patente europea con efecto unitario: ¿Existe una alternativa razonable?", en *Actas de Derecho Industrial y Derecho de Autor*, Vol. XXXIV, 2013/2014, pp. 91-110.

134 *Convenio de Bruselas de 1968 relativo a la competencia judicial y la ejecución de resoluciones judiciales en materia civil y mercantil* (versión consolidada). *DOCE* n° C 027 de 26 de enero de 1998. Al respecto, ERAUW, J., "Relación entre el acuerdo sobre el tribunal de la patente unificada europea y el nuevo Reglamento de Bruselas I sobre competencia y reconocimiento", en *Anuario Español de Derecho Internacional Privado*, Vol. 13, 2013, pp. 101-125

135 *Convenio relativo a la competencia judicial y a la ejecución de resoluciones judiciales en materia civil y mercantil.* Celebrado en Lugano el 16 de septiembre de 1988. *DOCE* nº. 319, de 25 de noviembre de 1988.

te el Convenio sobre concesión de Patentes Europeas, de 5 de octubre de 1973[136], ya referido, en su versión revisada del 17 de diciembre de 1991 y el 29 de noviembre de 2000 (CPE), dónde se creó la Organización Europea de Patentes, a la que se encomendó la misión de conceder patentes europeas. Ahora, dentro de este marco legal se permite que cualquier titular de la patente, pueda beneficiarse, si así lo considera del efecto unitario en los Estados miembros participantes en virtud del Reglamento 1257/2012; estas patentes se apreciarán en lo sucesivo como «patentes europeas con efecto unitario». Partiendo de este Convenio genérico CPE se ha adoptado un acuerdo especial[137] recogido en el Reglamento 1257/2012 en mor de otorgar efecto unitario a la patente europea para aquellos Estados miembros que hayan asumido dicho Reglamento.

---

136 Véase, al respecto a BELDA SORIANO, L., "50 años del Convenio de la Patente Europea y su influencia en el sistema de patentes español", 5 de octubre de 2023 [Disponible en: https://www.madrimasd.org/blogs/patentesymarcas/2023/50-anos-del-convenio-de-la-patente-europea-y-su-influencia-en-el-sistema-de-patentes-espanol/#comments(consultado por última vez el 2 de septiembre de 2024)].

137 Véase lo disciplinado en el Considerando 6 del Reglamento 1257/2012, dónde se señala que cualquier grupo de Estados de acuerdo con la parte novena del CPE, que haya firmado la cooperación reforzada puede habilitar para que los titulares de patentes europeas soliciten el efecto unitario. Y, art. 1, párrafo 2º, del Reglamento: *El presente Reglamento constituye un acuerdo especial en el sentido del artículo 142 del Convenio sobre Concesión de Patentes Europeas, de 5 de octubre de 1973, en su versión revisada el 17 de diciembre de 1991 y el 29 de noviembre de 2000 (en lo sucesivo, «el CPE»).*

Además, no puede perderse de vista el principio de territorialidad[138] y remisión al derecho de patentes de cada uno de los Estados miembros participantes en el acuerdo de concesión de patente unitaria, tal y como se pone de manifiesto en varios aspectos del desarrollo y deambular de la patente. Sin ir más lejos, el referido al objeto de la patente como derecho especial de propiedad, se nos dice por el Considerando (14) del Reglamento 1257/2012: *La patente europea con efecto unitario, en cuanto objeto de propiedad, debe ser tratada en su totalidad y en todos los Estados miembros participantes como una patente nacional del Estado miembro participante, determinado de conformidad con criterios específicos como el domicilio, centro principal de actividad o centro de actividad del solicitante.* Dicho de otro modo y, como reglas de Derecho internacional privado, es aplicable la ley del Estado dónde se solicita y tiene alcance y consecuencias la patente de invención, así como en materia de licencias *ex* Considerando (15).

Es verdad también que respecto a las licencias obligatorias de patentes se aplica el principio de territorialidad, tal y como se nos muestra por el Considerando (10): *Las licencias obligatorias para patentes europeas con efecto unitario deben regirse por el Derecho de los Estados miembros participantes respecto de sus territorios correspondientes.* Igualmente, se posibilita el agotamiento de derechos de la patente unitaria *ex* Considerando (12).

En similar sintonía de actuación bajo el principio de territorialidad, se estipula que *el régimen de indemnización de daños y perjuicios debe regirse por la normativa propia de los Estados miembros participantes, en particular, por las disposiciones de aplicación del artículo 13 de la Directiva 2004/48/CE del Parlamento Europeo y del*

---

138 *Cfr.*, GANDÍA SELLENS, Mª.A., "El principio de territorialidad y el derecho de patente a la luz de la figura de la patente unitaria (esfera procesal)", *Actas de derecho industrial y derecho de autor,* Tomo 37, 2016-2017, pp. 351-362.

*Consejo, de 29 de abril de 2004, relativa al respeto de los derechos de propiedad intelectual.*

Luego, se infiere que estamos ante la acumulación y juego de hilar diferentes legislaciones al estar ante una institución con efecto transfronterizo.

La Oficina Europea de Patentes (OEP) será el órgano administrativo encargado del registro, gestión y supervisión de la solicitud y devenir de la patente con efecto unitario, tal y como se deduce de varios Considerandos[139] del Reglamento 1257/2012, *vgr.*, Considerando (16): *El grupo de Estados miembros que hagan uso de las disposiciones de la parte novena del CPE puede confiar tareas a la OEP y crear un comité restringido del Consejo de Administración de la Organización Europea de Patentes (en lo sucesivo, «el Comité restringido»)*.

### *1. Beneficios y ventajas asociados*

Los provechos vinculados a la patente unitaria se nos enuncian en el Considerando (4) del Reglamento 1257/2012, al decretar:

*La protección unitaria mediante patente estimulará el progreso científico y técnico y el funcionamiento del mercado interior, al facilitar el acceso al sistema de patentes y hacerlo menos costoso y en condiciones de mayor seguridad jurídica. Asimismo, implicará una mejora en el nivel de protección mediante patente puesto que posibilitará la obtención de una protección uniforme de las patentes en los Estados miembros participantes, y la eliminación de costes y trámites complejos para las empresas en toda la Unión. Deben poder disfrutar de dicha protección los titulares de patentes europeas tanto de los Estados miembros participantes como de otros Estados, con independencia de su nacionalidad, domicilio o lugar de establecimiento.*

---

139 Al respecto, véase, Considerandos 16 a 18.

Se desprenden de su contenido los principios sobre los que se asienta la construcción del mercado interior, como los de proporcionalidad y no discriminación, lo que no podía ser de otro modo. Y, se pone el énfasis en el ahorro de costes y la seguridad jurídica[140], si bien se permite a interés del solicitante acudir a uno u otro sistema de patente, tal y como se deduce del Considerando (26).

A mayor abundamiento, parece claro que el Sistema Unitario de Patentes viene a ser la solución ofrecida por la UE a un problema al que se enfrenta cualquier titular o solicitante de patente que desee obtener derechos en varios países frente a la fragmentación geográfica del sistema de protección de patentes y su procedimiento de presentación y, en consecuencia, atender a los elevados costes económicos y de tramitación[141].

---

140 *El sistema de patente unitaria ofrece una ventanilla única para el registro y la aplicación de patentes en Europa. Esto conllevará costes más bajos, menos burocracia y una reducción de la carga administrativa para los innovadores, en particular para las pymes. Permite a las empresas y otros innovadores recibir una sola patente «unitaria» para sus invenciones, válida en todos los Estados miembros participantes. Con el nuevo sistema no será necesario enfrentarse a un complejo mosaico de leyes y procedimientos nacionales en materia de patentes, y se dejan a un lado los requisitos nacionales de validación aplicables a las patentes europeas, que son más costosos.* Más en: https://ec.europa.eu/commission/presscorner/detail/es/ip_23_3004

141 La presentación de solicitudes de patente en muchos países puede ser onerosa en términos de requisitos administrativos y muy costosa debido a tener que pagar tasas de presentación por separado en cada país en el que se busca protección. El Tratado de Cooperación en materia de Patentes (PCT) y el Convenio sobre Patentes Europeas (CPE) buscaron remediar, al menos en parte, este problema centralizando las solicitudes de patentes. El PCT, administrado por la Organización Mundial de la Propiedad Intelectual (OMPI), permite la presentación de una única solicitud de patente que designe los países (que participan en este esquema) en los que se busca protección

Las patentes -como es sabido- son derechos territoriales por naturaleza, lo que significa que sólo están protegidas en los países o territorios en los que están registradas.

La gran virtualidad del Sistema de Patente Unitaria estriba en centralizar el procedimiento de presentación de patentes al punto que puede culminar en la concesión de una única patente unitaria válida en varios países. No obstante, este nuevo sistema desde el 1 de junio 2023 no representa un procedimiento totalmente integrado en toda la UE, toda vez que no todos los Estados miembros de la UE han considerado oportuno el participar en él mismo, tal y como anticipábamos respecto a España[142], si bien esto no significa que los innovadores y empresas españolas no puedan acudir a este sistema unificado.

Adviértase que este nuevo sistema no pretende sustituir los sistemas de patentes nacionales y regionales existentes actualmente y gestionados por las oficinas nacionales de patentes y

para una invención. El CPE, administrado por la Oficina Europea de Patentes (OEP), permite un sistema similar, aunque limitado a los países europeos (tenga en cuenta que la EPO no está vinculada a la Unión Europea y, por lo tanto, los países fuera de la UE sí participan en este esquema). Sin embargo, la limitación intrínseca de los sistemas PCT y CEP es que después de la presentación, siguen aplicándose las mismas fragmentaciones geográficas mencionadas anteriormente: estas solicitudes de patentes internacionales o europeas se convierten en títulos nacionales en los países designados que han aceptado la solicitud. En otras palabras, no dan lugar a un único derecho de patente, sino a un conjunto de patentes nacionales que luego deben gestionarse y hacerse cumplir individualmente.

142 *Cfr.*, SÁNCHEZ, D., "Patente unitaria europea: por qué España no podría (ni debería) no haberla rechazado", 11/03/2022 [Disponible en: https://www.economistjurist.es/articulos-juridicos-destacados/patente-unitaria-europea-por-que-espana-no-podria-ni-deberia-no-haberla-rechazado/ (consultado por última vez el 7 de agosto de 2024)].

la OEP, sino más bien, complementarlos proporcionando un procedimiento adicional más económico, eficiente y rentable para la obtención de patentes por parte de los solicitantes, que buscan el auxilio en todo el mercado único de la UE.

Según lo expresado y, -se reitera por su importancia-, uno de los principales beneficios del sistema de Patente Unitario viene ilustrado en la simplificación de los procedimientos y los menores costos derivados[143] con la obtención de protección de patente en todo el Mercado Único de la UE. Una simple solicitud de efecto unitario al final del procedimiento de solici-

[143] Además del procedimiento único de presentación de patentes que ya existía en el marco del CEP, ahora existe la posibilidad de mantener el derecho de patente mediante el pago de una única tasa de renovación anual (en lugar de tener que pagar tasas anuales en todos los países en los que la Patente Europea había sido validado). Esto no sólo supone una gran simplificación de los procedimientos, sino que también puede suponer una reducción importante de estas tasas de renovación. De hecho, las tasas pagaderas anualmente por la renovación de la patente unitaria se establecieron en función de las tasas acumulativas de renovación de patentes vigentes en Francia, Alemania, los Países Bajos y el Reino Unido (los cuatro principales países en los que las patentes europeas se validan a nivel nacional). En efecto, esto significa que si se calcularan las tasas de renovación acumuladas pagaderas durante la vida de una Patente Unitaria (hasta 20 años), este total sería aproximadamente igual a las tasas de renovación acumuladas equivalentes que habría que pagar por patentes nacionales, patentes en 4 países, y un 80 % menos de lo que habría que pagar para mantener los derechos de patente nacionales en todos los países de la UE que participan en el mecanismo de cooperación reforzada durante la misma duración. Es cierto que esto también significa que el Sistema de Patente Unitaria podría no ser apropiado para quienes sólo buscan patentar su invención en menos de cuatro países. Véase más en: "The Unitary Patent is now a reality", *blog*, en: https://intellectual-property-helpdesk.ec.europa.eu/news-events/news/unitary-patent-now-reality-2023-06-13_en

tud de patente europea otorgará un derecho de patente único válido en todos los países que participan en el sistema[144].

No olvidemos, pues, que la Patente Unitaria es un derecho de patente único e indivisible que sólo puede renovarse, limitarse, transferirse, revocarse o caducar respecto de todos los Estados miembros partícipes.

Al hilo de lo descrito, ni que decir tiene que el sistema se convierte en predecible y proporciona coherencia y seguridad jurídica al poseer un único tribunal transnacional, en lugar de tener que iniciar procedimientos en cada país de la UE en el que se ha producido una infracción[145]. Queda pendiente el observar cómo se implementa en el tiempo y cuáles son los resultados alcanzados.

Además, se relata en la normativa que se han introducido importantes reducciones en las tasas judiciales para beneficiar a las PYMEs, que necesitan hacer valer sus patentes unitarias contra los infractores y, a su vez, se fomente la competencia y la innovación europea.

---

144 *Vide* GUTIÉRREZ CORTÉS, G., *"La patente unitaria europea: análisis de posibles costes derivados de la auto-exclusión española por razones lingüísticas"*. Proyecto Fin de Carrera / Trabajo Fin de Grado, 2018 [Disponible en: https://oa.upm.es/49754/].

145 A modo de ejemplo, respecto a las acciones de nulidad bajo la patente unitaria estarán supeditadas a acciones de invalidación centralizadas ante el TUP, que en caso de éxito invalidarán de forma automática la patente unitaria en todos y cada uno de los países adheridos al sistema. Esta acción de invalidación podrá presentarse a lo largo de toda la vida de la patente unitaria.

## 2. *Tarifas y Tasas aplicables*

En lo concerniente a las tasas a pagar ante la OEP, también se referencian en varios Considerandos[146] del Reglamento (UE) 1257/2012.

Nótese que, igualmente, se ha de mirar a otro gran instrumento legal configurador de la mecánica de la patente europea unitaria, tal y como manifiesta el Considerando (23): *El presente Reglamento se complementa con el Reglamento (UE) nº. 1260/2012, adoptado por el Consejo de conformidad con el artículo 118, párrafo segundo, del TFUE.* En efecto, otro instrumento complementario en una patente de carácter transnacional como la que estamos tratando es, precisamente, el uso del idioma y, por tanto, la traducción[147], de ahí que se aplique a la patente europea unitaria el Reglamento (UE) nº. 1260/2012[148] del Consejo de 17 de diciembre de 2012, *por el que se establece una cooperación reforzada en el ámbito de la creación de una protección unitaria mediante patente en lo que atañe a las disposiciones sobre traducción.*

---

146 *Cfr.*, Considerandos 19 a 21.

147 *La patente se mantendrá en vigor en todos los países adheridos al sistema mediante un único pago de una cuota de mantenimiento anual a la EPO, que cubrirá todos los países adheridos al sistema, y por tanto no será necesario pagar tasas de mantenimiento individuales en cada uno de ellos. Será posible litigar contra posibles infractores de la patente en los distintos países adheridos al sistema mediante un único pleito de infracción presentado ante el TUP. Se prevé una compensación de gastos de traducción de 500 € para aquellas patentes europeas para las que se solicite efecto unitario y que fueran originalmente presentadas por pequeñas o medianas empresas, ONGs, etc. en un idioma distinto del inglés, francés o alemán. Vid.*, “La patente unitaria”, 11 julio, 2023, en *blog:* https://elzaburu.com/la-patente-unitaria/

148 *DOUE* L 361 de 31 de diciembre de 2012.

El Reglamento (UE) 1257 contiene otra serie de preceptos de carácter administrativo en orden a cooperar[149] y potenciar la Oficina Europea de Patentes con relación a las diferentes oficinas de Registro de los países miembros participantes *ex* art. 9, 14. Asociado a otros mandatos de carácter financiero que tratan las tasas aplicables contenidos en los arts.11 y 12, respectivamente.

Mención especial merece la cláusula general de actuación de conformidad a la competencia leal, disciplinado en el artículo 15, *Aplicación del Derecho de competencia y de las disposiciones normativas relativas a la competencia desleal. El presente Reglamento se entenderá sin perjuicio de la aplicación del Derecho de competencia y de las disposiciones normativas relativas a la competencia desleal.*

## V. CONCEPTO

El artículo 2 del Reglamento 1257/2012 es el encargado de establecer las principales definiciones que se muestran en torno al alcance de la patente europea con efectos unitarios, siguiendo la estructura tradicional de este formato legal.

Sobre la patente europea con efecto unitario (o patente unitaria europea), interesa poner el énfasis en la noción de *patente europea con efecto unitario*, que se nos aclara según art. 2, letra c) del Reglamento como*: una patente europea que goza de efecto unitario en los Estados miembros participantes en virtud del presente Reglamento.*

---

149 *European Parliament, Directorate-General for Internal Policies of the Union,* BULAYENKO, O., FROSIO, G., LAWRYNOWICZ-DREWEK, A. et al., "Exécution transfrontière des droits de propriété intellectuelle dans l'Union européenne – Synthèse, European Parliament", 2022 [Disponible en: https://data.europa.eu/doi/10.2861/28505].

Se descuelga que la patente unitaria europea es un título único de patente que se otorgará en todos los países participantes en el Acuerdo y, planteará los mismos efectos y concedida de forma simultánea en un único acto de registro ante la Oficina Europea de Patentes (OEP).

La patente unitaria europea se justifica en una cooperación reforzada entre los 18 países de la Unión Europea, y elimina los trámites de validación nacional[150]. El propósito es ofrecer a inventores y empresas una alternativa más sencilla al sistema actual aportando un efecto unitario. En concreto, ya no es necesario realizar 18 trámites ante las 18 oficinas nacionales para que la patente sea reconocida y defendida.

Para comprender de forma más acabada la patente europea con efectos unitarios se ha de acudir a lo disciplinado en el destacable art. 3 del Reglamento: *1. Toda patente europea concedida con el mismo juego de reivindicaciones respecto de todos los Estados miembros participantes gozará de efecto unitario en dichos Estados a condición de que su efecto unitario haya sido inscrito en el Registro para la protección unitaria mediante patente. No gozarán de efecto unitario aquellas patentes europeas concedidas con juegos diferentes de reivindicaciones para diferentes Estados miembros participantes.*

*2. Una patente europea con efecto unitario tendrá carácter unitario. Otorgará protección uniforme y tendrá los mismos efectos en todos los Estados miembros participantes. Solo podrá limitarse, transferirse, revocarse o extinguirse respecto de todos los Estados miembros participantes. Podrá ser objeto de licencia respecto de todos o parte de los territorios de los Estados miembros participantes.*

---

150 *In totum,* RODRÍGUEZ RODRIGO, J., "Consecuencias sobre la patente europea con efecto unitario", en *La Ley Unión Europea,* núm. 100, 2022.

*3. El efecto unitario de una patente europea se considerará que no ha tenido lugar en la medida en que dicha patente haya sido revocada o limitada.*

Se infiere del tenor literal del precepto: a) la perspectiva territorial del título de patente europea con efecto unitario circunscrita sus efectos y desarrollo a los Estados miembros participantes. De igual modo, como presupuesto ineludible la necesidad de b) inscripción en el Registro destinada al amparo de la patente unitaria, *rectius,* efecto constitutivo, si bien el art. 4, apartado 1°, puntualiza la *fecha de producción de efectos. 1. Una patente europea con efecto unitario surtirá efectos en los Estados miembros participantes en la fecha de la publicación por la OEP de la nota de concesión de la patente europea en el Boletín Europeo de Patentes.*

La patente europea unitaria implica una validación supranacional y se distancia del vigente sistema, que demanda la conveniencia de registrar la patente nacional en cada uno de los Estados Miembros tras la aprobación de la OEP, tal y como venimos reiterando.

También, se focaliza en los Estados miembros participantes por cuanto hace a la extinción, limitación, transferencia o revocación. La licencia de patente unitaria se supeditará en todo o parte al ámbito geográfico de los Estados miembros participantes[151]. *Ergo,* se deduce c) la especialidad de la patente unitaria en cuanto al alcance de su desarrollo y vida, al punto que si la misma se limita o se revoca se apreciará que no ha existido patente unitaria.

Interpretando la publicidad asociada a la patente unitaria, nos refleja d) la prioridad del efecto de la patente unitaria

---

[151] *Cfr.,* ACKERMANN, M., “The Unitary Patent Package & Unified Patent Court. Problems, Possible Improvements and Alternatives”, en *GRUR International,* vol.73 (3), 2024-02, pp. 281-284.

sobre la patente nacional dentro del territorio de los Estados miembros participantes. De conformidad a lo establecido en el art. 4, apartado 2º: *Los Estados miembros participantes adoptarán las medidas necesarias para garantizar que, cuando se haya inscrito el efecto unitario de una patente europea y este se extienda a su territorio, se considere que dicha patente europea no ha surtido efectos como patente nacional en su territorio en la fecha de publicación de la nota de concesión en el Boletín Europeo de Patentes.*

## VI. LA NATURALEZA Y CARACTERÍSTICAS INHERENTES A LA PATENTE EUROPEA UNITARIA

La configuración y rasgos en torno a que sea una patente europea con efecto unitario se ilustra a lo largo del tenor legal contenido en el Considerando (7) del Reglamento (UE) 1257/2012 en conexión con el art. 3, ya comentado *ut supra*, cuando apunta:

> *La protección unitaria mediante patente debe conseguirse otorgando efecto unitario a las patentes europeas en la fase posterior a la concesión en virtud del presente Reglamento y respecto de todos los Estados miembros participantes. El rasgo principal de una patente europea con efecto unitario debe ser su carácter unitario, es decir, debe otorgar protección uniforme y desplegar efectos equivalentes en todos los Estados miembros participantes. Por consiguiente, una patente europea con efecto unitario solo debe poder limitarse, transferirse o revocarse, o extinguirse, respecto de todos los Estados miembros participantes. Debe ser posible que una patente europea con efecto unitario sea objeto de licencia con respecto al conjunto o a una parte de los territorios de los Estados miembros participantes. A fin de garantizar que el ámbito de protección material conferido por la protección unitaria mediante patente sea uniforme, es conveniente que solo disfruten de efecto unitario las patentes europeas concedidas para todos los Estados miembros participantes con el mismo juego de reivindicaciones. Por último, el efecto unitario atribuido a una patente europea debe ser de carácter accesorio y se debe considerar que no ha existido en la medida en que la patente europea de base se revoque o se limite.*

Se extrae:

- La patente debe ser unitaria, *ergo,* desplegar *efectos equivalentes y protección uniforme.*
- La patente europea con efecto unitario es una patente europea ya concedida y el efecto unitario deviene *a posteriori* "fase posterior a la concesión".
- El efecto unitario sólo se circunscribe a los *Estados miembros participantes.*
- El alcance de la patente unitaria en cuanto hace a la licencia, transmisión, revocación, extinción y reivindicaciones se ciñen sólo al ámbito geográfico-territorial de los Estados miembros participantes.
- La patente europea unitaria se plantea con carácter accesorio y no podrá ir contra la patente europea concedida previamente, en especial, si la misma se limita o revoca. Dicho de otro modo, el carácter unitario es secundario, si así se considera por parte del solicitante con respecto a la patente europea principal.
- Vinculado a lo precedente, se permite la retroactividad a las patentes que quieran efectos unitarios una vez entrado en vigor el texto legal, *cfr.,* Considerando (8).

A sabiendas, que la patente unitaria concede derechos contra terceros que intenten vulnerar la misma. Y, aquí es dónde se introduce una novedad de gran calado y significación que es, precisamente, la creación de un Tribunal Unificado de Patente (TUP)[152], tal y como nos señala el Considerando (9): *La*

---

[152] *Vid.,* LÓPEZ-TARRUELLA MARTÍNEZ, A., "Hacia un nuevo escenario en la litigación transfronteriza de patentes en Europa: la jurisdicción internacional y la distribución de competencias en

*patente europea con efecto unitario debe conferir a su titular el derecho a impedir que cualquier tercero cometa actos contra los que la patente ofrezca protección. Este derecho debe garantizarse mediante la creación de un Tribunal Unificado de Patentes*[153].

El Considerando (9) se ha de poner en conexión con lo descrito en el Considerando (24): *La competencia judicial en materia de patentes europeas con efecto unitario debe establecerse y regirse mediante un instrumento que establezca un sistema unificado de solución de litigios en materia de patentes para las patentes europeas y las patentes europeas con efecto unitario*[154].

Cabalmente, aquí reside el protagonismo de este nuevo TUP por cuanto hace a la competencia objetiva y material de conocimiento no sólo de la patente europea unitaria sino de las controversias relacionadas con las patentes europeas clásicas.

---

el Tribunal Unificado de Patentes", *Revista electrónica de estudios internacionales*, núm. 42, diciembre 2021.

153 Agrega el Considerando (9): *En aquellas materias que no estén reguladas en el presente Reglamento ni en el Reglamento (UE) nº. 1260/2012 del Consejo, de 17 de diciembre de 2012, por el que se establece una cooperación reforzada en el ámbito de la creación de una protección unitaria mediante patente en lo que atañe a las disposiciones sobre traducción (1), han de aplicarse las disposiciones del CPE, el Acuerdo sobre el Tribunal Unificado de Patentes, incluidas aquellas de sus disposiciones que definen el alcance de ese derecho y sus limitaciones, y la legislación nacional, incluidas las normas de Derecho internacional privado.*

154 Se complementa con lo disciplinado en el Considerando (25). *Con el fin de garantizar el funcionamiento adecuado de la patente europea con efecto unitario, la coherencia de la jurisprudencia y por ende la seguridad jurídica, así como la relación coste/eficacia para los titulares de patentes, resulta esencial crear un tribunal unificado de patentes que conozca de los litigios relativos a dicha patente. Por tanto, reviste una importancia primordial que los Estados miembros participantes ratifiquen el Acuerdo sobre un Tribunal Unificado de Patentes con arreglo a sus procedimientos nacionales tanto constitucionales como parlamentarios, y que adopten las medidas necesarias para que dicho Tribunal sea operativo lo antes posible.*

## V. EL PROCEDIMIENTO DE SOLICITUD DE PATENTE UNITARIA

¿Cómo obtener una patente unitaria europea? La nueva patente europea con efecto unitario se basa en la patente europea emitida por la Oficina Europea de Patentes.

Se deberá presentar una solicitud de patente europea clásica ante la Oficina Europea de Patentes, que ahora es su único punto de contacto. Una vez expedida la patente europea se puede solicitar efecto unitario y así obtener una patente europea con efecto unitario. Esta solicitud deberá presentarse dentro del mes siguiente a la fecha de publicación de la mención de concesión en el Boletín Europeo de Patentes.

En efecto, la patente unitaria se consigue a través de la concesión de una solicitud de patente europea y presentando, de seguido, una petición a la Oficina Europea de Patentes para que registre la patente otorgada con "efecto unitario". La patente unitaria sólo es posible si se observan una serie de condicionantes, a saber: la fecha de concesión de la patente europea es posterior al inicio del sistema de patente unitaria; la patente europea designa a todos los Estados miembros participantes en el sistema de patente unitaria y, a su vez, las reivindicaciones otorgadas son idénticas para todos los Estados miembros participantes. Para registrar la patente europea con efecto unitario, el titular de la patente debe presentar una solicitud en el plazo de un mes a partir de la fecha de concesión de la patente europea, que se diferencia del plazo para completar las validaciones nacionales, que es de tres meses.

El registro de patentes unitarias será una nueva obligación asignada a la Oficina Europea de Patentes y, por tanto, gran parte del procedimiento de presentación de patentes unitarias será el mismo, que el de las patentes europeas tradicionales. De tal suerte, que el modo de conseguir una patente europea con efecto unitario es presentar una solicitud de Patente Europea a través de la OEP y, una vez, que la OEP ha otorgado la patente, el solicitante debe peticionar el efecto unitario mediante el formulario EPO 7000 en lugar de pasar por la vía nacional. Es decir, se sigue el procedimiento de validación que normalmente realizan las patentes europeas antes de ser registradas y ejecutables.

Luego,–con otras palabras y, según lo descrito-, una vez publicada la concesión de una patente europea conforme al Convenio de Patente Europea (CPE), conocida como patente europea "clásica", aquí el titular tendrá el período de un mes para solicitar el efecto unitario. De esta suerte, se podrá obtener una patente unitaria para cualquier solicitud de patente europea cuya fecha de comunicación de concesión sea desde el 1 de junio de 2023.

Entonces, este procedimiento tiene que llevarse a cabo en un plazo de un mes desde la publicación del otorgamiento de la patente por parte de la OEP en el Boletín Europeo de Patentes, y siempre supeditado a dos requisitos relevantes, a saber:

- Las reivindicaciones de la patente deben ser idénticas para todos los países en los que la patente unitaria entrará en vigor, en otros términos, no hay posibilidad de modificar o adaptar las reivindicaciones de la patente dependiendo del país, deben ser exactamente idénticas;
- Se debe proporcionar una traducción de la patente europea (al inglés si el procedimiento se llevó a cabo en alemán o francés; a cualquier otro idioma de la Unión Europea si el procedimiento fue en inglés). De hecho, las reivindicaciones y especificaciones de la patente ya se habrán traducido para el procedimiento anterior; sin embargo, es posible que la sección de descripción aún deba traducirse en esta etapa.

La solicitud comporta el no tener que pagar ninguna tasa oficial, amén de que debe acompañarse de la traducción de la patente europea otorgada a la lengua inglesa, si la patente europea fuera concedida en francés o alemán, o a cualquier de los idiomas oficiales de la UE, incluido el español, si la patente europea fue concedida en inglés.

Una vez presentada la solicitud, y siempre que se observen todos los requisitos procesales, la OEP otorgará una patente con efecto unitario, válida y exigible en todos los países participantes en el esquema. Se infiere, pues, que estamos ante un procedimiento sencillo que no demanda el pago de ninguna tasa adicional.

Insistamos de nuevo con lo ya anotado, que el titular de una patente podría amparar su título mediante su solicitud a través de diferentes opciones:

- patente europea dentro de los diferentes Estados miembros contratantes del Convenio sobre la Patente Europea (CPE).
- patente unitaria exclusivamente en los Estados que hayan ratificado en su momento el ATUP.
- patente unitaria con validaciones nacionales de la patente europea en uno o varios Estados que no estén dentro del sistema de Patente Unitaria o que aún no hayan ratificado el ATUP.
- patente que obtenga validaciones nacionales de la Patente Europea.
- patente nacional en cada uno de los Estados Miembros.

# VI. AGOTAMIENTO Y EFECTOS DE LA PATENTE EUROPEA UNITARIA

El efecto de la patente unitaria se contiene en el art. 5 relativo a la *protección uniforme* circunscrito y dentro del ámbito geográfico del territorio de los Estados miembros participantes. Dicha protección es la característica que se deriva de toda patente de invención, es decir, el lado positivo de poder explotar la invención con los diversos negocios jurídicos – como derecho de propiedad privada especial-, que sobre la misma puedan realizarse (*ius utendi*). Y, de otro, el lado negativo o de prohibición a terceros de menoscabar el derecho especial de exclusividad (*ius prohibendi*). Cabalmente, el párrafo 1°, art. 5 se focaliza en este último, al declarar: *1. La patente europea con efecto unitario conferirá a su titular el derecho a impedir que cualquier tercero cometa actos contra los que aquella ofrezca protección en la totalidad de los territorios de los Estados miembros participantes en los que tenga efecto unitario, a reserva de las limitaciones aplicables.*

Ni que decir tiene que las limitaciones al derecho de exclusiva se tienen en aprecio por parte de la patente europea con efectos unitarios.

En lo concerniente al *agotamiento de derechos* otorgados por la patente unitaria se reconoce en el art. 6 del Reglamento (UE) 1257, al ordenar: *Los derechos conferidos por una patente europea con efecto unitario no se extenderán a los actos relativos al producto amparado por esta patente realizados en los Estados miembros participantes en los que la patente tenga efecto unitario, después de que este producto haya sido comercializado en la Unión por el titular de la patente o con su consentimiento, a menos que existan motivos legítimos que justifiquen que el titular de la patente se oponga a la comercialización ulterior del producto.*

## VII. LA PATENTE EUROPEA UNITARIA COMO OBJETO DE DERECHOS

Se ha de tener presente que la patente unitaria va a ser objeto de los mismos derechos que una patente nacional, tal y como se manifiesta en el art. 7[155], relativo a la *asimilación de la patente europea con efecto unitario a una patente nacional.* En este precepto se delimitan reglas de derecho internacional privado para saber qué legislación es la aplicable en dependencia de quién sea el solicitante de la patente siempre ubicado dentro del ámbito geográfico delimitado de los Estados miembros participantes y la solicitud se realice en el Registro Europeo de Patentes.

---

[155] *Cfr.,* el tenor del artículo 7. *Asimilación de la patente europea con efecto unitario a una patente nacional. 1. Una patente europea con efecto unitario, en cuanto objeto de propiedad, se considerará en su totalidad y en todos los Estados miembros participantes como una patente nacional del Estado miembro participante en cuyo territorio esa patente tenga efecto unitario, y en el que, según el Registro Europeo de Patentes: a) el solicitante tuviera su domicilio o centro principal de actividad en la fecha de cumplimentación de la solicitud de la patente europea, o b) en su defecto, el solicitante tuviera un centro de actividad en la fecha de cumplimentación de la solicitud de la patente europea. 2. Cuando dos o más personas figuren inscritas como cosolicitantes en el Registro Europeo de Patentes, se aplicará el apartado 1, letra a), al primer cosolicitante inscrito. Si no fuera posible, el apartado 1, letra a), se aplicará al siguiente cosolicitante inscrito, por orden de inscripción. Cuando el apartado 1, letra a), no se aplique a ninguno de los cosolicitantes, se aplicará lo dispuesto en el apartado 1, letra b). 3. Cuando ningún solicitante tuviera su domicilio, centro principal de actividad o centro de actividad en un Estado miembro participante en el que la patente tenga efecto unitario, a los efectos de los apartados 1 o 2, la patente europea con efecto unitario, en cuanto objeto de propiedad, se considerará en su totalidad y en todos los Estados miembros participantes como una patente nacional del Estado en cuyo territorio tenga su sede la Organización Europea de Patentes, de conformidad con el artículo 6, apartado 1, del CPE. 4. La adquisición de los derechos surtirá efecto con independencia de su inscripción en un registro nacional de patentes.*

El criterio delimitador del solicitante está basado en el principio de territorialidad atendiendo tanto al domicilio como el centro de intereses principales del solicitante y, en su caso y defecto, el centro de actividad en el momento *de la fecha de cumplimentación de la solicitud de la patente europea.* El art 7 anotado, proporciona inclusive reglas en cuanto a la existencia de más de un solicitante o, dicho solicitante no observará ninguno de los criterios territoriales reseñados, dónde se apreciará como patente nacional dentro del territorio de los diferentes Estados participantes.

Otro aspecto de contenido material que ordena el Reglamento (UE) 1257 en relación con la patente europea unitaria es la licencia de derechos dispuesta en el art.8, que con carácter genérico reconoce dicha posibilidad, precisamente, por la asimilación que comentábamos en el precedente art. 7, a la patente unitaria. El tenor del art. 8 nos dice:

*El titular de una patente europea con efecto unitario podrá presentar una declaración escrita a la OEP en la que manifieste que está dispuesto a autorizar a cualquier interesado para que explote la invención en calidad de licenciatario a cambio del pago de una retribución adecuada. 2. La licencia obtenida en virtud del presente Reglamento se asimilará a una licencia contractual.*

Se descuelga del mandato que la licencia concedida bajo una patente unitaria será de carácter *oneroso y contractual.* Además, se ha de considerar que se necesita una comunicacion mediante *declaración escrita a la Oficina Europea de Patentes.*

## VIII. TRIBUNAL UNIFICADO DE PATENTES (TUP)

Estamos ante una nueva jurisdicción específica: el Tribunal Unificado de Patentes. La patente unitaria europea va acompañada del establecimiento de una jurisdicción supranacional unificada para la resolución de litigios entre inventores o empresas.

Esta jurisdicción tiene como objetivo armonizar el derecho de patentes en la Unión Europea[156]. Su función es resolver los litigios relacionados con la falsificación y la validez de las patentes a nivel europeo: el tribunal tiene jurisdicción exclusiva sobre las patentes europeas "clásicas" y las patentes europeas con efecto unitario.

La cuestión y fundamento es saber que ante una patente común en diferentes países debe contar con un órgano fiscalizador y protector ante las diferentes controversias y disputas que puedan plantearse. Ante este panorama, nace y cobra fuerza el Acuerdo TUP: la idea es que este Tribunal Unificado de Patentes[157], con varias sucursales ubicadas en toda Europa,

---

[156] *Cfr.,* DESANTES REAL, M., "Hacia un tribunal unificado y un efecto unitario para las patentes europeas en casi todos los Estados miembros de la Unión Europea: consecuencias de la autoexclusión de España", *Revista Española de Derecho Internacional*, Vol. LXV, 2, 2013, pp. 51-70.

[157] TUP: Tratado para la creación de un Tribunal Unificado de Patentes (TUP) (publicado a efectos de información en el *DO* C 175 de 20.06.2013, pp. 1-40): Se trata de un tratado internacional del que no es parte la UE. La estructura del Tribunal es la siguiente: a) Un Tribunal de Primera Instancia, compuesto, a su vez, de: i) Una División central. La División central con sede en París (competente en relación con las patentes sobre transportes, construcciones o electricidad), con dos secciones más, una en Múnich (para asuntos relativos a mecánica, armamento o voladura) y otra en Milán (para asuntos de química, farmacia y metalurgia). ii) Divisiones nacionales. Patente europea con efectos unitarios 25 b) Un Tribunal de Apelación. c) Además, se crearán un Registro y varios Comités (Administrativo, Financiero y Consultivo), así como un Centro de Mediación y Arbitraje en materia de patentes. Al respecto, *vid.,* OEPM, "La Patente Europea y su procedimiento de concesión" [Disponible en: https://www.oepm.es/export/sites/oepm/comun/documentos relacionados/Publicaciones/Folletos/La Patente Europea y su procedimiento de concesion.pdf (consultado por última vez el 1 de agosto de 2024)].

y sus Salas de Apelación en Luxemburgo, tenga jurisdicción, es decir, la autoridad para decidir los supuestos en que se involucran patentes unitarias[158]. Siendo muy conscientes que la competencia del TUP[159] se limitará a las patentes europeas y no se extenderá a las patentes nacionales, que seguirán siendo competencia de los tribunales nacionales.

Así las cosas, el TUP se construye a través de una combinación de Divisiones Centrales, Locales y Regionales localizadas en diferentes Estados miembros de la UE, que conocen de los asuntos en primera instancia. Estamos ante un nuevo sistema judicial caracterizado por su independencia respecto de los tribunales nacionales de los Estados miembros de la UE. A tal efecto, tiene sus propios jueces, estatuto y Reglamento de Procedimiento[160] y, a su vez, el TUP tiene competencia exclusiva para la gran variedad de temas vinculados con las Patente Unitaria[161].

---

158 Ya existen decisiones remarcables resueltas por parte del TUP, al respecto, véase en: https://www.unified-patent-court.org/en/decisions-and-orders

También en: ORIA, J. y RÚA, P., "La Patente Unitaria seis meses después". *Tribuna* 25-01-2024 [Disponible en: https://elderecho.com/la-patente-unitaria-seis-meses-despues (consultado por última vez el 30 de julio de 2024)].

159 *Cfr.*, REMÉDIO MARQUES, J.P., *O (novo) Tribunal Unificado de Patentes.* Competência e regras de proceso, Coimbra, Almedina, 2024, pp. 69 y ss.

160 Véase más en: https://www.unified-patent-court.org/sites/default/files/upc_documents/rop_en_25_july_2022_final_consolidated_published_on_website.pdf

161 *Cfr.*, MONTAÑA-MORA, M., "Las primeras experiencias con la patente europea con efecto unitario y el Tribunal Unificado de Patentes, y las propuestas de un procedimiento de examen centralizado de los CCPS y de un CCP unitario", en *Comunicaciones*

Las características que podríamos entresacar y exponer de este órgano jurisdiccional serían las siguientes:

- Estamos ante un tribunal especializado bajo el paraguas del derecho de la UE, así como el derecho internacional privado y, donde el Tribunal de Justicia de la Unión Europea resolverá las cuestiones prejudiciales que el TUP le manifieste.
- Aunque España no se haya adherido al Acuerdo no implica que sus operadores, así como los que tienen intereses en Estados donde sí se extiende el TUP puedan verse excluidos, al contrario, los operadores con patentes europeas con o sin efecto unitario pueden verse afectado por las decisiones del TUP en materia de infracciones de patente o causales de denegación o nulidad.
- El TUP plantea un período transitorio de 7 años desde su entrada en vigor el 1 de junio del año 2023 (período *opt-out*), puesto que los operadores podrán seleccionar entre quedar bajo el manto de la jurisdicción del TUP o si siguen quedando bajo el amparo tradicional derivado de los tribunales nacionales en los que estén validadas de acuerdo con el Convenio de Múnich acudiendo a la vía del *opt-out.*[162] (*ex* arts. 83.1 y 3 del ATUP).

---

*en propiedad industrial y derecho de la competencia,* (septiembre-diciembre), núm. 100, 2023, pp. 7-41.

162 Como bien manifiestan PÉREZ TEROL, R. y MESHAKA, D., "El Tribunal Unificado de Patentes en sus primeros seis meses", 17 de enero de 2024 [Disponible en: https://www.cuatrecasas.com/es/spain/propiedad-intelectual/art/tribunal-unificado-patentes-primeros-seis-meses (consultado por última vez el 30 de julio de 2024)], "en los próximos años las empresas podrán contar con hasta tres tipos de patentes que coexistirán entre sí: patentes nacionales, patentes europeas sin efecto unitario ("clá-

La opción de solicitar el denominado 'opt-out' implica que los titulares o solicitantes de patentes europeas puedan evitar la competencia exclusiva del Tribunal Unificado de Patentes. No olvidemos que el TUP es el tribunal competente para decidir sobre la infracción y validez de las patentes unitarias[163], certificados complementarios de protección y patentes europeas clásicas. El TUP tendrá jurisdicción exclusiva, tanto para las patentes europeas con efecto unitario como para las patentes europeas clásicas, en las que no se haya ejercitado el período transitorio opt-out[164].

Por su lado, los tribunales nacionales de los Estados miembros contratantes seguirán siendo competentes para conocer las acciones, que no sean competencia exclusiva del TUP, *vgr.*, los temas vinculados a la titularidad o el referido a las licencias

---

sicas") validadas en territorios concretos y patentes europeas con efecto unitario en los territorios que han ratificado el ATUP".

163 El TUP conocerá, *inter alia*: acciones por infracción; acciones de declaración de no infracción; acciones por medidas provisionales, cautelares y de cesación; acciones de nulidad; las acciones de daños y perjuicios o de indemnización derivadas de la protección provisional conferida por una solicitud de patente europea publicada; acciones relativas a los derechos basados en la utilización anterior de una invención; acciones de indemnización por licencias de pleno derecho.

164 *El "opt-out" es la opción prevista para que los titulares o solicitantes de patentes europeas puedan evitar la competencia exclusiva del TUP mediante una solicitud expresa de exclusión de sus patentes de la jurisdicción del nuevo tribunal. Esto será posible siempre y cuando un tercero no haya ejercitado ya una acción contra dichas patentes frente al TUP. De ejercitarse el opt-out, seguirán teniendo jurisdicción los tribunales nacionales, tanto en materia de infracción como de validez.* Así se manifiestan, DE CARLOS, B., y BERNHARDT, C., "Entrada en vigor de la Patente Unitaria: comienza el 'sunrise period'", 23/02/2023 [Disponible en: https://blogip.garrigues.com/patentes-secretos-empresariales/entrada-en-vigor-de-la-patente-unitaria-comienza-el-sunrise-period (consultado por última vez el 31 de julio de 2024)].

obligatorias. Sin desconocer que, durante el periodo transitorio inicial, el titular puede demandar la exclusión de sus patentes europeas, pero no en el caso de patentes unitarias de la jurisdicción del TUP.

## IX. REFLEXIONES FINALES

A la luz de todo lo comentado, la normativa europea sobre patentes mediante el Acuerdo de cooperación y el TUP tiende a mitigar el alto grado de heterogeneidad que aún prevalece en Europa respecto al amparo de las patentes a nivel transnacional, cabalmente, un punto de partida para monitorizar el futuro desarrollo de la armonización de las patentes europeas puede venir proporcionado a través de la labor del TUP.

Se ha de remarcar que la patente unitaria europea no es un sustitutivo de las vigentes patentes europeas, ni tampoco de las diferentes patentes domésticas, sino más bien se manifiesta como una vía agregada para otorgar mayor armonización, eficiencia, rebaja en los costes tanto financieros como burocráticos o temporales y que, en definitiva, supone un mayor fomento de la innovación europea.

Insistimos por su relevancia en el planteamiento que la nueva Patente Unitaria no sustituye al vigente sistema de patente europea, *ítem* más, permite a los titulares otra posibilidad añadida de poseer una Patente Unitaria con efecto unitario en un elevado número de Estados de la Unión Europea. La Patente Unitaria se puede hacer valer como patente única en el TUP, lo que provocara el ahorro y la reducción de ir a litigar en múltiples jurisdicciones europeas.

Podríamos aventurar y plantearnos que con los diferentes instrumentos legislativos que tenemos en torno no sólo a las patentes, sino también referidos a otras modalidades de la propiedad industrial y, en este caso, el Tribunal Unificado de Patentes y su sostén legislativo descrito *ut supra* estamos ante un eslabón más de la cadena, es decir, un valor agregado al ordenamiento legal, que tiene vocación de configurar un derecho internacional privado de amparo de la propiedad intelectual en sentido amplio y, en concreto, respecto a las patentes y, aquí potenciando las patentes europeas.

*Ítem* más, podría pensarse que el Acuerdo sobre la patente unitaria y el Tribunal Unificado de Patentes, así como los profundos cambios relacionados en el sistema europeo de patentes puede mostrarnos el planteamiento de si dicho Acuerdo y la puesta en práctica del TUP puedan ser una herramienta de gestión útil contra conductas estratégicas y anticompetitivas en el uso de las patentes como derecho exclusivo y monopólico.

## *Bibliografía*

AA.VV., "The Unitary Patent is now a reality", *blog*, en: https://intellectual-property-helpdesk.ec.europa.eu/news-events/news/unitary-patent-now-reality-2023-06-13_en

ACKERMANN, M., "The Unitary Patent Package & Unified Patent Court. Problems, Possible Improvements and Alternatives", en *GRUR International*, vol. 73 (3), 2024-02, pp. 281-284.

BELDA SORIANO, L., "50 años del Convenio de la Patente Europea y su influencia en el sistema de patentes español", 5 de octubre de 2023 [Disponible en: https://www.madrimasd.org/blogs/patentesymarcas/2023/50-anos-del-convenio-de-la-patente-europea-y-su-influencia-en-el-sistema-de-patentes-espanol/#comments (consultado por última vez el 2 de septiembre de 2024)].

BOTANA AGRA, M., "La Patente Europea con efecto Unitario (PEU) en el marco de la UE", en *Actas de derecho industrial y derecho de autor*, Vol. XXXIII, 2012/2013, pp. 345-355.

CARBONELL, E., "La Patente Unitaria Europea: breve historia", 19 de enero de 2022 [Disponible en: https://abg-ip.com/es/patente-unitaria-alemania/

(consultado por última vez el 1 de agosto de 2024)].

CATALDO, V., "Concurrencia (¿o confusión?) de modelos y concurrencia de disciplinas de fuente diversa en la patente europea con efecto unitario: ¿Existe una alternativa razonable?", en *Actas de Derecho Industrial y Derecho de Autor*, Vol. XXXIV, 2013/2014, pp. 91-110.

DE CARLOS, B. y BERNHARDT, C., "Entrada en vigor de la Patente Unitaria: comienza el 'sunrise period'", 23/02/2023 [Disponible en: https://blogip.garrigues.com/patentes-secretos-empresariales/entrada-en-vigor-de-la-patente-unitaria-comienza-el-sunrise-period
(consultado por última vez el 31 de julio de 2024)].

DE VISSCHER, F., "Esquisse d'une solution alternative à la Juridiction unifiée du brevet (Unified Patent Court)", en *Revue internationale de droit économique*, vol. XXXIV (4), 2022-01, pp. 409-415.

DESANTES REAL, M., "Hacia un tribunal unificado y un efecto unitario para las patentes europeas en casi todos los Estados miembros de la Unión Europea: consecuencias de la autoexclusión de España", en *Revista Española de Derecho Internacional*, Vol. LXV, 2, 2013, pp. 51-70.

DESAUNETTES-BARBERO L., DE VISSCHER, F., STROVEL, A. y CASSIERS, V., *The unitary patent package & Unified Patent Court: problems, possible improvements and alternatives*, Milan, Ledizioni 2023 [Disponible en: https://directory.doabooks.org/handle/20.500.12854/99932
(consultado por última vez el 17 de abril de 2024)].

ERAUW, J., "Relación entre el acuerdo sobre el tribunal de la patente unificada europea y el nuevo Reglamento de Bruselas I sobre competencia y reconocimiento", en *Anuario Español de Derecho Internacional Privado*, Vol. 13, 2013, pp. 101-125.

GANDÍA SELLENS, Mª.A., "La viabilidad del Acuerdo sobre un Tribunal Unificado de Patentes a la luz del Brexit", en *Revista General de Derecho Europeo*, núm. 42, 2017, pp. 65-86.

GANDÍA SELLENS, Mª.A., "El principio de territorialidad y el derecho de patente a la luz de la figura de la patente unitaria (esfera procesal)", en *Actas de derecho industrial y derecho de autor*, Tomo 37, 2016-2017, pp. 351-362.

GARCÍA VIDAL, A., *El sistema de la patente europea con efecto unitario*, Cizur Menor (Navarra), Aranzadi, 2014.

GARCÍA VIDAL, A., "La Oficina Europea de Patentes y el desarrollo normativo del sistema de la patente europea con efecto unitario las 'reglas sobre la protección por medio de patente unitaria'", en AA.VV., *Problemas actuales de derecho de la propiedad industrial: V Jornada de Barcelona de Derecho de la Propiedad Industrial*, Madrid, Tecnos, 2016, pp. 31-57.

GÓMEZ SEGADE, J.A., "La patente europea con efecto unitario ¿hacia el final del túnel o un nuevo atasco?", *Actas de derecho industrial y derecho de autor*, Tomo 31, 2010-2011, pp. 527-544.

GUTIÉRREZ CORTÉS, G., "La patente unitaria europea: análisis de posibles costes derivados de la auto-exclusión española por razones lingüísticas". Proyecto Fin de Carrera / Trabajo Fin de Grado, 2018 [Disponible en: https://oa.upm.es/49754/].

LÓPEZ-TARRUELLA MARTÍNEZ, A., "Hacia un nuevo escenario en la litigación transfronteriza de patentes en Europa: la jurisdicción internacional y la distribución de competencias en el Tribunal Unificado de Patentes", en *Revista electrónica de estudios internacionales*, núm. 42, diciembre, 2021.

MONTAÑA-MORA, M., "Las primeras experiencias con la patente europea con efecto unitario y el Tribunal Unificado de Patentes, y las propuestas de un procedimiento de examen centralizado de los CCPS y de un CCP unitario", en *Comunicaciones en propiedad industrial y derecho de la competencia*, núm. 100, (septiembre-diciembre), 2023, pp. 7-41.

OEPM, "La Patente Europea y su procedimiento de concesión" [Disponible en: https://www.oepm.es/export/sites/oepm/comun/documentos_relacionados/Publicaciones/Folletos/La_Patente_Europea_y_su_procedimiento_de_concesion.pdf (consultado por última vez el 1 de agosto de 2024)].

ORIA, J. y RÚA, P., "La Patente Unitaria seis meses después". *Tribuna* 25-01-2024, [Disponible en: https://elderecho.com/la-patente-unitaria-seis-meses-despues (consultado por última vez el 30 de julio de 2024)].

PÉREZ TEROL, R. y MESHAKA, D., "El Tribunal Unificado de Patentes en sus primeros seis meses", 17 de enero de 2024, [Disponible en: https://www.cuatrecasas.com/es/spain/propiedad-intelectual/art/tribunal-unificado-patentes-primeros-seis-meses (consultado por última vez el 30 de julio de 2024)].

REMÉDIO MARQUES, J.P., *O (novo) Tribunal Unificado de Patentes.* Competência e regras de proceso, Coimbra, Almedina, 2024.

RODRÍGUEZ RODRIGO, J., "Consecuencias sobre la patente europea con efecto unitario", en *La Ley Unión Europea*, núm. 100, 2022.

SÁNCHEZ, D., "Patente unitaria europea: por qué España no podría (ni debería) no haberla rechazado", 11/03/2022, [Disponible en: https://www.economistjurist.es/articulos-juridicos-destacados/patente-unitaria-europea-por-que-espana-no-podria-ni-deberia-no-haberla-rechazado/ (consultado por última vez el 7 de agosto de 2024)].

ULLRICH, H., "Les régimes linguistiques limités des systèmes de la propriété industrielle de l'Union européenne: injustes, ¿mais inévitables?", en *Revue internationale de droit économique*, vol. XXXIV (4), 2022-01, pp. 453-476.

ULLRICH, H., "The unified patent court", en *Yearbook of European law*, Vol. 42, 2023, pp.135-168.

VERHOEVEN, A. y DAMBOIS, D., "Le brevet unitaire: enfin un «guichet unique» pour les innovateurs dans l'Union européenne", en *Réalités industrielles,* Vol. Novembre 2020 (4), 2020-11, pp. 85-87, DOI: 10.3917/rindu1.204.0085.

## *Capítulo III*

# *El Tribunal Unificado de Patentes: caracteres generales, estructura y composición*

**F. JAVIER JIMÉNEZ FORTEA**
*Profesor Titular de Derecho Procesal*
*Universitat de València*

SUMARIO: I. INTRODUCCIÓN. II. ORIGEN Y NATURALEZA JURÍDICA DEL TUP. 1. Origen. 2. Naturaleza jurídica. III. MARCO LEGAL. IV. ESTRUCTURA Y ORGANIZACIÓN. 1. Un Tribunal único con una estructura compleja. 2. La Secretaría y las Subsecretarías. 3. Los Comités y el Presidium. V. LOS JUECES DEL TUP Y SU ESTATUTO. 1. Clases de jueces y dedicación laboral. 2. La composición de los Tribunales de Primera Instancia y Apelación. *2.1. La composición de las Salas del TPI. 2.2. La composición de las Salas del Tribunal de Apelación.* 3. Los jueces del TUP: requisitos, selección, y nombramiento. *3.1. Requisitos. 3.2. Selección y nombramiento.* 4. El estatuto de los jueces. *Bibliografía.*

## I. INTRODUCCIÓN

Las patentes constituyen un título de propiedad industrial que otorga a su titular un derecho exclusivo sobre una invención con el fin de proteger jurídicamente ésta. Esta protección no es una cuestión baladí, puesto que llegar a inventar algo exige tiempo y esfuerzo intelectual y económico. Tiempo y esfuerzo cada vez más cuantiosos, por la competitividad existente, consecuencia de un mercado global. Es, asimismo, un esfuerzo mayoritariamente privado, pero también, en otras muchas ocasiones, auspiciado y apoyado económicamente por la Administración pública, dado el interés de los Estados en potenciar el desarrollo en ámbitos tan dispares como, por ejemplo, el médico o el armamentístico; además del objetivo económico de situar a su industria en los primeros puestos del ránking mundial, con todos los beneficios que eso supone. Piénsese, verbigracia, que en España el CSIC es quien más solicitudes de reconocimiento de patentes presenta cada año[165].

No se desarrollan, además, en un único sector, sino que las invenciones se extienden a todos los sectores económicos y productivos de nuestras sociedades[166]. Lo que se ha visto incre-

---

165 Ver al respecto: https://www.csic.es/es/actualidad-del-csic/el-csic-se-consolida-como-principal-solicitante-espanol-de-patentes-europeas

166 "La Oficina Europea de Patentes (OEP) ha publicado los datos estadísticos correspondientes al "*Índice de Patentes 2023*" que recoge el número de solicitudes de patente europea presentadas en dicha oficina durante ese año. Concretamente, se presentaron un total de 199.275 solicitudes de empresas e inventores de todo el mundo, un 2,9% más que en 2022. En el caso de España, en 2023 se han presentado 2.111 solicitudes de patente europea. Las universidades y los centros públicos de investigación son los principales impulsores de estas solicitudes en España si bien también hay empresas privadas españolas entre los primeros puestos en 2023 (…) En cuanto a la distribución por sectores, es el sector farmacéutico el que encabeza las solicitudes de patentes en Europa, seguido por el sector de la maquinaria, aparatos y energía eléctrica, que incluye tecnologías de energías limpias como las baterías y, en tercer lugar, el sector de la biotecnología (…) En los últimos 10 años, España ha experimentado el mayor crecimiento en solicitudes anuales de patente europea entre los principales países europeos, con un aumento del 43% desde 2014" (INFOPI, marzo 2024, núm. 164, disponible en: https://www.oepm.es/cs/OEPMSite/contenidos/Revista_InfoPYM/2024/Marzo/es/noticia4.html ).

mentado en los últimos años por la irrupción de la tecnología informática, imprescindible para la fabricación de innumerables bienes de consumo y la prestación de los servicios actuales, amén de lo que la IA está suponiendo y, sobre todo, va a suponer en los próximos años[167].

Así las cosas, se entiende la importancia de la necesidad de un ordenamiento claro y accesible, primero para la obtención de una patente y, segundo, no menos importante, que establezca mecanismos eficaces de tutela en los casos de amenaza

---

El Informe anual correspondiente a 2023, puede consultarse en: https://www.epo.org/en/news-events/news/epo-publishes-annual-review-2023
Los cuadros y estadísticas correspondientes al período 2014-2023 pueden consultarse en: https://www.epo.org/en/about-us/statistics/statistics-centre#/countrydashboards?code=ES
Según la OMPI, en el Índice Mundial de innovación de 2024, por decimocuarto año consecutivo, Suiza es la economía más innovadora, seguida de Suecia, los Estados Unidos, Singapur y el Reino Unido. Por su parte, España ocupa el lugar 28. En concreto, en el área de conocimiento y tecnología, ocupa el puesto 24 con una puntuación de 36,4 y, aunque obtiene buenos resultados en muchas áreas, tiene margen de mejora en el área de colaboración en I+D entre las universidades y la industria, donde ocupa el puesto 69. Además, hay margen de mejora en la absorción de tecnología, especialmente en las áreas de importaciones de alta tecnología (puesto 56) y productividad laboral, que disminuyó un 0,3% (puesto 103). Esta información se encuentra en: https://www.wipo.int/es/web/global-innovation-index/2024/index
Por último, las solicitudes de patentes españolas a la Oficina Española de patentes y marcas crecerán en torno al 5% en 2024, primer dato positivo desde 2018, según ClarkeModet (https://elderecho.com/las-solicitudes-de-patentes-espanolas-creceran-en-2024-por-primera-vez-en-seis-anos ).

167 Sobre el impacto de la IA en la propiedad industrial y las marcas, vid: https://www.oepm.es/cs/OEPMSite/contenidos/Revista_InfoPYM/2022/Septiembre/es/noticia3.html

o vulneración de las mismas. Estamos, por lo tanto, ante uno de los retos sociales y jurídicos más trascendentales, puesto que de ello depende gran parte de nuestro desarrollo económico.

A la vez, lo que la realidad nos está indicando es que las patentes son cada vez más vulnerables. Por ejemplo, según CANTOS PARDO[168], "la mera implantación de los registros de propiedad industrial en línea permite acceder telemáticamente a la descripción de una patente desde cualquier lugar del mundo, lo que implica que puede ser conocida y copiada desde el sitio más remoto sin haber visto ni tenido acceso a la invención protegida ni a su inventor. Así, una empresa australiana podría lanzar un producto en su mercado local que contuviera una patente española, la cual habría conocido a través de internet y le posicionara como la empresa referente en el sector en ese mercado, y ello sin ningún tipo de inversión en innovación, ni satisfacción de licencia alguna, pudiendo darse incluso la paradoja de que el producto no tuviera buena acogida en España y, por el contrario, constituyera un éxito de ventas en el mercado australiano. Téngase en cuenta, siguiendo el ejemplo expuesto, que, si la invención estuviera protegida sólo por una patente española, esta actuación no sería constitutiva de infracción, en tanto en cuanto no se cometieran actos de infracción en España y únicamente se explotara en Australia donde no está registrada".

Como afirma BERCOVITZ RODRÍGUEZ-CANO, "tradicionalmente el Derecho de patentes se ha regido por leyes de carácter nacional. Eso significa que la invención tenía que ser y sigue teniendo que ser protegida por medio de patentes en cada uno de los países donde se quiere obtener el derecho

---

168 CANTOS PARDO, M., *El proceso civil para la cesación de la infracción de patentes*, Valencia, Tirant lo Blanch, 2023, p. 32.

exclusivo"[169], ello sin perjuicio de los pasos que se están dando hacia la unificación, como luego se comentará.

Precisamente, uno de los modos de obtener el reconocimiento de una patente y la protección que de ello se deriva es, en primer lugar, la vía nacional, en la cual los solicitantes deben presentarla ante los órganos competentes en cada uno de los países donde quieran obtener la tutela. En el caso de España, de acuerdo con la Ley 24/2015, de 24 de julio, de Patentes[170] (en adelante, LP), que sucedió a la Ley 11/1986, de 20 de marzo y entró en vigor en 2017, la competencia corresponde a la Oficina Española de Patentes y Marcas (en adelante, OEPM)[171], organismo autónomo dependiente actualmente del Ministerio de Industria y Turismo. La importancia de esta norma es mayor si tenemos en cuenta que las previsiones procesales recogidas en ella son de aplicación a los procesos civiles sobre otros derechos de propiedad industrial, además del de patentes, como los modelos de utilidad, las marcas, los nombres comerciales, los diseños y las topografías de productos semiconductores.

En segundo lugar, es posible registrar, en el ámbito europeo, una patente al amparo del Convenio de Múnich sobre Concesión de Patentes Europeas, de 5 de octubre de 1973 (en adelante, CPE) y del que forman parte 39 países, entre ellos

---

169 BERCOVITZ RODRÍGUEZ-CANO, A.; BERCOVITZ ÁLVAREZ, R., "Patentes y protección de otras creaciones", en BERCOVITZ RODRÍGUEZ-CANO, A., *Apuntes de Derecho Mercantil,* Madrid, Aranzadi-Thomson Reuters, 2022, p. 423.

170 Completa la Ley el Real Decreto 316/2017, de 31 de marzo, por el que se aprueba el *Reglamento* para la ejecución de la *Ley 24/2015,* de 24 de julio, de *Patentes.*

171 Vid al respecto: https://www.oepm.es/es/

España[172]. Este instrumento internacional instaura un procedimiento único, ante la Oficina Europea de Patentes (en adelante, OEP o EPO, por sus siglas en inglés –*European Patent Office*-)[173], para la obtención de una patente de alcance europeo, debiendo especificar en la solicitud en qué Estados miembros del Convenio se quiere que tenga eficacia.

Una vez concedida, la patente desplegará los mismos efectos que las patentes –nacionales- reconocidas en cada uno de esos Estados, siempre que el solicitante cumpla con la validación de la misma en dichos Estados en los que se imponga este requisito. Validación consistente en la presentación de una traducción y el pago de la tasa correspondiente. Por este motivo, más que de una patente, se habla de un "haz de patentes", porque la patente europea reconocida, aunque única, tendrá tantos efectos como le atribuya cada una de las legislaciones de los Estados en los que se haya solicitado que tenga eficacia. Y en cuanto a las infracciones o amenazas que, en su caso, puedan producirse, se resolverán de acuerdo con la norma nacional del país donde se haya infringido y por los tribunales de ese Estado.

Este sistema es el que, en nuestro caso, nos lleva a hablar de "patentes validadas en España" o de "partes de una patente europea". Consecuentemente, las patentes españolas y las europeas validadas en nuestro país deben ser tratadas como iguales, encontrándose su diferencia fundamental en el procedimiento que se ha seguido para su obtención, pero no en sus efectos.

Por último, en tercer lugar y también en el ámbito internacional, encontramos el Tratado de Cooperación en materia de

---

172 Nuestro país se adhirió a este Convenio mediante Instrumento de 10 de julio de 1986 (BOE núm. 234, de 30 de septiembre), entrando en vigor el 1 de octubre de aquel año.

173 Ver al respecto: https://www.epo.org/en

patentes, de 19 de junio de 1970 o PCT, por sus siglas en inglés -*Patent Cooperation Treaty*-, que establece la posibilidad de, mediante una única solicitud, tramitar la concesión de patentes en los actualmente 161 Estados miembros del tratado[174]. Este tratado está gestionado por la Organización Mundial de la Propiedad Intelectual (en adelante, OMPI o WIPO, por sus siglas en inglés –*World Intellectual Property Organization*-)[175] y la presentación de solicitudes se realizará en cualquier Estado contratante del Convenio o en la propia OMPI, si así lo permite la legislación nacional correspondiente. Tras diversos trámites, los informes preceptivos, junto con la solicitud, se remiten a las Oficinas nacionales de los Estados designados por el peticionario, que reconocerán las patentes como si se hubieran tramitado ante ellos mismos. Seguidamente, la Oficina Internacional de la OMPI publica la solicitud. Sin embargo, son las oficinas y los órganos jurisdiccionales nacionales los garantes, en última instancia, del derecho de patente.

Con este instrumento internacional se pretende simplificar el proceso de obtención de una patente, siendo la Oficina Internacional de la OMPI la que emite el informe sobre la patentabilidad de la presunta invención, si bien, finalmente, es cada Estado el que, libremente, toma la decisión de reconocerla. Por lo tanto, el principio de territorialidad se manifiesta, también en este sistema, como en los anteriores, como una máxima que informa el procedimiento de concesión y la tutela judicial de los derechos de patente[176].

---

174 España forma parte desde el 16 de noviembre de 1989.

175 Ver al respecto: https://www.wipo.int/portal/es/index.html

176 En el año 2000 se aprobó el Tratado sobre el Derecho de patentes o PLT, por sus siglas en inglés –*Patent Law Treaty*-, el cual también es gestionado por la OMPI y trata de superar algunas de las limitaciones del PCT. Entró en vigor en 2005, pero actualmente sólo lo han

Nos encontramos así, frente a una situación que desincentiva la inversión en innovación, no responde a una realidad económica globalizada y ha colocado a la Unión Europea, en la última década, en una situación de desventaja frente a países como los EE.UU., China o Japón. Es por esto por lo que, con el fin de superar los inconvenientes derivados de que los efectos de las patentes europeas son los que cada legislación nacional prevea y, en los casos de infracción o amenaza, que la tutela otorgada sea por los tribunales nacionales, se ha querido avanzar hacia una mayor integración en la UE, lo que se ha concretado, después de un largo proceso, en la denominada patente unitaria o patente europea con efecto unitario (en adelante, PEEU).

La entrada en vigor de este sistema de PEEU el 1 de junio de 2023 y del que España no forma parte, al menos por ahora, supone un cambio tanto en el mismo ecosistema de las patentes, por cuanto se añade otro a los tres regímenes arriba descritos, como respecto a la tutela de los derechos de patente en los casos de vulneración o amenaza, al haberse creado

---

firmado y ratificado 43 países, entre ellos el nuestro (BOE núm. 242, de 9 de octubre de 2013, páginas 82366 a 82401), por lo que el PCT sigue siendo el más aplicado en la práctica.

En concreto, el PLT "tiene por objeto armonizar y agilizar los procedimientos de forma relacionados con las solicitudes de patentes y las patentes nacionales y regionales para facilitar la labor a los usuarios. Con la importante salvedad de los requisitos relativos a la fecha de presentación, el PLT establece una lista máxima de los requisitos que podrán solicitar las oficinas de las Partes Contratantes. Así pues, dichas Partes Contratantes serán libres de establecer requisitos más flexibles desde el punto de vista de los solicitantes y los titulares, pero no podrán crear obligaciones que superen el máximo establecido". Para más, ver: https://www.wipo.int/treaties/es/ip/plt/index.html

un órgano jurisdiccional específico de carácter internacional: el denominado Tribunal Unificado de Patentes (en adelante, TUP o UPC, por sus siglas en inglés -*Unitary Patent Court*-)[177].

Según GARCÍA VIDAL[178], "la principal característica del sistema de la patente europea con efecto unitario es que no se ha optado por la creación de un título de propiedad industrial de la Unión, similar a la marca, al diseño industrial o a las obtenciones vegetales. Por el contrario, la UE ha decidido valerse del sistema configurado por el Convenio sobre concesión de patentes europeas de 1973 (CPE) (RCL 1986, 2994), de modo que los efectos unitarios en la UE se hacen descansar en una patente europea previa".

Esta clase de patente es, en realidad, "una patente europea solicitada ante la Oficina Europea de Patentes (OEP) con un mismo juego de reivindicaciones[179] para todos los Estados par-

177 El sitio web del Tribunal es: https://www.unified-patent-court.org/en. Por su interés, ver también al respecto: https://www.epo.org/en/applying/european/unitary

178 GARCÍA VIDAL, Á., *El sistema de la patente europea con efecto unitario,* Pamplona, Aranzadi-Thomson Reuters, 2014, p. 29.

179 Las reivindicaciones, según el artículo 28 LP, "definen el objeto para el que se solicita la protección. Deben ser claras y concisas y han de fundarse en la descripción", debiendo incluirse una o varias en la solicitud (art. 23.1 c) LP).
Según se afirma en el número 1/2006 de la Revista de la OMPI: "Las reivindicaciones son la esencia de la solicitud de una patente. La descripción de la invención en un documento de patente enseña cómo realizarla y utilizarla, en cambio, las reivindicaciones definen el alcance de la protección jurídica. Las reivindicaciones demarcan en palabras las fronteras de la invención, así como una cerca define la extensión de terreno que la escritura de una parcela delimita. Sólo la tecnología que abarcan las reivindicaciones está protegida por la patente. Si las reivindicaciones no están redactadas en forma

ticipantes, de modo que, una vez concedida, y en el plazo de un mes desde la publicación de la nota de concesión de la patente europea en el Boletín Europeo de Patentes, se podrá presentar –ante la propia OEP- la petición de efecto unitario de la patente europea. Una vez inscrito el efecto unitario en el Registro para la protección unitaria mediante patente, la patente unitaria otorgará protección uniforme y tendrá los mismos efectos en todos los Estados de la UE participantes en el sistema"[180].

---

adecuada, cualquier invención contenida en la descripción detallada que no esté cubierta en las reivindicaciones pasa a ser parte del estado de la técnica tras la publicación de la patente concedida. Cualquier persona podrá entonces utilizar sin autorización del titular de la patente esa información no protegida" (Disponible en: https://www.wipo.int/wipo_magazine/es/2006/01/article_0007.html ). Por su parte, BERCOVITZ dice que "las reivindicaciones definen y delimitan el objeto de la patente. Son, podría decirse, el corazón mismo, el núcleo esencial, de la patente. Cuando la ley se refiere al objeto de la patente, se refiere a ese objeto tal como queda delimitado por las reivindicaciones". (BERCOVITZ RODRÍGUEZ-CANO, A., "Las reivindicaciones de la patente de invención", en Derecho PUCP, núm. 47, 1993, p.164.

180 GARCÍA VIDAL, Á., *El sistema de la patente europea con efecto unitario,* cit., p. 30.
Sobre la realidad práctica y evolución de la patente europea con efecto unitario, puede consultarse la página oficial de la Oficina Europea de Patentes (https://www.epo.org/en ). Concretamente, desde su entrada en vigor, en junio de 2023, hasta el 9 de septiembre de 2024, se habían solicitado 35.923 patentes y registrado 34.927. De las solicitadas, 640 procedían de empresas y particulares españoles. Además, 10.846 patentes unitarias se tradujeron al español con el fin de ser validadas en nuestro país, lo que constituye el 30,1 % de todas las solicitadas, superando al resto de las lenguas, incluidas las oficiales. Esta y otra información, la cual se actualiza diariamente, puede encontrarse en: https://www.epo.org/en/about-us/statistics/statistics-centre#/unitary-patent

En cuanto al sistema de la PEEU, se le ha denominado "paquete de la patente unitaria", porque su creación se ha hecho mediante un conjunto de medidas legislativas europeas, consistente en dos Reglamentos de la UE y un tratado internacional. Los Reglamentos, publicados en el DOUE de 31 de diciembre de 2012 son: el Reglamento (UE) núm. 1257/2012 del Parlamento Europeo y del Consejo, de 17 de diciembre de 2012, por el que se establece una cooperación reforzada en el ámbito de la creación de una protección unitaria mediante patente, y el Reglamento (UE) núm. 1260/2012 del Consejo de 17 de diciembre de 2012, por el que se establece una cooperación reforzada en el ámbito de la creación de una protección unitaria mediante patente en lo que atañe a las disposiciones sobre traducción. Respecto al tratado internacional, es el instrumento utilizado para crear un órgano jurisdiccional específico para la protección de la patente europea con efecto unitario, pero también de la patente europea, como se verá. Se trata del Acuerdo 2013/C, sobre un Tribunal Unificado de Patentes, firmado el 19 de febrero de 2013 y publicado en el DOUE 175/01, de 20 de junio de 2013; también denominado ATUP o UPCA, por sus siglas en inglés -*Agreement on a Unified Patent Court*-.

Actualmente, este Acuerdo está ratificado por dieciocho países de la UE[181] y, entre los que no lo han firmado siquiera, se encuentran España, Polonia y Croacia. Hay que tener en cuenta, sin embargo, que esos dieciocho Estados suponen conjuntamente más del 80% del PIB de la UE e incluyen las tres economías más grandes de la Unión, como son las de Alemania, Francia e Italia.

---

181 Rumanía ratificó el acuerdo el pasado 31 de mayo de 2024, el cual ha entrado en vigor para este país el 1 de septiembre de este año: https://www.epo.org/en/news-events/news/romania-join-unitary-patent-system-1-september-2024

La razón fundamental esgrimida por las autoridades españolas para no incorporar nuestro país al sistema de la PEEU y que no parece que, a corto o medio plazo, vaya a decaer, es que no se ha incluido al español como lengua oficial, junto con el alemán, el inglés y el francés. Por otra parte, según GARCÍA VIDAL, el sistema "no se trata de una panacea, (...) presenta numerosas cuestiones controvertidas y técnicamente defectuosas. De hecho, la regulación aprobada está plagada de soluciones de compromiso. Y también es muy discutible que se vayan a alcanzar los objetivos que, a modo de mantra, se repiten hasta la saciedad para justificar la aprobación del paquete sobre la patente unitaria, sobre todo el ahorro de costes, en especial para las PYMEs, y la búsqueda de uniformidad"[182]. Finalmente, según Luis Alfonso Durán, Presidente del Comité de Propiedad Industrial e Intelectual de la CEOE, la discriminación es también sustantiva, puesto que el sistema de la patente europea con efecto unitario otorga ventajas a los titulares, frente a los terceros o, también, que "las empresas extranjeras titulares de patentes europeas, que significan más del 99%, podrían obtener protección en España sin tener que depositar una traducción que actualmente tiene efectos jurídicos"[183].

---

182 GARCÍA VIDAL, Á., *El sistema de la patente europea con efecto unitario*, cit., p. 31.

183 Opinión recogida en VICIOSO LOZANO, J., "España rechaza la patente unitaria europea", en *Actualidad Económica*, 16 de julio de 2023, p. 2 (Disponible en: https://www.proquest.com/magazines/españa-rechaza-la-patente-unitaria-europea/docview/2837652375/se-2?accountid=14777 ).
El mismo Luis Alfonso Durán incidió en este sentido en una tribuna publicada en: https://cincodias.elpais.com/cincodias/2011/01/04/economia/1294257351_850215.html
De forma gráfica, Benôit Battistelli, Presidente entonces de la Oficina Europea de Patentes, afirmó en una entrevista concedida al

No obstante, algunos han criticado la decisión española, por cuanto la PEEU, según la Comisión Europea, va a suponer un ahorro de costes de mantenimiento de las patentes, que se estima en un 60% y nos aleja del mercado global de la innovación, entre otras razones[184].

La autoexclusión española, sin embargo, no implica que los ciudadanos y empresarios españoles no puedan solicitar una patente unitaria y, por lo tanto, lleguen a convertirse en actores o demandados de un posible proceso de nulidad o por amenaza o vulneración de esa patente ante el TUP, pero también ante los tribunales españoles, en el caso de que la hayan validado en España. Del mismo modo, un ciudadano o empresa extranjera, titular de una patente unitaria, podría pleitear ante nuestros tribunales, si bien lo haría en calidad de titular de una patente española o una europea –independientemente de que sea unitaria-, siempre que esté validada en España. Como se afirma en el Considerando 26 del Reglamento (UE) núm. 1257/2012, "El presente Reglamento debe entenderse sin perjuicio del derecho de los Estados miembros participantes a conceder patentes nacionales, y no debe sustituir las normas de los Estados miembros participantes en materia de patentes. Los solicitantes de patentes deben conservar la libertad de optar por una patente nacional, una patente europea con efecto unitario, una patente europea con efecto en uno o varios Es-

Diario económico Cinco Días, en 2017, que "La patente unitaria sin España es como la Champions sin el Real Madrid o el Barça" (https://cincodias.elpais.com/cincodias/2017/04/03/companias/1491247280_149218.html ).

184 Para más sobre los pros y los contras de que España haya rechazado el nuevo sistema y las razones para ello, ver: https://cincodias.elpais.com/cincodias/2022/08/05/legal/1659703892_515368.html y https://www.lavanguardia.com/economia/20220215/8053410/espana-patentes-sistema-europa-idioma.html

tados contratantes del CPE o una patente europea con efecto unitario validada además en uno o varios Estados contratantes del CPE que no sean Estados miembros participantes".

En las siguientes páginas vamos a desarrollar los aspectos generales de este importante órgano jurisdiccional, que ha cumplido más de un año desde su entrada en funcionamiento en junio de 2023 y que, a los seis meses de la misma, ya mostraba una importante actividad. Una actividad creciente, con la consiguiente formación de un *corpus* doctrinal, el cual ya se puede considerar imprescindible para la aprobación, aplicación y tutela de las patentes en el ámbito de la Unión Europea.

En este sentido, según la información publicada en su página web[185], si desde su entrada en funcionamiento el 1 de junio de 2023 hasta diciembre de ese año, habían ingresado en el Tribunal de Primera Instancia 160 casos[186], a finales de septiembre de 2024 se habían contabilizado 503 asuntos[187], lo que confirma esa progresión ascendente, a pesar de las reticencias iniciales[188].

---

185 https://www.unified-patent-court.org/en/news/case-load-court-during-2023

186 De acuerdo con los artículos 7 y 9 ATUP, el Tribunal Unificado de Patentes es, en realidad, un órgano complejo integrado por un Tribunal de Primera Instancia, formado a su vez por una División central y dos secciones, y Divisiones nacionales y regionales, al que hay que añadir un Tribunal de Apelación, tal como veremos más delante del capítulo.

187 Ver páginas 1 y 2 del documento publicado en: https://www.unified-patent-court.org/en/news/case-load-court-start-operation-june-2023-update-end-september-2024]

188 En efecto, las altas tasas para pleitear ante el tribunal, el hecho de tener que hacerlo en una lengua que no sea la propia o el mecanismo del *opt-out*, previsto en el mismo Acuerdo de creación del TUP (art. 87 UPCA), suscitaban dudas sobre la eficacia del nuevo mecanismo

Según el cuadro adjunto, de los 503 casos, 192 han sido acciones de infracción, presentadas en las diferentes divisiones locales del TUP –excepto en las de Lisboa y Liubliana, que no han recibido todavía ninguna-; 212 demandas reconvencionales de nulidad, planteadas en 46 de los 192 procedimientos de infracción; 45 acciones de nulidad y 2 demandas reconvencionales por infracción; 49 solicitudes, entre medidas cautelares (39), aseguramientos de prueba (8) y órdenes de inspección (2); una acción de daños (1) y dos negatorias (2)[189].

| | Infringement | Counterclaim for revocation | Revocation | Counterclaim for infringement | Appl for provisional measures | Appl. for preserving evidence | Appl. for Order for inspection | Request for damages | Declaration of non-infringement |
|---|---|---|---|---|---|---|---|---|---|
| Paris CD | 1 | 4 | 37 | 2 | | | | | 1 |
| Paris LD | 11 | 17 | | | | 1 | | | |
| Munich CD | | 1 | 5 | | | | | | |
| Munich LD | 70 | 94 | | | 16 | 1 | | | 1 |
| Milan CD | 1 | | 3 | | 1 | | | | |
| Milan LD | 7 | 2 | | | 1 | 3 | 1 | | |
| Düsseldorf | 42 | 27 | | | 9 | | 1 | | |
| Mannheim | 25 | 36 | | | 1 | | | | |
| Hamburg | 14 | 15 | | | 5 | | | 1* | |
| Nordic-Baltic RD | 6 | 12 | | | | 1 | | | |
| The Hague | 10 | 4 | | | 3 | | | | |
| Brussels | 2 | | | | | 1 | | | |
| Helsinki | 1 | | | | | | | | |
| Copenhagen | 1 | | | | 1 | 1 | | | |
| Lisbon | | | | | 1 | | | | |
| Ljubljana | | | | | | | | | |
| Vienna | 1 | | | | 1 | | | | |
| **Total** | 192 | 212 | 45 | 2 | 39 | 8 | 2 | 1 | 2 |

Fuente: cuadro elaborado por el mismo TUP y disponible en su web[190].

En cuanto a las apelaciones, también hasta finales de septiembre de 2024, se habían planteado un total de 96 recursos, con base en el artículo 220 del Reglamento del TUP -en adelante RoP,

de protección. En este sentido, vid: https://cincodias.elpais.com/cincodias/2023/04/21/legal/1682062607_278314.html

189 Los asuntos y su tramitación procedimental, pueden consultarse en la base de datos del tribunal: https://www.unified-patent-court.org/en/decisions-and-orders

190 https://www.unified-patent-court.org/en/news/case-load-court-start-operation-june-2023-update-end-september-2024

por sus siglas en inglés, *Rules of Procedure of the Unified Patent Court*-[191]: 14, de las letras a y b del apartado 1; 28, de la letra c del mismo apartado; y 54, del apartado 2. Asimismo, ha recibido 9 solicitudes de suspensión de efectos de la resolución apelada, en virtud del artículo 74 ATUP; 10 de revisión discrecional, según el artículo 220.3 RoP; y 24 para acelerar la tramitación de las apelaciones, de acuerdo con el artículo 225, letra e RoP. Por último, 1 solicitud de reconsideración –similar a nuestra revisión- del artículo 245 RoP.

Respecto a la lengua utilizada en los procedimientos ante el TUP, hasta el mes de septiembre de 2024[192], ha sido el alemán en un 42% de los mismos, el inglés en un 53%, el francés y el italiano en un 2% y el holandés en un 1%, observándose un descenso del uso del alemán, que en diciembre de 2023 fue del 49%, mientras que el del inglés se ha incrementado, puesto que en esa fecha fue del 40%. Una tendencia que nos lleva a concluir que esta última lengua va a ser la preponderante desde el punto de vista procedimental.

Finalmente, sobre la tipología de las clases de patentes y las acciones interpuestas, ordenándolas de mayor a menor número de procedimientos, encontramos las siguientes[193]: patentes electrónicas (clase H); las que cubren necesidades humanas

---

[191] El Reglamento, en vigor desde el 1 de septiembre de 2022, puede consultarse en: https://www.unified-patent-court.org/en/court/legal-documents?field_legal_doc_type_target_id=26&field_doc_keywords_target_id

[192] Ver página 3 del documento publicado en: https://www.unified-patent-court.org/en/news/case-load-court-start-operation-june-2023-update-end-september-2024

[193] Ver página 4 del documento publicado en: https://www.unified-patent-court.org/en/news/case-load-court-start-operation-june-2023-update-end-september-2024

(clase A); patentes en física (clase G); en materia de operaciones y transporte (clase B); químicas y metalúrgicas (clase C); relativas al campo de la construcción (clase E); ingeniería mecánica, aparatos y energía eléctrica y armas (clase F); y patentes del sector textil y papel (clase D).

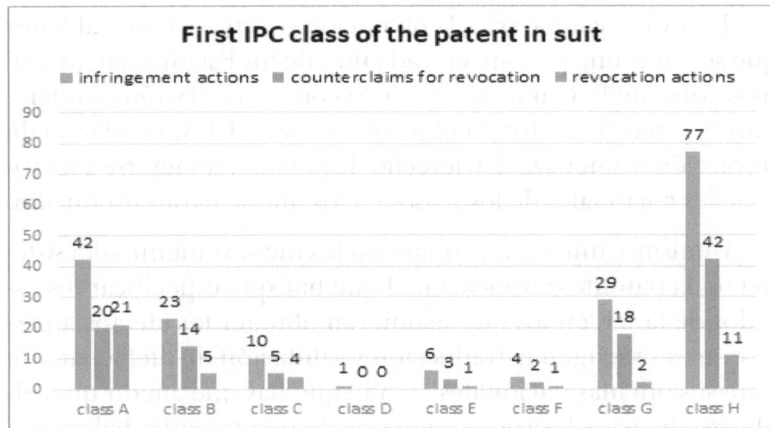


Fuente: cuadro elaborado por el propio TUP y disponible en su web[194].

En cuanto a la Clasificación Internacional de Patentes (CIP), utilizada en ese documento, ver: https://www.wipo.int/classifications/ipc/es/

194 https://www.unified-patent-court.org/en/news/case-load-court-start-operation-june-2023-update-end-september-2024

## II. ORIGEN Y NATURALEZA JURÍDICA DEL TUP

### *1. Origen*

El sistema de la PEEU pretende acabar con los inconvenientes de la vía nacional para la obtención de una patente, al tener que solicitar una patente en cada uno de los Estados que formamos parte de la Unión, de acuerdo con su legislación, si queremos que tenga efectos en el territorio de la UE y, en el caso de infracción o amenaza del derecho de patente, someterse a los tribunales nacionales de los países en los que se hayan producido.

Asimismo, intenta terminar con los inconvenientes del sistema de la patente europea, en el que hay que especificar los Estados de la UE en los que se quieren obtener los efectos, puesto que estos exigen la traducción y validación de dicha patente ante sus oficinas nacionales[195]. A lo que hay que añadir que, en el caso de actos lesivos o amenazas de una patente, habrá que pleitear también ante los órganos jurisdiccionales de los países donde se hayan producido los hechos e, igualmente, si se trata de acciones de nulidad, ante los tribunales de los países en los que se quiera anular esa patente[196].

Además, tal como se afirma en el primer Considerando del Acuerdo sobre un Tribunal Unificado de Patentes, "la cooperación entre los Estados miembros de la Unión Europea en el ámbito de las patentes contribuye significativamente al proce-

---

195 Produciéndose en estos casos, como se ha dicho más arriba, lo que se ha denominado un "haz de patentes", puesto que los efectos de esa patente europea en cada Estado se determinan por lo que prevea su legislación nacional.

196 GARCÍA VIDAL, Á., *El sistema de la patente europea con efecto unitario,* cit., p. 30.

so de integración de Europa, en particular al establecimiento de un mercado interior dentro de una Unión Europea caracterizada por la libre circulación de bienes y servicios, y a la creación de un sistema que garantice que no se distorsiona la competencia en el mercado interior".

A la vista de lo anterior y la realidad de su aplicación, puede concluirse que la tutela judicial ofrecida por estos sistemas para la obtención de patentes es antieconómica por su lentitud y elevados costes, compleja en su desarrollo procedimental e incierta por sus resultados. Por lo que la razón fundamental para la creación de un tribunal único para la tutela del derecho de patente ha sido la superación del carácter nacional de los sistemas de obtención de la misma, concentrando en un solo órgano la tutela en los casos de vulneración o amenaza, excluyendo a los tribunales de cada uno de los países en los que las patentes adquieren efectos, evitando así la fragmentación jurisdiccional y promoviendo un efecto unificador de sus resoluciones[197].

No obstante, como ya se ha señalado, este Tribunal "unificado", en realidad, se desglosa en uno de Primera Instancia, compuesto por distintas divisiones y en otro de Apelación (arts. 6

---

[197] Refiriéndose a las patentes europeas, afirma GARCÍA VIDAL (*El sistema de la patente europea con efecto unitario*, cit., p. 39) que el sistema provoca un "fraccionamiento jurisdiccional, con posibilidad de procedimientos paralelos en los distintos Estados europeos, resoluciones contradictorias, diseño de estrategias de *forum shopping*, y considerable incremento de los costes".
Por su parte, el Considerando segundo del Acuerdo sobre un Tribunal Unificado de Patentes de 2013 afirma que "la fragmentación del mercado de las patentes y la variaciones significativas entre los sistemas judiciales nacionales van en detrimento de la innovación, en particular para la pequeña y mediana empresa, que tiene dificultades para hacer respetar sus patentes y para defenderse contra acciones sin fundamento, y acciones relativas a patentes que deberían anularse".

y 7 ATUP). A lo que hay que añadir que, si bien el TUP tiene también competencia para conocer de las patentes europeas no caducadas, obtenidas de acuerdo con el CPE (art. 3 ATUP), cabe excluir su competencia durante un período transitorio de siete años, prorrogable por siete años más, y ejercitar las acciones correspondientes ante los órganos jurisdiccionales nacionales u otros órganos nacionales competentes (art. 83.1 ATUP); posibilidad que se ha venido en llamar el mecanismo del *opt-out*.

En cuanto a su origen legal, el camino para la creación y puesta en funcionamiento del TUP ha sido largo y tortuoso, parejo al de la creación de la patente europea con efecto unitario, habiéndose necesitado diversas iniciativas legislativas de naturaleza distinta y muchos años para la aprobación y, finalmente, entrada en vigor.

Centrándonos en los proyectos legislativos más importantes sobre la creación de un Tribunal unificado de patentes destaca[198], en primer lugar, el Proyecto de 2003 de Acuerdo sobre la solución de litigios en materia de patentes europeas (*European Patent Litigation Agreement* o EPLA, por sus siglas en inglés). Este Proyecto de Acuerdo fue elaborado por un Grupo de trabajo y fruto del encargo de la Conferencia Intergubernamental de París de 1999 a la Organización Europea de Patentes. Entre otros aspectos, el EPLA proponía la creación de un Tribunal Europeo de Patentes y los Estados parte del CPE debían decidir si le atribuían jurisdicción para los casos de infracción del derecho de patente. Al final, el Proyecto de Acuerdo quedó sin efecto por distintas razones[199] y le siguió otro Proyecto de

---

[198] Seguimos aquí a GARCÍA VIDAL, Á., *El sistema de la patente europea con efecto unitario*, cit., pp. 45-56.

[199] Principalmente, por la falta de coordinación con el sistema institucional de la entonces Comunidad Europea y la incertidumbre sobre el futuro de la patente comunitaria, dada la dificultad para ponerse de acuerdo los Estados miembros, por el alto coste

Acuerdo por el que se crea un Sistema Unificado de Resolución de Litigios sobre Patentes de 2009 o UPLS, por sus siglas en inglés (*Unified Patent Litigation System*).

A diferencia del anterior, el UPLS nació en el marco de la UE, puesto que fue la Comisión Europea la que, a la vista de la disparidad de criterios entre los países de la Unión, dentro de la cual algunos eran partidarios de retomar el EPLA y otros de impulsar un tribunal comunitario sobre patentes, terminó adoptando un Proyecto de Acuerdo sobre el Tribunal europeo y Comunitario de Patentes (TECP) y otro sobre su Estatuto, presentados al Consejo por la Presidencia en enero de 2009. En marzo de ese año la Comisión adoptó una Recomendación al Consejo para aprobar el UPLS. Este Proyecto de Acuerdo proponía la creación de un tribunal comunitario especializado en patentes europeas y comunitarias, pero el Consejo solicitó un dictamen al Tribunal de Justicia sobre su compatibilidad con el TUE[200] y el TFUE[201], el cual concluyó que era incompatible con ambos y llevó al abandono del Proyecto[202].

---

en la traducción de las patentes (ver al respecto: https://cordis.europa.eu/article/id/27444-commission-attempts-to-unblock-patent-dossier/es ). Además, en febrero de 2007, un dictamen del Servicio Jurídico del Parlamento Europeo concluyó que las negociaciones sobre ese acuerdo internacional eran de la competencia exclusiva de la Comunidad Europea y que, por consiguiente, se habría violado, *prima facie*, el artículo 292 del Tratado Constitutivo de la Comunidad Europea.

200 Vid sobre esta cuestión: https://eur-lex.europa.eu/legal-content/ES/TXT/?uri=LEGISSUM:4301855

201 Vid al respecto: https://eur-lex.europa.eu/ES/legal-content/summary/treaty-on-the-functioning-of-the-european-union.html

202 Según se afirma en el apartado 89 del Dictamen 1/09, del Tribunal de Justicia (Pleno), de 8 de marzo de 2011, "el acuerdo previsto, al atribuir una competencia exclusiva para conocer de numerosas acciones

El último paso para la creación del TUP fue consecuencia del impulso definitivo que se le dio a la PEEU, a través de la utilización del mecanismo de la cooperación reforzada[203]. La aplicación de este instrumento legislativo para aprobar las patentes europeas con efecto unitario se debió a la constatación, en noviembre de 2010, de la imposibilidad de alcanzar un acuerdo por unanimidad para aprobar una Propuesta de Reglamento, relativo a las disposiciones sobre traducción aplicables a la patente de la UE. Como afirma GARCÍA VIDAL[204], "la Propuesta descansaba en la incorporación del sistema de la

---

ejercidas por los particulares en el ámbito de la patente comunitaria, así como para interpretar y aplicar el Derecho de la Unión en esa materia, a un órgano jurisdiccional internacional que se sitúa fuera del marco institucional y jurisdiccional de la Unión, privaría a los órganos jurisdiccionales de los Estados miembros de sus competencias para la interpretación y aplicación del Derecho de la Unión, así como al Tribunal de Justicia de la suya para responder con carácter prejudicial a las cuestiones planteadas por esos órganos jurisdiccionales, y, como consecuencia, desvirtuaría las competencias que los Tratados confieren a las instituciones de la Unión y a los Estados miembros que son esenciales para la preservación de la naturaleza misma del Derecho de la Unión".

203 Este instrumento había sido introducido por el Tratado de Lisboa (artículos 20 TUE y 326 a 334 TFUE), con el fin de avanzar en la integración europea y evitar el bloqueo que pudieran imponer algunos Estados a las iniciativas legislativas europeas. Así, de acuerdo con el art. 20.2 TUE, "La decisión de autorizar una cooperación reforzada será adoptada por el Consejo como último recurso, cuando haya llegado a la conclusión de que los objetivos perseguidos por dicha cooperación no pueden ser alcanzados en un plazo razonable por la Unión en su conjunto, y a condición de que participen en ella al menos nueve Estados miembros. El Consejo se pronunciará con arreglo al procedimiento establecido en el artículo 329 del Tratado de Funcionamiento de la Unión Europea".

204 GARCÍA VIDAL, Á., *El sistema de la patente europea con efecto unitario*, cit., p. 50.

OEP, de modo que, una vez publicado el folleto de la patente en una de las lenguas oficiales de la OEP, no fuese precisa ninguna otra traducción", salvo en caso de litigio.

Todos los países integrantes de la UE entonces solicitaron una cooperación reforzada para su aprobación, excepto España e Italia que se posicionaron en contra. Fue la Decisión 2011/167/UE del Consejo, de 10 de marzo de 2011[205], la que la autorizó, si bien ya no se denominó "patente de la UE", sino "patente unitaria", al no afectar a todos los países que formábamos parte de la Unión. Esta Decisión fue impugnada por sendos recursos de anulación, presentados por España e Italia[206], los cuales fueron desestimados por la Sentencia del TJUE (Gran Sala), de 16 de abril de 2013 (ECLI:EU:C:2013:240), dictada en los asuntos acumulados C-274/11 y C-295/11.

En lo que nos interesa, España alegó en su recurso que "si bien no es necesario establecer un sistema jurisdiccional propio en todo acto de Derecho derivado, un acto que autoriza la creación de un nuevo título europeo de propiedad industrial debe precisar el régimen jurisdiccional aplicable" (apartado 87). Sin embargo, el TJUE desestimó este motivo al considerar que "la Decisión impugnada sólo tenía por objeto autorizar que los Estados miembros solicitantes iniciaran la cooperación reforzada. Correspondía a estos últimos a continuación, haciendo uso de

---

205 Se puede consultar en: http://data.europa.eu/eli/dec/2011/167/oj

206 La razón principal por la que España e Italia se oponían era, según ellos mismos argumentaban, que "el verdadero objetivo de la Decisión impugnada no era lograr una integración, sino excluir a España e Italia de las negociaciones sobre la cuestión lingüística y privar a estos Estados de la prerrogativa, concedida por el artículo 118.2 TFUE, de oponerse a dicho régimen lingüístico" (GARCÍA VIDAL, Á., *El sistema de la patente europea con efecto unitario,* cit., p. 51).

las instituciones de la Unión, según lo dispuesto en los artículos 20 TUE y 326 TFUE a 334 TFUE, instaurar la patente unitaria y establecer su normativa, incluida, en su caso, la normativa específica en materia jurisdiccional" (apartado 92).

Tras la Decisión 2011/167/UE e independientemente de los recursos interpuestos contra ella por España e Italia, el Consejo Europeo de 29 de junio acordó seguir adelante y aprobar un "paquete" de medidas legislativas, que se concretó, en un primer momento, en los citados Reglamentos núm. 1257/2012[207] y 1260/2012, los cuales, tal como ocurrió con la Decisión de 2011, fueron impugnados por España mediante sendos recursos e, igualmente, desestimados por el TJUE, constituido en Gran Sala, en dos sentencias, de 5 de mayo de 2015[208].

---

207 En relación al TUP, en el considerando 24 del Reglamento 1257/2012 se dice que "La competencia judicial en materia de patentes europeas con efecto unitario debe establecerse y regirse mediante un instrumento que establezca un sistema unificado de solución de litigios en materia de patentes para las patentes europeas y las patentes europeas con efecto unitario". Y en el considerando 25 del mismo Reglamento se añade: "Con el fin de garantizar el funcionamiento adecuado de la patente europea con efecto unitario, la coherencia de la jurisprudencia y por ende la seguridad jurídica, así como la relación coste/eficacia para los titulares de patentes, resulta esencial crear un tribunal unificado de patentes que conozca de los litigios relativos a dicha patente. Por tanto, reviste una importancia primordial que los Estados miembros participantes ratifiquen el Acuerdo sobre un Tribunal Unificado de Patentes con arreglo a sus procedimientos nacionales tanto constitucionales como parlamentarios, y que adopten las medidas necesarias para que dicho Tribunal sea operativo lo antes posible".

208 *España/Consejo,* C-146/13 [protección unitaria mediante patente], EU:C:2015:298 y C-147/13 [disposiciones sobre traducción], EU:C:2015:299.

En lo que atañe al TUP, España argumentaba en su recurso contra el Reglamento 1257/2012 que no existía "ninguna diferencia sustancial entre el Acuerdo TUP y el proyecto de acuerdo por el que se crea un tribunal competente en los litigios en materia de patente europea y patente comunitaria, proyecto que el Tribunal de Justicia declaró incompatible con las disposiciones del Tratado UE y del Tratado FUE (Dictamen 1/09, EU:C:2011:123). Según el Reino de España, por un lado, el Tribunal Unificado de Patentes no forma parte del sistema institucional y jurisdiccional de la Unión. Por otro lado, el Acuerdo TUP no establece garantías para la protección del Derecho de la Unión. En opinión del Reino de España, la imputación directa, individual y colectiva de los actos del Tribunal Unificado de Patentes a los Estados miembros contratantes, incluso a los efectos de los artículos 258 TFUE, 259 TFUE y 260 TFUE, prevista en el artículo 23 del Acuerdo TUP, aun suponiendo que sea compatible con los Tratados, es insuficiente a este respecto" (apartado 90 de la sentencia dictada en el asunto *España/Consejo*, C-146/13).

Sin embargo, frente a esas objeciones, el TJUE consideró "que, en el marco de un recurso interpuesto con arreglo al artículo 263 TFUE, el Tribunal de Justicia no es competente para pronunciarse sobre la legalidad de un acuerdo internacional celebrado entre Estados miembros" (apartado 101 de la sentencia dictada en el asunto *España/Consejo*, C-146/13), lo que llevó a desestimar el recurso también por este motivo[209].

---

[209] No obstante, ello no fue óbice para que el TJUE afirmara, *obiter dicta*, en el apartado 106 de la misma sentencia, que "el propio legislador de la Unión, a fin de que puedan aplicarse las disposiciones del Reglamento impugnado, ha habilitado a los Estados miembros, por un lado, para adoptar diversas medidas en el marco jurídico fijado por el CPE y, por otro, para crear el Tribunal Unificado de Patentes, que, como se recuerda en los considerandos 24 y 25 de dicho Reglamento, es esencial para garantizar el funcionamiento adecuado de dicha patente, la cohe-

A pesar de los recursos contra la Decisión 2011/167/UE, que todavía estaban vivos entonces, y los de los Reglamentos 1257/2012 y 1260/2012, dado que no se había solicitado la suspensión cautelar de los mismos ni el TJUE la había adoptado con base en el artículo 278 TFUE, se continuó con la tramitación de la última de las tres normas que constituyen lo que se denominó el "paquete de la patente unitaria". Así, el 19 de febrero de 2013 se aprobó el Acuerdo sobre un Tribunal Unificado de Patentes, el cual está firmado y ratificado en la actualidad, como ya dijimos, por dieciocho de los países que formamos parte de la UE[210], otros seis lo han firmado, pero no lo han ratificado[211] y otros tres no lo han firmado siquiera, entre los que se encuentra España, junto con Polonia y Croacia[212].

## 2. *Naturaleza jurídica*

El "paquete de la patente unitaria" entró en vigor el 1 de junio 2023 y con él la actividad del TUP. No obstante, desde que el 18 de enero de 2022 Austria ratificó el Protocolo sobre

---

rencia de la jurisprudencia y por ende la seguridad jurídica, así como una buena relación coste/eficacia para los titulares de patentes".

210 Se trata de Alemania, Austria, Eslovenia, Francia, Bélgica, Bulgaria, Dinamarca, Estonia, Finlandia, Italia, Letonia, Lituania, Luxemburgo, Malta, Países Bajos, Portugal, Rumanía y Suecia.

211 Por su parte, Irlanda, Grecia, Hungría, República Checa, Eslovaquia y Chipre, todos ellos miembros de la UE, lo han firmado, pero todavía no lo han ratificado. No obstante, Irlanda había anunciado un referéndum sobre su adhesión para el 7 de junio de 2024, pero lo ha pospuesto: https://enterprise.gov.ie/en/news-and-events/department-news/2024/april/20240416.html

212 Al final, Italia se avino a firmarlo y ratificarlo, negociando y obteniendo a cambio una sección de la División central del TUP en Milán.

la aplicación provisional del UPCA (o PPA, por sus siglas en inglés *Protocol on Provisional Application*), el cual entró en vigor al día siguiente, el TUP adquirió personalidad jurídica y comenzó la actividad preparatoria para su puesta en funcionamiento[213].

Han hecho falta, por lo tanto, más de diez años, para que la PEEU y el TUP hayan entrado en vigor, cuando las previsiones eran que lo hubieran hecho en 2015 o 2016, habiendo sido necesarios diversos intentos e instrumentos jurídicos, de entre los que terminó imponiéndose la fórmula del tratado internacional, orillando cualquier procedimiento legislativo específico de la Unión Europea por la dificultad para su aprobación, dadas las reticencias de países como el nuestro.

Se descartaron, así, la vía del artículo 257 TFUE, por la que se podría haber creado un tribunal especializado, adjunto al Tribunal General y la del artículo 262 TFUE, en virtud de la cual se podría haber atribuido "al Tribunal de Justicia de la Unión Europea, en la medida que el Consejo determine, la

---

213 El PPA se aprobó en 2015 y, según su artículo 3.1, entraría en vigor después de que tanto el ATUP como el PPA hubieran sido ratificados por 13 Estados signatarios del ATUP, lo que ocurrió precisamente cuando Austria lo hizo en enero de 2022. A partir de ese momento, se activaron las disposiciones institucionales, organizativas y financieras del ATUP necesarias para garantizar la futura entrada en funcionamiento del tribunal. En concreto, comenzaron las *reuniones inaugurales de los órganos rectores del TUP;* a saber, el Comité Administrativo, el Comité Asesor y el Comité Presupuestario. Se decidió *la ubicación de las Divisiones Centrales de la UPC*; específicamente, de sus partes farmacéutica y química, tras la salida del Reino Unido del ATUP, como consecuencia del Brexit. Además, el sistema informático de los tribunales debía finalizarse, en particular lo relativo al *Case Management System* o CSM. Finalmente, en ese período es cuando se procedió a una de las tareas fundamentales para su puesta en marcha: la selección y contratación de los futuros jueces.

competencia para resolver litigios relativos a la aplicación de los actos adoptados sobre la base de los Tratados por los que se crean títulos europeos de propiedad intelectual o industrial"[214].

Es precisamente el rechazo a esas dos vías para su creación y el carácter del instrumento utilizado para ello lo que determina claramente la naturaleza jurídica del TUP, pudiendo afirmarse que se trata de un tribunal internacional, con personalidad jurídica propia (art. 4 ATUP), cuya jurisdicción se extiende exclusivamente a los países que hayan firmado y ratificado el Acuerdo 2013/C, sobre un Tribunal Unificado de Patentes. Un documento que no es sino un convenio internacional clásico, "completamente ajeno al orden jurídico de la Unión Europea"[215] y a pesar de que, equivocadamente, por innecesario, según el Convenio de Viena sobre el Derecho de los Tratados de 1969 (art. 80), se publicara en el Diario Oficial de la UE[216].

---

214 Para una crítica a esta fórmula, vid: DESANTES REAL, M., "El Acuerdo sobre un Tribunal Unificado de Patentes, de 19 de febrero de 2013, una novedosa y controvertida arquitectura en la construcción europea", en *Revista La Ley Unión Europea*, núm. 2, 2013, pp. 3-10.

215 DESANTES REAL, M., "Hacia un tribunal unificado y un efecto unitario para las patentes europeas en casi todos los estados miembros de la Unión Europea. Consecuencias de la autoexclusión de España", en *Revista Española de Derecho Internacional*, vol. LXV/2, julio-diciembre 2013, p. 62.

216 El tratado se publicó en el DOUE 175/01, de 20 de junio de 2013 y el texto auténtico, en lengua alemana, inglesa y francesa, se depositó en la Secretaría General del Consejo de la Unión Europea, según se dispone al final del Acuerdo. No obstante, para cumplir con lo que dispone el *Convenio de Viena sobre el Derecho de los Tratados* de 1969, el artículo 85.3 ATUP exige que "El Depositario registrará el presente Acuerdo en la Secretaría de las Naciones Unidas".

No es, en consecuencia, un órgano jurisdiccional de la UE, si bien mantiene con ella una relación especial, por cuanto que la iniciativa para su creación nació en el seno de ésta para dar cobertura a las patentes europeas con efecto unitario, surgidas al amparo de una norma europea -el Reglamento 1257/2012-[217], así como por el hecho de que los Estados miembros contratantes únicamente puedan ser países pertenecientes a la UE, según el artículo 2, apartados b y c del ATUP. Además de que, a lo largo de su regulación, se encuentran múltiples referencias a esta organización internacional, destacando de entre ellas las que establecen la primacía del Derecho de la Unión (art. 20 ATUP), la posibilidad de que el TUP plantee cuestiones prejudiciales al TJUE (art. 21 ATUP) o que el Derecho de la Unión sea la primera de las fuentes del Derecho que el Tribunal ha de aplicar (art. 24 ATUP).

Nos encontramos, así, salvando las distancias, con una situación semejante a la que se da con la Corte Penal Internacional (en adelante, CPI), un tribunal claramente de naturaleza internacional, cuya iniciativa para su creación partió de otra organización internacional, las Naciones Unidas, pero que se aprobó asimismo mediante un tratado internacional –el Estatuto de la Corte Penal Internacional, hecho en Roma, el 17 de julio de 1998[218]-, el cual le confiere personalidad jurídica propia e independiente de esa organización. No obstante, tal como prevé el artículo 2 del Estatuto, tiene una relación especial con ésta, a través de un acuerdo marco de colaboración entre ambas instituciones, aprobado en 2004 u otras posibilidades previstas en el Estatuto, como la de que el Consejo de Seguridad remita una situación –denuncia- al Fiscal

217 Como se ha dicho más arriba, la PEEU y el TUP son los instrumentos que la UE concibió para hacer frente a la preeminencia de los EE.UU., China o Japón en el comercio y la industria mundiales.

218 Firmado y ratificado por España y publicado en el «BOE» núm. 126, de 27 de mayo de 2002, páginas 18824 a 18860.

de la Corte para que éste inicie una investigación sobre la base de esa información (art. 13)[219].

Afirmado su carácter internacional, queda excluido, por lo tanto, que el TUP sea un órgano jurisdiccional nacional, pese a lo que ha podido sostener alguna doctrina[220] y de la –desa-

---

219 Existe otro ejemplo de tribunal internacional, menos conocido, también auspiciado por las Naciones Unidas e independiente de ésta, pero con el que mantiene igualmente una relación especial: el Tribunal del Mar. Este tribunal se estableció, en virtud de la Convención de las Naciones Unidas sobre el Derecho del Mar, de 1982. Tiene competencia respecto de toda controversia relativa a la interpretación o la aplicación de este tratado y a todas las cuestiones expresamente previstas en cualquier otro acuerdo que le confiera competencia. Las controversias pueden referirse a la delimitación de zonas marítimas, la navegación, la conservación y ordenación de los recursos vivos del mar, la protección y preservación del medio marino y la investigación científica marina. En 1997 concertó un Acuerdo de Cooperación y Relación con las Naciones Unidas y, desde 1996, el Tribunal tiene la condición de observador ante la Asamblea General, que le permite participar en sus sesiones y trabajos cuando se tratan asuntos de su interés.

220 DESANTES REAL, M., "Hacia un tribunal unificado y un efecto unitario para las patentes europeas en casi todos los estados miembros de la Unión Europea. Consecuencias de la autoexclusión de España", cit., p. 62: "Se trata, por tanto, de un órgano jurisdiccional nacional competente con carácter exclusivo por razón de la materia, un órgano jurisdiccional que es parte de los sistemas judiciales de los Estados contratantes y que debe sustituir a los tribunales nacionales ordinarios hoy territorial y, en su caso, funcionalmente competentes. De este modo, una resolución del TUP dictada en Londres será considerada a todos los efectos una resolución dictada en el Reino Unido por un tribunal inglés, en Alemania por un tribunal alemán y en Portugal por un tribunal portugués. La resolución reconocerá una infracción o declarará la validez o la nulidad de la patente europea para todos los Estados contratantes del Acuerdo y vendrá acompañada de una orden de ejecución, teniendo por tanto fuerza ejecutiva automáticamente en todos los Estados contratantes en la

fortunada- redacción del artículo 1 del ATUP, cuando dice que "será un tribunal común para todos los Estados miembros contratantes y, por ende, sujeto a las mismas obligaciones en virtud del Derecho de la Unión *que cualquier otro tribunal nacional de los Estados miembros contratantes*" –la cursiva es nuestra-, lo cual podría interpretarse como una equiparación. Y en lo que incide el artículo 71 bis del Reglamento (UE) núm. 1215/2012, cuando afirma que "*se considerará un órgano jurisdiccional de un Estado miembro* cuando, de conformidad con el instrumento por el que se establece dicho órgano jurisdiccional común, este sea competente en materias que entran en el ámbito de aplicación del presente Reglamento" –la cursiva es nuestra-[221].

---

medida en que se trata de una decisión nacional. En fin, y precisamente por tratarse de un tribunal nacional, el TUP está obligado a respetar y a aplicar el Derecho de la Unión y a plantear cuestiones prejudiciales al Tribunal de Justicia de acuerdo con el art. 267 TFUE".

221 Norma, entre otras, introducida por el Reglamento (UE) núm. 574/2014, del Parlamento Europeo y del Consejo, de 15 de mayo de 2014, por el que se modifica el Reglamento (UE) núm. 1215/2012, en lo relativo a las normas que deben aplicarse por lo que respecta al Tribunal Unificado de Patentes y al Tribunal de Justicia del Benelux. La justificación de dicha equiparación se encuentra en su Considerando (6), cuando afirma: "Como órganos jurisdiccionales comunes a varios Estados miembros, el Tribunal Unificado de Patentes y el Tribunal de Justicia del Benelux, a diferencia de un órgano jurisdiccional de un Estado miembro, no pueden ejercer su competencia, con arreglo al Derecho nacional, con respecto a demandados que no tengan su domicilio en un Estado miembro. A fin de que esos dos Tribunales puedan ejercer su competencia con respecto a tales demandados, las disposiciones del Reglamento (UE) núm. 1215/2012 deben, por lo tanto, en lo que respecta a las materias que son competencia respectiva del Tribunal Unificado de Patentes y del Tribunal de Justicia del Benelux, aplicarse asimismo a los demandados que tengan su domicilio en terceros Estados. Las normas actuales en materia de competencia del Reglamento (UE) núm. 1215/2012 aseguran una estrecha

Sin embargo, como se ha dicho, el hecho de que el legislador comunitario tuviera que, descartando otras opciones, decantarse por un convenio internacional como instrumento para su creación y, a la vez, garantizar la primacía del Derecho de la Unión en sus resoluciones y, en su caso, posibilitar que plantease cuestiones prejudiciales, le obligó a incluir expresamente estas disposiciones, entre otras, en su tratado fundacional de 2013, pero no a convertirlo en un órgano nacional.

Cuestión distinta, pero no menor, es, como ocurre con otros tribunales internacionales, cómo adquieren jurisdicción para conocer de asuntos de las que quedan excluidos los internos o lo hacen con posterioridad a estos para revisar sus resoluciones, puesto que la mera declaración en el instrumento internacional no es suficiente. Como se sabe, una vez firmados y ratificados, deben ser los ordenamientos internos de los Estados firmantes los que les cedan parte de su soberanía a través de diversos mecanismos, normalmente constitucionales. Así, por ejemplo, España dispone de los artículos 93 de la Constitución y 2.1 LOPJ, que han sido los utilizados para otorgar jurisdicción al TEDH, TJUE o a la CPI[222].

Ahora bien, esta cesión de soberanía no supone su desnaturalización, convirtiéndolos en órganos nacionales o, más aún, concediéndoles una naturaleza mixta, a la vez nacional e internacional[223]; al contrario, confirman ese carácter internacional, por la

conexión entre los procedimientos a los que se aplica dicho Reglamento y el territorio de los Estados miembros. Procede, por lo tanto, hacer extensivas dichas normas a las acciones judiciales ejercitadas contra cualquier demandado, independientemente de su domicilio".

222 No hacerlo así, simplemente sería inconstitucional.

223 Es cierto que en el ordenamiento jurídico internacional, la evolución en la protección de los derechos humanos y el desarrollo de la responsabilidad penal de las personas ha llevado a la creación, en algunos ca-

necesidad de utilizar instrumentos extraordinarios, diferentes a los utilizados para la creación de un tribunal nacional ordinario. Es, en este sentido, como hay que entender la afirmación contenida en el Considerando séptimo del ATUP y que no tiene correlato en el articulado del mismo, la cual dice que el TUP ha de ser parte del sistema judicial de los Estados miembros contratantes con competencia exclusiva en lo relativo a las patentes europeas con efecto unitario y las patentes europeas concedidas al amparo del CPE[224].

---

sos, de tribunales u órganos con funciones jurisdiccionales a los que la doctrina internacionalpublicista les otorga naturaleza mixta o híbrida (BONILLA-TOVAR, V., BUITRAGO-REY, N.E., CANOSA CANTOR, J., "Alcance y limitaciones de los Tribunales híbridos I: Corte Especial para Sierra Leona, Salas Especiales en los Tribunales de Camboya y Tribunal Especial para el Líbano", en Olásolo, H., Bonilla-Tovar, V., Buitrago-Rey, N.E., Canosa Cantor, J. (coords.), *Alcance y limitaciones de la Justicia internacional,* Valencia, Tirant lo Blanch, 2018, pp. 531 y ss.) o, refiriéndose a alguno, llega a decir lacónicamente, que se encuentra "en algún punto en el camino entre la justicia interna y la internacional", sin mayor precisión (SALINAS ALCEGA, S., "La creación de las Salas extraordinarias para el enjuiciamiento según el Derecho camboyano de los crímenes cometidos durante el período de Kampuchea Democrática en 2003", en Castillo Daudí, M. y Salinas Alcega, S., *Responsabilidad penal del individuo ante los Tribunales internacionales,* Valencia, Tirant lo Blanch, 2007, p. 203). Lo cierto es que, aparte de no tener sentido jurídico afirmar la doble naturaleza de un órgano o institución, si se analizan con detenimiento, en realidad se trata de órganos internos, pero que, por distintas razones, han sido auspiciados por alguna organización internacional, como las NN.UU, la cual, por ejemplo, le ha suministrado jueces para completarlos, pero que las normas de funcionamiento, el procedimiento o la financiación de los mismos ha sido a cargo del país correspondiente. Es el caso del Tribunal Especial para Sierra Leona (2002), el Tribunal Especial iraquí (2003) o las Salas Especiales en los tribunales de Camboya (2003).

224 Posiblemente sea inducida por esta afirmación por la que SERRANO MASIP, afirma que el TUP "se integra en cada una de las organizaciones judiciales nacionales, con competencia exclusiva en materia de patentes

Llegar a otra conclusión, si, por ejemplo, fuera España la afectada, sería inconstitucional, por incumplimiento de las normas creadoras de un órgano jurisdiccional nacional o de reconocimiento de la jurisdicción de uno internacional.

Incluso, el hecho de que, como veremos, el TUP tenga Divisiones nacionales y regionales, con una composición plurinacional, al estar formadas por jueces nacionales del Estado en que radican, pero también de otros países miembros (arts. 8 y 9 ATUP), no altera tampoco su naturaleza internacional. En primer lugar, porque en cada División, numéricamente hablando, son más los jueces ajenos al país donde se encuentra la División correspondiente. En segundo lugar, las normas de constitución y funcionamiento del Tribunal, así como las procedimentales están íntegramente reguladas en el propio Acuerdo, el Estatuto del mismo o en las Reglas de procedimiento, todas ellas normas internacionales. En tercer lugar, de acuerdo con el artículo 36 ATUP, los costes de funcionamiento y mantenimiento se sufragan con el pago de las tasas (art. 70 ATUP) y, en su caso, de las costas de los que solicitan su tutela (art. 69.3 ATUP), sin perjuicio del beneficio de justicia gratuita (art. 71 ATUP); no lo sufragan, por lo tanto, la UE ni, ordinariamente, los países que han firmado y ratificado ese tratado internacional[225]. Y, finalmente, en

europeas y patentes europeas con efecto unitario" ["Consideraciones sobre el Tribunal Unificado de Patentes desde la perspectiva de la independencia judicial", en Asencio Mellado, J.M. y Fuentes Soriano, O. (dirs.) *El proceso como garantía*, Barcelona, Atelier, 2023, p. 275], no pudiéndose colegir exactamente qué naturaleza le atribuye. Y más adelante, en la misma obra, seguramente influida por el artículo 1 *in fine* del ATUP, añade que "En definitiva, cabe sostener que el TUP va a adquirir la condición de órgano jurisdiccional ordinario del ordenamiento jurídico de la UE" (*Ibídem*), lo que nos genera la duda sobre si considera al Tribunal Unificado de Patentes, propiamente, un órgano de la UE.

225 Excepcionalmente, los Estados miembros contratantes contribuyeron para la puesta en marcha del Tribunal (art. 37.2 ATUP) y podrán con-

cuarto lugar, el nombramiento de todos los jueces y su retribución con cargo a los presupuestos del Tribunal, incluyendo la del Secretario, Subsecretario y el personal, la decide el Comité Administrativo del TUP (arts. 16.2 ATUP y 12 ETUP, respectivamente).

## III. MARCO LEGAL

El marco legal regulador de la organización y funcionamiento del TUP, tratándose de un órgano internacional de nueva planta, que aspira a resolver los conflictos derivados de las patentes europeas "clásicas", las patentes europeas con efecto unitario y los certificados complementarios de protección de un ámbito en el que convivimos más de 448 millones de personas[226], como no podía ser de otra manera, es profuso y complejo.

El texto fundamental es el ya mencionado Acuerdo 2013/C, sobre un Tribunal Unificado de Patentes, firmado el 19 de febrero de 2013[227], el cual contiene 89 artículos, distribuidos en cinco Partes (Disposiciones generales e institucionales, Disposiciones financieras, Disposiciones de organización y procedimiento, Disposiciones transitorias, Disposiciones finales), cada una de ellas con un número variable de Capítulos, que desarrollan las previsiones normativas de carácter institucional, sustantivo, pro-

---

tribuir con aportaciones durante el período transitorio al que se refiere el artículo 83 ATUP (art. 36.1 *in fine*, en relación con el art. 37 ATUP) o cuando el Tribunal no logre equilibrar su presupuesto (art. 36. 4 ATUP). Por su parte, el Centro de Mediación y Arbitraje también se financia con cargo al presupuesto del Tribunal (arts. 35 y 39 ATUP).

226 Información contenida en: https://european-union.europa.eu/principles-countries-history/facts-and-figures-european-union_es

227 Publicado, como se ha dicho más arriba, en el DOUE 175/01, de 20 de junio de 2013.

cesal y financiero necesarias para desarrollar su actividad; cada Capítulo contiene asimismo un número variable de artículos.

Previamente, el 19 de enero de 2022, había entrado en vigor el *Protocol to the Agreement on a Unified Patent Court on provisional application*, aprobado por los Estados miembros firmantes, el 1 de octubre de 2015, con el fin, declarado en sus Considerandos, de activar las disposiciones del ATUP necesarias, desde el punto de vista institucional, de organización y financiero, que garantizasen la operatividad inmediata del Tribunal cuando el Acuerdo entrase en vigor[228].

Esa entrada en vigor, según el artículo 89.1 ATUP, dependía de que se diera alguna de las tres circunstancias allí descritas. Una de ellas, que fue la que terminó dándose, es que lo haría "el primer día del cuarto mes siguiente a aquel en el curso del cual se haya depositado el décimo tercer instumento de ratificación o adhesión, de conformidad con el artículo 84, siempre que entre dichos instrumentos se encuentren los de los tres Estados miembros en los que haya tenido efectos el mayor número de patentes europeas el año anterior a la firma del Acuerdo", los cuales fueron Alemania, Francia e Italia[229].

Pues bien, el 17 de febrero de 2023, Alemania depositó su instrumento de ratificación en la Secretaría General del Consejo de la UE[230], de acuerdo con el artículo 84.2 ATUP, lo que

---

[228] El texto del Protocolo puede consultarse en: https://www.unified-patent-court.org/en/court/legal-documents?field_legal_doc_type_target_id=25&field_doc_keywords_target_id=

[229] Según el artículo 89.2 ATUP, "Toda ratificación o adhesión posterior a la entrada en vigor del presente Acuerdo surtirá efecto el primer día del cuarto mes siguiente a aquel en el curso del cual se depositó el instrumento de ratificación o adhesión".

[230] El camino seguido hasta ese momento por Alemania, uno de los impulsores del TUP, no fue en absoluto pacífico. Se presentaron diferentes demandas de inconstitucionalidad contra las leyes para

dio inicio a la cuenta atrás para que el TUP entrara en funcionamiento[231] y que, finalmente, hizo el 1 de junio de 2023[232].

---

la aprobación del ATUP. La primera de estas demandas, presentada en 2017, se estimó. Sin embargo, en junio de 2020 el gobierno alemán presentó una nueva Ley, que fue refrendada por el 88% de la Cámara. Con posterioridad, durante la tramitación posterior de esta Ley, se presentaron sendos recursos de inconstitucionalidad, los cuales fueron definitivamente desestimados el 9 de julio de 2021, dejando expedita la vía para su aprobación.

231 Paralelamente, el TUP aprobó un *sunrise period* de tres meses, desde el 1 de marzo hasta el 31 de mayo de ese año, para que los titulares o solicitantes de patentes europeas tuvieran la posibilidad de presentar peticiones de *opt-out* para evitar la competencia exclusiva del TUP y permitir que los tribunales nacionales siguieran teniendo jurisdicción, tanto en los casos de infracción como los de validez de una patente, a la entrada en vigor del sistema de la patente unitaria. De esta forma, se evitaba que un tercero pudiera ejercitar acciones, ante el Tribunal Unificado de Patentes, contra el titular de una patente antes de que éste hubiera podido ejercitar la facultad del *opt-out,* prevista en el artículo 83 ATUP para después de su entrada en vigor. Al respecto, vid: https://www.unified-patent-court.org/en/news/adjustment-timeline-start-sunrise-period-1-march-2023 y https://www.unified-patent-court.org/en/news/practical-information-upcoming-launch-sunrise-period.
Por su parte, antes de la entrada en vigor del ATUP, la Oficina Europea de Patentes (EPO) aprobó unas medidas para facilitar el acceso al sistema de la patente unitaria. Así, los solicitantes que hubieran recibido una comunicación de intención de concesión de una patente europea tuvieron la posibilidad de anticiparse a la entrada en vigor de la patente unitaria mediante dos medidas transitorias y aplicables desde el 1 de enero de 2023 hasta el 1 de junio de ese año. Concretamente, la solicitud de aplazamiento de la publicación de la mención de concesión de la patente europea y la solicitud anticipada de efecto unitario.

232 El artículo 89.2 TUP establece que "toda ratificación o adhesión *–por un Estado-* posterior a la entrada en vigor del presente Acuerdo surtirá efecto el primer día del cuarto mes siguiente a aquel en el curso del cual se depositó el instrumento de ratificación o adhesión".

Por otra parte, el ATUP tiene una vigencia indefinida (art. 86), si bien su artículo 87.1 establece que podrá revisarse a los siete años de su entrada en vigor o "cuando el Tribunal haya resuelto 2.000 acciones por violación de derechos de patente, optándose por aquel de esos momentos que se produzca en último lugar". Además, el Comité administrativo (art. 12), del que luego hablaremos, puede realizar periódicamente, si procede, una consulta amplia entre los usuarios del sistema de patentes sobre el funcionamiento, la eficacia, la rentabilidad del Tribunal y la confianza en la calidad de las resoluciones del mismo (art. 87.1).

Asimismo, de acuerdo con el artículo 87.2, el Comité administrativo podrá modificar también el ATUP con el fin de adaptarlo a un tratado internacional sobre patentes o al Derecho de la Unión, aunque supeditado a que "un Estado miembro contratante, en el plazo de doce meses desde la fecha de la decisión y fundándose en los correspondientes procedimientos internos de toma de decisiones,declare que no desea verse vinculado por la decisión", debiéndose convocar en ese caso una Conferencia de revisión de los Estados miembros contratantes (art. 87.3).

Precisamente, con base en el artículo 87.2 ATUP, el Comité administrativo aprobó la primera decisión de modificación del Acuerdo, el 26 de junio de 2023, como consecuencia de la salida del Reino Unido de la UE. En concreto, se reformó el artículo 7.2, que establecía la sede de la División central en París y dos secciones en Múnich y Londres, suprimiendo esta última y sustituyéndola por Milán. Asimismo, se modificó el Anexo II del ATUP[233], transfiriendo la competencia de los procedimientos sobre las patentes relativas a "Química y metalurgia", a la

[233] El Anexo II del ATUP se reduce a un cuadro sobre la distribución de los asuntos entre la División central y sus dos secciones.

sede de Múnich y los codiciados "Certificados complementarios de protección", a la de París, quedando para Milán sólo los relativos a las patentes sobre productos que cubran "necesidades corrientes de la vida". Ambas modificaciones entraron en vigor a los doce meses de su aprobación, en cumplimiento de lo dispuesto en el artículo 87.3 ATUP, si bien el Comité administrativo, en el artículo 2 de la Decisión, se comprometió a revisarlas pasados tres años desde su adopción[234].

El Acuerdo incluye, en su Anexo I, el Estatuto del Tribunal (en adelante, ETUP), una norma fundamental que desarrolla su organización y funcionamiento, y a lo que nos referiremos en los siguientes epígrafes. Según el artículo 40.3 del Acuerdo del TUP, además, el Estatuto debe garantizar que el funcionamiento del Tribunal sea lo más eficiente y rentable posible, así como que permita "un acceso equitativo a la justicia", lo que podría interpretarse como la necesidad de que los costes económicos para pleitear ante el Tribunal no sean impeditivos de su tutela. Aspiración loable que sólo podrá verificarse analizando la actividad del TUP.

En este sentido, según el artículo 36 ATUP, el "Tribunal se financiará con los ingresos financieros propios y, al menos en el período transitorio a que se refiere el artículo 83, en la medida de lo necesario, con contribuciones de los Estados miembros contratantes" (apartado 1); los ingresos financieros propios "procederán de las tasas del Tribunal y de otros ingresos" (apartado 2). De acuerdo con el apartado 3, esas tasas del Tribunal las fijará el Comité administrativo, al que luego nos referiremos. Concretamente, las disposiciones financieras

---

234 La Decisión de 26 de junio de 2023 puede encontrarse en: https://www.unified-patent-court.org/en/court/legal-documents?field_legal_doc_type_target_id=24&field_doc_keywords_target_id

están reguladas en los artículos 36 a 39 ATUP y 26 a 33 ETUP, las costas en el artículo 69 ATUP y las tasas en el artículo 70 ATUP[235]. Finalmente, según el artículo 71 ATUP, se ha previsto un beneficio de justicia gratuita, al cual se tiene derecho, en cualquier momento procesal, siempre que se carezca de recursos suficientes para litigar, si bien únicamente se ha atribuido a las personas físicas y en ningún caso a las jurídicas. No obstante, en virtud del artículo 36.3 *in fine* ATUP, "Podrán plantearse medidas de apoyo específicas para las pequeñas y medianas empresas y las microentidades"[236].

En cuanto a su contenido, el Estatuto contiene 38 artículos, distribuidos en cuatro Capítulos (Jueces, Disposiciones organizativas, Disposiciones financieras y Disposiciones de procedimiento); estando el segundo dividido, a su vez, en cuatro Secciones (Disposiciones comunes, el Tribunal de Primera Instancia, el Tribunal de Apelación y la Secretaría); el número de artículos en cada Capítulo y Sección es también variable.

Por último, el Estatuto puede modificarse, según el artículo 40.2 ATUP, a instancia y propuesta del propio Tribunal o de un Estado miembro contratante, previa consulta al TUP. La modificación se aprobará, en su caso, por el Comité administrativo (art. 12 ATUP).

La siguiente norma fundamental es el Reglamento de procedimiento del TUP (en adelante, RoP), que fue redactado entre 2009 y 2015 por un Comité de redacción integrado por representantes de Alemania, Francia, Reino Unido, Países Ba-

---

235 Sobre las tasas, el Tribunal aprobó la *Table of Court Fees*, que entró en vigor el 1 de septiembre de 2022. Puede consultarse en: https://www.unified-patent-court.org/en/court/legal-documents?field_legal_doc_type_target_id=201&field_doc_keywords_target_id=

236 Sobre todo esto, ver el Capítulo XIII de esta obra.

jos y de la Oficina Europea de Patentes[237]. El Reglamento se aprobó por el Comité administrativo el 8 de julio de 2022, habiendo entrado en vigor el 1 de septiembre de ese mismo año.

Se trata de una norma extensa con 382 reglas, distribuidas en seis Partes (Procedimientos ante el Tribunal de Primera Instancia, Pruebas, Medidas provisionales, Procedimientos ante el Tribunal de Apelación, Disposiciones generales, Tasas y asistencia jurídica), subdivididas en Capítulos y Secciones, cada uno con un número variable de reglas.

La importancia del Reglamento en el funcionamiento del TUP es capital, por cuanto establece y desarrolla las normas del procedimiento ante el mismo, las cuales deben ser conformes al Acuerdo y el Estatuto del TUP (art. 41.1 ATUP), prevaleciendo estas últimas sobre aquél, en caso de conflicto (Número 1 del Preámbulo y regla 1.1 del Reglamento de Procedimiento) y debiendo aplicarse e interpretarse de conformidad con los principios de proporcionalidad, flexibilidad, justicia y equidad, recogidos en los artículos 41.3, 42 y 52.1 ATUP. Unos principios, justicia y equidad, desconocidos en la doctrina procesal y otros, proporcionalidad y flexibilidad, de difícil comprensión sobre su contenido y aplicación procesales[238]. Por su parte, el Tribunal debe garantizar la aplicación e interpretación unifor-

---

237 Para más sobre la génesis de esta norma, vid: https://www.unified-patent-court.org/en/court/legal-documents?field_legal_doc_type_target_id=26&field_doc_keywords_target_id Curiosamente y, salvo error u omisión por mi parte, a pesar de que el artículo 41.2 ATUP exige un "dictamen previo de la Comisión Europea sobre la compatibilidad del Reglamento de Procedimiento con el Derecho de la Unión", no he encontrado dicho Dictamen en la web del TUP ni en la de la UE.

238 Ver al respecto el Capítulo VII de esta obra.

mes de las Reglas por todas las Salas de primera instancia y el Tribunal de apelación (Número 8 del Preámbulo del RoP).

Por último, el RoP "podrá modificarse por decisión del Comité administrativo, previa propuesta del Tribunal y tras consultar con la Comisión Europea" (art. 41.2, II ATUP), sin especificar los términos de dicha "consulta", lo que plantea si la misma puede referirse a la oportunidad y los aspectos de la posible modificación o se ha de ceñir al dictamen sobre la compatibilidad con el Derecho de la Unión a que hace referencia el artículo 41.2,I *in fine* ATUP para la aprobación del Reglamento. En mi opinión, que el artículo 41.2,I circunscriba el "dictamen previo de la Comisión Europea sobre la compatibilidad con el Derecho de la Unión" para el acto de aprobación del RoP, mientras que en el 41.2,II ATUP se refiera a una "consulta" a la Comisión Europea, para su modificación, me lleva a concluir que, en el caso de pretender modificarlo, el término "consulta" debería tomarse literalmente y, por lo tanto, en el sentido más amplio de la misma[239], lo que incluirá, sin duda, el aspecto relativo a la compatibilidad o no con el Derecho de la Unión, pero también sobre la oportunidad de la modificación y qué aspectos mejorar.

Para finalizar esta referencia al marco regulador de la organización y el funcionamiento del Tribunal, aparte de los ya comentados, a continuación, se enumeran los diferentes instrumentos legales que, hasta ahora, se han aprobado por los Estados miembros contratantes o por los diferentes órganos de gobierno del TUP, a los que nos referiremos en el apartado sobre la organización del Tribunal, y que pueden encontrarse en su página web[240]:

---

239 Según el DRAE, "consulta" es "Parecer o dictamen que por escrito o de palabra se pide o se da acerca de algo".

240 Ver: https://www.unified-patent-court.org/en/court/legal-documents

a. *Protocol On Privileges and Immunities of the Unified Patent Court*, aprobado por los Estados miembros firmantes, en Bruselas el 29 de junio de 2016 y ha entrado en vigor el 27 de octubrre de 2021.

b. Los instrumentos aprobados por la Mesa o *Presidium* del TUP[241], previsto en el artículo 15 ETUP, son los siguientes:

- *Rules of Procedure of the Presidium of the Unified Patent Court*, aprobado el 29 de noviembre de 2022 y en vigor desde ese mismo día.
- *Rules governing the Registry of the Unified Patent Court*, fue aprobado el 6 de abril de 2023, entró en vigor el 1 de junio de ese año y modificado el 31 de julio, también de 2023.
- *Decision regarding the Dress Code of the Unified Patent Court*, de 4 de abril de 2023, la cual fue modificada por otra del 27 de mayo de 2024, que entró en vigor el 24 de junio de 2024.
- Otros instrumentos: *Guidelines on the time factor regarding the remuneration and the procedure for remuneration of case-by-case part-time judges*, de 20 de diciembre de 2022; *Guidelines for the protection of personal data in the Unified Patent Court*, de 10 de febrero de 2023; Decisiones sobre las designaciones de diversos cargos, como el de los Presidentes de las Divisiones centrales de París, Munich y Milán, los Presidentes de Divisiones locales y regionales, así como el responsable de la protección de datos del Tribunal.

---

241 La versión española del ATUP lo ha traducido por "Mesa", pero me parece más correcto, por su precisión, utilizar la palabra inglesa de "Presidium".

- Por último, el Presidium ha aprobado diversas plantillas para las diversas decisiones y órdenes de los órganos que integran el TUP y orientaciones no vinculantes para la adopción de medidas cautelares, aseguramiento de las pruebas, decisiones sobre acciones de infracción en las que se ha ejercitado una reconvención por revocación, para las citaciones, etc.

c. Entre los instrumentos más importantes aprobados por el Comité administrativo, regulado en el artículo 12 del ATUP, pueden citarse los siguientes:

- *Rules of Procedure of the Administrative Committee*, aprobadas el 22 de febrero de 2022.
- En la misma fecha anterior y con el fin de aprobar las normas necesarias para que el TUP pudiera estar operativo cuando entrase en vigor el Acuerdo, aprobó un *Special Rules of the Administrative Committee for the Period of Provisional Application of the Agreement on a Unified Patent Court.*
- También el 22 de febrero de 2022, aprobó las *Regulations governing the conditions of service of judges, the Registrar and the Deputy-Registrar of the Unified Patent Court* (en adelante, RGCSJ), las cuales han sido modificadas el 8 de julio de 2022, el 8 de febrero de 2023 y el 24 de abril de ese mismo año.
- Igualmente, el 22 de febrero de 2022 y en virtud del artículo 33 ETUP, adoptó el Reglamento financiero del TUP (*Financial Regulations of the Unified Patent Court*), el cual reformó el 1 de junio de 2023[242].

---

242 Según el artículo 33.2 ETUP, "El Reglamento Financiero establecerá, en particular:

- De acuerdo con el artículo 18 ETUP, aprobó el 8 de julio de 2022 la creación de diversas Divisiones nacionales y regionales del Tribunal de Primera Instancia, así como el número de jueces que las servirían (*Decision of the Administrative Committee, of 8 July 2022, on the set-up of local and regional divisions of the Court of First Instance of the Unified Patent Court*).
- En relación a los costes de los procesos, el Comité aprobó el 8 de julio de 2022 la tabla con las tasas a pagar por demandar ante el TUP, de acuerdo con el artículo 36.3 ATUP, entrando en vigor el 1 de septiembre de ese año; también, unas Directrices para la deteminación de las tasas y el importe máximo de las costas al que deberá hacer frente la parte perdedora (*Guidelines for the determination of the court fees and the ceiling of recoverable costs*), según el artículo 69.1 ATUP y aprobadas el 24 de abril de 2023; otra Decisión sobre los límites máximos por el coste de la asistencia letrada recuperables (*Scale of ceilings for recoverable costs*), de acuerdo con los artículos 48 ATUP y 152 RoP y aprobada, también, el 24 de abril de 2023; y, por mor del artículo 71.3 ATUP, una Decisión sobre

---

a) modalidades relativas al establecimiento y a la ejecución del presupuesto y para la rendición de cuentas y la auditoría;

b) el método y el procedimiento por el que deberán ponerse a disposición del Tribunal los pagos y las contribuciones, incluidas las contribuciones financieras iniciales previstas en el artículo 37 del Acuerdo;

c) las normas correspondientes a las responsabilidades de los ordenadores de pagos y de los contables y las modalidades para su supervisión, y

d) los principios contables generalmente aceptados en los que se deben basar el presupuesto y los estados financieros anuales".

el beneficio de justicia gratuita (*Decision on Legal aid*), el 27 de septiembre de 2023, aplicable a las personas físicas que cumplan con los criterios recogidos en las reglas 377 y siguientes del RoP.

- Asimismo, aprobó el Código de conducta de los jueces del Tribunal (*Code of conduct of judges of the Unified Patent Court*), en vigor desde el 24 de abril de 2023, y el de los letrados (*Code of conduct for representatives*), que se aplica desde el 8 de febrero de 2023. A lo que hay que añadir el *Rules on the European Patent Litigation Certificate and Other Appropriate Qualifications*, de 22 de febrero de 2023, previsto en el artículo 48.2 ATUP.
- Finalmente, el Comité ha aprobado, también, el Reglamento de organización del Centro de Mediación y Arbitraje de Patentes (*Rules of Operation of the Mediation and Arbitration Centre of the Unified Patent Court*), al que se refiere el artículo 35 ATUP[243].

d. Por su parte, el Comité presupuestario, regulado en el artículo 13 ATUP, ha aprobado lo siguiente:

- En virtud del artículo 26.1 ETUP, este Comité adopta el presupuesto del Tribunal, a propuesta del Presidium. Así, el 9 de febrero de 2023 aprobó el correspondiente al primer período contable de aplicación provisional del ATUP [*Budget for the First Accounting Period of application of the Agreement on a Unified Patent Court (FAP)*]. Y el 24 de noviembre de 2023, el correspondiente al año 2024.

---

243 Sobre el Centro de Mediación y Arbitraje de Patentes, vid. el Capítulo XIV de esta obra.

- El 23 de febrero de 2023 aprobó el Reglamento del propio Comité (*Rules of Procedure of the Budget Committee*) y unas Reglas especiales para su implementación durante el tiempo de aplicación provisional del ATUP (*Special rules of the Rules of procedure of the Budget Committee for the period of provisional application of the Agreement on a Unified Patent Court*).
- Finalmente, el 3 de mayo de 2023 adoptó una Decisión sobre la remuneración de los jueces a tiempo parcial (*Decision regarding the remuneration of case-by-case part-time judges*), la cual entró en vigor el 1 de junio de 2023.

e. Por último, el Comité consultivo del artículo 14 ETUP, al que también nos referiremos después, aprobó el 22 de febrero de 2023 su Reglamento interno (*Rules of Procedure of the Advisory Committee of the Unified Patent Court*), así como una enmienda al mismo para el período de aplicación provisional del ATUP.

## IV. ESTRUCTURA Y ORGANIZACIÓN

### *1. Un Tribunal único con una estructura compleja*

El Tribunal Unificado de Patentes es un órgano jurisdiccional único, con personalidad jurídica en cada uno de los Estados miembros contratantes, que goza de la capacidad jurídica más amplia que los ordenamientos jurídicos de esos países concedan (art. 4.1 ATUP).

A pesar de ser único, su estructura es compleja, estando integrado por un Tribunal de Primera Instancia (en adelante, TPI) y otro de Apelación[244]; algo similar a lo que ocurre con el TJUE, que está formado por el Tribunal General y el Tribunal de Justicia. Lo característico del TUP es que el de Primera instancia, a su vez, está compuesto por una División central, con sede en París y dos Secciones, ubicadas en Milán y Múnich (art. 7.2 ATUP)[245], así como por unas divisiones nacionales -o locales- y regionales (art. 7.3.4 y 5 ATUP)[246]. Se trata, por lo tanto, de un tribunal

---

[244] El Centro de Mediación y Arbitraje en materia de Patentes, con sedes en Liubliana y Lisboa y al que se refiere el artículo 35 ATUP, no forma parte del Tribunal, porque no tiene naturaleza jurisdiccional y así lo expresa el artículo 6 del ATUP cuando afirma que el TUP consta de un Tribunal de Primera Instancia y un Tribunal de Apelación únicamente. Su mención en el Acuerdo y el hecho de que la financiación del Centro se haga con cargo al presupuesto del Tribunal (art. 39 ATUP) se enmarcan en el interés del legislador europeo en impulsar los ADRs, también en materia de patentes, pero obsérvese que el ATUP no lo desarrolla ni desde el punto de vista institucional ni procedimental.

[245] Tal como he apuntado en el epígrafe anterior, en su origen, una de las Secciones del Tribunal de Primera instancia estaba en Londres, pero la salida de la UE del Reino Unido, como consecuencia del Brexit, obligó al Comité administrativo a adoptar una Decisión el 26 de junio de 2023, por la que modificó el artículo 7 ATUP y cambió la sede a Milán. Curiosamente, Italia, que al principio se opuso a la PEEU, terminó adhiriéndose al sistema, a cambio de obtener la sede de esa Sección, la cual entró en funcionamiento el 27 de junio de 2024: https://www.unified-patent-court.org/en/news/opening-milan-it-section-central-division Para más sobre Italia y la PEEU, ver la completa información contenida en: https://uibm.mise.gov.it/index.php/it/brevetti/brevetto-europeo-con-effetto-unitario (última consulta en diciembre de 2024).

[246] El reparto de los asuntos entre la División central y sus dos Secciones se encuentra en el Anexo II del ATUP, el cual también fue modificado por la Decisión de 26 de junio de 2023, antes mencionada.

internacional descentralizado, a diferencia del resto de los tribunales internacionales, entre cuyas características comunes se encuentra su carácter concentrado. A mi juicio, dicha configuración obedeció al objetivo político de alcanzar la mayor cantidad posible de adhesiones de los países que formamos parte de la UE y a que la transición de un sistema marcadamente nacional en la concesión y protección de las patentes, hasta ahora vigente, a otro internacional e integrado, no fuera traumática.

Sin embargo, ese carácter descentralizado, que tiene la ventaja de estar más cerca de las particularidades nacionales y regionales y, sobre todo, de los domicilios de las personas físicas y jurídicas solicitantes de una patente, plantea el problema, no menor, de la posible contradicción entre las resoluciones[247] dictadas por las diferentes Divisiones y Salas en las que se subdividen (arts. 8 y 9 ATUP y 19 y 21 ETUP)[248], lo que puede comprometer la seguridad jurídica y el principio de igualdad en la interpretación y aplicación de las normas sustantivas y procesales. Concretamente, la afectación se producirá, por ejemplo, en los supuestos en que se dicten resoluciones contradictorias entre las Divisiones del TIP, entre las Salas de una misma división, entre éstas y el Tribunal de Apelación y

---

La distribución de la competencia entre las Divisiones del TPI se encuentra recogida en el artículo 33 ATUP. Para más al respecto, ver el Capítulo IV de esta obra.

247 SCHUMANN BARRAGÁN, en el capítulo de esta obra "Las resoluciones judiciales del Tribunal Unificado de Patentes" se refiere a las "resoluciones" –término consignado en el ATUP- como "decisiones".

248 Tanto el TPI como el de Apelación, en virtud de los artículos mencionados, actúan en "Salas". Así, las del TPI, en las diferentes Divisiones, están formadas por tres jueces (art. 8.1 ATUP) y las del Tribunal de Apelación, por cinco (art. 9.1 ATUP). La asignación de los jueces a las distintas Salas, en ambos Tribunales, se llevará a cabo según lo dispuesto en el RoP.

entre las Salas de este último. Asimismo, cuando la aplicación o interpretación de una norma sustantiva o procesal, realizada por alguna División del TIP, no sea acorde con la doctrina del Tribunal de Apelación y, también, cuando se trate de aplicar o interpretar una norma que, por su novedad u otras razones, el Tribunal no se haya pronunciado y considere conveniente hacerlo para fijar jurisprudencia.

Ahora bien, el hecho de que el Tribunal de Apelación, con sede en Luxemburgo (art. 9.5 ATUP), sea único, puede evitar esos efectos siempre que, ante las posibles contradicciones, las partes recurran ante él. Iniciativa que tendrán que llevar adelante a través del medio de impugnación previsto en el artículo 73 ATUP y que el legislador ha denominado con el lacónico término de "recurso", puesto que el otro del que conoce ese Tribunal es el extraordinario de revisión del artículo 81 ATUP y sus motivos no encajarían en esos casos[249].

De acuerdo con el art. 73.3 ATUP, ese "recurso" tendría carácter ordinario, porque puede fundamentarse en razones de hecho y de derecho, pudiendo calificarlo sin temor a equivocarnos como "recurso de apelación", dada la denominación del Tribunal que es competente para su resolución. No obstante,

---

249 El extraordinario de revisión cabe contra las resoluciones dictadas por el TPI, cuando una parte haya descubierto un hecho que, por su naturaleza, puede constituir un factor decisivo, pero que le era desconocido en el momento de dictarse la resolución y fue declarado delito en sentencia firme de un órgano jurisdiccional nacional. O bien, en caso de haberse incurrido en un vicio de forma esencial, en especial cuando el demandado, no haya comparecido ante el Tribunal, recibido la notificación del escrito de demanda o documento equivalente con suficiente antelación y no haya podido organizar su defensa (art. 81 ATUP).
Para más sobre los medios de impugnación contra las resoluciones del TUP, vid. el Capítulo XII de esta obra.

siendo cierto lo anterior y teniendo en cuenta que ese medio de impugnación ordinario será del que, desde el punto de vista del número de recursos, se ocupará mayoritariamente el Tribunal de Apelación, el artículo 21.2 ETUP ha dispuesto que "cuando la resolución pueda afectar a la *unidad y coherencia de la jurisprudencia* del Tribunal" y "sobre la base de una propuesta del juez que ejerza la presidencia", el Tribunal de Apelación podrá decidir "remitir el asunto al Tribunal reunido en Pleno", lo que supone la introducción de un motivo nuevo, específico para hacer frente al peligro por la posible contradicción entre resoluciones y las infracciones de norma a las que hacíamos referencia más arriba.

Esa remisión al Pleno para garantizar la "unidad y coherencia" jurisprudencial supone reconocer al Tribunal de Apelación una función casacional, en sus dos manifestaciones unificadora y nomofiláctica, aunque las consecuencias de la resolución que dicte se proyectarán únicamente sobre la situación jurídica particular sometida a su consideración en el recurso, no sobre las anteriores, ni tampoco las futuras, puesto que la doctrina que fije no tendrá carácter vinculante. Supone, por lo tanto, una desnaturalización de lo que es un tribunal y un recurso de apelación, quedando la modalidad ordinaria del mismo reservada a los supuestos en los que las razones de la impugnación sean de hecho y/o no sean la contradicción entre las resoluciones de los diferentes órganos competentes o una infracción de norma que haga necesaria la formación de jurisprudencia o su salvaguarda.

Cuestión distinta es la valoración que la eficacia de este mecanismo me merece y que, en mi opinión, es muy baja. Dada la importancia de la cuestión, por los derechos en juego, hubiera sido conveniente que el legislador europeo hubiera introducido un recurso específico, al modo de los de unificación de doctrina que encontramos en nuestro ordenamiento jurídico y que, en ningún caso, quedara supeditado a la discrecionalidad de quien ejerza la presidencia de la sala correspondiente del Tribunal de Apelación.

Finalmente, como refuerzo de lo anterior, el artículo 19.3 ATUP, referido al marco –o programa- de formación continua de todos los jueces del TUP, exige[250] la organización periódica de reuniones para tratar "las novedades en materia de Derecho de patentes y *garantizar la coherencia de la jurisprudencia del Tribunal*", entendiendo que el término "coherencia" engloba la exigencia de no contradicción[251] y a pesar del olvido por parte del legislador europeo de la referencia a la "unidad".

En cuanto a la representación del TUP, ésta recae sobre el Presidente del Tribunal de Apelación (art. 4.2 ATUP), siendo sus funciones gubernativas y jurisdiccionales y presidiendo, precisamente, las sesiones del Pleno del TUP (art. 13.3 ETUP). Es elegido de entre los jueces que integran el Tribunal y su mandato es por tres años, pudiendo ser reelegido dos veces; por lo tanto, en total, puede serlo durante nueve años (art. 14.1 ETUP). Para ello debe alcanzar una mayoría absoluta de los votos, en primera vuelta, mediante votación secreta y mayoría simple, en segunda vuelta (art. 14.4 ETUP)[252]. En el supuesto de que la presidencia quedara vacante antes de la finalización de su mandato, se elegiría a otro del mismo modo, que la ostentaría por el tiempo restante.

Centrándonos en el TPI, actualmente existen cuatro Divisiones regionales y trece nacionales –ver cuadro adjunto-. Un número que podría variar, en función de las solicitudes que presenten los Estados miembros contratantes del ATUP al Comité administrativo, que es el competente para aprobarlas, en virtud de los artícu-

---

250 El precepto es taxativo, al decir "*se organizarán* periódicamente" reuniones de todos los jueces del Tribunal (art. 19.3 ATUP) –la cursiva es mía-.

251 Según el DRAE, sinónimos de "coherencia" son congruencia, concordancia o correspondencia.

252 Actualmente, el Presidente es el alemán Klaus Grabinski, que tomó posesión el 1 de noviembre de 2022.

los 7 ATUP y 18 ETUP. La sede de esas Divisiones las deciden los Estados solicitantes de las mismas (arts. 7.3 ATUP y 18.2 ETUP). Del mismo modo, ese órgano podría decidir sobre la suspensión de ellas, a petición también de esos Estados (art. 18.3.4 ETUP).

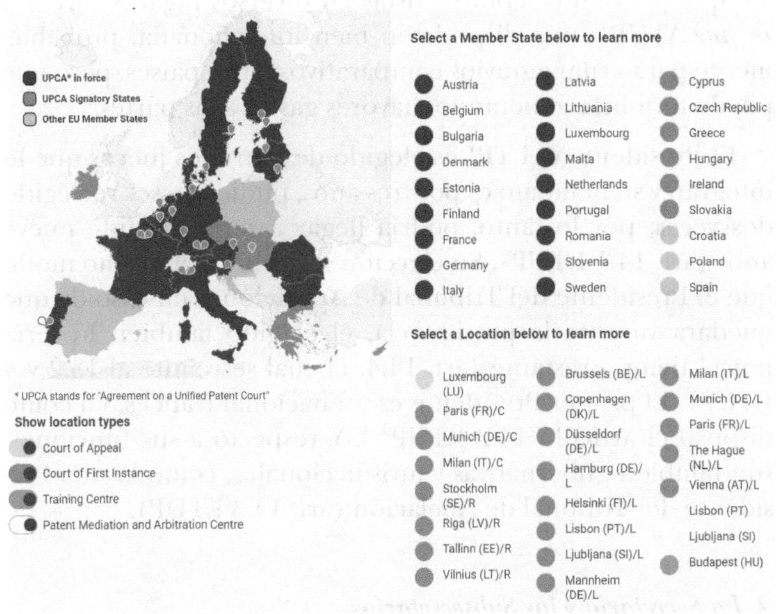


Fuente: cuadro elaborado por el propio TUP y disponible en su web[253].

En principio, cualquier Estado miembro contratante puede solicitar una División nacional, pero, si quisiera otra, el artículo 7.4 ATUP exige que "en dicho Estado se hayan incoado al menos cien asuntos de patentes por año civil, durante tres años consecutivos, anteriores o posteriores, a la fecha de entrada en vigor del presente Acuerdo", no pudiendo ser superior el número de Divisiones, en ningún caso, a cuatro.

253 En: https://www.unified-patent-court.org/en/court/locations

Por su parte, las solicitudes de Divisiones regionales las realizan dos o más Estados miembros contratantes, sin exigirse más requisitos que los del artículo 18 ETUP mencionados. La sede de la División regional la fijarán los Estados solicitantes, aunque pueden celebrarse vistas en diversos lugares (art. 7.5 *in fine* ATUP); una disposición bien intencionada, probablemente para evitar agravios comparativos entre países, pero que puede terminar generando mayores gastos a las partes.

El Presidente del TPI es elegido de entre los jueces que lo integran y su mandato es por tres años, pudiendo ser reelegido dos veces; por lo tanto, podría llegar a serlo durante nueve años (art. 14.1 ETUP). Su elección se realiza del mismo modo que el Presidente del Tribunal de Apelación y, en caso de que quedara vacante la presidencia, el elegido también lo sería por el tiempo restante (art. 14.4, el cual se remite al 13.2 y 4 ETUP). El primer Presidente es un nacional francés, tal como dispuso el artículo 14.2 ETUP[254]. Y respecto a sus funciones, son también gubernativas y jurisdiccionales, como las del Presidente del Tribunal de Apelación (art. 14.3 ETUP).

## 2. *La Secretaría y las Subsecretarías*

El ATUP ha adscrito al Tribunal de Apelación y a todas las Divisiones del Tribunal de Primera Instancia unos órganos auxiliares: la Secretaría y las Subsecretarías, respectivamente (art. 10.1 y 2 ATUP). La función principal de la Secretaría es el registro de to-

---

[254] El artículo 14.2 establece que "El primer Presidente del Tribunal de Primera Instancia será un nacional del Estado miembro contratante que albergue la sede de la División central" que, como se sabe, está en París. Concretamente, el primer Presidente es una mujer, Florence Butin, que tomó posesión el mismo día que el Presidente del Tribunal de Apelación.

dos los asuntos incoados en el TUP y la de las Subsecretarías notificar inmediatamente a aquélla los asuntos que se les presenten, sin perjuicio de las que corresponden al Secretario y Subsecretario[255].

El Secretario del TUP es nombrado por el Presidium o Mesa del TUP (art. 22 ETUP), por un período de seis años, pudiendo ser renovado por períodos iguales, sin limitación (art. 22.1 *in fine* ETUP). Además, en caso de que cese antes de cumplir su mandato, podrá nombrarse a otro, pero también por seis años, no existiendo la limitación de hacerlo por el período restante, como hemos visto que ocurre con los Presidentes de los Tribunales.

La Secretaría tiene su sede en la del Tribunal de Apelación (art. 10.1 ATUP) y entre sus funciones se encuentran las de asistir al Tribunal, al Presidente del Tribunal, al del TPI y a los jueces, en el ejercicio de sus funciones, siempre bajo la autoridad del Presidente del Tribunal de Apelación (art. 23.1 ETUP)[256].

En concreto, según el artículo 23.2 ETUP, el Secretario es responsable de:

---

[255] El Reglamento de la Secretaría del TUP fue aprobado, por el Presidium o Mesa del TUP, el 6 de abril de 2023, entrando en vigor el 1 de junio de ese año y siendo modificado el 31 de julio, también de 2023. Se puede consultar en: https://www.unified-patent-court.org/en/court/legal-documents

[256] De acuerdo con el artículo 16 ETUP, en el Tribunal prestarán sus servicios “Funcionarios y otros Agentes”, los cuales asisten a los Presidentes del Tribunal de Apelación y de Primera instancia, a los jueces y al Secretario, dependiendo del “Secretario y bajo la autoridad del Presidente del Tribunal de Apelación y del Presidente del Tribunal de Primera Instancia”, lo que plantea la duda sobre dónde empieza y dónde termina la responsabilidad de cada uno respecto de esta clase de personal.

"a) mantener el registro, que incluirá archivos de todos los asuntos presentados ante el Tribunal;

b) custodiar y administrar las listas elaboradas de conformidad con los artículos 18, 48 apartado 3, y 57, apartado 2, del Acuerdo[257];

c) custodiar y publicar una lista de notificaciones y retiradas de exclusiones voluntarias de conformidad con el artículo 83 del Acuerdo[258];

d) publicar las resoluciones del Tribunal, sin perjuicio de la protección de la información confidencial;

e) publicar informes anuales con datos estadísticos, y

f) asegurarse de que la información sobre exclusiones voluntarias de conformidad con el artículo 83 del Acuerdo se notifique a la Oficina Europea de Patentes".

Por su parte, según el artículo 25 ETUP, el Subsecretario es el responsable de la organización y de las actividades de las Subsecretarías (art. 10.2 ATUP), a las que "proporcionará también asistencia administrativa y de secretaría" (art. 25.4 ETUP). En particular, entre sus funciones se encuentran las de:

"a) mantener registros de todos los asuntos presentados ante el Tribunal de Primera Instancia,

---

257 Estos artículos se refieren, respectivamente, a las listas actualizadas sobre la reserva de jueces, a las cualificaciones que los abogados autorizados ante la OEP deben tener para actuar como representantes ante el TUP, así como a la lista de peritos al servicio del Tribunal.

258 El artículo 83 ATUP regula lo relativo al régimen transitorio de siete años, durante los cuales podrá ejercerse el mecanimo del *opt-out,* frente a la jurisdicción del TUP. Ver al respecto el Capítulo VI de esta obra.

> b) notificar a la Secretaría todos los casos que se presenten ante el Tribunal de Primera Instancia".

El Subsecretario es también nombrado por seis años, pudiendo igualmente ser renovado por iguales períodos sin limitación (art. 25.1 ETUP). En cuanto a su elección, cese y sustitución, se aplican las mismas reglas que las del Secretario (art. 25.2 ETUP). Finalmente, su actuación siempre será "bajo la autoridad del Secretario y del Presidente del Tribunal de Primera Instancia" (art. 25.3 ETUP).

### *3. Los Comités y el Presidium*

Según el artículo 11 del Acuerdo de creación del TUP, se crearon tres Comités con el fin de garantizar la ejecución y el funcionamiento eficaces del mismo: administrativo, presupuestario y consultivo. Desde el punto de vista de su competencia, el más importante es el Comité administrativo, porque, entre otras esenciales, es quien nombra a los jueces, pero en realidad cada Comité, a los que habría que añadir la Mesa o Presidium, desempeña un papel único e imprescindible, en el que la interrelación entre todos ellos es fundamental, a los efectos del gobierno y funcionamiento del Tribunal. Así, por ejemplo, en el procedimiento para el nombramiento de los jueces, también interviene el consultivo, que dictamina sobre la idoneidad de los candidatos, por lo que, en definitiva, el TUP se ha organizado como un sistema, en el que todas sus piezas tienen una función que complementa la de los demás.

El Comité administrativo está compuesto por un representante de cada uno de los Estados miembros contratantes. Además, según el Reglamento de este Comité[259], pueden participar con

---

259 Su Reglamento (*Rules of Procedure of the Administrative Committee*), se aprobó el 22 de febrero de 2022 y puede consultarse en: https://

voz, pero sin voto, los Presidentes del Tribunal de Apelación, el de Primera Instancia y los de los Comités presupuestario y consultivo. Asimismo, actúan como observadores la Comisión Europea (art. 12.1 ATUP) y la OEP, así como, actualmente, las siguientes organizaciones: *European Patent Lawyers Association (EPLAW); European Patent Litigators Association (EPLIT); The Institute of Professional Representatives before the European Patent Office (epi); BusinessEurope.* Cada Estado tiene un voto y los acuerdos se adoptan por mayoría de tres cuartos de sus miembros, salvo disposición expresa (art. 12.2 y 3 ATUP). La presidencia recaerá en uno de sus miembros, por un período renovable de un año (art. 12.5 ATUP)[260].

Entre sus competencias, destacan, por su relevancia, las siguientes:

a. El nombramiento de los jueces (art. 16.2 ATUP).

b. La fijación de las tasas para pleitear ante el TUP y su revisión periódica (art. 36.2 ATUP).

c. El nombramiento de los miembros del Comité consultivo (art. 5.2 ETUP).

d. La modificación del Estatuto (art. 40.2 ATUP).

e. La aprobación del Reglamento de Procedimiento del TUP (art. 42.2 ATUP).

f. El establecimiento de los requisitos que han de cumplir los abogados especializados para actuar ante el TUP con base en el artículo 48.2 ATUP (art. 48.3 ATUP).

---

www.unified-patent-court.org/en/court/legal-documents

260 La composición y demás información oficial sobre el Comité administrativo puede encontrarse en: https://www.unified-patent-court.org/en/organisation/administrative-committee

g. La fijación de las prestaciones de la justicia gratuita y las normas para sufragar los gastos correspondientes (art. 71.3 ATUP).

h. Transcurridos cinco años desde la entrada en vigor del Acuerdo, decidir sobre la extensión del régimen transitorio de competencia de los tribunales nacionales del artículo 83 ATUP hasta siete años más (art. 83.4 ATUP).

i. Decidir sobre la revisión del ATUP, según el artículo 87[261].

El Comité presupuestario está compuesto por un representante de cada uno de los Estados miembros contratantes. Además, según el Reglamento de este Comité[262], pueden participar con voz, pero sin voto, los Presidentes del Tribunal de Apelación, el de Primera Instancia y los de los Comités administrativo y consultivo. Asimismo, se añaden, como observadores, la Comisión Europea (art. 12.1 ATUP) y la OEP, cuyos miembros pueden actuar como expertos en el Comité[263].

Este Comité tiene como función principal la aprobación del presupuesto anual del TUP, a propuesta del Presidium, requiriéndose una mayoría de tres cuartos de los representantes de

---

261 Como se dijo en el apartado sobre el "marco legal" de este Capítulo, el Comité administrativo ya ha reformado el ATUP con ocasión de la salida del Reino Unido de la UE y la necesidad de sustituir la Sección de Londres por otra, que finalmente recayó en Milán, así como redistribuir las materias, competencia de todas las Secciones, contenidas en el Anexo II del ATUP.

262 Sobre el contenido del Reglamento, vid. el artículo 33 ETUP. Concretamente, el *Rules of Procedure of the Budget Committee* se aprobó el 23 de febrero de 2022 y puede consultarse en: https://www.unified-patent-court.org/en/court/legal-documents

263 La composición y demás información oficial sobre este Comité puede encontrarse en: https://www.unified-patent-court.org/en/organisation/budget-committee

los Estados miembros contratantes, todos los cuales tienen un representante con derecho a voto en el mismo (art. 13 ATUP). Al igual que el administrativo, el Presidente es elegido entre los miembros que lo forman por un período renovable de tres años (art. 13.5 ATUP).

La aprobación del presupuesto debe seguir el procedimiento descrito en el ETUP (arts. 26 a 31 ETUP)[264] y el Reglamento del propio Comité, teniendo en cuenta que, una vez finalizado el ejercicio contable, su ejecución se someterá a una auditoría externa, por auditores nombrados por el Comité presupuestario (art. 32.1 ETUP). A continuación, el Presidium presentará al Comité las cuentas anuales y el informe de los auditores, el cual deberá aprobarlo, en su caso (art. 32.3 y 4 ETUP).

El Comité consultivo, previsto en el artículo 14 ATUP, tiene como funciones las siguientes:

a. Asistir al Comité administrativo en el nombramiento de los jueces, suministrándole los informes sobre la idoneidad de los candidatos (art. 3.2 ETUP).

b. Presentar al Presidium propuestas de directrices sobre la formación de los jueces, prevista en el artículo 19 ATUP.

c. Someter al Comité administrativo dictámenes sobre las cualificaciones de los abogados habilitados para actuar ante la OEP y que puedan hacerlo ante el TUP, de acuerdo con el artículo 48.2 ATUP[265].

---

264 En relación a la financiación del TUP, ver el Capítulo XIII de esta obra.

265 El artículo 48 ATUP establece que:
"1. Las partes estarán representadas por letrados autorizados a ejercer ante los tribunales de un Estado miembro contratante.
2. Alternativamente, *las partes podrán estar representadas por abogados especializados en patentes europeas que estén habilitados para actuar en calidad de agentes autorizados ante la Oficina Europea de Patentes*, de con-

Este Comité está compuesto "por jueces especializados en patentes, así como profesionales del ámbito del Derecho de patentes y de los litigios sobre patentes, de la máxima competencia reconocida", cuyo mandato es de seis años renovable[266] (art. 14.2 ATUP). Son elegidos por el Comité administrativo, por la mayoría común de tres cuartos de sus miembros, de entre los propuestos por cada uno de los Estados miembros contratantes, en virtud del artículo 5.2 ETUP[267].

En la elección se debe garantizar "una gran amplitud de conocimientos en materia de patentes y la representación de cada uno de los Estados miembros contratantes" (art. 14.3 ATUP). Para ello, cada Estado puede proponer dos candidatos, acreditando que cumplen los requisitos mencionados en el artículo 14.2 ATUP[268], y el Comité podrá elegir, en su caso, a uno como titular y a otro como suplente o no elegir a ninguno[269], aunque

---

formidad con el artículo 134 del CPE *y que posean las cualificaciones adecuadas,* como un certificado de litigios sobre la patente europea. 3. El Comité administrativo establecerá los requisitos relativos a las cualificaciones a que se refiere el apartado 2. El Secretario mantendrá una lista de abogados especializados en patentes europeas habilitados para representar a las partes ante el Tribunal. (...)"

266 Este artículo no especifica cuántas veces pueden ser renovados este períodos de seis años, aunque es razonable pensar que lo sea por una sola vez.

267 La composición y demás información oficial sobre este Comité puede encontrarse en: https://www.unified-patent-court.org/en/organisation/advisory-committee

268 Otra cuestión será quién y cómo se selecciona y acredita dicha reconocida competencia en cada Estado miembro contratante, debiendo ser el Comité administrativo, a la postre, quien garantice el cumplimiento del Acuerdo del TUP en este punto.

269 El Reglamento del Comité consultivo, aprobado el 24 de febrero de 2022 por el propio Comité, prevé esta forma para la propuesta y elección de sus miembros en su artículo 1, y, si bien, no

esto plantea el problema de la falta representación del Estado miembro contratante en el Comité consultivo. De hecho, en la actualidad, los miembros titulares de este Comité son dieciséis y los suplentes diez, por lo que puede ser que no todos los Estados miembros contratantes, que recordemos, son dieciocho, hayan presentado algún/os candidato/s o, bien, que, habiéndolo hecho, no se haya aceptado a alguno/s de los presentados.

Una cuestión importante es que sus miembros, según el artículo 14.3 *in fine* ATUP, deben ser "totalmente independientes en el ejercicio de sus funciones y no podrán seguir instrucción

---

menciona la posibilidad de que el Comité administrativo no elija a ninguno, hay que entenderla posible implícitamente cuando el apartado 2 de ese artículo, refiriéndose a la elección por el Comité administrativo, utiliza el término "podrá". El texto del Reglamento puede consultarse en: https://www.unified-patent-court.org/en/court/legal-documents
En concreto, el artículo 1 afirma –la traducción es propia-:
"1. La propuesta de nombramiento de un miembro del Comité Consultivo (en lo sucesivo, el «Comité»), prevista en el párrafo 1 del artículo 5 del Estatuto del Tribunal Unificado de Patentes (en lo sucesivo, el «Estatuto»), se dirigirá al Presidente del Comité Administrativo, junto con la prueba de que el candidato cumple los requisitos establecidos en el párrafo 2 del artículo 14 del Acuerdo sobre un Tribunal Unificado de Patentes (en lo sucesivo, el «Acuerdo»).
2. A fin de garantizar una amplia gama de conocimientos especializados pertinentes, *cada Estado miembro contratante podrá proponer más de un candidato. El Comité Administrativo podrá designar a un miembro titular y a un miembro suplente de un Estado miembro contratante para formar parte del Comité* –la cursiva es mía-.
3. Tras su nombramiento, el Presidente del Comité Administrativo notificará los nombres (y cargos) de los miembros titulares y suplentes del Comité (en lo sucesivo denominados «miembros») a los Estados miembros contratantes".

alguna", se entiende que de los Estados que los propusieron o de empresas, agentes de propiedad industrial o cualquier otra persona[270]. Sin embargo, ni el ATUP ni el ETUP han previsto mecanismo alguno que lo garantice; únicamente, el Reglamento del Comité consultivo ha establecido que los miembros, cuando tomen posesión del cargo, han de firmar un compromiso al respecto (art. 2.1 Reglamento del Comité consultivo). Solución, a todas luces insuficiente, desde mi punto de vista, porque, cuando un miembro se vea perturbado en su independencia, tendría que haber un instrumento eficaz, proporcional al grado de la perturbación, que permitiera restaurarla. Por otro lado, también debería haberse previsto una respuesta de naturaleza sancionadora, que debería poder llegar a la destitución, para los casos en los que la afectación o quiebra de la independencia la provoque o contribuya el mismo miembro del Comité.

Finalmente, aparte de los miembros titulares o suplentes, según el Reglamento del Comité consultivo, forman parte del mismo, con voz, pero sin voto, los Presidentes del Tribunal de Apelación y el de Primera Instancia, pudiendo "estar asistidos por otros miembros del Presidium y por funcionarios y otros agentes del Tribunal Unificado de Patentes" (art. 5). Asimismo, el Comité elegirá a un Presidente y un Vicepresidente de entre sus miembros, por un tiempo de tres años renovable (art. 14.5 ATUP y 3.2 del Reglamento del Comité consultivo, respectivamente)[271].

---

270 Llama la atención que la exigencia de independencia para los miembros de este Comité, sin embargo no se exija para los de los otros Comités, como por ejemplo para los del administrativo que, como se ha dicho, son quienes eligen a los jueces del TUP.

271 Estas normas no concretan cuántas veces puede ser renovado

Para acabar esta referencia a la organización del TUP, resta referirnos a la "Mesa" o "Presidium"[272]. Se trata de un órgano con funciones también de gobierno del Tribunal, que complementa las competencias de los Comités, interactuando con ellos y desarrollando otras muy importantes, como se verá a continuación.

Está compuesto "por el Presidente del Tribunal de Apelación, que ejercerá de Presidente de la Mesa, el Presidente del Tribunal de Primera Instancia, dos jueces del Tribunal de Apelación designados de entre sus miembros, tres jueces del Tribunal de Primera Instancia que ejerzan sus funciones con dedicación plena designados de entre sus miembros, y el Secretario como miembro sin derecho de voto" (art. 15.1 ETUP)[273].

Su competencia está descrita en el apartado 3 del artículo 15 ETUP. En concreto, tiene atribuidas:

a. La elaboración de las propuestas de modificación del Reglamento de Procedimiento, conforme a lo dispuesto en el artículo 41 del Acuerdo.

b. La elaboración de las propuestas relativas al Reglamento Financiero del Tribunal.

c. La elaboración del presupuesto, las cuentas y el informe anuales del Tribunal y que presenta al Comité presupuestario, tal como se ha dicho más arriba.

---

[272] Como ya se dijo, la traducción española del ATUP la denomina "Mesa", sin embargo, yo prefiero referirme a ella como "Presidium", por su expresividad y tal como lo hacen las tres versiones oficiales inglesa, francesa y alemana.

[273] Critica y con razón GARCÍA VIDAL que la redacción del precepto no es acertada, por redundante, al decir que los jueces del Tribunal de Apelación y del TPI serán designados "de entre sus miembros" y por imprecisa, al no concretar quién los elige (*El sistema de la patente europea con efecto unitario,* cit., nota 35, p. 134).

d. El establecimiento de las directrices para el programa de formación de los jueces y la de su aplicación.

e. El nombramiento y el relevo del Secretario y del Subsecretario.

f. El establecimiento de las normas que rigen la Secretaría y las Subsecretarías.

g. La emisión del dictamen, en el marco de la consulta del Comité administrativo, sobre la prórroga del régimen transitorio de aplicación del ATUP siete años más, de conformidad con su artículo 83, apartado 5.

h. Otras, como decisiones sobre la aplicación de las normas de abstención de los jueces (arts. 7.5 ETUP y 346 RoP), su retirada de inmunidad (art. 8.2 ETUP), o el relevo de funciones si el Presidium considera que el juez ha dejado de tener las condiciones requeridas para serlo o incumple las obligaciones propias de su cargo (art. 10 ETUP).

En cuanto a esas decisiones, por mor del artículo 15.4 y 5 ETUP, se adoptarán únicamente cuando estén presentes todos sus miembros o suplentes y por mayoría[274]. Además, las del nombramiento del Secretario y Subsecretario o su destitución, así como las relativas a la abstención, retirada de inmunidad y relevo de funciones de los jueces, se decidirán sin que esté presente el Secretario[275].

---

274 La mayoría exigida es simple, de acuerdo con el artículo 3.1 del Reglamento del Presidium.

275 Las decisiones, nombramientos y reglamentos aprobados por el Presidium pueden descargarse en: https://www.unified-patent-court.org/en/court/legal-documents?field_legal_doc_type_target_id=204&field_doc_keywords_target_id=

Es interesante destacar al respecto que el Reglamento del Presidium[276] ha establecido un cuidadoso sistema de sustituciones para garantizar la presencia de todos sus miembros y, en caso contrario, que las decisiones las tomen por ellos sus sustitutos, los cuales han de formar parte del Presidium (art. 2 del Reglamento del Presidium). No obstante, este órgano puede delegar una decisión en alguno de sus miembros; decisión esta última que parece no agradar al mismo legislador que la ha previsto, al dejar claro que en ese caso lo es "sin perjuicio de su propia responsabilidad" (art. 15.2 *in fine* ETUP). Asimismo, se prevé en su Reglamento la posibilidad de iniciar lo que se ha denominado "procedimiento escrito", el cual está regulado en el artículo 6 del mismo y permite, a iniciativa del Presidente, la circulación de la propuesta de decisión por escrito, entre sus miembros y en el que, por ejemplo, si alguno de sus integrantes no se pronuncia, se considerará que está conforme (art. 6.4).

## V. LOS JUECES DEL TUP Y SU ESTATUTO

### 1. *Clases de jueces y dedicación laboral*

Hay tres notas que caracterizan al Tribunal Unificado de Patentes. En primer lugar y como se ha dicho más arriba, la descentralización de su estructura, a través de las Divisiones que conforman el TPI y el Tribunal de Apelación, cuyas sedes se

---

276 El Reglamento del Presidium (*Rules of Procedure of the Presidium of the Unified Patent Court*) fue aprobado el 29 de noviembre de 2022 y entró en vigor ese mismo día. El texto puede consultarse en: https://www.unified-patent-court.org/en/court/legal-documents

encuentran repartidas entre los Estados miembros contratantes (arts. 7, 8 y 9 y Anexo II ATUP). En segundo lugar, el hecho de que haya dos clases de jueces por su formación, que puede ser jurídica o técnica (art. 15.1 ATUP)[277]. Y en tercer lugar, el régimen de dedicación profesional, que puede ser plena –exclusiva o a tiempo completo- y parcial (art. 17.2.3 y 4 ATUP). A continuación, vamos a tratar las dos últimas, puesto que la primera ya la hemos visto en el apartado anterior.

En la actualidad[278] son 117 los jueces al servicio del TUP, 75 de formación técnica y 42 de formación jurídica; 35 en el TPI y 7 en el Tribunal de Apelación. Concretamente, los jueces con formación jurídica deben tener las "cualificaciones necesarias para ejercer funciones jurisdiccionales en un Estado miembro contratante" (art. 15.2 ATUP), lo que plantea la duda sobre qué ha de entenderse por "cualificación necesaria". Al respecto, está claro que si alguien es juez –o magistrado- de carrera, tendrá esa cualificación[279], pero ¿qué ocurre con aquellos que no teniendo la condición de carrera, sin embargo ejercen funciones jurisdiccionales?

En ese sentido, el *Regulations governing the conditions of service of judges, the Registrar and the Deputy-Registrar of the Unified Patent*

---

277 La información sobre el número y la condición de los jueces del TUP, se puede consultar, según su extracción jurídica o técnica, diferenciando por tribunales, en el primer caso y por campos científicos, en el segundo, en la siguiente dirección web: https://www.unified-patent-court.org/en/court/judges

278 Diciembre de 2024.

279 Los Estados miembros contratantes y los Estados firmantes han configurado unas fichas sobre los requisitos que han de cumplir los aspirantes a jueces de formación técnica del TUP, que se han incluido en el Anexo de la *Information on the selection process of UPC judges*, la cual se puede descargar desde la página web del TUP donde se ofertan las vacantes del Tribunal: https://www.unified-patent-court.org/en/vacant-positions

*Court*[280], establece en su artículo 16.4 que "debe interpretarse como las cualificaciones para el ejercicio de las funciones jurisdiccionales en instancia, apelación o casación en los respectivos Estados Contratantes de los jueces, a excepción de cualquier procedimiento nacional de selección adicional aplicable, como cualquier evaluación, selección o dictamen por parte de un comité o consejo nacional" –la traducción es mía-. Por lo tanto, si España fuera parte del TUP, no podrían serlo los jueces sustitutos, los magistrados suplentes ni los del Tribunal Constitucional o el Tribunal de Cuentas, pero sí los que hayan accedido a la carrera judicial a través del cuarto turno, por tratarse de un concurso-oposición e ingresar, cuando lo superan, en la carrera judicial.

Por otro lado, los jueces con formación técnica, de acuerdo con el artículo 15.3 *in fine* ATUP, "tendrán título universitario y experiencia demostrada en un ámbito técnico", susceptible de producir patentes y que están recogidos en el Anexo II del ATUP[281]. Por consiguiente, no tienen que ser graduados en

---

280 Aprobadas por el Comité administrativo el 22 de febrero de 2022 y disponibles en: https://www.unified-patent-court.org/en/court/legal-documents

281 El juez de formación técnica suele ser un profesional de uno de esos campos científicos al servicio de un departamento de patentes de una empresa o, también, un asesor o abogado de patentes, un examinador de patentes de las oficinas de patentes de sus países de origen o un agente de la propiedad industrial. A septiembre de 2023, los jueces técnicos al servicio del TUP eran, por este orden, abogados de patentes (46%), examinadores de patentes (44%) y científicos de los departamentos de patentes de alguna empresa (10%). Ver: https://ponti.pro/noticias/tribunal-unificado-de-patentes-estructura-y-jueces/ (última consulta, diciembre de 2024)

Derecho[282], aunque eso no signifique que sean exactamente legos en Derecho, porque deben tener "conocimientos probados de Derecho civil y de los procedimientos relativos a los litigios sobre patentes"; otra cosa será cómo adquirir y acreditar dichos conocimientos, a lo que luego nos referiremos.

En cuanto a su dedicación, plena o parcial, el Acuerdo desarrolla las consecuencias de estar en un régimen u otro[283], en el marco de la proclamación de la independencia de la que deben gozar todos los jueces y a la que nos referiremos más adelante (art. 17 ATUP). Sobre esta cuestión, el ATUP exige, con carácter general, que los jueces que tengan dedicación plena[284], no puedan realizar ninguna otra actividad, remunerada o no, salvo que el Comité administrativo lo autorice[285]; ni el ATUP ni el ETUP dicen nada más. Es el Código de conducta de los jueces del Tribunal[286], el que, en su artículo 4, se refiere

---

282 Aunque, como se indica en la nota anterior, el porcentaje de abogados es significativo.

283 A lo que hay que añadir lo dispuesto en el RGCSJ Concretamente, su artículo 16.7 establece que "Los jueces a tiempo parcial del Tribunal no podrán actuar como miembros de las Cámaras de Recursos de la OEP ni como examinadores de patentes de la OEP" y el artículo 27 prevé consecuencias relativas al sueldo a percibir, así como la cobertura médica de estos jueces.

284 De acuerdo con el artículo 26.2 del RGCSJ, un año de dedicación a tiempo completo equivale a 220 días de trabajo anuales.

285 En el supuesto de que el Comité administrativo lo autorizase, el artículo 4 del Codigo de conducta de los jueces del Tribunal, el juez deberá indicar la remuneración que perciba por su actividad y ponerlo en conocimiento del Presidente de su instancia (apartado 8). Y en segundo lugar, la actividad externa por la que recibe una remuneración sólo podrá desarrollarla en vacaciones o fuera del horario de trabajo del Tribunal (apartado 9).

286 El *Code of conduct of judges of the Unified Patent Court* se aprobó el 24 de abril de 2023 y está disponible en: https://www.unified-patent-court.org/en/court/legal-documents

a diferentes actividades a realizar por los jueces, entre las que se encuentran las de carácter docente, académico, intelectual o social, entre otras, y no las considera actividades externas, por lo que no requerirán de la autorización del Comité administrativo, pero sí de una comunicación al Presidente del Tribunal de Apelación o al Presidium para que resuelva, si el primero se opusiera[287].

No obstante, según el artículo 17.3 ATUP, los jueces del Tribunal, cuando ejerzan funciones jurisdiccionales en el ámbito nacional, podrán seguir desempeñándolas. El problema es determinar a quién va dirigida esta disposición, porque, si bien el Acuerdo no diferencia y se refiere a los jueces en general, parece lógico pensar que se dirija a los que tengan una dedicación parcial, puesto que si fuera la plena, el artículo 4.9 del Código

---

[287] El artículo 4 del Código de conducta de los jueces del TUP establece –la traducción es propia-:"(...)
4. Actividades estrechamente relacionadas con sus funciones judiciales, como la participación ocasional en seminarios, conferencias, simposios, ponencias o publicaciones publicaciones tales como artículos, comentarios y manuales, no se considerarán como «otra ocupación» que requiera una excepción concedida por el Comité Administrativo.
5. Asumir funciones directivas o administrativas no remuneradas en organizaciones sin ánimo de lucro que realicen actividades de interés general en el ámbito jurídico, culturales, artísticas, sociales, deportivas o benéficas, así como en centros de enseñanza o investigación, no se considerará ejercer una función pública en el sentido del apartado 4 del artículo 8 del Reglamento.
6. El juez que se proponga ejercer las actividades mencionadas en los apartados 4 ó 5 del presente artículo, podrá hacerlo si, antes de ello, lo notifica al Presidente al Presidente del Tribunal de Apelación, utilizando un formulario facilitado por éste, y el Presidente no se oponga a ello alegando que la actividad puede interferir con el cargo o las funciones jurisdiccionales del juez. En caso de objeción del Presidente, el juez podrá remitir la cuestión al Presidium para su revisión.(...)".

de conducta de los jueces exige que la actividad externa se realice en vacaciones o fuera del horario de trabajo del TUP, lo que, en la práctica, haría inviable el desarrollo de una función jurisdiccional en el país del que fueran nacionales.

Por su parte, los jueces de formación técnica con dedicación parcial pueden compatibilizar su labor de jueces con otras ocupaciones, con la condición de que no "exista un conflicto de intereses" (art. 17.4 *in fine* ATUP)[288]. Para determinar si existe, se debe analizar caso por caso, partiendo de las situaciones descritas en el artículo 7 del Estatuto, referido a las causas de abstención y recusación de los jueces, como garantía de su imparcialidad, por remisión del artículo 17.5 *in fine* ATUP[289] y teniendo en cuenta que no se trata de un *numerus clausus* sino *apertus*[290], lo que ha sido confirmado por el Código de conducta que, en su artículo 5, desarrolla y añade otras causas.

---

288 La primera contratación por el TUP de jueces con formación técnica en 2022, no estuvo exenta de polémica, precisamente por la concurrencia de conflictos de interés en algunos de los seleccionados, lo que obligó al Tribunal a aprobar el Código de conducta de los jueces en abril de 2023 y a la renuncia de algunos de ellos posteriormente. Sobre esta cuestión, ver: https://ponti.pro/noticias/tribunal-unificado-de-patentes-estructura-y-jueces/

289 Aunque el artículo 17.5 *in fine* ATUP no remite concretamente al artículo 7 ETUP, el hecho de que sea este artículo el único que contiene unas causas de abstención de los jueces en los asuntos de su competencia y, sobre todo, que el artículo 57.3 *in fine* ATUP, referido a la intervención de los peritos judiciales en los procedimientos, afirme que "Se les aplicarán, por analogía, las normas sobre conflicto de intereses aplicables a los jueces, que se establecen en el artículo 7 del Estatuto", nos lleva ineludiblemente a esa conclusión.

290 Por mor del artículo 7.2 ETUP, existirá un conflicto de interés cuando los jueces técnicos:

"(...)

a) hayan intervenido en calidad de asesor;

En el supuesto de que exista un conflicto de interés, el juez afectado debe abstenerse de participar en el procedimiento concreto, comunicándolo al Presidente del Tribunal al que pertenezca. Por otro lado, los Presidentes de ambos Tribunales, si así lo consideran, pueden instar su abstención, justificándolo por escrito y notificándoselo al juez interesado y, además, las partes del procedimiento también podrían recusarlo[291]. En caso de discrepancia, será el Presidium el que decidirá, después de haber oído al juez potencialmente afectado (art. 7.3.4 y 5 ETUP); el desarrollo de estas disposiciones se encuentra en los artículos 6 y 7 del Código de conducta.

---

b) hayan sido parte o hayan representado a una de las partes;
c) hayan sido llamados a pronunciarse como miembros de comisiones administrativas, de órganos jurisdiccionales o de arbitraje o mediación, o de comisiones de investigación, o en cualquier otro concepto;
d) tengan un interés personal o financiero en el asunto o en relación con una de las partes, o
e) estén relacionados con una de las partes o con los representantes de las partes por lazos de parentesco. (…)"
Se trata de un listado abierto, porque el apartado 3 del artículo 7 mencionado afirma que "Cuando, *por algún motivo especial*, un juez considere que debe abstenerse de conocer de un asunto concreto…" –la cursiva es mía-, luego se trata de otra causa, distinta de las arriba recogidas, puesto que, de lo contrario, este apartado 3 habría hecho una remisión a ellas. Es más, el apartado 4 del mismo artículo establece que las partes podrán recusar a un juez "por cualquiera de las razones mencionadas en el apartado 2 *o si alberga sospechas fundadas de la parcialidad del juez*" –la cursiva es mía-.

291 No existen normas de sustitución de los jueces que se hayan abstenido o hayan sido recusados, pero tampoco hay un *quorum* necesario para la adopción de las decisiones; cuando uno de los jueces de la Sala no pueda acudir a una sesión, podrá llamarse a jueces de otras Salas para resolver el asunto (art. 35.2 ETUP).

## *2. La composición de los Tribunales de Primera Instancia y Apelación*

### 2.1. La composición de las Salas del TPI

La composición del TIP es plurinacional y, con carácter general, sus Salas están formadas por tres jueces y siempre presididas por un juez con formación jurídica (art. 8 ATUP)[292]. En concreto, las Salas de las Divisiones nacionales "en que, durante tres años sucesivos, anteriores o posteriores a la entrada en vigor del presente Acuerdo, se hayan incoado menos de cincuenta asuntos de patentes de media por año civil, estarán constituidas por un juez con formación jurídica que sea nacional del Estado miembro contratante anfitrión de la División considerada y dos jueces con formación jurídica que no sean nacionales de dicho Estado" (art. 8.2 ATUP).

No obstante lo anterior, "las Salas de las Divisiones nacionales de un Estado miembro contratante en que, durante tres años sucesivos, anteriores o posteriores a la entrada en vigor del presente Acuerdo, se hayan incoado cincuenta o más asuntos de patentes de media por año civil, estarán constituidas por dos jueces con formación jurídica que sean nacionales del Estado miembro contratante anfitrión de la División considerada y un juez con formación jurídica que no sea nacional de dicho Estado" (art. 8.3 ATUP).

Tanto los dos jueces técnicos del primer supuesto, como el tercero, en el segundo supuesto, son asignados a esas Divisiones

---

292 La asignación de los asuntos y los jueces a las Salas de los Tribunales de Primera Instancia se realizan del modo previsto en el artículo 19 ETUP, el cual se remite al Reglamento de Procedimiento.

por el Presidente del TPI, que los escoge de la denominada "reserva de jueces"[293], según la traducción al español del ATUP[294].

A esta reserva se refiere el artículo 18 del Acuerdo que, en su apartado 2, dispone que está formada por "todos los jueces con formación jurídica y con formación técnica del Tribunal de Primera Instancia que sean jueces del Tribunal con dedicación plena o con dedicación parcial. La reserva de jueces contará con al menos un juez con formación técnica, titulación y experiencia para cada campo de la tecnología. Los jueces con formación técnica de la reserva de jueces también estarán a disposición del Tribunal de Apelación". Por consiguiente, del tenor legal, puede afirmarse que en la reserva de jueces no hay de formación jurídica destinados en el Tribunal de Apelación, pero sí jueces de formación técnica que pueden integrar las Salas de este Tribunal. Por su parte, el Secretario es el encargado de elaborar una lista con los nombres de los jueces incluidos en la reserva, indicando, en relación con cada juez, su competencia lingüística, el ámbito tecnológico y la experiencia, así como los asuntos de los que se ha ocupado anteriormente (art. 20.1 ETUP)[295].

---

293 Según prevé el artículo 18.3 ATUP, "La asignación de los jueces se basará en su pericia jurídica o técnica, sus conocimientos lingüísticos y su experiencia en el campo pertinente. La asignación de los jueces garantizará la misma elevada calidad del trabajo y el mismo elevado grado de pericia jurídica y técnica en todas las Salas del Tribunal de Primera Instancia".
Por su parte, "Las solicitudes dirigidas al Presidente del Tribunal de Primera Instancia para la asignación de un juez de la reserva de jueces indicarán, en particular, el objeto del asunto, la lengua oficial de la Oficina Europea de Patentes que utilizan los jueces de la sala, la lengua de procedimiento y el ámbito tecnológico requerido" (art. 20.2 ETUP).

294 Las versiones oficiales en inglés, francés y alemán del ATUP la denominan *Pool*, *Pool de juges* y *Richterpool*, respectivamente.

295 El artículo 22 del RGCSJ sí que configura una auténtica "reserva de candidatos de jueces", fruto de un proceso de selección de jueces

Las Salas de las Divisiones regionales están "constituidas por dos jueces con formación jurídica, elegidos a partir de una lista regional de jueces que sean nacionales de los Estados miembros contratantes considerados, y un juez con formación jurídica que no sea nacional de dichos Estados y que se escogerá de la reserva de jueces" (art. 8.4 ATUP).

De acuerdo con el artículo 8.5 ATUP, las Salas de las Divisiones nacionales o regionales, bien de oficio o a petición de las partes, podrán solicitar al Presidente del TPI la asignación de un juez técnico más de la reserva, con titulación y experiencia en el ámbito de la tecnología que se trate. En estos casos, la Sala a la que se le haya asignado otro estará compuesta por un número de jueces par, por lo que, cuando deba tomar una decisión y se produzca un empate, el Presidente tendrá voto de calidad (arts. 78.1 ATUP y 35.1 ETUP).

Las Salas de la División central están compuestas "por dos jueces con formación jurídica que sean nacionales de distintos Estados miembros contratantes y un juez con formación técnica, escogido de la reserva de jueces conforme a lo dispuesto en el artículo 18, apartado 3, con titulación y experiencia en el ámbito de la tecnología de que se trate. No obstante, la Sala de la División central que conozca de los litigios a que se refiere el artículo 32, apartado 1, letra i)[296], estará constituida por tres jueces

---

que, a modo de "bolsa", se guarda para futuras necesidades del Tribunal, pudiendo estar cada candidato hasta seis años en la lista que se elabore. Como condición, la norma exige que "La lista de reserva contendrá al menos el mismo número de candidatos designables de la misma nacionalidad que los nombrados para los puestos de jueces legalmente habilitados" –traducción propia-.

296 Según este precepto, el TUP tendrá competencia exclusiva sobre las "acciones relativas a decisiones de la Oficina Europea de Patentes en el desempeño de las funciones a que se refiere el artículo 9 del Reglamento (UE) núm. 1257/2012".

con formación jurídica que sean nacionales de distintos Estados miembros contratantes" (art. 8.6 ATUP).

Por último e independientemente de todo lo anterior, las partes de un proceso pueden convenir que conozca del mismo un único juez con formación jurídica (art. 8.7 ATUP), lo que supondrá sin duda un ahorro muy importante de los costes del mismo. El juez único que conocerá de la acción lo designará el Presidente de la Sala a la que había correspondido el asunto (art. 345 RoP).

### 2.2 La composición de las Salas del Tribunal de Apelación

Según dispone el artículo 9.1 ATUP, al igual que las del Tribunal de Primera Instancia, las Salas del de Apelación son plurinacionales, perteneciendo los jueces a algunos de los Estados miembros contratantes y presididas siempre por un juez de formación jurídica (art. 9.3 ATUP). Están formadas, además, por cinco jueces; de los cuales, tres serán de formación jurídica y dos técnica "con titulación y experiencia en el ámbito de la tecnología de que se trate". Estos últimos asignados por el Presidente del Tribunal de Apelación, que los escogerá de la reserva de jueces[297].

Del mismo modo que el TPI, la Sala del de Apelación que vaya a conocer de los litigios a que se refiere el artículo 32, apartado 1, letra i), que son los relativos a las decisiones de la OEP, contenidas en el artículo 9 del Reglamento UE núm. 1257/2012, estará constituida por tres jueces con formación jurídica que sean nacionales de distintos Estados miembros contratantes" (art. 9.2 ATUP).

297 La asignación de los asuntos y los jueces a las Salas del Tribunal de Apelación se realizan del modo previsto en el artículo 21 ETUP, el cual se remite al Reglamento de Procedimiento.

## *3. Los jueces del TUP: requisitos, selección y nombramiento*

### 3.1. Requisitos

Para ser juez del Tribunal se deben cumplir los siguientes requisitos:

1) Ser nacional de un Estado miembro contratante (art. 1.1 ETUP).

2) Poseer un buen conocimiento de, al menos, una lengua oficial de la Oficina Europea de Patentes.

3) Responder a los más altos niveles de competencia y tener una experiencia demostrada en el ámbito de los litigios sobre patentes (apartado 1 del artículo 15 ATUP). La "experiencia demostrada" en pleitos sobre patentes podría acreditarse por la trayectoria profesional del candidato; por ejemplo, si España formara parte del TUP, una persona que fuera o hubiera sido Juez de lo Mercantil la tendría, pero cualquier otro juez podría adquirirla participando en los programas de formación para los aspirantes a jueces que el Centro de formación del TUP[298] organiza (art. 2.3 ETUP).

---

[298] El Centro de formación del TUP está ubicado en Budapest y, según el artículo 19 ATUP, tiene el objetivo de "mejorar e incrementar el conocimiento técnico disponible en materia de litigios sobre patentes y de garantizar una distribución geográfica amplia de dichos conocimientos y experiencia específicos". De acuerdo con el artículo 19.2 ATUP, "El marco de formación se centrará, en particular, en lo siguiente: (...)
a) "realización de prácticas en órganos jurisdiccionales nacionales que conozcan de patentes o en Divisiones del Tribunal de Primera Instancia que conozcan de un número importante de litigios sobre patentes;
b) mejora de los conocimientos lingüísticos;

4) En el caso de los jueces de formación jurídica, no deben tener una edad superior a la prevista en sus ordenamientos jurídicos para ejercer la función jurisdiccional y, si no existiera límite, se aplicaría el artículo 18.2 del RGCSJ, que fija la edad máxima en 67 años.

5) Antes de la firma como jueces del Tribunal, deberán acreditar que se encuentran en condiciones físicas para desarrollar esta función, mediante un informe de un profesional de la Medicina, en una de las lenguas oficiales de la EPO y firmado por un médico designado por el Comité administrativo (art. 19 del RGCSJ).

6) Si se trata de los jueces de formación jurídica, como ya se dijo, deben poseer las "cualificaciones necesarias para ejercer funciones jurisdiccionales en un Estado miembro contratante" (art. 15.2 ATUP).

7) Y si se trata de los jueces de formación técnica, como también se dijo, deberán estar en posesión de un "título universitario y experiencia demostrada en un ámbito técnico", susceptible de producir patentes y que están recogidos en el Anexo II del ATUP. Además, estos jueces deben tener "conocimientos probados de Derecho civil y de los procedimientos relativos a los litigios sobre patentes", los cuales, si no los tienen o no son suficientes, podrán adquirirse

---

c) aspectos técnicos del Derecho de patentes;
d) transmisión a los jueces con formación técnica de conocimientos y experiencia relativos al procedimiento civil;
e) preparación de los aspirantes a jueces.
3. El marco facilitará una formación continua. Se organizarán periódicamente reuniones de todos los jueces del Tribunal para tratar las novedades en materia de Derecho de patentes y garantizar la coherencia de la jurisprudencia del Tribunal".
Además, todo ello es desarrollado y ampliado en el artículo 11 ETUP.

después de su nombramiento, a través de los cursos impartidos por el Centro de formación [art. 19.2 d) ATUP].

### 3.2 Selección y nombramiento

El procedimiento de selección de los jueces está desarrollado en los artículos 16 ATUP, 3 ETUP y 20 del RGCSJ. En concreto, comienza con la publicación en la web del Tribunal de las vacantes[299], junto con los criterios de idoneidad correspondientes, siendo informados los Estados miembros contratantes[300].

Una vez publicadas, los candidatos presentarán sus instancias y las acompañarán de la documentación pertinente, tal como el documento *Information on the selection process of UPC judges*, indica y que se puede descargar desde la misma página web donde se publican las vacantes.

A continuación, el Comité consultivo se pronunciará sobre la idoneidad de los candidatos y, tras esta primera selección, los candidatos serán entrevistados por los miembros del Comité consultivo, elaborando posteriormente una lista por orden de

299 https://www.unified-patent-court.org/en/vacant-positions

300 Según el artículo 20 del RGCSJ: "El anuncio de vacante indicará los criterios de elegibilidad pertinentes para el puesto vacante, de conformidad con el Acuerdo y el Estatuto, así como la información necesaria sobre el procedimiento de nombramiento. El anuncio de vacante se publicará al menos 4 semanas antes de la fecha límite de presentación de candidaturas. El plazo de presentación de candidaturas no podrá ser inferior a 8 semanas antes de la fecha fijada para el nombramiento del juez en el puesto judicial. La fecha de nombramiento podrá adelantarse en interés del Tribunal y con el acuerdo del candidato seleccionado por el Comité Administrativo para cubrir el puesto" –la traducción es mía-.

méritos[301]. Esta lista debe contener, al menos, el doble del número de vacantes ofertadas[302].

Recibida la lista, el Comité administrativo debe decidir quiénes serán jueces del TUP, velando "por lograr la mejor pericia jurídica y técnica y una composición equilibrada del Tribunal, con una base geográfica lo más amplia posible entre los nacionales de los Estados miembros contratantes" (art. 3.3 ETUP).

La decisión del Comité administrativo en la que se nombre jueces de formación jurídica con dedicación plena o parcial y los jueces de formación técnica con dedicación plena, especificará "la instancia del Tribunal o la División del Tribunal de Primera Instancia para la que se nombre a cada juez y los ámbitos tecnológicos para los que se nombre a un juez con formación técnica" (art. 3.5 ETUP). No obstante, los jueces de formación técnica con dedicación parcial "serán nombrados jueces del Tribunal y pasarán a formar parte de la reserva de jueces de acuerdo con sus cualificaciones específicas y su experiencia. El nombramiento de estos jueces para el Tribunal garantizará que se cubran todos los ámbitos tecnológicos" (art. 3.6 ETUP).

El mandato de los jueces es por seis años, pudiendo ser renovados, aunque el artículo 4.1 ETUP no especifica cuántas veces. Y una vez nombrados, deben prestar juramento –o promesa, aunque no lo diga el ETUP-, de que "ejercerán sus funciones

---

301 En caso de estar en desacuerdo con la valoración realizada de sus méritos, el candidato podrá recurrir en revisión ante el Comité administrativo (art. 52 RGCSJ).

302 Dispone al respecto el artículo 3.2 ETUP, que "Cuando proceda, el Comité consultivo podrá recomendar que, antes de tomarse la decisión sobre un nombramiento, el aspirante reciba formación en materia de litigios sobre patentes, de conformidad con el artículo 11, apartado 4, letra a)".

con toda imparcialidad y en conciencia, y de que no violarán el secreto de las deliberaciones del Tribunal" (art. 6)[303].

## *4. El estatuto de los jueces*

Una vez nombrados como jueces del TUP, adquieren un estatuto jurídico propio, pero cuyas notas fundamentales son compartidas con los jueces y magistrados de otros tribunales nacionales e internacionales y que son, precisamente, las que definen su naturaleza de personal jurisdiccional: independencia, responsabilidad, imparcialidad e inamovilidad. A las que hay que añadir una específica, que es la inmunidad de jurisdicción.

303 El texto original en inglés utiliza el término "*conscientiously*", el cual ha sido traducido en el texto español del ATUP por "en conciencia", pero debería haberlo sido por "conciunzadamente", "cuidadosamente" o "escrupulosamente", porque un juez no puede desarrollar su función jurisdiccional "en conciencia" sino que está vinculado por la Ley y el resto del ordenamiento jurídico y en esa labor de aplicación e interpretación jurídicas sí que puede y debe hacerlo de manera escrupulosa o cuidadosa. En este sentido, el artículo 3.8 del Código de conducta de los jueces, dispone que "El juez tomará las medidas razonables para mantener y mejorar los conocimientos y aptitudes necesarios para el ejercicio de la función jurisdiccional en un tribunal especializado en patentes y se esforzará por dictar sus resoluciones *cuidadosamente* y lo más pronto posible" –la traducción y la cursiva son mías-. En el mismo sentido el artículo 9 del RGCSJ. Según el artículo 25.3 del RGCSJ, el texto del juramento es el siguiente: *I swear that I will perform my duties impartially and conscientiously and that I will preserve the secrecy of the deliberations of the Court in accordance with the Agreement and the Statute of the Unified Patent Court, the law of the European Union and the principles of law generally recognized in the Contracting Member States.*

La independencia de los jueces en el ejercicio de sus funciones es proclamada en el artículo 17 ATUP[304], concretándolo a continuación en que no podrán seguir instrucción alguna y que, si tienen dedicación plena, no podrán tener otra actividad, desarrollando a continuación en qué casos sí que podrían y en qué condiciones –régimen de incompatibilidades-, lo que ya hemos visto en el apartado sobre las clases de jueces y su dedicación laboral.

Ha sido el artículo 3 del Código de conducta de los jueces el que ha concretado más este aspecto fundamental del estatuto de los jueces, al establecer, en primer lugar, que "El juez ejercerá sus funciones únicamente sobre la base de su propia apreciación del fondo del asunto, tal como lo hayan presentado las partes, sin tener en cuenta ningún interés personal o nacional. No solicitará ni aceptará instrucciones de ningún gobierno, autoridad, organización o persona" (apartado 2) –traducción propia-. En segundo lugar, que "no aceptará directa o indirectamente ningún regalo, ventaja, privilegio o recompensa que pueda percibirse razonablemente como destinado a influir en el desempeño de sus funciones judiciales o con capacidad para hacerlo. No se considerará que un regalo de cortesía de escaso valor tenga tal influencia" (apartado 3) –la traducción es propia-. Y por último, que "no podrá utilizar su cargo en el Tribunal como medio de promoción de sus negocios o intereses. Impedirá que la empresa para la que trabaja utilice su cargo en el Tribunal como medio de promoción de sus negocios

---

304 También proclama la "independencia judicial" del Secretario –el precepto olvida al Subsecretario-, lo que es extraño, por ejemplo en nuestro ordenamiento procesal, por cuanto el Letrado de la Administración de justicia –que sería el equivalente al Secretario del TUP- no tiene funciones jurisdiccionales, ni es personal jurisdiccional.

o intereses. Puede utilizar su nombramiento como juez del Tribunal, siempre que no lo utilice como instrumento de mercadotecnia" (apartado 7) –la traducción es mía-[305].

Así las cosas, se echa en falta la determinación de los instrumentos y los órganos que podrían impedir la afectación de la independencia o, en su caso, restaurarla[306]. Sin embargo, es notable el cuidado que el Tribunal ha tenido en desarrollar de manera precisa y extensa lo relativo a la remuneración de los jueces y la compensación de los gastos que su actividad jurisdiccional les ocasione[307].

En cuanto a la responsabilidad de los jueces y su exigencia, es llamativa también la parquedad del marco legal aplicable, encontrando preceptos dispersos por las diferentes normas. Falta, por lo tanto, un tratamiento sistemático que aclare la

---

305 El artículo 8, apartados 2, 3 y 4 del RGCSJ inciden también en estos aspectos.

306 El apartado 1 del artículo 3 mencionado afirma que "El juez defenderá la independencia de su cargo y la autoridad de la Corte y se comportará en consecuencia en el ejercicio de sus funciones jurisdiccionales. Desempeñará estas funciones con probidad, integridad, imparcialidad, conciencia, lealtad y discreción, de conformidad con el Acuerdo, el Estatuto, el Reglamento y el presente Código de Conducta, respetando así la dignidad de su cargo y aumentando la confianza pública en la Corte" –traducción propia-; como puede colegirse, una proclamación que adolece de concreción jurídica, puesto que no dice cómo puede defender la independencia.

307 El artículo 12 ETUP establece que "El Comité administrativo fijará las retribuciones del Presidente del Tribunal de Apelación, el Presidente del Tribunal de Primera Instancia, los jueces, el Secretario, el Subsecretario y el personal". Vid también al respecto, los artículos 31 a 40 del RGCSJ, relativos a la remuneración, indemnizaciones y reembolsos a los jueces por su trabajo.

responsabilidad personal de los jueces, desde el punto de vista civil, penal y disciplinario.

Así, en el artículo 8 del ETUP, se les ha otorgado inmunidad de jurisdicción, la cual se proyecta, incluso, una vez hayan cesado sus funciones judiciales, si bien el Presidium puede retirarla. Una vez retirada, en caso de que penalmente se le exija responsabilidad penal, sólo podrá exigirse ante el "órgano jurisdiccional supremo nacional" del Estado miembro contratante que corresponda, por lo que también se le concede un aforamiento. A lo que habría que añadir la aplicación del Protocolo sobre los Privilegios y las Inmunidades de la Unión Europea, sin perjuicio de la inmunidad reconocida por el ETUP.

El otro precepto de interés al respecto, es el artículo 5 ATUP, relativo a la responsabilidad contractual (apartado 1) y extracontractual (apartado 2) del Tribunal. En lo que nos interesa ahora, la extracontractual se refiere, precisamente, a la responsabilidad del TUP por los daños y perjuicios causados por él o su personal en el ejercicio de sus funciones, por lo tanto, también de los jueces y a la que deberá hacer frente el Tribunal, no el juez concreto. En esos casos, se regirá por el Derecho del Estado miembro contratante que haya sufrido los daños y perjuicios. No obstante, de acuerdo con el artículo 13 del RGCSJ, cuando el juez haya actuado con negligencia grave, dolo o fraude, se le podrá exigir el retorno de la cuantía abonada por el Tribunal en concepto de daños y perjuicios.

Por último, los artículos 49 y 50 del RGCSJ regulan lo relativo a la responsabilidad disciplinaria de los jueces –también, del Secretario y Subsecretario-, otorgando a los Presidentes del TPI y del de Apelación la facultad de apercibir al juez sobre el incumplimiento de que se trate y, si hace caso omiso, de instar al Presidium para que adopte las medidas disciplinarias que correspondan[308]. La decisión del Presidium, en su caso, puede ser apelada ante el Comité administrativo (art. 50).

La nota de la imparcialidad es probablemente la mejor desarrollada, habiéndola establecido en el artículo 7 ETUP. En concreto, se garantiza a través de los instrumentos de la abstención (apartado 3) y la recusación (apartado 4). En cuanto a las causas, son las siguientes:

a. Que los jueces hayan intervenido como asesores.
b. Que hayan sido parte o representado a una de las partes.
c. Hayan sido llamados a pronunciarse como miembros de comisiones administrativas, de órganos jurisdiccionales o de arbitraje o mediación, así como de comisiones de investigación, o en cualquier otro concepto.
d. Tenga un interés financiero o personal en el asunto o con una de las partes.
e. Les unan lazos de parentesco con una de las partes o sus representantes.

Sobre otras causas, que el RGCSJ ha añadido en su artículo 5, así como el procedimiento para la recusación y la abstención, recogido en el artículo 7.3 y 4 y desarrollado en los artículos 6 y 7 del RGCSJ, me remito a lo expuesto más arriba en el apartado relativo a las clases de jueces y su dedicación laboral.

Para finalizar, resta referirme a la inamovilidad, que, si bien no se menciona explícitamente en las diversas normas que regulan

---

308 Esas medidas pueden ser (art. 49.4):
"*a) written warning;*
*b) reprimand;*
*c) reduction of salary or of pension;*
*d) removal from office.*"

el estatuto de los jueces, cabe inferirla del contenido de algunas de ellas. Concretamente, cuando regula lo relativo a las causas de extinción de la condición de jueces (art. 9 ETUP) y el relevo o separación de sus funciones (art. 10 ETUP).

En cuanto a las causas de terminación de su condición jurisdiccional, son: la expiración de su mandato, por finalización del período de los 6 años o su prórroga, por jubilación o fallecimiento, la separación de funciones y la renuncia o dimisión[309].

La renuncia la debe presentar por escrito al Presidente del Tribunal de Apelación o del de Primera Instancia, según se trate de un juez perteneciente a uno u otro Tribunal y, como mínimo, con tres meses de antelación a la fecha de la renuncia efectiva (arts. 9.2 ETUP y 29 del RGCSJ). Recibida la carta, los Presidentes la remitirán al Presidente del Comité administrativo, el cual deberá iniciar los trámites para cubrir la vacante, que sólo lo será por el tiempo restante de mandato. Durante ese ínterin y hasta el nombramiento del nuevo, el juez dimisionario deberá seguir ocupando su puesto.

La edad de jubilación está prevista a los 70 años, cesando de manera automática cuando el juez alcance dicha edad. No obstante, a los 65 años ya pueden jubilarse, si lo anuncian con una antelación de tres meses como mínimo (art. 30 del RGCSJ).

Por último, es posible que un juez pierda dicha condición como consecuencia de haber dejado de reunir las condiciones que requieren el cargo o el incumplimiento de las obligaciones que se derivan del mismo (art. 10 ETUP). Por lo tanto, en este último caso, como consecuencia de la sanción impuesta por una falta disciplinaria, de acuerdo con el artículo 49.4 del RGCSJ.

---

309 En este sentido, ver el artículo 28 del RGCSJ.

Según el artículo 10 ETUP, el juez afectado será oído, pero no podrá participar en las deliberaciones sobre su posible destitución. En su caso, el Secretario comunicará la decisión al Presidente del Comité administrativo y, si finalmente, la decisión es la separación o relevo de sus funciones, supondrá la vacante del puesto y la activación, en consecuencia, del procedimiento para proceder a su ocupación.

## *Bibliografía*


BERCOVITZ RODRÍGUEZ-CANO, A.; BERCOVITZ ÁLVAREZ, R. «Patentes y protección de otras creaciones». En Bercovitz Rodríguez-Cano, A. *Apuntes de Derecho Mercantil,* 23ª ed., Madrid, Aranzadi Thomson Reuters, 2022.

BERCOVITZ RODRÍGUEZ-CANO, A., "Las reivindicaciones de la patente de invención", en *Derecho PUCP,* núm. 47, 1993, pp. 163-189.

BONILLA-TOVAR, V., BUITRAGO-REY, N.E., CANOSA CANTOR, J., "Alcance y limitaciones de los Tribunales híbridos I: Corte Especial para Sierra Leona, Salas Especiales en los Tribunales de Camboya y Tribunal Especial para el Líbano", en Olásolo, H., Bonilla-Tovar, V., Buitrago-Rey, N.E., Canosa Cantor, J. (coords.), *Alcance y limitaciones de la Justicia internacional,* Valencia, Tirant lo Blanch, 2018, pp. 531-574.

CANTOS PARDO, M., *El proceso civil para la cesación de la infracción de patentes,* Valencia, Tirant lo Blanch, 2023.

DESANTES REAL, M., "El Acuerdo sobre un Tribunal Unificado de Patentes, de 19 de febrero de 2013, una novedosa y controvertida arquitectura en la construcción europea", en *Revista La Ley Unión Europea,* núm. 2, 2013, pp. 3-10.

DESANTES REAL, M., "Hacia un tribunal unificado y un efecto unitario para las patentes europeas en casi todos los estados miembros de la Unión Europea. Consecuencias de la autoexclusión de España", en *Revista Española de Derecho Internacional,* julio-diciembre 2013, pp. 51-70.

GARCÍA VIDAL, Á., *El sistema de la patente europea con efecto unitario.* Cizur Menor (Navarra), Aranzadi Thomson Reuters, 2014.

GUILLOT PRÓSPER, M., «Protección de las invenciones nacionales. Patente europea sin España», en *Anuario jurídico Villanueva,* 2014, pp. 271-285.

LÓPEZ-TARRUELLA MARTÍNEZ, A., «Hacia un nuevo escenario en la litigación transfronteriza de patentes en europa: la jurisdicción internacional y la distribución de competencias en el Tribunal Unificado de Patentes», en *Revista Electrónica de Estudios Internacionales*, núm. 42, diciembre 2021, pp. 1-30.

REMÉDIO MARQUES, J.P., *O (Novo) Tribunal Unificado de Patentes*, Coimbra, Almedina, 2024.

RODRÍGUEZ RODRIGO, J., «Consecuencias sobre la patente europea con efecto unitario», en *La Ley Unión Europea*, núm. 100, febrero 2022, pp. 1-5.

SALINAS ALCEGA, S., "La cración de las Salas extraordinarias para el enjuiciamiento según el Derecho camboyano de los crímenes cometidos durante el período de Kampuchea Democrática en 2003", en Castillo Daudí, M. y Salinas Alcega, S., *Responsabilidad penal del individuo ante los Tribunales internacionales*, Valencia, Tirant lo Blanch, 2007, pp. 191-214.

SERRANO MASIP, M., "Consideraciones sobre el Tribunal unificado de patentes desde la perspectiva de la independencia judicial", en Asencio Mellado, J.M y Fuentes Soriano, O. (dirs.), *El proceso como garantía*, Barcelona, Atelier, pp. 273-280.

VICIOSO LOZANO, J., "España rechaza la patente unitaria europea", en *Actualidad Económica*, 16 de julio de 2023, p. 2 (Disponible en: https://www.proquest.com/magazines/españa-rechaza-la-patente-unitaria-europea/docview/2837652375/se-2?accountid=14777 ).

# *Capítulo IV*

# *Competencia y ley aplicable*

**BELÉN ALANDETE SÁNCHEZ**
*Abogada en Broseta Abogados*
*Profesora Asociada de Derecho Internacional Privado*
*Universitat de València*

# I. INTRODUCCIÓN

El Tribunal Unificado de Patentes (en adelante, «TUP») es un órgano jurisdiccional común a los Estados miembros contratantes del Acuerdo sobre un Tribunal Unificado de Patentes (en adelante, «ATUP»), que aspira a aplicar e interpretar uniformemente las normas y garantizar, no solo la seguridad jurídica, sino también facilitar la litigación en el ámbito de la patente europea.

No obstante, pese a que el TUP ha venido a mitigar, al menos en el seno de los Estados contratantes del ATUP, la fragmentación procesal que hasta entonces ha imperado en el derecho de la patente europea, veremos que está lejos de eliminarla. Y es que, el TUP no ha suprimido todas las jurisdicciones competentes en la materia. Persisten (i) la de los tribunales de los Estados miembros de la UE que no han firmado el ATUP[310]; y (ii) la de los tribunales de Estados de fuera de la Unión Europea firmantes del Convenio Europeo de Patentes de 1973 (en adelante, «CPE»)[311]. Esto es, el TUP es un órgano jurisdiccional más de entre otros existentes en materia de patente europea.

Cuándo y cómo deben las partes plantear sus controversias ante el TUP es objeto de análisis de este capítulo. En primer lugar, se estudia su competencia objetiva, esto es, los títulos europeos sobre los que el TUP puede dirimir (excepto durante el denominado «periodo transitorio»), así como de las concretas acciones que pueden ser ejercitadas ante él.

A continuación, dado que la mayoría de las controversias sometidas a su enjuiciamiento presentarán un elemento inter-

---

310 España, Croacia y Polonia.

311 Reino Unido, Turquía, Serbia, San Marino, Liechenstein, Mónaco, Bosnia, Montenegro, Albania y Macedonia del Norte.

nacional, analizaremos cuándo el TUP goza de competencia judicial internacional para conocer de un asunto, impidiendo con ello a los tribunales nacionales de los Estados contratantes del ATUP conocer del caso.

Si el análisis lleva a afirmar que el TUP es competente para resolver la controversia, el siguiente paso será determinar, ya con el ATUP en la mano, qué órgano concreto del TUP debe conocer del asunto: la División central, o una concreta División regional o local. Esto es, analizaremos la distribución interna de los asuntos en el seno del TUP.

Solucionados las anteriores cuestiones aún queda un importante interrogante ¿Qué derecho deberá aplicar la División del TUP competente para resolver el fondo de la controversia? En este punto, comprobaremos que la diversidad de fuentes y la -todavía- gran dependencia del derecho nacional demuestran que aún hoy la patente europea sigue siendo una cuestión muy compleja.

## II. ARTÍCULOS 3 Y 32: COMPETENCIA OBJETIVA

El TUP tiene por objeto la resolución de los litigios relativos a las patentes europeas y a las patentes europeas con efecto unitario (art.1 del ATUP). Esto es, las patentes europeas concedidas conforme a lo dispuesto en el CPE, se beneficien o no del efecto unitario previsto en el Reglamento nº 1257/2012. Este objeto, sin embargo, es, por un lado, ampliado, y por otro, matizado en el artículo 3 del ATUP. Según este precepto el TUP goza de competencia exclusiva sobre: *a)* las patentes europeas con efecto unitario, b) los certificados complementarios de protección expedidos para un producto protegido por una patente europea, c) las patentes europeas clásicas que no hayan caducado en la fecha de entrada en vigor del ATUP (1 de junio de 2023), d) las patentes europeas clásicas que hayan sido concedidas después de dicha fecha. Estos dos últimos títulos, «*sin perjuicio de lo dispuesto en el artículo 83*».

Y ello siempre que sean objeto de alguna de las acciones contempladas en el art. 32 del ATUP, esto es: a) violación de patente, b) declaración de inexistencia de violación de patente; c) medidas provisionales y cautelares; d) nulidad de patente; e) daños y perjuicios; f) uso de la invención anteriormente a la concesión; g) indemnización por licencias en el caso de patentes europeas con efecto unitario; y h) decisiones de la Oficina Europea de Patentes en el desempeño de las funciones asignadas para la gestión de las patentes europeas con efecto unitario[312].

En su apartado 2, el art. 32 del ATUP recuerda que en materia de patentes y Certificados Complementarios de Protección (en adelante, «CCPs») nacionales los Estados firmantes del ATUP conservan su competencia[313].

### *1. Las patentes europeas con efecto unitario*

Comienza el art. 3 del ATUP listando la patente europea con efecto unitario como el primer título de propiedad industrial que conforma el ámbito de actuación del TUP, y lo hace, además, sin ningún tipo de limitación. Es decir, el TUP dispone de competencia exclusiva respecto de todas las acciones del art. 32 relativas a la patente europea con efecto unitario desde

---

312 AMÉRIGO SÁNCHEZ, J.L. "*Capítulo 6: El objeto del proceso: las acciones ante el TUP*", de esta misma obra.

313 En este apartado existe un gravísimo error de traducción en la versión española del ATUP. Comparándola con las versiones en inglés, alemán y francés, se comprueba que donde dice «*que sean de competencia exclusiva del Tribunal*», debería decir «*que [no] sean de competencia exclusiva del Tribunal*».

su puesta en marcha. Y ello porque el periodo transitorio del artículo 83 no le afecta en absoluto. De esta forma se garantiza que, desde el inicio, un único tribunal conozca de todas las acciones relativas a una patente europea unitaria, asegurando con ello la "*coherencia de la jurisprudencia y por ende la seguridad jurídica*"[314]. Finalidad ésta que, sin duda, se perdería, si el titular de una patente europea unitaria pudiera excluir libremente la competencia del TUP[315].

## 2. *Las patentes europeas clásicas*

Las patentes europeas clásicas, es decir, sin efecto unitario, quedan igualmente bajo el ámbito de aplicación del TUP. En concreto: (i) las concedidas antes de su entrada en vigor, siempre que no hubiera caducado, (ii) las concedidas tras su puesta en funcionamiento; (iii) aquellas cuya solicitud[316] se encontrara en curso a 1 de junio de 2023, o (iv) aquellas cuya solicitud haya sido presentada después de dicha fecha.

Ahora bien, a diferencia de lo que ocurre con la patente europea unitaria y, como veremos, con los CCPs, el art. 3 del ATUP sí prevé que la competencia del TUP sobre este tipo de patentes o su solicitud pueda ser excluida durante el periodo transitorio del art. 83 del ATUP, a elección de su titular.

---

314 Considerando 25 del Reglamento nº 1257/2012.

315 DESANTES REAL, M., "Títulos de propiedad industrial afectados por el acuerdo sobre un Tribunal Unificado de Patentes de 2013", en *Actas de Derecho Industrial y Derecho de Autor.* Tomo XXXV (2014-2015), p. 350.

316 Recordar que el CPE en su artículo 67 confiere una protección provisional a la solicitud de patente europea que haya sido publicada.

Esta diferencia de trato con respecto a las patentes europeas unitarias pretende salvaguardar los derechos de los titulares de una patente europea preexistentes al TUP permitiéndoles optar, al menos por un tiempo y si así lo prefieren, por la tutela jurisdiccional que ya existía al momento de solicitarlos. No obstante, esa posibilidad de excluir la competencia del TUP sobre estos títulos, es temporal[317], pues no se olvide que el Reglamento nº 1257/2012[318] aspira también a dar un trato jurisdiccional uniforme a la patente europea clásica.

### *3. Los certificados complementarios de protección*

Pese a que en el artículo 1 del ATUP dispone, en su primer párrafo, que el TUP se crea para «*la resolución de los litigios relativos a las patentes europeas y a las patentes europeas con efecto unitario*», sin que mencione en ningún caso a los certificados complementarios de protección (en adelante, «CCP»), lo cierto es que el artículo 3 del ATUP los incluye expresamente en el ámbito de actuación del Tribunal, y asimismo lo hace también el art. 32 del ATUP que establece las acciones sobre las que este órgano jurisdiccional tiene competencia exclusiva, algunas de las cuales se refieren expresamente a los CCP.

Por CCP, el ATUP remite en su artículo 2, h) a los certificados que han sido conferidos conforme al Reglamento nº469/2009, en el ámbito de los medicamentos, y al Reglamento nº 1610/1996 respecto de los productos fitosanitarios. Ambos confieren a los titulares de las patentes de los que

---

317 Por un periodo de 7 años, que podría extenderse a otros 7 años.

318 Su considerando (25) refiere "*un sistema unificado de solución de litigios en materia de patentes para las patentes europeas y las patentes europeas con efecto unitario.*"

traen base una extensión de los efectos de la patente hasta un máximo de cinco años.

Ahora bien, no cualquier CCP queda sometido a la competencia del TUP, puesto que el art. 3, c) del ATUP sólo menciona al CCP «expedido para un producto protegido por una patente», y al respecto, el artículo 2, g) del ATUP define patente como «patente europea o patente europea con efecto unitario», con lo que el TUP no conocerá de los CCP concedidos con base en una patente nacional, de los que seguirán conociendo los distintos tribunales nacionales.

Finalmente, en el caso de los CCP el art. 3 del ATUP nada refiere respecto de la aplicación del régimen transitorio del art. 83 del ATUP en estos casos. Es decir, no incluye por olvido[319] la salvedad «*sin perjuicio de lo dispuesto en el artículo 83*». Y es que, el artículo 83 sí que permite expresamente aplicar el régimen transitorio a los CCPs que tengan como base, eso sí, solo una patente europea clásica (sin efecto unitario), según la definición de «*patente europea*» que da el art. 2, e) del ATUP. Por tanto, el titular de un CCP de este tipo puede excluir temporalmente la competencia del TUP sobre él. No ocurre lo mismo con los CCPs conferidos a partir de una patente europea unitaria sobre los que el TUP tiene competencia exclusiva desde su entrada en vigor.

Respecto de estos últimos, en el año 2023 la Comisión Europea[320] anunció la regulación del denominado CCP unitario, el cual no fue tenido en cuenta en el Reglamento nº 1257/2012.

---

319 DESANTES REAL, M. "Títulos de propiedad industrial afectados por el acuerdo sobre un Tribunal Unificado de Patentes de 2013", cit., p. 353.

320 https://www.europarl.europa.eu/thinktank/es/document/EPRS_BRI(2024)762281

Esta intención legislativa viene motivada porque los dos reglamentos sobre CCP ahora vigentes prevén que el CCP debe ser concedido a nivel nacional, por las oficinas nacionales de patentes sobre la base de solicitudes nacionales. La propuesta de la Comisión[321] pretende crear un sistema unitario de CCP mediante (i) un procedimiento centralizado de concesión; y (ii) el establecimiento de unas mismas normas sustantivas para la concesión de los certificados nacionales.

## III. ARTÍCULO 31: COMPETENCIA JUDICIAL INTERNACIONAL

La competencia judicial internacional es la aptitud legal de los órganos jurisdiccionales y autoridades públicas de un Estado, considerados en su conjunto, para conocer de las controversias suscitadas por las situaciones privadas internacionales[322], esto es, ante un supuesto de hecho que presenta algún elemento internacional[323]. Es el legislador quien, en función de determinados motivos político-legislativos, opta por determinar esa competencia con base en unos criterios de atribución u otros.

---

[321] Comprende la refundición de los dos reglamentos existentes en la actualidad [COM(2023) 223 final y COM(2023) 231 final], así como la redacción dos propuestas de reglamento [COM(2023) 221 final y COM(2023) 222 final].

[322] CALVO CARAVACA, A.L. y CARRASCOSA, J, P-306, *Tratado de Derecho Internacional Privado,* Valencia, Tirant lo Blanch, 2022, Tomo I, p. 306.

[323] Por ejemplo, entre otros, cuando el demandante y demandado tienen domicilios en distintos Estados, cuando un contrato se ha celebrado en un Estado, pero debe ejecutarse en otro, o cuando se ha causado un daño en un Estado, pero dicho daño se extiende a una multitud de Estados.

Tradicionalmente la litigación en materia de patentes ha estado íntimamente ligada al principio de territorialidad, que otorga a los Estados concedentes de la patente la competencia judicial internacional exclusiva para decidir acerca de su validez o inscripción registral. Esto ha sido así no solo respecto de las patentes nacionales, sino también respecto de la llamada patente europea clásica.

Por el contrario, la infracción de una patente no ha gozado de esa exclusividad, así pues, las partes podían decidir someter su disputa a los órganos judiciales de su elección (sumisión tácita o expresa), u optar por litigar en el foro general del domicilio del demandado o hacer uso de los foros especiales (lugar de cumplimiento de la obligación en caso de una acción contractual, o el lugar de producción del daño si la acción se enmarcaba en el ámbito de la responsabilidad extracontractual). Asimismo, las partes han venido gozando de libertad para someter a arbitraje o mediación su controversia.

Esto, sin duda, ha dado lugar a un gran fraccionamiento jurisdiccional (procedimientos paralelos en los distintos Estados europeos y los famosos "torpedos"[324], con riesgo de resoluciones contradictorias, diseño de estrategias de *fórum shopping* y considerable incremento de los costes), al que el TUP está

---

[324] Se caracterizan por la presentación de una acción en un determinado Estado con un objetivo que, aunque amparado por la normativa procesal, se considera fraudulento como es el obstaculizar la presentación de acciones por infracción (vid. LÓPEZ-TARRUELLA MARTÍNEZ, A., "Tutela efectiva de la propiedad intelectual y forum shopping", en Moreno Martínez, J. A. (coord.), *Problemática actual de la tutela civil ante la vulneración de la propiedad industrial e intelectual,* Madrid, Dykinson, 2017, pp. 325-365.

llamado, sino a eliminar, sí, a mitigar[325] al menos en el seno de los Estados miembros firmantes del ATUP.

Dos premisas resultan fundamentales para comprender el alcance de la competencia judicial internacional del TUP. Por un lado, según reza el artículo 1 del ATUP, el TUP es «un tribunal común para todos los Estados miembros contratantes», esto es, una jurisdicción común para todos los Estados que han ratificado el ATUP. En la medida en que todos ellos son Estados miembros de la Unión Europea, ello nos lleva a aplicar inexorablemente el instrumento internacional que goza de primacía a la hora de determinar la competencia judicial internacional de estos Estados, el Reglamento (UE) nº 1215/2012, del Parlamento Europeo y del Consejo, de 12 de diciembre de 2012, relativo a la competencia judicial, el reconocimiento y la ejecución de resoluciones judiciales en materia civil y mercantil (en adelante, «RBI bis»). Lo anterior lo confirma claramente el art. 31 del ATUP que de forma expresa remite al RBI bis para determinar la competencia judicial internacional del TUP. Y, en los casos en que el RBI bis no resulte de aplicación[326], entonces el art. 31 del ATUP remite al Convenio de Lugano, de 20 de octubre de 2007, relativo a la competencia judicial y la ejecución de resoluciones en materia civil y mercantil (en adelante, «Convenio de Lugano» que establece los mismos foros de competencia judicial internacional que el RBI bis, pero que se aplica entre Estados miembros de la Unión Europea (en adelante, «UE»), e Islandia, Noruega y Suiza.

---

325 Véanse los considerandos del ATUP.

326 Cuando ningún Estado miembro de la UE tenga competencia exclusiva conforme el art. 24, ni tampoco las partes se hayan sometido a un órgano jurisdiccional de un Estado miembro (arts. 25 y 26), ni el demandado tenga su domicilio en un Estado miembro de la UE (art. 4).

En consecuencia, para determinar la competencia judicial internacional deberemos acudir a los clásicos foros previstos en estos dos instrumentos internacionales, y a la jurisprudencia del Tribunal de Justicia de la Unión Europea (en adelante, «TJUE») que los interpreta, que, a modo esquemático y por lo que al TUP afecta son[327]:

| Foro | RBI bis (artículos) | C. Lugano (artículos) |
|---|---|---|
| Exclusivo | 24.4 | 22.2 |
| Autonomía de la voluntad | 25 y 26 | 23 y 24 |
| Domicilio del demandado | 4 | 2 |
| Especial: materia contractual | 7.1 | 5.1 |
| Especial: materia delictual | 7.2 | 5.3 |
| Especial: explotación sucursal | 7.5 | 5.5 |
| Pluralidad de demandados | 8 | 6.1 |
| Litispendencia y conexidad | 29-32 | 27-30 |
| Medidas cautelares y provisionales | 35 | 31 |

Ahora bien, estos foros tradicionales han sido matizados y, en su caso, ampliados de forma específica para el TUP con la introducción en el RBI bis de los artículos 71 *bis* a 71 *quinquies*,

---

[327] Para una comprensión del correcto funcionamiento de estos foros de competencia véase ESPLUGUES C. y PALAO, G. *Derecho Internacional Privado,* Valencia, Tirant lo Blanch, 2023, pp.141-157; y más en concreto en el campo de la propiedad intelectual e industrial, TORREMANS, P. "Jurisdiction for cross-border intellectual property infringement cases in Europe", en *Common Market Law Review,* 53 (6), 2016, pp. 1625-1645; y GARCÍA SELLENS, M.A. *La competencia judicial internacional de los tribunales españoles en los casos de presunta infracción de derechos de patente,* Valencia, Tirant lo Blanch, 2017.

mediante el Reglamento (UE) nº 542/2014, del Parlamento Europeo y del Consejo de 15 de mayo de 2014 (en adelante, «Reglamento nº 542/2014»[328]). Y es que, desde el principio se constató la necesidad de adaptar el RBI bis a la realidad del TUP[329], pues, nunca antes había existido un tribunal común a varios Estados miembros de la UE y, además, no todos los Estados miembros de la UE formaban parte de él (España, Polonia y Croacia) [330].

A estos efectos, el art.71 *bis* del RBI bis introduce una aclaración fundamental, y aquí llegamos a la segunda de las premisas a tener en cuenta: a los efectos de dicho Reglamento, el TUP se considera «un órgano jurisdiccional de un Estado miembro»[331]. Por tanto, pese a que el TUP es un tribunal internacional[332], a efectos de determinar su competencia judicial

---

328 También se modificó el RBI bis para adaptarlo al Tribunal de Justicia del Benelux, de acuerdo con el Protocolo de 15 de octubre de 2012, firmado por el Reino de Bélgica, el Gran Ducado de Luxemburgo y el Reino de los Países Bajos, mediante el cual se permite la transferencia de competencias a este Tribunal en determinadas materias que entran en el ámbito de aplicación del RBI bis.

329 El propio ATUP fue consciente de ello, puesto que su artículo 89 condicionó su entrada en vigor a la previa modificación del RBI bis.

330 Ver COM (2013) 554 final: Propuesta de Reglamento del Parlamento Europeo y del Consejo que modifica el Reglamento (UE) nº 1215/2012 relativo a la competencia judicial, el reconocimiento y la ejecución de resoluciones judiciales en materia civil y mercantil, pp. 3 y 4.

331 El considerando 11 del RBI bis ya establecía que el concepto «órgano jurisdiccional» incluía los órganos jurisdiccionales que fueran comunes a varios Estados miembros, pero, al no tener carácter vinculante, fue necesario, en aras de la seguridad jurídica, especificarlo en su clausulado.

332 JIMÉNEZ FORTEA, F.J. "*Capítulo 3: Aspectos generales del TUP*" de esta misma obra.

internacional debe ser considerado un tribunal nacional. Lo que no deja de ser una ficción jurídica[333], pero absolutamente necesaria para dotar de efectividad y seguridad jurídica al TUP, máxime cuando hay Estados miembros de la Unión Europea que no forman parte del ATUP. En efecto, esta precisión fue necesaria pues, como veremos, los criterios de competencia y distribución interna de los asuntos establecidos en el art. 33 del ATUP, pueden llevar a que finalmente conozca del asunto una división que está localizada en un Estado distinto del que inicialmente hubiera tenido competencia judicial internacional de acuerdo con el RBI bis. Así, un domiciliado en España, podría verse demandado ante el TUP en virtud del foro especial previsto en el art. 7.2 RBI bis, ante una división ubicada en un Estado distinto de aquél en el que *«se hubiera producido o pudiere producirse el hecho dañoso»*. En definitiva, era necesario ofrecer seguridad jurídica y previsibilidad a los ciudadanos[334].

Además, el artículo 71 ter del RBI bis aclara que el TUP gozará de competencia judicial internacional cuando, en virtud del RBI bis, los órganos jurisdiccionales de un Estado miembro que sea parte del ATUP hubieran sido competentes en una materia regulada por dicho instrumento. Así, queda claro que, considerando el TUP un tribunal nacional, si, por ejemplo, por aplicación del foro general del demandado previsto en el art. 4 del RBI bis, los órganos jurisdiccionales alemanes gozaran de competencia judicial internacional para conocer de una demanda de infracción de una patente europea unitaria, dicha

---

333 ARENAS GARCÍA, R. "Competencia judicial internacional y litigios en materia de patentes: Bruselas 1, LOPJ y Tribunal Unificado de Patentes, *liaisons dangereuses?*", en MORRAL SOLDEVILLAS, R. (dir.), *Problemas actuales de Derecho de la Propiedad Industrial. 111 Jornada de Barcelona,* Cizur Menor (Navarra), Civitas/Thomson Reuters, 2013, p. 169.

334 Considerando 4 del Reglamento nº 542/2014.

competencia recaería finalmente en el TUP por ser el órgano jurisdiccional interno de ese Estado con competencia exclusiva para conocer de la controversia.

De igual modo, ante una acción de nulidad de una patente europea (unitaria o clásica), validada en cualquier Estado miembro firmante del ATUP, por aplicación de la competencia exclusiva del art. 24.4 del RBI bis, dicha acción recaerá en el TUP. Por el contrario, si se impugna la validez de una patente europea validada en España, Polonia o Croacia, la competencia judicial internacional corresponderá a los tribunales nacionales de esos Estados. Lo mismo cabrá concluir en caso de que las partes hayan acordado someter la disputa a los tribunales de un Estado firmante del ATUP. Así, si el acuerdo concede jurisdicción a los tribunales de, por ejemplo, Francia, el TUP resultará competente[335]. Si, por el contrario, las partes han designado a los tribunales españoles, el TUP carecerá de competencia judicial internacional.

Pero como decíamos, el sistema del RBI bis ha sido modificado y adaptado específicamente para el TUP, por lo que sus tradicionales criterios de atribución se han visto parcialmente modificados. En concreto, y por lo que a la competencia del TUP se refiere, este Reglamento ha introducido: (i) una extensión del RBI bis a demandados de fuera de la Unión Europea;

---

[335] Es interesante la Order nº ORD_30434/2024 of the Court of First Instance of the UPC Local Division The Hague issued on 19 June 2024, *Abbott Diabetes Care Inc. vs Sibio Technology Limited and other* (UPC_CFI_130/2024), que en relación a unas medidas cautelares en apoyo de una acción por infracción, admitió la jurisdicción del TUP por aplicación del art. 26, 35, 71, 71 bis y 71 ter del RBI bis. Y además aclara que dicha competencia se extiende también a la parte irlandesa de la patente, al ser éste un país firmante del ATUP, aun cuando no lo haya ratificado todavía.

(ii) un foro subsidiario (también conocido como «*the long-arm jurisdiction*»); (iii) una aclaración de las normas de litispendencia y conexidad[336].

## 2. *Extensión del RBI bis a demandados de fuera de la Unión Europea*

Considerar el TUP como un órgano jurisdiccional común a los Estados firmantes del ATUP suponía una dificultad en la aplicación del artículo 6 del RBI bis[337]. Este precepto establece que si el demandado se encuentra domiciliado fuera de la Unión Europea, la competencia judicial internacional debe ser determinada, no conforme al Reglamento, sino conforme a la ley nacional del foro, salvo en determinados supuestos: que nos encontremos ante una materia que es objeto de las competencias exclusivas del art. 24 RBI bis, o en caso de sumisión expresa o tácita (arts. 25 y 26 RBI bis)[338], pues, como es sabido, estos foros se aplican con independencia del domicilio del demandado. Que el TUP sea un tribunal común a varios Estados dificultaba la determinación de esa legislación nacional.

---

336 La doctrina echa en falta una adaptación del Convenio de Lugano al ATUP en un sentido similar al realizado respecto del RBI bis. *Vid.* DE MIGUEL ASENSIO, P.A. "Entrada en vigor del Acuerdo TUP (II): Competencia judicial internacional", 2023 [Disponible en: https://pedrodemiguelasensio.blogspot.com/2023/04/entrada-en-vigor-del-acuerdo-tup-ii.html].

337 Así lo establece el considerando 6 del Reglamento nº 542/2014. Véase también COM (2013) 554 final: "*la referencia a una u otra legislación nacional para las diversas divisiones del Tribunal Unificado de Patentes crearía un acceso desigual a la justicia en un sistema jurisdiccional unificado, que no podría justificarse por ninguna razón objetiva.*"

338 También se excluye ese artículo 6 RBI bis en materia de contratos de consumo (art. 18.1 RBI bis) y contratos de trabajo (art. 21.2 RBI bis).

Para solventar esta cuestión, en lugar de aplicar el art. 6 RBI Bis y acudir a la ley del foro, en virtud del artículo 71 *ter* RBI bis, el TUP podrá seguir aplicando el Capítulo II[339] ante un demandado de fuera de la Unión Europea, eso sí, siempre y cuando el Reglamento no confiera de otro modo competencia respecto de él. Esto podría suceder, por ejemplo, por aplicación de la competencia exclusiva del art. 24.4ª o de las reglas de la sumisión de los arts. 25 y 26 RBI bis, que se aplican con independencia del domicilio del demandado.

El art. 71 *ter* RBI bis aclara, incluso, que esta extensión del RBI bis para demandados de fuera de la Unión Europea resultará de aplicación también para la adopción de medidas cautelares por parte del TUP, aun cuando los órganos jurisdiccionales de un tercer Estado sean los competentes para conocer del fondo del asunto.

### *3. Foro subsidiario («the long-arm jurisdiction»)*

El Reglamento nº 542/2014 ha introducido, además, un foro de aplicación subsidiaria para determinar la competencia judicial internacional del TUP. Así, el apartado 3 del art. 71 *ter* RBI bis establece que cuando el TUP sea competente respecto de un demandado domiciliado en un tercer Estado, en un litigio por vulneración de una patente europea que ocasione perjuicios dentro de la Unión Europea, lo será también en relación con los perjuicios que dicha vulneración haya ocasionado fuera de la Unión Europea. Básicamente esta situación se dará cuando se infrinja la patente europea en un Estado contratante del CPE, que no sea firmante del ATUP[340], ni tampoco

---

339 Arts. 4 a 32 RBI bis.

340 VÉRON, P. "Extent of the Long-Arm Jurisdiction Conferred upon the Unified Patent Court by Art. 71 (b) (3) of the Brussels I Regulation as Amended by Regulation 542/2014 of May 15, 2014: Turkish Delight

un Estado miembro de la Unión Europea o estados firmantes del Convenio de Lugano[341], esto es, en Reino Unido, Turquía, Serbia, San Marino, Liechenstein, Mónaco, Bosnia, Montenegro, Albania y Macedonia del Norte; y ello en la medida en que presupone la existencia de una infracción de la patente europea en ese Estado (lo que, de acuerdo con el TJUE[342], solo puede darse en un país donde esté validada).

El Reglamento nº 542/2014 justifica este nuevo foro subsidiario[343] en que el TUP «*debe poder conocer*» de las causas en que intervengan demandados de terceros Estados, por vulneración de una patente europea que ocasione perjuicios tanto dentro como fuera de la Unión Europea. Con ello, se pretende asegurar la competencia del TUP en el mayor número de litigios en los que una patente europea esté implicada[344], y garantizar así la protección unitaria a la que aspira el ATUP, favoreciéndolo como un foro único de litigación principal en materia de patentes[345].

---

and a bit of Swiss Chocolate for the Unified Patent Court", en *European Intellectual Property, Review*, Vol. 37, Issue 9, 2015, pp. 588-596.

341 El art. 73 del RBI bis expresamente establece que las disposiciones del RBI bis no afectarán a la aplicación del Convenio de Lugano de 2007.

342 STJUE de 7 de marzo de 1995, (C- 68/93) *Shevill v Presse Alliance* (ECLI:EU:C:1995:61), STJUE de 19 de abril de 2012 (C-523/10), *Wintersteiger AG,* (ECLI:EU:C:2012:220), STJUE de 19 de abril de 2012, *Pinckney* (C-170/12) de 3 de octubre de 2013 (ECLI:EU:C:2013:635).

343 En el ámbito anglosajón se le ha denominado «*the long-arm jurisdiction*» jurisdicción de largo alcance.

344 GARCÍA SELLENS, M.A. *La competencia judicial internacional de los tribunales españoles en los casos de presunta infracción de derechos de patente,* cit., p. 177.

345 DE MIGUEL ASENSIO, P.A. "Tribunal Unificado de Patentes: competencia judicial y reconocimiento de resoluciones", en AEDIPr, T. XIII, 2013, pp. 87 y 88.

Esta competencia subsidiaria requiere de dos requisitos para su aplicación: (i) que los bienes propiedad del demandado estén situados en cualquier Estado miembro que sea parte del ATUP, para lo que el TUP deberá tener en cuenta[346] el valor de los bienes en cuestión «*que no debe ser insignificante*» de forma tal que permita ejecutar la resolución judicial, por lo menos parcialmente, en dichos Estados; y (ii) que el litigio en cuestión guarde una conexión suficiente con ese Estado miembro. Se entiende[347] que se da esa conexión, cuando, por ejemplo, el demandante tenga en ese Estado su domicilio o se disponga en él de las pruebas relativas al asunto. La propia Comisión[348] evidenció que el TUP podría ser competente en virtud de este foro respecto a un demandado de nacionalidad turca que violase una patente europea que abarcase varios Estados miembros y Turquía.

A juicio de la Comisión[349], este foro equilibra la ausencia del demandado en la Unión y garantiza la ejecución de la eventual resolución, además de asegurar la competencia del TUP. Sin embargo, la doctrina[350] califica este foro de exorbitante e inapropiado, en la medida en que la ubicación de los bienes del demandado suele ser poco relevante para el derecho de patentes. Solo en los casos en los que esos bienes estén directamente relacionados con el litigio (con la invención propiamente dicha, o con la materialización de la presunta infracción) podría entenderse justificado este foro[351].

---

346 Considerando 7 del Reglamento nº 542/2014.

347 Considerando 7 del Reglamento nº 542/2014.

348 COM (2013) 554 final.

349 Op. Cit.

350 GARCÍA SELLENS, M.A., op. cit. p.178; y DE MIGUEL ASENSIO, P.A., op. cit. p. 91 y 92.

351 Los principios del ALI/UNIDOIT sobre la competencia, la elección del derecho aplicable, y las sentencias en litigios transnacionales de

Así pues, la única situación en la que el TUP carecerá de competencia judicial internacional respecto de una infracción de una patente europea[352] será la que tenga lugar sólo en uno o varios terceros Estados parte de la CPE (p. ej. Reino Unido o Turquía) por parte de una persona domiciliada en un tercer Estado (y sin ningún centro de actividad o sucursal ubicado en la Unión Europea[353]) (p. ej. Reino Unido o China). En ese caso, el RBI bis ni siquiera con la modificación introducida atribuye al TUP competencia alguna, lo que evidencia que la fragmentación jurisdiccional en la patente europea persiste.

### *3. Litispendencia y conexidad*

Con el fin de evitar la existencia de procedimientos paralelos, así como de resoluciones incompatibles como consecuencia de los mismos en la Unión Europea, el art. 71 *quater* RBI bis aclara que las normas de litispendencia y conexidad del RBI bis (arts. 29 a 32) se aplicarán entre los procedimientos seguidos ante el TUP y los seguidos ante un órgano jurisdiccional

propiedad intelectual e industrial adoptados y promulgados por *The American Law Institute* (ALI) en 2008, incluyen este foro basado en la presencia de bienes propiedad del demandado dentro de la lista de criterios de conexión inapropiados, salvo en los casos en los que estén relacionados con el litigio.

352 LÓPEZ-TARRUELLA MARTÍNEZ, A. "Hacia un nuevo escenario en la litigación transfronteriza de patentes en Europa: la jurisdicción internacional y la distribución de competencias en el tribunal unificado de patentes", en *Revista Electrónica de Estudios Internacionales*, núm. 42, diciembre 2021, p. 23.

353 Pues de tenerlo, el TUP sí podría tener competencia judicial internacional con base en el art. 7.5 RBI bis, si la infracción se hubiera cometido en el marco de la explotación de esa sucursal o centro de actividad.

de un Estado miembro que no sea parte del ATUP, o ante un órgano jurisdiccional de un Estado firmante del ATUP durante el periodo transitorio.

En este sentido, el TUP[354] aclara que los artículos 29 a 32 de RBI bis resultan de aplicación, aun cuando el procedimiento seguido ante el tribunal nacional se haya iniciado con anterioridad a la entrada en vigor del ATUP y, por tanto, fuera anterior al comienzo del periodo transitorio del art. 83 del ATUP[355].

Téngase en cuenta, sin embargo, que el artículo 71 *quater* RBI bis nada establece respecto de los artículos 33 y 34 del RBI bis que regulan la litispendencia y conexidad respecto de acciones ejercitadas ante órganos jurisdiccionales de Estados de fuera de la Unión Europea. No obstante, que no lo diga expresamente, ello no obsta para que no resulten de aplicación al TUP, en la medida en que se le considera un órgano jurisdiccional de un Estado miembro de la Unión Europea a los efectos del RBI bis[356]. Lo que, por otro lado, no deja de suscitar importantes interrogantes que el TUP deberá ir resolviendo, con ayuda, en su caso, del TJUE.

Así, por ejemplo, cuando en virtud del domicilio del demandado (art. 4 RBI bis), foro especial por la materia (art. 7 RBI bis) o por la pluralidad de demandados (art. 8 RBI bis), la competencia judicial internacional corresponda al TUP, y exis-

---

354 Order of the Court of Appeal of the UPC, issued on 17 September 2024, *Mala Tecnologies Ltd. vs Nokia Technology GMBH* (APL_26889/2024, UPC_CoA_227/2024).

355 Este auto igualmente deja claro que cualquier solicitud relativa a una posible suspensión por litispendencia o conexidad debe solicitarse mediante la excepción preliminar establecida en la regla 19 RoP.

356 DE MIGUEL ASENSIO, P.A.: "Tribunal Unificado de Patentes: competencia judicial y reconocimiento de resoluciones", en AEDIPr, Tomo XIII, 2013, p. 80.

ta otro procedimiento paralelo entre las mismas partes, misma causa y mismo objeto ante los tribunales de un tercer Estado, en ese caso, el TUP deberá aplicar lo previsto en el art. 33.1 RBI bis. Esto es, podrá suspender el procedimiento si entiende que ese tercer Estado dictará una resolución susceptible de ser reconocida y, en su caso, ejecutada[357] ¿dónde? ¿en todos los Estados miembros firmantes del ATUP, o bastaría con que solo lo fuera en los Estados miembros firmantes del ATUP ligados con el caso? El problema se multiplica si tenemos en cuenta que el reconocimiento y ejecución de las resoluciones judiciales dictadas fuera de la Unión Europea, no se rigen con el RBI bis, ni el Convenio de Lugano, sino que se someten a las normas de Derecho Internacional Privado de cada uno de los Estados. ¿En ese caso, a qué normas nacionales deberá atenerse el TUP?

Además, el RBI bis prevé que sus artículos 33 y 34 se aplicarán por el Tribunal del Estado miembro (es decir, en nuestro caso, el TUP) a petición de las partes, o bien, cuando su derecho nacional lo permita, de oficio. De nuevo, surge la cuestión de a qué derecho nacional deberá recurrir el TUP para solventar esta cuestión.

A priori, la regla 295[358] del Reglamento de Procedimiento del TUP (en adelante, «RoP») podría arrojar algo de luz

---

357 Recordamos que el art. 33.1 del RBI bis permite al órgano jurisdiccional del Estado miembro de la Unión Europea suspender el procedimiento si, entre otras, «*cabe esperar que el órgano jurisdiccional del tercer Estado dicte una resolución susceptible de ser reconocida y, en caso pertinente, ejecutada en ese Estado miembro*». En sentido similar se pronuncia el art. 33.3, 34.1, y 34.3 RBI bis. El mismo problema se plantea con los arts. 29 a 32 del RBI bis.

358 Así se intuye de la resolución de la Corte de Apelación del TUP de 17 de septiembre de 2024 (APL_26889/2024 / UPC_CoA_227/204) cuando afirma que, de no resultar de aplicación el art. 30 del RB I Bis igualmente, el art. 295 (m) del RoP permite la suspensión del procedimiento en interés de la correcta administración de justicia.

pues establece los casos en los que el TUP puede suspender un procedimiento (sin especificar si debe hacerlo a instancia de parte o de oficio). Entre ellos, se encuentra (i) la existencia de un procedimiento ante un tribunal nacional[359], (ii) cuando haya que dar efecto a algún precepto del Derecho de la Unión, en especial, del RB I bis, o (iii) en aras de una buena administración de justicia. Por lo que, a nuestro juicio, el TUP sí podría suspender el procedimiento, incluso, de oficio. Ahora bien, ¿puede el RoP -aprobado por el Comité Administrativo del TUP y no por los Estados firmantes del ATUP- equipararse a un «*derecho nacional*»? Las dudas son inevitables.

## IV. ARTÍCULO 33: DISTRIBUCIÓN INTERNA DE COMPETENCIAS

Una vez determinado que el TUP tiene competencia judicial internacional, bien por aplicación del RBI bis, bien por el Convenio de Lugano, faltaría concretar qué División -central, regional o local- debe conocer del caso. Para ello, el Reglamento nº542/2014[360] ha dejado claro que las disposiciones del RBI bis no resultan de aplicación para este cometido, por lo que

---

[359] Si bien, la dicción de la regla 295, apartado a) no es todo lo clara que debería, en la medida en que parece referirse únicamente a la existencia de un procedimiento de oposición o limitación ante la OEP o una autoridad nacional (lo que parece excluir un procedimiento judicial ante un tribunal nacional). No obstante, de una lectura conjunta con el apartado b), relativo a la existencia de un procedimiento sobre un CCP pendiente ante, ahora sí, ante un tribunal nacional o autoridad nacional, nos inclina a pensar que lo que se predica del CCP también resulta de aplicación a una patente europea, al no existir ninguna justificación para que quede excluida tal posibilidad.

[360] En su considerando 5.

deberemos estar única y exclusivamente al art. 33 del ATUP y, en lo que resulte de aplicación, al RoP[361].

Para un correcto análisis de esta distribución de competencias se debe tener presente la estructura propia del Tribunal de Primera Instancia del TUP, que según el art. 7 del ATUP, consta de una División central, y de divisiones nacionales y regionales[362].

## *1. Elección de las partes*

El art. 33.7 del ATUP otorga a las partes una amplia libertad para elegir la división del TUP en la que quieren litigar, y ello, con independencia de la división de que se trate y de la acción ejercitada, a excepción sólo de las acciones relativas a decisiones de la Oficina Europea de Patentes (en adelante, «OEP») en el desempeño de las funciones previstas en el art. 9 del Reglamento nº 1257/2012, las cuales quedan reservadas a la División central.

Llama especialmente la atención la amplia facultad de elección concedida a las partes aun cuando lo que se discuta sea la validez de una patente europea. Materia ésta tradicionalmente vetada a la voluntad de las partes, pues, como es sabido, era cuestión reservada a los Estados en donde constaba registrada esa patente[363]. Este punto ha sido muy criticado por la doctrina que ven en el ATUP una vulneración clara del Derecho de la

---

361 Aprobado por el Comité Administrativo el 8 de julio de 2022.

362 Las localizaciones del TUP pueden consultarse en: https://www.unified-patent-court.org/en/court/locations. Última consulta: 23 de octubre de 2024.

363 Vid. art. 24.4 del RBI bis, por ejemplo, o art. 22.2 Convenio de Lugano.

Unión Europea[364], basado fundamentalmente en el principio de territorialidad[365]. De esta forma, podría darse el caso paradigmático de que aun cuando se haya atribuido al TUP la controversia sobre la validez de una patente europea por haber sido validada en, pongamos, Bélgica, sin embargo, finalmente conozca del caso la División central de con sede en París por haberlo acordado así las partes.

El ATUP tan solo menciona que las partes podrán «*convenir*» en ejercitar las acciones ante la división de su elección, sin explicitar nada más. Esta formulación tan amplia del precepto comprende, tras un estudio del RoP, tanto la figura de la sumisión expresa -mediante un acuerdo expreso por el que las partes designan una concreta división para que resuelva la controversia[366]- como la de la sumisión tácita[367] -esto es, cuando el demandado comparece ante la división de que se trate y no impugna su

---

364 IGLESIAS BUHIGUES, J.L "Derecho Internacional Privado, patente europea con efecto unitario y Tribunal Unificado de Patentes", en PELLISÉ, C. (ed), *La unificación convencional y regional del Derecho internacional privado*, Madrid, Marcial Pons, 2014, pp. 151 y 152. También GARCÍA SELLENS, M.A. *La competencia judicial internacional de los tribunales españoles en los casos de presunta infracción de derechos de patente*, cit., , pp. 118 y 119.

365 STJUE de 13 de julio de 2006, (C-4/03) *GAT vs LUK* (ECLI:EU:C:2006:457) es un ejemplo de ese principio de territorialidad, cuando afirma que la competencia exclusiva (art. 24.4 RBI Bis) debe aplicarse con independencia del marco procesal en el que se suscite la cuestión de la validez de una patente, ya sea por vía de acción o por vía de excepción (reconvención).

366 Habrá que ver qué requisitos, de capacidad, forma y contenido, exige el TUP a esos acuerdos.

367 GARCÍA VIDAL también aprecia la existencia de sumisión tácita, en GARCÍA VIDAL, A. *El sistema de la patente europea con efecto unitario*, Cizur Menor (Navarra), Aranzadi (Thomson Reuters), 2014, p. 189.

competencia, admitiéndola, por tanto, tácitamente-. En efecto, si bien es cierto que el artículo 13.1 (i) RoP[368] exige acompañar junto con la demanda la prueba del acuerdo de sumisión alcanzado y que, en caso de no subsanar su falta, puede conllevar la inadmisión de la demanda, el art. 19 RoP concede, a su vez, al demandado la posibilidad de interponer una excepción preliminar (a modo de declinatoria) en el plazo de un mes en caso de no estar conforme la división determinada por el demandante. De no hacerlo en el plazo establecido, el art. 19.7 RoP expresamente dispone que se considerará una sumisión -por tanto, tácita- a la competencia de la división elegida por el demandante.

En defecto de elección de las partes, deberemos acudir al resto de normas de atribución de asuntos establecidas en el art. 33 del ATUP. Con base en ellas, el reparto de los procedimientos es:

| División Local/Regional | División Central |
|---|---|
| Infracción | Nulidad |
| Medidas cautelares o provisionales | Declarativas de no infracción |
| Indemnización derivada de protección provisional otorgada por una solicitud de patente europea publicada | Acciones frente a Decisiones de la OEP |
| Acciones relativas al uso de la invención anterior a la concesión de la patente | |
| Indemnización por licencias | |

Que este reparto rige como principio general lo ha establecido el propio TUP[369], previendo el artículo 33 del ATUP

368 También se especifica así para las demandas de nulidad (art.44 (b) RoP) y las demandas negativas de infracción (art. 63 (b) RoP).

369 Order of the Court of First Instance (Central Division. Seat Paris), issued on 13 November 2023, *Edwards Lifesciences Corporation vs Meril*

una serie de excepciones, en especial en materia de procedimientos paralelos, que, como tales, veremos merecen una interpretación más restrictiva.

### *1. Competencia interna de la División central*

La División central tiene su sede en París, si bien cuenta también con secciones en Múnich y Milán[370]. Los asuntos de los que debe conocer cada sección se distribuyen según el campo de la ciencia sobre el que verse la patente europea en litigio, de acuerdo con el reparto establecido en el Anexo II del ATUP. No obstante, debe tenerse en cuenta la modificación introducida por el Comité Administrativo en su Decisión de 26 de junio de 2023, quedando el reparto del siguiente modo[371]:

*Italy* (UPC_CFI_255/2023).

370 El art. 7.2 del ATUP establecía Londres como una de las dos secciones de la división Central, pero tras el Brexit, el Comité Administrativo del TUP, excediéndose claramente de las competencias que le confiere el artículo 87 del ATUP, mediante Decisión de 26 de junio de 2023, modificó el art. 7.2 del ATUP, introduciendo Milán como una sección, y reasignó las competencias de la División Central previstas en el Anexo II del ATUP.

371 La clasificación se basa en la Clasificación Internacional de Patentes de la Organización Mundial de la Propiedad Intelectual (http://www.wipo.int/classifications/ipc/es).

| Milán | París | Múnich |
|---|---|---|
| Necesidades corrientes de la vida[372], sin CCPs | (B) Técnicas industriales diversas, transportes | (A) Química, metalurgia sin CCPs |
| | (D) Textiles, papel | (M) Ingeniería mecánica, iluminación, calefacción, armamento, voladura |
| | (E) Construcciones fijas | |
| | (G) Física | |
| | (H) Electricidad | |
| | CCPs | |

Por tanto, cuando en virtud del art. 33 del ATUP, sea competente la División central para conocer de la controversia, se tendrá que tener en cuenta el campo científico o de actividad al que se refiere la patente en cuestión para asignar el caso a una sección u otra. En caso de que la controversia verse sobre una patente con varias aplicaciones, o sobre una pluralidad de patentes, el art. 17.3 RoP establece la forma de determinar la concreta sección de la División Central a la que corresponde el asunto:

- Si la acción ejercitada se refiere a una única patente con una única clasificación, se asignará a la sección que corresponda.
- Si la demanda afecta a un grupo de patentes y la mayoría de sus clasificaciones corresponden a una sección en concreto, se le asignará el caso a ella.

372 Abarca productos farmacéuticos (médicos y veterinarios), agricultura, productos alimenticios, tabaco, bienes de consumo, deportes y juegos, entre otros (véase https://ipcpub.wipo.int/?notion=scheme&version=20240101&symbol=A&menulang=en&lang=en&viewmode=f&fipcpc=no&showdeleted=yes&indexes=no&headings=yes¬es=yes&direction=o2n&initial=A&cwid=none&tree=no&searchmode=smart¬e= ).

- Si la acción implica a una patente con más de una clasificación, el Registro asignará el asunto a la sección correspondiente a la primera clasificación de esa patente.
- Si son varias las patentes implicadas, pero atendiendo a sus clasificaciones no hay una mayoría que pueda ser atribuida a una sección, el asunto se asignará a la primera clasificación listada en la demanda. No obstante, el Tribunal puede reasignarlo a otra sección de considerarlo más apropiado.

A continuación, abordamos las acciones de las que debe conocer la División Central y en qué circunstancias.

### 1.1. Acciones directas de nulidad

De acuerdo con el art. 33.4 del ATUP las acciones directas de nulidad se ejercitan ante la División central, siempre que, como veremos más adelante, no esté ya pendiente entre las mismas partes y sobre la misma patente, una acción de infracción.

Las acciones de nulidad podrán ejercitarse sin necesidad de que el demandante tenga que haber formulado oposición ante la OEP (art. 33.8 del ATUP). Por tanto, en caso de que no haya expirado el plazo de 9 meses de oposición ante la OEP[373], el demandante podrá elegir entre formular su oposición ante dicho organismo, o acudir directamente ante el TUP.

Ahora bien, si al momento de interponer la demanda existe un procedimiento de nulidad, limitación u oposición en marcha ante la OEP, el art. 33.10 del ATUP obliga a las partes a informar al Tribunal de ello. En ese caso, el TUP podrá suspender el procedi-

373 Art. 99 CEP.

miento cuando sea previsible obtener una pronta[374] resolución de la OEP, facultad que también está prevista en la regla 295 RoP. El Tribunal puede incluso, a instancia de parte o de oficio, solicitar a la OEP que acelere su procedimiento (regla 298 RoP). Asimismo, la regla 295, en sus apartados a y b, del RoP extiende la facultad de suspensión del Tribunal en caso de pendencia de un procedimiento ante una autoridad o tribunal nacional.

Igualmente, la regla 77 del RoP deja claro que una acción directa de nulidad se puede ejercitar de forma conjunta con una acción negatoria de infracción.

### 1.2. Acciones negatorias de infracción

La División central conocerá igualmente de las acciones negatorias de infracción (art. 33.4 ATUP), salvo que, de nuevo, esté ya pendiente entre las mismas partes y sobre la misma patente, una acción de infracción.

De igual manera, una acción declarativa de no infracción que esté pendiente ante la División central quedará suspendida si en el plazo de tres meses desde su incoación, se ejercita ante una división local o regional una acción por infracción de patente, ante las mismas partes o entre el titular de una licencia exclusiva y la parte que solicita la declaración de inexistencia de infracción en relación con la misma patente (art. 33.6 ATUP). La regla 76 RoP exige además que se trate de la misma infracción.

---

374 *[The use of the word 'rapid' (…) as an adjective to "decision" suggests that there should be a concrete expectation (i.e. a known date in time) for a decision which date should be in the near future such that it is clearly expected to be delivered before unexpected decision by the UPC* (Order of First Instance Court. Munich Central Division of 20 November 2023, *Astellas Institute for Regenerative Medicine vs Healios K.K and other* (UPC_CFI_80/2023).

Estos apartados tienen, por tanto, como finalidad la de evitar las denominadas acciones torpedo[375] en el seno del TUP. Esto es, cuando un presunto infractor se adelanta a la eventual acción que el titular de la patente pretenda dirigirle, interponiendo una acción declarativa de negativa de infracción ante el tribunal de su elección. El ATUP, por tanto, limita no solo la capacidad de elección de ese infractor (pues deberá acudir necesariamente a la División central), sino también concede al titular de la patente infringida la facultad de determinar la División del TUP ante la que ejercitar la acción por infracción, siempre que ésta se haya interpuesto en los tres meses siguientes a la incoación de la negatoria de infracción. El ATUP altera, con ello, el criterio de la prioridad temporal como determinante de la competencia -que rige, por ejemplo, en el RBI bis y en el Convenio de Lugano[376]- suspendiendo la acción negatoria de infracción[377].

Ahora bien, ¿qué ocurre si el titular de la patente o el licenciatario exclusivo plantea su demanda, una vez transcurrido el plazo de tres meses al que se refiere el art. 33.6 del ATUP? En ese caso, no se suspenderá el procedimiento, pero los presidentes de la División central y de la División local o regional afectada deberán acordar el progreso de los procedimientos, incluyendo la posibilidad de suspenderlo, de acuerdo con la regla 76.3 RoP. Por tanto, la suspensión deja de ser obligatoria, y pasa a ser facultativa para el TUP.

---

375 LÓPEZ-TARRUELLA MARTÍNEZ, A. "Hacia un nuevo escenario en la litigación transfronteriza de patentes en Europa: la jurisdicción internacional y la distribución de competencias en el tribunal unificado de patentes", cit., p. 27.

376 Por aplicación de sus normas de litispendencia.

377 GARCÍA VIDAL, A. *El sistema de la patente europea con efecto unitario*, cit., 2014. pp. 185 y 196.

### 1.3. Acciones frente a decisiones de la OEP en el desempeño de las funciones del art. 9 Reglamento nº 1257/2012

Debido a la mayor especialización de la División central el art. 33.9 del ATUP reserva a ésta la resolución de las acciones que se interpongan frente a decisiones de la OEP en el desempeño de las funciones a las que se refiere el art. 9 del Reglamento nº 1257/2012.

### 1.4. Circunstancias particulares para conocer del resto de acciones

Pese a que, como hemos indicado al inicio, como principio general la División central conocerá sólo de las acciones directas de nulidad, declarativas de no infracción, y frente a decisiones de la OEP en el ejercicio de las funciones del art. 9 del Reglamento nº 1257/2012, existen circunstancias particulares en las que esta División podrá conocer del resto de las acciones previstas en el art. 32.1, letras a), c), f), g) y h), esto es, de las acciones por infracción y reconvenciones relativas a una licencia, medidas provisionales y cautelares, demandas de reconvención de nulidad, acciones por daños derivadas de la protección provisional otorgada por una solicitud de patente europea publicada, acciones por uso de la invención anteriormente a la concesión de la patente, e indemnización por licencias basadas en el art. 8 del Reglamento nº 1257/2012.

#### *2.4.1. Demandados con domicilio o centro de actividad fuera de los Estados del ATUP*

El art. 33.1 del ATUP establece que cuando las anteriores acciones se dirijan contra demandados que tengan su residencia o su centro principal de actividad o, a falta de éstos, su centro de actividad, fuera del territorio de los Estados miembros contratantes del ATUP podrán ser demandados ante la División central, o bien, ante la división local que albergue el Estado miembro contratante en que se haya producido o pueda producirse la infracción, o ante la división regional de la que forme parte dicho Estado miembro contratante. En caso de que el Estado miembro contratante de que se trate, no albergue ninguna división local o no forme parte de una división regional, conocerá de la controversia en todo caso la División central.

Una situación similar se recoge en el art. 18.4 del Estatuto de la Corte, según el cual, si una División local o regional deja de existir, todos los casos pendientes ante ella serán transferidos a la División central.

### *2.4.2 Acciones por infracción con pluralidad de ilícitos*

En caso de que se esté ejercitando ante una División regional una acción por infracción de patente europea o de CCP afín, incluidas las reconvenciones relativas a licencias, y la violación se produjo en los territorios de tres o más divisiones regionales, la división afectada trasladará la causa, a petición del demandado, a la División central (art. 33.2 ATUP). La finalidad de este precepto es claramente la de evitar el *fórum shopping* por parte del demandante[378], al reservar esta facultad tan solo al demandado.

---

378 CASALONGA, A. "How and when to bring a case before the UPC Central Division", en *Intellectual Asset Management,* The IP Media Group, 2013 [Disponible en: https://www.casalonga.com/IMG/pdf/x-border_casalonga.pdf ].

### *1. Competencia interna de las Divisiones regionales o locales*

El art. 33.1 del ATUP establece, como principio general, la competencia interna de las Divisiones regionales y locales del TUP a quienes atribuye el conocimiento de las acciones previstas en el art. 32.1 a) (acción por infracción), c) (solicitudes de medidas cautelares y provisionales), f) (demandas por daños y perjuicios o de indemnización derivadas de protección provisional otorgada por una solicitud de patente europea publicada, g) acciones relativas al uso de la invención anteriormente a la concesión de la patente o al derecho fundado en una utilización anterior de la invención, y h) acciones de indemnización por licencias, basadas en el art. 8 Reglamento nº 1257/2012.

Para el conocimiento de este catálogo de acciones, el ATUP otorga competencia a las Divisiones locales y regionales en función de dos criterios de atribución, que quedan a la elección del demandante:

a. El lugar donde se haya producido o se pueda producir la violación en grado de consumación o de tentativa.
b. El lugar donde el demandado, o en caso de haber varios demandados, uno de ellos, tenga su residencia habitual, su centro principal de actividad o, «*a falta de estos*», su centro de actividad.

Si bien, para el ejercicio de las acciones de indemnización por licencias, basadas en el art. 8 Reglamento nº 1257/2012, el ATUP elimina esa opción del demandante, debiendo ejercitarse obligatoriamente en el foro señalado en el apartado b) (domicilio o centro principal de actividad del demandado).

Como puede verse, estas reglas recuerdan a los foros de competencia actualmente existentes en los arts. 4 (foro del domicilio del demandado) y 7.2 RBI bis (foro *locus delicti comissi*) (arts. 2 y 5.3 CL), por lo que no es descartable que, pese a que son normas autónomas y propias del ATUP, el TUP termine haciendo suya la interpretación que de ellos viene realizando el TJUE. Veámoslos.

### 1.1. Foro del domicilio o centro principal de actividades del demandado

Por lo que a este criterio de atribución se refiere, sin duda, el ATUP tiene presente la doctrina propia del Derecho Internacional Privado que ha considerado siempre este foro beneficioso para el demandado, por cuanto le permite una adecuada organización de su defensa[379], y además dota al sistema de previsibilidad y seguridad jurídica.

Cuando el ATUP se refiere al «*domicilio*», está pensando, en el lugar de residencia habitual de la persona física, y al TUP le corresponde delimitar el concepto. Par ello, el ATUP no remite[380] a la legislación nacional para establecerlo. En su lugar, LÓPEZ-TARRUELLA[381] propone acudir a los conceptos establecidos en los Reglamentos Roma I y Roma II, que equiparan la residencia habitual de una persona física que ejerce una actividad profesional con su establecimiento principal.

Por lo que respecta al «*centro principal de actividades*» de una persona jurídica, el ATUP ha optado por utilizar sólo este concepto -más genérico y amplio, y sin duda más fácilmente adaptable a la realidad cambiante del mundo actual-, de los tres pro-

---

379 ESPLUGES MOTA, C. y PALAO MORENO, G. *Derecho Internacional Privado,* Valencia, Tirant lo Blanch, 2023, p.151.

380 Como sí hace, por ejemplo, el RBI bis, en su art. 62.

381 LÓPEZ-TARRUELLA MARTÍNEZ, A. "Hacia un nuevo escenario en la litigación transfronteriza de patentes en Europa: la jurisdicción internacional y la distribución de competencias en el tribunal unificado de patentes", cit., p.15.

puestos por el art. 63 RBI Bis para establecer el domicilio del demandado. Sin embargo, a nuestro entender, nada obsta para que ese centro principal de actividades coincida a su vez con su sede estatutaria o su administración central, según sea el caso.

El ATUP establece asimismo que, «*a falta de*» un domicilio o centro principal de actividades, podrá interponerse la demanda en la División local o regional en cuyo territorio se ubique el centro de actividad del demandado. Es decir, en defecto de los anteriores, podrá acudirse a la División en la que se ubique cualquier centro de actividad del demandado, como, por ejemplo, una sucursal, lo que se dará cuando el domicilio o centro principal de actividades del demandado se encuentre fuera de un Estado contratante del ATUP. Ello se corrobora con el penúltimo párrafo del art. 33.1 del ATUP, cuando establece que en caso de que el demandado tenga su residencia o centro principal de actividad, o a falta de éstos, un centro de actividad, fuera del territorio de los Estados contratantes del ATUP, la división local o regional vendrá determinada únicamente con base en el criterio del foro *locus delicti comissi*. Aunque, en estos casos, también se podrá interponer la acción frente a la División central (lo que ocurrirá, por ejemplo, en caso de que el TUP ostente competencia judicial internacional en aplicación del art. 71 ter y 7.1 del RBI Bis).

En caso de pluralidad de demandados, el demandante podrá optar por la División local o regional donde se halle el domicilio de cualquiera de ellos. Ahora bien, para poder demandar de forma conjunta a varios demandados, el ATUP exige dos requisitos: (i) que exista entre ellos «*una relación comercial entre sí*»; y (ii) que las acciones dirigidas contra cada uno de ellos se refieran a la misma presunta infracción.

La primera cuestión que suscita este apartado es si el mismo resulta o no de aplicación cuando uno o varios de esos demandados tiene su domicilio fuera de un Estado miembro contratante del ATUP, siendo suficiente con que uno solo de los codemandados tenga su domicilio en un Estado firmante del ATUP. A nuestro juicio, ese apartado solo se refiere al supuesto en el que la totalidad de los demandados tienen su domicilio en un Estado miembro contratante del ATUP. Es lo que concluimos del penúltimo párrafo del art. 33.1 del ATUP que regula expresamente los casos en los que los demandados tienen su domicilio fuera de los Estados miembros del ATUP, máxime cuando en tales casos elimina la posibilidad de acudir al foro del domicilio del demandado, y obliga, en su lugar, a determinar la División local o regional competente única y exclusivamente con base en el foro *locus delicti comissi*, o a acudir a la División central.

Por «*relación comercial entre sí*», de nuevo, nos encontramos ante un concepto indefinido que el TUP deberá perfilar caso por caso. No obstante, abogamos por una interpretación amplia que no sólo englobe a los distintos participantes en toda la cadena de producción y/o distribución de los productos infractores, sino también, por ejemplo, a las sociedades implicadas en la infracción de un mismo grupo empresarial[382].

Para que el segundo de los requisitos (que las acciones se refieran a la misma presunta infracción) pudiera ser apreciado, convenimos con LÓPEZ-TARRUELLA[383] en que debería bastar con que varias empresas demandadas infringieran una misma patente europea validada en una pluralidad de Estados. Es decir, no debería exigirse que todos los demandados hayan violado presuntamente la patente europea en el mismo Estado, sino que bastaría con que cada uno de esos demandados hubiera infringido la misma patente en Estados miembros di-

---

382 En el mismo sentido, GARCÍA SELLENS, M.A., *La competencia judicial internacional de los tribunales españoles en los casos de presunta infracción de derechos de patente*, cit., p. 182.

383 Op. Cit. p.18.

ferentes[384]. Interpretación ésta que garantiza la protección uniforme que el Reglamento nº 1257/2012 y el ATUP pretenden. Con ello, el ATUP se alejaría del muy criticado criterio plasmado por el TJUE en sus sentencias *Roche Nederland*[385] y *Solvay*[386], según el cual en materia de patentes no podía aplicarse el art. 8 RBI bis a infractores situados en varios Estados miembros, pues no existía el riesgo de resoluciones contradictorias al tratarse de infracciones sometidas a derechos nacionales distintos.

## 1.2. Foro locus delicti comissi

Al segundo de los criterios de atribución previstos en el art. 33.1 del ATUP, el denominado *foro locus delicti comissi,* en virtud del cual se atribuye competencia a la División local o regional en cuyo territorio se haya o se pueda producir la violación, la doctrina internacional privatista[387] le atribuye un doble fundamento: (i) por un lado, permite a las partes litigar con un coste económico más reducido al tratarse de tribunales próximos al litigio cuya competencia, además, puede ser prevista por ambos litigantes; (ii) por otro, permite una buena administración de justicia, pues, sin duda, el tribunal que corresponde al lugar del daño puede desarrollar su labor jurisdiccional de manera más eficiente dada su proximidad con los hechos relevantes.

---

384 Interpretación ésta mucho más flexible, sin duda, que la doctrina tan estricta que el TJUE estableció en la sentencia de 13 de julio de 2006 (C-539/03) *Roche Nederland BV y otros,* (ECLI:EU:C:2006:458), respecto del art. 8.1 del RBI bis.

385 STJUE de 13 de julio de 2006 (C-539/03) *Roche Nederland BV y otros,* (ECLI:EU:C:2006:458).

386 STJUE de 12 de julio de 2012 (C-616/10), *Solvay SA vs Honeywell y otros,* (ECLI:EU:C:2012:445).

387 CALVO CARAVACA, A.L. y CARRASCOSA, J., *Tratado de Derecho Internacional Privado.* Tirant lo Blanch, 2022, Tomo III, pp. 3603 y 3607.

La problemática en torno a este criterio de atribución será la misma que la que gira en torno al foro especial por la materia del art. 7.2 RBI bis: la concreción del hecho dañoso, más aún cuando la infracción se haya cometido a través de Internet. Habrá que ver, por tanto, por qué criterio se decanta el TUP a la hora de determinar este foro: si permite su concreción, al igual que hace el TJUE, tanto en el lugar de origen del daño, como el del lugar de manifestación material de ese daño[388]. Y si, mediando Internet, se decanta por el criterio de la mera accesibilidad[389] o el criterio de las actividades dirigidas[390]. Lo que sí que no vemos necesario es que el TUP se inmiscuya en disquisiciones acerca del alcance de los daños de los que puede conocer en virtud del art. 33.1 del ATUP -es decir, si aplicará o no la teoría de la ubicuidad[391]-, pues ello no vendrá determinado por la aplicación del ATUP, sino en virtud del foro del RBI bis por el cual se le haya conferido competencia judicial internacional.

---

388 La expresión «lugar donde se hubiere producido o pudiere producirse el hecho dañoso», "*se refiere al mismo tiempo al lugar donde se ha producido el daño y al lugar del hecho causal que originó ese daño, de modo que la acción puede ejercitarse, a elección del demandante, ante los órganos jurisdiccionales de cualquiera de esos dos lugares*" (SSTJUE de 25 de octubre de 2011 (C-509/09 y C-161/10) *eDate Advertising y otros* (ECLI:EU:C:2011:685) y de 19 de abril de 2012 (C-523/10), *Wintersteiger AG*, (ECLI:EU:C:2012:220).

389 STJUE de 3 de octubre de 2013, C-170/12, *Pinckney*, (ECLI:EU:C:2013:635), o STJUE 22 de enero de 2015, C-441/13, *Hedjuk*,(ECLI:EU:C:2015:28).

390 STJUE de 18 de octubre de 2012, C-173/11, *Football Dataco* (ECLI:EU:C:2012:642).

391 STJUE de 30 de noviembre de 1976, 21/76, *Mines de Potasse* (ECLI:EU:C:1976:166).

## *2. Procedimientos paralelos y torpedos en el seno del TUP*

Elevar la seguridad jurídica en los litigios relativos a las patentes europeas, garantizar unas resoluciones rápidas y de alta calidad, manteniendo un equilibrio adecuado entre los intereses de los titulares de los derechos y las demás partes son objetivos del TUP[392]. Teniendo todo ello como guía, el ATUP ha establecido un conjunto autónomo de normas[393] tendentes a regular las situaciones en la que existan procedimientos paralelos entre las mismas partes y en relación a la misma patente, dentro del seno del TUP, propiciando, como veremos, la concentración de procedimientos en una misma división. Pues, como consta ya en alguna resolución del TUP[394], la existencia de varios procedimientos entre las mismas partes y misma patente en divisiones diferentes del mismo Tribunal sería ineficiente y podría llevar a resoluciones contradictorias, lo que en ningún caso es deseable. En concreto, nos referimos al artículo 33, apartados 2, 3, 4, 5 y 6 del ATUP.

### 2.1. Litispendencia y procedimientos paralelos

En línea con lo anterior, el ATUP ha querido eliminar de raíz la existencia de procedimientos paralelos dentro del propio TUP. Así, el art. 33.2 del ATUP, en su párrafo primero, establece una prohibición: ejercitada una acción por infracción, o por daños y perjuicios derivadas de la protección provisional

---

392 El propio preámbulo del ATUP así lo manifiesta.

393 Order of the First Instance of UPC (Central Division. Seat Paris) issued on 13 November 2023, *Edwards Lifesciences Corporation vs Meril Italy* (UPC_CFI_255/2023).

394 Order of the Court of First Instance TUP (División Central. Section Munich) issued on 24 August 2023, *Amgen, Inc. vs Sanofi-Aventis* (UPC_CFI _1/2023).

otorgada por una solicitud de patente europea publicada, o relativa al uso de la invención anteriormente a la concesión de la patente, de indemnización por licencias, o solicitada una medida cautelar o provisional, no podrá ejercitarse ante ninguna otra división ninguna otra de esas acciones entre las mismas partes y sobre la misma patente (o, añadimos nosotros, certificado complementario de protección, puesto que el artículo 32 al que se refiere este apartado también los incluye).

Tal y como está formulado, la prohibición no sólo se extiende a la misma acción ya ejercitada y pendiente de resolución por el TUP, sino que impide el ejercicio de cualquiera de las otras acciones previstas en el art. 32.1, letras a), c), f) g) o h).

No obstante, si aun con ello se diera la existencia de procedimientos paralelos, el art. 33.2 en su párrafo tercero, establece como regla general el criterio del *prior tempore*. Así, cuando una acción entre las mismas partes y sobre la misma patente (o certificado complementario de protección) se ejercite ante varias divisiones distintas, «*la División ante la que se haya ejercitado en primer lugar la acción será competente en toda la causa*».

Recordemos igualmente que el art. 33.4 del ATUP prevé que en caso de que una acción por infracción ya haya sido ejercitada ante una División local o regional, la acción de nulidad o una acción negatoria de infracción, entre las mismas partes y en relación a la misma patente, deberá ejercitarse ante la misma División local o regional que esté conociendo de la primera acción. Con ello, de nuevo, el ATUP pretende evitar la existencia de procedimientos paralelos en el seno del propio Tribunal.

El TUP[395] ya se ha pronunciado acerca de qué cabe entender por «*mismas partes*» a los efectos del art. 33.4 del ATUP, si

---

[395] Order of The First Instance of UPC (Central Division. Seat Paris) issued on 13 November 2023, *Edwards Lifesciences Corporation vs Meril*

bien, creemos que su argumentación puede aplicarse a otros apartados que también regulan procedimientos paralelos entre las «*mismas partes*» (por ejemplo, el art. 33.2 del ATUP). Para ello, el TUP remite, en primer lugar, a la ley nacional de la parte en cuestión, en este caso, la ley italiana a partir de la cual, concluye que, pese a la pertenencia de dos empresas a un mismo grupo, ambas mantienen personalidades jurídicas diferenciadas. En segundo lugar, para poder aplicar en estos casos la teoría de la «empresa de paja» («straw company») -y entender, en consecuencia, que la empresa en cuestión no es una entidad jurídica independiente, sino que sus acciones deben atribuirse a la sociedad matriz-, el TUP exige que la actividad de dicha entidad se encuentre relacionada con la de la matriz y, además debe mediar entre ellas un acuerdo en el que se establezcan esos efectos. No serán necesarias pruebas directas de la celebración de dicho acuerdo, sino que bastarán indicios serios sobre su existencia.

Asimismo, para determinar qué acción se ha interpuesto primero (si la acción de nulidad o la de infracción), se debe estar a un sistema unívoco y objetivo que permita comparar la fecha y hora exacta en la que cada demanda fue presentada ante el Tribunal[396], que normalmente vendrán determinadas en el acuse de presentación que el propio registro electrónico del TUP genere (reglas 4.1 y 262 RoP).

---

*Italy* (UPC_CFI_255/2023).

396 Order of the Court of First Instance TUP (División Central. Section Munich) issued on 24 August 2023, *Amgen, Inc. vs Sanofi-Aventis* (UPC_CFI _1/2023).

### 2.3. Reconvención y sistema de bifurcación

Cuando tras recibir una demanda por infracción de una patente, el demandado decide reconvenir[397] solicitando la nulidad de esa misma patente, el art. 33.3 del ATUP, otorga a la División local o regional afectada, tras haber oído previamente a las partes, la facultad de decidir entre tres opciones (la regla 37.1 RoP exige que esa decisión sea motivada):

a. Proseguir el procedimiento, conociendo ella ambas acciones, para lo que deberá pedir al Presidente del Tribunal de Primera Instancia que asigne, de la reserva de jueces, un juez con formación técnica, titulación y experiencia en el ámbito de la tecnología de que se trate.

   Existen resoluciones ya en el propio TUP[398] que ven en esta opción la posibilidad de obtener resoluciones más eficaces, e interpretar de forma más uniforme el derecho sustantivo, lo que se justifica más aún cuando la tecnología a la que la patente se refiere es compleja y poco conocida en el ámbito litigioso. Además, la designación de un juez con formación técnica y experiencia en el ámbito de la tecnología de que se trate asegura que la

---

[397] Según las estadísticas del TUP, a fecha de septiembre de 2024 ha existido reconvención frente a una acción por infracción en el 53,6% de los casos. En: https://www.unified-patent-court.org/sites/default/files/upc_documents/Case%20load%20of%20the%20Court_end%20September_2024_30.09.2024.pdf

[398] Order of the Court of First Instance. Local Division of Düsseldorf, issued on 22 November 2023, *myStromer AG vs Revolt Zycling AG and other* (UPC_CFI_260/2023).

División local sea perfectamente capaz de decidir sobre la cuestión de la nulidad[399].

No olvidemos, además, que el ATUP prima la concentración de los distintos litigios que envuelven a una misma patente, por lo que, no es descartable que esta opción sea la que finalmente impere mayoritariamente entre las distintas Divisiones locales o regionales.

b. Trasladar la reconvención por nulidad a la División central para que resuelva, y suspender o continuar ella el procedimiento relativo a la acción por infracción.

En estos casos, la regla 37.4 del RoP establece que la División local o regional podrá suspender el procedimiento por infracción hasta que se dicte una resolución definitiva en el procedimiento de nulidad. Ahora bien, sí que tendrá la obligación de suspenderlo, cuando exista una alta probabilidad de que la patente en cuestión sea declarada nula por cualquier motivo por la División central. En el mismo sentido se pronuncia la regla 118.2 del RoP.

Cuando la División local o regional decida no suspender el procedimiento por infracción, la regla 37.5 del RoP determina que deberá comunicar a la División central las fechas fijadas para la conferencia intermedia y para la vista oral. Por su parte, en estos casos, la División central deberá acelerar el procedimiento de nulidad, y señalar fecha para la vista oral de forma previa a la fijada en el procedimiento por infracción (regla 40 RoP).

---

399 Procedural Order of Court of First Instance, Local Division of Düsseldorf, issued on 19 December 2023, *N.V. Nutricia vs Nestlé Health Science (Deutschland) GmbH,* (UPC_CFI_201/2023).

No obstante, para el improbable caso en que la División local o regional termine dictando sentencia antes de que la División central haya resuelto la acción de nulidad, será de aplicación lo previsto en la regla 118.2 del RoP según la cual, su decisión quedará condicionada[400] a que la patente no sea total o parcialmente anulada por la División central.

c. Trasladar la totalidad del asunto a la División central para que resuelva, siempre que cuente con el acuerdo de las partes. Por tanto, a falta de acuerdo, ésta no será una posibilidad por la que la División local o regional pueda optar.

Como se puede comprobar, el ATUP acoge tanto el sistema de bifurcación alemán (en los que la validez y la infracción de una patente se juzga por tribunales distintos), como el sistema de unificación de controversias en torno a la misma patente, propio, por ejemplo, del Reino Unido. Como destaca GARCÍA VIDAL[401] según la opción que cada División local o regional adopte en aplicación de este precepto, optando o no por la bifurcación del procedimiento, ello será un criterio importante que las partes valorarán a la hora de escoger una división concreta del TUP para litigar, fomentándose con ello el *fórum shopping* en el seno del Tribunal.

Esta misma solución es la que el ATUP regula en el art. 33.5 respecto de las acciones por infracción que se ejerciten estando pendiente una acción de nulidad. En efecto, ya hemos visto con anterioridad que, en estos casos, el demandante por infracción puede elegir interponer su demanda bien ante la División central

---

400 El art. 56.1 del ATUP autoriza al TUP a condicionar sus decisiones de conformidad con el RoP.

401 GARCÍA VIDAL, A., op.cit. p. 191.

que ya está conociendo de la acción de nulidad, o interponerla ante una División local o regional. De ser éste el caso, el art. 33.5 remite al art. 33.3 del ATUP dando a la División local o regional de que se trate a optar por cualquiera de las opciones ya vistas: (i) proseguir ella con el procedimiento relativo a la acción por infracción en las condiciones que ya hemos analizado antes; o (ii) remitir el procedimiento por infracción a la División central. A la hora de tomar esta decisión, de acuerdo con la regla 75.3 RoP la División local o regional deberá tener en cuenta cómo de avanzado está el procedimiento ante la División central.

## V. ARTÍCULOS 19 A 21 ROP: IMPUGNACIÓN DE LA COMPETENCIA

Por lo general, es el demandante quien con la interposición de su demanda determinará, primero, la competencia judicial internacional del TUP, y segundo, la División concreta que conocerá del caso. Pero ello no quiere decir que el demandado deba aceptar sin más ambas cuestiones.

El RoP prevé en sus reglas 19 a 21 una herramienta fundamental para que el demandado pueda combatir tanto la competencia judicial del TUP, como la competencia interna de la División designada por el demandante: la excepción preliminar («*Preliminar Objection*»), a modo de declinatoria. También mediante este procedimiento podrá el demandado solicitar el traslado de la demanda a otra División al amparo de establecido en el art. 33.2 ATUP, en cuyo caso, la excepción deberá contener todos los hechos y medios de prueba que acrediten la existencia de una misma infracción en territorios de más o tres Divisiones regionales.

Esta excepción debe presentarse en el plazo de un mes desde la notificación de la demanda (regla 19.1 RoP). De transcurrir el plazo sin haberse interpuesto, ello equivaldrá a una sumisión tácita del demandado tanto a la competencia judicial internacional designada por el demandante, como a la competencia interna de la División ante la que se haya presentado la demanda (regla 19.7 RoP). Es decir, habrá precluido para el demandado la posibilidad de combatir la competencia del TUP, y la de la concreta División de que se trate. Importante también tener en cuenta que la interposición de esta excepción preliminar no interrumpe el plazo para contestar a la demanda, salvo que el juez ponente decida otra cosa (regla 19.6 RoP).

La excepción deberá contener (regla 19.2 RoP): (i) la identificación del demandado y de sus representantes, junto con la dirección, postal y electrónica, a efectos de notificación del demandado y de las personas autorizadas a recibir notificaciones; (ii) el número asignado a la demanda; (iii) la concreta decisión que se solicita del TUP; (iv) los fundamentos de derecho en los que se funda la excepción preliminar, y (v) en su caso, los hechos y pruebas invocados.

Esta excepción, como no podía ser menos, está sujeta al principio procesal de contradicción, por lo que la regla 19.5 RoP permite al demandante en el plazo de 14 días desde la notificación de la excepción preliminar:

a. Corregir de *motu propio* la competencia interna de la División inicialmente designada por él -esta corrección no es posible en caso de falta de competencia judicial internacional, como es lógico, pues conllevará el archivo del procedimiento-. En este caso, el juez ponente remitirá la acción a la nueva División indicada por el demandante. Si bien, no tiene mucho sentido esta remisión, sin haber oído antes al demandado, sobre todo, en caso de que sigan las partes discrepando sobre qué División debe conocer del caso.

b. Alternativamente, formular sus alegaciones.

El juez ponente resolverá la excepción preliminar tan pronto expire el plazo conferido al demandante (regla 20.1 RoP), y deberá dar la oportunidad a las partes de ser oídas, lo que suele dar lugar a una vista. No obstante, cuando la excepción preliminar deba tramitarse y resolverse en el seno del procedimiento principal, el juez ponente informará de ello a las partes.

La decisión estimando o rechazando la excepción preliminar podrá ser objeto de apelación (regla 21 RoP). La primera podrá recurrirse al apelar la sentencia del Tribunal de Primera Instancia (regla 220.1, a) RoP); mientras que la segunda podrá ser recurrida junto con la sentencia del Tribunal de Primera Instancia, o previa autorización del Tribunal de Primera Instancia, en el plazo de 15 días desde su notificación (regla 220.2 RoP).

Finalmente, en caso de que se interponga apelación estando pendiente la primera instancia, el juez ponente del Tribunal de Primera Instancia o la Corte de Apelación podrán acordar su suspensión, a petición razonada de una de las partes. Para acordar esta suspensión el TUP deberá ponderar los intereses del demandante y demandado en juego, teniendo en cuenta la finalidad del ATUP de mejorar la defensa de las patentes europeas contra las acciones infundadas, reforzar la seguridad jurídica y garantizar resoluciones rápidas y de calidad[402].

---

402 Procedural Order of the Court of First Instance of the Unified Patent Court Central Division (Paris Seat) issued on 25 April 2024, *Toyota Motor Europe NV/SA vs Neo Wireless GmbH & Co. KG,* (UPC_CFI-361/2023): el interés del demandado en ahorrar costes del procedimiento con la suspensión, no puede primar sobre el legítimo interés del demandante de proseguir con su acción de nulidad.

## VI. ARTÍCULOS 20 A 24: LEY APLICABLE

Una vez determinada la competencia del TUP y la concreta División que debe conocer del litigio, la siguiente cuestión a dilucidar es cuál será la normativa que esa División deberá aplicar para resolver el fondo de la controversia. Máxime cuando, en la mayoría de casos, estará presente un elemento internacional en el supuesto de hecho, y no todas las materias relevantes están reguladas por instrumentos internacionales, ni de manera uniforme.

### *1. Fuentes del Derecho*

En primer lugar, el art. 20 del ATUP establece que el TUP deberá aplicar el Derecho de la Unión Europea en su totalidad, y deberá respetar su primacía. El principio de primacía del Derecho de la Unión, si bien no está expresamente recogido en los Tratados de la UE, ha sido establecido de forma reiterada por la jurisprudencia del TJUE[403]. Y el ATUP no hace más que acoger esa doctrina, pues no olvidemos que el Tribunal es un órgano jurisdiccional común de los Estados miembros contratantes del ATUP y, como tal, sometido a las mismas fuentes del Derecho que el resto de órganos jurisdiccionales de los Estados miembros de la Unión Europea.

En concordancia con lo anterior, el art. 24.1 del ATUP establece las distintas fuentes del Derecho a las que el Tribunal deberá recurrir en el enjuiciamiento de sus asuntos. Y a nues-

[403] STJUE de 5 de febrero de 1963, (C-26/62), *Van Gend en Loos vs Administración Tributaria neerlandesa* (ECLI:EU:C:1963:1) y STJUE de 15 de julio de 1964, *Costa vs ENEL* (C-6/64) (ECLI:EU:C:1964:66), entre otras.

tro juicio[404], establece las normas de derecho sustantivo a aplicar[405]. Este sistema de fuentes, pese a que nada diga el ATUP, es, sin duda un sistema jerárquico[406]. El hecho de situar en primer lugar el Derecho de la Unión, incluidos los Reglamentos nº 1257/2012 y nº 1260/2012, es buena prueba de ello. En lo no previsto por éstos, el TUP deberá acudir a los tratados internacionales dictados en la materia: (i) el propio ATUP, (ii) el CPE, (iii) así como cualesquiera otros acuerdos internacionales, aplicables a las patentes y vinculantes para los Estados miembros contratantes[407]. En último lugar, y en defecto de todos ellos, el Derecho nacional.

### 1.1. Derecho de la Unión Europea

Dado que, en primer lugar, el TUP debe acudir al Derecho de la Unión examinemos pues qué concretas normas debe tener presente. En primer lugar, deberá acudir a las normas de la propia Unión Europea que contenga normas de derecho sustantivo en materia de patentes. Y en especial a los Reglamentos nº 1257/2012 y nº 1260/2012 a los que cita expresamente.

---

404 Así parece desprenderse cuando en el apartado d) refiere a «otros acuerdos internacionales aplicables a las patentes», y de una lectura conjunta con el art. 24.2 que establece las normas de conflicto en *stricto sensu* cuando el TUP deba aplicar derecho nacional.

405 En el mismo sentido, DESANTES REAL, M. "El Acuerdo sobre un Tribunal Unificado de Patentes de 19 de febrero de 2013, una novedosa y controvertida arquitectura en la construcción europea (1)", en *La Ley–Unión Europea*, núm. 2 (2013), p. 5.

406 GARCÍA VIDAL, A. *El sistema de la patente europea con efecto unitario*, cit., pp.199 y 200.

407 Por ejemplo, el Acuerdo sobre los derechos de propiedad intelectual relacionados con el comercio y las patentes farmacéuticas (ADPIC) de 15 de abril de 1994.

El problema del Reglamento nº 1257/2012 es que apenas contiene normas de aplicación directa a la patente europea unitaria: (i) la fecha a partir de la cual produce efectos la patente europea unitaria (art. 4); (ii) la extinción de la patente europea unitaria (art. 11.2); (iii) los efectos *ex nunc* de la revocación o limitación de una patente europea unitaria (art. 3.3).

En relación con los certificados complementarios de protección, el TUP deberá aplicar las normas sustantivas contenidas igualmente en los Reglamentos nº469/2009, y nº 1610/1996, pese a que el ATUP se ha olvidado de mencionarlos expresamente[408].

En lo no regulado por normas de la Unión Europea, de conformidad con el art. 24.1 del ATUP, deberá acudirse a continuación al ATUP y al CPE. El considerando 9 del Reglamento nº 1257/2012 remite igualmente a ellos, en especial en lo que definen el alcance de la patente europea y sus limitaciones, y, en última instancia, a la legislación nacional, incluidas las normas de Derecho Internacional Privado.

### 1.2. Acuerdo sobre un Tribunal Unificado de Patentes

Inicialmente la propuesta de Reglamento nº 1257/2012 preveía normas de derecho sustantivo en materia de alcance y limitación de los efectos de la patente europea, pero finalmente quedaron fuera de él, y se decidió incluirlas en el ATUP, extendiendo su aplicación así, no solo a las patentes europeas unitarias, sino también a las patentes europeas clásicas. Como

---

408 Y en su caso, los Reglamentos que finalmente se adopten en materia de CCPs unitarios. COM(2023) 223 final, COM(2023) 231 final, COM(2023) 221 final y COM(2023) 222 final.

destaca DESANTES[409], este trasvase del derecho sustantivo desde el Reglamento al ATUP supone extraer la materia del Derecho de la Unión y priva de esta manera al TJUE de la posibilidad de interpretar uniformemente tales normas. Por el contrario, supone atribuir extraordinaria relevancia a la tarea interpretativa del TUP[410].

El ATUP regula cuestiones de relevancia en materia de infracción, tales como el ámbito de protección de la patente europea, delimitando el *ius prohibendi* del titular de los derechos y estableciendo las limitaciones de los efectos de la patente (arts. 25 a 27), el agotamiento comunitario del derecho (art. 29), así como su aplicación a los CCP (art. 30), y las medidas correctivas a aplicar distintas de la indemnización (art. 64). En materia de daños y perjuicios el art. 65 refiere normas para fijar la indemnización correspondiente, y el art. 72 establece además, sin perjuicio de lo dispuesto en el art. 24, en sus apartados 2 y 3, un plazo de prescripción para estas acciones.

En materia de nulidad de una patente europea, el art. 65, con remisión al CPE, contiene importantes cuestiones a tener en cuenta.

---

409 DESANTES REAL, M., "El Acuerdo sobre un Tribunal Unificado de Patentes de 19 de febrero de 2013, una novedosa y controvertida arquitectura en la construcción europea (1)", cit., p. 6.

410 En el mismo sentido se pronuncia DI CATALDO, V., "Concurrencia (¿o confusión?) de modelos y concurrencia de disciplinas de fuente diversa en la patente europea con efecto unitario. ¿Existe una alternativa razonable?", en *Actas de derecho industrial y derecho de autor*, núm. 34, p. 99.

### 1.3. Convenio Europeo de Patentes de 1973

El Convenio de Múnich de 1973 (CPE) establece normas sustantivas en relación a la patentabilidad (arts. 52 a 57), las personas legitimadas para solicitar y obtener una patente europea, y el derecho del inventor a ser mencionado (arts. 58 a 62), los efectos que produce la patente europea y su mera solicitud (arts. 63 a 70), la solicitud de patente europea propiamente dicha, esto es la regulación de su presentación y el derecho de prioridad (arts. 75 a 89), el procedimiento previo a la concesión (arts. 90 a 98), el procedimiento de oposición y limitación (arts. 99 a 105), causas de nulidad y derechos anteriores (art. 138 y 139). Por tanto, será un instrumento fundamental en las acciones de nulidad.

Sin embargo, en su art. 74 el CPE remite a la legislación nacional de cada Estado contratante respecto de la solicitud de patente europea como objeto de propiedad.

### 1.4. Derecho nacional

El artículo 24.2 ATUP regula las normas de Derecho Internacional Privado (normas de conflicto) aplicables por el TUP cuando se vea compelido a aplicar Derecho nacional, ya sea de un Estado contratante del ATUP o de Estados no contratantes. Las normas señaladas por el ATUP, de nuevo, con carácter jerárquico[411] son:

- Disposiciones directamente aplicables del Derecho de la Unión que contengan normas de Derecho internacional privado,

[411] Esta vez sí el art. 24.2 ATUP deja claro que es una clasificación jerárquica pues el apartado b) solo se aplica «*de no existir disposiciones aplicables del Derecho de la Unión, o cuando éstas no sean aplicables*», y el apartado c) solo será aplicable «*de no existir las disposiciones mencionadas en las letras a) y b)*».

- En su defecto, instrumentos internacionales que contengan normas de Derecho internacional privado,
- En defecto de los dos anteriores, mediante disposiciones nacionales sobre Derecho internacional privado según determine el Tribunal.

Y como veremos no son pocos los casos a los que los distintos instrumentos a los que antes nos hemos referidos se remiten a una legislación nacional para la regulación de la patente europea unitaria, y la patente europea clásica, lo que ha sido duramente criticado por la doctrina en cuanto a que ello evidencia realmente una absoluta falta de regulación de derechos unitaria y uniforme para ambas figuras, haciendo muy complejo el sistema de patentes en Europa. Se ha criticado que a la patente europea no se le haya dado un tratamiento jurídico cuanto menos similar al conferido, por ejemplo, a la marca comunitaria[412].

### *1.4.1. Normas de conflicto de la Unión Europea*

De acuerdo con el principio de primacía de la UE, en primer lugar, el TUP deberá aplicar las normas de conflicto contenidas en los distintos instrumentos de la UE, para seleccionar la ley nacional aplicable al caso en litigio. Esto es, las contenidas en los propios Reglamentos nº 1257/2012 y nº 1260/2012 sobre patente europea unitaria; en los Reglamentos nº 469/2009 y nº 1610/1996 sobre CCPs, así como en los Reglamentos nº 593/2008, sobre la ley aplicable a las obligaciones contractua-

412 DI CATALDO, V. Concurrencia (¿o confusión?) de modelos y concurrencia de disciplinas de fuente diversa en la patente europea con efecto unitario. ¿Existe una alternativa razonable?", cit., pp. 104 y 105.

les (en adelante, «Roma I»), y Reglamento nº 864/2007, relativo a la ley aplicable a las obligaciones extracontractuales (en adelante, «Roma II»).

Por lo que se refiere al Reglamento nº 1257/2012, pese a que su art. 5.1 establece que la patente europea unitaria confiere a su titular el derecho a impedir que cualquier tercero cometa actos contra los que aquella ofrezca protección en la totalidad de los territorios de los Estados miembros participantes en los que tenga efecto unitario, a reserva de las limitaciones aplicables; y en el art. 5.2 que el alcance y limitaciones de ese derecho serán uniformes en todos los Estados miembros participantes en los que la patente tenga efecto unitario, lo cierto es que el Reglamento no define ni ese alcance, ni esas limitaciones, sino que el art. 5.3, vía el art. 7, remite a normas de Derecho nacional.

En concreto, los efectos jurídicos de una patente europea unitaria (los actos contra los que la patente ofrece protección y las limitaciones aplicables) se determinan con arreglo a la Ley del Estado en el que, según el Registro Europeo de Patentes: a) el solicitante tuviera su domicilio o centro principal de actividad en la fecha de cumplimentación de la solicitud de la patente europea; o b) en su defecto, el solicitante tuviera un centro de actividad en la fecha de cumplimentación de la solicitud de la patente europea. Si son dos o más personas las que figuran inscritas como solicitantes, en ese caso, habrá que estar a la legislación del domicilio o centro principal de actividad del primer cosolicitante inscrito. Si no fuera posible, se aplicará al siguiente cosolicitante inscrito, por orden de inscripción. En caso de que el apartado a) no aplique a ninguno de ellos, se aplicará en ese caso el apartado b). Si ningún cosolicitante tiene su domicilio o centro principal de actividad o centro de actividad en un Estado miembro participante en el que la patente tiene efecto unitario, la patente europea unitaria se considerará en su totalidad y en todos los Estados miembros como una patente nacional alemana (pues es donde la OEP tiene su sede).

Asimismo, el Reglamento nº 1257/2012 remite al Derecho nacional también en el ámbito de las licencias obligatorias (Considerando 10).

En materia de CCP, el Reglamento nº 469/2009 remite a la legislación nacional en materia de duración del certificado (art. 13.4), acciones de nulidad (art. 15.2), revocaciones de prórroga (art. 16.2), recursos (art. 18), y en cuestiones de procedimiento (art. 19). Igualmente, el Reglamento nº 1610/96, lo hace en cuestiones como las condiciones de obtención del certificado (art. 3), la caducidad del certificado (art. 14, apartado d), acciones de nulidad (art. 15.2), recursos (art. 17.1) y procedimientos (art. 18).

En defecto de los Reglamentos que regulan las patentes y los CCP, el TUP deberá acudir a Roma I, si el litigio se circunscribe al ámbito contractual, o a Roma II de versar la controversia en un marco extracontractual.

En el ámbito contractual (piénsese, por ejemplo, en un contrato de licencia), Roma I remite como criterio general a la ley elegida por las partes (art. 3). En ausencia de elección, hay que estar al tipo de contrato en concreto del que el litigio trate. Si la controversia surge en relación a un contrato de compraventa (art. 4.1 a) Roma I), la ley aplicable será la del Estado en el que el vendedor tenga su residencia habitual. Si nos hallamos en el marco de un contrato de prestación de servicios, el art. 4.1.b) Roma I remite a la ley del Estado donde el prestador del servicio tenga su residencia habitual. Si nos hallamos ante un contrato de franquicia, será la ley de la residencia habitual del franquiciado (art. 4.1 e) Roma I). Y si estamos ante un contrato de distribución, la ley vendrá determinada por la ley del país donde el distribuidor tenga su residencia habitual (art. 4.1 f) Roma I). Si las cuestiones sobre patentes surgen en el marco de un contrato de trabajo, a falta de elección de ley por las partes, con carácter general el contrato se regirá por la ley del país en el cual o, en su defecto, a partir del cual el trabajador, en ejecución del contrato, realice su trabajo habitualmente (art. 8 Roma I).

¿Y un contrato de licencia? Dado que el art. 4.2 Roma I no menciona de forma expresa el contrato de licencia[413], la ley aplicable será la del país donde tenga su residencia habitual la parte que deba realizar la prestación característica del contrato (art. 4.2 Roma I), entendiéndose por ésta generalmente aquella prestación a cambio de la cual se entrega una cantidad monetaria. En el caso de un contrato de licencia, este criterio llevará a aplicar la ley del país de residencia habitual del licenciante (es decir, el titular de la patente). Véase, en este sentido, el art. 8 del Reglamento nº 1257/2012 que define la licencia como aquella por la que el titular de la patente accede a «*autorizar a cualquier interesado para que explote la invención en calidad de licenciatario a cambio del pago de una retribución adecuada.*"

Ahora bien, debemos advertir que en no pocos casos un contrato de licencia de una patente se enmarcará dentro de un contrato de prestación de servicios (expresamente recogido en el art. 4.1 b Roma I), en especial, cuando la licencia aparece de forma auxiliar a otras obligaciones con un carácter

413 La STJUE de 23 de abril de 2009 (C-533/07) *Falco y Thomas Rabitsch vs Gisela Weller-Lindhorst,* (ECLI:EU:C:2009:257) estableció que los contratos de licencia de propiedad intelectual no son contratos de prestación de servicios a efectos del art. 4.1 Roma I. En esta sentencia, el TJUE definió este tipo de contrato como aquél por el que «*el titular del derecho cedido se obliga, frente a la otra parte contratante, únicamente a no impugnar la explotación de dicho derecho por este último*». Definición que, todo sea dicho, no parece ajustarse a la mayoría de contratos de licencia de propiedad industrial.

más preponderante en la relación, como podrían ser contratos de investigación y desarrollo, de diseño de software, o de diseño y ejecución de una instalación de plantas industriales. En ese caso, ese precepto, como hemos visto, nos llevaría a tener que aplicar la ley del país de residencia habitual del licenciatario, en tal que es quien presta los servicios principales de la relación contractual.

La aplicación de Roma I puede llevar perfectamente a aplicar la ley de cualquier Estado, incluidos Estados no miembros de la Unión Europea, dado su alcance universal (art. 2 Roma I).

Por lo que a las obligaciones extracontractuales se refiere (especialmente relevante en casos de infracción de patente), la ley aplicable vendrá determinada por Roma II. Si el litigio versa sobre la patente europea clásica, entonces el TUP deberá acudir a su art. 8.1, según el cual, en caso de una infracción de un derecho de propiedad intelectual, la ley aplicable será «*la del país para cuyo territorio se reclama la protección*» (criterio *lex loci protectionis*). Si, por el contrario, la controversia gira en torno a una patente europea unitaria, es el art. 8.2[414] el que establece que la ley aplicable a la obligación extracontractual que se derive de una infracción de un derecho de propiedad intelectual, para toda cuestión que no esté regulada por el respectivo

---

[414] Si bien, hay quien plantea dudas -no sin razón- acerca de la aplicación del art. 8.2 de Roma II a la patente europea con efecto unitario, en la medida en que es discutido que aquella pueda ser considerada un derecho de propiedad intelectual «*comunitario de carácter unitario*», en el sentido establecido en el art. 118. 1 del TFUE, que es al que se refiere el art. 8.2 de Roma II (IGLESIAS BUHIGUES, "Derecho Internacional Privado, patente europea con efecto unitario y Tribunal Unificado de Patentes", en PELLISÉ, C. (ed.), *La unificación convencional y regional del Derecho internacional privado,* Marcial Pons, 2014. p. 153).

instrumento comunitario[415], será «*la ley del país en el que se haya cometido la infracción*». En ninguno de los dos casos, podrán las partes pactar la aplicación de una ley distinta (art. 8.3 Roma II). Y, al igual que ocurre con Roma I, la ley designada por este Reglamento puede ser la de cualquier Estado, aunque no sea un Estado miembro de la Unión Europea (art. 3 Roma II).

En relación al art. 8.2 de Roma II, no siempre será fácil determinar «*el país en el que se ha cometido la infracción*». Piénsese, por ejemplo, cuando las infracciones van referidas a la comercialización de productos en línea, o los casos en los que la infracción se materialice en varios países a la vez. Habrá que ver cómo el TUP, conjuntamente con el TJUE -mediante eventuales cuestiones prejudiciales-, interpreta este precepto en relación con la patente europea unitaria. Por el momento, tan solo tenemos como referencia el criterio del TJUE en el marco de los diseños y marcas comunitarias[416].

### *1.4.2. Normas de conflicto convencionales*

Para LÓPEZ-TARRUELLA[417], ningún convenio internacional en materia de propiedad industrial contiene una nor-

---

415 Los arts. 5 y 7 Reglamento nº 1257/2012 ya hemos visto que establecen las normas de conflicto a las que acudir a efectos de establecer el alcance y las limitaciones del derecho a impedir que cualquier tercero cometa actos. Para todo lo demás habrá que acudir al art. 8.2 Roma II.

416 STJUE de 27 de septiembre de 2017, (C-24/16 y C-25/16), *Nintendo,* (ECLI:EU:C:2017:724).; STJUE de 3 de marzo de 2022, (C-421/20), *Acacia Srl vs Bayerische Motoren Werke AG (BMW),* (ECLI:EU:C:2022:152).

417 LÓPEZ-TARRUELLA, A. "La ley aplicable a la propiedad industrial e intelectual en la Propuesta de Reglamento Roma II", en GJ, núm. 235, Enero/Febrero 2005, p. 31.

ma de conflicto expresa. Tan solo establecen el principio de trato nacional, es decir, la obligación de los Estados parte del convenio de turno de otorgar al titular de una patente europea clásica la misma protección que otorgan a los titulares de patentes nacionales.

Sea una norma de conflicto *strictu sensu* o no, lo cierto es que el propio ATUP remite al Derecho nacional respecto del derecho de preuso (art. 28). Y su art. 24.3 establece que el Derecho de los Estados no contratantes el ATUP, se aplicará cuando sea el indicado por aplicación de los criterios establecidos en el art. 24.2, pero especialmente en relación con el ámbito del *ius prohibendi* (arts. 25 a 28), las reglas de la carga de la prueba en una eventual infracción de un procedimiento patentado por un producto idéntico al que se obtiene por el procedimiento patentado (arts. 54 y 55), medidas correctivas en los procedimientos de violación de patente (art. 64), indemnización de daños y perjuicios (art. 68) y prescripción (Art. 72).

Por su parte, el CPE establece en su arts. 2.2 que la patente europea clásica tendrá los mismos efectos y estará sometida al mismo régimen que una patente nacional del Estado contratante para el que se conceda, salvo en lo que el propio Convenio disponga de otra cosa. En un sentido similar, el art. 64.1 establece que la patente europea confiere a su titular, a partir del día de la publicación de la nota de concesión y en cada uno de los Estados contratantes para los que haya sido concedida, los mismos derechos que una patente nacional. De igual modo, el CPE remite a las legislaciones nacionales en materias como violación de una patente (art. 64.3), efectos de la solicitud de patente europea (arts. 66 y 67), la patente europea como objeto de propiedad (art. 74), y los derechos anteriores a la solicitud de patente (art. 139).

En consecuencia, se comprueba que un titular de patente europea clásica sigue ostentando derechos nacionales de patentes, tantos como países para los que haya solicitado el derecho[418], lo que, sin duda, hará difícil la labor de enjuiciamiento del TUP.

### *1.4.3. Normas de conflicto nacionales*

Finalmente, en lo no previsto por las anteriores normas de conflicto, el TUP deberá acudir a las normas de Derecho Internacional Privado nacionales que resulten de aplicación. El problema que tendrá aquí el TUP es determinar a cuál de entre todas las legislaciones de los Estados contratantes del ATUP debe acudir.

## ***2. Cuestiones prejudiciales ante el TJUE***

El TUP está llamado a interpretar en el ejercicio de sus funciones los Reglamentos de la patente europea unitaria, los cuales, en ocasiones, deberá interpretar conjuntamente con los reglamentos y directivas existentes en materia de propiedad intelectual, así como con las reglas del TFUE relativas al mercado interior y al Derecho de la competencia. De igual modo, es posible que el TUP deba dirimir un litigio a la luz de los derechos fundamentales y principios generales del Derecho de la Unión, o incluso a examinar la validez de un acto de la Unión[419].

---

418 CARRASCOSA GONZÁLEZ, J. "Ley aplicable a las patentes en Derecho Internacional Privado español", en *Anales de Derecho,* Universidad de Murcia, núm. 19, 2001, p.17.

419 El Dictamen del Pleno del TJUE 1/09 de 8 de marzo de 2011, sobre la compatibilidad del entonces proyecto de Acuerdo de un tribunal de patente comunitaria con las disposiciones del Tratado Constitutivo de la Comunidad Europea, ya puso de manifiesto todos estos riesgos, y se mostraba reacio a dejar en sus manos la interpretación y aplicación del Derecho de la Unión.

Bajo este prisma, el art. 21 del ATUP establece que el TUP, como tribunal inserto en la organización judicial de los Estados miembros contratantes del ATUP, colaborará con el TJUE para garantizar la correcta aplicación y la interpretación uniforme del Derecho de la Unión, como cualquier órgano jurisdiccional nacional de acuerdo con lo establecido en el art. 267 del TFUE. Esto es, a través de la formulación de cuestiones prejudiciales ante el TJUE.

Como consecuencia de lo anterior, tal y como recordó el Pleno del TJUE[420] los Estados miembros están sujetos a reparar los daños que cualquiera de sus órganos -incluidos los órganos jurisdiccionales[421], y el TUP es uno de ellos- causen a los particulares por las violaciones del Derecho de la Unión que le fueran imputables. Ello ha quedado plasmado en los arts. 22 y 23 del ATUP en los que se establece esta responsabilidad de los Estados miembros contratantes del ATUP por los daños y perjuicios que el TUP cause por las infracciones del Derecho de la Unión en las que pueda incurrir en el ejercicio de sus funciones, así como los tribunales competentes para conocer de esas reclamaciones.

## *Bibliografía*

ARENAS GARCÍA, R., "Competencia judicial internacional y litigios en materia de patentes: Bruselas 1, LOPJ y Tribunal Unificado de Patentes, *liaisons dangereuses?*", en MORRAL SOLDEVILLAS, R. (dir.), *Problemas actuales de Derecho de la Propiedad Industrial 111 Jornada de Barcelona,* Cizur Menor (Navarra), Civitas/Thomson Reuters, 2013, pp. 123-176.

---

420 Op. Cit.

421 STJUE de 30 de septiembre de 2003, (C-224/01), *Köbler* (ECLI:EU:C:2003:513); STJUE de 13 de junio de 2006, (C-173/03), *Traghetti del Mediterraneo* (ECLI:EU:C:2006:391), y STJUE de 12 de noviembre de 2009, (C-154/08), *Comisión/España,* (ECLI:EU:C:2009:695).

CALVO CARAVACA, A.L. y CARRASCOSA GONZÁLEZ, J, *Tratado de Derecho Internacional Privado.* Valencia, Tirant lo Blanch, 2022, Tomos I y III.

CARRASCOSA GONZÁLEZ, J., "Ley aplicable a las patentes en Derecho Internacional Privado español", en *Anales de Derecho,* Universidad de Murcia, núm. 19, 2001, pp. 7-48.

CASALONGA A., "How and when to bring a case before the UPC Central Division" en *Intellectual Asset Management,* The IP Media Group, 2013 [Disponible en: https://www.casalonga.com/IMG/pdf/x-border_casalonga.pdf ].

DE MIGUEL ASENSIO, P.A., "Sobre el concepto de contrato de prestación de servicios en el DIPr comunitario", 2009 [Disponible en: https://pedrodemiguelasensio.blogspot.com/2009/05/sobre-el-concepto-de-contrato-de.html].

DE MIGUEL ASENSIO, P.A., "Tribunal Unificado de Patentes: competencia judicial y reconocimiento de resoluciones", en AEDIPr, Tomo XIII, 2013, pp. 73-99.

DE MIGUEL ASENSIO, P.A., "Regulation (EU) nº 542/2014 and the International Jurisdiction of the Unified Patent Court", en *International Review of Intellectual Property and Competition Law* (II), Vol. 45, núm. 8, December 2014, pp. 868-888.

DE MIGUEL ASENSIO, P.A., "Entrada en vigor del Acuerdo TUP (II): Competencia judicial internacional", 2023 [Disponible en: https://pedrodemiguelasensio.blogspot.com/2023/04/entrada-en-vigor-del-acuerdo-tup-ii.html].

DE MIGUEL ASENSIO, P.A., "Ley aplicable a las infracciones en línea de derechos de propiedad industrial unitarios: la sentencia Acacia", 2022 [Disponible en: https://pedrodemiguelasensio.blogspot.com/2022/03/ley-aplicable-las-infracciones-en-linea.html].

DESANTES REAL, M., "Títulos de propiedad industrial afectados por el acuerdo sobre un Tribunal Unificado de Patentes de 2013", en *Actas de Derecho Industrial y Derecho de Autor.* Tomo XXXV (2014-2015), pp. 343-356.

DESANTES REAL, M., "El Acuerdo sobre un Tribunal Unificado de Patentes de 19 de febrero de 2013, una novedosa y controvertida arquitectura en la construcción europea (1)", en *La Ley–Unión Europea,* núm. 2 (2013), pp. 3-10.

DI CATALDO, V., "Concurrencia (¿o confusión?) de modelos y concurrencia de disciplinas de fuente diversa en la patente europea con efecto unitario. ¿Existe una alternativa razonable?", en *Actas de derecho industrial y derecho de autor,* núm. 34, pp. 91-110.

ESPLUGUES MOTA C. y PALAO MORENO, G., *Derecho Internacional Privado,* Valencia, Tirant lo Blanch, 2023.

GARCÍA SELLENS, M.A., *La competencia judicial internacional de los tribunales españoles en los casos de presunta infracción de derechos de patente,* Valencia,Tirant lo Blanch, 2017.

GARCÍA VIDAL, Á., *El sistema de la patente europea con efecto unitario,* Cizur Menor (Navarra), Aranzadi (Thomson Reuters), 2014.

IGLESIAS BUHIGUES, J.L., "Derecho Internacional Privado, patente europea con efecto unitario y Tribunal Unificado de Patentes", en PELLISÉ, C. (ed.), *La unificación convencional y regional del Derecho internacional privado,* Madrid, Marcial Pons, 2014, pp. 145-153.

LÓPEZ-TARRUELLA MARTÍNEZ, A., "La ley aplicable a la propiedad industrial e intelectual en la Propuesta de Reglamento Roma II", en *GJ,* núm. 235, Enero/Febrero 2005, pp. 23-43.

LÓPEZ-TARRUELLA MARTÍNEZ, A., "Tutela efectiva de la propiedad intelectual y forum shopping", en Moreno Martínez, J. A. (coord.)., *Problemática actual de la tutela civil ante la vulneración de la propiedad industrial e intelectual,* Madrid, Dykinson, 2017, pp. 325-364.

LÓPEZ-TARRUELLA MARTÍNEZ, A., "Hacia un nuevo escenario en la litigación transfronteriza de patentes en Europa: la jurisdicción internacional y la distribución de competencias en el tribunal unificado de patentes", en *Revista Electrónica de Estudios Internacionales,* núm. 42, diciembre 2021.

TORREMANS, P., "Jurisdiction for cross-border intellectual property infringement cases in Europe", en *Common Market Law Review,* 53 (6), 2016, pp. 1625-1645.

VÉRON, P., "Extent of the Long-Arm Jurisdiction Conferred upon the Unified Patent Court byArt.71(b)(3) of the Brussels I Regulation as Amended by Regulation 542/2014 of May 15,2014: Turkish Delight and a bit of Swiss Chocolate for the Unified Patent Court", en *European Intellectual Property, Review,* Vol. 37, Issue 9, 2015, pp. 588-596.

## *Capítulo V*

# *Principales cuestiones sobre las partes del procedimiento ante el TUP: capacidad, legitimación y representación*[422]

**EDUARDO MIRANDA RIBERA**
*Profesor Ayudante Doctor de Derecho Mercantil*
*CEGEA. Universitat Politècnica de València*



---

422 El presente trabajo se encuadra en el marco del Proyecto PID2022-136567NB-I00: «Bases para la modernización y mejora del régimen de la propiedad industrial e intelectual ante los desafíos de la agenda digital y las exigencias de sostenibilidad», Ministerio de Ciencia e Innovación/FEDER (INNOPI), dirigido por los profesores José Massaguer Fuentes, Catedrático de Derecho mercantil de la Universidad de Murcia y Concepción Saiz García, Profesora Titular de Derecho civil, acreditada a Catedrática de la Universitat de València.

# I. INTRODUCCIÓN

La regulación de las partes del procedimiento frente al Tribunal Unificado de Patentes se encuentra en los artículos 46 a 48 del Acuerdo sobre un Tribunal Unificado de Patentes (2013/C 175/01) (en adelante Acuerdo, Acuerdo sobre un Tribunal Unificado de patentes o ATUP), que vendrá complementado por las disposiciones del Reglamento (UE) N.° 1257/2012 del Parlamento Europeo y del Consejo de 17 de diciembre de 2012 por el que se establece una cooperación reforzada en el ámbito de la creación de una protección unitaria mediante patente (DO L 76 de 22 de marzo de 2011) (en adelante Reglamento 1257/2012), el Reglamento (UE) N.° 1260/2012 del Consejo de 17 de diciembre de 2012 por el que se establece una cooperación reforzada en el ámbito de la creación de una protección unitaria mediante patente en lo que atañe a las disposiciones sobre traducción (en adelante Reglamento 1260/2012) y el Reglamento de procedimiento del Tribunal Unificado de Patentes de 8 de julio de 2022 (en adelante Reglas del procedimiento)[423].

Después de esta breve presentación y contextualización, se analizarán los citados preceptos del Acuerdo sobre el Tribunal Unificado de Patentes que, en concreto, contienen las princi-

---

[423] Sobre estos textos, véase, DESANTES REAL, M., "El Acuerdo sobre un Tribunal Unificado de Patentes de19 de febrero de 2013, una novedosa y controvertida arquitectura en la construcción europea", *La Ley Unión Europea,* núm. 2, 2013, pp. 3-10; DESANTES REAL, M., "Títulos de propiedad industrial afectados por el acuerdo sobre un Tribunal Unificado de Patentes de 2013", *Actas de derecho industrial y derecho de autor,* Tomo 35, 2014-2015, pp. 343-356; GARCÍA VIDAL, A., *El sistema de la patente europea con efecto unitario,* Aranzadi, Cizur Menor, 2014, *passim;* REMÉDIO MARQUES, J.P., *O (Novo) Tribunal Unificado de Patentes. Competência e regras de proceso,* Almedina, Coimbra, 2024; MIGUEL ASENSIO, P. A.," La patente europea con efecto unitario y su régimen jurídico", *Revista de Direito intelectual,* 2016, pp. 143-167.

pales disposiciones sobre la capacidad de las partes para participar en el procedimiento, su legitimación para el ejercicio de acciones y la necesidad de estar debidamente representados para interponer una determinada acción.

## II. CAPACIDAD PARA SER PARTE

El artículo 46 del Acuerdo sobre un Tribunal Unificado de patentes afirma que estarán capacitados para el ejercicio de acciones "*cualquier persona física o jurídica, o cualquier órgano equivalente a una persona jurídica con capacidad para iniciar procedimientos de conformidad con su Derecho nacional, tendrá capacidad para ser parte en los procedimientos ante el Tribunal*". De esta definición se deriva no sólo la capacidad para el ejercicio de acciones de las personas físicas y jurídicas de los Estados firmantes del Acuerdo, sino también de las personas físicas o jurídicas de los Estados no firmantes y de los Estados terceros de la Unión Europea[424]. Ello tiene sentido ante la posibilidad de que cualquier persona (sea o no nacional de algún estado miembro de la Unión Europea), puede ser titular de una patente europea con efecto unitario[425]. Con todo, la capacidad para ser parte del procedimiento vendrá supeditada a las exigencias de la normativa interna de cada país, por lo que habrá que atender al Derecho nacional para verificar la capacidad de las partes y velar porque la normativa interna de cada país no configure ninguna disposición que pueda ser contraria al orden público de la Unión Europea[426].

---

424 GARCÍA VIDAL, Á., "Las Partes: capacidad, legitimación activa y representación", *Análisis GA&P*, 2013, p. 1.

425 GARCÍA VIDAL, Á., Op. cit., p. 1.

426 Vid. ult. loc. En este sentido, interesa reproducir el artículo 6 de la Ley 1/2000, de 7 de enero, de Enjuiciamiento Civil [Publicada en

## III. LEGITIMACIÓN PARA EL EJERCICIO DE ACCIONES

El artículo 47 del Acuerdo sobre un Tribunal Unificado de patentes contiene las disposiciones relativas a la legitimación para el ejercicio de acciones. Debido a su extensión, se analizarán, de forma separada, las diferentes circunstancias que rodean a esta materia. En concreto, se abordará, en primer lugar, la legitimación del titular del derecho; en segundo lugar, la legitimación del licenciatario; seguidamente, la situación relativa al licenciatario no inscrito; y, en última instancia, la legitimación de otras personas distintas a las anteriores.

### *1. Legitimación del titular del Derecho*

#### 1.1. Consideraciones generales

La legitimación para el ejercicio de acciones en defensa de la patente europea con efecto unitario le corresponde al titular del

---

BOE núm. 7, de 8 de enero de 2001 (referencia BOE-A-2000-323)], en el que se establece que podrán ser parte en los procesos ante los tribunales civiles: "*1.º Las personas físicas. 2.º El concebido no nacido, para todos los efectos que le sean favorables. 3.º Las personas jurídicas. 4.º Las masas patrimoniales o los patrimonios separados que carezcan transitoriamente de titular o cuyo titular haya sido privado de sus facultades de disposición y administración. 5.º Las entidades sin personalidad jurídica a las que la ley reconozca capacidad para ser parte. 6.º El Ministerio Fiscal, respecto de los procesos en que, conforme a la ley, haya de intervenir como parte. 7.º Los grupos de consumidores o usuarios afectados por un hecho dañoso cuando los individuos que lo compongan estén determinados o sean fácilmente determinables. Para demandar en juicio será necesario que el grupo se constituya con la mayoría de los afectados. 8.º Las entidades habilitadas conforme a la normativa comunitaria europea para el ejercicio de la acción de cesación en defensa de los intereses colectivos y de los intereses difusos de los consumidores y usuarios*".

derecho (art. 47.1 ATUP). Esta legitimación deberá hacerse extensible al titular de un certificado complementario de protección de medicamento o de un certificado complementario de protección de productos fitosanitarios que tenga como patente de base una patente europea con efecto unitario o una patente europea[427]. Por lo que, el titular del derecho podrá ejercitar frente al Tribunal Unificado aquellas acciones que sean de su competencia exclusiva configuradas en el artículo 32 del Acuerdo[428] (*ad ex.* quedará fuera el ejercicio de la acción de nulidad)[429].

---

427 GARCÍA VIDAL, Á., Op. cit., p. 2.

428 Me remito en este sentido al capítulo en el que se abordan estas cuestiones. Ahora bien, para una mejorar comprensión, se reproduce el contenido del citado artículo 32 ATUP: "*1. El Tribunal tendrá competencia exclusiva en materia de: a) acciones por violación de patente y de certificados complementarios de protección y protecciones afines, en grado de consumación o de tentativa, incluidas las reconvenciones relativas a las licencias; b) acciones tendentes a la declaración de inexistencia de violación de patentes y de certificados complementarios de protección; c) acciones por las que se soliciten medidas y requerimientos provisionales y cautelares; d) acciones de nulidad de patente y acciones tendentes a la declaración de nulidad de certificados complementarios de protección; e) demandas de reconvención de nulidad de patente y tendentes a la declaración de nulidad de certificados complementarios de protección; f) demandas por daños y perjuicios o de indemnización derivadas de la protección provisional otorgada por una solicitud de patente europea publicada; g) acciones relativas al uso de la invención anteriormente a la concesión de la patente o al derecho fundado en una utilización anterior de la invención; h) acciones de indemnización por licencias, basadas en el artículo 8 del Reglamento (UE) no 1257/2012, y i) acciones relativas a decisiones de la Oficina Europea de Patentes en el desempeño de las funciones a que se refiere el artículo 9 del Reglamento (UE) no 1257/2012. 2. Los órganos jurisdiccionales nacionales de los Estados miembros contratantes seguirán siendo competentes para aquellas acciones relativas a patentes y certificados complementarios de protección que sean de competencia exclusiva del Tribunal*".

429 Vid. ult. loc.

### 1.2. Acción de infracción del titular ejercitada frente al licenciatario

En lo que respecta a la legitimación del titular del derecho, interesa centrarse en la cuestión relativa al ejercicio de las acciones de infracción del titular frente al licenciatario, máxime cuando, en función de la cláusula incumplida, se podría habilitar el ejercicio de una acción por incumplimiento contractual, el ejercicio de una acción por infracción del derecho de propiedad industrial o ambas acciones siempre que no persigan los mismos remedios.

Sobre esta cuestión, la mejor doctrina diferencia dos modalidades de cláusulas. En primer lugar, destacan las denominadas cláusulas contractuales, que delimitan el alcance material, temporal, territorial y objetivo del derecho de uso del licenciatario respecto del derecho licenciado[430]. De esta manera, el licenciatario estará legitimado para realizar los actos de explotación que estén determinados en el contrato, por cuanto se entiende que el titular-licenciante le otorga su consentimiento para realizar exclusivamente esos actos concretos[431].

Si el licenciatario explotara de forma excesiva el derecho de propiedad industrial (más allá de lo autorizado por el titular-licenciante), se producirá una infracción del derecho en exclusiva, así como una infracción contractual (STJUE 18 de diciembre de 2019, asunto C-666/18 «IT Development SAS c.

---

430 MASSAGUER FUENTES, J., *Acciones y procesos de infracción de derechos de propiedad industrial,* 2ª Edición, Cizur Menor (Navarra), Aranzadi, 2020, p. 185.

431 MARTÍN ARESTI, P., *La Licencia Contractual de Patente,* Aranzadi, Pamplona, 1997, pp. 43-44; ORTUÑO BAEZA, Mª.T., *La licencia de Marca,* Madrid, Marcial Pons, 2000, pp. 147-152.

Free Mobile SAS»[432])[433]. Ello implica un concurso de normas que habilita al licenciante al ejercicio individual de las acciones por incumplimiento del contrato, así como las acciones en defensa de su derecho; o al ejercicio de ambas acciones de forma simultánea siempre y cuando no tengan como objeto la misma pretensión o busquen el mismo remedio[434].

Esta doble infracción sucederá ante la vulneración de cualquier restricción impuesta por el licenciante sobre el derecho licenciado, incluida la transgresión de las limitaciones territoriales. Ello se infiere de una interpretación sistemática de la normativa de patentes (art. 83.1 LP[435]). De no ser así, podría suceder que, una vez finalizado el contrato de licencia, si el licenciatario continuara explotando el derecho, esta actuación no supondría una infracción del derecho en exclusiva al no estar la limitación temporal contemplada (art. 83.1 LP)[436].

Además, si el licenciatario utilizase sin autorización el objeto licenciado una vez finalizado el contrato, pero vigente el derecho, esta actuación representará una infracción del derecho de propiedad industrial (*ad ex.*, entre otras muchas, SAP

---

432 JUR 2019, 339386.

433 MASSAGUER FUENTES, J., *Acciones…, op. cit.*, pp. 185-186; MASSAGUER FUENTES, J., "El incumplimiento de los contratos de licencia de patente y de licencia de secretos empresariales: concurrencia entre acciones contractuales y acciones por infracción", *Revista de derecho mercantil*, núm. 309, 2018.

434 MASSAGUER FUENTES, J., *Acciones…, op. cit.*, 186-187.

435 Ley 24/2015, de 24 de julio, de Patentes, publicada en BOE núm. 177, de 25 de julio de 2015 (en adelante LP).

436 MARTÍN ARESTI, P., *La licencia…, op. cit.*, pp. 45-46. Igualmente, véase, en este sentido, RODILLA MARTÍ, C., "Cláusulas de terminación contractual en licencias de tecnologías y continuación del pago de los royalties tras la nulidad de la patente", *Revista de Derecho de la Competencia y de la Distribución*, núm. 22, 2018, *passim*.

de Barcelona, Sección 15ª, de 28 de enero de 2010[437]). Como remedio a esta situación, podría pactarse una cláusula que impidiera al licenciatario explotar el derecho una vez finalizado el contrato. En caso de que el licenciatario vulnerase esta limitación, se estará ante una infracción contractual y, además, ante una infracción del derecho lo que podrá generar el concurso de normas anteriormente mencionado[438].

En segundo lugar, las cláusulas que no se refieren, de una manera directa, a la modulación del derecho de uso del licenciatario, sino que se centran en delimitar las condiciones en las que el licenciatario puede explotarlo. Por tanto, el fundamento y alcance de estas cláusulas no trasciende más allá de la esfera contractual de la licencia. En caso de incumplimiento se devengará la responsabilidad, de carácter contractual, que deberá soportar la parte incumplidora. De manera que, dependiendo del alcance del derecho otorgado al licenciatario, la vulneración de una determinada cláusula del contrato de licencia podrá suponer no sólo un incumplimiento contractual, sino, además, una infracción del derecho[439].

Todo ello plantea un problema ya que, si se atiende al apartado primero del citado artículo 32 ATUP, el Tribunal Unificado no será competente para conocer de las acciones de incumplimiento de un contrato de licencia. Ahora bien, el propio Acuerdo del Tribunal Unificado reconoce la competencia de los órganos jurisdiccionales nacionales de los Estados miembros contratantes para aquellas acciones relativas a patentes y certificados complementarios de protección que "no" sean de competencia exclusiva del Tribunal (art. 32.2

---

437 ECLI:ES:APB:2010:11386, JUR 2011/903.

438 MASSAGUER FUENTES, J., *Acciones…, op. cit.*, p. 188.

439 ORTUÑO BAEZA, M.ª. T., *La licencia…, op. cit.*, pp. 153-154.

ATUP). Ante esta situación, entiendo que se debería bifurcar el procedimiento planteado ante la supuesta infracción cometida por el licenciatario y separarse las acciones: la acción de infracción se debería ejercitar frente al Tribunal Unificado de Patentes y la acción ante el incumplimiento contractual se debería ejercitar frente a los tribunales nacionales.

### 1.3. Sucesión procesal del titular del derecho

Con independencia de que se haya iniciado un procedimiento ante el Tribunal Unificado de Patentes, el titular de un derecho que haya ejercitado una acción podrá solicitar que se incorporare una nueva parte, así como dejar de serlo o ser sustituido por otra persona (regla 305 de las Reglas del procedimiento). Asimismo, si se produjese el fallecimiento del titular del derecho una vez iniciado el procedimiento, este se suspenderá hasta que su derechohabiente o causahabiente le suceda (regla 310 de las Reglas de procedimiento). Una vez dilucidas las modificaciones entre las partes, el Tribunal deberá regular como se articulará el procedimiento ante la modificación planteada (regla 306 de las Reglas de procedimiento).

Ahora bien, si después de haberse iniciado, el titular del derecho lo transfiere, el Tribunal podrá autorizar que el nuevo titular se añada como parte del procedimiento (regla 312.1 de las Reglas de procedimiento). Si el nuevo propietario se incorpora al procedimiento, no será necesario abonar nuevamente la tasa judicial de acceso (regla 312.2 de las Reglas del procedimiento). Si el nuevo titular decide desatender el procedimiento y no participar en el mismo, cualquier decisión tomada por el Tribunal Unificado de Patentes que sea inscrita le vinculará y deberá asumirla (regla 312.3 de las Reglas del procedimiento).

## 1.4. Supuestos de insolvencia del titular del derecho

Ulteriormente, las propias reglas del procedimiento regulan las formas de actuar ante la posible insolvencia del titular del derecho que haya ejercitado una acción frente al Tribunal Unificado. En este sentido, si una parte es declarada en insolvencia conforme a las disposiciones de su normativa interna, el juez del procedimiento lo suspenderá durante el plazo máximo de tres meses. El procedimiento podrá suspenderse hasta que la autoridad nacional competente o la persona que conozca del procedimiento de insolvencia haya decidido si continúa o no el procedimiento. Si la autoridad nacional competente o la persona que conozca del procedimiento de insolvencia decide no continuar el procedimiento, el juez podrá decidir, a petición motivada de la otra parte, que el procedimiento continúe de conformidad con la normativa nacional (regla 311.1 de las Reglas de procedimiento).

El procedimiento también podrá suspenderse a petición de un administrador que haya sido designado antes de que una parte sea declarada en concurso (regla 311.2 de las Reglas de procedimiento). El demandante podrá desistir de la acción contra un demandado declarado en concurso y el demandado podrá desistir de una reconvención contra un demandante insolvente. Tal desistimiento no afectará a la acción contra otras partes (regla 311.3 de las Reglas de procedimiento). Si el procedimiento continúa, el efecto de la decisión del juez respecto de la parte insolvente en la acción se determinará por la ley aplicable al procedimiento de insolvencia (regla 311.4 de las Reglas de procedimiento)[440].

---

440 Sobre la declaración en concurso de alguna de las partes, en general, y de un titular de un derecho de propiedad industrial o su licenciatario, en particular, véase SALELLES CLIMENT, J. R., "La

## 2. *Legitimación del licenciatario inscrito*

### 2.1. Cuestiones generales

El Acuerdo del Tribunal Unificado de patentes también reconoce la legitimación para el ejercicio de acciones al licenciatario exclusivo y no exclusivo (art. 47.2 ATUP). Sobre esta cuestión, simplemente basta decir que las licencias exclusivas son aquellas que impiden a su otorgante la posibilidad de conceder otras licencias; sin embargo, las licencias no exclusivas o simples habilitan al licenciante para otorgar licencias a distintos licenciatarios[441]. Tanto las licencias simples como las exclusivas pueden

---

reestructuración de la empresa en el concurso y la licencia de marca", *Revista General de Insolvencias & Reestructuraciones: Journal of Insolvency & Restructuring (I&R),* N.º 2, 2021, pp. 85-122; SALELLES CLIMENT, J. R., "Los efectos de la declaración de concurso sobre la licencia de marca en la fase común del concurso", en MORRAL SOLDEVILA, R., *Problemas actuales de derecho de la propiedad industrial: VI y VII Jornadas de Barcelona de Derecho de la Propiedad Industrial,* Barcelona, Tecnos, 2017, pp. 133-182; SALELLES CLIMENT, J. R., "Las facultades de administración y disposición de la marca en la fase común del concurso de su titular", en TOBÍO RIVAS, A. M.ª, FERNÁNDEZ-ALBOR BALTAR, A. y TATO PLAZA, A., *Estudios de Derecho mercantil. Libro homenaje al Prof. Dr. h. c. José Antonio Gómez Segade,* Madrid, Marcial Pons, 2013, pp. 907-922; MORRAL SOLDEVILA, R., *Problemas actuales de derecho de la propiedad industrial: IX Jornada de Barcelona de Derecho de la Propiedad Industrial,* Barcelona, Tecnos, 2020.

441 MASSAGUER FUENTES, J., *Acciones…, op. cit.,* pp. 271-272; KEUKENSCHRIJVER, A., *Sortenschutzgesetz unter Berücksigtigung der Verordnung Nr. 2100/94 (EG) des Rates über den gemeinschaftlichen Sortenschutz,* Carl Heymanns, Köln-Berlin-Bonn-München, 2001, p. 277; LEßMANN, H., WÜRTENBERGER, G., *Deutsches und europäisches Sortenschutzrecht,* 2. Auflage, Nomos Verlagsges, 2009, pp. 122-123.

limitarse en términos de espacio y tiempo, acotando su alcance a un área geográfica o un período de tiempo determinado[442].

Ahora bien, la legitimación del licenciatario exclusivo se presume, salvo que el acuerdo de licencia establezca lo contrario (art. 47.2 ATUP). Sin embargo, la legitimación para el ejercicio de acciones del licenciatario no exclusivo no se presume, deberá contemplarse expresamente en el contrato de licencia (art. 47.3 ATUP)[443]. En este sentido, llama la atención la sencillez formal configurada para el ejercicio de acciones por del licenciatario exclusivo y no exclusivo, que simplemen-

---

442 Sobre estas cuestiones, véase, por todos, MARTÍN ARESTI, P., "Transferencias, licencias y gravámenes", en BERCOVITZ RODRÍGUEZ-CANO, A., BERCOVITZ ÁLVAREZ, R., *La nueva Ley de Patentes. Ley 24/2015, de 24 de julio,* Cizur Menor (Navarra), Aranzadi, 2015, pp. 348-384; MARTÍN ARESTI, P., "Licencia", en BERCOVITZ RODRÍGUEZ-CANO, A., GARCÍA-CRUCES GONZÁLEZ, J. A., *Comentarios a la Ley de Marcas,* Cizur Menor (Navarra), Aranzadi, 2003, pp. 757-779; PALAU RAMÍREZ, F., "Contrato de licencia de obtención vegetal: Aspectos concurrenciales", en OLAVARRÍA IGLESIA, J., (Dir.), MARTÍ MIRAVALLS, J., (Coord.), *Derecho Mercantil. Estudios in memoriam del profesor Manuel Broseta Pont,* Valencia, Tirant lo Blanch, 2019, pp. 87-124; PALAU RAMÍREZ, F., "Derecho de la competencia y contrato de licencia de obtención vegetal", en GARCÍA VIDAL, A., *Derecho de las obtenciones vegetales,* Valencia, Tirant lo Blanch, 2017, pp. 911-950.

443 Así también se configura en nuestro ordenamiento jurídico, en concreto, en nuestra normativa de invenciones en la que se indica que el licenciatario exclusivo, salvo que las partes pacten lo contrario, estará legitimado para el ejercicio de acciones en defensa del derecho, en su propio nombre (art. 117.2 LP). Sin embargo, la legitimación del licenciatario no exclusivo no se presume; se deberá contemplar expresamente en el contrato (art. 117.2 LP). Véase igualmente, sobre esta cuestión LOBATO, M., *Comentario a la Ley 17/2001, de Marcas,* Madrid, Civitas, 2002, pp. 783-788; MARTÍN ARESTI, P., "Licencia...", *op. cit.*, pp. 776-777.

te deberán preavisar al titular del derecho respecto del ejercicio de las acciones frente al Tribunal Unificado; siempre y cuando estén habilitados contractualmente para ello (art. 47 apartados 2 y 3 ATUP).

Más sorprende todavía la falta de regulación de los supuestos en los que el licenciatario carezca de legitimación. Aquí podría plantearse un sistema equivalente al configurado en nuestra normativa nacional de patentes que, por su interés, se explica a continuación. En primer lugar, los licenciatarios deberían solicitar fehacientemente al titular-licenciante que ejercitara las acciones judiciales correspondientes. En caso de que el titular-licenciante se negara a su ejercicio o no las ejercitara en el plazo de 3 meses desde que hubiera recibido la notificación, el licenciatario estará legitimado para el ejercicio de las acciones en su propio nombre. Para ello, deberá acompañar a su escrito de demanda la petición realizada al titular y su pasividad al no atenderla o argumentar su inacción al dejar transcurrir el plazo de 3 meses[444].

Asimismo, cuando los licenciatarios hayan notificado fehacientemente su voluntad de ejercitar las acciones de infracción al titular-licenciante, podrán solicitar al Juez (sin tener que esperar la contestación del licenciante o el transcurso del plazo de 3 meses), la adopción de medidas cautelares debiendo, en su caso, presentar el requerimiento realizado al titular-licenciante y justificar la necesidad de las medidas para evitar un daño importante (art. 117.3 LP). En todo caso, cuando el licenciatario ejercite alguna acción en defensa del derecho licenciado, deberá notificárselo de forma fehaciente al titular-

---

444 MASSAGUER, J., *Acciones…, op. cit.*, pp. 273-274. Véase igualmente RONCERO SÁNCHEZ, A., "Alcance de la modificación del régimen sobre marcas en relación con el contrato de licencia de marca", *La Ley mercantil*, núm. 59, 2019, pp. 6-7.

licenciante para que pueda personarse e intervenir en el procedimiento como parte o como coadyuvante (art. 117.4 LP)[445].

### 2.2. Adhesión del titular del derecho a la acción ejercitada por el licenciatario

Con todo, el titular del derecho podrá adherirse a las acciones ejercitadas por el licenciatario (art. 47.4 ATUP). Ahora bien, si el titular del derecho decide no adherirse a la acción planteada por el licenciatario, cierra la posibilidad a que el licenciatario ejercite una demanda reconvencional de nulidad, ya que el propio Acuerdo del Tribunal Unificado de Patentes impide la posibilidad de impugnar la validez de una patente cuando el titular del derecho no participe en el procedimiento (art. 47.5 ATUP).

Esta situación provoca una modificación del ejercicio de acciones reconvencionales de nulidad planteadas al hilo de una acción de infracción, ya que el Acuerdo del Tribunal Unificado de Patentes establece que, una vez presentadas las acciones, la División local o regional afectada tendrá discrecionalidad, tras oír a las partes, para: "*a) proseguir el procedimiento relativo a la acción por violación de patente y a la demanda de reconvención por nulidad y pedir al Presidente del Tribunal de Primera Instancia que asigne, de la reserva de jueces, un juez con formación técnica, titulación y experiencia en el ámbito de la tecnología de que se trate, b) trasladar la demanda de reconvención por nulidad a la División central para que resuelva y suspender o continuar el procedimiento relativo a la acción por violación de patente, o c) con el acuerdo de las partes, trasladar la totalidad del asunto a la División central para que resuelva*" (art. 33.3 ATUP). Por tanto, será la División local o regional la encargada de decidir si conoce y resuelve la reconvención

445 MASSAGUER FUENTES, J., *Acciones…, op. cit.*, pp. 273-274.

planteada, la remite a la División central o si remite tanto la infracción del derecho como la demanda de reconvención a la División central[446].

De manera que, si el titular del derecho no se adhiere al ejercicio de la acción de infracción iniciada por el licenciatario, se producirá una separación de procedimientos al no poder ejercitarse una demanda reconvencional de nulidad (art. 47.5 ATUP) [447].

## *3. Legitimación del licenciatario no inscrito*

### 3.1. Consideraciones previas

Tradicionalmente, el estudio de la legitimación del licenciatario para el ejercicio de acciones en defensa de un derecho de propiedad industrial se ha centrado en analizar la necesidad de que la licencia estuviera o no inscrita para habilitar el ejercicio de acciones. Del estudio del Acuerdo del Tribunal Unificado de Patentes se observa que no se menciona la exigencia de la inscripción para el ejercicio de acciones por parte del licenciatario. Por su parte, el Reglamento (UE) n.º 1257/2012 de 17 de diciembre se limita a mencionar que "*la adquisición de los derechos surtirá efecto con independencia de su inscripción en un registro nacional de patentes*" (art. 7.4 Reglamento 1257/2012).

Ante esta situación, se ha considerado que la inscripción del licenciatario para el ejercicio de acciones se encuadra dentro de las cuestiones relacionadas con la patente europea con efecto unitario como objeto de propiedad; circunstancia que

446 GARCÍA VIDAL, A., Op. cit., p. 2.

447 Ibid., pp. 2-3.

se deberá resolver conforme a las disposiciones de la normativa nacional de cada país (art. 7.1 Reglamento 1257/2012)[448]. Por ello, a continuación, se analizará la cuestión relativa a la legitimación del licenciatario no inscrito conforme a nuestra normativa nacional.

### 3.2. Necesidad de inscripción o no: ahí reside la clave

La legitimación del licenciatario para el ejercicio de acciones en defensa del derecho, dependiendo de la modalidad de propiedad industrial, viene condicionada por la inscripción de la licencia[449]. En el caso del derecho de patentes, la legitimación se reconoce al licenciatario inscrito (art. 117.1 LP[450]), sin

---

448 GARCÍA VIDAL, A., Op. cit., 2013, p. 3.

449 CORBERA MARTINEZ, J. M., "Legitimación del licenciatario no inscrito para el ejercicio de acciones en defensa de la marca", *Revista de derecho de la competencia y la distribución,* núm. 24, 2019, pp. 8-10.

450 Por su interés, se reproduce el contenido del citado artículo 117: "*1. Estarán legitimados para el ejercicio de las acciones a que se refiere el artículo 2.3 de esta Ley, además de los titulares de los derechos inscritos en el Registro de Patentes, quienes acrediten haber solicitado debidamente la inscripción en dicho registro del acto o negocio del que traiga causa el derecho que se pretenda hacer valer, siempre que dicha inscripción llegue a ser concedida. 2. Salvo pacto en contrario, el titular de una licencia exclusiva podrá ejercitar en su propio nombre todas las acciones que en la presente Ley se reconocen al titular de la patente frente a los terceros que infrinjan su derecho, pero no podrá ejercitarlas el concesionario de una licencia no exclusiva. 3. El licenciatario, que, conforme a lo dispuesto en el apartado anterior, no esté legitimado para ejercitar las acciones por infracción de la patente, podrá requerir fehacientemente al titular de la misma para que entable la acción judicial correspondiente. Si el titular se negara o no ejercitará la oportuna acción dentro de un plazo de tres meses, podrá el licenciatario entablarla en su propio nombre, acompañando el requerimiento efectuado. Con anterioridad al transcurso del plazo mencionado, el licenciatario podrá pedir al Juez la adopción de*

embargo, en materia de marcas y diseños industriales las leyes guardan silencio sobre la exigencia de la inscripción del contrato de licencia en la OEPM (art. 48 LM[451] y 61 LDI[452])[453]. Como es bien sabido, las leyes especiales de derechos de propiedad industrial se remiten a las normas procesales de la Ley de Patentes. Pese a esta remisión, la falta de exigencia de inscripción no debe interpretarse como una laguna legal ya que estas leyes sí reproducen algunos aspectos de la Ley de Patentes relativos a la legitimación, soslayando la exigencia de inscripción de la licencia (art. 48.7 LM[454] y 61 LDI[455]). Es más,

---

*medidas cautelares urgentes cuando justifique la necesidad de las mismas para evitar un daño importante, con presentación del referido requerimiento. 4. El licenciatario que ejercite una acción en virtud de lo dispuesto en alguno de los apartados anteriores deberá notificárselo fehacientemente al titular de la patente, el cual podrá personarse e intervenir en el procedimiento, ya sea como parte en el mismo o como coadyuvante*".

451 Ley 17/2001, de 7 de diciembre, de Marcas, publicada en el BOE núm. 294, de 8 de diciembre de 2001 (en adelante, LM).

452 Ley 20/2003, de 7 de julio, de Protección Jurídica del Diseño Industrial, publicada en BOE núm. 162, de 8 de julio de 2003 (en adelante LDI).

453 MASSAGUER FUENTES, J., *Acciones…*, *op. cit.*, pp. 268-269; CORBERÁ MARTÍNEZ, J., "Legitimación…", *op. cit.*, p. 1 y ss; GARCÍA VIDAL, A., "La licencia…", *op. cit.*, pp. 843-844.

454 Igualmente, por su interés, se reproduce el contenido del citado artículo 48 apartado 7: "*Sin perjuicio de lo estipulado en el contrato de licencia, el licenciatario solo podrá ejercer acciones relativas a la violación de una marca con el consentimiento del titular de esta. Sin embargo, el titular de una licencia exclusiva podrá ejercer tal acción cuando el titular de la marca, habiendo sido requerido, no haya ejercido por sí mismo la acción por violación. A estos efectos, será de aplicación al licenciatario exclusivo de marca lo dispuesto en el artículo 117.3 y 4 de la Ley 24/2015, de 24 de julio, de Patentes*".

455 A continuación, se reproduce el contenido del citado artículo 61: "*1. Salvo que el contrato de licencia disponga otra cosa, el titular de la licencia sólo podrá ejercitar en su propio nombre las acciones que se reconocen al*

el legislador regula, de forma independiente, la legitimación del licenciatario de marca y diseños industriales para el ejercicio de acciones, lo que «subraya la independencia sustantiva y funcional de la inscripción», sin que pueda mantenerse que existe una laguna legal que exija acudir con carácter supletorio a la Ley de Patentes[456], lo que deriva en la no exigencia de la inscripción del licenciatario para el ejercicio de acciones en defensa del derecho.

Por su interés, conviene analizar también el supuesto de la legitimación del licenciatario de un título europeo y nacional de obtención vegetal. En este sentido, el legislador europeo reconoce la legitimación del licenciatario para el ejercicio de acciones en defensa del derecho (art. 104 ROV[457]). Concreta-

---

*titular del diseño frente a terceros con autorización expresa de dicho titular. Sin embargo, el titular de una licencia exclusiva podrá requerir fehacientemente al titular del diseño para que entable la acción judicial correspondiente. Si el titular del diseño se negare o no ejercitase la oportuna acción dentro del plazo de tres meses, podrá el titular de la licencia exclusiva entablarla en su propio nombre, acompañando el requerimiento efectuado. Con anterioridad al transcurso del plazo mencionado, el titular de la licencia podrá pedir al juez la adopción de medidas cautelares urgentes cuando justifique la necesidad de las mismas para evitar un daño importante, con presentación del referido requerimiento. 2. Tanto el otorgante de la licencia, como el titular de la licencia que ejercite una acción en virtud de lo dispuesto en el apartado anterior, deberán notificarse recíprocamente esta circunstancia. El titular del diseño podrá personarse e intervenir en el procedimiento iniciado por el titular de la licencia. Cuando el titular del diseño ejercite la acción, el titular de la licencia también estará facultado para intervenir en el procedimiento al objeto de reclamar la correspondiente indemnización".*

456 MASSAGUER FUENTES, J., *Acciones…*, *op. cit.*, pp. 268-269.

457 Reglamento (CE) Nº 2100/94 del Consejo, de 27 de julio de 1994, relativo a la protección comunitaria de las obtenciones vegetales, publicado en DOCE núm. 227, de 1 de septiembre de 1994 (en adelante, ROV).

mente, legitima a los licenciatarios exclusivos (en el caso de licencias de explotación contractuales) y a la Oficina Comunitaria de Variedades Vegetales [en el caso de licencias obligatorias (art. 29 ROV) o licencias conforme a lo establecido en el artículo 100.2 ROV] (art. 104.1 ROV). Cuando la licencia sea contractual, para poder ejercer las acciones de infracción, será necesario que la licencia sea exclusiva y que no se haya excluido la facultad para ejercitar las acciones en defensa del derecho (art. 104.1 ROV). Si la licencia es obligatoria, bastará con que no se haya excluido la facultad para el ejercicio de acciones (art. 104.1 *in fine* ROV)[458].

Interesa destacar que de la literalidad de la normativa europea sobre obtenciones vegetales se infiere la exclusión del licenciatario no exclusivo para el ejercicio de acciones en defensa del derecho. Ello ha sido considerado como entendible ante la imposibilidad de inscribir las licencias de explotación no exclusivas en la Oficina Comunitaria de Variedades Vegetales [art. 87.2.f) ROV]. Sin embargo, es contradictorio ya que legitima a los licenciatarios no exclusivos de una licencia obligatoria para el ejercicio de acciones en defensa de su derecho (arts. 29 y 100.2 ROV); debido a la posibilidad de poder inscribir las licencias obligatorias en la Oficina Comunitaria de Variedades Vegetales [art. 87.2.f) ROV][459].

Esta situación discordante también se evidencia ante la posibilidad del titular de una licencia de explotación para

---

458 GARCÍA VIDAL, Á., "La licencia..."; *op. cit.*, p. 842; WÜRTENBERGER, G., VAN DER KOOIJ, P., KIEWIET, B., EKVAD, M., *European..., op. cit.*, p. 214.

459 GARCÍA VIDAL, A., "La licencia..."; *op. cit.*, pp. 842-843. Igualmente, sobre esta cuestión, véase GALGO PECO, A., "Acciones civiles en defensa de la obtención vegetal", en GARCÍA VIDAL, A., *Derecho de las Obtenciones Vegetales,* Valencia, Tirant lo Blanch, 2017, pp. 1033-1049.

intervenir en la acción por infracción ejercitada por el titular del derecho, con el fin de solicitar una indemnización por el perjuicio sufrido (art. 104.2 ROV). Por ello, la mejor doctrina considera que, al hilo de lo establecido en la Directiva 2004/48/CE del Parlamento Europeo y del Consejo de 29 de abril de 2004, relativa al respeto de los derechos de propiedad intelectual[460], deberá abogarse por habilitar al licenciatario no exclusivo para el ejercicio de acciones conforme a los términos establecidos en la licencia[461].

Si analizamos nuestra normativa sobre obtenciones vegetales, nuestro legislador no regula la legitimación del licenciatario para el ejercicio de acciones en defensa del derecho, simplemente alude a la legitimación del titular (art. 21 LOV[462]). Esta simplicidad de la normativa específica puede entenderse como una laguna legal que permite la remisión a las disposiciones de la Ley de Patentes cuyas normas procesales son aplicables sobre los derechos de obtención vegetal (conforme a la remisión de la Disposición final segunda de la Ley 3/2000). Sin embargo, me inclino por descartar esta opción, debido a que en materia de obtenciones vegetales la inscripción de la licencia de obtención vegetal sería exigible exclusivamente a efectos de su oponibilidad frente a terceros y no del ejercicio de acciones como se exige en materia de patentes (art. 117.1 LP).

Por ello, considero que en materia de obtenciones vegetales tampoco cabe la aplicación supletoria de la Ley de Patentes, puesto que no hay laguna legal respecto de la legitimación de

---

460 Publicada en Diario Oficial L 157/45 de 30 de abril de 2004 (en adelante Directiva 2004/48/CE).

461 MASSAGUER FUENTES, J., *Acciones…, op. cit.*, pp. 266-273.

462 Ley 3/2000, de 7 de enero, de régimen jurídico de la protección de las obtenciones vegetales, publicada en BOE núm. 8, de 10 de enero de 2000 (en adelante, LOV).

los licenciatarios de obtención vegetal: la Ley 3/2000 es clara al señalar que "*los contratos de licencia se realizarán por escrito y no surtirán efectos frente a terceros mientras no estén debidamente inscritos en el libro registro de licencias*" (art. 23.3 LOV), lo que debe interpretarse como la habilitación de la legitimación de los licenciatarios de obtención vegetal no inscritos para el ejercicio de acciones toda vez que los efectos de la inscripción se limitan a la oponibilidad. La interpretación dada debe extenderse también a la legitimación de los licenciatarios de un derecho de obtención vegetal comunitario.

Estas consideraciones en materia de marcas, diseños industriales y obtenciones vegetales han motivado que el profesor MASSAGUER se replantee la exigencia de la inscripción de la licencia para el ejercicio de acciones, y reinterprete el artículo 117.1 de la Ley de Patentes, tomando como base lo establecido en el artículo 4 apartado a) de la Directiva 2004/48/CE, que aboga por el reconocimiento de la legitimación para el ejercicio de acciones en defensa de su derecho a los licenciatarios, impidiendo que la legislación nacional condicione el reconocimiento de la legitimación al cumplimiento de un determinado requisito[463].

En este sentido, destacan las sentencias del Tribunal de Justicia de la Unión Europea de 22 de junio de 2016, asunto C-419/15, «*Thomas Philipps GmbH & Co. KG c. Grüne Welle Vertriebs GmbH*»[464] y de 4 de febrero de 2016, asunto C-163/15, «*Youssef Hassan c. Breiding Vertriebsgesellschaft GmbH*»[465], en las que se reconoció la legitimación de los licenciatarios de marcas de la UE y dibujos y modelos comunitarios para el ejercicio de acciones sin necesidad de haber inscrito previamente

---

463 MASSAGUER FUENTES, J., *Acciones...*, *op. cit.*, p. 269.

464 ECLI:EU:C:2016:468.

465 ECLI:EU:C:2016:71.

su licencia. El principal motivo del Tribunal para no exigir la inscripción del licenciatario para el ejercicio de acciones radica en la falta de una norma específica que exija tal inscripción. La exigencia de la inscripción del licenciatario para el ejercicio de acciones supone la incorporación de un elevado coste, difícilmente admisible conforme al Derecho de la Unión, *que* dificulta de manera innecesaria el ejercicio de acciones en defensa del derecho por parte del licenciatario[466].

El reputado profesor, analizando esta cuestión, alude a que la necesidad de inscribir la licencia surge del principio de publicidad registral en relación con la oponibilidad del título a los terceros; cuestión alejada de la legitimación para el ejercicio de acciones en defensa del derecho. En contra de esta aproximación, los tribunales exigieron la inscripción de la licencia como requisito necesario para que el licenciatario pudiera ejercitar las acciones de infracción, algo que supone una ampliación del sentido del principio de publicidad registral que contradice el propósito inicial por el que fue configurado. El hecho de exigir la inscripción de la licencia no genera ninguna ventaja a aquellos que deseen ejercitar las acciones en defensa del derecho licenciado, sino que más bien parece una «formalidad hurera», que favorece a las personas que lo vulneren, por cuanto les confiere una efectiva defensa para proteger sus intereses[467].

Por todo ello, se aboga por una reinterpretación del artículo 117.1 de la Ley de Patentes, eludiendo la exigencia de la inscripción del licenciatario para el ejercicio de acciones, siendo únicamente exigible la inscripción del titular para el regis-

---

466 MASSAGUER FUENTES, J., *Acciones…*, *op. cit.*, p. 270; GARCÍA VIDAL, A., "La licencia…", *op. cit.*, pp. 844-845; CORBERÁ MARTÍNEZ, J., "Legitimación…", *op. cit.*, p. 16.

467 MASSAGUER FUENTES, J., *Acciones…*, *op. cit.*, p. 271.

tro del derecho (art. 117.1 LP)[468]. En este sentido, la doctrina alemana considera igualmente la capacidad del licenciatario exclusivo no inscrito para ejercitar las acciones de infracción, salvo que se le excluya de esta posibilidad contractualmente[469].

Sumado a las acciones de infracción del derecho, el licenciatario podrá ejercitar las acciones por competencia desleal. La compatibilidad de las acciones en defensa del derecho licenciado y las acciones por competencia desleal es unánimemente aceptada por la doctrina jurídica mercantil y por la jurisprudencia[470], sobre el principio de complementariedad relativa, acogido, entre otras, por la STS núm. 450/2015 de 2 de septiembre de 2015[471]. Sin embargo, cuando se ejerciten en el mismo procedimiento ambas acciones, la acción por competencia desleal deberá plantearse subsidiariamente a la acción por infracción del derecho de propiedad industrial[472].

En cambio, ante el supuesto de falta de legitimación para el ejercicio de acciones en defensa del derecho licenciado, el perjudicado e interesado —en este supuesto el licenciatario— podrá ejercitar las acciones por competencia desleal —acción declarativa de deslealtad, acción de cesación de la conducta desleal o de prohibición de su reiteración futura, acción de remoción de los efectos producidos por la conducta desleal, acción de rectificación de las informaciones engañosas, incorrectas o falsas, acción de resarcimiento de los daños y perjuicios causados por la conducta desleal y acción de enriquecimiento injusto— (art.

---

468 Vid. ult. loc.

469 LEßMANN, Herbert, WÜRTENBERGER, G., *Deutsches...*, *op. cit.*, p. 317.

470 MASSAGUER FUENTES, J., *Comentario a la Ley de Competencia Desleal,* Civitas, Madrid, 1999, p. 81 y ss.

471 RJ 2015/4745; ECLI:ES:TS:2015:4245.

472 MASSAGUER FUENTES, J., *Acciones...*, *op. cit.*, p. 271.

32 LCD[473]). Esta ha sido la tesis seguida en nuestra jurisprudencia ante la falta de legitimación del licenciatario para el ejercicio de acciones en defensa de su derecho, permitiéndole, en su caso, el ejercicio de acciones por competencia desleal[474].

Aquí nuevamente volvería a plantearse el mismo problema planteado anteriormente, consiste en la falta de competencia del Tribunal Unificado para conocer de las acciones por competencia desleal (art. 32.2 ATUP). Ante esta situación, entiendo que igualmente se debería bien plantear directamente la acción por competencia desleal ante los tribunales nacionales o, en caso de solicitar ambas acciones, separar el procedimiento e instar la infracción frente al Tribunal Unificado y la acción por competencia desleal ante los tribunales nacionales.

---

473 Ley 3/1991, de 10 de enero, de Competencia Desleal, publicada en BOE núm. 10 de 11 de enero de 1991 (en adelante LCD).

474 Sobre esta cuestión, véase, en nuestra doctrina MASSAGUER FUENTES, J., *Acciones…, op. cit.*, pp. 204-205; PALAU RAMÍREZ, F., "Actos concretos de competencia desleal (I): por contrariar las exigencias de la buena fe; por explotación de la reputación ajena; por inducción a la infracción contractual; por violación de normas (arts. 4, 12, 14 y 15 LCD)", en BENEYTO PALLÁS, K., (Dir.), ARMENGOT VILAPLANA, A., (Coord.), *Actos de competencia desleal y su tratamiento procesal. Un estudio práctico de la Ley de Competencia Desleal (LCD),* Valencia, Tirant lo Blanch, 2020, pp. 21-40; CORBERÁ MARTÍNEZ, J., "Legitimación…", *op. cit.*, p. 11; MASSAGUER FUENTES, J., *Comentario a la Ley de Competencia Desleal,* Madrid, Civitas, 1999, *passim.*

## 4. *Legitimación de otras personas físicas o jurídicas*

### 4.1. Cuestiones previas

El Acuerdo del Tribunal Unificado reconoce la capacidad para ejercitar acciones a cualquier otra persona física o jurídica, o cualquier órgano con capacidad para ejercitar acciones de conformidad con su Derecho nacional, a quien afecte una patente (art. 47.6 ATUP) o a quien afecte una decisión de la Oficina Europea de Patentes (art. 47.7 ATUP). De todas las situaciones posibles se presentan las particularidades que plantearía el ejercicio de acciones por parte de un cotitular de una patente unificada, conforme a nuestra normativa al ser estar esta cuestión relacionada con la patente europea como objeto de propiedad[475].

### 4.2. Supuestos de cotitularidad

Conforme a lo configurado en nuestro ordenamiento jurídico, el derecho individual de cada cotitular de un derecho de propiedad industrial no solo le permite utilizar el bien común, sino que, además, le habilita para realizar las actuaciones nece-

---

475 Sobre las cuestiones relacionadas a la cotitularidad de un derecho de propiedad industrial, véase, por todos ARPIO SANTACRUZ, J., "Cotitularidad y expropiación", en BERCOVITZ RODRÍGUEZ-CANO, A., BERCOVITZ ÁLVAREZ, R., *La nueva Ley de Patentes. Ley 24/2015, de 24 de julio,* Cizur Menor (Navarra), Aranzadi, 2015, pp. 335-346; CURTO POLO, M.ª M., "Cotitularidad y transmisión del derecho del obtentor", en GARCÍA VIDAL, A., *Derecho de las obtenciones vegetales,* Valencia, Tirant lo Blanch, 2017, pp. 785-818; GRIMALDOS GARCÍA, M.ª. I., *La titularidad conjunta de la marca. Comunidad y marca,* Valencia, Tirant lo Blanch, 2008, *passim.*

sarias para su mantenimiento (art. 80.2 LP y art. 395 CC[476]) [477]. De ello se deriva que cada comunero deberá contribuir a los gastos de conservación del derecho común de manera individual o junto con el resto de los partícipes. Las actuaciones destinadas a la conservación del bien común se limitarán a mantener su esencia y no alcanzarán a su modificación. En sede de bienes inmateriales, los principales actos de conservación son el pago de las tasas de mantenimiento y el ejercicio de acciones en defensa del derecho común (art. 80.2 LP, art. 46.1 LM, art. 58.2 LDI, art. 5.2 LSE[478]).

El pago de las tasas de renovación deberá realizarse en función de la cuota. Cada comunero podrá abonar la totalidad de las tasas y posteriormente exigir al resto de los partícipes su parte correspondiente. Estas tasas deberán abonarse íntegramente, por tanto, la repetición del pago al resto de comuneros deberá realizarse con anterioridad al momento de la renovación o, por el contrario, deberá uno de los partícipes anticipar su totalidad y posteriormente exigir al resto de los cotitulares su parte[479]. Si un comunero no estuviera dispuesto al abono de su parte, se le podrá eximir de esta obligación si renuncia a su cuota (art. 395 CC).

La renuncia liberatoria dispensa al cotitular disidente del pago de los gastos de conservación y provoca la renuncia a su cuota, que se redistribuirá proporcionalmente entre el resto

---

476 Real Decreto de 24 de julio de 1889 por el que se publica el Código Civil, publicado en Gaceta de Madrid núm. 206 de 25 de julio de 1889 (en adelante CC).

477 Me remito a lo indicado *supra* en este sentido.

478 Ley 1/2019, de 20 de febrero, de Secretos Empresariales, publicado en BOE núm. 45 de 21 de febrero de 2019 (en adelante LSE).

479 DÍEZ-PICAZO Y PONCE DE LEÓN, L., *Fundamentos…*, *op. cit.*, pp. 1031-1043; VÁZQUEZ LÉPINETTE, T., *La cotitularidad de los bienes inmateriales*, Valencia, Tirant lo Blanch, 1996, pp. 327-330.

de los comuneros. La renuncia podrá materializarse en documento público, para posteriormente incluirse en el registro oficial correspondiente (arts. 1279 y 1280 CC). El hecho de que un comunero renuncie a su cuota no afectará a los acuerdos adoptados con su consentimiento[480].

En relación con el ejercicio de acciones, cualquier copropietario estará legitimado para ejercitar las acciones necesarias para defender los intereses de la comunidad [art. 80.2 c) y d) LP, art. 46.1 LM, art. 58.2 d) LDI, art. 5.2 c) LSE y art. 395 CC]. Para ello, cada copropietario deberá estar inscrito como tal en el registro de propiedad industrial correspondiente (*ad ex.* Oficina Española de Patentes y Marcas, en el caso de patentes u Oficina Española de Variedades Vegetales, en el caso de un derecho de obtención vegetal).

El comunero que ejercite la acción o acciones en defensa del derecho objeto de copropiedad, si desea que el resto de los partícipes se adhieran, deberá notificarles su voluntad para que éstos puedan valorar su incorporación y contribución a los gastos generados [art. 80.2 d) LP, art. 46.1 LM, art. 58.2 d) LDI, art. 5.2 c) LSE] [igualmente, en este sentido, véase STS de 23 de enero de 1989 (RJ 1989/9875)] [481].

La notificación es esencial para determinar la participación sobre los gastos devengados y la afectación respecto del sentido de la sentencia. Los comuneros implicados en la interposición de la demanda estarán afectados por el sentido de la sentencia, tanto estimatoria como desestimatoria, siempre que no se hayan opuesto expresamente. Por su parte, los cotitulares que no participen de la demanda quedarán afectados exclusivamente por la estimación. Las acciones que podrán ejercitarse podrán

---

480 Vid. ult. loc.

481 MASSAGUER FUENTES, J., *Acciones…, op. cit.*, p. 265.

ser tanto civiles como penales [art. 80.2 d) LP, art. 46.1 LM, art. 58.2 d) LDI, art. 5.2 c) LSE][482].

Las acciones de carácter civil serán las contempladas en la legislación específica en materia de propiedad industrial, además de las previstas en la Ley de Competencia Desleal (art. 32 LCD).

## IV. REPRESENTACIÓN

El Acuerdo sobre un Tribunal Unificado de Patentes exige que, para el ejercicio de acciones, las partes deberán estar representadas por letrados autorizados (art. 48.1 ATUP). Cuando se trate de procedimientos ante la Oficina Europea de Patentes podrán estar representadas por abogados especializados en patentes europeas que estén habilitados para actuar en calidad de agentes autorizados y que posean las cualificaciones adecuadas, como un certificado de litigios sobre la patente europea (art. 48.2 ATUP). Sobre esta última situación, el Comité administrativo deberá establecer los requisitos relativos a las cualificaciones de estos abogados especializados en patentes europeas; y el secretario del comité mantendrá un listado de letrados habilitados para representar a las partes ante el Tribunal (art. 48.3 ATUP).

El propio Acuerdo del Tribunal Unificado de Patentes dispone que los representantes de las partes podrán estar asistidos por abogados especializados en la materia, que podrán intervenir en las vistas orales ante el Tribunal (art. 48.4 ATUP). Asimismo, los representantes de las partes disfrutarán de los derechos e inmunidades necesarios para el ejercicio independiente de sus funciones, incluido el derecho a no revelar en los

482 VÁZQUEZ LÉPINETTE, T., *La cotitularidad…*, *op. cit.*, pp. 336-338.

procedimientos ante el Tribunal, el contenido de las comunicaciones entre un representante y la parte o cualquier otra persona, a menos que la parte afectada renuncie expresamente a este derecho (art. 48.5 ATUP). Los representantes de las partes tendrán la obligación de no hacer una presentación errónea de hechos ante el Tribunal, ni de modo consciente; ni si se tendrán motivos razonables para suponer que son conocedores de los hechos en cuestión (art. 48.6 ATUP).

Ulteriormente, ante el ejercicio de acciones relativas a decisiones de la Oficina Europea de Patentes en el desempeño de las funciones a que se refiere el artículo 9 del Reglamento (UE) nº 1257/2012 [art. 32.1.i) ATUP], no será necesaria la representación (art. 48.7 ATUP).

### *Bibliografía*


ARPIO SANTACRUZ, J., "Cotitularidad y expropiación", en BERCOVITZ RODRÍGUEZ-CANO, A., BERCOVITZ ÁLVAREZ, R., *La nueva Ley de Patentes. Ley 24/2015, de 24 de julio,* Cizur Menor (Navarra), Aranzadi, 2015, pp. 335-346.

BERCOVITZ RODRÍGUEZ-CANO, A., BERCOVITZ ÁLVAREZ, R., *La nueva Ley de Patentes. Ley 24/2015, de 24 de julio,* Cizur Menor (Navarra), Aranzadi, 2015.

BERCOVITZ RODRÍGUEZ-CANO, A., GARCÍA-CRUCES GONZÁLEZ, J. A., *Comentarios a la Ley de Marcas,* Cizur Menor (Navarra), Aranzadi, 2003.

BERCOVITZ ÁLVAREZ, R., "Acciones por violación del derecho de patente", en BERCOVITZ RODRÍGUEZ-CANO, A., BERCOVITZ ÁLVAREZ, R., *La nueva Ley de Patentes. Ley 24/2015, de 24 de julio,* Cizur Menor (Navarra), Aranzadi, 2015, pp. 301-334.

CORBERA MARTÍNEZ, J. M., "Legitimación del licenciatario no inscrito para el ejercicio de acciones en defensa de la marca", *Revista de Derecho de la Competencia y la Distribución,* núm. 24, 2019.

CURTO POLO, Mª.M., "Cotitularidad y transmisión del derecho del obtentor", en GARCÍA VIDAL, A., *Derecho de las obtenciones vegetales,* Valencia, Tirant lo Blanch, 2017, pp. 785-818.

DESANTES REAL, M., "El Acuerdo sobre un Tribunal Unificado de Patentes de19 de febrero de 2013, una novedosa y controvertida arquitectura en la construcción europea", *La Ley Unión Europea,* núm. 2, 2013, pp. 3-10.

DESANTES REAL, M., "Títulos de propiedad industrial afectados por el acuerdo sobre un Tribunal Unificado de Patentes de 2013", *Actas de derecho industrial y derecho de autor,* Tomo 35, 2014-2015, pp. 343-356.

DÍEZ-PICAZO Y PONCE DE LEÓN, L., *Fundamentos del Derecho Civil Patrimonial I. Introducción teoría del contrato,* Sexta edición, Cizur Menor (Navarra), Aranzadi, 2007.

GALGO PECO, A., "Acciones civiles en defensa de la obtención vegetal", en GARCÍA VIDAL, A., *Derecho de las Obtenciones Vegetales,* Valencia, Tirant lo Blanch, 2017, pp. 1033-1049.

GARCÍA VIDAL, Á., *El sistema de la patente europea con efecto unitario,* Cizur Menor (Navarra), Aranzadi, 2014.

GARCÍA VIDAL, Á., "Las Partes: capacidad, legitimación activa y representación", *Análisis GA&P,* 2013.

GARCÍA VIDAL, Á., *Las acciones civiles por infracción de la propiedad industrial,* Valencia, Tirant lo Blanch, 2020.

GARCÍA VIDAL, Á., "La licencia contractual de explotación de una variedad protegida con un título de obtención vegetal", en GARCÍA VIDAL, A., *Derecho de las obtenciones vegetales,* Valencia, Tirant lo Blanch, 2017, pp. 820-866.

GRIMALDOS GARCÍA, Mª.I., *La titularidad conjunta de la marca. Comunidad y marca,* Valencia, Tirant lo Blanch, 2008.

KEUKENSCHRIJVER, A., *Sortenschutzgesetz unter Berücksigtigung der Verordnung Nr. 2100/94 (EG) des Rates über den gemeinschaftlichen Sortenschutz,* Carl Heymanns, Köln-Berlin-Bonn-München, 2001.

LEßMANN, Herbert, WÜRTENBERGER, G., *Deutsches und europäisches Sortenschutzrecht,* 2. Auflage, Nomos Verlagsges, 2009.

LOBATO, M., *Comentario a la Ley 17/2001, de Marcas,* Madrid, Civitas, 2002.

MARTÍN ARESTI, P., *La Licencia Contractual de Patente,* Pamplona, Aranzadi, 1997.

MARTÍN ARESTI, P., "Transferencias, licencias y gravámenes", en BERCOVITZ RODRÍGUEZ-CANO, A., BERCOVITZ ÁLVAREZ, R., *La nueva Ley de Patentes. Ley 24/2015, de 24 de julio,* Cizur Menor (Navarra), Aranzadi, 2015, pp. 348-384.

MARTÍN ARESTI, P., "Licencia", en BERCOVITZ RODRÍGUEZ-CANO, A., GARCÍA-CRUCES GONZÁLEZ, J. A., *Comentarios a la Ley de Marcas,* Cizur Menor (Navarra), Aranzadi, 2003, pp. 757-779.

MASSAGUER FUENTES, J., *El contrato de licencia de know-how,* Barcelona, Librería Bosch, 1989.

MASSAGUER FUENTES, J., *Comentario a la Ley de Competencia Desleal,* Madrid, Civitas, 1999.

MASSAGUER FUENTES, J., *Acciones y procesos de infracción de derechos de propiedad industrial,* 2ª Edición, Cizur Menor (Navarra), Aranzadi, 2020.

MASSAGUER FUENTES, J., "El incumplimiento de los contratos de licencia de patente y de licencia de secretos empresariales: concurrencia entre acciones contractuales y acciones por infracción", *Revista de derecho mercantil,* núm. 309, 2018.

MIGUEL ASENSIO, P.A.," La patente europea con efecto unitario y su régimen jurídico", *Revista de Direito intelectual,* 2016, pp. 143-167.

MORRAL SOLDEVILA, R., *Problemas actuales de derecho de la propiedad industrial: IX Jornada de Barcelona de Derecho de la Propiedad Industrial,* Barcelona, Tecnos, 2020.

MORRAL SOLDEVILA, R., *Problemas actuales de derecho de la propiedad industrial: VI y VII Jornadas de Barcelona de Derecho de la Propiedad Industrial,* Barcelona, Tecnos, 2017.

ORTUÑO BAEZA, Mª.T., *La licencia de Marca,* Madrid, Marcial Pons, 2000.

PALAU RAMÍREZ, F., "Actos concretos de competencia desleal (I): por contrariar las exigencias de la buena fe; por explotación de la reputación ajena; por inducción a la infracción contractual; por violación de normas (arts. 4, 12, 14 y 15 LCD)", en BENEYTO PALLÁS, K., (Dir.), ARMENGOT VILAPLANA, A., (Coord.), *Actos de competencia desleal y su tratamiento procesal. Un estudio práctico de la Ley de Competencia Desleal (LCD),* Valencia, Tirant lo Blanch, 2020, pp. 19-72.

PALAU RAMÍREZ, F., "Contrato de licencia de obtención vegetal: Aspectos concurrenciales", en OLAVARRÍA IGLESIA, J., (Dir.), MARTÍ MIRAVALLS, J., (Coord.), *Derecho Mercantil. Estudios in memoriam del profesor Manuel Broseta Pont,* Valencia, Tirant lo Blanch, 2019, pp. 87-124.

REMÉDIO MARQUES, J.P., *O (Novo) Tribunal Unificado de Patentes. Competência e regras de proceso,* Coimbra, Almedina, 2024.

RODILLA MARTÍ, C., "Cláusulas de terminación contractual en licencias de tecnologías y continuación del pago de los royalties tras la nulidad de la patente", *Revista de Derecho de la Competencia y de la Distribución,* núm. 22, 2018.

RONCERO SÁNCHEZ, A., *El contrato de licencia de marca,* Madrid, Civitas, 1999.

SALELLES CLIMENT, J.R., "La reestructuración de la empresa en el concurso y la licencia de marca", *Revista General de Insolvencias & Reestructuraciones: Journal of Insolvency & Restructuring (I&R),* núm. 2, 2021, pp. 85-122.

SALELLES CLIMENT, J.R., "Los efectos de la declaración de concurso sobre la licencia de marca en la fase común del concurso", en MORRAL SOLDEVILA, R., *Problemas actuales de derecho de la propiedad industrial: VI y VII Jornadas de Barcelona de Derecho de la Propiedad Industrial,* Barcelona, Tecnos, 2017, pp. 133-182.

SALELLES CLIMENT, J.R., "Las facultades de administración y disposición de la marca en la fase común del concurso de su titular", en TOBÍO RIVAS, A. M.ª, FERNÁNDEZ-ALBOR BALTAR, A., TATO PLAZA, A., *Estudios de Derecho mercantil. Libro homenaje al Prof. Dr. h. c. José Antonio Gómez Segade,* Madrid, Marcial Pons, 2013, pp. 907-922.

VÁZQUEZ LÉPINETTE, T., *La cotitularidad de los bienes inmateriales,* Valencia, Tirant lo Blanch, 1996.

## *Capítulo VI*

# *El objeto del proceso: las acciones ante el TUP*

**JOSÉ LUIS AMÉRIGO SÁNCHEZ**
*Abogado en Gómez-Acebo & Pombo*

# I. INTRODUCCIÓN

El apartado 1 del artículo 32 del Acuerdo del Tribunal Unificado de Patentes (en adelante, ATUP) establece cuál es el ámbito competencial objetivo del Tribunal Unificado de Patentes (en adelante, TUP) atribuyéndole el conocimiento exclusivo de determinadas acciones de distinta naturaleza respecto de las que también regula su contenido y alcance en preceptos posteriores. Asimismo, el apartado 2 del citado artículo regula también la competencia objetiva de los órganos jurisdiccionales nacionales a los que, como se verá, les otorga el conocimiento de todas aquellas materias no reservadas al TUP.

De esta manera, el artículo 32 ATUP, igual que cualquier norma reguladora de la competencia –ya sea territorial, objetiva o funcional– de un órgano jurisdiccional, se erige, sin duda, como un precepto fundamental al delimitar cuál es el ámbito de actuación del TUP y permitir conocer a quien pretenda ejercitar una acción concerniente a patentes –tanto las unitarias como las europeas tradicionales– y de certificados complementarios de protección saber qué órgano es el competente –el TUP o el órgano jurisdiccional nacional correspondiente–, cuestión obviamente de suma importancia, entre otras razones, por las consecuencias que tiene el ejercicio de una acción ante un órgano que carezca de competencia.

El artículo 32 ATUP suscita algunas cuestiones relativas a su interpretación que deben ser analizadas y tenidas en cuenta a fin de interpretar correctamente el precepto. Asimismo, se debe destacar que la traducción al español del citado precepto adolece de una serie de errores o discordancias respecto de las versiones oficiales en inglés, francés y alemán que pueden dar lugar a interpretaciones equivocadas.

Por lo tanto, es objeto del presente capítulo no sólo analizar el régimen competencial del artículo 32 ATUP y el contenido y alcance de las acciones que en el mismo se contemplan, sino exponer también las posibles dudas interpretativas del precepto y las discordancias de las que adolece su versión en español a fin de que el lector sea consciente de las mismas a la hora de interpretar dicho artículo.

Asimismo, el artículo 83 ATUP prevé un régimen transitorio que permite alterar parcialmente el régimen competencial del artículo 32 ATUP de manera que, bajo determinadas condiciones, los órganos judiciales nacionales puedan conocer de algunas de las acciones del ámbito competencial exclusivo del TUP durante el periodo de transición. Como se verá, la aplicación del régimen transitorio no es automática, sino que es opcional, debe solicitarse expresamente y está sujeta al cumplimiento de una serie de requisitos temporales, formales y materiales; previéndose, además, la posibilidad de renunciar al mismo, renuncia que también está condicionada al cumplimiento de determinadas condiciones.

La redacción de dicho precepto también plantea una serie de dudas interpretativas respecto del alcance del régimen transitorio y de los requisitos que deben reunirse para acogerse y renunciar al mismo que van a ser objeto de análisis.

## II. COMPETENCIA OBJETIVA DEL TUP Y DE LOS ÓRGANOS JURISDICCIONALES NACIONALES CONFORME AL ARTÍCULO 32 ATUP

### *1. La competencia exclusiva del TUP: el listado numerus clausus del apartado 1*

Antes de entrar a analizar las distintas acciones de las que puede conocer el TUP, resulta necesario indicar que estamos ante un listado *numerus clausus* de acciones, es decir, el TUP únicamente podrá conocer aquellas acciones enumeradas en el apartado 1 del artículo 32 ATUP. Si bien el texto de la norma no lo establece expresamente, podemos concluir que la competencia del TUP se limita a ese elenco de acciones a la luz del apartado 2 del mismo precepto que dispone que los órganos jurisdiccionales de los Estados Miembros serán competentes para el resto de acciones que no sean competencia exclusiva del TUP. En consecuencia, si los órganos jurisdiccionales nacionales son competentes para el resto de acciones distintas de las contempladas en el apartado 1 del artículo 32 ATUP, ello significa que la competencia del TUP se limita exclusivamente a las acciones que se mencionan expresamente en dicho precepto.

En relación con lo expuesto, se debe destacar la errónea traducción del apartado 2 de la versión española. La redacción en español reza: «*Los órganos jurisdiccionales nacionales de los Estados miembros contratantes seguirán siendo competentes para aquellas acciones relativas a patentes y certificados complementarios de protección que sean de competencia exclusiva del Tribunal.*» Como puede observarse, una interpretación literal del precepto lleva a la incoherente conclusión de que los órganos jurisdiccionales nacionales son también competentes para conocer de las acciones que el apartado 1 atribuye en exclusiva al TUP.

Como se ha dicho, se trata de un error de traducción y, a estos efectos, se debe tener en cuenta la redacción del apartado 2 en la versión oficial en inglés[483] que, expresamente, dispone que la competencia objetiva de los órganos jurisdiccionales nacionales se extiende a aquellas acciones que no sean competencia exclusiva del TUP, igual que en las otras versiones

---

483 "*The national courts of the Contracting Member States shall remain competent for actions relating to patents and supplementary protection certificates which do not come within the exclusive competence of the Court*".

cooficiales –la francesa y la alemana–, así como en versiones no oficiales como pueden ser la italiana, la griega o la portuguesa.

Asimismo, otra de las consecuencias de esta atribución exclusiva de competencias es la imposibilidad de las partes de someterse expresa o tácitamente a la jurisdicción de un órgano jurisdiccional –sea el propio TUP o uno nacional– no competente. En efecto, si la atribución competencial al TUP del apartado 1 es en exclusiva, ello significa que las partes no podrán someter el conocimiento de esas acciones a los órganos jurisdiccionales nacionales, por lo que, en el caso en que nos hallemos, por ejemplo, ante una acción de infracción por incumplimiento de licencia respecto de una patente europea y las partes hubieran incluido una cláusula de sumisión a los órganos jurisdiccionales de un determinado Estado, dicha cláusula carecerá de efecto por ser contraria a lo establecido en el artículo 32.1 ATUP.

También nos podríamos encontrar en el caso contrario: que las partes pactasen someter al TUP cualquier acción que se ejercite en relación con patentes europeas o certificados complementarios de protección más allá de las previstas en el apartado 1 del artículo 32 ATUP. En este caso, existe doctrina que se muestra partidaria de esta posibilidad[484], pero tampoco es descabellado interpretar el apartado 1 en el sentido de considerar que la competencia atribuida al TUP no es sólo exclusiva, sino también excluyente en el sentido de que únicamente podrá conocer de las acciones previstas en dicho apartado sin que las partes puedan someter a su jurisdicción aquellas acciones cuyo conocimiento atribuye el apartado 2 a los órganos jurisdiccionales.

---

484 GARCÍA VIDAL, A., *El sistema de la patente europea con efecto unitario*, Cizur Menor (Navarra), Thomson Reuters Aranzadi, 2014, p. 140.

Nótese, en primer lugar, que la redacción del apartado 2 –«*seguirán siendo competentes*»– da por cierta la competencia de los órganos jurisdiccionales nacionales sin configurarla como una posibilidad como sería una fórmula como «*podrán conocer*» y, en segundo lugar, que la redacción del apartado 1 tampoco permite afirmar categóricamente que el TUP pueda conocer de otras acciones distintas de las enumeradas como sí se podría concluir si dicho precepto hubiese contenido alguna fórmula como «*sin perjuicio de otras acciones*». Asimismo, si la competencia del TUP es exclusiva y excluyente, tampoco será posible acumular acciones cuyo conocimiento corresponde al TUP con aquellas que les correspondan conocer a los órganos jurisdiccionales nacionales, por lo que deberán ejercitarse por separado pudiendo dar lugar a situaciones de litispendencia.

En cualquier caso, como he dicho, es una interpretación posible del precepto y habrá que esperar a la doctrina que fije el TUP cuando se le plantee esta cuestión.

Como última cuestión antes de proceder al análisis del régimen de acciones del artículo 32 ATUP, considero oportuno mencionar que, como se verá, en algunos de los casos, el demandante puede ejercitar en su demanda pretensiones que no están expresamente recogidas como acciones en el artículo 32 ATUP. Así, por ejemplo, el precepto no contempla expresamente la cesación o la compensación de daños y perjuicios en caso de infracción; sin embargo, ello no obsta que el demandante pueda solicitar, además de la declaración de infracción con base en la acción expresamente prevista, que se ordene al demandado el cese de la conducta infractora y la compensación de los daños sufridos, pretensiones que, si bien como se ha dicho no están recogidas expresamente como acciones en el artículo 32 ATUP, se regulan en preceptos posteriores.

Siendo así, el listado de acciones del apartado 1 del artículo 32 ATUP no se puede interpretar de forma aislada, sino que se debe tener en cuenta la existencia de otros preceptos del ATUP que delimitan su contenido y bajo ningún concepto se puede considerar que, al no estar previstas expresamente en el citado listado, su competencia corresponde a los órganos jurisdiccionales nacionales con base en la competencia residual del artículo 32.2 ATUP.

### 1.1. Acciones declarativas relacionadas con el uso y la infracción y medidas adicionales que pueden adoptarse conforme a los artículos 63 y 64 ATUP

El artículo 32.1 ATUP atribuye al TUP en sus apartados a), b) y g) el conocimiento de acciones relativas al uso de la patente o del certificado complementario de protección y a su posible infracción.

#### *1.1.1 Acción declarativa de infracción*

El subapartado a) atribuye al TUP el conocimiento de las acciones por infracción consumada o en grado de tentativa, es decir, el supuesto de actos preparatorios de la explotación que, de consumarse, darían lugar a una infracción. A efectos del ATUP, se puede considerar como infracción la realización o preparación para realizar los actos o conductas que se mencionan en los artículos 25 y 26 ATUP, a menos que concurran las circunstancias previstas en los artículos 27 a 29 ATUP.

En relación con el ejercicio de estas acciones, el ATUP prevé una serie de medidas cuya adopción puede solicitar el titular, incluso antes de iniciarse un procedimiento sobre el fondo del asunto, como son las medidas de aseguramiento y reconocimiento de lugares del artículo 60 ATUP, las órdenes de embargo preventivo del artículo 61 ATUP y las medidas cautelares y provisionales del artículo 62 ATUP. Todo ello es objeto de análisis en otros capítulos de la presente obra.

Los artículos 63 y 64 ATUP contemplan una serie de medidas que se pueden adoptar en el caso en que se declare la infracción. Como se ha dicho anteriormente, si bien el listado de acciones del artículo 32.1 ATUP es *numerus clausus*, ello no implica que el contenido de las acciones que se contemplan se limite únicamente a lo expresado en dicho precepto, sino que es necesario interpretar el artículo 32.1 ATUP en consonancia con el resto de disposiciones del ATUP. Es precisamente lo que sucede con la acción declarativa de infracción: que el subapartado a) haga referencia únicamente a la acción declarativa de infracción no implica que el demandante no pueda pretender y solicitar en su demanda la adopción de las medidas de los artículos 63 y 64 ATUP, que se tratan a continuación, o la indemnización del artículo 68 ATUP.

En caso de estimación de la acción declarativa de infracción, el apartado 1 del artículo 63 ATUP dispone que el TUP podrá prohibir al infractor que reitere la conducta infractora, lo que básicamente constituye una orden de cesación. Asimismo, el precepto prevé la posibilidad de que dicho requerimiento de cese también se dirija contra los intermediarios cuya conducta sea necesaria para llevar a cabo la infracción.

El apartado 2 prevé que, en caso de incumplimiento de la orden de cese, se podrá imponer una multa coercitiva. Aunque el precepto no lo indica, por coherencia con el apartado 1, considero que dicha multa se le podrá imponer a cualquiera que haya recibido la orden de cese del TUP, es decir, tanto al demandado como al intermediario. El artículo indica que la multa se podrá imponer «*cuando proceda*» sin dar más detalle de los supuestos en los que se puede considerar procedente, por lo que habrá que estar a la jurisprudencia del TUP para conocer en qué casos procede esa multa coercitiva. Asimismo, es destacable que la multa es pagadera al propio TUP a diferencia de lo que sucede en otras normas en materia de propiedad industrial en las que el destinatario y beneficiario de las sumas obtenidas por la multa coercitiva es el demandante.

En relación con la multa, existen discrepancias entre las distintas traducciones del ATUP, incluso entre las versiones oficiales. Como se ha indicado, la versión en español del artículo 63.2 ATUP hace referencia a una «*multa coercitiva*» en singular que evoca la idea de la imposición de un importe único en concepto de multa. Sin embargo, la versión inglesa dispone que se podrá imponer una «*multa recurrente*» –«*recurring penalty payment*»–, similar a lo que se dispone en nuestra legislación nacional en materia de propiedad industrial que prevé la imposición de multas coercitivas diarias, es decir, una multa recurrente. El carácter recurrente de la multa tampoco aparece en las versiones francesa y alemana –cooficiales– ni, por ejemplo, en la portuguesa. En cambio, sí en la versión italiana –«*pena pecuniaria suscettibile di essere reiterata*»–, aunque esta traducción parece introducir una doble posibilidad, es decir, la multa puede o no ser periódica. En mi opinión, cualquier duda interpretativa al respecto del carácter periódico o no de la multa se resuelve en el apartado 3 de la regla 354 de las Reglas de Procedimiento del TUP (en adelante, RoP) que dispone expresamente en sus tres versiones oficiales que la multa será periódica.

Por su parte, el artículo 64.1 ATUP dispone que el TUP puede ordenar la adopción de medidas adecuadas sobre los productos infractores, así como sobre los medios e instrumentos utilizados para cometer la infracción. Dichas medidas no se pueden acordar de oficio, sino que el precepto establece expresamente que deberán ser solicitadas por el demandante. Precisamente, esta previsión expresa respecto de que la adopción de las medidas únicamente puede acordarse a petición de parte confirma que el objeto de la acción declarativa de infracción es más amplio y no se limita a la propia declaración de infracción, sino que legitima al demandante para formular pretensiones que, por su naturaleza, están estrechamente ligadas y son consecuencia de tal declaración.

El apartado 2 contiene un listado *numerus apertus* de las medidas que pueden adoptarse. Entiendo que es una enumeración ejemplificativa por cuanto que el precepto utiliza el verbo «*incluir*» en lugar de «*ser*» y que, como se ha visto, el apartado 1 habla de «*medidas adecuadas*», por lo que, en mi opinión, es posible que el TUP acuerde otras medidas de análoga naturaleza no contempladas expresamente si son más adecuadas para el fin que indica el apartado 1.

Conforme al apartado 3, se establece que la regla general es que sea el infractor quien asuma el coste de la ejecución de estas medidas. Ahora bien, se prevé la posibilidad de que no sea así si «*se alegan razones concretas*»; sin embargo, no indica el precepto qué razones pueden justificar la no imposición al demandado del coste de la ejecución de las medidas ni quién deberá asumir en ese caso dicho coste. Habrá que estar a la jurisprudencia que vaya creando el TUP a los efectos de conocer qué circunstancias justifican que el infractor no asuma el coste de dichas medidas. Quizás uno de los supuestos sea el caso del infractor de buena fe, al que se hará referencia al hablar de la acción indemnizatoria.

El artículo 64 ATUP concluye con su apartado 4 indicando los criterios que debe ponderar el TUP a la hora de adoptar estas medidas: proporcionalidad, voluntad del infractor de cesar e intereses de terceros.

### *1.1.2. Acción declarativa de no infracción*

El apartado b) del artículo 32.1 ATUP se refiere a las acciones declarativas de no infracción. Conforme a la regla 61.1 RoP, ostenta legitimación activa la persona que lleva o pretende llevar a cabo un acto que considera que no infringe una patente o certificado complementario de protección. La regla 61.1 y 2. RoP prevé la existencia de una comunicación previa entre demandante y demandando que constituye un presupuesto tanto para la admisibilidad de la demanda como para la determinación de la legitimación pasiva. En efecto, el apartado 1 dispone que, para ejercitarse la acción, debe haber requerimiento previo por parte del titular o del licenciatario que, conforme al artículo 47 ATUP, esté legitimado para ejercitar acciones, advirtiendo al futuro demandante de que el acto en cuestión constituye un acto de infracción. En el caso en que dicho requerimiento no se haya producido, el futuro demandante debe remitir una comunicación al titular o al licenciatario comunicándoles su intención de llevar a cabo el acto en cuestión y proporcionándoles todos los detalles. Si el requerido se opone o no dice nada en el plazo de un mes, se cumple con el requisito de procedibilidad y se puede ejercitar la acción.

Como se ha dicho, esta comunicación previa condiciona también la legitimación pasiva pues únicamente podrá ser demandado quien haya remitido el requerimiento al futuro demandante advirtiéndole de la posible infracción y, de no existir el requerimiento, el receptor de la comunicación previa remitida por el futuro demandante que se haya opuesto o que no haya contestado en el plazo de un mes. Resulta evidente que si el requerido manifiesta expresamente su no oposición a la ejecución del acto del que ha sido informado, no tiene sentido que se ejercite la acción de declaración de no infracción pues, de ejercitarse posteriormente una acción de infracción por el titular o licenciatario que previamente hayan manifestado su conformidad con el acto, esa no oposición expresa por escrito le servirá al demandado por infracción como medio de prueba fundamental para la acreditar la licitud de su conducta y, por tanto, para que se desestime la demanda siempre que haya coincidencia entre el acto comunicado y efectivamente llevado a cabo y el que se reputa como acto infractor en la demanda interpuesta por el titular o licenciatario.

Como se ha dicho, la regla 61 RoP exige que se informe detalladamente al titular o al licenciatario respecto de la conducta que se considera que no constituye acto de infracción y, por tanto, cualquier conformidad que estos otorguen vendrá condicionada por los términos indicados en la contestación. Siendo así, como se ha dicho, nada obsta para que ejerciten una acción por infracción con posterioridad a haber manifestado su conformidad si se produce una extralimitación respecto del acto informado o se lleva a cabo un acto completamente distinto que pueda ser considerado como acto infractor.

La regla 77 RoP contempla expresamente la posibilidad de acumular en una misma demanda la acción declarativa de no infracción con la acción de nulidad. La posibilidad de acumulación tiene lógica por cuanto que, en el fondo, ambas acciones tienen como objeto principal que se declare que la conducta del demandante no constituye infracción.

#### *1.1.3 Acción declarativa de existencia de uso anterior*

El apartado g) se refiere a la acción declarativa de reconocimiento de uso de la invención anteriormente a la concesión de la patente o al derecho fundado en una utilización anterior de la invención. Respecto de esta acción, debemos partir de lo que se dispone en el artículo 28 ATUP que reconoce el derecho a seguir explotando una invención a quien, con anterioridad a la concesión de una patente nacional sobre esa misma invención, la hubiese estado explotando en un Estado Miembro.

Con esta acción se pretende el reconocimiento de ese derecho anterior a los efectos de que la explotación de la invención con posterioridad a la concesión de una patente sobre esa misma invención no pueda ser considerada como infracción. Como se desprende del artículo 28 ATUP, el reconocimiento de ese derecho de uso se limitará exclusivamente al Estado

Miembro en cuestión donde el demandante hubiese venido explotando la invención. Lo expuesto implica que el TUP deberá determinar si, conforme a la legislación de dicho Estado Miembro, se le reconoce al demandante el derecho que pretende.

Aunque el precepto hable de «*Estado Miembro contratante*» en singular, nada obsta a que el demandante pueda solicitar la declaración de su derecho en distintos Estados Miembros si reúne los requisitos para ello. En este supuesto, el TUP deberá determinar si, conforme a la legislación de cada uno de esos Estados, se le reconoce al demandante el derecho de uso.

Como se verá a continuación, a diferencia de la invocación de la nulidad que debe articularse siempre como demanda o reconvención conforme a las RoP, nada obsta que se pueda alegar la existencia de un derecho anterior en la contestación a la demanda a modo de excepción[485] y sin necesidad de reconvenir. De esta manera, quien considere que ostenta un derecho anterior que le legitima para seguir explotando la invención tras la concesión de una patente sobre la misma tiene tres vías para que se reconozca su derecho. Una proactiva mediante el ejercicio de la acción declarativa de su derecho y dos reactivas al contestar a la demanda: mediante reconvención o como excepción.

La cuestión no es baladí por la trascendencia de los efectos de la decisión judicial sobre la existencia o no del derecho anterior ya que, si se articula como acción o reconvención, la sentencia que se dicte producirá efectos de cosa juzgada y tendrá efectos *erga omnes*; mientras que, si se articula como una mera excepción, el reconocimiento del derecho se producirá únicamente en el seno del procedimiento y, en su caso, no tendrá

---

485 REMÉDIO MARQUES, J.P., *O (Novo) Tribunal Unificado de Patentes. Competência e regras de processo*, Coímbra, Almedina, 2024, p. 96.

más consecuencias que la desestimación de la demanda, pero sin que tenga eficacia alguna frente a terceros.

### 1.2 Acciones de nulidad y su alcance conforme al artículo 65 ATUP

Los apartados d) y e) del artículo 32.1 ATUP disponen que el TUP será competente para conocer de las demandas y reconvenciones que tengan por objeto la declaración de nulidad de una patente o de un certificado complementario de protección.

El hecho de que apartado e) prevea expresamente la reconvención por nulidad lleva a concluir que la nulidad no puede articularse como excepción en la contestación a la demanda, sino obligatoriamente como reconvención. La regla 25 RoP lo confirma al indicar expresamente que, si en la contestación a una demanda por infracción se alega como defensa la nulidad de la patente o del certificado complementario de protección, deberá articularse como reconvención con la carga que tiene el demandando reconviniente de cumplir con los requisitos formales que exige la mencionada regla a los efectos de que se pueda tener por debidamente formulada su reconvención. En caso de no cumplir con dichos requisitos, la reconvención no se tendrá por formulada y, por tanto, el TUP no podrá pronunciarse sobre la nulidad invocada.

La extensión y efectos de la declaración de nulidad se desarrollan en el artículo 65 ATUP cuyo apartado 1 reitera la competencia del TUP para conocer de la cuestión. En primer lugar, el apartado 2 hace una remisión a los artículos 138.1 y 139.2 del Convenio de la Patente Europea (en adelante, CPE) respecto de las causas por las que el TUP puede declarar la nulidad, que puede ser total o parcial disponiendo el apartado 3 que, de ser parcial, se limitará el contenido de la patente modificando sus reivindicaciones. En cuanto a los efectos de la nulidad, el apartado 4 establece que tendrán carácter retroactivo, en los mismos términos que el artículo 68 CPE, de manera que la patente o el certificado complementario de protección jamás habrán sido válidos.

Por último, conforme al apartado 5, el TUP remitirá una copia de la resolución a la Oficina Europea de Patentes si la patente declarada total o parcialmente nula tiene efecto unitario o, de ser una patente europea, a las oficinas nacionales de los Estados Miembros afectados.

El artículo 49 RoP prevé expresamente que el demandado por nulidad puede, a la hora de contestar a la demanda, oponerse a la misma defendiendo su validez reconviniendo asimismo ejercitando una acción de infracción o solicitar la limitación de su patente. De optar por la limitación, se concede al demandante un trámite de alegaciones para que, en su caso, se oponga a la limitación solicitada ya sea por no ser posible la limitación o porque la patente o certificado complementario de protección no puedan subsistir como tales de llevarse a cabo la limitación solicitada.

Como se ha indicado en el apartado 1.1.2., conforme a la regla 77 RoP, es posible acumular en una misma demanda la acción de nulidad y la accion declarativa de no infracción.

## 1.3. Acciones indemnizatorias: alcance y prescripción a la luz de los artículos 68 y 72 ATUP

Además de la indemnización derivada de la infracción, los apartados f) y h) del artículo 32.1 ATUP atribuyen al TUP la competencia exclusiva para conocer de las acciones indemnizatorias derivadas de la protección provisional que confiere la solicitud de patente europea publicada y las de infracción de las licencias obligatorias del artículo 8 del Reglamento (UE) nº 1257/2012.

Como se ha dicho, siendo la competencia exclusiva atribuida al TUP una competencia sobre cuestiones *numerus clausus*, el TUP carecerá de competencia objetiva para conocer cualquier tipo de acción indemnizatoria distinta de las mencionadas en el artículo 32.1 ATUP, correspondiendo su conocimiento, en su caso, a los tribunales nacionales, como sería el caso en que el titular demanda al licenciatario por considerar que no le ha pagado el canon que le corresponde según lo pactado en la licencia.

### *1.3.1 Indemnización por infracción: criterios de cálculo y distinción entre infractor de buena y mala fe*

Como ya se ha indicado, el artículo 32.1 ATUP no contempla en el elenco de acciones la acción indemnizatoria por infracción, pero ello no significa que el demandante no tenga derecho a ser compensado por los perjuicios ocasionados por la infracción. Es por ello que, a la luz del artículo 68 ATUP, junto con la acción de declarativa de infracción puede incluir en la demanda una pretensión indemnizatoria en los términos que veremos a continuación.

El artículo 68 ATUP regula la indemnización por daños y perjuicios por la violación de una patente. Precisamente, en sus varios apartados se hace referencia a la «*violación de la patente*», pero no se dice nada respecto de los certificados complementarios de protección igual que en los artículos 63 y 64 ATUP, anteriormente analizados. Sin embargo, no hay obstáculo alguno que impida aplicar el artículo 68 ATUP a los casos de infracción de certificados complementarios de protección.

Expuesto cuál es el ámbito objetivo de aplicación del artículo 68 ATUP, procede analizar en qué supuestos y en qué medida se le puede conceder al demandante una indemnización por daños y perjuicios.

En primer lugar, el apartado 1 del artículo 68 ATUP dispone que la indemnización únicamente se concederá «*a instancia de la parte perjudicada*». Siendo así, el TUP carece de competencia para condenar de oficio al demandado al pago de una indemnización a favor del demandante, a diferencia de lo que sucede respecto de las multas coercitivas que prevé el ATUP en distintos supuestos que sí puede acordar de oficio. Esta distinción tiene sentido por cuanto que la indemnización se le entrega al demandante mientras que el beneficiario del importe de la multa es el propio TUP, por lo tanto, es al demandante a quien le interesa recibir la indemnización y, por tanto, quien tiene la carga de solicitarlo en su demanda.

El artículo 68 ATUP contempla dos tipos de infractores: el infractor de mala fe y el de buena fe. De conformidad con el apartado 1, se considera infractor de mala fe aquel que infringe «*a sabiendas o cuando existan motivos razonables para suponer que sabe lo que hace*». Por su parte, conforme al apartado 4, se reputa infractor de buena fue al que se halla en el caso contrario, es decir, sin saber que estaba infringiendo ni tener motivos razonables para saberlo.

Habrá que estar a las circunstancias del caso para determinar si el demandado sabía o no que estaba infringiendo y, asimismo, analizar la jurisprudencia del TUP a los efectos de conocer qué circunstancias considera el tribunal permiten concluir que existen motivos razonables para afirmar que el demandando era consciente de que estaba cometiendo actos de infracción.

El apartado 2 establece los principios generales por los que se rige la indemnización y que son la reparación íntegra del daño, la prohibición de enriquecimiento del infractor y el carácter no punitivo de la indemnización. Como se observa, el TUP salvaguarda los intereses tanto del titular como del infractor de manera que éste sólo deba responder en la misma extensión que el daño causado, restableciendo así el equilibrio, sin beneficiar a una parte sobre la otra.

Por lo que respecta al alcance de la indemnización y la cuantía de la misma, el artículo 68 ATUP distingue entre infractor de mala fe y de buena fe si bien, como se ha visto, no se refiere a ellos de esta manera.

Respecto del infractor de mala fe, el apartado 3 prevé dos criterios alternativos y, en consecuencia, no cumulativos como se desprende de la conjunción disyuntiva «o» que separa los subapartados a) y b).

En primer lugar, el subapartado a) dispone que el TUP debe tener en cuenta *«todos los aspectos pertinentes»* a la hora de determinar el importe de la indemnización y, a estos efectos, deberá tener en cuenta siempre las consecuencias negativas sufridas por el perjudicado y el beneficio obtenido por el infractor. Sin embargo, dispone el precepto que sólo *«en determinados casos»* podrá tener en cuenta también otros factores no económicos como el daño moral. El ATUP y las RoP no ofrecen pauta alguna que permita determinar en qué casos ni bajo qué presupuestos el TUP podrá conceder una compensación por daño moral u otros elementos no económicos. Será, nuevamente, en la jurisprudencia del TUP donde se determinen las circunstancias en las que se considera justificada la compensación de factores no económicos.

En segundo lugar, el subapartado b) prevé como alternativa para determinar la indemnización la regalía hipotética. Conforme a la redacción del precepto, parece que el demandante no podrá optar libremente entre uno u otro criterio, puesto que se indica que el de la regalía hipotética será aplicable *«en determinados casos»* sin que tampoco se ofrezca pauta alguna respecto de las situaciones en las que el demandante puede optar por ese criterio indemnizatorio. Una vez más, será el TUP el que, mediante su jurisprudencia, indique en qué supuestos puede optar el reclamante por el criterio indemnizatorio de la regalía hipotética.

En cuanto al infractor de buena fe, lo primero que se debe destacar del apartado 4 es que, de su tenor literal, la indemnización es potestativa y el TUP puede decidir no imponerla. El precepto dispone que «*el Tribunal podrá ordenar*» y no que ordenará. No se trata de un error de traducción puesto que las versiones oficiales del ATUP también configuran la indemnización a costa del infractor de buena fe como potestativa y no como obligatoria. Por lo tanto, para que el infractor de buena fe sea condenado al pago de una indemnización, será preciso no sólo que lo solicite el demandante y, por supuesto, se constate la infracción, sino que el TUP considere que concurren en la infracción circunstancias que hagan procedente dicha condena. Será en la jurisprudencia del TUP donde se establezcan los criterios generales que permitan determinar en qué supuestos y bajo qué circunstancias el infractor de buena fe puede ser condenado a indemnizar los daños y perjuicios.

Por lo que respecta a la extensión de la indemnización a que puede ser condenado el infractor de buena fe, el apartado 4 dispone que podrá consistir en el «*reembolso de los beneficios o el pago de una indemnización*». Como se observa, estamos ante dos conceptos alternativos, no cumulativos y que, además, no son equivalentes. En efecto, el beneficio obtenido por el infractor no tiene por qué coincidir con los perjuicios sufridos por el demandante, sino que puede ser mayor o menor. Como se ha visto, en el apartado 3.a), se prevé que la condena al infractor de mala fe incluya ambos conceptos –beneficios obtenidos por el infractor y perjuicios sufridos por el demandante–; sin embargo, el tenor literal del apartado 4 configura esos criterios como alternativos, por lo que no parece, salvo que la jurisprudencia del TUP lo matice, que se puedan reclamar cumulativamente.

La regla 125 RoP dispone que la indemnización incluye el pago de intereses al tipo de interés y por el periodo que el TUP determine. Las RoP no ofrecen ningún detalle más al respecto sobre los criterios que debe aplicar el TUP a la hora de determinar los mencionados parámetros. Como en el resto de cuestiones ya mencionadas, será mediante su jurisprudencia que se podrá conocer bajo qué circunstancias el TUP considera oportuno incluir el interés y, en su caso, qué tipo de interés considera aplicable y los parámetros temporales para su cálculo, por ejemplo, si es desde la fecha en que consta acreditada la infracción o, en su caso, desde la interposición de la demanda.

### *1.3.2. Naturaleza, plazo y dies a quo del «limitation period» del artículo 72 ATUP*

El ATUP prevé en su artículo 72 respecto de las acciones indemnizatorias un «*limitation period*» que, en la versión española, se ha traducido como prescripción. A la luz de la redacción inglesa del texto, podríamos plantearnos si realmente se trata de un plazo de prescripción o si, por el contrario, debe entenderse como un plazo de caducidad.

La trascendencia de la cuestión es obvia, principalmente, por lo que concierne a la interrupción del plazo pues únicamente los plazos sujetos a prescripción pueden interrumpirse. Pues bien, son varias las razones que permiten concluir que la traducción española es correcta y que, por tanto, los plazos de ejercicio de las acciones indemnizatorias están sujetos a prescripción y no a caducidad.

La regla 11.1 RoP dice «*will stay the limitation or prescription periods until the end of the mediation process*». Si bien el uso de la conjunción disyuntiva *or* podría llevarnos a concluir que estamos ante dos instituciones distintas en la que *limitation* podría interpretarse como caducidad y *prescription* como prescripción, considero que, en realidad, se emplean ambos como sinónimos y que hacen referencia a la prescripción. Si bien la versión francesa del documento también hace esa distinción, considero que, de haber querido distinguirse entre caducidad y prescripción a los efectos de interpretar *limitation* como caducidad y no como prescripción, se habría utilizado el término *caducité*. En la versión alemana del documento se utiliza únicamente el término *Verjährung* que es prescripción, mientras que en dicho idioma se emplea el término *Verwirkung* para referirse a la caducidad.

Más allá de cuestiones puramente lingüísticas, lo que permite concluir –a mi juicio– que estamos ante un plazo de prescripción y no de caducidad es el *dies a quo*. Como se analizará con más detalle a continuación, el plazo empieza a computar desde el momento del conocimiento efectivo o potencial del hecho por parte del demandante. Esto es propio de los plazos de prescripción, mientras que el *dies a quo* de los plazos de caducidad se vincula a hechos o actos concretos independientes del conocimiento del demandante.

Habiendo determinado que el plazo del artículo 72 ATUP es de prescripción y no de caducidad y, por tanto, interrumpible, la cuestión fundamental será determinar qué actos tienen eficacia interruptiva. Nada dice el ATUP al respecto ni los textos normativos que menciona el artículo 24 ATUP y tampoco las RoP. Siendo así, será el TUP, mediante sus resoluciones, el que determine qué actos tienen eficacia interruptiva respecto de la acción de reclamación de daños y perjuicios o, en su caso, bajo qué normativa debe analizarse esta cuestión.

Pues bien, retomando la cuestión del *dies a quo*, el precepto establece que el cómputo del plazo de prescripción se inicia en el momento en el que el demandante tiene conocimiento o «*motivos razonables*» para tenerlo del «*último de los hechos que las hayan originado*», refiriéndose a las acciones. La versión en español del precepto no es una traducción literal de las versiones en inglés, francés ni alemán, pero considero que no ofrece dudas interpretativas. Como se puede observar, el precepto sigue la denominada teoría del conocimiento para fijar el *dies a quo*.

A medida que los demandados esgriman como defensa la prescripción de la acción, conoceremos qué entiende el TUP como «*motivos razonables*» a los efectos de fijar el *dies a quo*, es decir, qué circunstancias son relevantes para determinar que el demandante ha podido tener conocimiento de la infracción y de estar sufriendo o haber sufrido daños derivados de la misma.

Por lo que concierne al plazo, la norma es clara y no deja lugar alguno a interpretación: cinco años.

### *1.3.3. Procedimiento de reclamación de la indemnización*

La regla 119 RoP prevé expresamente la posibilidad de que se conceda una indemnización provisional que cubra, como mínimo, las costas del procedimiento y la compensación de la parte vencedora. Como se indica, se trata de una indemnización meramente provisional ya que la regla 125 RoP dispone que la determinación del importe de la indemnización se resolverá en un procedimiento separado una vez se haya obtenido una sentencia declarativa de la infracción y, conforme a la regla 126 RoP, se deberá instar el procedimiento a más tardar en el plazo de un año desde que la notificación de la resolución firme. En este caso, el plazo es de caducidad.

La previsión de la regla 126 RoP no implica que se deba esperar a la firmeza de la resolución para poder reclamar los daños y perjuicios, sino que, como se ha dicho, establece el plazo máximo para reclamar. En efecto, como se desprende de las reglas 131 y 136 RoP, se prevé la ejecución provisional del pronunciamiento de condena. Conforme a las citadas reglas, el demandante puede instar el procedimiento para la determinación y reclamación de la indemnización, aunque la sentencia no sea firme debiendo indicar esta circunstancia y pudiéndose suspender el procedimiento por decisión del TUP a la luz de las alegaciones que pueda formular el demandando y, de no suspender, pudiendo ordenar al demandante el otorgamiento de garantías que aseguren la devolución del importe de la indemnización en el caso en que se revoque la condena.

### *1.3.4. Indemnización derivada de la protección provisional otorgada por una solicitud publicada de una patente europea*

El artículo 32.1.f) ATUP atribuye al TUP la competencia para conocer las demandas mediante las que se reclame una indemnización por la protección provisional de la solicitud de patente europea publicada.

En primer lugar, como indica el precepto, será preciso que la solicitud haya sido publicada a los efectos de poder ejercitar la acción. En segundo lugar, no indican el TUP ni las RoP los criterios que se deben tener en cuenta para fijar dicha indemnización; la única previsión en las RoP al respecto de indemnización es su regla 125 ya mencionada respecto del procedimiento específico en materia de determinación de la indemnización haciendo referencia al artículo 32.1.f) ATUP y al artículo 67 CPE. Pues bien, conforme al artículo 67.2 CPE, cada Estado Contratante debe fijar una indemnización razonable para el caso en que se explote la invención objeto de la solicitud publicada si, una vez concedida, dicha explotación constituyese una infracción.

A la luz del artículo 67.2 CPE y puesto que el ATUP y las RoP no establecen pautas para que el TUP determine el importe de esta indemnización, no sería ilógico que el TUP acabase aplicando la legislación de cada uno de los Estados Contratantes en los que se haya utilizado la invención objeto de la solicitud publicada a los efectos de determinar el importe de la indemnización. Nos podríamos plantear si podría aplicarse analógicamente el artículo 68 ATUP, pero no creo que sea posible por cuanto que se refiere a la infracción consumada.

Habrá que estar a las resoluciones del TUP a los efectos de conocer de qué manera considera que se debe calcular el montante de esta indemnización.

### *1.3.5. Indemnización por licencias basadas en el artículo 8 del Reglamento (UE) nº 1257/2012*

El artículo 8 del Reglamento (UE) nº 1257/2012 regula la denominada licencia de pleno derecho por la que el titular de una patente europea con efecto unitario puede manifestar su disposición para autorizar la explotación de la misma a cambio de una remuneración. Conforme al precepto, dicha autorización se concede mediante licencia que se considera contractual.

La competencia que el artículo 32.1.h) ATUP le confiere al TUP se limita exclusivamente al aspecto económico, es decir, a fijar el importe que se considere adecuado que deba abonar el licenciatario al titular.

## 1.4 Revisión de las decisiones de la Oficina Europea de Patentes

Conforme al apartado i), el TUP puede revisar las decisiones de la Oficina Europea de Patentes. Si bien el precepto habla de acciones, considero que su naturaleza se asemeja más a la de un recurso puesto que, como indica el precepto, se trata de una revisión y, por lo tanto, el TUP va a tener que pronunciarse sobre la corrección o no de resolución y, en su caso, revocarla y acordar lo procedente. Siendo así, resulta evidente que su naturaleza es la propia de un recurso.

La regla 87 RoP establece los supuestos tasados en los que se puede solicitar la revisión de la decisión ante el TUP y que son (i) la infracción de los Reglamentos 1257/2012 o 1260/2012 así como cualquier norma relacionada con su aplicación, (ii) infracción de las normas de desarrollo de la Oficina Europea de Patentes para que desarrolle las funciones que le atribuye el artículo 9.1 del Reglamento 1257/2012, (iii) la infracción de una norma esencial del procedimiento y (iv) la desviación de poder.

Por su parte, la regla 86 RoP dispone que la interposición del recurso tendrá efectos suspensivos respecto de la decisión impugnada. Es importante tener en cuenta que la regla 90 RoP dispone que, de admitirse a trámite la demanda, se dará traslado de la misma a la Oficina Europea de Patentes que, conforme a la regla 91 RoP, puede acceder a la rectificación instada por el demandante. Sólo en el caso en que no acceda a tal rectificación, entrará a conocer el TUP de la demanda.

En cuanto a la extensión de la competencia del TUP en esta materia, el artículo 66.1 ATUP le atribuye la facultad de ejercer todas las funciones de la Oficina Europea de Patentes previstas en el artículo 9 del Reglamento nº 1257/2012, indicando expresamente que puede ordenar la rectificación del registro. Así, el TUP puede confirmar, revocar total o parcialmente y alterar una decisión emitida por la Oficina Europea de Patentes y, de ser necesario, ordenar la rectificación del registro para que tenga coherencia con el contenido de su resolución.

### 1.5 Medidas y requerimientos provisionales y cautelares

Conforme al artículo 32.1 c) ATUP, el TUP tiene competencia exclusiva en materia de adopción de medidas y requerimientos provisionales y cautelares en los términos del artículo 62 ATUP, que es objeto de análisis en otro capítulo de la presente obra.

## *2. La competencia residual de los órganos judiciales nacionales del apartado 2*

Como se ha indicado anteriormente, el apartado 2 del artículo 32 ATUP dispone que los órganos jurisdiccionales nacionales son competentes para conocer de todas aquellas acciones distintas de las que el apartado 1 atribuye su conocimiento en exclusiva al TUP.

La cuestión central para comprender la extensión de la competencia objetiva de los órganos jurisdiccionales es determinar qué otras acciones relativas a patentes y certificados complementarios de protección se pueden ejercitar además de las mencionadas en el apartado 1.

La doctrina que ha tratado esta cuestión considera que los órganos jurisdiccionales nacionales serán competentes, por ejemplo, para conocer de acciones relativas a contratos de licencia en relación con el incumplimiento de obligaciones que no constituya infracción[486] como puede ser el pago del canon, a la remuneración de los empleados[487], así como cualquier acción en la que la patente o el certificado complementario de protección se conciba como objeto puramente de propiedad[488] como podría ser una acción reivindicatoria o actos que

---

[486] GARCÍA VIDAL, Á., *El sistema de la patente europea con efecto unitario,* cit., p. 140.

[487] MONTEFUSCO MONFERRER, J. y BORRÁS PIERI, X., "Acuerdo sobre el Tribunal Unificado de Patentes: aspectos fundamentales de la jurisdicción, organización y funcionamiento del tribunal", en *Comunicaciones en Propiedad Industrial y Derecho de la Competencia,* núm. 70, 2013, p. 16.

[488] DESANTES REAL, M. "El acuerdo sobre un Tribunal Unificado de Patentes de 19 de febrero de 2013, una novedosa y controvertida arquitectura en la construcción europea", en *La Ley Unión Europea,* núm. 2, 2013, p. 6.

puedan ser constitutivos de ser infracciones *antitrust* o competencia desleal. Sin perjuicio de los ejemplos expuestos, deberemos atender a las resoluciones que se dicten tanto por el TUP como por los órganos jurisdiccionales nacionales en relación con esta materia a los efectos de delimitar sus respectivos ámbitos objetivos.

No obstante lo anterior, como veremos a continuación, durante el régimen transitorio es posible ampliar el ámbito competencial de los órganos jurisdiccionales nacionales atribuyéndoles el conocimiento de algunas de las acciones que el apartado 1 del artículo 32 ATUP reserva en exclusiva al TUP.

Por otro lado, no hay que olvidar que, en muchos ordenamientos jurídicos, están tipificados los delitos contra la propiedad intelectual e industrial, incluida la explotación no autorizada de patentes[489]. En este tipo de delitos, la cuestión principal que se dilucida –igual que en los procedimientos civiles– es la legitimación del acusado para utilizar la invención objeto de la patente. Asimismo, tampoco es de extrañar que, como defensa, el acusado invoque la nulidad de la patente o se cuestione su titularidad. Y también es frecuente que, en el procedimiento penal, se solicite la compensación de daños y perjuicios. Como puede verse, se trata de cuestiones cuyo conocimiento el artículo 32.1 ATUP atribuye de manera exclusiva al TUP y respecto de las que no se dice nada en el apartado 2; el ATUP no aborda esta cuestión.

Pues bien, en mi opinión, considero que, de iniciarse un procedimiento penal, no se podría invocar el artículo 32.1 ATUP a los efectos de que los órganos jurisdiccionales nacionales penales se abstuviesen de conocer la cuestión. El artículo 32 ATUP tiene eficacia en sede civil, pero no en

---

489 En el caso de España, el artículo 273 del Código Penal.

sede penal. Todo ello sin perjuicio de que las normas internas del Estado Miembro en el que se plantee esta cuestión contengan alguna previsión al respecto y que el órgano jurisdiccional nacional penal decida, por ejemplo, suspender el procedimiento hasta que se diluciden estas cuestiones en sede civil en cuyo caso, por aplicación del artículo 32 ATUP, podría conocer de ellas el TUP.

## *3. El régimen transitorio del artículo 83 ATUP*

### 3.1 Alcance del régimen transitorio

Como se ha visto, el artículo 32 ATUP es la norma de atribución de competencia objetiva tanto para el TUP, al que atribuye el conocimiento exclusivo de determinadas acciones, como de los órganos jurisdiccionales nacionales, a los que confiere una competencia residual, aunque también exclusiva respecto del resto de materias no atribuidas al TUP. Pues bien, el artículo 83 ATUP prevé una regla transitoria que permite alterar el régimen del artículo 32 ATUP de manera que los órganos jurisdiccionales nacionales puedan conocer durante el periodo transitorio de algunas de las acciones que, conforme al artículo 32 ATUP, son competencia exclusiva del TUP.

### 3.2 Ámbito objetivo

De conformidad con el artículo 83.1 ATUP, el titular puede acogerse a este régimen transitorio respecto de las acciones de violación y nulidad de patente europea y de certificados complementarios de protección. El tenor literal del precepto indica que este régimen transitorio tiene un alcance más limitado que el régimen de atribución de competencias exclusivas del apartado 1 del artículo 32 ATUP.

En primer lugar, el régimen transitorio no es de aplicación a las patentes unitarias, sino únicamente a las europeas sin efecto unitario y, por tanto, sólo a los certificados complementarios de protección que tengan como base una patente de las mismas características; precisamente, la regla 5.2(d) RoP menciona expresamente –«*for avoidance of doubt*»– que no es posible ejercitar el *opt-out* respecto de certificados complementarios de protección que tengan como base una patente con efecto unitario.

De conformidad con la regla 5.2 RoP, los efectos se extenderán automáticamente a cualquier certificado complementario de protección que deriven de la patente respecto de la que se haya ejercitado el *opt-out*. Asimismo, se debe tener en cuenta que la regla 5.9 RoP contempla la pérdida de los efectos del *opt-out* en el caso en que, habiéndose solicitado respecto de una patente europea, la misma se acabe transformando y concediéndose como patente con efecto unitario.

En segundo lugar, una interpretación estricta del artículo lleva a concluir que el titular únicamente puede acogerse al régimen transitorio respecto de las acciones de violación y nulidad; sin embargo, una interpretación lógica y sistemática del precepto permite interpretarlo en el sentido de considerar que quedarán amparadas las acciones estrechamente vinculadas a las de violación y nulidad como puede ser una acción indemnizatoria.

### 3.3. Ámbito temporal

El apartado 1 del artículo 83 ATUP establece un periodo inicial de siete años desde la entrada en vigor del ATUP. Por su parte, el apartado 5 prevé la posibilidad de que dicho plazo pueda prorrogarse hasta siete años por decisión del Comité administrativo previa consulta con los usuarios del sistema de patentes y dictamen del TUP. Puesto que el precepto dice que el

«*Comité administrativo podrá decidir prorrogar el período transitorio*», se puede concluir que el dictamen del TUP no es vinculante para el Comité administrativo.

Es decir, de conformidad con los apartados 1 y 5, el periodo transitorio tiene una duración mínima y obligatoria de siete años desde la entrada en vigor del ATUP que podrá prorrogarse o no por un periodo máximo de siete años adicionales, por lo que este régimen transitorio tiene una duración mínima de siete años y máxima de catorce. Ahora bien, de la redacción del apartado 5 parece que el Comité administrativo podrá adoptar una única decisión que no podrá modificar con posterioridad. De esta manera, el Comité administrativo sólo tendrá una ocasión para decidir si prorroga o no el periodo transitorio y, en su caso, por qué plazo sin poder alterar posteriormente dicha decisión.

En cuanto a la expiración del periodo transitorio, es de suma relevancia la norma del apartado 2. El precepto prevé que la expiración del periodo transitorio no implicará que el TUP pase a conocer de aquellas acciones «*que estén sustanciándose ante un órgano jurisdiccional nacional*», es decir, el órgano jurisdiccional nacional seguirá ostentando competencia objetiva para conocer de las mismas.

La cuestión esencial en este caso, por su trascendencia, es determinar el momento inicial en el que se considera que una acción se está sustanciando ante un órgano jurisdiccional nacional. ¿Basta con la interposición de la demanda ante el órgano jurisdiccional nacional o es necesario que se haya dictado una resolución de admisión a trámite de la demanda? Si se presenta la demanda y, con posterioridad a la expiración, se inadmite por faltar algún requisito exigido por la legislación nacional o se desiste de la demanda, ¿deberá plantearse la demanda ante el TUP en el caso de que el demandante quiera volver a ejercitar la acción o el antecedente en el Estado Miembro contratante implica que sigue conservando la competencia?

Nada dice el ATUP al respecto. Respecto de la primera cuestión, entiendo que habría que esperar a que el órgano jurisdiccional nacional dicte la resolución correspondiente sobre la admisión o inadmisión de la demanda. Si finalmente es inadmitida de manera firme, entiendo que no se puede considerar que la acción se esté sustanciando ante un órgano jurisdiccional nacional. En cuanto a la segunda, opino lo mismo: tanto la inadmisión por no cumplir con un requisito esencial como el desistimiento u otra forma de terminación del procedimiento que no sea mediante sentencia sobre el fondo impide considerar que el procedimiento se esté sustanciando ante el órgano jurisdiccional nacional. En consecuencia, en esos escenarios, entiendo que el único órgano competente para conocer de las acciones del artículo 32.1 ATUP sería el propio TUP.

Una vez finalizado el periodo transitorio, la competencia objetiva judicial se regirá por lo dispuesto en el artículo 32 ATUP, salvo, como se ha dicho, aquellas acciones entabladas bajo el régimen transitorio que se seguirán rigiendo por lo establecido en el artículo 83 ATUP.

### 3.4 Ámbito territorial

De conformidad con la regla 5.1 (b) RoP, la opción de acogerse al régimen transitorio deberá hacerse respecto de todos los Estados para los que la patente se haya concedido o que se hayan designado en la solicitud, en función de si se solicita respecto de una patente registrada o de una solicitud.

### 3.5 Ámbito personal

En cuanto a las personas que pueden acogerse al *opt-out*, el apartado 3 del artículo 83 ATUP dispone que únicamente están legitimados los titulares o solicitantes de patentes europeas –como se ha dicho, sin efecto unitario– y los titulares de certificados complementarios de protección relativos a patentes de las mismas características. Por el contrario, conforme al tenor literal de precepto, no pueden acogerse a dicho régimen el solicitante de un certificado complementario de protección y tampoco los licenciatarios, sean o no exclusivos. En cuanto a los legitimados para ejercitar el *opt-in*, el apartado 4 del artículo 83 ATUP se remite al apartado 3, por lo que están legitimados las mismas personas que pueden acogerse al *opt-out*. La regla 5.1 RoP amplía la legitimación a los titulares de patentes europeas caducadas.

Es posible que un título de propiedad industrial –incluidas las patentes y los certificados complementarios de protección– sean titularidad de una pluralidad de sujetos. En este supuesto de comunidad de titulares, la regla 5.1 (a) RoP dispone que la solicitud deben formularla todos los titulares; de manera que, aunque la regla no lo indica, no será posible ejercitar el *opt-out* en el caso en que no haya unanimidad. Lo mismo sucede respecto del *opt-in* por la previsión que hace la regla 5.7 RoP de la aplicación de lo dispuesto en el apartado 1.

## *4. El ejercicio del opt-out y del opt-in: procedimiento y límites*

### 4.1 Opt-out

El apartado 3 del artículo 83 ATUP establece el procedimiento por el que los sujetos legitimados pueden acogerse al régimen transitorio.

Conforme al precepto, se debe notificar a la Secretaría la voluntad de acogerse a este régimen mediante una solicitud con la información que establece la regla 5.3 RoP.

El artículo 83.4 ATUP dispone que dicha inscripción tiene efectos constitutivos, de manera que no basta la mera notificación a la Secretaría, sino que es necesario que se inscriba en el registro para que el régimen transitorio sea aplicable a la patente europea inscrita o solicitada o el certificado complementario de protección inscrito en cuestión. Ahora bien, en el caso en el que la solicitud reúna todos los requisitos exigidos por las RoP, su regla 5.5 dispone que la fecha en la que surtirá efecto el ejercicio del *opt-out* será la de la entrada en el registro. Por el contrario, si adolece de algún defecto, el *opt-out* surtirá efectos en la fecha en la que se tenga por subsanada la solicitud.

El precepto establece un doble límite temporal: uno absoluto, que el titular notifique su voluntad de acogerse al régimen transitorio, a más tardar, un mes antes de su finalización y, otro relativo consistente en que no se haya ejercitado ninguna acción ante el TUP respecto de la patente, su solicitud o el certificado complementario de protección en cuestión.

Por lo que respecta al primer límite, conforme al tenor literal del precepto, bastará con que se notifique la voluntad de acogerse al régimen transitorio un mes antes de la expiración del mismo. Esto quiere decir que no será necesaria la inscripción antes de dicha fecha, sino que bastará la comunicación a la Secretaría de la voluntad del titular de querer acogerse a este régimen. Ahora bien, como se ha visto, la inscripción es constitutiva, de manera que, aun siendo la notificación apta para que se aplique el régimen transitorio por haberse remitido a la Secretaría el último día del plazo, la eficacia de la misma queda condicionada a la inscripción, de manera que no surtirá efectos si, antes de la entrada de la solicitud en el registro o, en su caso, antes de la subsanación de defectos, se ejercita una acción ante el TUP.

En cuanto al límite relativo, por la naturaleza constitutiva de la inscripción, el ejercicio de la acción ante el TUP deberá haber sido, en todo caso, anterior a la inscripción, pero puede ser anterior o posterior a la notificación. Nótese que el ejercicio puede haber sido tanto por el titular como por un tercero. En efecto, puede ser que el titular hubiese ejercitado una acción por infracción y, con posterioridad, desee acogerse al *opt-out*. ¿Podría desistir de su acción a los efectos de acogerse a dicho régimen? La respuesta es negativa: la regla 5.6 RoP prevé expresamente que no será posible acogerse al *opt-out* de haberse ejercitado una acción ante TUP incluso aunque el procedimiento hubiese concluido.

Resulta relevante conocer cuándo se entiende ejercitada una acción ante el TUP a los efectos de determinar en qué momento pierde el titular la posibilidad de acogerse al *opt-out*.

Pues bien, conforme a la regla 16.1 RoP, en el caso en que el titular se haya acogido al *opt-out* e interponga una demanda por infracción ante el TUP, se le informará al respecto a efectos de que indique si desiste de la misma. De lo expuesto, se extraen dos conclusiones: que la mera presentación de la demanda no equivale al inicio del procedimiento a los efectos de la preclusión que contempla la regla 5.6 RoP y esto es conforme con las reglas 16 y 17 RoP que contemplan el control formal de admisibilidad y el registro de la demanda, momento en el que se puede entender ejercitada la acción; y, en segundo lugar, que no cabe la renuncia tácita al *opt-out* por cuanto que la interposición de la demanda ante el TUP pese haberse acogido al *opt-out* no se interpreta como una declaración de voluntad tácita de renunciar al mismo.

El mismo régimen es aplicable respecto de acciones ejercitadas por un tercero como la acción de nulidad por cuanto que la regla 47 RoP se remite, en cuanto a las formalidades, a las reglas 16 a 18 RoP. En consecuencia, como he dicho, considero que se debe entender ejercitada una acción a efectos de preclusión para acogerse al *opt-out* cuando se le da trámite como tal por cumplir con todos los requisitos formales para ello.

## 4.2 Opt-in

El apartado 4 del artículo 83 ATUP regula el procedimiento de *opt-in*, es decir, el modo por el que el titular que, previamente, ha ejercitado el *opt-out* decide renunciar al régimen transitorio del artículo 83.1 ATUP y que el ejercicio de sus acciones se rija por la distribución competencial del artículo 32 ATUP.

Conforme al apartado 7 de la regla 5 RoP, el procedimiento es el mismo que para el ejercicio del *opt-out*: se debe presentar una solicitud con los mismos elementos y la fecha efectiva del ejercicio del *opt-in* será la de registro de la solicitud si cumple todos los requisitos o la de subsanación de defectos si adolece de alguno que sea subsanable; de manera que, hasta la inscripción, el ejercicio de las acciones seguirá sujeto al régimen transitorio.

En cuanto a los límites temporales, por su propia naturaleza, la regla 5.8 RoP únicamente prevé el límite relativo anteriormente mencionado: el ejercicio de una acción ante un órgano jurisdiccional nacional previa a la inscripción de la solicitud de *opt-in*. La cuestión será determinar cuándo se considera iniciada o ejercitada una acción ante un órgano jurisdiccional de un Estado Miembro contratante. Entiendo que es una cuestión que deberá determinarse conforme a la normativa interna de cada Estado Miembro y que, en función del criterio, el momento en que se considera ejercitada una acción podría variar pues podría entenderse ejercitada, por ejemplo, con la mera interposición de la demanda, o bien desde el momento de la admisión o, como sucede en nuestro ordenamiento, desde el momento de la interposición siempre que se admita posteriormente, es decir, con retroacción de efectos al momento de la interposición.[490]

---

490 Es el criterio del artículo 410 de la Ley de Enjuiciamiento Civil.

De esta manera, el *opt-in* se erige como un desistimiento por parte del titular respecto del ejercicio del *opt-out*. Ahora bien, tras el ejercicio del *opt-in*, ¿puede el titular volver a ejercitar el *opt-out*? Nada dice el precepto, pero sí las RoP que prohíben expresamente esta posibilidad en su regla 5.10. Siendo así, mientras que el *opt-out* es una opción revocable mediante el ejercicio del *opt-in*, el *opt-in* es irrevocable.

### 4.3 Petición de retirada de una solicitud de *opt-out* o de *opt-in* no autorizada

Como se ha indicado con anterioridad, el artículo 83.3 y 4 ATUP y la regla 5 RoP establecen quiénes están legitimados para ejercitar el *opt-out* y el *opt-in*.

Pues bien, la regla 5A RoP contempla el escenario en el que se haya ejercitado el *opt-out* o el *opt-in* por una persona no legitimada. En ese supuesto, el legitimado puede presentar una solicitud de retirada de la petición de *opt-out* o de *opt-in* alegando las razones y aportando la prueba que acrediten que la solicitud se hizo sin su autorización.

Como se ha indicado anteriormente, la regla 5.1.(a) RoP exige que, en el caso de que existan varios titulares, el ejercicio del *opt-out* y del *opt-in* se haga de manera unánime. En mi opinión, la solicitud de retirada de la regla 5A RoP también es de aplicación en aquellos casos en los que, existiendo una pluralidad de cotitulares, la solicitud no se haya formulado de manera unánime y, pese a ello, se haya admitido.

Presentada la solicitud de retirada, se hará constar en el registro. Aunque no se dice nada al respecto, considero que, en el caso en que se interponga una demanda ante el TUP o un órgano jurisdiccional nacional y la determinación de la competencia dependa de la resolución de la solicitud de retirada del *opt-out* o del *opt-in*, lo más lógico y prudente sería suspender el procedimiento judicial hasta que se resuelva la solicitud de retirada.

## *Bibliografía*

DE MIGUEL ASENSIO, P., "Tribunal Unificado de Patentes: competencia judicial y reconocimiento de resoluciones", en *Anuario Español de Derecho Internacional Privado*, núm. 13, 2013, pp. 73-99.

DESANTES REAL, M., "El acuerdo sobre un Tribunal Unificado de Patentes de 19 de febrero de 2013, una novedosa y controvertida arquitectura en la construcción europea", en *La Ley Unión Europea*, núm. 2, 2013, pp. 3-10.

GARCÍA VIDAL, A., *El sistema de la patente europea con efecto unitario*, Cizur Menor (Navarra), Thomson Reuters Aranzadi, 2014.

MONTAÑÁ-MORA, M., "Las primeras experiencias con la patente europea con efecto unitario y el Tribunal Unificado de Patentes, y las propuestas de un procedimiento de examen centralizado de los CCPS y de un CCP unitario", en *Comunicaciones en propiedad industrial y derecho de la competencia*, núm. 100, 2023, pp. 7-41.

MONTEFUSCO MONFERRER, J. y BORRÁS PIERI, X., "Acuerdo sobre el Tribunal Unificado de Patentes: aspectos fundamentales de la jurisdicción, organización y funcionamiento del tribunal", en *Comunicaciones en Propiedad Industrial y Derecho de la Competencia*, núm. 70, 2013, pp. 7-46.

REMÉDIO MARQUES, J.P., *O (Novo) Tribunal Unificado de Patentes. Competência e regras de processo*, Coímbra, Almedina, 2024.

# *Capítulo VII*

# *El procedimiento ante el TUP*[491]

**MARTA CANTOS PARDO**
*Profesora Ayudante Doctora de Derecho Procesal*
*Universitat de València*



491 Este trabajo ha sido redactado en el marco del Proyecto de investigación "Bases para la modernización y mejora del régimen de propiedad industrial e intelectual ante los desafíos de la agenda digital y las exigencias de sostenibilidad (INNOPI)" (expediente: PID2022-136567NB-I0) financiado por MCIN/AEI/10.13039/501100011033/ FEDER, UE. Además, la realización de este trabajo se inició durante una estancia de investigación realizada en la University College Cork (Irlanda), durante los meses de julio y agosto de 2023, financiada por el programa de Atracció de talent de la Universitat de València.

# I. INTRODUCCIÓN

Todo proceso judicial se desarrolla formalmente a través de un procedimiento, que consiste en una sucesión de actos previamente establecidos en la ley. En el caso concreto del TUP, el procedimiento se regula de conformidad con el Acuerdo del Tribunal Unificado de Patentes (en adelante, ATUP), el Estatuto del Tribunal Unificado de Patentes (en adelante, ETUP) y el Reglamento de Procedimiento del Tribunal Unificado de Patentes —o en inglés *Rules of Procedure of the Unified Patent Court*[492]— (en adelante, RoP), prevaleciendo las dos primeras normas en caso de conflicto con la tercera. Pese a la jerarquía establecida, el RoP es el que contiene el desarrollo procedimental, pues el ATUP y el ETUP sólo refieren un marco general y establecen los principios básicos. El ATUP ya en su art. 41.1 hacía referencia al RoP, determinando que se regularía un Reglamento de Procedimiento en el que se establecerían las normas del procedimiento ante el TUP, las cuales serían conformes al TUP y al ETUP. Es decir, el ATUP anticipaba la necesidad de desarrollar unas normas de procedimiento, pues estas no estaban contenidas en el paquete de la patente unitaria[493].

---

492 El *Rules of Procedure of the Unified Patent Court* se encuentra disponible en: https://www.unified-patent-court.org/en/court/legal-documents?field_legal_doc_type_target_id=26&field_doc_keywords_target_id(consultado el 1 de noviembre de 2024).

493 El denominado paquete de la patente unitaria incluye: a) el Reglamento (UE) n.º 1257/2012, de 17 de diciembre del 2012, por el que se establece una cooperación reforzada en el ámbito de la creación de una protección unitaria mediante patente; b) el Reglamento (UE) n.º 1260/2012, de la misma fecha, por el que se establece una cooperación reforzada en el ámbito de la creación de una protección unitaria mediante patente en lo que atañe a las disposiciones sobre traducción, y c) el Acuerdo sobre un Tribunal Unificado de Patentes (ATUP), suscrito por veinticinco de los Estados miembros de la Unión Europea a comienzos del 2013.

En el apartado segundo del art. 41 ATUP se determinaba que el Comité administrativo sería el órgano encargado de adoptar este Reglamento de Procedimiento, para lo que la norma preveía que se efectuarían amplias consultas con las partes interesadas. Asimismo, también se estableció que se solicitaría el dictamen previo de la Comisión Europea sobre la compatibilidad del Reglamento de Procedimiento con el Derecho de la Unión.

En este sentido, los principios del RoP fueron aprobados el 4 de noviembre de 2006 bajo la presidencia de Sir Robin Jacob (Reino Unido) por los jueces de patentes asistentes al segundo Foro de Venecia celebrado en San Servolo por la *Intellectual Property Judges Association* (IPJA) y la *European Patent Lawyers Association* (EPLAW).

Partiendo de lo anterior, el RoP fue redactado entre 2009 y 2015 por un Comité de Redacción compuesto por miembros de distintas nacionalidades[494]. Esta combinación de expertos con diferentes procedencias ha permitido que el procedimiento ante el TUP pueda reunir aspectos propios de los procesos judiciales de diferentes países. Así, por ejemplo, la regla 178 RoP para el examen de testigos se inspira en el Derecho británico, en concreto, el de Inglaterra y Gales, y el establecimiento de límites a la duración de los procedimientos —plazo de un año para adoptar la resolución— se inspira en el calendario

---

494 Participaron en la redacción: Kevin Mooney (UK), presidente, Klaus Grabinski (Alemania), Winfried Tilmann (Alemania), Alice Pezard (Francia), Pierre Véron (Francia), Willem Hoyng (Países Bajos), Christopher Floyd y Colin Birss (UK), con el apoyo de Eskil Waage (Oficina Europea de Patentes). Como explica GARCÍA VIDAL, estos trabajos tienen su origen en la elaboración de los borradores de Reglamento de procedimiento del proyectado Tribunal Europeo y Comunitario de Patentes (que no prosperó). GARCÍA VIDAL, Á., *El sistema de la patente europea con efecto unitario,* Cizur Menor, Aranzadi Thomson Reuters, 2014, p. 56.

procesal holandés[495]. Así, encontramos aspectos propios del *common law* y del *civil law.*[496]

La ardua labor desarrollada por este grupo de expertos partió de los trabajos desarrollados durante el dilatado proceso negociador que dio lugar al paquete de la patente unitaria. Además, se abrieron consultas públicas en las que se vertieron un gran número de aportaciones, algunas de ellas de gran entidad[497].

Hasta dieciocho borradores fueron necesarios para adoptar el texto final del RoP. En concreto, el 26 de noviembre de 2014 se debatió el 17° proyecto de RoP, de fecha 31 de octubre

---

495 En este sentido, REMÉDIO MARQUES recoge algunos ejemplos al respecto: «Por exemplo, a audição de testemunhas, ao abrigo da Regra 178, assemelha-se à forma como esta é efetuada no Reino Unido (sobretudo em Inglaterra e País de Gales). Uma Divisão Local ou Regional pode também remeter um pedido reconvencional de extinção (de patente ou CCP) para a Divisão Central, mantendo a apreciação e julgamento da ação de infração; regra, esta — a da bifurcação do conhecimento destes dois objetos processuais— que decorre do direito alemão e austríaco174. Outro exemplo, como melhor veremos, é a possibilidade de obter uma medida cautelar de preservação da prova, meio cautelar que existe em vários ordenamentos jurídicos europeus; porém, o regime do TUP assemelha-se muito à saisie contrefaçon francesa. E o regime da duração dos procedimentos — dado que o TUP deve tomar uma decisão no prazo de um ano após a apresentação uma petição escrita — é inspirado na calendarização processual neerlandesa». REMÉDIO MARQUES, J.P., *O (Novo) Tribunal Unificado de Patentes,* Coimbra, Almedina, 2024, pp. 143-144.

496 GRANATA, S., *Rules of procedure of the UPC, a judge's perspective,* en Matthews, D.; Torremans, P. (eds.), *The Unified Patent Court and the European Patent Convention,* Boston, Gruyter Handbuch, 2023, pp. 288 y 293.

497 GALGO PECO, Á., "El procedimiento ante el Tribunal Unificado de Patentes", en *Comunicaciones en Propiedad Industrial y Derecho de la Competencia,* núm. 73, 2014, p. 117.

de 2014, durante una audiencia pública celebrada en Tréveris. Tras esta consulta pública, el proyecto de RoP se presentó el 31 de enero de 2014 al Comité Preparatorio, en el que el Grupo de Trabajo Jurídico, presidido por Johannes Karcher (Alemania) celebró varias rondas de debate, que desembocaron en la aceptación del 18º proyecto de RoP por el Comité Preparatorio el 19 de octubre de 2015.

Las enmiendas a este 18º proyecto de RoP se debatieron en la reunión inaugural del Comité Administrativo de la UPC el 22 de febrero de 2022. Finalmente, la adopción del RoP tuvo lugar el 8 de julio de 2022, el cual entró en vigor el 1 de septiembre de 2022.

Hasta la fecha esta es la versión del RoP que se encuentra en vigor. No obstante, el art. 41.2 ATUP prevé la posible modificación del RoP por decisión del Comité administrativo, previa propuesta del Tribunal y tras consultar a la Comisión Europea. En todo caso, esas eventuales modificaciones siempre deberán respetar el ATUP y el ETUP.

Por lo que se refiere a la estructura del RoP, el texto se divide en cinco partes y un preámbulo. Así, comienza por un Preámbulo en el que se trata la aplicación e interpretación de las reglas. La Parte 1 regula los procedimientos ante el Tribunal de Primera Instancia. A continuación, la Parte 2 se dedica a la regulación de las pruebas. Seguidamente, la Parte 3 regula las medidas provisionales. La Parte 4 trata los procedimientos ante el Tribunal de Apelación. Y, finalmente, la Parte 5 regula algunas disposiciones generales.

En este capítulo se estudian cuestiones generales del procedimiento, como los principios rectores del mismo, así como el procedimiento ante el Tribunal de Primera Instancia y el Procedimiento ante el Tribunal de Apelación. Para ello, se ha partido del *Rules of Procedure of the Unified Patent Court*, en su versión en inglés. Téngase en cuenta que recientemente se ha publicado una versión en francés y otra en alemán. Sin embargo, como es natural, siendo que España no forma parte, no existe su correlativo en lengua castellana, por lo que en muchas ocasiones es complicado encontrar las palabras homólogas en castellano, además de que algunos conceptos requieren de una labor de adaptación, pues no existen como tal en el ordenamiento jurídico español[498].

## II. PRINCIPIOS QUE RIGEN EL PROCEDIMIENTO

El art. 41.3 ATUP establece algunos de los fines y principios que regirán el RoP y determina que el RoP garantizará que las resoluciones del Tribunal sean de la mayor calidad posible. Esta "mayor calidad posible" a la que se hace referencia de forma expresa es —o debiera ser— un fin propio de todos los sistemas judiciales de los Estados de derecho. Esta calidad podría referirse a la técnica jurídica de las resoluciones; pero, también, podría hacer referencia a otros aspectos como la rapidez o lentitud para dictar una resolución, pues como dicta la frase atribuida a Séneca "Nada se parece tanto a la injusticia como la justicia tardía".

Del mismo modo, el RoP prevé que los procedimientos se organicen de la manera más eficiente y rentable posible, lo que puede concretarse en algunos principios que rigen el procedimiento, como el de proporcionalidad, que aboga por dedicar más recursos a los procesos más complejos y menos, a los más sencillos. Así, se persigue la eficacia en los procesos, la cual resulta especialmente relevante en los procesos judiciales sobre patentes teniendo en cuenta que se trata de derechos limitados en el tiempo y que la exclusividad que otorgan expira transcu-

---

498 GALGO PECO, Á., "El procedimiento ante el Tribunal Unificado de Patentes", cit., pp. 117-118.

rrido su periodo de protección, de modo que, si la tramitación de un proceso judicial y sus correspondientes recursos se alarga en el tiempo durante años, esos años minorarán el tiempo de exclusividad total efectivo de su titular[499].

Seguidamente, determina que el RoP garantizará un equilibrio adecuado entre los intereses legítimos de todas las partes. Lo que se concreta en algunos preceptos, como las múltiples reglas que prevén que se dé traslado a una parte y a otra para manifestarse al respecto de diferentes hitos procesales, intentando garantizar siempre la igualdad de oportunidades. Por ejemplo, generalmente, es posible que el demandante formule una réplica a la contestación a la demanda, lo que se acompaña de la posibilidad de que el demandado presente una dúplica a la réplica formulada por el demandante.

Y, por último, el citado precepto hace mención al establecimiento del nivel necesario de discrecionalidad por parte de los jueces y que se concreta, entre otras cosas, en la flexibilidad que impera en el procedimiento. Todo ello, sin menoscabar la previsibilidad del procedimiento para las partes.

Estos principios esenciales a los que hace referencia el ATUP se desarrollan y concretan en el procedimiento regulado por el RoP. A continuación, se estudian individualmente los principios rectores del procedimiento.

---

499 Esta idea ha sido clásicamente expuesta por la doctrina. Entre otros, HOYNG, W., *The Unified Patent Court (UPC) opens its doors! Some observations*, Tilburg University, 2023, p. 34, disponible en: https://www.hoyngrokhmonegier.com/assets/media/2023/05/ TiU_230100_TLS_Redeboekje_Willem-Hoyng_BW.pdf (consultado el 1 de noviembre de 2024); también, REMÉDIO MARQUES, J.P., *O (Novo) Tribunal Unificado de Patentes*, cit., p. 145, y CANTOS PARDO, M., *El proceso civil para la cesación de la infracción de patentes*, Valencia, Tirant lo Blanch, 2023, pp. 315-316.

### *1. Principio de proporcionalidad*

El art. 42.1 ATUP establece que el TUP conocerá de los litigios de modo proporcionado con su importancia y complejidad. Este principio también se recoge en el Preámbulo del RoP que determina que la proporcionalidad se garantizará teniendo debidamente en cuenta la naturaleza y complejidad de cada acción y su importancia.

Por tanto, el RoP da las claves para modular esta proporcionalidad, pero lo hace de una forma muy genérica. Así, la referencia a la naturaleza y complejidad de cada acción —entendida esta como pretensión— resulta indeterminada, por lo que deberá estarse a la *praxis* e interpretación que desde el TUP se haga al respecto. Por ejemplo, la naturaleza de la acción depende del tipo de que se trate, esto es, merodeclarativa, de condena o constitutiva; no obstante, su complejidad dependerá de cada caso en particular, pues en unos casos una acción de condena a la cesación de unos actos de infracción puede ser más compleja que una merodeclarativa de declaración de infracción, y en otros, una merodeclarativa negatoria puede ser más complicada que una pretensión de condena al pago de daños y perjuicios. En nuestra opinión, se debería estar a cada caso en particular e interpretar ambos conceptos de forma conjunta. En este sentido, en el apartado séptimo del Preámbulo del RoP se determina que, pese a que la regla general es que la audiencia oral final tendrá lugar en el plazo de un año, las acciones complejas pueden requerir de más tiempo y trámites procesales y, al contrario, las acciones simples, menos tiempo y menos trámites procesales. De manera que la tramitación del proceso se organizará de conformidad con estos preceptos.

Asimismo, la mención que hace el art. 42.1 ATUP a la importancia también es vaga, puesto que la relevancia puede obedecer a diversas cuestiones, como la cuantía objeto de procedimiento, la patente que da lugar al pleito —dada la relevancia de la invención que proteja o el sector al que afecte—, la importancia jurídica de las cuestiones planteadas, entre otros muchos aspectos. De nuevo, debería estarse al caso concreto.

## *2. Principio de justicia y equidad*

El art. 41.2 ATUP determina que el TUP velará por que las normas, procedimientos y recursos previstos en el ATUP y en el ETUP se apliquen de modo justo y equitativo y que no distorsionen la competencia. En este sentido, también, el Preámbulo del RoP hace referencia a que se garantizarán la justicia y la equidad teniendo en cuenta los intereses legítimos de todas las partes. Se trata de principios esenciales que rigen la sistemática procedimental y que deben servir de interpretación al TUP para su aplicación a cada proceso.

## *3. Principio de flexibilidad*

El Preámbulo del RoP hace referencia a que se garantizará la flexibilidad, aplicando todas las normas del procedimiento de manera flexible y equilibrada, a estos efectos, prevé que se otorgue a los jueces el nivel de discreción necesario para que organicen los procedimientos de la manera más eficiente y rentable. Lo anterior conecta con lo previsto en el art. 41.3 ATUP, que limita el establecimiento de este nivel necesario de discrecionalidad con la necesaria previsibilidad del procedimiento para las partes. Son numerosas las normas que se contienen en el RoP que buscan esta flexibilidad y que se concretan en muchas ocasiones en una mayor discrecionalidad para los jueces.

Encontramos múltiples reglas que son muestra de ello, por ejemplo, a tenor de la regla 343 RoP, el tribunal conocerá de las acciones que se le sometan en el orden en que estén preparadas para ser vistas, de conformidad con la regla 108 RoP.

Sin embargo, en su apartado segundo, establece que el juez presidente podrá, después de escuchar a las partes: a) ordenar que se dé prioridad a una determinada acción y que se acorten los plazos previstos en el RoP; b) aplazar la tramitación de una acción, para que sea tratada más adelante, en particular con el propósito de facilitar una solución amistosa de la controversia. La flexibilidad va de la mano de la discrecionalidad, pues es el juez el que podrá decidir al respecto.

Como han advertido algunos expertos, como REMÉDIO MARQUES o HOYNG, esta discrecionalidad, que se deja en manos del tribunal y/o del magistrado ponente, supone que jueces con diferentes orígenes nacionales y, por tanto, tradiciones normativas y jurisprudenciales diferentes deban aplicar esta discrecionalidad, que en muchas ocasiones genera lagunas normativas. De ahí que se haya destacado la importancia de las sesiones de formación de los jueces, a efectos de poder desarraigarse de su experiencia nacional para evitar que esta, más allá de enriquecer el funcionamiento del TUP, lo entorpeciera, en tanto en cuanto, trataran de interpretar el RoP no con ojos nuevos, sino con los de sus sistemas normativos nacionales[500].

## 2. *Principio dispositivo y de aportación de parte*

El art. 43 ATUP al respecto de la administración de las causas reza que: "El Tribunal administrará activamente las causas que se ejerciten ante él, de conformidad con el Reglamento de Procedimiento, sin menoscabar la libertad de las partes para determinar el objeto del procedimiento y las pruebas propuestas". Por tanto, el punto de partida que se establece en el ATUP

---

[500] HOYNG, W., *The Unified Patent Court (UPC) opens its doors! Some observations,* cit. En este sentido, también, REMÉDIO MARQUES, J.P., *O (Novo) Tribunal Unificado de Patentes,* cit., p. 145.

es la libertad de las partes para determinar el objeto del procedimiento y las pruebas en que apoyan sus postulados, bien para fundamentar los hechos constitutivos en caso de la demanda, o bien para justificar los hechos extintivos, impeditivos y excluyentes para el caso de la contestación a la demanda.

Como sugiere GALGO PECO, estos principios deben ponerse en relación lo dispuesto en los arts. 76 y 79 ATUP[501]. Por su parte, el art. 76 ATUP determina que el TUP resolverá de conformidad con las peticiones de las partes y no otorgará más de lo solicitado, lo que consagra el principio de congruencia. Y, también, se determina que las resoluciones sobre el fondo del asunto solo podrán fundarse en los argumentos, hechos y pruebas presentados por las partes o introducidos en el procedimiento por orden del TUP, respecto de los cuales las partes hayan podido presentar observaciones; siendo esto último una excepción al principio dispositivo.

Por otro lado, el art. 79 ATUP establece que en cualquier momento del procedimiento las partes podrán terminar el proceso mediante transacción, ratificada por resolución del tribunal. Sin embargo, establece un límite a esta capacidad dispositiva de las partes, pues no podrá declararse nula ni limitarse una patente mediante transacción. En este caso, de conformidad con la regla 365.1 RoP, las partes podrán solicitar la homologación del acuerdo mediante decisión del Tribunal, a los efectos de que pueda ser ejecutada como una decisión final del Tribunal. Ya encontramos algunos ejemplos de esto, como la Orden de la División Local de Múnich, de 10 de febrero de 2025, BSN v. Brightwake et al., UPC_CFI_599/2024.

501 GALGO PECO, Á., "El procedimiento ante el Tribunal Unificado de Patentes", cit., p. 118. También, GARCÍA VIDAL conecta lo dispuesto en el art. 43 con el art. 76.2 ATUP. GARCÍA VIDAL, Á., *El sistema de la patente europea con efecto unitario*, cit., p. 220.

### *3. Principio de impulso de oficio y discrecionalidad del tribunal*

Según el art. 43 ATUP, anteriormente citado, el Tribunal administrará activamente las causas que se ejerciten ante él, de conformidad con el Reglamento de Procedimiento, con el objetivo de hacer avanzar el proceso.

Del estudio de este entramado normativo se observa que se han concedido amplias facultades de dirección al TUP. El texto utiliza en múltiples ocasiones expresiones en términos facultativos como *the Court may*, esto es, "el Tribunal podrá" (por ejemplo, reglas 112.3, 114 y 116 RoP, entre un larguísimo etcétera), u otras, como *unless the judge-rapporteur decides otherwise*, que significa "salvo que el juez ponente disponga otra cosa" (v. gr. regla 19.6 RoP).

Sin embargo, el TUP deberá, en todo caso, actuar sin perjudicar la previsibilidad del procedimiento para las partes, pues la discrecionalidad no puede traducirse en falta de seguridad jurídica para las partes[502]. Y he aquí donde radica gran parte del éxito de este Tribunal, en saber ponderar sus facultades para evitar que las empresas y demás actores consideren que la previsibilidad no está garantizada y opten por, al menos inicialmente, apartarse del sistema a través de la vía del *opt-out*.

Precisamente, la regla 9 RoP se denomina "Poderes del Tribunal" y dispone en su apartado primero que el tribunal podrá, en cualquier estado del procedimiento, de oficio o a petición motivada de una parte, dictar una orden procesal que ordene a una parte realizar cualquier diligencia, responder cualquier pregunta o proporcionar cualquier aclaración o prueba, dentro de los plazos que se determinen. También, en la regla 9.3 RoP, se establece que tras la petición motivada de una parte, el Tri-

---

502 Algunos aplauden esta discrecionalidad; pero, también, advierten de la imprevisibilidad e incertidumbre que puede generar. GRANATA, S., *Rules of procedure of the UPC, a judge's perspective*, cit., p. 296.

bunal podrá prorrogar, incluso retroactivamente, los plazos a que se refiere el RoP o que sean impuestos al Tribunal; o bien, acortar dichos plazos. No obstante, los plazos a los que se refieren las reglas 198.1, 213.1 y 224.1 RoP no podrán prorrogarse.

Ya encontramos algunos ejemplos en la jurisprudencia del TUP en que la cuestión ha resultado discrepante y que incluso han llegado al Tribunal de Apelación. Así, en el asunto *Amgen v. Sanofi,* el Tribunal de Apelación, en contra de la opinión de la División de Múnich, concedió la prórroga del plazo para contestar a la demanda solicitada por los demandados por el tiempo en el que no tuvieron disponibles algunos documentos de la demanda que se presentaron con posterioridad[503].

Estos amplios poderes de dirección que se ponen a disposición del tribunal se concretan también en las facultades de gestión de casos que la regla 334 RoP atribuye al juez ponente, juez presidente o el tribunal, y que les permite: a) ampliar o acortar el plazo para el cumplimiento de cualquier regla u orden, según la regla 9.3 RoP ya referida; b) aplazar o adelantar la audiencia previa o la audiencia oral; c) comunicarse con las partes para instruirlas sobre los requerimientos del Tribunal; d) ordenar una audiencia separada sobre cualquier asunto; e) acordar el orden en que se decidirán las cuestiones; f) excluir una cuestión de su consideración, entre otras.

Estas facultades también pueden ser ejercitadas por el tribunal para modificar o revocar resoluciones sobre la tramitación de los

---

503 Order of the Court of Appeal of the Unified Patent Court, issued on 13 October 2023, Amgen v. Sanofi, UPC_CoA_320/2023, APL_572929/2023. También, se han prorrogado los plazos, aunque en menor medida de la solicitada, por concurrencia con festivos de Navidad o del Año Nuevo Chino. Procedural Order of the Court of First Instance of the Unified Patent Court, deliverd on 19 February 2025, Maxeon Solar Pte. v. Aiko, UPC_CFI_336/2024 y UPC_CFI_605/2024.

procesos (regla 335 RoP). Además, en virtud de la regla 336 RoP, salvo precepto en contrario, el Tribunal podrá ejercer estas facultades de dirección y gestión de los asuntos a solicitud de parte o de oficio —previa audiencia de las partes, *ex* regla 337 RoP—.

Otra clara manifestación de los poderes de dirección asignados al tribunal es la posibilidad de poner fin a procesos que son o devienen manifiestamente inadmisibles. Por ejemplo, cuando una acción haya quedado sin objeto y haya desaparecido la necesidad de resolverla, el Tribunal podrá en cualquier momento, a petición de una parte o de oficio, después de dar a las partes la oportunidad de ser oídas, poner fin al proceso mediante auto, *ex* regla 360 RoP. Así, la norma no establece limitación temporal a esta facultad, por lo que podrá hacerse valer en cualquier estado del trámite procesal[504].

En esta misma línea, en virtud de la regla 361 RoP, cuando resulte evidente que el Tribunal no es competente para conocer de una acción o de algunas de las pretensiones contenidas en ella, o cuando la acción o la defensa sean, en todo o en parte, manifiestamente inadmisibles o carezcan manifiestamente de todo fundamento de derecho, el Tribunal podrá, después de dar a las partes la oportunidad de ser oídas, resolver mediante decisión, evitando que prosperen acciones destinadas al fracaso de forma manifiesta.

También, el Tribunal podrá en cualquier momento, a petición de una parte o de oficio, después de dar a las partes la oportunidad de ser oídas, decidir que existe un impedimento absoluto para continuar con la tramitación de una acción, por ejemplo, por aplicación del principio de cosa juzgada (regla 362 RoP).

En estos tres supuestos previstos en las reglas 360, 361 y 362 RoP, se requiere que estas decisiones sean adoptadas por el

---

504 GALGO PECO, Á., "El procedimiento ante el Tribunal Unificado de Patentes", cit., p. 121.

tribunal por recomendación del juez ponente, así como que, si son dictadas por el Tribunal de Primera Instancia, se tengan por definitivas en el sentido de la regla 220.1. a) RoP, que permite su apelación ante el Tribunal de Apelación.

Con todos estos poderes, como ha afirmado GALGO PECO, «la obligación de administrar activamente las causas que se impone al Tribunal cobra pleno sentido»[505]. Sea como fuere, la aplicación de estas previsiones, que obedecen, entre otros motivos, a la búsqueda de la eficiencia y rentabilidad a la que se refiere la regla 41.3 ATUP, no deben tener como resultado la imprevisibilidad del procedimiento para las partes y la falta de seguridad jurídica. Así, la puesta en práctica de esta discrecionalidad debería hacerse de una forma uniforme por parte de los distintos órganos jurisdiccionales que integran el TUP en cumplimiento del apartado 8 del Preámbulo del RoP que establece que el Tribunal procurará garantizar la aplicación e interpretación uniformes del RoP por todos los Tribunales de primera instancia y de Apelación. Si verdaderamente se da esta aplicación uniforme en todo el TUP, y a través de la jurisprudencia[506] —

505 GALGO PECO, Á., "El procedimiento ante el Tribunal Unificado de Patentes", cit., p. 120.

506 HESELBERGER y SCHREGLE recogen qué está entendiendo el TUP por circunstancias excepcionales que permiten el alargamiento de plazos, por ejemplo, por el inicio de un nuevo sistema judicial y dificultades encontradas con el *Case Management System*, al que nos referiremos después (Order Local Division Munich, 23 August 2023, Irvine v. Meril, ORD_562614/2023, UPC_CFI_15/2023; Orden Local Division Munich, 10 August 2023, ORD_557466/2023, UPC_CFI_15/2023). HESELBERGER, J.; SCHREGLE, R., "First experiences at the Unified Patent Court", disponible en: http://www.ub.edu/centredepatents/pdf/doc_dilluns_CP/Johannes%20Heselberger%20&%20Ronja%20Schregle%20-%20First%20experiences%20at%20UPC%20-%20LP2024-03-18.pdf (consultado el 1 de noviembre de 2024).

fundamentalmente del Tribunal de Apelación[507]— se van fijando unos criterios para la modulación de esta discrecionalidad, se favorecería la previsibilidad para las partes, pese a que no se alcanzaría la misma seguridad jurídica que si estas pautas estuvieran fijadas en la norma.

Como se anticipaba ya, en nuestra opinión, gran parte del éxito de este Tribunal, reside en ponderar estas facultades discrecionales para evitar que, percibiendo perjudicada la seguridad jurídica, las partes se aparten, al menos inicialmente, del sistema a través de la vía del *opt-out*. En todo caso, como advierten algunos autores, esto no debería considerarse un problema, sino más bien una oportunidad para seguir construyendo los procesos judiciales sobre patentes más idóneos, lo que, a su vez, podría influir positivamente en los procesos judiciales nacionales[508].

### *4. Principio de preclusión*

La regla 9.2 RoP dispone que el Tribunal podrá hacer caso omiso de cualquier medida, hecho, prueba o argumento que una parte no haya adoptado o presentado dentro de un plazo fijado por este o por el RoP. Así, se recoge el principio de preclusión que en palabras de MONTERO AROCA supone que dentro de las distintas fases y tiempos del procedimiento se ha

---

507 En este sentido, WALSH ha afirmado que: "the Court of Appeal has the opportunity and responsability to ensure that the body of case law arising from the new UPC is clear, coherent and consistent", a lo que también añade que las críticas continúan y que la fragmentación del sistema de las patentes persiste en todo caso por otros motivos. WALSH, K., *Fragmentation and the European patent system*, Oxford, Hart Publising, 2022, pp. 65 y 69-70.

508 GRANATA, S., *Rules of procedure of the UPC, a judge's perspective*, cit., p. 299.

de realizar un acto concreto con contenido determinado, de tal manera que si la parte no lo realiza oportunamente pierde la posibilidad de realizarlo. Precisamente, la preclusión, junto con el impulso de oficio, son los principios que hacen que los procedimientos, una vez iniciados, lleguen a su fin[509].

## *5. Principio de publicidad*

El art. 45 ATUP regula que la vista oral será pública, salvo que el Tribunal decida que se desarrolle, en la medida necesaria, a puerta cerrada en interés de una de las partes u otras personas interesadas, o en el interés general de la justicia o del orden público. Por tanto, ya en el Acuerdo se pretende garantizar el principio de publicidad, que después se concreta en el RoP. Por ejemplo, en la regla 106 RoP se establece que la «audiencia previa» (vista provisional) será pública, en la regla 115 RoP también se dispone que la audiencia oral será pública, o la regla 262 RoP, que regula la publicidad de las decisiones y órdenes del Tribunal, de los escritos y pruebas presentados por las partes, con ciertos requisitos y excepciones. Esta posibilidad de poder conocer el contenido, no sólo de las decisiones y órdenes del tribunal, sino también de las alegaciones de las partes ha sido calificada por algunos como demasiado liberal[510],

---

509 MONTERO AROCA, J.; BARONA VILAR, S.; GOMEZ COLOMER, J. L., *Derecho Jurisdiccional: Parte General*, Valencia, Tirant lo Blanch, 2019, p. 306.

510 DUBOS, G.; ROLLIN DE CHAMBONAS, S.; LECONTE, T., “The user in the UPC”, en Matthews, D.; Torremans, P. (ed.), *The Unified Patent Court and the European Patent Convention*, Boston, Gruyter Handbuch, 2023, p. 313.

aunque se debe poner en relación con la regla 262a RoP que garantiza la protección de la información confidencial[511].

También, a través del *Case Management System* del TUP, al que se hará referencia más adelante, es posible obtener cierta información sobre los procedimientos pendientes ante las divisiones (sobre las partes, sus representantes, patentes afectadas, acciones interpuestas, valor económico y referencia a resoluciones dictadas) lo que permite hacer un seguimiento de la situación procesal de los casos, y obtener conclusiones estadísticas[512].

## *6. Principio de contradicción*

Asimismo, también, encontramos otros principios que no se explicitan expresamente en el ATUP, pero que se desprenden del RoP, como el principio de contradicción. Muestra de ello es la regla 8.3 RoP que establece que, salvo que el RoP disponga otra cosa, ninguna parte se comunicará con el Tribunal sin informar a la otra parte, y que cuando la comunicación se haga por escrito, deberá enviarse copia de esta a la otra parte, salvo que el RoP disponga que el Tribunal facilitará una copia a la otra parte. Otro ejemplo que es reflejo de este principio es la regla 264 RoP, que pretende garantizar que las partes tengan la oportunidad de ser escuchadas bien por escrito o por medio de una audiencia.

---

511 Ya encontramos algunas órdenes que acuerdan la confidencialidad de datos, incluyendo, por ejemplo, documentos aportados, previendo la posibilidad de imposición de multas a los incumplidores del deber de confidencialidad. Procedural Order of the Court of First Instance of the Unified Patent Court (Düsseldorf Local Division), issued on 28 November 2024, Valeo Electrification v. Magna, UPC_CFI_460/2024.

512 VELÁZQUEZ SAIZ, Á., "Los seis primeros meses de funcionamiento del Tribunal Unificado de Patentes: un buen comienzo", en *Revista de Fiscalidad Internacional y Negocios Transnacionales*, núm. 25, 2024, p. 5.

### 7. *Procedimiento electrónico*

El ATUP, firmado en 2013, ya pretendía aprovechar las ventajas que puede reportar el uso de medios electrónicos, por lo que en el art. 44 ATUP establece que el Tribunal hará el mejor uso posible de los procedimientos electrónicos, como la presentación electrónica de alegaciones por las partes y la presentación de pruebas en forma electrónica, así como de la videoconferencia, conforme al RoP.

Lo anterior se ha concretado, entre otras previsiones, en la regla 4 RoP que regula la presentación electrónica de documentos y escritos, así como que la recepción de los documentos se confirmará mediante la emisión automática de un recibo electrónico, en el que se indicará la fecha y la hora local de recepción. No obstante, en su apartado segundo se determina que cuando no sea posible presentar un documento electrónicamente, porque el sistema electrónico de gestión de casos del Tribunal haya dejado de funcionar, las partes podrán presentar un documento en copia impresa en el Registro o en un subregistro. En estos casos, se presentará una copia electrónica tan pronto como sea posible.

Por lo que se refiere a las grabaciones, encontramos la regla 106 RoP que establece que la «audiencia previa» (vista provisional) se grabará en audio, y la regla 115 RoP que regula que la audiencia oral también será grabada en audio.

Asimismo, se ha puesto en marcha el *Case Management System*, que es la plataforma oficial para realizar con validez los trámites ante el TUP. Así, en este entorno virtual, no solo se lleva a cabo la presentación de demandas, solicitudes o de cualquier otro tipo de alegaciones ante el TUP, sino que permite realizar las interacciones del personal del TUP y usuarios internos y externos del TUP.

Sin embargo, este sistema está generando muchos problemas, como errores en las notificaciones, incertidumbre sobre los plazos, capacidad limitada, entre otros[513]. De hecho, algunos han calificado a este *Case management system* como el principal factor limitante, afirmando que incluso algunas empresas que tenían previsto iniciar procedimientos ante el TUP han optado por hacerlo ante tribunales nacionales para evitar el uso de este sistema[514]. Por su parte, el TUP está trabajando en la mejora del funcionamiento y funcionalidades del sistema.

## III. FASES DEL PROCEDIMIENTO Y DISPOSICIONES GENERALES

El art. 52.1 ATUP regula tres fases generales para articular los procedimientos ante el TUP: i) fase escrita, ii) fase provisional y iii) fase oral, las cuales se llevarán a cabo de conformidad

---

513 Por ejemplo, HESELBERGER y SCHREGLE, abogados cuyo despacho ha actuado ante el TUP, han destacado los siguientes problemas: «i) Overwhelming amount of workflows without any indication on which workflow is connected to which infringement/nullity action, ii) Representatives (and the judges!) do not reliably receive notifications on new orders/filings in the CMS, iii) Uncertainties about deadlines: according to the RoP relevant deadlines are triggered by service of documents (no separate court order) – but time of service/deadline not visible in CMS, iv) Legal teams function has been introduced, but only one representative receives notifications (if at all), v) Upload capacity of CMS limited to 10Mb». HESELBERGER, J.; SCHREGLE, R., "First experiences at the Unified Patent Court", cit.

514 MONTAÑÁ MORA, M., "Las primeras experiencias con la patente europea con efecto unitario y el Tribunal Unificado de Patentes, y las propuestas de un procedimiento de examen centralizado de los CCPS y de un CC unitario", en *Comunicaciones en Propiedad Industrial y Derecho de la Competencia,* núm. 100, 2023, p. 32.

con el RoP. Asimismo, este precepto vuelve a puntualizar que todas las fases se organizarán de modo flexible y equilibrado.

Este esquema general aplica a los procedimientos que se siguen ante el TUP como regla general, salvo algunas excepciones como los procedimientos para la adopción de medidas de aseguramiento de pruebas (art. 60 ATUP y reglas 192 *et seq.* RoP), o el procedimiento de reconocimiento de lugares (art. 60 ATUP y regla 199 RoP).

Respecto a la fase escrita, el ATUP no dispone nada en particular, más allá de situarla temporalmente como la primera de las tres fases. Por lo que se refiere a la fase provisional, el art. 52.2. ATUP establece que, tras la fase escrita y, si procede, se llevará a cabo la convocatoria de una vista provisional, la cual corresponderá al juez que actúe en calidad de ponente, supeditado a un mandato de la totalidad de la Sala. Dicho juez examinará con las partes la posibilidad de llegar a una solución, también por mediación y/o arbitraje, recurriendo a los servicios del Centro de Arbitraje y Mediación al que se refiere el art. 35 ATUP.

Seguidamente, en el art. 52.3 ATUP establece que la fase oral brindará a las partes la posibilidad de exponer adecuadamente sus alegaciones. Y, además, permite que, previo acuerdo de las partes, el Tribunal pueda prescindir de esta fase.

En otro orden de cosas, la Parte 5 del RoP tiene una extensión de más de 100 reglas y se dedica a la regulación de disposiciones generales aplicables a los procedimientos seguidos ante el TUP. Así, se divide en los siguientes capítulos:

CAPÍTULO I: Disposiciones generales del procedimiento (reglas 260-267 RoP), en el que se tratan cuestiones como el examen de oficio por parte de la Secretaría, la determinación de las fechas de presentación de los escritos y documentos, protección de la información confidencial, etc.

CAPÍTULO 2: Notificaciones (reglas 270-279 RoP), en el que se regula el régimen de notificaciones, diferenciando si se trata de Estados miembros contratantes o no, otras vías alternativas de notificación, entre otras cuestiones.

CAPÍTULO 3: Derechos y obligaciones de los representantes de las partes (reglas 284-294 RoP), que se dedica a cuestiones como los privilegios e inmunidades de los representantes, protección de las comunicaciones, facultades del Tribunal en relación con los representantes de las partes, etc.

CAPÍTULO 4: Suspensión del procedimiento (reglas 295-298 RoP), que trata los supuestos en los que cabe la suspensión, su duración y efectos, reanudación, etc.

CAPÍTULO 5: Plazos (reglas 300-301 RoP), en el que se regula el cómputo de los plazos y las prórrogas automáticas, entre otras cuestiones.

CAPÍTULO 6: Partes en el procedimiento (reglas 302-320 RoP), en el que se abordan cuestiones como la pluralidad de partes, intervención de nuevos sujetos, sucesiones procesales, etc.

CAPÍTULO 7: Disposiciones diversas sobre idiomas (reglas 321-324 RoP), que se dedica a aspectos como la posibilidad de desarrollar el procedimiento en la lengua de concesión de la patente, consecuencias en el supuesto de cambio de idioma durante el curso del procedimiento, etc.

CAPÍTULO 8: Gestión de casos (reglas 331-340 RoP), que trata cuestiones como a quién se atribuye la responsabilidad de la gestión de los casos, los principios que la rigen, facultades que se atribuyen para la gestión de casos, etc.

CAPÍTULO 9: Reglas relativas a la organización del Tribunal (reglas 341-346 RoP), en las que se regula la ordenación jerárquica de los jueces, fechas, horas y lugar de las sesiones del Tribunal, orden en que deben conocerse los asuntos, etc.

CAPÍTULO 10: Decisiones y órdenes (reglas 350-354 RoP), que trata cuestiones como el contenido de estas resoluciones, efectos, rectificación, ejecución, etc.

CAPÍTULO 11: Declaración de rebeldía (reglas 355-357 RoP), en el que se abordan aspectos como los requisitos para considerar a una parte en rebeldía, así como la solicitud de anulación de la declaración de rebeldía, entre otros.

CAPÍTULO 12: Pretensiones manifiestamente inadmisibles (reglas 360-363 RoP), en el que se regula cómo proceder en estos supuestos.

CAPÍTULO 13: Transacción (regla 365 RoP), que rige la articulación y tratamiento de un acuerdo transaccional entre las partes.

## IV. LOS PROCEDIMIENTOS ANTE EL TRIBUNAL DE PRIMERA INSTANCIA

Como se exponía *ab initio,* la Parte 1 del RoP regula los procedimientos ante el Tribunal de Primera Instancia. En concreto, la regla 10 RoP determina que el procedimiento ante el Tribunal de Primera Instancia constará de las siguientes etapas:

a) Una fase escrita, que se regula en el Primer capítulo de esta Parte 1 del RoP.

b) Una fase provisional —fase intermedia—, que podrá incluir una vista provisional con las partes, y que se regula en el Segundo capítulo de esta Parte 1 del RoP. En nuestra opinión, sería más adecuado traducirlo por fase intermedia, pues el término provisional puede ser confundido con la tutela cautelar. Asimismo, siguiendo la terminología del

Derecho español, podría resultar más próximo traducir la vista provisional por "audiencia previa"[515].

c) Una fase oral que, con sujeción a las reglas 116.1 y 117 RoP, incluirá una audiencia oral de las partes, salvo que previo acuerdo entre las partes el Tribunal prescinda de ella. Esta fase se rige por lo dispuesto en el Tercer capítulo de esta Parte 1 del RoP.

d) Un procedimiento —incidente— separado para la determinación de los daños y perjuicios. En este sentido, téngase en cuenta que el Tribunal en la decisión —sentencia— de condena al pago de los daños y perjuicios podrá cuantificar la indemnización o determinar que estos sean cuantificados en un incidente (procedimiento) separado (regla 118.1 RoP). En estos casos de liquidación posterior, el incidente puede incluir un procedimiento para acceder a la información contable del condenado, esto es, una *request to lay open books* (reglas 141 *et seq.* RoP[516]). Este incidente separado se rige por lo dispuesto en el Cuarto Capítulo de esta Parte 1 (reglas 125 *et seq.* RoP).

e) Y un procedimiento —incidente— para la cuantificación de las costas, que se regula tanto en el Quinto capítulo, que trata el Procedimiento sobre las costas, como en el

[515] Como ya advertíamos, el RoP no ha contado con ningún jurista español para su redacción y tampoco cuenta con una versión en castellano, por lo que respecto de muchos términos no existen sus homólogos en lengua castellana, además de que muchos conceptos requieren una labor de adaptación, pues no existen como tal en el ordenamiento jurídico español. GALGO PECO, Á., "El procedimiento ante el Tribunal Unificado de Patentes", cit., pp. 117-118.

[516] ENGLAND, P., *A Practitioner's Guide to the Unified Patent Court and Unitary Patent,* Hart, Oxfor-New York, 2022, p. 276.

Sexto capítulo, que se dedica a la Garantía de las costas, ambos dos de la Parte 1 del RoP.

## *1. Fase escrita*

Por lo que se refiere a la fase escrita, en el RoP se regulan las diferentes pretensiones que pueden ser interpuestas ante el TUP de forma separada en secciones independientes. En concreto:

i. En la Sección 1 se estudia la acción de infracción (reglas 12-41 RoP);

ii. La Sección 2 se dedica a la acción de nulidad (reglas 42-60 RoP);

iii. En la Sección 3 se trata la acción negatoria (reglas 61-74 RoP);

iv. En la Sección 4 se regulan las acciones en el marco de los arts. 33.5 y 6 ATUP (reglas 75-77 RoP);

v. La Sección 5 se dedica a la acción de indemnización por licencias basadas en el art. 8 del Reglamento (UE) 1257/2012 (regla 80 RoP), y

vi. La Sección 6 regula la acción relativa a las decisiones de la Oficina Europea de Patentes en el desempeño de sus funciones, *ex* art. 9 Reglamento (UE) 1257/2012 (reglas 85-98 RoP).

De esta manera, cada una de las Secciones establece particularidades procedimentales para cada tipo de pretensión. Sin embargo, entre ellas sí que encontramos un esquema estructural común, que consiste en:

i. Presentación de la demanda, por medio de la cual se interpone la pretensión, lo que condiciona el resto del procedimiento.

ii. En el plazo de un mes desde la notificación de la demanda, el demandado tendrá la posibilidad de formular excepciones (objeciones) preliminares, por ejemplo, porque considere que el Tribunal no cuenta con jurisdicción ni competencia. El demandante podrá formular alegaciones al respecto, incluso subsanar las deficiencias existentes.

iii. Interposición de la contestación a la demanda, en el plazo de tres meses desde la notificación de la demanda.

iv. Opcionalmente, es posible que el demandante formule una réplica a la contestación a la demanda, así como que el demandado presente una dúplica a la réplica formulada por el demandante como respuesta a la contestación a la demanda.

v. Por último, el juez ponente podrá permitir el intercambio de nuevos alegatos, dentro de los plazos que se determinen.

El desarrollo procedimental dependerá, además, de las opciones de estrategia procesal que adopten las partes, es decir, si interponen reconvención por nulidad o por infracción de patente, o si se insta la limitación de la patente mediante la modificación de sus reivindicaciones. En estos casos, el RoP prevé contestación a la reconvención y a la solicitud de limitación de la patente, así como réplica y dúplica.

Lo anterior pone de relieve que el RoP garantiza ampliamente el principio de contradicción, pues prevé recurrentes posibilidades para que las partes puedan alegar lo que a su interés convenga.

Por cuestiones de espacio resulta imposible tratar en este capítulo las particularidades establecidas para cada pretensión en esta fase escrita. Por ello, a continuación se trata sucintamente la fase escrita para el supuesto de la pretensión de infracción de patente (reglas 12-41 RoP).

En estos casos, el contenido de la demanda se articula en la regla 13.1 RoP, que incluye aspectos como la identificación de las partes y sus direcciones a efectos de notificaciones, identificación de la patente, información sobre procesos judiciales relacionados, identificación de la división a la que se dirige y justificación de su competencia, identificación de la pretensión interpuesta y su naturaleza, fundamentos de hecho, incluyendo las infracciones y las reivindicaciones de la patente supuestamente vulneradas, las pruebas, las razones por las que entiende que los hechos alegados son constitutivos de infracción, anticipación de las peticiones de prueba que se solicitarán en la audiencia previa, determinación de la cuantía cuando esta supere los 500.000 euros y un listado de documentos, incluyendo testificales referidas en la demanda[517].

La demanda no se considerará presentada hasta que el demandante abone la tasa fija que corresponda o, en su caso, la tasa basada en el valor de la acción de infracción, de conformidad con la Parte 6 del RoP y las Secciones I y II de la Tabla de tasas adoptada por el Comité Administrativo, *ex* art. 36.3 ATUP[518] (regla 15 RoP).

El examen de los requisitos formales de la demanda se llevará a cabo por la Secretaría, a tenor de la regla 16 RoP. En primer lugar, se comprobará si la patente ha sido objeto de exclusión por medio del art. 83.3 ATUP y la regla 5 RoP. Así,

---

[517] El idioma del procedimiento será aquel que venga determinado por la regla 14 RoP, en relación con lo dispuesto en los arts. 49 *et seq.* ATUP. Al respecto, nos remitimos al capítulo de esta obra dedicado en exclusiva a esta cuestión.

[518] Puede consultarse la *Table of Court Fees*, de 8 de julio de 2022, del Comité Administrativo, en: https://www.unified-patent-court.org/en/court/legal-documents?field_legal_doc_type_target_id=201&field_doc_keywords_target_id

tras la presentación del escrito y tan pronto como sea posible, se examinará el cumplimiento de los requisitos procesales formales, referidos en la regla 13, apartado 1 (a) a (j) y apartado 2 (contenido de la demanda), regla 14 (idioma del procedimiento) y regla 15.1 (tasas) RoP.

Si la demanda adolece de alguno de los requisitos referidos, el Registro dará traslado al demandante a fin de que: (a) subsane las deficiencias dentro de los 14 días siguientes a la notificación; y (b) en su caso, abone la tasa dentro de dichos 14 días (regla 16.3 RoP). Asimismo, en este trámite el Registro informará al demandante que, si no subsana las deficiencias o no abona la tasa dentro del plazo señalado, podrá dictarse una decisión de declaración de rebeldía de conformidad con la regla 355 RoP. De manera que, si el demandante no atiende el requerimiento de subsanación, la Secretaría informará al juez de la división, quien rechazará el recurso por inadmisible mediante una decisión en rebeldía. No obstante, previamente se podrá dar al demandante la oportunidad de ser oído (regla 16.5 RoP)[519].

Por el contrario, en virtud de la regla 17 RoP, si la demanda cumple con los requisitos referidos en las reglas 16.2 y 3 RoP, la Secretaría a) registrará la fecha de recepción de la demanda y le asignará un número de registro al expediente; b) dejará constancia del expediente en el registro, y c) informará al demandante del número de registro y fecha de recepción.

El procedimiento se asignará a la Sala de la división correspondiente de acuerdo con la regla 345.3 RoP o con la regla

---

[519] De nuevo, el texto en inglés de la regla indica que: “He may give the appellant an opportunity to be heard beforehand”. Por lo que parece articularse como una posibilidad y no como una obligación para el juez ponente.

345.6 RoP, si se trata por petición de las partes de un procedimiento a resolver por un único juez. Con posterioridad, se determinará la distribución de acciones entre la sede de la división central y sus secciones, de acuerdo con la regla 17.3 RoP.

El juez presidente de la sala a la que se haya asignado el asunto designará a un juez del Tribunal con capacidad jurídica como juez ponente, pudiendo designarse a sí mismo. Por su parte, la Secretaría notificará lo antes posible al demandante y al demandado la identidad del juez ponente (regla 18 RoP).

Otro hito clave en la fase escrita es la posibilidad del demandado de interponer una objeción preliminar. En virtud de la regla 19 RoP, en el plazo de un mes desde la notificación de la demanda, el demandado podrá formular objeciones preliminares sobre: a) la jurisdicción del Tribunal, teniendo en cuenta las posibles exclusiones voluntarias, *ex* regla 5 RoP; b) la competencia de la división indicada por el demandante (regla 13.1(i) RoP), y c) el idioma de la demanda (regla 14). Por su parte, se dará traslado al demandante para que formule alegaciones lo antes posible, pudiendo incluso subsanar cuestiones relativas con la competencia de división elegida y el idioma de la demanda.

Téngase en cuenta al respecto que el plazo para la presentación de la contestación a la demanda (regla 23 RoP) no se verá suspendido por la presentación de estas objeciones preliminares, a menos que el juez ponente disponga otra cosa (regla 19.6 RoP), así como que la falta de oposición por parte del demandado en el plazo de un mes referido se entenderá como sumisión a la jurisdicción del Tribunal y a la competencia de la sala elegida por el demandante.

A tenor de la regla 20 RoP, el juez ponente resolverá al respecto de la objeción preliminar y concederá a las partes la oportunidad de manifestarse. La decisión incluirá instrucciones a las partes y a la Secretaría sobre el siguiente paso del procedimiento (regla 20.1 RoP), y podrá acordarse su tramitación en el procedimiento principal (regla 20.2 RoP)[520]. La decisión del juez ponente que admita la excepción preliminar podrá ser objeto de apelación de conformidad con la regla 220.1 a) RoP, y la que rechace la objeción preliminar solo podrá ser apelada de conformidad con la regla 220.2 RoP (regla 21.1 RoP). En estos casos, el procedimiento de primera instancia podrá suspenderse por el juez ponente o por el Tribunal de Apelación a petición motivada de una de las partes (regla 21.2 RoP).

En el plazo de tres meses desde la notificación de la demanda se interpondrá el escrito de contestación a la demanda, que contendrá los nombres del demandado y de su representante; las direcciones postales y electrónicas para su notificación y los nombres y direcciones de las personas autorizadas para aceptar la notificación; el número de registro del expediente; indicaciones sobre la presentación de objeciones preliminares si las ha habido; referencias a los hechos en que se basa, incluida cualquier impugnación; pruebas de que se dispone y referencias a otras que pudieran aportarse; motivos por los que debe ser desestimada la demanda; referencias a las órdenes que pidieran dictarse a tenor de la regla 104 e) RoP; declaraciones sobre el valor del procedimiento, y una lista de documentos, incluyendo testificales a las que se refiera la contestación a la demanda (reglas 23 y 24 RoP).

El RoP también regula la reconvención por nulidad, siendo esta un arma defensiva especialmente común en este tipo de procesos.

---

520 Así ha ocurrido en la Order of the Central Division (Section Munich), delivered on 04 October 2023, President and Fellows of Harvard College v. NanoString Technologies Europe Limited, UPC_CFI_252/2023.

Si la contestación a la demanda no se presenta dentro de plazo, podría dictarse una declaración de rebeldía del demandado. Esto fue el caso confirmado por la División Central de París por medio de la Orden de la División Central de París, de 9 de enero de 2025, ITCiCo Spain v. Bayerische Motoren, UPC_CFI_412/2023, dada la presentación tardía de la contestación.

Si la contestación a la demanda incluye una afirmación de que la patente presuntamente infringida es nula, la contestación a la demanda incluirá una reconvención contra el titular de la patente para la revocación de dicha patente de conformidad con la regla 42 RoP, que regula la acción directa de nulidad. Esta reconvención de nulidad deberá contener entre otras cuestiones, la referencia al alcance de la nulidad solicitada, los motivos de nulidad que se alegan y sus argumentos jurídicos y fácticos, pruebas en que se basa e información sobre el titular de la patente, si este no fuera el demandante en el proceso por infracción (regla 25.1 RoP). En este último caso, en que el demandante no sea el titular de la patente o no sea el único titular, el Registro notificará a este lo antes posible una copia de la reconvención y demás documentación pertinente prevista en el RoP.

La regla 29 RoP regula los plazos para la presentación de la contestación a la reconvención por nulidad, así como la presentación de la réplica y la dúplica.

También, se prevé la posibilidad de que el titular de la patente en la contestación a la reconvención por nulidad incluya una solicitud de modificación (limitación) de la patente, a tenor de la regla 30 RoP. A esta solicitud y su contestación se les dará tramitación en virtud de lo dispuesto en la regla 32 RoP.

Se procederá al cierre del procedimiento escrito tras la interposición de los correspondientes escritos, pudiendo incluso, a petición motivada de una de las partes, otorgarse a estas otro trámite para la presentación de alegaciones por escrito, decisión que se deja en manos del juez dentro de sus facultades discrecionales (regla 36 RoP).

Concluidos todos los trámites previstos en el RoP, se procederá al cierre de la fase escrita, tras lo que se decidirá al respecto de la solicitud de asignación de un juez técnico que en su caso pudiera haberse instado por cualquier parte en el proceso, a tenor de la regla 33 RoP.

## 2. *Fase provisional o fase intermedia*

La fase provisional o fase intermedia se regula en las reglas 101 a 110 RoP. En este momento del procedimiento el juez ponente desarrollará una labor esencial y, entre otras cuestiones, deberá realizar todos los preparativos necesarios para la posterior fase oral[521].

En particular, el juez ponente podrá, cuando proceda y con sujeción al mandato de la sala, celebrar una "audiencia previa" —vista provisional— con las partes, que podrá celebrarse en más de una sesión. Además, podrá hacer uso de las potestades previstas en la regla 334 RoP a las que ya se ha hecho referencia con anterioridad. Asimismo, *ex* regla 101.2 RoP, el juez ponente tendrá la obligación de garantizar que esta fase provisional —fase intermedia— se desarrolle de forma justa, ordenada y eficiente. En todo caso, y sin perjuicio del principio de proporcionalidad (art. 42.1 ATUP), el juez ponente deberá concluir esta fase en el plazo de tres meses desde la terminación de la fase escrita (regla 101.3 RoP).

---

[521] La doctrina destaca el papel proactivo del juez ponente que difiere del existente en muchos ordenamientos nacionales, como el belga. GRANATA, S., *Rules of procedure of the UPC, a judge's perspective*, cit., p. 298.

A tenor de la regla 103.1 RoP, tanto si se acuerda la celebración de audiencia previa, como si no, el juez ponente podrá ordenar a las partes, en los plazos que determine que:

a) realicen aclaraciones sobre aspectos concretos;

b) contesten preguntas específicas;

c) presenten pruebas;

d) aporten documentos en particular, incluido un resumen de cada parte de las órdenes que se solicitarán en la audiencia previa.

Así, si una parte no cumpliera una de estas órdenes del juez ponente dentro del plazo señalado, el juez ponente podría dictar una decisión de rebeldía de conformidad con la regla 355 RoP, lo que le habrá sido advertido a la parte previamente.

Según se determina en la regla 104 RoP, serán objeto de audiencia previa las siguientes cuestiones:

a) identificación de las cuestiones principales y determinación de qué hechos relevantes son contradictorios;

b) cuando sea conveniente, aclarar la posición de las partes en relación con estas cuestiones relevantes y hechos contradictorios;

c) establecimiento de un calendario para el desarrollo posterior del procedimiento;

d) explorar con las partes la posibilidad de resolver la controversia amistosamente, así como de acudir al Centro de Mediación y Arbitraje en materia de Patentes, creado en el marco del paquete de la patente europea con efecto unitario;

e) cuando proceda, dictar órdenes sobre la realización o aportación de más alegaciones, documentos, periciales (incluidos los peritos judiciales), experimentos, inspecciones, más pruebas documentales, así como los asuntos que serán objeto de prueba en la fase oral y el alcance de las preguntas que se realizarán a los testigos;

f) cuando proceda, pero únicamente en presencia de las partes, llevar a cabo conversaciones preparatorias con testigos y peritos con el objeto de preparar adecuadamente la audiencia oral;

g) dictar cualquier otra decisión u orden que considere necesaria para la preparación de la audiencia oral, incluyendo, previa consulta con el juez presidente, una orden para una audiencia separada de testigos y peritos ante la Sala;

h) fijar una fecha para cualquier audiencia separada de conformidad con lo anterior, confirmar la fecha de la audiencia oral y ordenar, cuando corresponda, después de consultar con el juez presidente y las partes, que la audiencia oral o una audiencia separada de testigos y expertos se realice total o parcialmente por videoconferencia de conformidad con la regla 112.3 RoP;

i) determinar el valor de la acción, que de conformidad con la regla 370.6 RoP deberá reflejar el interés objetivo perseguido por la parte que la haya interpuesto en el momento de presentación;

j) determinar la cuantía del procedimiento a los efectos de aplicar la escala de máximos para los costes recuperables (regla 152.3 RoP), y

k) ordenar a las partes que presenten, antes de la decisión en la audiencia oral, una estimación preliminar de los costes legales que tratarán de recuperar.

La regla 105 RoP regula la forma de celebración de la audiencia previa. Como regla general, esta se llevará a cabo mediante conferencia telefónica o videoconferencia siempre que sea posible. No obstante, a petición de una de las partes, el juez ponente podrá acordar que se celebre en el Tribunal. En ese caso, la audiencia previa será pública, salvo que el Tribunal decida que sea confidencial a efectos de salvaguardar el interés de una o ambas partes o de terceros, o bien el interés general de la justicia o el orden público. Además, la audiencia previa se podrá celebrar en cualquier idioma acordado por los representantes de las partes y se aplicará *mutatis mutandis* la regla 103 RoP, que regula determinadas órdenes que puede emitir el juez ponente a las que se ha hecho referencia con anterioridad. Esta audiencia previa será grabada en audio y su grabación se pondrá a disposición de las partes o sus representantes (regla 106 RoP). Asimismo, puede acordarse la celebración conjunta de esta audiencia previa y la audiencia oral (Procedural order, División Local de Múnich, 24 de enero de 2025, Sanofi v. Accord Healthcare, UPC_CFI_145/2024). Finalmente, el juez ponente dictará una orden en la que se expondrán las decisiones adoptadas en la audiencia previa[522].

Tras lo anterior, se lleva a cabo la preparación de la fase oral, con gestiones como la convocatoria y citación de las partes con al menos dos meses de antelación como regla general (regla 108 RoP), así como la posible solicitud, resolución y con-

---

522 Tómese como ejemplo la Procedural Order of the Court of First Instance of the Unified Patent Court, delivered on 26 November 2024, *C-KORE SYSTEMS LIMITED v. Novawell*, UPC_CFI_468/2023, en la que, tras celebrarse la audiencia previa a través de Webex, se dicta esta orden que recoge las decisiones adoptadas en ella y otros aspectos como uso de otra lengua en la fase oral, no utilización de traducción simultánea, no solicitud de más documentos, pruebas periciales, etc., preparación de la vista oral (tiempos asignados a las partes, etc.), e identificación de las cuestiones principales y determinación de qué hechos relevantes son contradictorios, entre otras cuestiones.

diciones sobre el uso de la interpretación simultánea durante esta (regla 109 RoP). Por último, se lleva a cabo el cierre de la fase provisional (fase intermedia), y el presidente asumirá la dirección del procedimiento (regla 110 RoP).

### *3. Fase oral*

Por lo que respecta a la fase oral, el art. 52.3 ATUP determina el objetivo fundamental de esta fase que es dar a las partes la posibilidad de exponer adecuadamente sus alegaciones. Además, este mismo precepto señala que el Tribunal, previo acuerdo de las partes, podrá prescindir de esta.

La audiencia oral se celebrará ante el tribunal y será supervisada por el presidente. Por su parte, el presidente tiene atribuidas facultades para garantizar su desarrollo oral justo, ordenado y eficiente, con el objeto de garantizar que el fondo de la pretensión pueda ser resuelto al final de la audiencia oral (regla 111 RoP).

La regla 112 RoP regula su desarrollo. Así, la audiencia oral constará de dos partes: (i) la audiencia de los alegatos orales de las partes, y (ii) la audiencia de testigos y peritos bajo el control del juez presidente. Asimismo, el presidente del tribunal y los jueces del tribunal podrán hacer una introducción preliminar al proceso[523].

Por lo que se refiere al uso de videoconferencia, el Tribunal podrá acordar que una parte, representante o acompañante,

---

[523] Esta posibilidad de realizar una introducción incluida por influencia alemana, ha sido calificada como positiva por la doctrina, pero también se ha advertido que, si la introducción se excede de su finalidad y se convierte en unas conclusiones, entonces puede convertirse en un trámite excesivo. REMÉDIO MARQUES, J.P., *O (Novo) Tribunal Unificado de Patentes*, cit., p. 174.

asista a la audiencia oral por videoconferencia. También, podrá acordar que se tome declaración a una parte, un testigo o un perito, a través de medios electrónicos, como la videoconferencia. Y, en todo caso, podrá acordarse la celebración de la audiencia oral por videoconferencia si todas las partes están de acuerdo o el Tribunal considera apropiado hacerlo debido a circunstancias excepcionales.

El presidente del tribunal y los jueces podrán formular preguntas a las partes, a sus representantes, así como a los testigos y peritos. De la misma manera, y bajo la supervisión del juez presidente, las partes podrán formular preguntas a los testigos y peritos. Además, con el consentimiento de la Corte, un testigo podrá prestar declaración en un idioma distinto del idioma del procedimiento.

En relación con la duración de la audiencia oral, la regla 113 RoP establece que, sin perjuicio de la aplicación del principio de proporcionalidad, el presidente del tribunal procurará concluir la vista oral en el plazo de un día.

Además, el presidente del tribunal podrá limitar el tiempo concedido para las conclusiones orales de las partes antes de la vista oral[524]. En todo caso, las declaraciones que se presten en la

524 Por ejemplo, la Procedural Order of the Court of First Instance of the Unified Patent Court, delivered on 26 November 2024, *C-KORE SYSTEMS LIMITED v. Novawell*, UPC_CFI_468/2023, establece el siguiente timing: "The timeframe for the coming Oral hearing was set as follows: Preliminary introduction by the Presiding judge (10mns) 1. Validity of the patent at issue (3h) 1. 30 min for C-Kore's presentation and interpretation of the patent 2. 30 min for Novawell's presentation and interpretation of the patent 3. 1h for Novawell's argument regarding validity of the patent as amended (included the admissibility of the amendment) 4. 1h for C-Kore's response on validity. 2. Alleged infringement (1h) 1. 30 min for C-Ko-

audiencia oral o en audiencias separadas se limitarán a cuestiones que el juez ponente o el presidente consideren que deben decidirse en base a pruebas orales (regla 113.2 RoP). También, el presidente podrá, previa consulta a la sala, limitar las conclusiones orales de las partes, si entienden que la sala ya se encuentra suficientemente informada (regla 113.3 RoP). Al contrario y de forma excepcional, tras escuchar las conclusiones orales de las partes, el Tribunal puede aplazar las actuaciones, si entiende que requiere de mayores medios de prueba (regla 114 RoP).

Como en el caso anterior, la audiencia oral será pública, salvo que el Tribunal decida que sea confidencial a efectos de salvaguardar el interés de una o ambas partes o de terceros, o bien el interés general de la justicia o el orden público. Además, será grabada en audio y su grabación se pondrá a disposición de las partes o sus representantes. También, se aplicará *mutatis mutandis* la regla 103 RoP, que regula determinadas órdenes que puede emitir el juez ponente ya tratadas con anterioridad (regla 115 RoP).

La incomparecencia de las partes en la audiencia oral tiene diferentes consecuencias. En primer lugar, se exige que la incomparecencia de una o ambas partes sea comunicada al Tribunal con la debida antelación (regla 116.1 RoP). Así, el Tribunal no está obligado a retrasar las actuaciones por la falta de comparecencia de una parte a la audiencia oral (regla 116.2 RoP). Se entenderá que la parte que no ha comparecido se ratifica en las alegaciones escritas que constan en el procedimiento (regla 116.3 RoP). En todo caso, si la incomparecencia de una parte se debiera a un acontecimiento excepcional, a petición motivada de esa parte, el Tribunal podría aplazar la audiencia oral (regla 116.4 RoP). Y todo ello sin perjuicio de

re's argument regarding infringement, 2. 30 min for Novawell's response on infringement. 3. Requested measures and other legal points if needed (30mns)".

las facultades del Tribunal de dictar una resolución de declaración de rebeldía, *ex* regla 335 RoP (regla 116.5 RoP).

Si la incomparecencia fuera de ambas partes, el Tribunal resolverá teniendo en cuenta las alegaciones que constan en las actuaciones y las pruebas aportadas por estas y la pericial judicial, si corresponde, de conformidad con las reglas 118 y 350 a 354 RoP (regla 117 RoP).

El Tribunal emitirá una Decisión sobre el fondo, pudiendo condenar a la cesación en los términos del art. 63 ATUP, imponer medidas correctivas, *ex* art. 64 ATUP, exigir al infractor que entregue determinada información al demandante, a tenor del art. 67 ATUP, y ordenar la publicación de la resolución, en virtud del art. 80 ATUP. Además, podrá condenar al pago de una indemnización, según lo establecido en los arts. 32.1.f) y 68 ATUP. En estos casos, el Tribunal podrá cuantificar la condena al pago de los daños y perjuicios en la propia decisión o bien determinarse en un incidente separado regulado en las reglas 125 a 144 RoP, que se trata en otro capítulo de esta obra.

Una cuestión que en la práctica ha generado diversos problemas es cómo debe actuar el Tribunal cuando existen procesos conexos que pueden afectar a la validez de la patente. En concreto, el RoP prevé que, si durante la tramitación de un procedimiento por infracción ante una división local o regional, está pendiente una acción de nulidad entre las mismas partes ante la división central o está pendiente una oposición ante la Oficina Europea de Patentes, la división local o regional tendrá las siguientes dos opciones:

a) Podrá dictar una decisión sobre el fondo de la pretensión por infracción, incluidas sus órdenes, estableciendo como condición resolutoria, *ex* art. 56.1 ATUP, que la patente no se considere total o parcialmente nula por la decisión final del procedimiento de nulidad o por una resolución final de la Oficina Europea de Patentes o en virtud de cualquier otro término o condición (regla 118.2.a) RoP). En este caso, cuando se dicte la decisión final de la división central, del Tribunal de Apelación o de la OEP al respecto, cualquier parte podrá solicitar en el plazo de dos meses a la división local o regional que dictó la decisión sometida a condición resolutoria que se dicten resoluciones consecuentes con dicha decisión.

b) Podrá suspender el procedimiento por infracción a la espera de que se dicte una decisión en el procedimiento de nulidad o de una decisión de la OEP. En concreto, el Tribunal suspenderá el procedimiento por infracción si considera que concurre una gran probabilidad de que las reivindicaciones pertinentes de la patente se consideren nulas en el procedimiento de nulidad, o cuando se prevea que la decisión de la OEP se dictará en un breve plazo de tiempo (regla 118.1.b) RoP). La norma no indica el momento del proceso en que suspender, por lo que deberá estarse a cada caso. Así, la Procedural Order of the Court of First Instance of the Unified Patent Court, delivered on 4 March 2025, GlaxoSmithKline Biologicals SA v. Pfizer, acuerda no suspender en ese momento, pero se reserva la posibilidad de hacerlo más adelante.

Con estas previsiones, el RoP viene a poner solución a los interrogantes que han surgido en la práctica en conflictos transfronterizos sobre patentes en los que ni el Reglamento Bruselas I bis, ni el Convenio de Lugano determinan cómo debe procederse en los procesos por infracción cuando la nulidad de la patente se está dilucidando en otro proceso[525].

---

525 Como advierte GARCÍA VIDAL "lo que queda sin resolver por el RBI bis, por el CL y por la jurisprudencia del Tribunal de Justicia es que es lo que debe suceder con la acción por infracción cuando el demandado ha puesto en tela de juicio la validez del derecho.

En cualquier caso, el apartado tercero de la regla 118 RoP determina que cuando en la decisión sobre el fondo de una acción de nulidad se declare que la patente es total o parcialmente nula, el Tribunal revocará total o parcialmente la patente de conformidad con el art. 65 ATUP, a cuyos efectos remitirá copia de la resolución a la OEP y, si se trata de una patente europea, a la oficina nacional de patentes de todo Estado miembro contratante afectado[526].

En la decisión, el Tribunal resolverá sobre la obligación de pago de las costas procesales de conformidad con el art. 69 ATUP, que determina que la parte perdedora correrá con las

---

Las opciones propuestas son la suspensión del procedimiento, su continuación o la inhibición a favor de los tribunales del Estado de registro. Estas posibilidades son apuntadas por el Abogado General en el caso *GAT*. Pero el Tribunal de Justicia no ha entrado a analizar la cuestión ni, por lo tanto, a determinar cuál es el proceder que se debe adoptar". GARCÍA VIDAL, Á., *Las acciones civiles por infracción*, Valencia, Tirant lo Blanch, 2021, p. 97. CEDEÑO HERNÁN entiende que en estos casos la solución deberá buscarse en las legislaciones nacionales de los Estados, ya que el TJUE no determina cuáles son las consecuencias de su doctrina jurisprudencial, ni si la suspensión debiera limitarse a un plazo temporal para evitar situaciones de abuso. CEDEÑO HERNÁN, M., "Los fueros exclusivos de competencia internacional (art. 22 RB)", en De la Oliva Santos, A. (dir.); Gascón Inchausti, F. (coord.), *Derecho Procesal Civil Europeo*, vol. I, Cizur Menor (Navarra), Aranzadi Thomson Reuters, 2011, p. 208.

526 Precisamente, tras declarar nula una patente europea respecto de los territorios de los Estados miembros contratantes, se dispone en la Decision of the Court of First Instance of the Unified Patent Court Central division (Paris seat), issued on 27 November 2024, *NJOY Netherlands B.V. v. VMR Products*, LLCACT_571565/2023, UPC_CFI_308/2023, que: "The Court: (...) b) orders that the Registry shall send a copy of this decision to the European Patent Office and to the national patent offices of any Contracting Member States concerned after the deadline for appeal has passed".

costas procesales, siempre que sean razonables y proporcionadas, así como con los demás gastos en que haya incurrido la parte vencedora, salvo que se decida otra cosa por motivos de equidad. En este sentido, cuando una parte gane solo parcialmente o en circunstancias excepcionales, el Tribunal podrá ordenar que las costas se repartan equitativamente o que cada parte corra con sus propias costas. Por su parte, el Tribunal podrá ordenar, antes de la decisión, que las partes presenten una estimación preliminar de las costas procesales que pretenden recuperar.

Por su parte, el Tribunal dictará su decisión, que deberá estar motivada, sobre el fondo del asunto lo antes posible una vez terminada la audiencia oral. Particularmente, el Tribunal procurará emitir su decisión sobre el fondo del asunto por escrito dentro de las seis semanas siguientes a la celebración de la audiencia oral (regla 118.6 RoP). Igualmente, el Tribunal podrá dictar su decisión inmediatamente después de clausurada la audiencia oral y exponer sus fundamentos en una fecha posterior (regla 118.7 RoP).

Además, en virtud de la regla 119 RoP, el Tribunal podrá ordenar en la decisión sobre el fondo el pago a la parte vencedora de una indemnización provisional por daños y perjuicios, sujeta a las condiciones que el Tribunal pueda imponer. Dicha indemnización deberá cubrir al menos las costas previstas del procedimiento para la concesión de daños y perjuicios a la parte vencedora. La liquidación de las costas judiciales se realizará en un incidente posterior (reglas 150 *et seq.* RoP), que se estudia en otro capítulo de esta obra.

## V. LOS PROCEDIMIENTOS ANTE EL TRIBUNAL DE APELACIÓN

La Cuarta parte trata los Procedimientos ante el Tribunal de Apelación. Así, en el Capítulo 1 se regula la fase escrita; en el Capítulo 2 la fase provisional o intermedia, en el Capítulo 3, la fase oral; en el Capítulo 4, las decisiones y sus efectos, y en el Capítulo 5, el procedimiento para la tramitación del recurso de revisión.

Debe advertirse que en el Capítulo de esta obra titulado "Los recursos y la ejecución de las resoluciones del TUP" de GÓMEZ SANTOS, ya se aborda respecto de los recursos ordinarios su objeto, los plazos para su interposición, sus efectos suspensivos y excepciones y sus efectos no devolutivos y salvedades; asimismo, respecto de los recursos extraordinarios de revisión, el referido capítulo trata el objeto, los motivos, plazos y efectos. Por lo que en este apartado de este capítulo sólo se estudiarán las cuestiones de tipo procedimental relativas a estos procedimientos ante el Tribunal de Apelación.

### *1. Fase escrita*

Si se trata de una de las decisiones[527] u órdenes del Tribunal de Primera Instancia recurribles (*ex* art. 73. 1 y 2 ATUP y regla 220 RoP) o una orden sobre las costas, respecto de la que el Tribunal ha concedido una autorización para recurrir (regla

527 Téngase en cuenta que utilizamos el término castellano "decisiones" siguiendo a SCHUMANN BARRAGÁN, en su capítulo de esta obra "Las resoluciones judiciales del Tribunal Unificado de Patentes". No obstante, el ATUP se refiere a ellas como resoluciones, diferenciando entre "resoluciones y órdenes", lo que en palabras de SCHUMANN BARRAGÁN serían "decisiones y órdenes".

221 RoP), el perjudicado por la resolución podrá interponer recurso ante el Tribunal de Apelación.

Este trámite inicial, a su vez, se compone de dos pasos, que suponen la presentación por el apelante de dos escritos. En primer lugar, el recurrente deberá interponer un *Statement of appeal* o escrito de recurso al que aplican los plazos previstos en la regla 224 RoP y arts. 73.1 y 2 ATUP, esto es:

i. dos meses desde la notificación de una decisión a que se refiere la regla 220.1 a) RoP (las decisiones definitivas del Tribunal de Primera Instancia) y la regla 220.1 b) RoP (las decisiones que pongan fin al procedimiento respecto de una de las partes);

ii. quince días desde la notificación de una orden a que se refiere la regla 220.1 c) (las órdenes a que se refieren los arts. 49(5), 59, 60, 61, 62 o 67 ATUP) o de una orden a las que se refieren las reglas 220.2 o 221.3 RoP.

El siguiente paso es la interposición del *Statement of grounds of appeal* o escrito de alegaciones del recurso que deberá ser presentado por el apelante en el plazo de:

i. cuatro meses desde la notificación de una decisión a las que se refiere la regla 220.1 a) y b) RoP; o

ii. quince días desde la orden a que se refiere la regla 220.1 c) RoP o de una decisión a que se refiere la regla 220.2 o 221.3 RoP.

El *Statement of appeal* deberá contener los nombres del apelante y de su representante; la identificación del demandado y de su representante; las direcciones postales y electrónicas a efectos de notificaciones de las partes, así como los nombres de las personas autorizadas para aceptar notificaciones; la fecha de la decisión u orden impugnada y el número atribuido al expediente en el procedimiento ante el Tribunal de

Primera Instancia, la petición o el remedio solicitado por el apelante, así como, si es de interés para la parte, la solicitud de acortamiento de plazos y las razones que la justifican de conformidad con la regla 9.3 b) RoP (regla 225 RoP). Este escrito, por tanto, tiene un carácter anticipador de la voluntad de la parte recurrente de abrir una segunda instancia ante su disconformidad con el resultado obtenido ante el Tribunal de Primera Instancia.

Por su parte, el *Statement of grounds of appeal* sí que profundiza en la motivación del recurso. En concreto, a tenor de la regla 226 RoP, este deberá incluir una referencia de qué partes de la decisión u orden son impugnadas; las razones que arguye para dejar sin efecto la decisión u orden recurrida, y una indicación de los hechos y pruebas en que se basa la apelación, de conformidad con las reglas 222.1 y 2 RoP. En este sentido, a tenor de la regla 233.3 RoP, no serán admisibles los motivos de apelación que no se hayan formulado dentro del plazo señalado en la regla 224.2 RoP para la interposición del *Statement of grounds of appeal*.

Precisamente estas reglas desarrollan lo dispuesto en el art. 73.4 ATUP, que determina que solo podrán presentarse nuevos hechos y pruebas, de conformidad con el Reglamento de Procedimiento y en caso de que no cupiera esperar que la parte interesada hubiera podido presentarlos durante el procedimiento ante el Tribunal de Primera Instancia. Además, la regla 222.2 RoP establece algunos parámetros a considerar por el Tribunal de Apelación al ejercer su facultad discrecional para admitir nuevas peticiones, hechos o pruebas:

a) si la parte que los presenta puede justificar que razonablemente no se habían podido presentar durante el procedimiento ante el Tribunal de Primera Instancia;

b) su pertinencia para la decisión sobre el recurso;

c) la posición de la otra parte respecto de su presentación.

Esta explicitación de las cuestiones a considerar por el Tribunal de Apelación es muy positiva pues permite acotar la discrecionalidad que en otros supuestos se concede al Tribunal sin límites o sin unos parámetros básicos que otorguen a las partes cierta seguridad jurídica.

Como regla general, el *Statement of appeal* y el *Statement of grounds of appeal* se redactarán en la lengua del procedimiento de primera instancia seguido ante el Tribunal de Primera Instancia. Sin perjuicio de que, en casos excepcionales, y en la medida en que se considere oportuno, el Tribunal de Apelación pueda acordar que la lengua de procedimiento sea otra lengua oficial de un Estado miembro contratante, para la totalidad o parte del procedimiento, a condición de que las partes estén de acuerdo, *ex* art. 50.3 ATUP. No obstante, las partes podrán acordar que se utilice la lengua en que fue concedida la patente, de conformidad con el art. 50.2 ATUP. En estos casos, se deberá aportar junto con el *Statement of appeal* el acuerdo al respecto (regla 227.b RoP).

Además, la regla 232 RoP regula la traducción del expediente, de manera que si el idioma del procedimiento ante el Tribunal de Apelación no es el mismo que el del procedimiento ante el Tribunal de Primera Instancia, el juez ponente podrá ordenar al apelante que presente, en un plazo que deberá fijar, traducciones a la lengua del procedimiento ante el Tribunal de Apelación tanto de los escritos y demás documentos presentados por las partes ante el Tribunal de Primera Instancia, según lo determine el juez ponente, como de las decisiones u órdenes del de primera instancia. En este sentido, el juez ponente informará al apelante de que si éste no presenta las traducciones dentro del plazo señalado, podrá dictarse una resolución en rebeldía de conformidad con la regla 357 RoP. Si ese fuera el caso, y el apelante no presenta las traducciones en los términos indicados, el juez ponente desestimará el recurso mediante decisión de declaración de rebeldía. No obstante, se podrá conceder al apelante previamente la oportunidad de ser oído[528]. Por su parte, el apelante podrá solicitar que los costes de estas traducciones se tengan en cuenta cuando el Tribunal fije el importe de las costas de conformidad con la Parte 1, Capítulo 5 del RoP, esto es, en el incidente previsto para la liquidación de las costas procesales.

A tenor de lo dispuesto en la regla 228 RoP, el apelante deberá pagar una tasa fija y, cuando corresponda, la tasa basada en el valor de la apelación, de conformidad con la Parte 6 del RoP y las Secciones II y IV de la Tabla de tasas adoptada por el Comité Administrativo, *ex* art. 36.3 ATUP[529]. En todo caso, se aplicará *mutatis mutandis* la regla 15.2 RoP, de manera que, salvo disposición en contrario, no se considerará presentado hasta que se haya abonado la tasa correspondiente.

En virtud de la regla 229.1 RoP, el examen de los requisitos formales del *Statement of appeal* se llevará a cabo por la Secretaría, tras la presentación del escrito y tan pronto como sea posible. En este caso, se sigue el mismo esquema ya explicado respecto del examen de los requisitos de la demanda. En particular, se revisará si se han cumplido los requisitos anteriormente mencionados, regulados en las reglas 224.1 (relativa a los plazos), 225 (sobre el contenido), 227 (en relación con el idioma) y 228 (sobre el pago de tasas) RoP.

528 El texto en inglés indica que: "He may give the appellant an opportunity to be heard beforehand". Por lo que parece articularse como una posibilidad y no como una obligación para el juez ponente.

529 Como se ha dicho, la *Table of Court Fees*, fue aprobada el de 8 de julio de 2022, por el Comité Administrativo y está disponible en: https://www.unified-patent-court.org/en/court/legal-documents?field_legal_doc_type_target_id=201&field_doc_keywords_target_id

Si el escrito no cuenta con alguno de los requisitos a que se refieren las reglas 225, 227 o 228 RoP, el Registro dará traslado al apelante a fin de que: (a) subsane las deficiencias dentro de los 14 días siguientes a la notificación; y (b) en su caso, abone la tasa del recurso dentro de dichos 14 días (regla 229.2 RoP). Asimismo, en este trámite el Registro informará al apelante que si no subsana las deficiencias o no abona la tasa dentro del plazo señalado, podrá dictarse una decisión de declaración de rebeldía de conformidad con la regla 357 RoP. De manera que si el apelante no atiende el requerimiento de subsanación, la Secretaría informará al Presidente del Tribunal de Apelación, quien rechazará el recurso por inadmisible mediante una decisión en rebeldía. No obstante, previamente se podrá dar al apelante la oportunidad de ser oído (regla 229.4 RoP)[530].

Por otro lado, si el *Statement of appeal* no se ha presentado dentro de los plazos previstos en la regla 224.1 RoP, la Secretaría informará al Presidente del Tribunal de Apelación, quien rechazará el recurso por inadmisible. Aunque, al igual que en el caso anterior, podrá darle al apelante la oportunidad de ser oído previamente (regla 229.5 RoP).

Por el contrario, en virtud de la regla 230 RoP, si el escrito de apelación cumple con los requisitos referidos, la Secretaría llevará a cabo los siguientes trámites: a) registrará la fecha de recepción en la *Statement of appeal* y asignará un número de registro al expediente de apelación; b) dejará constancia del expediente de apelación en el registro; c) informará al apelante del número de registro y fecha de recepción, y d) notificará el *Statement of appeal* a todas las partes personadas en el procedimiento de primera instancia.

---

530 De nuevo, el texto en inglés de la regla indica que: "He may give the appellant an opportunity to be heard beforehand". Por lo que parece articularse como una posibilidad y no como una obligación para el juez ponente.

El procedimiento se asignará a la Sala correspondiente de acuerdo con la regla 345.3 y 8 RoP, que determina que las reglas de reparto deberán ser establecidas por el Presidente del Tribunal de Apelaciones en el ejercicio de las funciones que le son propias, distribuyendo preferiblemente los asuntos de acuerdo con la fecha de recepción.

La Sala decidirá, tan pronto como sea posible, si estima la petición de acortamiento de plazos, de conformidad con la regla 225 e) RoP, después de haber dado trámite a las partes para alegar lo que a su interés convenga (regla 230.3 RoP)[531].

La designación del juez ponente se regula en la regla 231 RoP, a tenor de la cual el presidente del Tribunal al que se haya repartido el asunto designará a un juez de dicho Tribunal que cuente con las competencias jurídicas necesarias para actuar como juez ponente. La regla también prevé que el presidente pueda designarse a sí mismo como juez ponente -lo que también se prevé en primera instancia-. Una vez producida la designación, la Secretaría notificará lo antes posible a las partes la identidad del juez ponente.

En virtud de la regla 233. 1 y 2 RoP, el juez ponente examinará si el *Statement of grounds of appeal* cumple los requisitos de la regla 226 RoP, que regula el contenido de este escrito. Si el *Statement of grounds of appeal* no contiene lo exigido en la referida regla, el juez ponente concederá al apelante la posibilidad de subsanar el *Statement of grounds of appeal* dentro del plazo que determine. Pero, si el apelante no realiza la subsanación dentro del plazo otorgado, el juez ponente podrá rechazar el

---

531 Este acortamiento ha sido acordado, por ejemplo, en la Order of the Court of Appeal of the Unified Patent Court, issued on 22 May 2024, Texas Instruments Deutschland GmbH, Texas Instruments Incorporated, UPC_CoA_225/2024, APL_25953/2024.

recurso por inadmisible. Al respecto, la regla 233.2 RoP *in fine*, establece que "He shall give the appellant an opportunity to be heard beforehand", por lo que a diferencia de los supuestos anteriormente referidos (regla 229. 4 y 5 y regla 232. 2 RoP) en que se utilizaba "He may give the appellant an opportunity (...)", en este supuesto, parece que se concederá al apelante la oportunidad de ser oído previamente en todo caso.

La decisión de rechazar el recurso por inadmisible por los motivos referidos (regla 233.2 RoP en relación con la regla 226 RoP) o por incumplimiento de los plazos (regla 224.1 RoP) podrá ser impugnada en el plazo de un mes desde la notificación de la resolución, a tenor de la regla 234 RoP y, ello, sin aportar nuevos motivos de recurso. En este caso, la impugnación se asignará a la Sala que corresponda de acuerdo con las reglas 345.3 y 8 RoP. Así, si se anulase la decisión de rechazar un recurso por inadmisible, el recurso continuaría su tramitación ordinaria.

En el plazo de tres meses desde la notificación de la presentación del *Statement of grounds of appeal* a tenor de la regla 224.2 a) RoP, cualquier parte en el procedimiento de primera instancia podrá presentar un escrito de contestación al recurso, que será notificado al apelante. Lo anterior resultará de aplicación en el plazo de quince días, para los *Statement of grounds of appeal* presentados en virtud de la regla 224.2 b) RoP. Sea como fuere, si la parte apelada no presentara escrito de contestación al recurso, el Tribunal de Apelación podrá dictar una decisión motivada.

Este escrito de contestación al recurso deberá contener los nombres del apelado y de su representante; las direcciones postales y electrónicas para su notificación y los nombres y direcciones de las personas autorizadas para aceptar la notificación; el número de registro del expediente de apelación, y la contestación que considere a los motivos del recurso (regla

236.1 RoP). Además, el apelado podrá apoyar la decisión del Tribunal de Primera Instancia en motivos distintos de los expresados en la decisión (regla 236.2 RoP).

A tenor de la regla 237 RoP, si una parte personada en el procedimiento de primera instancia no ha presentado un recurso de apelación dentro del plazo previsto en la regla 224.1 RoP, aún podrá presentar un recurso mediante una vía prevista en la regla 237 RoP para la apelación cruzada y, esto, dentro del plazo mencionado en la regla 235 RoP (para la presentación de la contestación al recurso) siempre que una de las otras partes sí hubiera presentado recurso de apelación. Así, este "recurso de apelación cruzada" se incluirá junto con el escrito de contestación al recurso, y deberá cumplir con las previsiones de las reglas 225 y 226 RoP, siendo de aplicación *mutatis mutandis* las reglas 229, 233 y 234 RoP, y debiendo abonarse la tasa que correspondería a un recurso de apelación, *ex* regla 228 RoP. Este recurso de apelación cruzada no será admisible en ninguna otra forma ni en ningún otro momento. De hecho, si se retirare el recurso de apelación inicial que ha dado lugar a la apertura de la segunda instancia, se considerarían retirados el resto de recursos de apelación cruzada. Por su parte, la regla 238 RoP regula la contestación al recurso de apelación cruzada en el plazo de dos meses o quince días, según si la apelación viene regida por la regla 235.1 RoP o la regla 235.2 b) RoP, respectivamente. En este escrito se contestará a los motivos esgrimidos en el recurso de apelación cruzada con aplicación *mutatis mutandi* de la regla 228 RoP, ya citada[532].

La Sala a la que se haya asignado el asunto podrá remitirlo al pleno del Tribunal de Apelación si considera, a propuesta del

---

532 Nótese que existe una errata en el texto original del *Rules of Procedure*, pues la regla 238.3 RoP hace referencia a la regla 28 RoP, cuando en realidad por el contexto debiera referirse a la regla 228 RoP.

presidente, que el asunto reviste una importancia excepcional y, en particular, cuando la decisión del recurso pueda afectar a la coherencia y unidad de la jurisprudencia del Tribunal (regla 238A.1 RoP). El presidente de la Sala solicitará al presidente del Tribunal de Apelación y a los dos jueces del Tribunal de Apelación que sean miembros del *Presidium* (la "Mesa", según la traducción del ATUP) que designen a los jueces del Tribunal de Apelación para el pleno del tribunal. Los designados serán el presidente del Tribunal de Apelación y al menos diez jueces (calificados jurídica y técnicamente) del Tribunal de Apelación para representar a las dos primeras salas del Tribunal de Apelación. En caso de que el Tribunal de Apelación tenga más de dos salas, el número de designados para el pleno del Tribunal se incrementará en cinco jueces (calificados jurídica y técnicamente) por cada sala adicional (regla 238A.2 RoP). Las decisiones del pleno del Tribunal se adoptarán por una mayoría no inferior a tres cuartas partes de los jueces del pleno (regla 238A.3 RoP).

## *2. Fase provisional o intermedia*

Realizado todo lo anterior y expirados los plazos previstos en las reglas 224 a 238 RoP, se da comienzo a la fase provisional o fase intermedia, regulada en la regla 239 RoP. Así, el juez ponente realizará todos los preparativos necesarios para la posterior audiencia oral para lo que contará con las facultades y ejercerá las obligaciones previstas en las reglas 101 a 110 RoP *mutatis mutandis*, según lo explicado para la primera instancia. Y, ello, sin perjuicio de lo dispuesto en la regla 222 RoP, que regula el objeto del procedimiento ante el Tribunal de Apelación.

Asimismo, *ex* la regla 239.2 RoP, tan pronto como el juez ponente considere que el recurso está listo para la vista oral, citará a las partes a esta. Salvo en el caso de los recursos contra las resoluciones a que se refieren las reglas 220.1(c) y 220.2, y salvo los acortamientos de plazos acordados de conformidad con la regla 230.3 RoP, se notificará a las partes con al menos dos meses de antelación, pudiendo las partes acordar un plazo más breve. De esta manera, la fase provisional o intermedia se considerará concluida y la fase oral comenzará inmediatamente después de la citación. El juez presidente, en consulta con el juez ponente, asumirá la dirección del procedimiento.

### *3. Fase oral*

La fase oral se desarrollará de acuerdo con las reglas 240 y 241 RoP. En concreto, se celebrará ante la Sala competente y será dirigida por el juez presidente. Sin perjuicio de lo dispuesto en la regla 222 RoP, que regula el objeto del procedimiento ante el Tribunal de Apelación, se aplicarán las reglas 111, 112, 115, 116 y 117 RoP *mutatis mutandis*, ya examinadas y que regulan la fase oral en primera instancia (regla 240 RoP). En el caso de tratarse de una audiencia oral para la apelación de una decisión sobre las costas de conformidad con la regla 157 RoP, estas funciones serán realizadas por el juez de guardia (reglas 345.5 y 8 RoP), el cual tendrá todos los poderes del Tribunal de Apelación.

La decisión del Tribunal de Apelación al respecto de esta segunda instancia se regula en el art. 75 ATUP y las reglas 242 y 243 RoP. Así, si se estima el recurso, el Tribunal de Apelación revocará la resolución del Tribunal de Primera Instancia y dictará una resolución firme. No obstante, en casos excepcionales y de conformidad con los preceptos referido del RoP, el Tribunal de Apelación podrá remitir de nuevo el asunto al Tribunal de Primera Instancia para que resuelva[533].

533 La decisión respecto del recurso, no es estudiada en este capítulo, puesto que se trata en el capítulo de esta obra GÓMEZ SANTOS, M., "Los recursos y la ejecución de las resoluciones del TUP".

### *4. Recurso de revisión*

Como ya se ha advertido, en el Capítulo de esta obra titulado "Los recursos y la ejecución de las resoluciones del TUP" de GÓMEZ SANTOS, ya se abordan los recursos extraordinarios de revisión, así como su objeto, motivos, plazos y efectos, por lo que a lo allí explicado nos remitimos y, a continuación, sólo se tratan las cuestiones de tipo procedimental no contenidas en el citado capítulo.

En este sentido, en virtud de la regla 245.1 RoP, cualquier parte afectada negativamente por una "decisión final" del Tribunal de Primera Instancia, cuyo plazo para interponer recurso de apelación haya expirado, o una "decisión final" del Tribunal de Apelación podrá presentar un recurso de revisión. Los motivos para su interposición se regulan en el art. 81.1 ATUP[534] y se refieren al descubrimiento de hechos delictivos decisivos (art. 81.1.a) ATUP en relación con la regla 249 RoP) o la existencia de vicios de forma (procesales) esenciales (art. 81.1.b) ATUP, en relación con la regla 247 RoP).

534 Art. 81 ATUP: "1. El Tribunal de Apelación podrá admitir, excepcionalmente, un recurso de revisión de una resolución del Tribunal, en las siguientes circunstancias: a) si la parte que solicita la revisión ha descubierto un hecho que, por su naturaleza, puede constituir un factor decisivo, pero que le era desconocido en el momento de dictarse la resolución; el recurso solo será admisible si se trata de un hecho que fue declarado delito en sentencia firme de un órgano jurisdiccional nacional, o b) en caso de haberse incurrido en un vicio de forma esencial, en particular cuando el demandado, no habiendo comparecido ante el Tribunal, no hubiera recibido la notificación del escrito de demanda o documento equivalente con suficiente antelación y de modo que le permitiera organizar su defensa".

*Ex* regla 246 RoP, el recurso de revisión deberá contener los nombres del peticionario de revisión y de su representante; las direcciones postales y electrónicas para la notificación al peticionario de revisión y los nombres y direcciones de las personas autorizadas para aceptar la notificación, y la referencia de la decisión que ha de revisarse. Además, deberá indicar las razones para dejar sin efecto la decisión final, así como los hechos y pruebas en que se funda el recurso de revisión.

Nótese que el RoP establece un requisito para la interposición del recurso de revisión basado en la concurrencia de vicios de forma esenciales. En concreto, la regla 248 RoP establece que solo será admisible cuando se haya planteado una objeción respecto del defecto fundamental afectado durante el procedimiento ante el Tribunal de Primera Instancia o el Tribunal de Apelación y el Tribunal la haya desestimado, excepto cuando dicha objeción no hubiera podido plantearse durante el procedimiento ante estos órganos. Por tanto, no será admisible un recurso de revisión basado en un vicio de forma esencial cuando la parte pudiera haber interpuesto un recurso al respecto del defecto pero no lo hizo.

El peticionario de revisión deberá abonar la tasa correspondiente, de conformidad con la Parte 6 del RoP. Asimismo, se aplicará la regla 15.2 RoP *mutatis mutandis*, por lo que no se considerará presentado el recurso hasta que se haya abonado la tasa correspondiente. Por su parte, el Tribunal podrá eximir el pago de la tasa en las circunstancias contempladas en la regla 245.2 a) o b) RoP ya referidos.

*Ex* regla 251 RoP, en relación con la inscripción en el registro del recurso de revisión, resultará de aplicación la regla 230.1 RoP *mutatis mutandis*, de manera que aplicará lo explicado con anterioridad respecto del registro del *Statement of appeal*.

La presentación de un recurso de revisión no tendrá efecto suspensivo a menos que el Tribunal de Apelación decida lo contrario (art. 81.2 ATUP y regla 252 RoP).

Como en el caso del recurso de apelación, a tenor de la regla 253 RoP, se examinará por parte de la Secretaría si se cumplen los requisitos formales del recurso de revisión (previstos en las reglas 245, 246 y 250 RoP) y, si existen defectos, se le ofrecerá la posibilidad de subsanar las deficiencias o abonar la tasa correspondiente, si es que ese era el error, en el plazo de catorce días.

Si el peticionario de revisión no corrigiese las deficiencias o no pagara la tasa, el asunto se asignará al juez de guardia por el Secretario (regla 345.5 y 8 RoP), quien podrá rechazar el recurso de revisión por inadmisible. El Secretario dará al peticionario de revisión la oportunidad de ser escuchado previamente. Así, como se advertía en relación con la regla 233.2 RoP, de nuevo en este supuesto se utiliza el verbo modal inglés "shall", por lo que esta previsión de dar la oportunidad al peticionario de revisión de manifestarse al respecto parece imponerse como una obligación.

Inmediatamente después del registro del recurso de revisión, se notificará a todas las demás partes personadas y se les remitirá copia, así como se informará al Presidente del Tribunal de Apelación de su presentación. La causa se asignará a un tribunal integrado por tres jueces con capacidad jurídica. El Presidente del Tribunal de Apelación podrá disponer que los jueces del Tribunal que hubieran participado en la adopción de la decisión sujeta a revisión no formen parte del tribunal.

Tras escuchar a las partes, la Sala podrá adoptar, por mayoría de votos de miembros de la Sala, la decisión de rechazar la solicitud de revisión por resultar inadmisible. También, la Sala podrá estimar el recurso de revisión, en cuyo caso, dejará sin efecto o suspenderá la decisión objeto de revisión, total o parcialmente, y reabrirá el procedimiento para una nueva audiencia y nuevas decisiones. Cuando se reabran los procedimientos, la Sala dará instrucciones para los procedimientos futuros (regla 255 RoP).

## V. CONCLUSIONES

El estudio del procedimiento ante el TUP revela un diseño procedimental ambicioso y sofisticado, que aspira a conjugar flexibilidad, eficacia y seguridad jurídica.

En tal sentido, destaca el equilibrio que se ha pretendido alcanzar entre los principios rectores —proporcionalidad, justicia, flexibilidad, dispositivo, impulso de oficio, contradicción y publicidad, entre otros— que informan el desarrollo del proceso ante el TUP. No obstante, existe una cierta vaguedad en la formulación de algunos principios, como el de proporcionalidad, que requiere de una futura consolidación jurisprudencial para su correcta aplicación práctica.

Igualmente, cabe destacar el riesgo que entraña la amplia discrecionalidad judicial prevista en el RoP, especialmente teniendo en cuenta la diversidad de orígenes de los jueces, lo que puede derivar en una aplicación desigual de las normas aplicables. Un contrapeso ante este déficit, podría ser la intensificación de la formación judicial uniforme y el fortalecimiento del papel unificador del Tribunal de Apelación.

Por lo que respecta a las fases procedimentales, la previsión de una fase provisional (cuya denominación más adecuada en castellano debería haber sido de "fase intermedia") permite depurar y organizar el procedimiento antes de la fase oral, favoreciendo incluso la posibilidad de alcanzar una solución amistosa.

Desde el punto de vista de las garantías procesales, se constata una robusta observancia del principio de contradicción, reflejada en la previsión de múltiples trámites de alegaciones cruzadas, lo que refuerza el derecho de defensa de las partes. En la misma línea, resulta loable la promoción de la publicidad procesal, si bien se advierte sobre la necesidad de una mayor precisión normativa para compatibilizarla con la protección de la información confidencial o de carácter sensible que puede surgir en el seno del proceso.

Por último, la estructuración clara del procedimiento en tres fases —escrita, provisional e intermedia y oral—, con previsiones expresas para la adopción de medidas necesarias de dirección procesal, se estima adecuada para garantizar la eficiencia del procedimiento, aunque su implementación debe estar guiada por criterios homogéneos, previsibles y respetuosos con el principio de seguridad jurídica.

En suma, el procedimiento ante el TUP representa un avance significativo en la armonización procesal europea en materia de patentes, aunque presenta zonas de incertidumbre interpretativa y retos técnicos que deben ser abordados para consolidar su éxito y su aceptación por los operadores jurídicos. Sin duda, el desarrollo de una jurisprudencia unificadora y el establecimiento de una cultura judicial común entre los magistrados del sistema pueden resultar claves en este sentido. Así, estos primeros años de funcionamiento del TUP y de aplicación del RoP serán decisivos, no solo a los efectos internos de este nuevo sistema de la patente unitaria, sino para determinar el rumbo de la litigación en materia de patentes en Europa, lo que muy probablemente también tendrá su reflejo en los procesos judiciales nacionales.

### *Bibliografía*

BOSSHARD, M., *Le impugnazioni dinanzi alla Corte Unificata dei Brevetti,* Torino, G. Giappichelli, 2019.

CANTOS PARDO, M., *El proceso civil para la cesación de la infracción de patentes,* Valencia, Tirant lo Blanch, 2023.

CEDEÑO HERNÁN, M., “Los fueros exclusivos de competencia internacional (art. 22 RB)”, en De la Oliva Santos, A. (dir.); Gascón Inchausti, F. (coord.), *Derecho Procesal Civil Europeo,* vol. I, Cizur Menor, Aranzadi Thomson Reuters, 2011, pp. 158-212.

DUBOS, G.; ROLLIN DE CHAMBONAS, S.; LECONTE, T., "The user in the UPC", en Matthews, D.; Torremans, P. (ed.), *The Unified Patent Court and the European Patent Convention,* Boston, Gruyter Handbuch, 2023.

ENGLAND, P., *A Practitioner's Guide to the Unified Patent Court and Unitary Patent,* Hart, Oxford-New York, 2022.

GARCÍA VIDAL, Á., *Las acciones civiles por infracción de la Propiedad Industrial,* Valencia, Tirant lo Blanch, 2020.

GARCÍA VIDAL, Á., *El sistema de la patente europea con efecto unitario,* Cizur Menor (Navarra), Aranzadi, 2014.

GALGO PECO, Á., "El procedimiento ante el Tribunal Unificado de Patentes", en *Comunicaciones en Propiedad Industrial y Derecho de la Competencia,* núm. 73, 2014, pp. 115-136.

GRANATA, S., *Rules of procedure of the UPC, a judge's perspective,* en Matthews, D.; Torremans, P. (eds.), *The Unified Patent Court and the European Patent Convention,* Boston, Gruyter Handbuch, 2023, pp. 287-299.

HOYNG, W., *The Unified Patent Court (UPC) opens its doors! Some observations,* Tilburg University, 2023, disponible en: https://www.hoyngrokhmonegier.com/upc/ (consultado el 11 de noviembre de 2014).

HESELBERGER, J.; SCHREGLE, R., "First experiences at the Unified Patent Court", disponible en: http://www.ub.edu/centredepatents/pdf/doc_dilluns_CP/Johannes%20Heselberger%20&%20Ronja%20Schregle%20-%20First%20experiences%20at%20UPC%20-%20LP2024-03-18.pdf (Consultado el 1 de noviembre de 2024).

MONTAÑÁ-MORA, M., "Las primeras experiencias con la patente europea con efecto unitario y el Tribunal Unificado de Patentes, y las propuestas de un procedimiento de examen centralizado de los CCPS y de un CC unitario", en *Comunicaciones en Propiedad Industrial y Derecho de la Competencia,* núm. 100, 2023, pp. 7-41.

MONTERO AROCA, J.; BARONA VILAR, S.; GOMEZ COLOMER, J. L., *Derecho Jurisdiccional: Parte General,* Valencia, Tirant lo Blanch, 2019.

REMÉDIO MARQUES, J.P., *O (Novo) Tribunal Unificado de Patentes,* Coimbra, Almedina, 2024.

SERRANO MASIP, M., "Consideraciones sobre el tribunal unificado de patentes desde la perspectiva de la independencia judicial", en Asencio Mellado, J.M.; Fuentes Soriano, O. (dirs.), *El proceso como garantía,* Madrid, Atelier, 2023, pp. 273-280.

VELÁZQUEX SAIZ, Á., "Los seis primeros meses de funcionamiento del Tribunal Unificado de Patentes: un buen comienzo", en *Revista de Fiscalidad Internacional y Negocios Transnacionales,* núm. 25, 2024, pp. 81-110.

WALSH, K., *Fragmentation and the European patent system,* Oxford, Hart Publising, 2022.

# *Capítulo VIII*

# *Las resoluciones judiciales del Tribunal Unificado de Patentes*

**GUILLERMO SCHUMANN BARRAGÁN**
*Profesor Doctor de Derecho Procesal*
*Universidad Complutense de Madrid*

SUMARIO: I. INTRODUCCIÓN. II. LAS ÓRDENES DEL TRIBUNAL UNIFICADO DE PATENTES. 1. Los requisitos externos de las órdenes. 2. El contenido de las órdenes. 3. Los recursos frente a las órdenes del Tribunal de Primera Instancia. III. LAS DECISIONES DEL TRIBUNAL UNIFICADO DE PATENTES. 1. La formación de la decisión; *1.1. La deliberación y la votación del fallo. 1.2. Los votos particulares.* 2. Los requisitos externos de la decisión. 3. Los requisitos internos de la decisión. *3.1. Motivación. 3.2. Congruencia y exhaustividad. 3.3. El principio de aportación de parte, los poderes del Tribunal y el derecho de defensa.* 4. El contenido de la decisión sobre el fondo del asunto. *4.1. Las condenas de cesación (permanent injuctions). 4.2. Las condenas a adoptar medidas correctoras de la infracción (corrective measures). 4.3. Las condenas al pago de los daños y perjuicios. 4.4. La estimación de impugnaciones de resoluciones de la Oficina Europea de Patentes. 4.5. La condena a dar publicidad a la decisión. 4.6. La declaración sobre la validez de una patente. 4.7. La condena en costas.* 5. La decisión dictada en rebeldía. 6. La decisión por la que se homologa una transacción judicial. 7. Los efectos de la decisión condicionados a la prestación de una caución. 8. La cosa juzgada material de la decisión. 9. Excurso: sobre la preclusión de alegaciones de hecho y fundamentos de Derecho. *Bibliografía.*

# I. INTRODUCCIÓN

El Tribunal Unificado de Patentes impulsa el proceso y lleva a cabo su función jurisdiccional a través de órdenes y decisiones.[535] Como cualquier otra resolución judicial, las órdenes y las decesiones suponen un acto jurisdiccional a través del que se aplica el Derecho procesal o material al caso concreto.

Las decisiones —*decisions, Entscheidungen, décisions*— son aquellas resoluciones mediante las que el Tribunal resuelve ordinariamente sobre el fondo del asunto o sobre cuestiones relacionadas con él. Por su parte, las órdenes —*orderns, Anordnungen, ordonnances*— son resoluciones interlocutorias a través de las que se resuelven cuestiones procesales o incidentales. Las resoluciones del Tribunal pueden así clasificarse en definitivas o interlocutorias en función de su objeto.

La regulación sobre el contenido y los requisitos procesales de las decisiones y las órdenes está dispersa en los distintos textos que regulan la actividad del Tribunal Unificado de Patentes: el Acuerdo para un Tribunal Unificado de Patentes (ATUP) [2013/C 175/01], el Estatuto del Tribunal Unificado de Patentes (ETUP) [2013/C 175/01, Anexo I] y en las Reglas de Procedimiento del Tribunal Unificado de Patentes (RoP). En este marco, este trabajo tiene como finalidad sistematizar la regulación de las órdenes y las decisiones en el Tribunal Unificado de Patentes y profundizar sobre algunos aspectos relacionados con ellas.

---

535 LEHMEYER, "§ 24 Entscheidungen und Anordnungen" en BOPP, T., KIRCHER, H., *Handbuch Europäischer Patentprozess*, C. H. Beck, 2ª ed., 2023, Rn 1-6.

## II. LAS ÓRDENES DEL TRIBUNAL UNIFICADO DE PATENTES

### *1. Los requisitos externos de las órdenes*

En función de su contenido y de la composición de la sala que esté conociendo del asunto, las órdenes en el Tribunal normalmente son dictadas por el juez ponente (art. 19.5 ETUP), el juez que actúe como presidente de la sala en el Tribunal de Primera Instancia (art. 8.8 ATUP) o en el Tribunal de Apelación (art. 9.3 ATUP). Excepcionalmente estas podrán ser también dictadas por el juez único (art. 8.7 ATUP) o el juez de guardia (art. 19.3 ETUP).[536]

Las órdenes del Tribunal se dictarán en la lengua designada del procedimiento (art. 77.2 ATUP en relación con los arts. 49 a 51 del ATUP) y por escrito (art. 77.1 ATUP). El resto de los requisitos formales de las órdenes está regulado en la regla 351 de las RoP. Conforme a ella, estas deberán contener: *(i)* la indicación del juez, la división y el Tribunal que haya dictado la orden; *(ii)* la fecha de adopción; *(iii)* el nombre de las partes y sus representantes; *(iv)* y la parte dispositiva de la orden. Además, cuando el Tribunal de Primera Instancia de permiso para recurrir directamente en apelación la resolución —*leave to appeal*— (regla 221 de las RoP), esta deberá contener un resumen de las pretensiones de las partes que motivaron la resolución, un resumen de los hechos y los fundamentos de Derecho sobre los que se apoya la parte dispositiva (regla 351.2 de las RoP).

> Con independencia de ello, debe señalarse que conforme al artículo 77.1 del ATUP «las resoluciones *y órdenes* del Tribunal estarán motivadas». Por ello, debe sostenerse que todas

536 LEHMEYER, "§ 24 Entscheidungen und Anordnungen", cit., Rn 54-56

> las resoluciones judiciales deberán contener una motivación cuanto menos sucinta, pese a que esta deba desarrollarse aún más en el caso de que se dé permiso para recurrir la orden en apelación.

En cuanto a la motivación, la congruencia y la exhaustividad de las órdenes, es plenamente aplicable lo que se dirá más adelante en relación con las decisiones (*vid.* III.3).

## 2. *El contenido de las órdenes*

El contenido de las órdenes dependerá de la fase en la que se encuentre el proceso —la fase escrita inicial, la fase provisional o intermedia y la fase oral (art. 52 ATUP)—. A título ejemplificativo —y sin ánimo de exhaustividad—, pueden señalarse las siguientes resoluciones judiciales que adoptarán la forma de órdenes[537]:

- las resoluciones sobre la exhibición de fuentes de prueba (arts. 59 ATUP y regla 190 de las RoP);
- las órdenes a las partes o los terceros sobre aportación de información (arts. 67 ATUP y regla 191 de las RoP);
- las resoluciones sobre las medidas de aseguramiento de la prueba y las diligencias de comprobación de hechos (arts. 60 ATUP y rgla 192 de las RoP);
- las órdenes sobre embargos preventivos (arts. 61 ATUP y regla 211 de las RoP);
- las órdenes sobre medidas cautelares (art. 62 ATUP);

---

[537] Esta lista ejemplificativa de aquellas resoluciones judiciales del TUP que adoptan la forma de órdenes puede encontrarse en LEHMEYER, "§ 24 Entscheidungen und Anordnungen", cit., Rn 62-63.

- las órdenes sobre los medios alternativos para la notificación de las resoluciones (regla 275 de las RoP);
- los requerimientos de aportación de poderes al representante de la parte (regla 285 de las RoP);
- la exclusión del proceso de una parte por actuar de mala fe o de forma fraudulenta (regla 291 de las RoP);
- las resoluciones sobre la suspensión y la reanudación del procedimiento (regla 295 de las RoP);
- la acumulación o desacumulación de procesos (regla 302 de las RoP);
- las resoluciones sobre la intervención y la sucesión procesal de las partes, así como su solicitud de cesar en su condición de tal (reglas 305 y 314 de las RoP);
- las resoluciones de sobreseimiento por falta de presupuestos procesales, por existencia de óbices procesales —como la cosa juzgada— o cualquier otra circunstancia que impida el normal desenvolvimiento del proceso (regla 362 de las RoP);
- las resoluciones de sobreseimiento por pérdida del interés legítimo (regla 360 de las RoP);
- las resoluciones de sobreseimiento por considerarse la acción manifiestamente infundada (regla 361 de las RoP);
- las órdenes relativas al pago de multas coercitivas por el incumplimiento de mandatos contenidos en las decisiones (arts. 63.2 y 82.4 ATUP);
- las resoluciones sobre la exhibición de fuentes de prueba para la cuantificación de la condena al pago de los daños y perjuicios (art. 142 de las RoP);
- el planteamiento de cuestiones prejudiciales al TJUE (art. 38 ETUP).

El Tribunal puede de forma ordinaria condicionar la eficacia de las órdenes dictadas a que cualquiera de las partes preste una caución que garantice los posibles gastos o el resarcimiento de los daños que su cumplimiento pudiera arrojar a la otra parte o a terceros (arts. 56.1 ATUP y regla 352 de las RoP).[538] La caución podrá prestarse mediante un depósito de dinero en efectivo, aval bancario o en cualquier otra forma que el Tribunal considere adecuada.

Con esta medida se podrá, entre otras cosas, asegurar la eventual responsabilidad derivada del alzamiento de las medidas cautelares, la exhibición de fuentes de prueba o la revocación de las sentencias no firmes que están siendo ejecutadas provisionalmente.

### *3. Los recursos frente a las órdenes del Tribunal de Primera Instancia*

Contra las órdenes del Tribunal de Primera Instancia que sean desfavorables para las partes podrá interponerse un recurso ante el Tribunal de Apelación (art. 73.2 ATUP). Por tanto, y como es habitual, se exige como presupuesto para recurrir que exista algún tipo de gravamen en el recurrente.

Hay determinadas órdenes respecto de las que cabe un recurso directo ante el Tribunal de Apelación [art. 73.2.a) ATUP]: la orden por la que se resuelve el requerimiento de que la lengua del procedimiento sea la lengua en la que haya sido concedida la patente (art. 49.5 ATUP); las órdenes por las que se resuelven las solicitudes de exhibición de fuentes de prueba (art. 59 ATUP); las órdenes que resuelvan sobre

---

538 CHAKRABORTY/SCHMID "Regel 352 EPGVerfO" en TILMANN, W., PLASSMANN, C, *Einheitspatent, Einheitliches Patentgericht,* C. H. Beck, 2024, München, Rn 1-8.

las diligencias de comprobación de hechos o las medidas de aseguramiento de la prueba (art. 60 ATUP); las órdenes sobre embargos preventivos (art. 61 ATUP); las órdenes sobre medidas cautelares (art. 62 ATUP); y las órdenes por las que se resuelven las solicitudes de entrega de información a las partes o los terceros (art. 67 ATUP). El plazo para la interposición del recurso directo es de quince días naturales desde la notificación de la orden [art. 73.2.a) ATUP].

No cabe como regla general un recurso directo ante el Tribunal de Apelación frente al resto de órdenes que dicta el Tribunal de Primera Instancia. En esos casos, la parte tiene dos posibilidades: recurrir la orden junto con la decisión que en su día se dicte resolviendo sobre el fondo del asunto [art. 73.2.b) i) ATUP] o solicitar al Tribunal de Primera Instancia permiso para recurrir —*leave to appeal*— en el plazo de quince días desde la notificación de la orden [regla 221 de las RoP, en relación con el art. 73.2.b) ii) ATUP].

Los recursos frente a las órdenes podrán fundarse en cualquier motivo dirigido a impugnar las valoraciones fácticas o los fundamentos de Derecho en los que se apoya su parte dispositiva (art. 73.3 ATUP). Como regla general, el recurso frente a las órdenes no tendrá efectos suspensivos (art. 74.1 ATUP). No obstante, en el caso de que se impugnen algunas de las órdenes frente a las que cabe recurso directo, el Tribunal de Primera Instancia no enjuiciará el fondo del asunto hasta que se resuelva el recurso de apelación frente a la resolución interlocutoria recurrida (art. 74.3 ATUP).

## IV. LAS DECISIONES DEL TRIBUNAL UNIFICADO DE PATENTES

La decisión es aquella resolución judicial por la que el Tribunal resuelve ordinariamente sobre el fondo del asunto, disolviendo de este modo la controversia jurídica entre las partes (reglas 118 y 119 de las RoP). Adoptarán también la forma de decisión la resolución por la que se liquida en un incidente posterior la condena a indemnizar los daños causados (*vid. infra*) (reglas 125 *et seq.* de las RoP); la que liquida en un incidente posterior las costas judiciales (reglas 150 *et seq.* de las RoP); y la que homologa una transacción judicial (regla 365 de las RoP).[539]

### 1. *La formación de la decisión*

#### 1.1 La deliberación y la votación del fallo

El conocimiento de los asuntos corresponde a las salas —de las distintas divisiones— del Tribunal de Primera Instancia, que ordinariamente estarán formadas por tres jueces (art. 8.1 ATUP).[540] Excepcionalmente las partes podrán solicitar de común acuerdo que el asunto sea resuelto por un juez único (art. 8.7 ATUP).

Las salas del Tribunal de Apelación estarán formadas por cinco o tres jueces en función del tipo de asunto y recurso cuyo conocimiento tenga atribuido (art. 9.1 y 2 ATUP). Es también posible que el Pleno del Tribunal de Apelación conozca de un

---

539 LEHMEYER, "§ 24 Entscheidungen und Anordnungen", cit., Rn 36.

540 LEHMEYER, "§ 24 Entscheidungen und Anordnungen", cit., Rn 7-12.

asunto cuando la resolución tenga una importancia excepcional y pueda afectar a la unidad o la coherencia de la jurisprudencia del Tribunal (art. 21.2 ETUP).

Las decisiones de las salas del Tribunal de Primera Instancia o de Apelación con competencia para conocer de los distintos asuntos y los recursos se adoptarán colegiadamente. La deliberación para resolver la cuestión se celebrará a puerta cerrada y se mantendrá secreta (art. 34 ETUP). Esta será dirigida por el juez que asuma la presidencia de la sala y en ella podrán participar todos los jueces que estuvieron presentes en la fase oral del procedimiento (regla 344 de las RoP).

Las decisiones del Tribunal —de Primera Instancia o de Apelación—se adoptan por mayoría simple (arts. 78.1 ATUP y 35.1 ETUP). Y cuando la sala esté formada por un número par de jueces, en caso de empate, el presidente tendrá el voto de calidad (arts. 78.1 ATUP y 35.1 ETUP).

No hay un *quorum* necesario para la adopción de las decisiones. Sin embargo, cuando uno de los jueces de la sala no pueda acudir a una sesión, podrá llamarse a jueces de otras salas para resolver el asunto (art. 35.2 ETUP). Y excepcionalmente, cuando sea competencia del Pleno del Tribunal de Apelación resolver un asunto, la decisión deberá adoptarse con un *quorum* de, al menos, 3/4 de los jueces que lo integran (art. 35.4 ETUP).

### 1.2 Los votos particulares

Cualquier juez que forme parte de la sala que está enjuiciando el asunto puede formular un voto particular a la decisión de la mayoría (arts. 78.2 ATUP y 36 ETUP). Ante la falta de cualquier indicación legal —*ubi lex non distinguit, nec nos distinguere debemus* —, debe considerase que están permitidos tanto los votos particulares concurrentes como los discrepantes.

Es de interés señalar que la emisión de votos particulares en algunos ordenamientos procesales europeos no está prevista o directamente está prohibida por considerarse que supone una infracción del deber de mantener en secreto las deliberaciones. Este es el caso de Alemania, en donde en alguna ocasión se ha planteado la posibilidad de no reconocer un laudo arbitral que contenía un voto particular.[541]

## *2. Los requisitos externos de la decisión*

Las decisiones del Tribunal se dictarán en la lengua designada del procedimiento (art. 77.2 ATUP en relación con los arts. 49 a 51 del ATUP) y por escrito (art. 77.1 ATUP). Además, y en relación con su estructura externa, las decisiones deberán contener *(i)* la indicación de que es una decisión del Tribunal; *(ii)* la fecha en la que se adopte; *(iii)* la identificación del juez presidente, el juez ponente y el resto de los jueces que han formado la sala; *(iv)* el nombre de las partes y de sus representantes; *(v)* un resumen de las pretensiones de las partes; *(vi)* un resumen de los antecedentes de hecho y los fundamentos de Derecho en los que se apoya la parte dispositiva; y, por último, *(vii)* los correspondientes pronunciamientos declarativos, constitutivos o condenatorios que se adopten (regla 350 de las RoP).[542]

Las decisiones deberán ser firmadas por todos los jueces que deciden sobre el asunto y por los respectivos secretarios o subsecretarios de los Tribunales de Primera Instancia y de Ape-

541 Sentencia del OLG Frankfurt 26. Zivilsenat de 16.01.2020. [ECLI:DE:OLGHE:2020:0116.26SCH14.18.00].

542 LEHMEYER, "§ 24 Entscheidungen und Anordnungen", cit., Rn 22-35; CHAKRABORTY/SCHMID "Regel 350 EPGVerfO" en TILMANN, W., PLASSMANN, C, *Einheitspatent, Einheitliches Patentgericht*, C. H. Beck, 2024, München, Rn. 6-7 11-12.

lación (art. 35 ETUP). Y, de emitirse cualquier voto particular, este deberá anexarse a la decisión adoptada por el Tribunal.

## *3. Los requisitos internos de la decisión*

El Acuerdo sobre el Tribunal Unificado de Patentes señala que la decisión debe cumplir con determinados requisitos internos. Además de su repercusión en el enjuiciamiento del caso, de estos requisitos pueden extraerse los principios jurídico-técnicos sobre los que se construye el procedimiento ante el Tribunal.

### 3.1 Motivación

Las decisiones del Tribunal deberán ser motivadas [arts. 77.1 ATUP y regla 350.1 (f) y (g) de las RoP]. La motivación supone la exteriorización del proceso interno de enjuiciamiento del Tribunal y debe proyectase sobre el juicio fáctico y jurídico en los que se apoya la decisión.

El fundamento de la motivación de la decisión, como suele ser habitual en los ordenamientos procesales nacionales, es garantizar el sometimiento del Tribunal a la ley y al sistema de fuentes establecido por el ATUP (art. 24 ATUP) así como facilitar que las partes conozcan las razones del fallo y, con ello, puedan recurrir la decisión (art. 73 ATUP).

En relación con el juicio fáctico —y en el marco de las alegaciones de hecho realizadas por las partes (*vid. infra*)— el Tribunal deberá valorar las pruebas practicadas y fijar como ciertos los hechos que considera probados. Conforme al artículo 76 del ATUP, el Tribunal «valorará las pruebas con libertad e independencia», lo que supone una consagración del principio de libre valoración de la prueba.

En el procedimiento ante el Tribunal existen distintos medios de fijación de los hechos como ciertos, entre ellos, la prueba (reglas

170 *et seq.* RoP), la admisión de hechos expresa o tácita (regla 171 de las RoP) o mecanismos similares a la *ficta confessio* (regla 172.2 de las RoP).

En relación con el juicio jurídico, el Tribunal deberá exteriorizar los argumentos legales sobre los que se apoya la decisión. Debe así motivarse el proceso de selección de la norma jurídica, su interpretación y aplicación al caso concreto.

## 3.2 Congruencia y exhaustividad

Conforme al artículo 76.1 del ATUP, «[e]l Tribunal resolverá conforme a las peticiones de las partes y no otorgará más de lo solicitado». Por ello, puede afirmarse que el proceso ante el Tribunal está regido por el principio dispositivo: son las partes las que delimitan el objeto del proceso y aquello sobre lo que se proyectará el enjuiciamiento.[543]

En consecuencia, las decisiones del Tribunal podrán estar viciadas de una incongruencia *ultra petitum*, cuando se conceda a las partes más de lo pedido; por una incongruencia *extra petita*, cuando el Tribunal resuelva sobre algo distinto de lo pedido por las partes; o por una incongruencia por omisión de pronunciamiento, cuando el Tribunal no se pronuncie sobre alguna pretensión o excepción formulada.[544]

Para examinar la congruencia y la exhaustividad de la sentencia deberá compararse aquello pedido por las partes y lo re-

---

543 KIRCHER, "§ 10 Grundlagen des Verfahrensrechts" en BOPP, T., KIRCHER, H., *Handbuch Europäischer Patentprozess*, C. H. Beck, 2ª ed., 2023, Rn 11-17.

544 GASCÓN INCHAUSTI, F., *Derecho procesal civil*, Madrid, 2024, pp. 337-344 [Disponible en Docta UCM: https://docta.ucm.es/entities/publication/54256973-cfee-40f3-ab7d-2644629377f0].

suelto por el Tribunal. Por ello, un examen sobre la congruencia de la decisión lleva de forma irremediable al análisis sobre la determinación del objeto de los procesos seguidos ante el Tribunal Unificado de Patentes.

En la mayoría de los ordenamientos procesales europeos el objeto del proceso está integrado por los sujetos, el petitum y el elemento fáctico y jurídico de la causa de pedir.[545] Es usual que los problemas relativos a la individualización del objeto del proceso estén relacionados con la identificación de la causa de pedir; lo cual adquiere especial importancia en un tipo de litigación compleja como lo es la relativa a la propiedad industrial.

> Una correcta delimitación del objeto es indispensable para examinar y resolver cuestiones relativas a la litispendencia, la prejudicialidad, la conexidad, la prohibición de modificación de la demanda, la congruencia o incongruencia de la sentencia y la preclusión de alegaciones de hechos y títulos jurídicos, entre otras cuestiones.

En el ordenamiento español, como es conocido, la causa de pedir está formada por un elemento jurídico o normativo y otro fáctico. El elemento fáctico de la causa de pedir está integrado por los hechos relevantes en los que el actor funda su pretensión. El elemento jurídico de la causa de pedir está integrado por la fundamentación jurídica de la demanda, esto es, la calificación jurídica en la que se subsumen los hechos alegados.[546]

> En el caso concreto de la litigación en materia de patentes, el elemento jurídico de la causa de pedir está integrado por la calificación de la infracción o el concreto motivo de nulidad o de caducidad que se alegue: *v.gr.*, la producción o la venta no consentidas del producto protegido, la falta de concurrencia de los requisitos de patentabilidad o la falta de descripción de

---

545 GASCÓN INCHAUSTI, F., *Derecho procesal civil*, cit., pp. 120-124.
546 GASCÓN INCHAUSTI, F., *Derecho procesal civil*, cit., p. 123.

la invención. En su caso, estará también integrado por las calificaciones más específicas que concreten los motivos de nulidad o de caducidad: *v.gr.*, que la invención no es patentable por falta de actividad inventiva o por falta de aplicación industrial.

Por su parte, el elemento fáctico de la causa de pedir estará integrado por los hechos concretos que se subsumen en las alegaciones de infracción o en los motivos de nulidad o de caducidad alegados: *v.gr.*, la infracción por la reproducción de la patente llevada a cabo en la fábrica situada en Heidelberg (Alemania) durante los años 2023 y 2024 o la nulidad del título por falta de actividad inventiva porque el documento 1 (D1) en relación con D2 hacían evidente para el experto en la materia la reivindicación 1 (R1) o la falta de actividad inventiva porque D6 en relación con D8 hacían evidente R1.

Ninguno de los textos legales en los que se regula el sistema del Tribunal Unificado de Patentes contiene referencia alguna sobre el objeto del proceso o la determinación de la causa de pedir —algo, que como se verá, repercutirá también en la determinación de los límites de la cosa juzgada material de las decisiones (*vid. infra*)—.

Esta laguna se agrava si se tiene en cuenta que el alcance de la noción del objeto del proceso varía en los distintos ordenamientos procesales de los Estados miembros que forman parte del ATUP. En este marco, solo un concepto autónomo sobre el objeto del proceso —y de otras instituciones que se examinarán— hará operativo el sistema de tutela jurisdiccional creado por el Acuerdo. En este escenario, puede ser útil para integrar las lagunas en el sistema del TUP acudir al *corpus* jurisprudencial del Tribunal de Justicia de la UE sobre el objeto del proceso, que ha sido desarrollado en el marco del Reglamento 1215/2012 (Bruselas I bis).[547]

---

[547] LAW, S., "Article 29", en REQUEJO ISIDRO, M. (ed.), *Bruselas I bis*, Edward Eldgar, Cheltenham (UK), Northampton (USA), 2022, pp. 476-477.

Según el artículo 29 de Bruselas I bis, existirá litispendencia cuando se interpongan «demandas con el mismo objeto y la misma causa entre las mismas partes».[548] El objeto de la demanda se identifica con el petitum: la pretensión de tutela que se solicita o el objetivo último que se pretende con ella [STJUE *Tatry*, C-406/92, p. 41 (ECLI:EU:C:1994:400)].[549] La causa de pedir a efectos del Derecho europeo «incluye los hechos y la norma jurídica invocados como fundamento de la demanda» [STJUE *Tatry*, C-406/92, p. 39].[550]

---

548 Este régimen también será aplicable en el sistema unificado de patentes *ex.* artículo 71 *quater* del Reglamento 1215/2012 cuando exista identidad o conexión entre un proceso pendiente ante el TUP y otro ante un órgano jurisdiccional nacional.

549 LAW, S., "Article 29", op. cit., p. 77. En el mismo sentido la STUE *Merck*, C-231/16 (ECLI:EU:C:2017:771): «39. Por lo que respecta al "objeto", el Tribunal de Justicia ha precisado que éste consiste en la finalidad de la demanda (véanse, por analogía, las sentencias de 6 de diciembre de 1994, Tatry, C-406/92, EU:C:1994:400, apartado 41, y de 8 de mayo de 2003, Gantner Electronic, C-111/01, EU:C:2003:257, apartado 25), no pudiendo reducirse el concepto de «objeto» a la identidad formal de las dos demandas (véase, por analogía, la sentencia de 8 de diciembre de 1987, Gubisch Maschinenfabrik, 144/86, EU:C:1987:528, apartado 17)». También la sentencia STJUE *Aannemingsbedrijf*, C-523/14, (ECLI:EU:C:2015:722), p. 43.

550 En el mismo sentido la STUE *Merck*, C-231/16 (ECLI:EU:C:2017:771): «36. Según la jurisprudencia relativa al artículo 21 del Convenio sobre la competencia judicial y la ejecución de resoluciones judiciales en materia civil y mercantil, firmado el 27 de septiembre de 1968, cuya interpretación hecha por el Tribunal de Justicia es válida también para el artículo 27 del Reglamento nº 44/2001, la «causa» comprende los hechos y la norma jurídica invocados como fundamento de la demanda (véanse, por analogía, las sentencias de 6 de diciembre de 1994, Tatry, C-406/92, EU:C:1994:400, apartado 39, y de 22 de octubre de 2015, Aannemingsbedrijf Aertssen y Aertssen Terrassements, C-523/14, EU:C:2015:722, apartado 43)». En

Incluir dentro de la noción de objeto de la demanda —la pretensión— el objetivo último que con ella se pretende —la denominada *Kernpunktstheorie*— amplía considerablemente los límites del objeto del proceso.[551]

Esta ampliación tiene su sentido en el sistema de Bruselas I bis. En este, el Tribunal de Justicia de la UE ha ampliado la operatividad de la litispendencia —que suele exigir una identidad completa de todos los elementos del objeto del proceso—, para aplicar el art. 29 de Bruselas I bis a procedimientos que realmente son paralelos y (meramente) prejudiciales entre sí (art. 43 LEC). Y ello por cuanto la litispendencia en Bruselas I bis, a diferencia de la (mera) conexidad de demandas (art. 30 Bruselas I bis), exige que el segundo tribunal que esté conociendo del proceso lo suspenda de oficio hasta que

términos similares la sentencia STJUE *Aannemingsbedrijf*, C-523/14, (ECLI:EU:C:2015:722).

551 Para profundizar en el concepto del objeto del proceso a efectos del sistema de Bruselas I bis *vid.* GEIMER, R., "Article 27" in GEIMER/SCHÜTZE, *Europäisches Zivilverfahrensrecht*, C. H. Beck, München, 2010, Rn. 29-32; FENTIMAN, R., "Article 29" in MAGNUS/MANKOWSKI, *Brussels I bis Regulation. Commentary*, Otto Schmidt, Köln, 2016, pp. 729-732; HESS/PFEIFFER/SCHLOSSER, *The Brussels I. Regulation 44/2001*, C. H. Beck, Hart, Nomos, 2008, München, p. 101; VIRGÓS SORIANO, M., GARCIMARTÍN, F. J., *Derecho Procesal Civil International. Litigación Internacional*, Civitas, 2ª ed., Cizur Menor, 2007, p. 365; GASCÓN INCHAUSTI, F., "Litispendencia internacional y actuaciones previas al proceso", *Cuadernos de Derecho Transnacional*, 2018, vol. 10, núm. 1, p. 582 [Disponible en: https://doi.org/10.20318/cdt.2018.4139]; ROSENDE VILLAR, C., "Litispendencia y conexidad internacionales y sus últimas reformas legislativas europea y española", en *Anuario Español de Derecho Internacional Privado*, 2016, núm. 16, pp. 351-352.

no se declare competente el primer tribunal.[552] La ampliación del alcance de la litispendencia —que ordinariamente exige la identidad de objetos procesales— supone así un modo de asegurar un mejor funcionamiento del sistema creado por el Reglamento 1215/2012.

En definitiva, y sobre la base de la tradición de los ordenamientos procesales nacionales europeos y el *acquis communautaire*, debe considerarse que el objeto del proceso seguido ante el Tribunal está formado por las partes, el elemento fáctico y el elemento jurídico de la causa de pedir y el *petitum*. Esté serán los límites sobre los que el Tribunal deberá resolver las peticiones de las partes, sin otorgar más o algo distinto de lo solicitado (art. 76.1 ATUP).

### 3.3 El principio de aportación de parte, los poderes del Tribunal y el derecho de defensa

Conforme al artículo 76.2 del ATUP, «[l]as resoluciones sobre el fondo del asunto solo podrán fundarse en los argumentos, hechos y pruebas presentados por las partes o introducidos en el procedimiento por orden del Tribunal y sobre los que las partes hayan podido presentar observaciones». Este precepto consagra el principio de aportación de parte, que pone en relación con los poderes del Tribunal y el derecho de defensa.

El artículo 76.2 del ATUP reconoce el principio de aportación de parte como aquel principio jurídico-técnico que rige el

---

552 En relación con ello, *vid.* GASCÓN INCHAUSTI, F., SCHUMANN BARRAGÁN, G., "The rules on lis pendens and on res judicata in the ELI/UNIDROIT Model European Rules of Civil Procedure", *Ius Dictum*, núm. 5, 2021, pp. 15-29. ISSN 2184-7304. [Disponible en: https://hdl.handle.net/20.500.14352/8499]

proceso ante el TUP. Son las partes las que tienen la carga de alegar y de probar los hechos fundamentales que integran la causa de pedir de sus pretensiones, así como las calificaciones jurídicas y las normas en las que los subsumen —«los argumentos, hechos y prueba», dice el precepto—. Una decisión que se base en argumentos, hechos o pruebas no alegados o introducidos por las partes, además de incongruente, supondrá normalmente una vulneración de su derecho de defensa (arts. 47 CDFUE, 6 CEDH y 76.2 ATUP).

Ahora bien, el principio de aportación de parte como principio jurídico-técnico debe interpretarse y entenderse junto con los poderes de gestión procesal y material que tiene atribuidos el Tribunal Unificado de Patentes (art. 43 ATUP, puesto en relación con las reglas 331 *et seq.* de las RoP).[553] Es por ello que el propio artículo 76.2 ATUP puntualiza que deberá enjuiciarse el fondo del asunto conforme a lo alegado por las partes y por aquello «introducido[...] en el procedimiento por orden del Tribunal».

La gestión del proceso o el *case management* es aquella función típicamente judicial que consiste en la dirección, la administración y la organización del proceso. Tradicionalmente se ha distinguido entre la *gestión o dirección formal y material del procedimiento —die formelle und materielle Prozessleitung—*.[554] La gestión formal tiene como objeto la dirección, la administración y la organización del proceso como tal, es decir, del con-

---

[553] KIRCHER, "§ 10 Grundlagen des Verfahrensrechts", cit., Rn 18-21.

[554] MüKoZPO/FRITSCHE "§ 136", Rn. 2-4; MUSIELAK-VOIT/STADLER "§ 136", Rn. 2; SAENGER, I., "Case Management", *op. cit.*, pp. 17-18; PEÑA ADASME, A., *La flexibilidad del procedimiento civil. Una reconstrucción teórica*, 2018, pp. 264-267, 273-274 [Tesis doctoral disponible en: https://repositori.upf.edu/handle/10230/36318?locale-attribute=es].

junto de actuaciones procesales en las que cronológicamente se desarrolla. La gestión material tiene como centro de gravedad el objeto del proceso: la determinación de unos hechos con transcendencia jurídica, su fijación como ciertos a efectos del proceso, su calificación jurídica y su subsunción en determinadas normas aplicables al caso concreto. En definitiva, gravita en torno al enjuiciamiento de la tutela judicial que el justiciable pretende.[555]

Dentro de los poderes y las funciones de gestión material del Tribunal están los relacionados con identificar desde una fase inicial las cuestiones controvertidas y de interés para resolver el asunto [regla 332 (a) de las RoP]; determinar qué cuestiones pueden resolverse sumariamente y cuáles requieren un enjuiciamiento plenario [regla 332 (c) de las RoP]; dar instrucciones a las partes para asegurar que el asunto se resuelva de forma rápida y eficiente —*v.gr.*, haciendo requerimientos para que las partes contesten alguna pregunta o hagan alguna aclaración sobre alegaciones fácticas o jurídicas— [reglas 332 (i) y 334 (j) de las RoP].[556]

Algunos de estos poderes y funciones del Tribunal tienen como finalidad evitar decisiones sorpresivas para las partes.[557]

---

555 En relación con ello, *vid.* SCHUMANN BARRAGÁN, G., "La gestión y la flexibilidad del procedimiento: ¿un proceso civil convergente con Europa?", en GASCÓN INCHAUSTI, F., PEITEADO MARISCAL, P. (eds.), *Estándares europeos y proceso civil*, Atelier, Barcelona, 2022, pp. 117-153 [Disponible en: https://hdl.handle.net/20.500.14352/2492].

556 KIRCHER, "§ 10 Grundlagen des Verfahrensrechts", cit., Rn 20.

557 STEIN-JONAS/LEIPOLD, D., "§ 139", Rn. 57-90; MüKoZPO/FRITSCHE "§ 139", Rn. 41; SAENGER, I., "Case Management in Germany" en GOTTWALD, P. (ed.), *Litigation in England and Germany*, Gieseking-Verlag, Bielefeld, 2010, pp. 20-21.

Para ello el Tribunal puede —y si quiere evitar una decisión sorpresiva, *debe*— fijar desde un momento inicial la perspectiva jurídica desde la que considera que debe resolverse el caso —*Gesichtspunkte*—. No se trata de adelantar juicios de hecho o de Derecho, sino de fijar desde un inicio el enfoque y las cuestiones de las que depende el fallo de la decisión. Estos avisos o requerimientos de aclaración a las partes —que se integran en los poderes de gestión material del órgano jurisdiccional— harán el proceso más eficiente, pues permitirá que estas dirijan su estrategia procesal a los puntos señalados por el Tribunal y maximizará su derecho de defensa.[558]

Asimismo, y también relacionado con el principio de aportación de parte, debe apuntarse que el Tribunal tiene importantes poderes de oficio relacionados con la práctica de la prueba: *v.gr.*, puede ordenar a las partes a que presenten pruebas relativas a los hechos alegados (regla 172.2 de las RoP) o puede acordar la práctica de la prueba pericial de oficio (art. 57.1 ATUP o regla 185.1 de las RoP).

En definitiva, es en el marco de estos poderes del Tribunal Unificado de Patentes —que a su vez repercuten en la configuración del principio de aportación de parte— en el que debe garantizarse que los litigantes hayan podido defenderse adecuadamente. Solo de esta forma podrá evitarse una sentencia sorpresiva que no sea respetuosa con el derecho de las partes a ser oídos (art. 76.2 ATUP).

Además de los derechos y las garantías reconocidos en los textos que regulan el sistema del Tribunal, deben desde luego considerarse también aplicables los derechos y las garantías

---

558 Para un examen de la gestión procesal y material en el proceso ante el TUP *vid.* SCHUMANN BARRAGÁN, G.,"La gestión y la flexibilidad del procedimiento", cit., pp. 117-153.

procesales fundamentales reconocidas en los arts. 47 CDFUE y 6 CEDH, así como en las distintas constituciones nacionales.[559]

### *4. El contenido de la decisión sobre el fondo del asunto*

Los pronunciamientos judiciales que pueden contener la decisión sobre el fondo del asunto no son más que un reflejo de las acciones que a su vez pueden ser ejercitadas por las partes (*vid. supra*) (regla 18 de las RoP, puesta en relación con el art. 32 ATUP). Por ello, corresponde aquí centrarse únicamente en un análisis del contenido de la decisión y remitirse en bloque a lo ya expuesto en la obra en relación con las acciones ejercitables ante el Tribunal (*vid. supra*).

#### **4.1 Las condenas de cesación (permanent injuctions)**

Una vez declarada la infracción de la patente, podrá condenarse al infractor a que cese en la violación del derecho de propiedad industrial (art. 63.1 ATUP). Se está así ante una condena de no hacer que se concreta en un mandato de cesar en la conducta infractora y en la prohibición de reiteración futura.[560]

La condena de cesación forma parte del contenido de la decisión. Aunque el tenor literal del artículo 63.1 ATUP pueda llevar a confusión, el requerimiento no es una orden adicional que se anexe a la decisión: es una parte integrante de ella.[561]

---

559 KIRCHER, "§ 10 Grundlagen des Verfahrensrechts", cit., Rn 53.

560 v.gr., Decisión de 13 de septiembre del 2024 (Lokalkammer München, UPC_CFI_390/2023), pp. 63-62.

561 LEHMEYER, "§ 24 Entscheidungen und Anordnungen", cit., Rn. 31-34; CHAKRABORTY/SCHMID "Regel 350 EPGVerfO", cit., Rn. 1-2.

En coherencia con la legitimación pasiva para soportar el ejercicio de la acción, la condena de cesación y prohibición de reiteración futura también podrá imponerse a «todo intermediario a cuyos servicios recurra un tercero para violar un derecho de patente» (art. 63.1 ATUP).[562]

La ejecución forzosa de las decisiones del Tribunal se llevará a cabo por los órganos jurisdiccionales nacionales conforme a su Derecho procesal nacional (art. 82.2 ATUP).[563] Esto impone hacer una remisión en bloque a las herramientas que para la ejecución forzosa de las condenas de no hacer existen en cada Estado Miembro.

La ejecución de las condenas de no hacer en España está regulada en el artículo 710 LEC. Conforme a este, cuando el condenado a no hacer alguna cosa quebrante la sentencia, se le requerirá *(i)* a deshacer el mal hecho, *(ii)* a indemnizar los daños causados y *(iii)* a abstenerse a reiterar el incumplimiento en el futuro so pena de incurrir en un delito de desobediencia. En su caso, será también posible la imposición de multas coercitivas al condenado (art. 711 LEC) si incumple la orden de deshacer el mal hecho.

Además de las herramientas procesales nacionales que corresponda aplicar, el incumplimiento de la condena impuesta supondrá la imposición de una multa coercitiva «pagadera el Tribunal» (art. 63.2 ATUP).[564]

---

562 En relación con los problemas que plantea la delimitación entre intermediarios e infractores indirectos en materia de patentes *vid.* ENGLAND, P., *A Practitioner's Guide to the Unified Patent Court and Unitary Patent*, Hart, Oxfor-New York, 2022, pp. 280-282.

563 FALCK, STOLL "Regel 354 EPGVerfO" en TILMANN, W., PLASSMANN, C, *Einheitspatent, Einheitliches Patentgericht*, C. H. Beck, 2024, München, Rn. 1-75.

564 v.gr., Decisión de 13 de septiembre del 2024 (Lokalkammer München, UPC_CFI_390/2023), p. 64.

## 4.2 Las condenas a adoptar medidas correctoras de la infracción (corrective measures)

El artículo 64 ATUP contempla distintas «medidas correctivas» —*corrective measures, Abhilfemaßnahmen, mesures correctives*— para restablecer el *statu quo* y asegurar la indemnidad del derecho de exclusiva que supone el derecho de patente. Estas medidas podrán proyectarse sobre los productos que se hayan declarado infractores, así como respecto de los materiales y los instrumentos que hayan servido para su creación y fabricación.[565]

Entre las medidas que pueden acordarse están las siguientes: la declaración de que los productos son infractores [art. 64.2.a) ATUP]; la retirada de los productos infractores de los canales comerciales [art. 64.2.b) ATUP]; la supresión de la propiedad de los productos infractores [art. 64.2.c) ATUP]; la retirada definitiva de los productos de los circuitos comerciales [art. 64.2.d) ATUP]; o la destrucción de los productos infractores y los materiales o los instrumentos para su fabricación [art. 64.2.e) ATUP]. De este modo, si se examina con detalle, se verá que dentro de estas medidas correctoras se incluyen distintos pronunciamientos declarativos, condenatorios y constitutivos que se proyectan directamente sobre las cosas —o que de una u otra forma acaban repercutiendo en ellas—.

En sintonía con el artículo 10 de la Directiva 2004/48/CE, el Acuerdo contempla que para su adopción el Tribunal deberá asegurarse de que las medidas sean *(i)* necesarias; *(ii)* proporcionales con la gravedad de la infracción; *(iii)* que no exista la posibilidad de adoptar medidas menos gravosas —como la

---

565 v.gr., Decisión de 3 de julio del 2024 (Lokalkammer Düsseldorf, ORD_598324/2023), pp. 35-36.

transformación de los productos infractores para que dejen de serlo—; y *(iv)* los intereses de los terceros (art. 64.4 ATUP).[566]

Como regla general, la ejecución de las medidas será a expensas del infractor, salvo que se acrediten razones para que no sea así (art. 64.3 ATUP). Y como se acaba de decir, la ejecución forzosa de las decisiones del Tribunal se llevará a cabo por los tribunales nacionales de cada uno de los Estados miembros contratantes del Acuerdo (art. 82.2 ATUP) o en los que es aplicable el Reglamento de Bruselas I bis [art. 71 *bis* y *quinquies* del Reglamento] conforme a su ordenamiento procesal nacional (*vid. infra*).[567]

---

[566] ENGLAND, P., *A Practitioner's Guide to the Unified Patent Court*, cit., pp. 279-280.

[567] FALCK, STOLL "Regel 354 EPGVerfO", Op. cit., Rn. 1-75; Artículo 71 *bis* Bruselas I bis: «A efectos del presente Reglamento, un órgano jurisdiccional común a varios Estados miembros tal como se especifica en el apartado 2 («órgano jurisdiccional común») se considerará un órgano jurisdiccional de un Estado miembro cuando, de conformidad con el instrumento por el que se establece dicho órgano jurisdiccional común, este sea competente en materias que entran en el ámbito de aplicación del presente Reglamento. 2. A efectos del presente Reglamento, cada uno de los siguientes órganos jurisdiccionales será un órgano jurisdiccional común: a) el Tribunal Unificado de Patentes establecido por el Acuerdo sobre un tribunal unificado de patentes firmado el 19 de febrero de 2013 («Acuerdo TUP») [...]»: Artículo 71 *quinquies* Bruselas I bis: «El presente Reglamento se aplicará al reconocimiento y la ejecución de: a) las resoluciones judiciales dictadas por un órgano jurisdiccional común que deban ser reconocidas y ejecutadas en un Estado miembro que no sea parte en el instrumento por el que se establece el órgano jurisdiccional común; y b) las resoluciones judiciales dictadas por los órganos jurisdiccionales de un Estado miembro que no sea parte en el instrumento por el que se establece el órgano jurisdiccional común que deban ser reconocidas y ejecutadas en un Estado miembro parte en dicho instrumento. No obstante, en caso de que se solicite el reconocimiento y la ejecución de una resolución judicial

Por último, cabe hacer una reflexión en torno al ámbito subjetivo del proceso y a la ejecución forzosa de las medidas correctivas. Puede razonablemente plantearse la duda de si es necesario que las personas que tienen la posesión o han adquirido la propiedad de los productos infractores deben haber sido demandadas en el proceso ante el Tribunal —o, con carácter previo, plantearse si tienen legitimación pasiva para serlo—. En este grupo de personas podemos incluir a los transportistas, los almacenistas o a cualquier otro sujeto que no tenga la consideración de infractor, pero que materialmente colabore de algún modo a la infracción en el marco de la prestación de sus servicios.

Por su propia naturaleza, puede sostenerse que las medidas correctoras se proyectan sobre las cosas: tienen una naturaleza *quasi in rem.* De este modo, la ejecución forzosa podría en algunos casos afectar a terceros que no hayan sido directamente demandados —y, por ello, el interés de estos *terceros* debe tenerse en cuenta a la hora de concretar las medidas (art. 64.4 ATUP)—.

En consecuencia, y aunque no corresponde aquí hacer un análisis detallado de la cuestión, podría también plantearse que la tutela cautelar se proyecte sobre estos terceros (meros) poseedores de productos infractores (art. 62 ATUP).

En último término, deberá examinarse con cuidado el alcance de cada una de las medidas para determinar si su ejecución forzosa supone o no una vulneración del derecho de defensa del tercero (arts. 47 CDFUE, 6 CEDH y de las correspondientes constituciones nacionales).

---

dictada por un órgano jurisdiccional común en un Estado miembro que es parte en el instrumento por el que se establece el órgano jurisdiccional común, las normas de dicho instrumento en materia de reconocimiento y ejecución se aplicarán en lugar de las del presente Reglamento».

## 4.3 Las condenas al pago de los daños y perjuicios

Las partes podrán pretender y el Tribunal acordar en la decisión la condena al pago de los daños y perjuicios ocasionados por la infracción (art. 68 ATUP). Así, procede aquí también hacer una remisión en bloque a lo dicho sobre los presupuestos de la acción de condena y de la liquidación de la indemnización a la que se tiene derecho (*vid. supra*).

Cuando el infractor conocía o razonablemente podía conocer la infracción, el perjudicado deberá ser resarcido de los daños «realmente» sufridos y deberá ser restituido «a la situación en que se habría encontrado de no haberse producido la violación de los derechos de patente» (art. 68.2 ATUP). Esto incluye el resarcimiento del daño emergente, el lucro cesante y los daños no económicos sufridos —*v.gr.* el daño moral—.[568] En la determinación de la indemnización deberán respetarse dos limites: que el infractor no se beneficie en último término de la infracción y que la indemnización no sea punitiva (art. 68.2 ATUP).

En el caso de que el infractor haya cometido la infracción sin saberlo —*innocent infringement*—, el Tribunal podrá ordenar el reembolso de los beneficios o el pago de una compensación (art. 68.4 ATUP).

El Tribunal podrá cuantificar la condena al pago de los daños y perjuicios en la propia decisión o estos podrán determinarse en un incidente separado (regla 118.1 de las RoP). De este modo se produce en la decisión final una suerte de condena con reserva de liquidación.

---

[568] ENGLAND, P., *A Practitioner's Guide to the Unified Patent Court*, cit., pp. 271-273.

El procedimiento separado para la determinación de los daños está regulado en las reglas 125 *et seq.* de las RoP. Como regla general, la competencia para conocer del procedimiento separado para la cuantificación de los daños corresponde a la misma sala que haya fallado sobre el fondo del asunto (regla 135.2 de las RoP).

El procedimiento inicia mediante una solicitud, que deberá presentarse en el plazo de un año desde la notificación de la decisión final —incluida la decisión dictada por el Tribunal de Apelación (regla 126 de las RoP)—. En el escrito la parte beneficiada tiene la posibilidad de solicitar el acceso a las fuentes de prueba necesarias para la cuantificación concreta del daño sufrido: la *request to lay open books* regulada en las reglas 141 *et seq.* de las RoP.[569] Una vez llevada a cabo la exhibición de las fuentes de prueba —o antes si esta no fue solicitada—, la parte beneficiada deberá indicar la cuantía concreta a la que considera que tiene derecho. Para ello deberá señalar en la solicitud los hechos y las pruebas en los que se apoya su liquidación (regla 131.2 de las RoP).

Una vez presentada la solicitud, esta será trasladada a las partes condenadas, que tendrán un plazo de dos meses desde su notificación para aceptar la cuantificación o para oponerse a ella (regla 137.2, en relación con la regla 138 de las RoP). Una vez notificada la oposición, el solicitante tendrá un plazo de un mes para realizar una réplica, que seguirá de otra dúplica en el mismo plazo (regla 139 de las RoP). Posteriormente se resolverá el incidente conforme a las normas generales que regulan la fase intermedia y la fase oral del procedimiento (regla 140 de las RoP).[570]

---

569 ENGLAND, P., *A Practitioner's Guide to the Unified Patent Court*, cit., p. 276.

570 Puede verse de qué manera, salvando las distancias, el incidente tiene alguna similitud con el de la liquidación de daños y perjuicios, frutos y rentas y la rendición de cuentas regulado en los artículos *712 et seq.* LEC.

Como se señaló al principio, la resolución posterior sobre la liquidación de la condena al pago de los daños y perjuicios adoptará también la forma de decisión (reglas 125 *et seq.* de las RoP) (*vid. supra*).

### 4.4 La estimación de impugnaciones de resoluciones de la Oficina Europea de Patentes

El Tribunal tiene competencia para conocer de los recursos presentados frente a decisiones de la Oficina Europea de Patentes [art. 32.1.i) ATUP]. De estimarse la impugnación frente a la resolución, el Tribunal adquiere plena potestad para ejercer las competencias atribuidas a la Oficina; entre ellas, la rectificación del Registro.

Este pronunciamiento supone realizar la función jurisdiccional revisora que se atribuye al Tribunal y que, en el plano nacional, suele llevar a cabo el orden jurisdiccional contencioso-administrativo o civil —como es el caso en España *ex* artículo 447 *bis* LEC—.[571]

### 4.5 La condena a dar publicidad a la decisión

La decisión puede permitir o adoptar las medidas oportunas para darle difusión o para su publicación total o parcial en los medios de comunicación (art. 80 ATUP).[572] Se contempla así —en sintonía con el artículo 15 de la Directiva 2004/48/

---

571 MASSAGUER FUENTES, J., "La Impugnación en vía de las resoluciones definitivas en la Oficina Española de Patentes y Marcas sobre propiedad industrial: aspectos jurisdiccionales y procesales", *InDret: Revista para el Análisis del Derecho*, núm. 2, 2023, pp. 101-154.

572 v.gr., Decisión de 13 de septiembre del 2024 (Lokalkammer München, ORD_598464/2023), p. 63.

CE— la publicidad de la decisión como una de las tutelas judiciales que pueden pretenderse y como uno de los pronunciamientos posibles de la decisión.

En relación con ello, debe hacerse referencia a las medidas de protección de la información confidencial que pueden solicitarse y adoptarse en la publicación de la decisión [art. 58 TUP y regla 262(a) de las RoP].[573]

### 4.6 La declaración sobre la validez de una patente

El Tribunal resolverá sobre la validez de la patente cuando se haya ejercitado una acción de nulidad o de caducidad por vía principal o reconvencional (art. 65.1 ATUP).[574] Los motivos de nulidad son aquellos contemplados en el artículo 138.1 del Convenio sobre concesión de Patentes Europeas: *(i)* cuando el objeto de la patente no sea patentable; *(ii)* cuando la patente no describa suficientemente clara y completa la invención; *(iii)* cuando el objeto de la patente exceda del contenido de la solicitud; *(iv)* cuando la protección otorgada por la patente se hubiese ampliado; y *(v)* cuando el titular no tuviera derecho a obtener la patente por corresponderle a otra persona conforme al artículo 60 del Convenio —al inventor o a sus causahabientes—.

En el caso de que solo una parte de la patente esté viciada de nulidad, esta podrá limitarse mediante la modificación de

---

573 KIRCHER, "§ 10 Grundlagen des Verfahrensrechts", cit., Rn 24-43; Orden de 20 de septiembre del 2024 (Lokalkammer Düsseldorf ORD_52043/2024).

574 v.gr., Decisión de 30 de agosto del 2024 (Lokalkammer München, ORD_598434/2023), p. 63; Decisión de 31 de julio del 2024 (Lokalkammer München, ORD_598372/2023) o Decisión de 16 de julio del 2024 (Lokalkammer München, ORD_598362/2023).

las reivindicaciones (art. 65.3 ATUP).[575] Para que el resto de la patente mantenga su validez, será desde luego necesario que las reivindicaciones resultantes cumplan con los presupuestos para su patentabilidad.

La nulidad de las patentes tiene efectos *ex tunc* y, por ello, debe considerarse que nunca fue válida ni produjo efectos (art. 65.4 ATUP). En consecuencia, las partes podrán pretender y el tribunal contener en la decisión aquellos pronunciamientos judiciales para restituir el estado de las cosas a ese momento.

Por último, cuando se declare en una decisión firme y definitiva —por tanto, ante la que no cabe recurso— la nulidad o la caducidad de la patente, el Tribunal remitirá una copia de la decisión a la Oficina Europea de Patentes o a la oficina nacional correspondiente para su inscripción (art. 65.5 ATUP). De esta forma se asegura la coordinación entre el registro y la realidad jurídica resultante de la decisión.

La inscripción de la decisión en la oficina «prolonga» materialmente los efectos de la decisión *erga omnes*. Pese a que los efectos jurídico-procesales de la decisión se proyectan entre las partes del proceso, la inscripción de la decisión en el registro —*rectius*, la cancelación del título en el registro— acabará teniendo eficacia jurídico-material frente a todos.

### 4.7 La condena en costas

La decisión final deberá pronunciarse sobre las costas del procedimiento conforme a las reglas de vencimiento objetivo contempladas en el artículo 69 del ATUP (regla 118.5 de las

---

575 v.gr., Decisión de 29 de julio de 2024 (Central Division. Paris Seat, ORD_598395/2023); Decisión de 19 de julio de 2024 (Central Division. Paris Seat, ORD_598365/2023).

RoP).[576] Conforme a ellas, la parte perdedora será condenada al pago de las costas procesales, salvo que se decida otra cosa por motivos de equidad —*v.gr.*, porque el asunto presentaba serias dudas de hecho y de Derecho— (art. 69.1 del ATUP). En el caso de estimación parcial de la demanda o en otras circunstancias excepcionales debidamente motivadas, el Tribunal podrá ordenar que las costas se repartan equitativamente o que cada parte soporte las suyas (art. 69.2 ATUP). Por último, se fija una regla general conforme a la cual cada parte es responsable de cualquier gasto innecesario que se haya ocasionado al Tribunal o al resto de ellas (art. 69.3 ATUP).[577] En cualquier supuesto, los gastos procesales que se pretendan incluir en la condena en costas deben ser razonables y proporcionados con el pleito (art. 69.1 ATUP).

Como se señaló al principio, la liquidación de las costas judiciales puede realizarse en un incidente posterior (reglas 150 *et seq.* de las RoP). En ese caso, la resolución por la que se cuantifica adoptará también la forma de decisión (*vid. supra*).

### *5. La decisión dictada en rebeldía*

La rebeldía en el sistema del Tribunal Unificado de Patentes es aquella situación jurídico-procesal que se crea cuando el demandado, una vez notificada la demanda u otro escrito iniciador del proceso, no presenta sus alegaciones en plazo [art.

---

576 ENGLAND, P., *A Practitioner's Guide to the Unified Patent Court*, op. cit., pp. 282-286; vid. Decisión de 3 de julio del 2024 (Lokalkammer Düsseldorf, ORD_598324/2023), p. 36.

577 En relación con ello, es de interés las *Guidelines for the determination of court fees and the ceiling of recoverable costs of the successful party* [D-AC/09/24042023_E] o el *Scale of ceilings for recoverable costs* [D-AC/10/24042023_E] publicados el 24 de abril del 2023.

37.1 ATUP y regla 355.1.(a) de las RoP]. Excepcionalmente, también se le considerará en rebeldía cuando no acuda al acto del juicio oral [art. 37.1 ETUP y regla 355.1.(b) de las RoP, puestos en relación con las reglas 116 y 117 de las RoP].

A diferencia de lo que sucede en algunos ordenamientos procesales europeos, la rebeldía no equivale a una admisión de hechos o un allanamiento. Por ello, conforme a la regla 355.2 de las RoP, una decisión estimatoria de la demanda en rebeldía solo se podrá dictar cuando «los hechos alegados por el actor justifiquen la tutela pretendida y la conducta procesal del demandado no sea incompatible con esa decisión».

Una vez dictada la decisión y notificada al demandado rebelde, este podrá oponerse a la resolución en el plazo de un mes (art. 37.1 ETUP y regla 356 de las RoP). En el escrito de oposición el demandado deberá explicar las causas de su incomparecencia y, en especial, justificar en qué medida se produjo una rebeldía involuntaria producida por un defecto de notificación o por fuerza mayor (regla 356.2 de las RoP).

Además de este incidente de oposición, el demandado tiene a su disposición el recurso de revisión como un mecanismo extraordinario de rescisión de la cosa juzgada material de la decisión firme. Excepcionalmente podrá presentarse este recurso cuando el demandado rebelde justifique que no ha comparecido porque no recibió la notificación del escrito de demanda o el documento equivalente iniciador del procedimiento [art. 81.1 (b) ATUP]. La competencia objetiva para conocer de este incidente es del Tribunal de Apelación (art. 81.1 ATUP).

Como es habitual respecto de este tipo de mecanismos en los ordenamientos procesales nacionales, existe un plazo absoluto y relativo para la interposición del recurso de revisión: deberá interponerse dentro de los dos meses desde que se conoció el hecho que justifica la revisión, siempre que sea dentro de los diez años siguientes a la fecha de la resolución.[578] En el caso de que se estime el recurso, se rescindirá la cosa juzgada de la decisión y el Tribunal de Apelación reabrirá la causa para que se celebre un nuevo juicio (art. 81.3 ATUP).

## *6. La decisión por la que se homologa una transacción judicial*

Las partes pueden, con los límites que enseguida se verán, disponer del objeto del proceso y llegar en cualquier momento a una solución consensuada del litigio que sea homologada por el Tribunal (art. 79 ATUP).

La solución consensuada del litigio puede alcanzarse después de una negociación entre las partes o en el marco de alguna mediación derivada al Centro de Mediación y Arbitraje en materia de Patentes (art. 35 ATUP) o a cualquier otra institución.

El único límite al poder de disposición de las partes es el relativo a la validez de la patente (arts. 79 y 35.2 ATUP). Este es un límite que tradicionalmente existe en los sistemas nacionales de protección de patentes —que, como se sabe, también se proyecta en la imposibilidad de que las partes sometan a arbitraje cuestiones relativas a la validez del título (*v.gr.*, art. 136 LP)—. Se considera que el control de la exclusividad que otorgan las patentes en el mercado es una cuestión de orden público —

---

578 Existe un claro error en la traducción de la versión española del ATUP [Document 42013A0620(01)]. Conforme a su artículo 81.1.(b): «[l]a interposición del recurso de revisión deberá efectuarse en los diez días siguientes a la fecha de la resolución y antes de transcurridos dos meses de la fecha del descubrimiento del nuevo hecho». Basta acudir a las versiones en inglés, alemán y francés para comprobar que el plazo absoluto es de diez años: *A request for a rehearing shall be filed within 10 years / Der Wiederaufnahmeantrag ist binnen zehn Jahren / Une demande de révision est formée dans les dix ans.*

pues afecta directamente a la competencia—. Esta es la razón que justifica que el Estado no permita que estas decisiones sean delegadas a la decisión de un particular —el árbitro—.

La nulidad o la caducidad de la patente suele ser la defensa usual en los procesos de infracción. En el caso de que las partes hayan decidido someter a arbitraje cualquier controversia relativa a la infracción de una patente, el demandado solo podría alegar por vía de excepción que la patente no es válida —y no podría de ningún modo hacerlo por vía reconvencional—. En ese caso, el árbitro podría pronunciarse a los meros efectos prejudiciales sobre la validez de la patente con la única finalidad de decidir si estima o no la acción de infracción. Este enjuiciamiento no tendrá, sin embargo, ningún tipo de eficacia procesal o material fuera del ámbito del proceso arbitral —ni para las partes ni para ningún otro tercero—.[579]

Es posible, eso sí, que en una transacción el titular de la patente se *obligue — including a term* which obliges *the patent owner / die den Patentinhaber* verpflichtet — a limitar la patente, a aceptar su revocación o a no hacer valer el título frente a la otra parte o terceros (regla 11.2 de las RoP). En estos casos no se dispone del título directamente en la transacción, sino que las partes *se obligan materialmente* a hacer o no hacer determinados comportamientos: existe, en definitiva, una abstracción de la obligación material respecto del efecto pretendido en el acuerdo.[580]

Además de ello, se permite expresamente a las partes celebrar contratos procesales sobre las costas y decidir en el acuerdo

---

579 MASSAGUER FUENTES, J., *Acciones y procesos de infracción de Derechos de Propiedad Industrial*, Aranzadi, 2ª ed., 2020, pp. 247-251.

580 SCHUMANN BARRAGÁN, G., *Derecho a la tutela judicial efectiva y autonomía de la voluntad: los contratos procesales*, Madrid, Marcial Pons, 2022, pp. 162-163.

cómo se repartirán los gastos procesales en los que incurrieron hasta ese momento (regla 11.2 de las RoP).[581]

En cuanto al incidente de homologación, una vez que las partes hayan alcanzado el acuerdo por sí mismas o con la ayuda de un tercero, podrán informar al juez ponente y presentar la transacción para que sea ratificada judicialmente (reglas 365 y 11 de las RoP). No hay ninguna norma en los textos que regulan el sistema unitario en la que se señale los requisitos o las cuestiones que el Tribunal debe controlar. Pese a ello, es razonable sostener que el Tribunal deberá vigilar que el acuerdo se proyecta sobre materias disponibles y que no es contrario al orden público, al interés general o se haga en perjuicio de terceros. Finalmente, la decisión por la que se homologa la transacción tendrá fuerza ejecutiva (art. 82 ATUP).

Uno de los elementos que ordinariamente debe comprobar el tribunal que procede a la homologación judicial de una transacción es que el acuerdo alcanzado no sea contrario al orden público (v.gr. art. 19.1 LEC). En relación con ello, es de interés plantearse si el Tribunal puede denegar la homologación del acuerdo por considerarlo contrario al Derecho de la competencia. Aunque un análisis detallado de la cuestión no es ahora posible, no puede perderse de vista la naturaleza de orden público que tienen los arts. 101 y 102 del TFUE [STJUE *International Skating Union*, C-124/21, p. 192].

Las partes pueden solicitar al pedir la homologación que algunos de los detalles de la transacción sean tratados confi-

---

581 En relación con los contratos procesales sobre las costas *vid.* SCHUMANN BARRAGÁN, G., "Contratos sobre costas: la disposición del crédito derivado de la condena en costas" en HERRERO PEREZAGUA, J. F., LÓPEZ SÁNCHEZ, J. (dirs.), *La justicia tenía un precio*, Barcelona, Atelier, 2023, pp. 153-176 [Disponible en: https://hdl.handle.net/20.500.14352/87324].

dencialmente (regla 365.2 de las RoP). Podría así limitarse el acceso de terceros al registro (regla 262A de las RoP) o adoptarse medidas de anonimización sobre el acuerdo, sobre la decisión por la que se homologa o cualquier otra que sea eficaz para mantener la confidencialidad (art. 58 ATUP).[582]

### *7. Los efectos de la decisión condicionados a la prestación de una caución*

Como se ha explicado en relación con las órdenes, el Tribunal podrá también condicionar la eficacia de la decisión a que se preste por cualquiera de las partes beneficiadas una caución. Con ello se pretende garantizar los posibles gastos y la compensación de los daños que su cumplimiento pudiera arrojar a la otra parte o a terceros (regla 352 de las RoP).[583] La caución podrá prestarse mediante un depósito de dinero en efectivo, aval bancario o cualquier otra forma que el Tribunal considere adecuada (*vid. supra*).

### *8. La cosa juzgada material de la decisión*

No existe ninguna norma en los textos legales que regule los efectos jurídico-procesales que tradicionalmente se incorporan en el concepto de cosa juzgada material.[584] Y, pese a alguna norma aislada, no existe tampoco una regulación completa sobre su tratamiento procesal y los ámbitos subjetivos, temporales y objetivos en los que estos deberán desplegarse. Ante esta laguna, debe plantearse si puede encontrase en el sistema del

---

582 KIRCHER, "§ 10 Grundlagen des Verfahrensrechts", cit., Rn 24-43.

583 LEHMEYER, "§ 24 Entscheidungen und Anordnungen", cit., Rn 38; CHAKRABORTY/SCHMID "Regel 352 EPGVerfO", cit., Rn 1-8.

584 LEHMEYER, "§ 24 Entscheidungen und Anordnungen", cit., Rn 47.

Reglamento de Bruselas I bis o en cualquier otro instrumento de *soft law* un concepto autónomo de cosa juzgada que pudiera ser aplicado por analogía al sistema del Tribunal.

En primer lugar, y en relación con el Reglamento de Bruselas I bis, debe recordarse que en abstracto existen dos modelos de reconocimiento de sentencias: la extensión y la equiparación de los efectos. El modelo de la equiparación «nacionaliza» o «asimila» la resolución extranjera y la dota de los mismos efectos que una resolución equivalente tendría en el propio Derecho nacional. El modelo de extensión de los efectos reconoce los efectos procesales que la resolución despliega en el Estado Miembro de origen.[585] El Reglamento de Bruselas I bis incorpora el sistema de la extensión de los efectos.[586] Y esto supone que la cosa juzgada material «se reconoce a la decisión extranjera con el mismo alcance que le atribuya el Derecho del Estado de origen (es decir, con los límites objetivos, subjetivos y temporales que allí tenga)».[587]

---

585 GASCÓN INCHAUSTI, F., "Reconocimiento y ejecución de resoluciones judiciales extranjeras en la Ley de cooperación jurídica internacional en materia civil", en *Cuadernos de Derecho Transnacional* (octubre, 2015) Vol. 7, núm. 2, p. 160.

586 VOß, W., "Article 36" en REQUEJO ISIDRO, M. (ed.), *Bruselas I bis,* Edward Eldgar, Cheltenham (UK), Northampton (USA), 2022, pp. 476-477; GASCÓN INCHAUSTI, F., *Derecho europeo y legislación procesal civil nacional: entre autonomía y armonización,* Madrid, Marcial Pons, 2018, p. 54; GASCÓN INCHAUSTI, F., "Reconocimiento y ejecución de resoluciones judiciales extranjeras", cit., p. 165. Para un análisis de las características de cada uno de estos modelos, sus ventajas y desventajas y su relación práctica con la litigación internacional *vid.* VIRGÓS SORIANO, M., GARCIMARTÍN ALFÉREZ, F.J., *Derecho Procesal Civil Internacional,* cit., pp. 561-564.

587 VIRGÓS SORIANO, M., GARCIMARTÍN ALFÉREZ, F.J., *Derecho Procesal Civil Internacional,* cit., p. 564; STJUE de 4 febrero 1988 (Caso H.L. Martín Hoffmann contra Adelheid Krieg) [TJCE

Por esta razón no existe un concepto autónomo y completo de la institución de la cosa juzgada en la jurisprudencia del Tribunal de Justicia de la UE que pueda ser aplicado por analogía. Pueden solo encontrase algunas sentencias sobre aspectos concretos que se interpretan de forma autónoma para que el sistema de reconocimiento y de ejecución dentro de la UE funcione: entre ellas, las Sentencia del Tribunal de Justicia *Gothaer* (C-456/11).[588] El Reglamento de Bruselas I bis no es, en definitiva, un estándar al que se pueda acudir para integrar la regulación de la cosa juzgada en el sistema del Tribunal Unificado de Patentes.

En ese caso, deberá integrarse el ordenamiento procesal del Tribunal sobre la base de la tradición común de los ordenamientos procesales europeos y el *acquis communautaire.* Especial importancia tendrán para ello textos como las *European Rules of Civil Procedure.* En cualquier caso, y como se ha señalado en relación con el objeto del proceso, solo un concepto autónomo de la cosa juzgada permitirá que el sistema del Tribunal funcione con coherencia —interna y en su relación con los distintos ordenamientos nacionales de los Estados que no participan en el ATUP—.

Las *European Rules* son un proyecto conjunto del *ELI* y *UNIDROIT* que suponen un desarrollo regional de los *Principles*

---

1988\92]: «una resolución extranjera reconocida en virtud del artículo 26 del Convenio (LCEur 1972, 178) debe desplegar en principio en el Estado requerido los mismos efectos que en el Estado de origen»; STJCE de 28 de abril de 2009, *Apostolides* C-420/07: «el reconocimiento debe producir el efecto de atribuir a las resoluciones la autoridad y la eficacia con que cuentan en el Estado miembro en el que han sido dictadas».

588 En relación con ello, SCHUMANN BARRAGÁN, G., "Cosa juzgada y cuestiones procesales: una perspectiva nacional y europea", en *Revista General de Derecho Procesal,* núm. 49, 2019.

*of Transnational Civil Procedure.*[589] El objetivo de las *European Rules* es proporcionar una serie sistematizada y coherente de reglas más o menos detalladas que, diseñadas sobre la base de la cultura procesal europea, sirvan de modelo para el futuro desarrollo del Derecho procesal civil europeo y nacional.[590] La regulación sobre la cosa juzgada en las *European Rules* puede encontrarse en las reglas 147 y siguientes.

En relación con los textos que regulan el TUP, y conforme a la regla 362 de las RoP, el Tribunal podrá en cualquier momento —de oficio o a instancia de parte— apreciar alguna circunstancia que impida la continuación del proceso; entre ellas, la existencia de *cosa juzgada.* Puede, por tanto, afirmarse que este precepto reconoce la eficacia negativa o excluyente de la cosa juzgada material como óbice procesal.

Aunque no exista ninguna norma que lo reconozca expresamente, debe también considerarse que las decisiones firmes producen un efecto positivo o prejudicial que vinculan a cualquier otro órgano jurisdiccional que conozca de un

---

589 El texto de las *European Rules* puede consultarse en: https://www.unidroit.org/instruments/civil-procedure/eli-unidroit-rules
En relación con las *European Rules vid.* GASCÓN INCHAUSTI, F., "Las European Rules of Civil Procedure ¿Un punto de partida para la armonización del proceso civil?, en *Cuadernos de Derecho Trasnacional, Cuadernos de Derecho Transnacional,* 2021, Vol. 13, núm. 1, pp. 277-297; GASCÓN INCHAUSTI, F., *Derecho europeo,* cit., pp. 98-101. También son de especial interés los trabajos de SILVESTRI, E., STÜRNER, M., y KERN, C.A. sobre las *European Rules* en GASCÓN INCHAUSTI, F., HESS, B. (eds.), *The Future of the European Law of Civil Procedure. Coordination or Harmonisation?,* Intersentia, Cambridge, 2020, pp. 199-237.

590 GASCÓN INCHAUSTI, F., "Las European Rules", cit., pp. 286-288, 289-290. Para ver la relación entre las *European Rules* y el *acquis communautaire vid.* el Preámbulo de las *European Rules of Civil Procedure,* pp. 24-31.

asunto conexo entre las mismas partes (art. 34 ATUP y art. 36.1 Bruselas I bis).[591]

En cuanto a los límites subjetivos de la cosa juzgada, es razonable sostener que esta solo se despliega entre las partes y sus causahabientes —*res judiciata inter partes*—. Y, conforme a la regla 316.3 de las RoP, la cosa juzgada también afectará al interviniente voluntario.[592]

No existe ninguna norma que permita defender una eficacia *erga omnes* de la cosa juzgada material, cuanto menos en los procedimientos relativos a la validez de las patentes —de forma similar al artículo 104.4 de la española Ley de Patentes—. En ese caso, y como se ha defendido ya, debe sostenerse que la cosa juzgada solo se despliega entre las partes y que es la inscripción de la decisión en el registro público de la Oficina correspondiente la que «prolonga» *materialmente* los efectos de la decisión *erga omnes*. Con independencia de los efectos jurídico-procesales que la decisión tenga, será esta inscripción de la decisión en el registro —*rectius*, la publicidad material asociada a él— lo que acabará produciendo efectos jurídico-materiales frente a todos.

En cuanto al ámbito objetivo de la cosa juzgada, debe defenderse que esta se predica respecto del fallo de la decisión y los antecedentes lógicos —contenidos en los fundamentos jurídicos—en los que se apoya directamente (*vid.* regla 149(2) de las *European Rules*).[593]

En relación con su ámbito territorial, el artículo 34 ATUP señala que las resoluciones del Tribunal «tendrán fuerza de cosa juzgada, en el caso de una patente europea, en el territo-

---

591 LEHMEYER, "§ 24 Entscheidungen und Anordnungen", cit., Rn 50.

592 LEHMEYER, "§ 24 Entscheidungen und Anordnungen", cit., Rn 50.

593 En relación con ello, *vid.* los comentarios a la regla 149(2) en *ELI/UNIDROIT Model European Rules of Civil Procedure*, pp. 293-294.

rio de los Estados miembros contratantes en que tenga efecto la patente europea». En estos casos la cosa juzgada se despliega, por tanto, directamente en el territorio en el que la patente europea tenía efectos.

En todos aquellos Estados miembros que no sean partes contratantes del ATU, podrá conseguirse el reconocimiento de los efectos de la decisión —y entre ellos, de la cosa juzgada material— conforme al artículo 71 *bis* y *quinquies* del Reglamento de Bruselas I bis.[594]

Debe señalarse, por último, que el ATUP regula un recurso de revisión como mecanismo extraordinario de rescisión de la cosa juzgada material de la decisión firme (art. 81 ATUP). Como se ha dicho, la competencia objetiva para conocer de este «recurso» corresponde al Tribunal de Apelación y deberá interponerse en el plazo de dos meses desde que se conoce la causa que lo motive en un plazo máximo de diez años desde la fecha de la resolución (*vid. supra*).[595]

### *9. Excurso: sobre la preclusión de alegaciones de hecho y fundamentos de Derecho*

En principio, no existe ninguna norma que imponga a las partes alegar todos los hechos y fundamentos de Derecho en los que pueda fundarse la tutela que se pretende ante el Tribunal—

---

594 FALCK, STOLL "Regel 354 EPGVerfO", cit., Rn. 20-21; HORNKOHL, L., "Article 71a" y "Article 71b", en REQUEJO ISIDRO, M. (ed.), *Bruselas I bis*, Edward Eldgar, Cheltenham (UK), Northampton (USA), 2022, pp. 828-837, 852-855; *vid.* nota al pie 39; CANTOS PARDO, M., *El proceso civil para la cesación de la infracción de patentes*, Valencia, Tirant lo Blanch, 2023, pp. 91-94.

595 LEHMEYER, "§ 24 Entscheidungen und Anordnungen", cit., Rn 52.

de forma similar al artículo 400 LEC—. Como es conocido, las preclusiones sobre alegaciones fácticas y jurídicas que se impongan a las partes pueden repercutir indirectamente en el ámbito de la cosa juzgada material.[596]

La evitación del denominado goteo de pretensiones suele reconducirse en los distintos Estados miembros a la institución de la cosa juzgada, de la preclusión o de la mala fe y la litigación abusiva. Ante la falta de cualquier precepto que imponga tal carga de concentración de alegaciones a las partes en el sistema del Tribunal, deberá reconducirse a una u otra de las instituciones señaladas la evitación de litigios en los que se pretendan hacer valer argumentos que razonablemente pudieron resolverse antes (regla 362 de las RoP).

En cualquier caso, y a efectos de reconocimiento y ejecución de la decisión, el Tribunal de Justicia de la UE en la Sentencia *BNP Paribas SA* (C-567/21) ha señalado que las normas de preclusión que imponen a las partes concentrar sus alegaciones de hecho y de Derecho «no pretende regular la autoridad y la eficacia de que goza una resolución». Por ello no es una cuestión que deba integrarse en la noción de la cosa juzgada y de «los efectos vinculados a una resolución cuyo reconocimiento se invoca» (p. 50).[597] De este modo, será el ordenamiento

---

596 GASCÓN INCHAUSTI, F., *Derecho procesal civil*, cit., pp. 390-391.

597 STJUE, *BNP Paribas SA*, Asunto C-567/21: «A este respecto, procede señalar que tal norma de Derecho interno de concentración de las pretensiones es de carácter procesal y tiene por objeto evitar que las pretensiones vinculadas a una misma y única relación jurídica entre las partes den lugar a una multitud de procedimientos, tanto en interés de una buena administración de la justicia como de las partes interesadas. Pues bien, tal norma no pretende regular la autoridad y la eficacia de que goza una resolución en el Estado miembro en el que se ha dictado, en el sentido de la jurisprudencia citada en el apartado 47 de la presente sentencia. Por tanto, esa norma no es

procesal de cada Estado miembro —o del Tribunal Unificado de Patentes— en el que se pretenda volver a demandar el que regulará el alcance de la eventual preclusión de alegaciones en el marco de una controversia que ha sido ya resuelta con efectos de cosa juzgada.

### *Bibliografía*


CANTOS PARDO, M., *El proceso civil para la cesación de la infracción de patentes*, Tirant lo Blanch, Valencia, 2023.

ENGLAND, P., *A Practitioner's Guide to the Unified Patent Court and Unitary Patent*, Hart, Oxford-New York, 2022.

GASCÓN INCHAUSTI, F., "Las European Rules of Civil Procedure ¿Un punto de partida para la armonización del proceso civil?", en *Cuadernos de Derecho Trasnacional, Cuadernos de Derecho Transnacional*, 2021, Vol. 13, núm. 1.

GASCÓN INCHAUSTI, F., "Litispendencia internacional y actuaciones previas al proceso", en *Cuadernos de Derecho Transnacional*, 2018, Vol. 10, núm. 1, p. 582 [Disponible en: https://doi.org/10.20318/cdt.2018.4139].

GASCÓN INCHAUSTI, F., "Reconocimiento y ejecución de resoluciones judiciales extranjeras en la Ley de cooperación jurídica internacional en materia civil", en *Cuadernos de Derecho Transnacional* (octubre, 2015) Vol. 7, núm. 2.

GASCÓN INCHAUSTI, F., *Derecho europeo y legislación procesal civil nacional: entre autonomía y armonización*, Madrid, Marcial Pons, 2018.

GASCÓN INCHAUSTI, F., *Derecho procesal civil*, Madrid, 2024, pp. 120-124 [Disponible en Docta UCM: https://docta.ucm.es/entities/publication/54256973-cfee-40f3-ab7d-2644629377f0].


---

aplicable para determinar los efectos vinculados a una resolución cuyo reconocimiento se invoca para oponerse a la admisibilidad de una acción entre las mismas partes y que concierne a la misma relación jurídica ejercitada en otro Estado miembro con posterioridad a dicha resolución».

GASCÓN INCHAUSTI, F., SCHUMANN BARRAGÁN, G., "The rules on lis pendens and on res judicata in the ELI/UNIDROIT Model European Rules of Civil Procedure", en *Ius Dictum*, núm. 5, 2021.

HESS/PFEIFFER/SCHLOSSER, *The Brussels I. Regulation 44/2001*, C. H. Beck, Hart, Nomos, 2008, München.

HORNKOHL, L., "Article 71a" y "Article 71d" en REQUEJO ISIDRO, M. (ed.), *Bruselas I bis*, Edward Eldgar, Cheltenham (UK), Northampton (USA), 2022.

KIRCHER, "§ 10 Grundlagen des Verfahrensrechts" en BOPP, T., KIRCHER, H., *Handbuch Europäischer Patentprozess*, C. H. Beck, 2ª ed., 2023.

LAW, S., "Article 29" en REQUEJO ISIDRO, M. (ed.), *Bruselas I bis*, Edward Eldgar, Cheltenham (UK), Northampton (USA), 2022.

LEHMEYER, "§ 24 Entscheidungen und Anordnungen" en BOPP, T., KIRCHER, H., *Handbuch Europäischer Patentprozess*, C. H. Beck, 2ª ed., 2023.

MASSAGUER, J., *Acciones y procesos de infracción de Derechos de Propiedad Industrial*, Aranzadi, 2ª ed., 2020.

MASSAGUER, J., "La impugnación en vía de las resoluciones definitivas en la Oficina Española de Patentes y Marcas sobre propiedad industrial: aspectos jurisdiccionales y procesales", en *InDret: Revista para el Análisis del Derecho*, núm. 2, 2023, pp. 101-154.

PEÑA ADASME, A., *La flexibilidad del procedimiento civil. Una reconstrucción teórica*, 2018. [Tesis doctoral disponible en: https://repositori.upf.edu/handle/10230/36318?locale-attribute=es].

ROSENDE VILLAR, C., "Litispendencia y conexidad internacionales y sus últimas reformas legislativas europea y española", en *Anuario Español de Derecho Internacional Privado*, 2016, núm. 16, pp. 347-374.

SCHUMANN BARRAGÁN, G., "Contratos sobre costas: la disposición del crédito derivado de la condena en costas", en HERRERO PEREZAGUA, J. F., LÓPEZ SÁNCHEZ, J. (dirs.), *La justicia tenía un precio*, Barcelona, Atelier, 2023, pp. 153-176 [Disponible en: https://hdl.handle.net/20.500.14352/87324].

SCHUMANN BARRAGÁN, G., "Cosa juzgada y cuestiones procesales: una perspectiva nacional y europea", en *Revista General de Derecho Procesal*, núm. 49, 2019.

SCHUMANN BARRAGÁN, G., "La gestión y la flexibilidad del procedimiento: ¿un proceso civil convergente con Europa?", en GASCÓN INCHAUSTI, F., PEITEADO MARISCAL, P. (eds.), *Estándares europeos y proceso civil*, Barcelona, Atelier, 2022, pp. 117-153 [Disponible en: https://hdl.handle.net/20.500.14352/2492].

SILVESTRI, E., STÜRNER, M., y KERN, C.A. sobre las *European Rules* en GASCÓN INCHAUSTI, F., HESS, B. (eds.), *The Future of the European Law of Civil Procedure. Coordination or Harmonisation?*, Intersentia, Cambridge, 2020.

TILMANN, W., PLASSMANN, C., *Einheitspatent, Einheitliches Patentgericht*, C. H. Beck, 2024, München.

VIRGÓS SORIANO, M., GARCIMARTÍN ALFÉREZ, F.J., *Derecho Procesal Civil Internacional. Litigación Internacional*, Aranzadi, 2007.

VOß, W., "Article 36" en REQUEJO ISIDRO, M. (ed.), *Bruselas I bis*, Edward Eldgar, Cheltenham (UK), Northampton (USA).

## *Capítulo IX*

# *La lengua del procedimiento*

**ANA BELTRÁN MONTOLIU**
*Profesora Titular de Derecho Procesal*
*Universidad Jaume I de Castellón*

SUMARIO: I. CONSIDERACIONES GENERALES. II. MARCO NORMATIVO. III. LA LENGUA EN EL PROCEDIMIENTO. 1. Tribunal de Primera Instancia. 2. Tribunal de Apelación. 3. Especial referencia a la utilización como lengua del procedimiento la lengua de concesión de la patente. IV. CUESTIONES RELATIVAS A LA TRADUCCIÓN E INTERPRETACIÓN. *Bibliografía.*

## I. CONSIDERACIONES GENERALES

En el Tribunal Unificado de Patentes (en adelante, TUP), uno de los aspectos más relevantes relacionados con el procedimiento es precisamente la lengua empleada y la necesidad de que sea entendida por todas las partes tanto desde el punto de vista de la oralidad (interpretación) como de la escritura (traducción). En aquellos tribunales de carácter supranacional[598] no podemos olvidar el papel fundamental que repre-

[598] Es importante destacar la trascendencia práctica de este nuevo orden jurisdiccional, a un tiempo internacional y "nacional" en su estatuto híbrido, tal y como señala y advierte REMÉDIO MARQUES, J.P., *O (Novo) Tribunal Unificado de Patentes, Competência e regras de processo,* Almedina, Coimbra, 2024, p. 9.

senta la lengua utilizada durante la resolución del conflicto[599]. En este sentido, será determinante tener en consideración el aspecto lingüístico a todos los efectos, ya que, devendrá presupuesto imprescindible para poder garantizar el derecho de defensa de las partes en el proceso[600]. Es esencial tener en cuenta qué idiomas serán los oficiales, para, a continuación, prever mecanismos de traducción e interpretación para que las partes puedan saber, conocer y entender en todo momento qué está sucediendo en la tramitación procedimental del asunto en cuestión.

---

599 Se puede observar que, desde el comienzo de su andadura en junio de 2023, el Tribunal Tribunal de Primera Instancia ha recibido un total de 585 casos, Vid. UPC, *Case load of the Court since start of operation in June 2023,* update end November 2024, 04.12.2024, p. 1.

600 Sirva como ejemplo sobre la habitual diversidad lingüística en el ámbito de conflictos en el derecho de patentes el caso de la conocida “silla Cesca”. En 1927 Mart Stam y Ludwig Mies van der Rohe, presentan una silla de acero de dos patas en un salón de diseño moderno de Sttutgart. Al año siguiente, Marcel Breuer (Bauhaus) presenta la silla B32 que es comercializada por Thonet. En 1932 Anton Lorenz adquiere Standard-Mobel que tiene los derechos de la silla Cantilever Chair de Stam y demanda a Thonet, alegando que al producir cualquier silla cantiléver, estaba infringiendo sus derechos de patente y gana el juicio. En 1960 la empresa italiana Gavina adquiere los derechos y se vuelve a mencionar a Breuer como diseñador, y se decide llamar a la silla CESCA” en honor a la hija de Breuer, Francesca. En 1968 la patente pasa a Knoll y se populariza convirtiéndose en un icono del diseño moderno. En esta enrevesada historia hay varias personas implicadas de diferentes nacionalidades e idiomas lo que suele pasar a menudo en el ámbito del derecho de patentes (Marcel Breuer era húngaro, Mart Stam holandés y Ludwig Mies van der Rohe alemán), En detalle, vid. SPAGNOLELLO, R., “La polémica historia de la silla Cesca de Marcel Breuer”, *elledecor.com,* 18/05/2022. Se puede consultar mayor información em https://collections.vam.ac.uk/item/O371978/model-b64-armchair-breuer-marcel-adios/

Desde ese punto de vista, el TUP, consciente de esta imperiosa necesidad de salvaguardar los derechos de las partes en cuanto al tema idiomático, presta especial atención a dos ámbitos concretos: Por un lado, al procedimiento, pues será habitual que haya diversidad de lenguas en cada caso, sobre todo si existen diferentes nacionalidades implicadas, y, por otro, en la formación profesional de los jueces. Así, en la composición de las Salas del Tribunal de Primera Instancia, se apunta una estructura plurinacional (art. 8.1 ATUP) con todo lo que esto puede suponer en la práctica forense cuando los magistrados implicados procedan de diferentes culturas jurídicas. En este contexto, los jueces poseerán buenos conocimientos al menos de una lengua oficial de la Oficina Europea de Patentes (art. 2.2 ETUP), siendo por lo tanto el alemán, el inglés y el francés (art. 14.1 Convenio de Múnich sobre concesión de patentes europeas[601]).

Hasta tal punto se vela por la adecuada formación en idiomas de los jueces, que el Secretario será responsable de mantener y actualizar regularmente, entre otras, una lista de los jueces legalmente y técnicamente cualificados que forman parte del grupo de jueces, incluyendo información sobre las competencias lingüísticas, experiencia, antigüedad, otros empleos y casos previamente tramitados por cada juez, así como el ámbito de especialización de cada juez técnicamente cualificado[602] [regla 16, 1 a) Reglamento de la Secretaría -en adelante,

---

601 Instrumento de Adhesión de España al Convenio sobre concesión de Patentes Europeas, hecho en Múnich el 5 de octubre de 1973, BOE, núm. 234, de 30 de septiembre de 1986.

602 Será relevante en cualquier caso garantizar una formación integral que salvaguarde en todo momento la imparcialidad e independencia de los magistrados. Así lo pone de manifiesto SERRANO MASIP, M., “Consideraciones sobre el Tribunal Unificado de Patentes desde la perspectiva de la independencia judicial”, en Asencio Mellado, J.M./ Fuentes Soriano, O. (dir), *El proceso como garantía*, Madrid, Atelier, 2023, p. 274.

RegSTUP[603]-]. Otra función relevante de la Secretaría será el mantenimiento de una lista de las lenguas comunicadas por los Estados miembros contratantes (regla 14.3 del Reglamento de procedimiento -en adelante, RoP-).

A estos efectos, es decir, con el objeto de mantener una adecuada y constante formación respecto de los jueces, se contempla específicamente un centro de formación, con sede en Budapest, donde se promoverá la mejora de los conocimientos lingüísticos de los jueces [art. 19. 2 b) ATUP] proporcionando una formación continuada en este ámbito[604].

Siguiendo en la línea lingüística, no podemos evitar hacer mención al rechazo que ha efectuado España para formar parte de los países que reconocen el TUP, basando sus argumentos para no formar parte del sistema por entender que existe una discriminación en relación al idioma español. Hay que señalar que tanto Italia como España exigieron que el italiano y el español se incluyeran entre los idiomas que podrían utilizarse ante el sistema, y, frente a esta situación, solicitaron al TJUE que declarara la nulidad de la Decisión que autorizaba la cooperación reforzada. Sin embargo, el tribunal rechazó ambos recur-

---

603 Debido a que el Reglamento del Procedimiento y el Reglamento de la Secretaría no disponen de traducción al español, con el objeto de facilitar la lectura de los preceptos legales mencionados a lo largo de este capítulo, se ofrece una traducción al español privada.

604 En virtud del art. 11.3 ETUP (Formación): "Se elaborarán un programa de trabajo anual y directrices en materia de formación, que incluirán un plan de formación para cada juez, en el que se especificará cuáles son sus principales necesidades de formación de acuerdo con el Reglamento de Formación". En este sentido, entendemos que se pueden contemplar actividades formativas encaminadas a perfeccionar o mejorar las habilidades lingüísticas.

sos en su sentencia del 16 de abril de 2013[605], confirmando que las cooperaciones reforzadas eran viables en cualquier caso de competencias compartidas y que, además, en este contexto, favorecían el proceso de integración. Posteriormente, el 17 de diciembre de 2012, se aprobaron los Reglamentos 1257/2012 y 1260/2012 para implementar estas cooperaciones reforzadas[606] de modo que se siguió avanzando en el camino hasta lograr la aprobación en 2013 del ATUP.

El principal argumento doctrinal fue que el castellano, a diferencia de lo que sucede en la Oficina Europea de Marcas y Diseños Industriales[607], no se reconoce como idioma oficial, ya que únicamente se aceptan el alemán, el francés y el inglés.

El problema, sin embargo, no radica tanto en que las empresas españolas encuentren dificultades al solicitar la aprobación de su patente unitaria en la OEP (ya que el español

---

605 STJU, 16 de abril de 2013, asuntos acumulados C-274/11 y C-295/11. El TJUE, en relación a la cuestión lingüística, adujo: "56. También es evidente que todos los Estados miembros han discutido en el seno del Consejo un número considerable de regímenes lingüísticos diferentes y que ninguno de estos regímenes, ya fuera sin elementos de compromiso o con ellos, ha logrado un apoyo que pudiera conducir a la adopción, a escala de la Unión, de un «paquete legislativo» completo relativo a dicha patente. 57. Por otro lado, los demandantes no han presentado ningún dato concreto que refute la alegación del Consejo según la cual no existía apoyo suficiente para ningún régimen lingüístico propuesto o concebible cuando se presentaron las solicitudes de cooperación reforzada, cuando la Comisión transmitió al Consejo la propuesta de autorización y en la fecha en la que se adoptó la Decisión impugnada".

606 En detalle sobre esta cuestión vid. HERRERA AGUILERA, S., "Hacia la creación del Tribunal Unificado de Patentes. Un nuevo paso para la integración europea", en *Cuadernos Cantabria Europa*, núm. 18, 2019, pp. 29 y ss.

607 Oficina Europea de Marcas y Diseños Industriales (*European Union Intelectual Property Office*): https://www.euipo.europa.eu/es

tampoco está aceptado en el sistema actual), sino en que, si son parte en un litigio ante el TUP por nulidad o violación de los derechos de la patente unitaria, no podrán llevar a cabo el debate en español. Esto genera una desventaja competitiva, además del riesgo de retrasos debido a los prolongados tiempos de traducción, lo que podría afectar a las inversiones tecnológicas ya realizadas por la empresa[608]. Por otra parte, también existen críticas que entienden que, al no poder publicarse en español, el contenido de la patente no alcanzará el nivel de difusión e impacto que debería tener[609]. Asimismo, otras voces apuntan esta disconformidad por parte de España como una estrategia de connotaciones exclusivamente políticas.

En cualquier caso, España sigue ostentando un papel relevante, ya que, aunque no nos encontremos dentro del sistema del TUP, hay que señalar que el español constituye ya la primera lengua de traducción de la patente con un 29,5% del

---

608 Así lo pone de manifiesto SANDRI, P.M., "España rechaza la patente unitaria europea por el idioma", *lavanguardia.com*, 15 de febrero 2022.

609 Desde ABG IP, empresa especializada en propiedad industrial e intelectual consideran "que la patente unitaria puede convertirse en un arma de doble filo para las empresas españolas... por un lado se reducen los costes de mantenimiento, pero en caso de infracción tendrán que acudir al Tribunal Unificado de Patentes, litigar en un idioma que no será el español y asumir los costes de ese proceso", En este sentido lo indica VICIOSO, J., "España rechaza la patente unitaria europea", *elmundo.com*, 16 de julio 2023.

total[610], lo que implica que seguimos siendo un país atractivo para la inversión en innovación y tecnología[611].

Desde el punto de vista lingüístico, hay que destacar como dato significativo que en el Tribunal de Primera Instancia el inglés[612] se postula como la lengua predominante alcanzando ya el 52%, seguido del alemán, con un 40%. Por otra parte, el francés supone el 4%y el italiano el 2% y, por último, encontramos el holandés y el danés, cuya representación no es significativa, pues tan solo alcanza el 1%. A continuación, se muestra la distribución de idiomas ante el TUP. Asimismo, mostramos el índice de patentes del año 2023 ante la Oficina Europea de Patentes, que nos muestra el origen de las solicitudes de patente[613].

---

610 Así, las peticiones de efecto unitario según prevé el art. 6.1 b) se presentarán acompañadas: "de una traducción completa del folleto de la patente europea a cualquier otra de las lenguas oficiales de la Unión, cuando la lengua de procedimiento sea el inglés", REGLAMENTO (UE) Nº 1260/2012 DEL CONSEJO de 17 de diciembre de 2012 *por el que se establece una cooperación reforzada en el ámbito de la creación de una protección unitaria mediante patente en lo que atañe a las disposiciones sobre traducción.*

611 ORIA, J., RÚA, P., "La Patente Unitaria seis meses después", elderecho.com, 25 de enero 2024.

612 Alrededor del 75% de las patentes europeas se conceden en inglés, de modo que es lógico deducir que la mayoría de los asuntos se tramitarán en inglés, tal y como se desprende de los datos apuntados. JA& KEMP, *A Guide to the Unified Patent Court,* 29th June 2022, p. 9.

613 En 2023, el país que más solicitudes de patentes efectúa es Estados Unidos (48 155), seguido de Alemania (24 966) y Japón (21 520), European Patent Office, *Patent Index 2023, Statitics at glance,* p. 5, Información completa en https://link.epo.org/web/about-us/statistics/en-patent-index-2023-at-a-glance.pdf

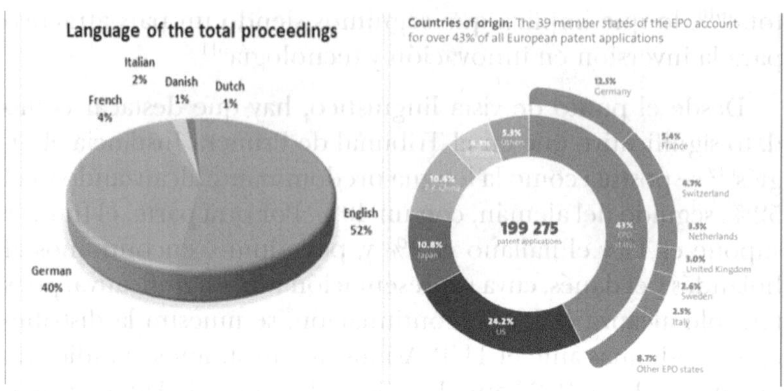


**Fuente**: UPC, *Case load of the Court since start of operation in June 2023 update end November 2024*,02.12.2024, p. 3

No es posible entender el alcance y significado del ámbito idiomático sin hacer alusión a la estructura del TUP ya que constará de un Tribunal de Primera Instancia, un Tribunal de Apelación y una Secretaría (art. 6 ATUP). A su vez, el Tribunal de Primera Instancia estará compuesto de una División Central (Paris, Milán y Múnich) y de Divisiones nacionales y regionales (art. 7 ATUP)[614]. A continuación, se muestra la tabla que refleja los idiomas que se utilizan en cada sede:

* See Rule 14.2(c) of the UPC Rules of Procedure (RoP) regarding the use of the official language(s) as set out in Rule 14.1(a) RoP and/or the delivery of any order or decision in the official language(s) pursuant to Rule 14.1(a) RoP. In relation to the Brussels (BE) Local Division**, see also Rule 14.2(b) RoP.

** Included below are links to the Declaration of the Kingdom of Belgium on the language of proceedings before the Local Division established in Brussels:

- Link for the NL and EN versions of the Declaration (Belgian gazette):
http://www.ejustice.just.fgov.be/eli/wet/2014/05/27/2023042078/staatsblad

- Link for the FR and DE versions of the Declaration (Belgian gazette):
http://www.ejustice.just.fgov.be/eli/loi/2014/05/27/2023042078/moniteur

[614] Se puede consultar la información respecto de todas las localidades donde se encuentran ubicadas la División Central y el resto de Divisiones nacionales y regionales en un mapa interactivo: https://www.unified-patent-court.org/en/court/locations

| | | |
|---|---|---|
| Local Division | Copenhagen (DK) | Danish, English |
| | Helsinki (FI) | Finnish, Swedish, English |
| | Paris (FR) | French, English * |
| | Düsseldorf (DE) | German, English * |
| | Hamburg (DE) | German, English * |
| | Mannheim (DE) | German, English * |
| | Munich (DE) | German, English * |
| | Milan (IT) | Italian, English * |
| | The Hague (NL) | Dutch, English |

**Fuente**: Unified Patent Court, https://www.unified-patent-court.org/en/court/language-proceedings

## II. MARCO NORMATIVO

Una vez efectuadas las consideraciones generales relativas a la lengua en el procedimiento ante el TUP, debemos detenernos en el marco normativo que regula todas las cuestiones lingüísticas. Tal y como hemos enfatizado anteriormente, es preciso conocer cuál será la dinámica en relación a los idiomas a utilizar ya que, como se muestra en la tabla *supra,* las posibilidades previstas en las divisiones locales, son muy variadas. No olvidemos que el derecho a la traducción e interpretación está considerado un pilar esencial para la consecución del derecho de defensa[615].

615 Desde el punto de vista de la protección en el ámbito penal hay que tener en cuenta la *Directiva 2010/64/UE del Parlamento Europeo y del Consejo, de 20 de octubre de 2010, relativa al derecho a interpretación y a traducción en los procesos penales.* «DOUE» núm. 280, de 26 de octubre de 2010. Sobre esta directiva en detalle, vid. PONCE GON-

Desde esta perspectiva, debemos tener en consideración como punto de partida el Reglamento (UE) nº 1260/12 del Consejo, de 17 de diciembre de 2012, *por el que se establece una cooperación reforzada en el ámbito de la creación de una protección unitaria mediante patente en lo que atañe a las disposiciones sobre traducción*[616]. En esta norma se establecen las disposiciones sobre traducción para la protección unitaria mediante patente. Basándose en el régimen lingüístico de la Oficina Europea de Patentes (OEP), el texto busca simplificar y reducir los gastos y costes asociados a las traducciones, favoreciendo especialmente a las pequeñas y medianas empresas (PYME). Las patentes con efecto unitario serán publicadas en la lengua de procedimiento utilizada ante la OEP, con traducciones de las reivindicaciones a las otras lenguas oficiales de la OEP. Durante un período transitorio, se requerirán traducciones adicionales hasta que se disponga de un sistema de traducción automática de alta calidad[617]. En caso de litigios, el titular deberá propor-

---

ZÁLEZ, S., *La asistencia lingüística en el proceso penal tras la directiva 2010/64/UE. Derecho fundamental o mero formalismo*, Valencia, Tirant lo Blanch, 2023, *passim*.

616 DOUE L 361/89, 31 de diciembre de 2012.

617 Uno de los grandes retos a los que se enfrenta la traducción desde siempre ha sido precisamente determinar cuál es el grado de fiabilidad de los sistemas de traducción automáticos. En este sentido, el legislador europeo es prudente al dejar claro que "las traducciones automáticas deben facilitarse exclusivamente con fines informativos y no deben tener ningún efecto jurídico." (Considerando 11). En esta misma línea se sigue pronunciando exigiendo que exista en todo momento un control sobre la calidad de las traducciones automáticas (Considerando 13). Si bien, son obvias las ventajas que pueden proporcionar estos sistemas, no es menos cierto que hay que tener cautela y prever mecanismos e instrumentos que permitan siempre y en todo momento garantizar una traducción de calidad. Se trata de un aspecto apasionante de la traducción, que no podemos abor-

cionar traducciones completas a petición del infractor o del tribunal. Además, se prevé un sistema de compensación para reembolsar los costos de traducción a ciertos solicitantes, gestionado por la OEP. Se abordan, por lo tanto, aspectos muy importantes desde la óptica práctica, ya que se prevén mecanismos para garantizar y salvaguardar en todo momento una traducción que sea fidedigna y respetuosa con los derechos de los implicados en la resolución del conflicto.

En la parte III del ATUP, relativa a las disposiciones de organización y procedimiento, se destina el capítulo II a la lengua del procedimiento dedicando los arts. 49 a 51 a este aspecto. El art. 88 por su parte se refiere a las lenguas del Acuerdo, indicando que "está redactado en un ejemplar único en lenguas alemana, francesa e inglesa, siendo cada uno de estos textos igualmente auténtico". En el apartado 2º se especifica que "los textos del presente Acuerdo redactados en las lenguas oficiales de los Estados miembros contratantes distintas de las especificadas en el apartado 1 se considerarán textos oficiales si han sido aprobados por el Comité administrativo. En caso de discrepancia entre los diversos textos, prevalecerán los textos

dar con toda extensión, ya que no es el objeto de este estudio, pero que deviene necesario no perder de vista como uno de las cuestiones más controvertidas a las que nos enfrentaremos también en el entorno del TUP. Así, ya hay estudios que acreditan y evidencian la mayor precisión ofrecida por los diccionarios bilingües frente a los motores de traducción automática basados en redes neuronales, vid. MALDONADO GONZALEZ, M.C., LIÉBANA GONZÁLEZ, M., "La traducción automática y su uso en la redacción de textos digitales. Análisis de algunos documentos reales de trabajo", en *Círculo de lingüística aplicada a la comunicación*, núm. 95, 2023 [Ejemplar dedicado a: El sistema verbal español en las gramáticas y manuales de español como lengua extranjera, coordinado por María Martínez-Atienza de Dios (Universidad de Córdoba)], pp. 133-161.

a que se refiere el apartado 1." Esta última matización es relevante ya que proporciona una solución en caso de que pudiera surgir un conflicto de interpretación.

Por otra parte, el Reglamento de Procedimiento[618] del TUP (en adelante, RoP) dedica un número considerable de reglas[619] que afectan a la lengua, y a cuestiones relacionadas con la traducción e interpretación ante el TUP.

---

618 Unified Patent Court, *Rules of Procedure of the Unified Patent Court*, as adopted by decision of the Administrative Committee on 8 July 2022. Entry into force: 1 September 2022. Se encuentran disponibles en: https://www.unified-patent-court.org/sites/default/files/upc_documents/rop_en_25_july_2022_final_consolidated_published_on_website.pdf

619 Destacamos las siguientes: regla 7. Idioma de los escritos y de las pruebas escritas; regla 14. Uso de idiomas según el Artículo 49(1) y (2) del Acuerdo; regla 39. Idioma de los procedimientos ante la división central; regla 45. Idioma de la declaración de nulidad; regla 64. Idioma de la declaración para una solicitud de no infracción; regla 88. Solicitud de anulación o modificación de una resolución de la Oficina; regla 89. Examen de los requisitos formales (procedimiento ex parte); regla 109. Interpretación simultánea durante las audiencias orales; regla 150. Procedimiento separado para la decisión sobre las costas; regla 227. Idioma de la declaración de apelación y de los fundamentos de la apelación; regla 232. Traducción del expediente; regla 271.7 Notificación del escrito de demanda; regla 321. Solicitud de ambas partes para usar el idioma en el que se otorgó la patente como idioma de los procedimientos; regla 322. Propuesta del juez ponente para usar el idioma en el que se otorgó la patente como idioma de los procedimientos; regla 323. Solicitud de una parte para usar el idioma en el que se otorgó la patente como idioma de los procedimientos; regla 324. Consecuencias del cambio de idioma en los procedimientos durante el curso de los mismos.

Finalmente, el Reglamento de la Secretaría del TUP[620], contiene asimismo diversos preceptos que afectan a las cuestiones lingüísticas[621].

## III. LA LENGUA EN EL PROCEDIMIENTO

Hay que tener en consideración diferentes aspectos relacionados con la utilización de la lengua en el procedimiento[622]. Así de forma genérica, hay que señalar que los escritos y demás documentos, incluidas las pruebas escritas, deberán presentarse en el idioma del procedimiento, salvo que el Tribunal o el RoP dispongan lo contrario (regla 7.1 RoP). Se entiende, por consiguiente, que el Secretario devolverá todo escrito presentado en una lengua distinta de la lengua de procedimiento (regla 14.4 RoP). El Subsecretario deberá asegurarse de que todas las notificaciones en los procedimientos judiciales se emitan en el idioma de los procedimientos, salvo que el Tribunal de Primera Instancia decida lo contrario (regla 44 RegSTUP). Con el objeto de conceder la máxima difusión a estas cuestiones, en

---

620 *Unified Patent Court, Rules governing the Registry of the Unified Patent Court,* 6 April 2023: https://www.unified-patent-court.org/sites/default/files/upc_documents/rules-of-registry_16052023.pdf

621 En concreto, regla 7. Contenido del registro; regla 8. Lengua de la Secretaría; regla 16 Mantenimiento de la lista; regla 34. Página web; regla 44. Notificaciones; regla 50. Interpretación simultánea y traducción; regla 69. Órdenes de ejecución.

622 Para poder realizar un seguimiento del marco normativo del TUP, recomendamos el acceso exhaustivo a *Commented UPC–A most comprehensive UPC information source,* donde se realiza un análisis conjunto del Acuerdo, del Reglamento del Procedimiento y de las Tasas judiciales del TUP, con indicación de la vinculación o relación de los artículos de los distintos textos normativos: https://commentedupc.com

la página web se deberá integrar la lista de lenguas de procedimiento disponibles en el Tribunal (regla 34 RegSTUP).

## 1. *Tribunal de Primera Instancia*

Para poder entender el alcance y relevancia del idioma del procedimiento debemos recordar que el Tribunal de Primera Instancia constará de una División Central (Paris, Milán y Múnich) y de Divisiones nacionales y regionales (art. 7 ATUP). En este sentido, debemos advertir que no se adopta siempre la misma dinámica y que se diferencia según el lugar donde se tramite el procedimiento (art. 49 ATUP). Así, la lengua del procedimiento será[623]:

En la División central: la lengua en que haya sido concedida la patente de que se trate (art. 49.6 ATUP).

En la División local o regional (art. 49 ATUP):

a. una de las lenguas oficiales de la Unión Europea que sea la lengua oficial o una de las lenguas oficiales del Estado miembro contratante que albergue la División afectada,

b. o bien la lengua o las lenguas oficiales designadas por los Estados miembros contratantes que compartan una División regional.

---

623 Regla 14. 1. RoP: "Sin perjuicio de lo dispuesto en los apartados 3 a 6 del artículo 49 del Acuerdo y a reserva de lo dispuesto en el apartado 2 y en las Reglas 271.7 y 321 a 323, los procedimientos se desarrollarán: (a) en la lengua oficial o en una de las lenguas oficiales designadas como lengua(s) de procedimiento de conformidad con el Artículo 49(1) del Acuerdo; o (b) en una lengua designada como lengua de procedimiento por un Estado miembro contratante con arreglo al apartado 2 del artículo 49 del Acuerdo".

c. los Estados miembros contratantes podrán designar una o varias de las lenguas oficiales de la Oficina Europea de Patentes como lengua de procedimiento[624].

Hay que matizar que se ha concedido a las partes la posibilidad de que puedan llegar a un acuerdo para que se utilice la lengua en la que haya sido concedida la patente como lengua del procedimiento (art. 49.2 ATUP). En este escenario, a instancia de una de las partes, se requiere que se apruebe tal solicitud por parte de la Sala competente. Para adoptar la resolución la sala tendrá en consideración motivos prácticos, equidad, y todas las circunstancias pertinentes (posición del demandante y en especial la del demandado) y en el caso de decidir que la lengua del procedimiento sea la que fue concedida la patente, el Presidente del Tribunal de Primera Instancia valorará si es necesario establecer disposiciones específicas de traducción e interpretación. Si la Sala no aprueba la elección de las partes, éstas podrán solicitar que el asunto sea remitido a la División central.

En la regla 14.2 del RoP se alude expresamente a la problemática[625] de decidir qué lengua utilizar cuando el Estado miembro contratante haya designado en una división regional

624 Cuando el idioma de los procedimientos ante la división local o regional sea el idioma en el que se otorgó la patente, los escritos notificados de acuerdo con las reglas 24, 25, 29, 29a, 30 y 32 permanecerán vigentes (regla 39.3 RoP).

625 Este precepto fue objeto de diferentes críticas en la fase de borrador, ya que se argumentaba por parte de algunos autores que puede resultar complicado averiguar con precisión cuál es la lengua habitual del demandado. Vid. en detalle, GARCÍA VIDAL, A., *El sistema de la patente europea con efecto unitario*, Cizur Menor (Navarra), Aranzadi, 2014, en especial el capítulo XI El procedimiento ante el TUP, apartado 3: "Las cuestiones lingüísticas en los procedimientos judiciales ante el TUP".

o local varias lenguas[626], estableciendo distintas posibilidades dependiendo de las circunstancias de cada caso[627].

---

[626] Vid. en detalle la regla 14.2 RoP: "2. Cuando un Estado miembro contratante acoja una división local o participe en una división regional para en la que se hayan designado varias lenguas de conformidad con el apartado 1 y/o el apartado 2 del artículo 49 del Acuerdo: (a) sin perjuicio de lo dispuesto en las letras b) y c) del apartado 2, *el demandante podrá elegir como lengua de procedimiento cualquiera de lengua*(s) designada(s) en virtud del artículo 49, apartado 1, y/o del artículo 49, apartado 2, del Acuerdo; (b) en los procedimientos ante una división local o regional de un Estado miembro contratante contra un demandado que tenga su domicilio o centro de actividad principal en dicho Estado miembro contratante, cuando la acción no haya podido ejercitarse en virtud del artículo 33, apartado 1, letra a), del Acuerdo ante ninguna otra división local o regional, *el procedimiento se desarrollará en la lengua oficial del Estado miembro contratante*(apartado 1, letra a); Cuando la designación de un Estado miembro contratante que tenga varias lenguas regionales oficiales así lo indique, el procedimiento se desarrollará en la *lengua oficial de la región en la que el demandado tenga su domicilio o su establecimiento principal.* Cuando haya dos o más demandados cuyo domicilio o centro de actividad principal tenga lenguas regionales diferentes, *el demandante podrá elegir la lengua de entre las lenguas regionales en cuestión.* (c) Cuando la designación de una lengua en virtud del artículo 49, apartado 2, del Acuerdo para una sección regional o para una o varias secciones locales con sede en un Estado miembro así lo indique, el Juez Ponente podrá ordenar, en interés de la sala, que los Jueces puedan utilizar en las vistas orales la lengua indicada en el apartado 1, letra a), y/o que el Tribunal pueda dictar cualquier auto y dictar cualquier resolución en la lengua indicada en el apartado 1, letra a), junto con una traducción jurada a efectos de la regla 118.8 a la lengua indicada en el apartado 1, letra b)." *Énfasis añadido.*

[627] Procedural Order of the Court of First Instance of the Unified Patent Court issued on 23 April 2024, UPC-CFI_463/2023 : I"n order not to delay the final order on the Application for provisional measures, the Düsseldorf Local Division is making exceptional use of this possibility in the case at hand. The Court of Appeal changed the language of the proceedings to English on 17 April 2024, less than

## *2. Tribunal de Apelación*

Como regla general (art. 50 ATUP) hay que tener en cuenta que la lengua de procedimiento ante el Tribunal de Apelación será la lengua de procedimiento ante el Tribunal de Primera Instancia. Ahora bien, aquí las partes también podrán convenir que se utilice como lengua del procedimiento aquella en la que haya sido concedida la patente.

Excepcionalmente, el Tribunal de Apelación podrá decidir que la lengua sea otra lengua oficial de un Estado miembro contratante. Esta posibilidad puede permitirse para la totalidad o parte del procedimiento. La única condición es que las partes estén de acuerdo[628].

---

2 weeks before the date on which the Düsseldorf Local Division is due to issue its order on the Application for provisional measures. This is a complex case in the field of genetic engineering. The entire preparation of the case, the oral hearing and the deliberations were conducted in German. Moreover, work on the final order had already started at the time of the order to change the language of the proceedings. In order to make effective use of this preparatory work and not to delay the proceedings unnecessarily, it is justified and necessary to make exceptional use of the possibility offered by Rule 14.2 (c) RoP (see also UPC_CoA_101/2024, order issued on 17 April 2024, Rec. 42). This means that the final order may be issued in German, provided that a certified translation is attached"

628 En ese mismo sentido, la regla 227 RoP "Lengua del escrito de recurso y del escrito de motivos del recurso": "Se redactarán el escrito de recurso y el escrito de motivos del recurso: (a) sin perjuicio de lo dispuesto en el artículo 50, apartado 3, del Acuerdo, en la lengua del procedimiento ante el Tribunal de Primera Instancia, o (b) cuando las partes lo hayan acordado de conformidad con el artículo 50, apartado 2, del Acuerdo, en la lengua en que se haya concedido la patente. Cuando las partes hayan llegado a un acuerdo de conformidad con el artículo 50, apartado 2, del Acuerdo, el recurrente deberá presentar la prueba del acuerdo del recurrido junto con el escrito de recurso."

En cuanto a la traducción del expediente en la fase de apelación, la regla 232 RoP establece lo siguiente:

> "1. Cuando la lengua de procedimiento ante el Tribunal de Apelación no sea la lengua de procedimiento ante el Tribunal de Primera Instancia, el juez ponente podrá ordenar a la parte recurrente que presente, en el plazo que se fije, traducciones a la lengua de procedimiento ante el Tribunal de Apelación de:
>
> (a) Los escritos procesales y demás documentos presentados por las partes ante el Tribunal de Primera Instancia, en la forma que determine el Juez Ponente;
>
> (b) Las resoluciones o autos del Tribunal de Primera Instancia.
>
> El Juez Ponente informará al mismo tiempo al recurrente de que, si no presenta las traducciones en el plazo señalado, podrá dictarse una resolución en rebeldía conforme a la regla 357.
>
> 2. Si el recurrente no presenta las traducciones previstas en el apartado 1 en el plazo señalado, el juez ponente desestimará el recurso mediante resolución en rebeldía, de conformidad con el artículo 357. Podrá dar previamente al recurrente la oportunidad de ser oído.
>
> 3. El recurrente podrá solicitar que se tengan en cuenta los gastos de traducción documentados cuando el Tribunal fije el importe de las costas de conformidad con el Capítulo 5 de la Parte 1".

En este precepto se pone de manifiesto la relevancia de la lengua en fase de apelación y la necesidad de que exista en todo momento la traducción de todos aquellos elementos decisivos para poder ejercer el derecho de defensa de las partes.

### *1. Especial referencia a la utilización como lengua del procedimiento la lengua de concesión de la patente*

La posibilidad de que se utilice como lengua del procedimiento la lengua en la que se concedió la patente aparece recogida en las reglas 321-324 del RoP. Así, se distinguen tres diferentes escenarios dependiendo de la procedencia de la iniciativa. En primer lugar, la solicitud puede provenir de ambas partes (regla 321 RoP). En este caso, es determinante que en la petición las partes dejen constancia de su acuerdo. A continuación, el Secretario remitirá la solicitud a un grupo de expertos para que decida si aprueba o deniega la misma. En el caso de que se deniegue la solicitud, el Secretario deberá informar lo antes posible a las partes para que en el plazo de 10 días, puedan dirigirse a la División Central (regla 41 RoP).

Otra posibilidad, permite que sea el juez ponente el que, de oficio o a instancia de parte, y previa consulta al grupo de expertos, proponga a las partes el cambio de la lengua de procedimiento a la lengua en la que se concedió la patente. En este caso, la regla 322 RoP prevé que, si las partes y el grupo de expertos están de acuerdo, se cambiará la lengua del procedimiento.

La última opción que se contempla se centra en que la solicitud proceda de una parte[629] (regla 323 RoP). En este caso se de-

---

629 En este sentido, no es importante si el cambio sería conveniente para el demandante, sino más bien si los intereses del demandado requieren un cambio. Vid. Order of the President of the Court of First Instance in the proceedings before the Local Division Hamburg pursuant to R. 323 RoP (language of the proceedings) 25 July 2024, *Tandem Diabetes Care Inc, VitalAire GmbH v. Roche Diabetes Care GmbH,* No APP_36130/2024. Igualmente, se desprende que la posición del o de los demandados es el factor decisivo si ambas partes se encuentran en una situación comparable; así se señala en la Order of the President of the Court of First Instance in the proceed-

berá incluir dicha solicitud en el escrito de demanda, si se trata de un demandante, o en el escrito de contestación, si se trata de un demandado. A continuación, el juez ponente dará traslado de la solicitud al Presidente del Tribunal de Primera Instancia para que éste a su vez consulte a la otra parte, en un plazo de diez días, cuál es su posición al respecto. Finalmente, el Presidente, previa consulta a la sala de la división, podrá ordenar que la lengua en la que se concedió la patente sea la lengua de procedimiento y podrá supeditar la orden a modalidades específicas de traducción o interpretación. Esta posibilidad ya se ha producido en el *caso Plant-e Knowledge B.V. contra Arkyne* a petición de la demandada (empresa de origen español) pasando del holandés al inglés para evitar gastos desproporcionados de traducción al tratarse la empresa demandada de una empresa pequeña[630].

---

ings before the Local Division Düsseldorf pursuant to R. 323 RoP (language of the proceedings) 23 August 2024, *Aiko Energy Germany GmbH et al v. Maxeon Solar Pte Ltd.*, UPC_CFI_336/2024.

630 Order of the President of the Court of First Instance in the proceedings before the Local Division The Hague Pursuant to R. 323 RoP (language of the proceedings), 18 October 2023. En esta decisión se indica: "the Applicant contends that he is a small Spanish company being still in the start-up phase and forced to incur considerable translation costs which causes disproportionate and unnecessary financial burden whereas one of the purposes of the UPC system is to make European patent litigation affordable for small and medium-sized enterprises. He states that the requested change is in contrast not objectionable to the Respondents, being together an international company that uses English as working language. He also argues that the original language in which the patent was granted is the primary source of the legal discussion including the grant file. Finally the Applicant refers to previous correspondence between the representatives of both parties and most recent summons being all written in English, and states that the reasons given by the claimants in the main proceedings–here the Respondents–for not

También queda por determinar qué sucede cuando se produce el cambio de lengua en el curso del procedimiento (regla 324 RoP)[631]. Cuando la solicitud proceda de las dos partes o de una sola, se deberá especificar si los escritos y otros documentos existentes deben traducirse, así como la parte que va a asumir los gastos que se originen en este sentido. Si las partes no llegan a un acuerdo, el Juez Ponente o el Presidente del Tribunal de Primera Instancia, según el caso, decidirá de conformidad con la regla 323.3 RoP.

## IV. CUESTIONES RELATIVAS A LA TRADUCCIÓN E INTERPRETACIÓN

El derecho a la traducción y a la interpretación goza de un amplio reconocimiento en numerosos textos internacionales[632] y si bien el marco normativo desarrollado en el proceso penal está más extendido que en el proceso civil, lo cierto es que gran

translating their productions in Dutch are all valid and therefore support the Application".

631 Order of the President of the Court of First Instance in the proceedings before the Local Division Düsseldorf pursuant to R. 323 RoP (language of the proceedings), Court of First Instance, *Aiko Energy Germany GmbH, Solarlab Aiko Europe GmbH et al vs. Maxeon Solar Pte Ltd,* 23 August 2024, UPC_CFI_336/2024. En esta decisión se procede al cambio de lenguaje del alemán al inglés ya que *Headwater Research* no muestra objeción al cambio solicitado y muestra su satisfacción a la exención de la traducción de los escritos y documentos ya presentados de conformidad con la regla 324 del Reglamento de Procedimiento.

632 Declaración Universal de los Derechos Humanos, de 10 de diciembre de 1948 (arts. 8-10); Convenio para la Protección de los Derechos Humanos y de las Libertades Fundamentales de 4 de noviembre de 1950 (art. 5.2 y art. 6. 3 a) y e); Pacto Internacional de Derechos Civiles y Políticos, 19 de diciembre de 1966 (art. 14).

parte de la doctrina y jurisprudencia ya existente en el ámbito penal[633] puede orientarnos y ser de gran utilidad en el ámbito civil en general y en el derecho de patentes en particular. En este sentido, es innegable que, con independencia del orden jurisdiccional concreto, el derecho a la traducción e interpretación, forma parte del derecho de defensa y las administraciones de justicia deberán siempre garantizar al justiciable, profesionales de calidad[634] que desempeñen su labor de traducción

---

633 En el ámbito penal, son imprescindibles las siguientes normas: Directiva 2010/64/UE del Parlamento Europeo y del Consejo, de 20 de octubre de 2010, *relativa al derecho a la interpretación y a la traducción en los procesos penales*; Directiva 2012/13/UE del Parlamento Europeo y del Consejo de 22 de mayo de 2012 *relativa al derecho a la información en los procesos penales*; Directiva 2012/29/UE del Parlamento Europeo y del Consejo, de 25 de octubre de 2012, por la que se establecen normas mínimas sobre los derechos, el apoyo y la protección de las víctimas de delitos; Directiva 2013/48/UE del Parlamento Europeo y del Consejo de 22 de octubre de 2013, *sobre el derecho a la asistencia de letrado en los procesos penales y en los procedimientos relativos a la orden de detención europea, y sobre el derecho a que se informe a un tercero en el momento de la privación de libertad y a comunicarse con terceros y con autoridades consulares durante la privación de libertad.*

634 Vid, recomendaciones del CGPJ que pueden trasladarse al procedimiento ante el TUP: 1º Los intérpretes deben ser previamente informados del contenido de los actos procesales en los que se va a necesitar su intervención; 2º Al prestar juramento o promesa el intérprete, deberá ser advertido de su obligación de mantener la confidencialidad de toda información que adquiera durante el desempeño de su trabajo como intérprete y de la prohibición de utilizar esa información para beneficio propio o de terceros; 3º Debe disponer el intérprete, con la adecuada antelación, de información escrita sobre posibles menciones a preceptos legales, resoluciones judiciales dictadas en el procedimiento u otras actuaciones que puedan ser citadas durante su actuación como intérprete, siempre y

e interpretación[635]. En el procedimiento ante el TUP deberá quedar constancia de todas las traducciones a través del registro (regla 7 RegSTUP)[636]. En la plataforma la información del registro se facilitará en alemán, francés e inglés. Ahora bien, con independencia de las traducciones presentadas por las partes u ordenadas por el Tribunal, los escritos procesales y demás

---

cuando no se trate de actuaciones afectadas por el secreto acordado judicialmente o sometidas a un régimen de reserva; 4º Se procurará que tanto el declarante cuyas manifestaciones deben ser traducidas como el intérprete hablen pausadamente y de modo inteligible; 5º También debe procurarse que durante las declaraciones se realicen pausas en períodos cortos, a indicación del intérprete; 6º Debe evitarse que se expresen simultáneamente, en uno u otro idioma, dos o más de las personas que participan en el acto procesal. Si hablan al mismo tiempo dos o más personas, se dificultará la comprensión por el intérprete de las manifestaciones que debe traducir; 7º Si se prolonga en exceso el acto procesal deberá relevarse –si fuera posible- el intérprete inicial por otro, al objeto de mantener la calidad en la interpretación; 8º Cuando intervenga un intérprete será muy conveniente la grabación del acto procesal, para que pueda, en su caso, comprobarse si las manifestaciones se han traducido fielmente y la calidad de la interpretación ha sido suficiente para salvaguardar la equidad en el proceso; 9º Deberá facilitarse a los intérpretes un espacio adecuado en el edificio judicial donde vaya a realizar su tarea –si hubiera disponibilidad para que pueda analizar la documentación que se le facilite y tomar las notas necesarias, CGPJ, *Informe del Pleno del Consejo General del Poder Judicial por el que se aprueba el régimen jurídico aplicable a la interpretación y traducción de idiomas extranjeros en el proceso penal,* Sala de Gobierno del Tribunal Superior de Justicia de Madrid, Acuerdo 12, Pleno, 15 de noviembre 2012.

635 JIMENO BULNES, M., "El derecho a la interpretación y traducción gratuitas", en *La Ley: Revista jurídica española de doctrina, jurisprudencia y bibliografía,* núm. 2, 2007, p. 1607.

636 En la regla 7 RegSTUP, que se refiere al contenido del registro, en el apartado IX hace mención a las traducciones facilitadas por las partes u ordenadas por el Tribunal.

documentos, incluidas las pruebas escritas, se inscribirán en el registro en la lengua del procedimiento, salvo disposición en contrario del Tribunal de Primera Instancia o del Reglamento de Procedimiento (regla 8 RegSTUP). El Subsecretario gestionará la interpretación simultánea y traducción que ordene el juez. Asimismo, a solicitud del Tribunal de Primera Instancia, el Subsecretario organizará la traducción de documentos y añadirá las traducciones al expediente del caso (regla 50 RegSTUP).

Partiendo de los distintos escenarios lingüísticos que pueden aparecer en el procedimiento ante el TUP y a los efectos de garantizar en todo momento el derecho de defensa de las partes, es necesario conocer exactamente cuáles son las directrices previstas en relación a la traducción e interpretación. En este sentido hay que tener claro los siguientes aspectos[637] en relación con la traducción e interpretación: por un lado, qué se debe traducir, si esas traducciones deben ser certificadas, y quién asume los gastos. Por otro, respecto a la interpretación analizaremos, para qué supuestos se contempla y las garantías que le rodean. En ambos supuestos, es trascendental conocer los instrumentos de los que disponen las partes para impugnar las resoluciones que se dicten en esta materia respecto de las cuales no estén conformes.

En primer lugar, de la lectura de todos los preceptos relacionados con la traducción, se desprende que, como regla general cada documento que se utilice deberá ser traducido a la lengua del procedimiento[638]. Ahora bien, nos ha llamado la atención la expresión prevista en el art. 51.1 ATUP donde se estipula que la Sala del Tribunal de Primera Instancia, así como

---

637 Unified Patent Court, *Frequently Asked Questions Languages:* https://www.unified-patent-court.org/en/faq/languages#faqs

638 Así, según la regla 14. 4., el Secretario devolverá todo escrito presentado en una lengua distinta de la lengua de procedimiento.

el Tribual de Apelación "podrá prescindir, en la medida en que se considere oportuno, de los requisitos de traducción". A nuestro parecer, debería haberse matizado o dispuesto qué se debe entender bajo la expresión "en la medida en que se considere oportuno" ya que, de lo contrario, puede generarse inseguridad jurídica al no tener claro en qué supuestos se podrá prescindir de los requisitos de traducción.

Mención especial merece el supuesto de la interposición de una acción por violación de patente ante la División central. En este caso, cuando el demandado tenga su residencia, el centro de actividad principal o centro de actividad en un Estado miembro, éste tendrá derecho a obtener, previa petición las traducciones de los documentos pertinentes en la lengua del Estado miembro. Ahora bien, en este caso, será necesario que concurran las siguientes condiciones (art. 51.3 ATUP):

a. La División central se declare competente.
b. La lengua del procedimiento de la División central no sea lengua oficial del Estado Miembro en que el demandado tiene su residencia, centro de actividad principal o centro de actividad.
c. El demandado no tenga conocimientos adecuados de la lengua del procedimiento.

Por otra parte, cuando la División central conozca de un asunto remitido por la división local o regional y el idioma empleado no sea aquel en el que se otorgó la patente, el juez ponente podrá ordenar a las partes que presenten, dentro del plazo de un mes, una traducción al idioma en el que se otorgó la patente de cualquier escrito y de otros documentos presentados durante el procedimiento que el juez indique (regla 39.2 RoP). Esta traducción, además, no tendrá siempre que ser completa, sino que el juez podrá especificar que solo se traduzcan extractos de los escritos de las partes y otros documentos (regla 39.3 RoP).

Cuando lo que se persigue es una declaración de nulidad, ésta se redactará en la lengua en la que se haya concedido la patente y si las partes han acordado interponer la acción ante una división local o regional, la declaración de nulidad se redactará en (a) la lengua oficial o en una de las lenguas oficiales designadas como lengua(s) de procedimiento o (b) en una lengua designada como lengua de procedimiento por un Estado miembro contratante (regla 45 RoP). El mismo tratamiento recibe la acción de declaración de inexistencia de violación (regla 65 RoP).

Otro tema relacionado directamente con esta cuestión es precisamente cómo se garantiza la credibilidad o fiabilidad de la documentación traducida. En este sentido, se establece que cuando se exija la traducción de un escrito u otro documento (bien por orden del tribunal o porque así lo prevé la normativa), no será necesario presentar una certificación formal del traductor sobre la exactitud de dicha traducción, salvo que la exactitud sea impugnada por una de las partes o que dicha certificación sea ordenada por el Tribunal o así lo estipule el RoP (regla 7.2 RoP).

Ahora bien, en lo atinente a las órdenes que emita el tribunal que afecten al ámbito de la ejecución, se prevé la necesidad de que el demandante notifique al Tribunal qué parte de las órdenes tiene la intención de ejecutar mediante una traducción certificada al idioma oficial del estado contratante en el que se llevará a cabo la ejecución. Asimismo, será necesario que se notifique tal traducción certificada al demandado por medio del Secretario (regla 118.8 RoP).

Una vez ya hemos indicado qué se debe traducir y en qué condiciones se debe efectuar, tan solo queda averiguar quién asumirá el gasto ocasionado por las traducciones empleadas. Téngase en cuenta que ya el *Libro Verde sobre la patente comunita-*

*ria y el sistema de patentes en Europa*[639] de 1997 ponía de manifiesto la necesidad de tomar medidas para evitar gastos excesivos derivados de los servicios de traducción e interpretación. Es evidente que, en esta instancia judicial, por la propia naturaleza de los conflictos que se van a resolver, relacionados con patentes, los gastos de interpretación y traducción que sean necesarios para que los jueces del tribunal puedan dirigir el asunto en la lengua de procedimiento correrán exclusivamente a cargo del tribunal (regla 150.1 RoP). No olvidemos tampoco, el caso específico que se contempla en el art. 49.5 ATUP cuando se refiere a que la utilización de la lengua del procedimiento sea la lengua de concesión de la patente, donde "el Presidente del Tribunal de Primera Instancia valorará si es necesario establecer disposiciones específicas de traducción e interpretación". Entendemos que tales partidas se asumirán por el tribunal.

---

639 En aquel momento se plantearon distintas soluciones: "La primera trataba de limitar el requisito de traducción exclusivamente a las reivindicaciones de la patente; la segunda, consistía en no modificar el requisito de traducción del folleto completo; La tercera solución plateada en materia de reducción de los costes de traducción fue la "global", aplicada por la Oficina Europea de Patentes por lo que se refiere a la patente europea. Esta solución consta de tres elementos fundamentales: -la publicación, al mismo tiempo que la publicación de la solicitud o inmediatamente después de ésta y tan pronto como sea posible, de un extracto mejorado en la lengua del procedimiento y, con posterioridad, su traducción a las lenguas de todos los Estados miembros;–la traducción de las reivindicaciones exclusivamente, en el momento de la expedición de la patente;–la traducción de la totalidad del folleto de patente antes de toda acción interpuesta por el titular para hacer valer los derechos nacidos de la patente". En detalle, Comisión Europea, *Fomentar la innovación mediante la patente–Libro Verde sobre la patente comunitaria y el sistema de patentes en Europa,* 24 de junio 1997, COM (97) 314 final, pp. 11-13, en especial 3.3. El problema del coste de las traducciones y sus posibles soluciones.

Respecto al resto de gastos que se ocasionen en concepto de traducción e interpretación, rige el principio de vencimiento en costas. Ahora bien, tal y como se prevé en el supuesto del art. 51.3 ATUP, que se refiere a casos en los que se ejercite una acción por violación de patente, si concurren los requisitos ya apuntados, el demandado tendrá derecho a obtener, previa petición, las traducciones de los documentos pertinentes a la lengua del Estado miembro de su residencia o centro principal de actividad, o a falta de estos, de su centro de actividad, siendo los gastos en este caso asumidos por el demandante. Para los supuestos en los que la parte carezca de medios económicos para litigar se contempla el beneficio de justicia gratuita (art. 71 ATUP) siempre y cuando se cumplan las condiciones previstas a tal efecto (reglas 370-382 RoP), y los gastos de traducción e interpretación se encuentran expresamente contemplados en la regla 376.1 c) RoP.

Finalmente, a instancia de las partes, tanto en el Tribunal de Primera Instancia, como el Tribunal de Apelación puede contar con la interpretación con la finalidad de asistir a las partes en el juicio oral (art. 51.2 ATUP). La regla 109 RoP detalla la forma de proceder en la interpretación simultánea durante las vistas orales con las siguientes particularidades:

La solicitud de interpretación simultánea deberá presentarse con un mes de antelación previa celebración de la vista. Esa solicitud contendrá:

(a) la lengua hacia o desde la cual la parte solicita interpretación simultánea durante la vista oral;

(b) los motivos de la solicitud;

(c) el campo de la tecnología de que se trate;

(d) cualquier otra información relevante para la solicitud.

El juez ponente decidirá si procede la interpretación simultánea y encargará a la Secretaría que adopte todas las medidas necesarias a tales efectos. En caso de que el juez ponente no la autorice, las partes podrán solicitar que, en la medida de lo posible, se disponga la interpretación simultánea asumiendo la financiación.

Asimismo, es posible que el juez ponente decida de oficio la adopción de interpretación simultánea, en cuyo caso instruirá a la Secretaría a los efectos oportunos e informará a las partes. En el supuesto de que una de las partes quisiera contratar a un intérprete a sus expensas, deberá indicarlo a la Secretaría en el plazo de 15 días antes de la celebración de la vista oral. Los gastos de interpretación formarán parte de las costas y se seguirán las mismas previsiones que para la traducción contempladas en la regla 150 RoP.

Entendemos las resoluciones que se dicten sobre cuestiones lingüísticas serán susceptibles de ser recurridas (art. 73-75 ATUP) atendiendo a las reglas generales previstas en el procedimiento ante el TUP (reglas 220-238A RoP).

### *Bibliografía*

JA& KEMP, *A Guide to the Unified Patent Court,* 29th June 2022: https://jakemp.com/wp-content/uploads/J-A-Kemp-Guide-to-the-Unified-Patent-Court-0622.pdf GARCÍA VIDAL, Á., *El sistema de la patente europea con efecto unitario,* Cizur Menor (Navarra), Aranzadi, 2014.

HERRERA AGUILERA, S., "Hacia la creación del Tribunal Unificado de Patentes. Un nuevo paso para la integración europea", en *Cuadernos Cantabria Europa,* núm. 18, 2019, pp. 11-34.

JIMENO BULNES, M., "El derecho a la interpretación y traducción gratuitas", en *La Ley: Revista jurídica española de doctrina, jurisprudencia y bibliografía,* núm. 2, 2007, pp. 1607-1623.

MALDONADO GONZALEZ, M.C., LIÉBANA GONZÁLEZ, M., "La traducción automática y su uso en la redacción de textos digitales. Análisis de algunos documentos reales de trabajo", en *Círculo de lingüística aplicada a la comunicación,* núm. 95, 2023 [Ejemplar dedicado a: El sistema verbal español en las gramáticas y manuales de español como lengua extranjera, coordinado por María Martínez-Atienza de Dios (Universidad de Córdoba)], pp. 133-161.

ORIA, J., RÚA, P., "La Patente Unitaria seis meses después", *elderecho.com*, 25 de enero 2024.

PONCE GONZÁLEZ, S., *La asistencia lingüística en el proceso penal tras la directiva 2010/64/UE. Derecho fundamental o mero formalismo*, Valencia, Tirant lo Blanch, 2023.

REMÉDIO MARQUES, J.P., *O (Novo) Tribunal Unificado de Patentes, Competência e regras de proceso*, Coimbra, Almedina, 2024.

SANDRI, P.M., "España rechaza la patente unitaria europea por el idioma", *lavanguardia.com*, 15 de febrero 2022.

SERRANO MASIP, M., "Consideraciones sobre el tribunal unificado de patentes desde la perspectiva de la independencia judicial", en Asencio Mellado, J.M./ Fuentes Soriano, O. (dir.), *El proceso como garantía*, Madrid, Atelier, 2023, pp. 273-280.

# *Capítulo X*

# *La prueba ante el TUP*[640]

**MERCEDES SERRANO MASIP**
*Profesora Titular de Derecho Procesal*
*Universitat de Lleida*



## I. INTRODUCCIÓN

En la Parte III del Acuerdo sobre un Tribunal Unificado de Patentes (ATUP) se ubican las disposiciones sobre Organi-

---

640 Este trabajo se ha realizado en el marco del Proyecto de Investigación, del Plan Nacional, "El Derecho Procesal Civil y Penal desde la perspectiva de la Unión Europea: la consolidación del Espacio de Libertad, Seguridad y Justicia" (PID2021-124027NB-100), financiado por el Ministerio de Ciencia e Innovación.

zación y Procedimiento[641]. Su Capítulo III se dedica a la regulación de los "Procedimientos ante el Tribunal" en el que se insertan tres artículos relativos a medios de prueba, carga de la prueba e inversión de la carga de la prueba (arts. 53 a 55). Pero no son estas las únicas normas del ATUP acerca de la prueba, sino que, en el Capítulo siguiente titulado "Facultades del Tribunal", están previstos, junto a normas que versan sobre otras materias, más preceptos reguladores de ciertos aspectos probatorios referentes a peritos del Tribunal, protección de la información confidencial, órdenes de presentación de pruebas y medidas de aseguramiento de pruebas (arts. 57 a 60). Por último, en el Capítulo VI cuyo título es "Resoluciones" se incorpora la regla de valoración de la prueba (art. 76.3).

Cabe, pues, entender que se ha llevado a cabo una selección de las instituciones sobre prueba que han de estar incluidas en el ATUP. Selección que puede obedecer, además de a razones dogmáticas, a acuerdos políticos entre las distintas tradiciones y culturas jurídicas que confluyen en la creación del Tribunal Unificado de Patentes (TUP), sin que ello suponga ignorar la influencia que, en la configuración jurídica de un sistema de protección de las patentes, despliega su propio valor económico y empresarial[642].

---

641 Acuerdo sobre un Tribunal Unificado de Patentes de 19 de febrero de 2013, publicado en el DOUE C 175, de 20.6.2013, pp. 1-28. Modificado por Decisión del Comité Administrativo de 26 de junio de 2023: https://www.unified-patent-court.org/sites/default/files/upc_documents/decision-d_ac_03_26062023_-amendment-upca.pdf

642 En el diseño del sistema jurídico del TUP no solo se ha constatado la importancia que para la economía de un país tienen las patentes concedidas a las empresas radicadas en su territorio, sino también se perciben los intereses financieros de bufetes jurídicos especializados en patentes. Vid. sobre el particular, XENOS, D., "Comments on the preliminary set of provisions for the rules of procedure of the

De lo que en esos ocho artículos se establece cabe extraer un primer dato importante y es que la regulación de la prueba ante el TUP está contenida en diversos textos normativos: el propio ATUP, el Estatuto del Tribunal Unificado de Patentes[643] (ETUP, anexo I del Acuerdo) y en el Reglamento de las normas de procedimiento (RoP)[644]. Respecto de este último, debe señalarse que las reglas que lo componen han de ser compatibles con el Derecho de la UE y conformes al Acuerdo y Estatuto (art. 41.1 y 2 ATUP). Es más, aun cuando la modificación del RoP corresponde al Comité Administrativo, su ejecución se halla subordinada al cumplimiento de dos requisitos previos: la reforma debe ser propuesta por el TUP y la Comisión Europea ha de ser consultada (art. 41.2 ATUP). La intervención de esta última va a ser crucial para la salvaguarda de la conformidad de las reglas establecidas en el RoP con el Derecho de la UE[645].

Una segunda información que cabe obtener, y que deriva de la anterior, estriba que para comprender el régimen jurídico de la prueba hay que examinar no solo las normas contenidas en los artículos mencionados del ATUP, sino además las recogidas en diversos artículos del ETUP y en el RoP.

---

European Unified Patent Court", en *SSRN*, 2013, pp. 5 y 6. Accesible en https://ssrn.com/abstract=2498521

643 Estatuto del Tribunal Unificado de Patentes publicado en el DOUE C 175, de 20.6.2013, pp. 29-40.

644 El Reglamento de las normas de procedimiento del Tribunal Unificado de Patentes, en su versión final aprobada por el Comité Administrativo el 8.7.2022 y en vigor a partir del 1.9.2022, está redactado en inglés, francés y alemán. Dichas versiones pueden consultarse en: https://www.unified-patent-court.org/en/court/legal-documents

645 Cfr. sobre el particular, GRANATA, S., "Rules of procedure of the UPC, a judge's perspective", en Matthews, D. y Torremans, P. (edits.), *European Patent Law. The Unified Patent Court and the European Patent Convention*, Berlin, de Gruyter, 2023, pp. 288 y 289.

Partiendo de esos dos datos, en los epígrafes siguientes se acomete el análisis de algunos extremos sobre la prueba, no de todos ya que la exhaustividad superaría las características de este estudio. Dicho análisis va a recorrer los tres textos legales mencionados, si bien las referencias al ETUP van a ser escasas. Tras la exposición de sus resultados, se ha estimado conveniente elegir algunas resoluciones del TUP con el fin de mostrar cuáles son las dudas más relevantes generadas, durante el primer año y medio de su aplicación, por las normas reguladoras de las instituciones probatorias. Aunque el mero examen de dichas instituciones no nos puede proporcionar una visión global del conjunto de las normas procesales previstas en el ATUP y el RoP, sí que nos permite formular, desde la prudencia, unas consideraciones con las que se pondrá punto final a este estudio en las que exponemos cuáles han podido ser las pautas que han informado la configuración de un régimen probatorio que debería incardinarse en un determinado sistema de justicia civil y mercantil[646].

---

646 A nuestro parecer, no debe dejar de subrayarse la importancia de las normas procesales contenidas en el ATUP y el propio RoP para el derecho procesal civil de la UE. Aun siendo las patentes europeas su objeto, estamos de acuerdo en que nos hallamos "ante un verdadero Código de enjuiciamiento civil de la UE" (DESANTES REAL, M., "Hacia un Tribunal Unificado y un efecto unitario para las patentes europeas en casi todos los Estados miembros de la Unión Europea. Consecuencias de la autoexclusión de España", en *Revista Española de Derecho Internacional*, vol. LXV/2, 2013, p. 65). Otro interesante estudio que ha indagado acerca de si el RoP sigue los parámetros fijados por las normas de procedimiento del TEDH y del TJUE, desde la perspectiva del derecho a un juicio equitativo, concluye que el RoP tiene "personalidad propia por lo que respecta a la derogación de facilidades procesales para las partes, el anonimato y la decisión sobre las personas facultadas para solicitar audiencia oral" [GANDÍA SELLENS, Mª A., "El derecho a un proceso equitativo en

## II. REGULACIÓN DE LA PRUEBA EN EL ACUERDO SOBRE UN TRIBUNAL UNIFICADO DE PATENTES

Iniciando el análisis por el ATUP, debe repararse en que este texto menciona los principios y las directrices que informan la organización y el funcionamiento del TUP, así como la estructura y el desarrollo de los distintos procedimientos que dicho órgano jurisdiccional ha de tramitar. Es conveniente analizarlos, pues, es lógico que sus postulados impregnen la configuración de la prueba, al menos entendida en sentido amplio. Al examinar, en la segunda parte de este apartado, la regulación de la prueba por el ATUP ya se estará en condiciones de validar esa hipótesis.

### *1. Principios procesales, formas y procedimientos*

El ATUP enuncia concretos principios procesales que deberían ser los criterios que nacen de la idea de elaborar un proceso que satisfaga tanto las naturales aspiraciones de justicia como el propósito de tutelar eficazmente el derecho de patentes. Asimismo, el ATUP alude a lo que cabe denominar directrices con arreglo a las cuales se delinea la forma que externamente adopta el procedimiento.

Ahora bien, el propio ATUP asume la importancia del órgano jurisdiccional, y del sistema en el que se inserta, en orden a que proceso y procedimiento logren ser, en la realidad foren-

---

el ámbito del Tribunal Unificado de Patentes: análisis de sus reglas de procedimiento a la luz de las del Tribunal Europeo de Derechos Humanos y del Tribunal de Justicia de la Unión Europea", en Salinas de Frías, A.Mª. y Martínez Pérez, E.J. (dirs.) y Sánchez Frías, A. y Peña Diaz, F. (coords.), *La Unión Europea y la protección de los derechos fundamentales,* Valencia, Tirant lo Blanch, 2018, p. 134].

se, los instrumentos ideados en abstracto. De ahí que destaque la importancia de la organización del TUP como uno de los factores responsables de conseguir que el ejercicio de la función jurisdiccional sea eficiente, rentable y permita el acceso equitativo a la Justicia (art. 40.3 ATUP).

Desde esa perspectiva, se comprende que se encargue al RoP las tareas de garantizar que las resoluciones dictadas por el TUP sean de la mayor calidad posible, los procedimientos se sustancien de la manera más eficiente y rentable posible[647], así como que se alcance el equilibrio adecuado entre los legítimos intereses de todas las partes. Con vistas a alcanzar tales objetivos, el ATUP opta por la previsión de unas pautas, no se les debería conceder la categoría de principios, que han de regir la actividad del órgano. En concreto, el RoP ha de establecer el nivel necesario de discrecionalidad y flexibilidad que ha de corresponder a los jueces, siempre sin menoscabar la previsibilidad del procedimiento (art. 41.3)[648].

Incidiendo en el funcionamiento del TUP, el ATUP alude a la proporcionalidad y equidad con una gran amplitud, sin

---

647 Una manifestación de la rentabilidad es la virtualidad del TUP de desterrar la necesidad de iniciar y sustanciar litigios paralelos ante distintas jurisdicciones lo que beneficia, singularmente, a las PYMES. Cfr. TESCHEMACHER, R. y MÜLLER-STOY, T., "From Bielefeld to the Unified Patent Court – A never-ending story?", en *International Review of Intellectual Property and Competition Law*, 2021, núm. 52, p. 549.

648 Se utiliza el término "previsibilidad" y no el concepto jurídico "legalidad". Este enfoque pragmático del ejercicio de la función jurisdiccional a cargo del TUP tiene un lado negativo, que se expresa en la probabilidad de colocar a las partes del proceso en un estado de inseguridad jurídica. Esta valoración crítica es efectuada por GRANATA, S., "Rules of procedure of the UPC, a judge's perspective", cit., pp. 296 y 297.

marcar límites al alcance que les pueda dar el RoP (art. 42). Por lo que se refiere a la primera, simplemente se establece que el TUP ha de tramitar los asuntos de modo proporcionado a su importancia y complejidad, lo que puede restringir sus manifestaciones a actos de mera tramitación sin abarcar la formación interna de la decisión[649]. Y, en cuanto a la equidad, señala que dicho Tribunal ha de velar por que las normas, los procedimientos y los recursos se apliquen de modo justo y equitativo y que no distorsionen la competencia. Para poder realizar actos procesales ajustados a la proporcionalidad y equidad, el ATUP se decanta por reconocer a los jueces el poder de administrar las causas activamente, sin menoscabar la libertad de las partes en orden a fijar el objeto del proceso y los medios de prueba (art. 43)[650].

---

649 La importancia y complejidad del litigio son apreciaciones que pueden influir, p. ej., en la elección de un trámite escrito en lugar de uno oral, en imponer límites a los medios de prueba a practicar, en reducir la duración de las vistas, en incrementar la derivación a sistemas alternativos para resolver el conflicto, en promover el litisconsorcio, en extraer ciertas consecuencias de conductas pasivas de las partes o proscribir la impugnación de cuestiones procesales de forma separada de la principal. Pero no queda claro que la proporcionalidad en el sistema del TUP determine el razonamiento y la motivación de las decisiones judiciales aplicando los criterios de idoneidad, necesidad y proporcionalidad en sentido estricto.

650 La norma del art. 43 ATUP ha inducido a afirmar que el marco en el cual los jueces del TUP pueden administrar activamente las causas que tramiten ha de venir delimitado por los principios dispositivo y de aportación de parte. Cfr. GALGO PECO, A., "El procedimiento ante el Tribunal Unificado de Patentes", en *Comunicaciones en Propiedad Industrial y Derecho de la Competencia*, núm. 73, 2014, p. 118.
Por otro lado, debe tenerse en cuenta que el contenido del art. 43 ATUP coincide, en lo esencial, con lo previsto en el art. 9.1 de la Resolución del Parlamento Europeo, de 4 de julio de 2017, con recomendaciones destinadas a la Comisión sobre normas mínimas comunes del proceso civil en la Unión Europea, P8_TA(2017)0282

Esta prohibición genérica de imponer límites a la iniciativa de las partes se pretende conjugar con la gestión activa judicial, aun cuando la magnitud del esta última podría ser un obstáculo al correcto engranaje de dos fuerzas de naturaleza opuesta. Magnitud que se constata en el precepto en virtud del cual las resoluciones sobre el fondo del asunto no solo han de fundarse en los argumentos, hechos y pruebas presentados por las partes, sino también en los "introducidos en el procedimiento por orden del Tribunal", con la importante condición de que las partes hayan podido presentar alegaciones sobre ellos (art. 76.2).

Como no podría ser de otra manera, los jueces del TUP han de pronunciarse acerca de las peticiones que las partes les formulan. Y solo pueden hacerlo enjuiciando. Por este motivo, llama la atención que el art. 56.1 ATUP proclame las facultades generales del TUP, que han de plasmarse también en la prueba, consistentes en poder adoptar medidas, dictar órdenes e imponer condiciones a las mismas de conformidad con lo previsto en el RoP y que son intrínsecas a la función jurisdiccional, de modo que poco añaden a su ámbito. En cambio, a nuestro juicio, sí es importante que el art. 56.2 ATUP reconozca expresamente que el proceso está informado por los principios de audiencia e igualdad, así como por algunas manifestaciones del derecho de defensa. En concreto, dispone que antes de dictar una orden, el TUP tendrá en cuenta debidamente los intereses de las partes y les dará la oportunidad

---

(DOUE, C 334, de 19.9.2018, pp. 39-59). De los distintos comentarios y análisis efectuados a la mencionada Resolución del Parlamento, pueden consultarse los realizados por VIDAL FERNÁNDEZ, B., "La propuesta de Directiva sobre el establecimiento de normas mínimas comunes para un proceso civil europeo", en Jimeno Bulnes, M. (dir.) y Ruiz López, C. (coord.), *La evolución del espacio judicial europeo en materia civil y penal: su influencia en el proceso español*, Valencia, Tirant lo Blanch, 2022, pp. 187 y 188.

de ser oídas, salvo que ello sea incompatible con la ejecución efectiva de dicha orden[651].

En cuanto a las formas del proceso, el ATUP contiene menciones a la escritura y la oralidad, mostrando una preferencia por la digitalización y los medios telemáticos. Se refiere, en especial, a la presentación electrónica de alegaciones y medios de prueba por las partes, así como, a la celebración de las vistas a través de videoconferencia (art. 44).

Respecto de los trámites o las fases que adoptan la forma oral, el ATUP sanciona como regla general la publicidad externa de los mismos. Dispone que, salvo que el TUP acuerde, en la medida necesaria, celebrar las vistas a puerta cerrada, en interés bien de las partes u otras personas interesadas, bien del interés general de la justicia o el orden público, las vistas serán públicas (art. 45). Sobre la esfera que ha de abarcar la publicidad se han pronunciado la División Central de Múnich y el Tribunal de Apelación[652].

Los procedimientos que se sustancian ante el TUP son objeto de regulación mínima por el ATUP. Aun de manera concisa, es pertinente apuntar en este apartado, que en el RoP se regulan distintos procedimientos en función de cuál sea su objeto los cuales siguen, como regla, una estructura típica y ordenada en tres fases: escrita, intermedia y oral. No obstante, no se trata de una sucesión de actos procesales inspirada en una estricta preclusión, sino que se permite que cada una de aquellas fases pueda organizarse de modo flexible y equilibrado (art. 52.1).

651 Un ejemplo de excepción al principio general de la contradicción previa al dictado de una resolución judicial se prevé en la regulación de las medidas de aseguramiento de la prueba y el reconocimiento de lugares (art. 60.5 ATUP).

652 Las decisiones son analizadas *infra* en el apartado IV de este trabajo.

Tras la fase escrita se abre la intermedia que es convocada, si procede, por el juez ponente cuando así lo estima la totalidad de los jueces integrantes de la Sala. Una de las funciones del ponente es examinar con las partes la posibilidad de llegar a una solución que puede obtenerse no solo en el proceso, sino como resultado de una mediación o arbitraje (art. 52.2)[653]. La última fase, la oral, brinda a las partes la posibilidad de exponer "adecuadamente" sus alegaciones. La Sala, previo acuerdo de las partes, puede prescindir de la misma (art. 52.3).

Sobre la prueba, basta ahora con indicar que su proposición y preparación tiene lugar en la fase intermedia ante el juez ponente. Teniendo en cuenta que es el juez que dirige las audiencias intermedias, se le ha otorgado el poder de dirigirse a las partes ordenándoles, p. ej., que presenten nuevos documentos e informes o que indiquen el conjunto de preguntas que serán formuladas a los testigos. Incluso, si lo estima apropiado, puede citar a testigos y peritos para celebrar audiencias, en las que han de estar presentes las partes, con el objetivo de preparar el juicio (regla 101-106 RoP). La fase intermedia se celebra, como regla, a través de videoconferencia (regla 105.1 RoP).

A su vez, la práctica de los medios de prueba consistentes en la emisión de declaraciones orales de las partes, así como, el interrogatorio de testigos y peritos se lleva a cabo en la última fase, juicio oral, ante la Sala (reglas 111 y ss. RoP). Con carácter general, se prevé su celebración en la sala de vistas del Tribunal debiendo estar presentes las partes y el resto de los sujetos que

---

[653] Parece que sea propósito del ATUP que la mediación o el arbitraje se lleve a cabo en el Centro de Mediación y Arbitraje en materia de patentes, integrado en el sistema del TUP, cuando el conflicto verse sobre su ámbito objetivo de aplicación, esto es, sobre patentes europeas y patentes europeas con efecto unitario (cfr. arts. 52.2 y 35 ATUP).

deban intervenir. No obstante, la Sala puede decidir celebrar el juicio mediante videoconferencia, y con presencia telemática de todos los intervinientes, siempre que todas las partes estén de acuerdo o la Sala lo estime apropiado dadas las excepcionales circunstancias que concurren en el caso (regla 112 RoP).

## *2. Selección de instituciones probatorias*

En este apartado son analizadas las instituciones de naturaleza probatoria a las que al ATUP ha concedido más relevancia, pues, son las que regula con mayor o menor detalle en su texto articulado.

### 2.1 Medios de prueba

En primer lugar, el ATUP se ocupa de los medios de prueba, aunque simplemente incorpora un catálogo en el que incluye: audiencia de las partes, peticiones de información, presentación de documentos, interrogatorio de testigos, dictamen de peritos, reconocimiento judicial, ensayos o experimentos comparativos y declaraciones juradas por escrito (*affidavit*) (art. 53.1). No es un listado *numerus clausus,* sino meramente ejemplificativo[654].

Algunos de los medios de prueba relacionados en el art. 53.1 ATUP suelen estar regulados, específicamente, en las normativas nacionales e internacionales sobre propiedad industrial e intelectual, p. ej., las peticiones de información, los ensayos o experimentos comparativos y las declaraciones juradas por escrito de los testigos. Por lo que respecta al significado que deba

---

654 Vid. al respecto REMÉDIO MARQUES, J.P., *O (novo) Tribunal Unificado de Patentes. Competência e regras de processo,* Coimbra, Almedina, 2024, p. 199.

darse a las denominadas peticiones de información, entendemos que debe acudirse a lo dispuesto en el art. 67 ATUP[655]. Lo que no resuelve el tema porque esta conexión plantea una duda importante acerca de la naturaleza jurídica de las peticiones de información, pues, más que calificarlas de medio de prueba, cabe estimar que constituyen un tipo de diligencias preliminares que coadyuvan a confeccionar las acciones que van a ser afirmadas en el escrito inicial[656]. A la incertidumbre expuesta se añade la que recae sobre el momento procesal apropiado para efectuar tales peticiones; esto es, si no sería más correcto que estuvieran previstas en fase de alegaciones en lugar de insertarse en el procedimiento probatorio.

Otro de los medios de prueba que con más frecuencia se practican en los procesos relativos a patentes son los dictámenes periciales[657]. No es extraño, pues, que sea el único medio de prueba al que el ATUP le dedica, en exclusiva, un precepto, el

---

655 Es significativo que también las peticiones de información se enfoquen desde la perspectiva de constituir una facultad del Tribunal.

656 La naturaleza preparatoria y no probatoria de las diligencias preliminares, específicas en materia de patentes y consistentes en la obtención de datos, es explicada por CANTOS PARDO, M., *El proceso civil para la cesación de la infracción de patentes*, Valencia, Tirant lo Blanch, 2023, pp. 252-259.

657 La lectura del apartado relativo a los hechos controvertidos, de cualquier resolución judicial que se pronuncia sobre la mayoría de las acciones ejercitadas en defensa de derechos de propiedad industrial, pone de relieve el alto grado de complejidad técnica que aquellos encierran y la necesidad de poseer conocimientos especializados para comprender y hacer comprender el ámbito objetivo de protección. Vid. entre otros, CUCARELLA GALIANA, L. A., *El proceso civil en materia de patentes*, Granada, Comares, 1999, pp. 381-385; y MASSAGUER, J., *Acciones y procesos de infracción de derechos de propiedad industrial*, 2ª ed., Cizur Menor, Thomson Reuters-Civitas, 2020, pp. 310-314.

art. 57. Y tampoco sorprende que se centre en regular la facultad del TUP de nombrar peritos. De su tenor literal, y en consonancia con lo previsto en el elenco del ya citado art. 53.1, se deriva que, en el sistema del TUP la prueba pericial comprende tanto los peritos de parte como los designados por el tribunal y que la práctica de cualquiera de estas dos modalidades de pericia no está limitada por razón del objeto del proceso. Pese a que lo usual es que los peritos nombrados por el TUP lo sean de oficio, nada se opone a que su nombramiento tenga lugar también a instancia de parte. En cualquiera de los dos supuestos, para que pueda procederse a su nombramiento se ha encomendado al TUP que, de conformidad con lo establecido en el RoP, elabore una lista indicativa de peritos que le van a aportar la opinión experta acerca de aspectos específicos del asunto.

Por otro lado, también resulta significativo que el ATUP se detenga en dos de las cualidades que han de reunir los peritos designados por el tribunal, esto es, la independencia y la imparcialidad. Con el fin de garantizarlas, a dichos peritos les son aplicables las normas previstas para los jueces en el art. 7 ETUP, mediante las que se pretende dar respuesta a un conflicto de intereses (art. 57.3).

Partiendo del carácter de auxiliares o consultores del tribunal que es común atribuir a los peritos designados por el tribunal, cabe la posibilidad de que se terminen considerando una figura obsoleta, puesto que las Salas del TUP pueden estar integradas por un juez con formación técnica.

Frente a esa opinión, la actualidad y necesidad de los peritos judiciales puede ser defendida, pero con base en un supuesto muy concreto y en el marco de la todavía escasa experiencia forense. Esta ha revelado que no es infrecuente que se adopten decisiones, exclusivamente, por jueces con formación jurídica, y no solo por las divisiones del Tribunal de Primera Instancia, sino incluso por la Sala del Tribunal de Apelación, lo que parece contravenir el mandato del art. 9.1 ATUP. Y aunque por el momento la ausencia de jueces técnicos en la formación de la Sala se ha dado cuando el tema controvertido a resolver ha sido únicamente jurídico[658], podría llegar a suceder que, al consumir un cierto tiempo su designación, pues han de ser escogidos de la lista de reserva de jueces, no se contara con ellos en la tramitación de procedimientos rápidos como, p. ej., los regulados para la adopción de medidas provisionales y cautelares. En definitiva, ante la probabilidad de que la Sala se constituya solo con jueces con formación jurídica, la trascendencia de la intervención de los peritos aumenta, aunque también incrementa sus costes.

No podemos finalizar las referencias, breves, a los medios de prueba regulados en el ATUP, sin detenernos en cómo aborda el tema del procedimiento probatorio. Es obvio que no debía acometerlo con detalle y que había de remitirse a lo que dispusiera el RoP (art. 53.2). Pero también es discutible que las pocas normas que prevé versen sobre extremos tan básicos que den lugar a una remisión en blanco a lo que establezca el RoP. Así, el ATUP prevé con carácter general, el respeto al principio de contradicción (art. 56.2) y, en relación con el interrogatorio de testigos y peritos, impone que se limite a lo necesario y sea supervisado por el Tribunal, aun cuando cabe entender que permite a las partes que interroguen directamente a testigos y peritos, admitiendo la práctica del interrogatorio cruzado (art. 53.2 ATUP). Y, concretamente, para los peritos designados por el Tribunal, le impone los deberes de facilitarles toda la información necesaria para elaborar sus dictámenes y de proporcio-

658 En su decisión de 10.4.2024 (ORD_19369/2024), el Tribunal de Apelación ha declarado que el art. 9.1 ATUP no contiene una norma imperativa, de manera que permite que, en determinados casos, la Sala quede constituida solamente con tres jueces con formación legal.

nárselos a las partes con el fin de que estas puedan ejercer su derecho a presentar observaciones (art. 57 ATUP).

## 2.2 Medidas de aseguramiento de la prueba y de reconocimiento de lugares

Ante la probabilidad de que a consecuencia de conductas humanas puedan ser destruidas, ocultadas o alteradas fuentes de prueba, de cuya futura aportación al proceso va a depender la estimación de la acción ejercitada en defensa de los derechos derivados de la propiedad industrial, el aseguramiento de la prueba constituye el instituto jurídico apropiado para garantizar la conservación de aquellas. Así lo pone de manifiesto el hecho de que esté previsto en la gran mayoría de textos legales sobre la materia[659]. Como era razonable esperar, la virtualidad del aseguramiento de la prueba es también asumida por el ATUP que le dedica un precepto (art. 60) en el que se establece una regulación bastante minuciosa.

El ATUP señala que, para que las medidas de aseguramiento de la prueba alcancen su fin, han de ser provisionales, inmediatas y efectivas. Comenzando por este último carácter, debe señalarse que la efectividad está estrechamente relacionada con la clase de medida que se adopte. A los efectos de ganar en claridad, el art. 60.2 enuncia unas medidas concretas como son la descripción detallada, con o sin toma de muestras, de los productos infractores o incluso su embargo, el cual puede extenderse tanto a los materiales e instrumentos utilizados en la fabricación y distribución de los productos infractores, cuanto a los documentos relativos a los mismos.

---

659 Vid. al respecto MASSAGUER, J., *Acciones y procesos de infracción de derechos de propiedad industrial*, cit., pp. 241-244.

Debe precisarse que las medidas referidas no deben estimarse típicas, sino meramente ejemplificativas, ya que lo que convierte una medida de aseguramiento en efectiva es que sea idónea para lograr su objetivo, el cual en términos del art. 60.1 estriba en "conservar las pruebas de la presunta violación". En definitiva, será el objeto de la patente el elemento decisivo a la hora seleccionar la medida a solicitar y adoptar, que podrá consistir en una de las expresamente previstas o cualquier otra que, a nuestro parecer, ha de sujetarse a los estándares de idoneidad, necesidad y proporcionalidad, pese a que el ATUP no se refiere expresamente a ellos. Cualquiera que sea la medida acordada, deberá conjugarse con la protección de datos confidenciales, pudiendo el Tribunal ordenar la restricción o la prohibición de la recopilación y del uso de las pruebas o que el acceso a dichas pruebas se limite a determinadas personas (art. 58 ATUP)[660].

Las medidas de aseguramiento solamente pueden decretarse a instancia de parte, o de quien se propusiera serlo, pues pueden ser solicitadas antes de iniciarse un proceso en el que se ejercite una acción sobre el fondo del asunto (art. 60.1). El solicitante debe apoyar su petición en pruebas "razonablemente disponibles" de la violación de su derecho de patente o de que va a ser violado de forma inminente. Aun cuando es un asunto que ha de valorarse en cada supuesto de hecho, se ha afirmado que el solicitante cumple con la mencionada carga procesal si presenta un principio de prueba de aquel extremo[661]. Lo que no queda demasiado claro, a nuestro entender, es el nivel de estándar de prueba requerido que incluso podría llegar a ser un estándar elevado, si el Tribunal estimara que

---

660 En el lenguaje del derecho de patentes a esta restricción se la denomina "confidentiality club".

661 De prueba *prima facie* la califica REMÉDIO MARQUES, J.P., *O (novo) Tribunal Unificado de Patentes. Competência e regras de processo*, cit., p. 176.

sobre el solicitante recae la carga de presentar evidencias de la infracción actual o futura del derecho de patente de las que pudiera extraer un juicio de probabilidad acerca del fundamento de la pretensión sobre el fondo. Ya adelantamos que dicho estándar no es exigido ni tan siquiera cuando la medida a adoptar es el reconocimiento, o la inspección, de lugares que suele conllevar la entrada en una propiedad privada.

Deteniéndonos en la provisionalidad de las medidas, esta se aprecia, especialmente, cuando son solicitadas y concedidas antes de incoar el proceso sobre el fondo, puesto que si en el plazo señalado en el art. 60.8 no se ejercita la correspondiente acción[662], el Tribunal a instancia de la persona que ha soportado las medidas procederá a alzarlas.

Con vistas a asegurar el pago de la indemnización de los daños y perjuicios que puedan ocasionar las medidas de aseguramiento de las pruebas, su eficacia puede subordinarse a la prestación, a cargo del solicitante, de fianza adecuada o de garantía equivalente. De lo dispuesto en los apartados 7 y 9 del art. 60 ATUP cabe inferir que la condena a indemnizar de modo suficiente por los daños y perjuicios no solo está condicionada a su prueba, sino que además ha de concurrir uno de los siguientes supuestos: la revocación de las medidas, su inaplicación por acción u omisión del solicitante o la declaración de que no ha habido violación del derecho de patente ni en grado de consumación ni de tentativa.

---

[662] El plazo para presentar la demanda es el más largo de uno de estos dos: treinta y un días civiles (naturales) o veinte días hábiles. Aunque se infiere del tenor literal del art. 60.8 que el *dies a quo* del plazo ha de ser el de la ejecución de las medidas acordadas, debería haberse fijado con mayor precisión en aras a lograr la debida seguridad jurídica.

El tercer carácter que el ATUP asigna a las medidas de aseguramiento es su inmediatez. Su consecución va ligada, junto a su posible solicitud y adopción antes del inicio de proceso, a los actos procesales que han de tener lugar tras la admisión de la solicitud. Ello significa, p. ej., que una regulación que impusiera, en todo caso, la sustanciación de un incidente contradictorio previo a la decisión judicial sobre dichas medidas sería disonante con aquel carácter. Consiguientemente, el ATUP permite que el Tribunal acuerde medidas sin haber oído a la otra parte, particularmente, cuando cualquier dilación pueda causar daños irreparables al titular de la patente o cuando se demuestre que existe riesgo de destrucción de pruebas (art. 60.5).

No obstante, la adopción de medidas *inaudita altera parte* no obedece a una supresión del principio contradictorio en el ámbito del aseguramiento de la prueba, sino a su desplazamiento a un momento posterior, puesto que una vez adoptadas han de ser notificadas sin demora a las personas afectadas y, a más tardar inmediatamente después su práctica. La notificación permite el ejercicio del derecho de defensa por la persona afectada que se articula mediante un procedimiento, denominado por el ATUP "revisión" en el que, tras darle audiencia, el Tribunal resolverá si las medidas son modificadas, revocadas o confirmadas (art. 60.6).

Las últimas cuestiones que suscita el art. 60 ATUP son las referentes a la naturaleza del "reconocimiento de lugares" y al régimen jurídico que le es aplicable. Se originan ya en el propio título del citado precepto, se confirman en algunos de sus apartados y, en esencia, plantean si era necesario diferenciarlo de las "medidas de aseguramiento". Y ello porque, dejando a un lado dos normas que sí son específicas, y por ello necesarias, alusivas a las personas que han de realizar el reconocimiento y las que están autorizadas a estar presente en dicho acto (art. 60.3 y 4), la regulación restante hubiera debido equipararse totalmente al aseguramiento de la prueba. Al no seguir este método, y al existir disparidades, se plantean dudas que recaen sobre si las pruebas que ha de presentar el solicitante, para respaldar su petición de reconocimiento, han de ser las "razonablemente disponibles" o si su ejecución requiere que se garantice la protección de la información confidencial o si cuando el art. 60.5 habla de "medidas" también ha de entenderse incluido el reconocimiento judicial o si la estimación del reconocimiento puede condicionarse a la prestación de fianza para garantizar la indemnización de daños y perjuicios que sufra la persona que ha de soportarlo o, finalmente, si el reconocimiento puede ser revocado[663].

## 2.3. Procedimiento probatorio

Con ciertas e importantes salvedades a las que ya nos hemos referido, el ATUP deja para el RoP la regulación del procedimiento probatorio. Esto es, todo lo relativo a la proposición, admisión y práctica de los distintos medios de prueba se halla disciplinado en el RoP.

Otro instituto jurídico cuya regulación asume el ATUP es la orden de presentación de pruebas. De conformidad con lo establecido en su art. 59.1, a petición de la parte que hayan presentado pruebas suficientes y razonablemente disponibles

---

663 Acerca del diferente régimen jurídico que el art. 60 ATUP parece conceder, de un lado, a las medidas de aseguramiento de la prueba y, de otro, al reconocimiento de lugares, así como su posible superación con base en la primacía del Derecho de la UE, cfr. GRANATA, S., "Rules of procedure of the UPC, a judge's perspective", cit., p. 289; y GARCÍA VIDAL, Á., "La patente europea con efecto unitario (V). Las facultades del Tribunal unificado de patentes: obtención de pruebas y de información, reconocimiento de lugares. Aseguramiento de prueba, medidas preventivas y cautelares, órdenes permanentes", en *Análisis GA&P*, junio 2013, pp. 3 y 4.

en las que apoye sus alegaciones fácticas y haya indicado en sus escritos otras pruebas, supuestamente en poder de la parte contraria o de un tercero, que le interese accedan al proceso, el Tribunal puede ordenar su aportación.

Al igual que respecto de las medidas de aseguramiento, la decisión judicial ha de evitar que sean divulgados datos confidenciales. Entendiendo la dificultad de la valoración que encomienda al Tribunal, el art. 58 ATUP incorpora algunos ejemplos de información confidencial, como los secretos comerciales y los datos personales. Tampoco olvida señalar que la salvaguarda de la información confidencial puede lograrse mediante la restricción o prohibición tanto de la recopilación cuanto del uso en el proceso de las pruebas recogidas, así como, limitando las personas a las que estas pueden ser cedidas.

Si se comparan los ámbitos de protección que se dispensan a la parte contraria que ha de soportar de las medidas de aseguramiento y a la parte contraria que ha de cumplir una orden de presentación de pruebas, se constata que esta última goza de una protección reforzada. Esta interpretación se fundamenta en que además de garantizársele la protección de la información confidencial de las pruebas que obran en su poder, se halla protegida frente a una posible autoinculpación. Seguramente uno de los motivos de su específica previsión radica en la naturaleza de algunos documentos sobre los que puede recaer la orden judicial de presentación y a los que también se refiere expresamente el art. 56.2: "documentos bancarios, financieros o mercantiles"[664].

---

664 Cfr. GARCÍA VIDAL, Á., "La patente europea con efecto unitario (V). Las facultades del Tribunal unificado de patentes: obtención de pruebas y de información, reconocimiento de lugares. Aseguramiento de prueba, medidas preventivas y cautelares, órdenes permanentes", cit., p. 2.

La fórmula en que es redactada la protección, esto es, la orden judicial "no podrá dar a una obligación de autoinculpación" (art. 56.1 in fine), no tiene un único significado, pero, a nuestro entender, es lógico concluir que fundamenta una negativa justificada a la presentación del documento requerido puesto que, en caso opuesto, se contribuiría a la realización de perjuicio jurídico propio. En otras palabras, si la parte contraria a la que se dirige la orden invoca la posibilidad que de aquel documento se le pueda derivar una inculpación de carácter civil, administrativo o incluso penal, el Tribunal ha de respetar la voluntad de no aportarlo o exhibirlo.

Ya se ha admitido que no es el único sentido que cabe extraer de la declaración legal de inexistencia de una obligación de autoinculpación que, por otro lado, atentaría contra el derecho fundamental a la presunción de inocencia consagrado en el art. 48 CDFUE. La inseguridad derivada de la proposición de distintas interpretaciones se ve acrecentada a causa de importantes carencias legislativas, ya puestas de relieve en el análisis de las medidas de aseguramiento. Nos referimos a la falta de regulación de extremos importantes, p. ej., los actos de índole coercitiva que puede acordar el Tribunal en la orden que dicta de presentación de pruebas, las advertencias ante el incumplimiento de dicha orden, los efectos de las negativas injustificadas a la aportación de documentos, las reacciones frente a conductas obstruccionistas de la persona requerida o los límites al uso de las pruebas obtenidas.

### 2.4. Carga e inversión de la prueba. Valoración de la prueba

En el sistema del TUP, rige la regla según la cual la carga de la prueba de los hechos recae en la parte que los alegue[665]. No obstante, de la propia redacción del precepto que contempla dicha regla, art. 54 ATUP, se desprende que es una norma subsidiaria que será aplicada en defecto de otra preferente. Esta norma preferente es la relativa al fondo o al derecho substantivo. Debe tenerse en cuenta que hay un consenso en entender, al menos cuando resultan de aplicación normas de Derecho internacional privado, que el objeto de la prueba, la carga de la prueba y las presunciones legales que la dispensan, o la desplazan, deben regirse por la ley aplicable al fondo, debido a la estrecha relación que mantienen con el objeto del proceso[666].

La determinación de dicha ley cuando en el asunto exista un elemento heterogéneo o extranjero no es una tarea sencilla, pues, el art. 54.1 ATUP efectúa una remisión al art. 24. 2 y 3 ATUP cuyas normas, a su vez, se remiten a textos normativos en los que se contienen normas de Derecho internacional privado, las cuales finalmente reenvían a un derecho nacional. Este derecho, que va a ser el derecho aplicable al caso en concreto, puede ser incluso el de un Estado no contratante (art. 24.3 ATUP).

---

665 La norma sobre la carga de la prueba del art. 54 ATUP es calificada de incompleta ya que no alude a la distinción entre elementos fácticos constitutivos y elementos fácticos impeditivos o extintivos. Vid. REMÉDIO MARQUES, J.P., *O (novo) Tribunal Unificado de Patentes. Competência e regras de proceso*, cit., pp. 201 y 202.

666 Cfr. FERNÁNDEZ ROZAS. J. C. y SÁNCHEZ LORENZO, S., *Derecho internacional privado*, 12ª ed., Cizur Menor, Thomson Reuters-Civitas, 2022, pp. 324 y 325; VIRGÓS SORIANO, M. y GARCIMARTÍN ALFÉREZ, F. J., *Derecho procesal civil internacional. Litigación internacional*, 2ª ed., Cizur Menor, Thomson Reuters-Civitas, 2007, pp. 478-480.; y FONTANELLAS MORELL, J. Ma., "Drets reals", en Font Segura, A., Fontanellas Morell, J. Ma, Gardeñes Santiago, M. y Garriga Suau, G. (coords), *Lliçons de Dret internacional privat*, Barcelona, Atelier, 2023, pp. 490-494.

La remisión sigue un orden: en primer lugar, a las normas de Derecho internacional privado contenidas en el Derecho de la UE[667]; en su defecto, a las normas de Derecho internacional privado establecidas en instrumentos internacionales (p. ej. Convenio Europeo de Patentes[668]); finalmente, de no existir las anteriores normas, a las normas de Derecho internacional privado de un derecho nacional según determine el Tribunal. En este último supuesto, a la hora de seleccionar el concreto derecho nacional, deberá tenerse en cuenta que uno de los principales objetivos del sistema instituido por el denominado "paquete de patentes" es otorgar una protección uniforme a una misma patente. Dicha protección no se alcanzaría si la fijación del derecho nacional variara en función de la División del TUP que tramitara la causa. Por esta razón, se ha propuesto que en orden a su determinación se apliquen analógicamente los criterios establecidos en el art. 7 del Reglamento (UE)

---

667 Cabe entender que un ejemplo sería el Reglamento (CE) 864/2007, del Parlamento Europeo y del Consejo, de 11 de julio de 2007, relativo a la ley aplicable a las obligaciones extracontractuales (Reglamento "Roma II"), cuya aplicación correspondería cuando se reclamara la responsabilidad por daños derivados de la usurpación del derecho de propiedad intelectual. En su art. 8.1 se establece que la ley aplicable es la del país para cuyo territorio se reclama la protección. Si bien, en el caso de que la responsabilidad extracontractual surgiera de la infracción de un derecho de propiedad intelectual comunitario de carácter unitario, la ley aplicable sería la del país en el que se hubiera cometido la infracción para toda cuestión que no esté regulada por el respectivo instrumento comunitario (art. 8.2). Vid. al respecto, FERNÁNDEZ ROZAS. J. C. y SÁNCHEZ LORENZO, S., *Derecho internacional privado*, cit., p. 846; y CANTOS PARDO, M., *El proceso civil para la cesación de la infracción de patentes*, cit., p. 37.

668 Convenio de Múnich sobre Concesión de Patentes Europeas, de 5 de octubre de 1973; p. ej., de conformidad con su art. 64, la ley aplicable a la violación de la patente es cualquiera de las legislaciones nacionales de los Estados contratantes para los cuales ha sido concedida.

1257/2012 de la patente europea con efecto unitario[669] que son: legislación nacional del Estado miembro participante en el que el solicitante tenga su domicilio o centro principal de actividad o, en su defecto, un centro de actividad, y cuando no existan tales puntos de conexión, la legislación aplicable será la de Alemania pues en este Estado tiene su sede la OEP[670].

No es empero, la anterior cuestión la única que puede surgir. Cabe que se plantee otra con una dimensión agregada y que se genera cuando las normas de Derecho internacional privado guían a la aplicación del Derecho nacional de un Estado no participante en el sistema del TUP. En estos supuestos, deberá determinarse cómo debe alegarse y probarse el Derecho nacional ya que tiene la consideración de derecho extranjero. Con toda probabilidad, la manera de llevar a cabo tal acción variará en función del territorio en el que estén situadas las Divisiones centrales, locales y regionales del TUP lo que provocará una falta de predictibilidad derivada del hecho de que la UE no ha dictado normas comunes sobre el régimen de alegación y prueba del derecho extranjero[671].

Sentada la regla general de distribución de la carga de la prueba, el precepto siguiente (art. 55 ATUP) parece que anun-

---

669 Reglamento (UE) 1257/2012 del Parlamento Europeo y del Consejo, de 17 de diciembre de 2012, por el que se establece una cooperación reforzada en el ámbito de la creación de una protección unitaria mediante patente (DOUE L 361, de 31.12.2012, pp. 1-8).

670 Vid. DE MIGUEL ASENSIO, P.A., "La patente europea con efecto unitario y su régimen jurídico", en *Revista de Direito Intelectual*, núm. 1, 2016, pp. 161-166.

671 DE MIGUEL ASENSIO valora críticamente la falta de regulación de dicho régimen y la califica de "importante carencia en el proceso de unificación del Derecho internacional privado de la Unión Europea" ("La patente europea con efecto unitario y su régimen jurídico", cit., p. 166).

cia una excepción a la misma puesto que su título es "Inversión de la carga de la prueba". Es una inferencia que, desde un primer momento, debe ser corregida ya que las normas que contiene no llevan a cabo tal inversión y además debe precisarse que recaen sobre un supuesto muy concreto como es la patente de procedimiento de obtención de un nuevo producto. Tratándose de esta clase de patentes, el art. 55.1 ATUP establece que "cualquier producto idéntico fabricado sin el consentimiento del titular de la patente se considera, salvo prueba en contrario, obtenido por el procedimiento patentado".

La doctrina española ha realizado aportaciones muy valiosas sobre este asunto puntualizando que la protección de las patentes de procedimiento depende de la aprobación de normas particulares sobre prueba a los efectos de que sea equivalente a la prestada a las patentes de producto. Y ello, básicamente, porque no está al alcance de las posibilidades del demandante acreditar que el producto infractor ha sido fabricado mediante el procedimiento patentado[672]. De ahí que la técnica procesal empleada haya sido la de favorecer al demandante formulando una presunción *iuris tantum*[673]. Lo que comporta no una inversión de la

---

672 El mayor obstáculo con el que se enfrenta el titular de una patente de procedimiento es demostrar, a partir del producto final, que el demandado utiliza ilícitamente el procedimiento patentado. Vid. entre otros, MASSAGUER, J., *Acciones y procesos de infracción de derechos de propiedad industrial,* cit., pp. 317-320; CUCARELLA GALIANA, L.A., *El proceso civil en materia de patentes,* cit., pp. 402-415; y BELLIDO PENADÉS, R., *El proceso civil sobre competencia desleal y propiedad industrial, El proceso civil sobre competencia desleal y propiedad industrial. (Aproximación a la incidencia de la LEC 2000 y de la Ley de Marcas de 2001),* Madrid, Civitas, 2002, pp. 168-179.

673 La presunción del art. 55 ATUP es común a los sistemas de patentes de los Estados participantes y tiene su origen en el ordenamiento jurídico alemán; vid. sobre este asunto y como se justifica la necesidad

carga de la prueba[674], tampoco liberar al demandante de toda carga probatoria, sino que con base en la facilidad probatoria este deba probar unos hechos indicios para que deba entenderse acreditado el hecho presunto.

En principio y de lo dispuesto en el art. 55.1 TUP, los hechos indicios que debe probar el titular de la patente de procedimiento son que el producto fabricado mediante el procedimiento patentado es nuevo, que el anterior producto y el infractor poseen las mismas características y que este último solo puede fabricarse a través del procedimiento patentado[675].

Ahora bien, el apartado segundo del art. 55 ATUP introduce un elemento que crea un cierto desajuste en la operación deductiva descrita en su apartado primero al condicionar la fijación del hecho presunto no solo a la acreditación de los hechos indicios descritos, sino también a que el titular de la patente "no haya podido, pese a haberlo intentado razonablemente, determinar el procedimiento efectivamente utilizado en el producto idéntico". Asimismo, el apartado tercero del art. 55 ATUP, matiza la carga

---

de prever la presunción, CUCARELLA GALIANA, L.A., *El proceso civil en materia de patentes,* cit., pp. 405-405.

674 En este tema debe recordarse el magisterio del Prof. DE LA OLIVA SANTOS cuando explica que las presunciones *iuris tantum* no dan lugar a una inversión de la carga de la prueba, pues, el actor no debe probar hechos impeditivos, extintivos o enervantes ni el demandado hechos constitutivos. Pero sí presentan una singularidad respecto de la carga de la prueba que hace surgir una eventual carga de la contraprueba de los hechos presuntos (*Curso de Derecho procesal civil II. Parte especial,* 2ª ed., con Díez-Picazo Giménez, I. y Vegas Torres, J., Madrid, Cerasa, 2014, pp. 216-218).

675 Vid. CUCARELLA GALIANA, L.A., *El proceso civil en materia de patentes,* cit., pp. 410-415; y BELLIDO PENADÉS, R., *El proceso civil sobre competencia desleal y propiedad industrial,* cit., pp. 169 y 170.

que ha de soportar el demandado al disponer que, en la prueba de la certeza negativa del hecho presunto, se tomarán en consideración sus intereses legítimos relativos a "la protección de sus secretos de fabricación y comerciales".

Por último, debe señalarse que el ATUP, en lugar de confiar la regulación de la valoración de la prueba a las normas propias de cada medio de prueba, prevé una disposición general en el art. 76.3 ATUP según la cual "el Tribunal valorará las pruebas con libertad e independencia". Hacerlo con libertad ha de significar que el resultado de la actividad probatoria será apreciado por el Tribunal sin sujeción a criterios precisos legalmente positivizados.

Cabe estimar que la opción por la libre valoración de la prueba, además de ser la que predomina en los ordenamientos europeos[676], es la consecuencia directa de los principios que rigen la actividad judicial en el sistema del TUP que atribuyen a sus jueces un alto grado de discrecionalidad[677], así como, de la composición de las Salas de las diferentes Divisiones en las que participan jueces técnicos lo que implica que, aun cuando los criterios en los que basan sus razonamientos no estén codificados, su valoración se halle reforzada pues se apoya no

---

676 El principio de libre valoración de la prueba también se ha establecido en las Reglas Modelo Europeas de Proceso Civil elaboradas por los institutos ELI y UNIDROIT, en concreto en la regla 98, lo que pone de relieve al alto grado de confianza en la capacidad de los jueces de valorar lógica y razonablemente los resultados que arroja la práctica de la prueba. Vid. STADLER, A. y STRANDBERG, M., "General and procedural issues", en Stadler, A., Smith, V. y Gascón Inchausti, F. (eds.), *European Rules of Civil Procedure. A commentary on the ELI/UNIDROIT Model Rules,* Cheltenham -Northampton, Edward Elgar Publishing, 2023, pp. 275-277.

677 Vid. GRANATA, S. "Rules of procedure of the UPC, a judge's perspective", cit., pp. 293-296.

solo en la lógica, sino además en sus conocimientos altamente especializados[678].

Y en cuanto al mandato de valorar las pruebas con independencia, debe repararse que, entre el ATUP, el Estatuto del TUP y el Código de Conducta de los Jueces del TUP[679], se ha elaborado un estatuto jurídico que, en un principio, puede estimarse que constituye una cierta garantía de la independencia judicial[680]. Dicho mandato debería haberse completado, a nuestro parecer, con una referencia a la imparcialidad objetiva y subjetiva, aun cuando, debe reconocerse que pretende ser salvaguarda, p. ej., con el régimen previsto en el art. 7 ETUP. Régimen que está integrado por un elenco ejemplificativo cau-

---

678 A diferencia de las *European Rules of Civil Procedure* que prevén en la regla 87 un estándar que ha de plasmarse en la valoración libre de la prueba y que consiste en alcanzar un convencimiento razonable de la verdad de los hechos controvertidos, ni en el ATUP ni en el RoP se alude a criterios aptos para evitar la arbitrariedad como son, p. ej., las "máximas de la experiencia".

679 El Código de Conducta de los Jueces del TUP fue adoptado por el Comité Administrativo el 24.4.2023. Puede consultarse en https://www.unified-patent-court.org/en/court/legal-documents/326

680 Se muestran críticas con la efectividad del estatuto jurídico de los jueces del TUP en orden a alcanzar el estándar necesario de confianza de los justiciables, observadores objetivos, en los tribunales exigido por la independencia judicial de la que depende, a su vez, la plenitud del derecho a un juicio equitativo, VAN ZIMMEREN, E., "Trusting the Unified Patent Court: the importance of the institutional design of the UPC and its judges", en Matthews, D. y Torremans, P. (edits.), *European Patent Law. The Unified Patent Court and the European Patent Convention*, Berlin, de Gruyter, 2023, pp. 227 y 228; y SERRANO MASIP, M., "Consideraciones sobre el Tribunal Unificado de Patentes desde la perspectiva de la independencia judicial", en Asencio Mellado, J.Mª. y Fuentes Soriano, O. (dirs.), *El proceso como garantía*, Barcelona, Atelier, 2023, pp. 276-278.

sas, que cuando recaen sobre los jueces que intervienen en el concreto proceso les obligan a abstenerse y que conceden el derecho a las partes a recusarlos, así como, por los trámites que deben seguirse.

## III. NORMATIVA SOBRE LA PRUEBA EN EL REGLAMENTO DE PROCEDIMIENTO

### *1. Principios procesales y formas*

En el Preámbulo del RoP se reiteran los principios que han de inspirar la interpretación y aplicación de las normas procesales: proporcionalidad, flexibilidad, justicia y equidad. Las explicaciones que el propio Preámbulo realiza de esos principios muestran una voluntad de lograr un equilibrio entre las que podemos identificar como manifestaciones propias del principio dispositivo (p. ej., tener en cuenta los legítimos intereses de las partes) y la discrecionalidad de los jueces, con el fin de organizar los procesos de forma eficaz y eficiente, en función de la naturaleza, complejidad e importancia de cada acción. Equilibrio que ha de permitir alcanzar uno de los objetivos del RoP que es que la vista oral final se celebre, como promedio, en el plazo de un año desde el inicio del proceso.

Con respecto a la prueba, el texto articulado implementa los citados principios casi siempre desde la vertiente del poder de los jueces de administrar las causas activamente. Constituyen unos claros ejemplos: decidir sin demora qué cuestiones precisan una investigación detenida y cuáles no o desestimar una petición de manera sumaria porque no tiene posibilidades de ser estimada. Son poderes que se atribuyen al juez ponente, al presidente de la Sala o a la Sala (regla 334). Más concretamente, cabe referir que el juez ponente, durante la fase intermedia puede ordenar a las partes que propongan medios de prueba (regla 103.1 c)[681]; así como, en presencia de aquellas, puede oír a testigos y peritos con el fin de preparar la práctica de la prueba a celebrar en el juicio oral (regla 104 f).

Entre las reglas destinadas a la regulación de las formas de los actos procesales, hay varias que se proyectan sobre la prueba. Así, se dispone que los escritos deben presentarse por vía electrónica (regla 4). De otro lado, la inmediación preside la celebración de la audiencia de la fase intermedia y la oral, estando previsto que puedan tener lugar a través de videoconferencia (reglas 105.1 y 112.3). Una de las diferencias más importantes entre esas fases radica en la publicidad. La fase final del proceso ha de ser como norma pública, previéndose que la Sala pueda acordar su desarrollo a puerta cerrada atendiendo a los intereses de las partes o de terceros, al interés general de la justicia o al orden público (regla 115). Por el contrario, la publicidad es la excepción cuando se trata de la celebración de la audiencia de la fase intermedia. Solo si lo solicita una parte, y el juez ponente lo admite, la audiencia tiene lugar en la sede del TUP lo que comporta que sea pública (regla 105). En una regulación tan detallada ha de ser objeto de crítica que no haya ninguna disposición acerca del modo de articular la publicidad de las vistas telemáticas.

---

681 Con carácter general, el TUP en cualquier fase del proceso puede, de oficio, solicitar a las partes aclaraciones sobre las pruebas propuestas.

## 2. *Prueba*

### 2.1. Fuentes y medios de prueba. Medidas de aseguramiento de la prueba

La parte segunda del RoP está dedicada a la prueba. En la primera de sus reglas (regla 170) distingue entre fuentes y medios de prueba. Las primeras son ordenadas en cuatro grupos: documentos, dictámenes periciales e informes, objetos físicos y archivos electrónicos. Y por lo que respecta a los medios de prueba reproduce, en esencia, el elenco del art. 53 ATUP, aunque se advierten dos diferencias que cabe subrayar: la primera es la relativa a la prueba pericial puesto que no alude a los dictámenes, sino que enumera los actos que tienen lugar en la práctica de dicho medio de prueba, esto es, nombramiento, recepción del dictamen, citación, audiencia e interrogatorio de los peritos; y, la segunda, es la incorporación a la lista de medios de prueba de la orden de presentación de pruebas (art. 59 ATUP) y las medidas de aseguramiento de la prueba (art. 60 ATUP)[682].

Por lo que respecta al aseguramiento de la prueba, ya se ha puesto de manifiesto que sus extremos esenciales son regulados con cierta precisión y detalle por el ATUP, lo que no ha comportado que el desarrollo normativo que lleva a cabo el RoP se reduzca a la tramitación de la solicitud. Todo lo contrario, en su

682 Resulta claro que las órdenes que emite el Tribunal para que se aporten al proceso fuentes de prueba con el fin de que respecto de ellas puedan practicarse medios de prueba, o de que sean conservadas hasta el momento previsto por la ley para la práctica de la prueba, no son en rigor medios de prueba. No obstante, su inclusión en la parte del RoP reservada a las reglas sobre prueba revela una determinada concepción sobre su naturaleza, más próxima a la prueba que a las medidas provisionales y cautelares.

seno se prevén reglas que van más allá de lo estrictamente procedimental. Así, son abordados, p. ej., el presupuesto procesal de la competencia (objetiva y funcional); el contenido obligatorio de la solicitud (del que cabe destacar: la indicación clara de las concretas medidas solicitadas, así como, del lugar en el que se hallan las fuentes de prueba; la exposición de las razones por las que las medidas son necesarias para asegurar las fuentes de prueba que han de ser relevantes; y la referencia a los hechos y las pruebas en los que se apoya, o va a apoyarse la pretensión sobre el fondo o los motivos por los que aquellas deben ser adoptadas *inaudita altera parte* -regla 192.2-); los poderes de dirección del Tribunal una vez ha admitido la solicitud que son una de las múltiples manifestaciones de la acentuada discrecionalidad y flexibilidad que le otorga el sistema (constituyen un claro ejemplo: citar al solicitado para que exponga las razones por las cuales debe ser desestimada la petición; convocar a las partes, o solamente al solicitante, a una vista; o decidir sin oír al solicitado -regla 194-); y el contenido de la decisión que adopta el Tribunal (que además de especificar la medida, o las medidas, que acuerda[683], ha de declarar si limita el uso de la información obtenida al proceso para el que han sido solicitadas; ha de indicar si la medida es ejecutable inmediatamente imponiendo condiciones al solicitante, el cual puede ser sancionado si no las cumple; ha de designar la persona que llevará a cabo las medidas, la cual ha de ser experta y actuar con independencia e imparcialidad, todo ello de conformidad con la ley nacional del lugar donde deban ejecutarse las medidas -regla 196).

En páginas anteriores hemos afirmado que tanto el ATUP como el RoP otorgaban al principio de proporcionalidad un

---

683 A los ejemplos de medidas referidos en el art. 60.2, la regla 196.1 añade el aseguramiento de medios digitales y revelación de datos, así como de las contraseñas para acceder a aquellos.

significado, esencialmente, procedimental. Sin embargo, el RoP al desarrollar la regulación de las medidas de aseguramiento de la prueba muestra que es imposible circunscribir el alcance de aquel principio al logro de la eficiencia en la tramitación. Asume que la aplicación de los criterios de idoneidad, necesidad y proporcionalidad en sentido estricto son los que han de orientar al Tribunal en la ponderación de los intereses enfrentados permitiéndole otorgar preferencia a uno de ellos. Ello se comprueba en el detalle con que regula los contenidos de la solicitud y de la decisión de las medidas de aseguramiento de la prueba, incidiendo, de manera expresa, en la motivación y la valoración que ha de efectuar el Tribunal de los siguientes extremos: la urgencia en adoptar la medida, la suficiencia de los fundamentos alegados por el solicitante para adoptar la medida sin oír a la persona que ha de soportarla y la probabilidad de que la fuente de prueba pueda ser destruida o no pueda accederse a ella (regla 194.2).

Como se ha podido comprobar son muchas las cuestiones que plantea el abordaje de las medidas de aseguramiento de la prueba en el sistema del TUP. La última a la que nos referiremos viene provocada por las remisiones que en algunas de las reglas del RoP se efectúa a "la ley nacional aplicable", con la finalidad de acabar de delimitar los actos que han de ejecutarse, y que ha de ser una ley de naturaleza procesal. Y en este punto surge un problema que teóricamente parece irresoluble y que consiste en determinar cuál es la ley nacional aplicable. Tal dificultad no ha pasado inadvertida y emana del hecho de que se ha entendido que en las reglas comunes de procedimiento que ha de aplicar el TUP, en tanto que tribunal plurinacional, no cabe ningún reenvío a una ley procesal nacional concebida como *lex fori*[684]. En la última parte de este trabajo (IV) podre-

684 DE MIGUEL ASENSIO tras calificar al RoP de "texto pionero en el desarrollo de normas procesales comunes en el ámbito europeo",

mos comprobar, no obstante, que el TUP afirma que, en la esfera descrita, la ley procesal nacional es la *lex fori*.

## 2.2. Procedimiento probatorio

Trataremos en este apartado algunos extremos de las normas que incorpora el RoP a la regulación establecida por el ATUP respecto a la orden de aportación de pruebas, la prueba testifical y pericial.

Comenzando por las reglas sobre la orden de presentación de pruebas (regla 190 y 191), se observa que estas aluden a cómo se garantiza la protección de los datos confidenciales, a los momentos procesales en los que las partes pueden pedir al Tribunal que ordene la presentación de pruebas, al contenido de la orden judicial y a las consecuencias que se asocian al incumplimiento de la orden de presentación de pruebas[685].

En lo atinente a la prueba testifical (reglas 175-180), la parte que propone la declaración de los testigos presencialmente en la fase oral debe haber aportado por escrito la declaración ju-

---

añade que su importancia "debe valorarse teniendo en cuenta su trascendencia en tanto que régimen procesal común de un tribunal plurinacional tan peculiar, así como que precisamente por la naturaleza de este tribunal no existe en el mismo propiamente una legislación nacional aplicable en tanto que lex fori" ("La patente europea con efecto unitario y su régimen jurídico", cit., p. 156).

685 La regla 190.7 dispone que, si la parte requerida incumple la orden de presentación de pruebas, la Sala lo tendrá en cuenta al decidir sobre el fondo ("when deciding on the issue in question"). Nada más añade, de modo que no se prevén consecuencias concretas que puede extraer el Tribunal de la negativa, justificada o injustificada a la exhibición, como podría ser, p. ej., atribuir valor probatorio a los datos aportados por el solicitante de la exhibición.

rada de aquellos o un resumen de lo que van a declarar (regla 175.1). Los testigos tienen el deber de comparecer y de declarar[686]. Han de prestar promesa de decir verdad. De la práctica de este medio de prueba cabe destacar dos particularidades que son un claro reflejo de la posición activa de los jueces del TUP. La primera se advierte en el poder que se les atribuye de citar de oficio al testigo para que declare en el juicio aun cuando no lo haya solicitado la parte que propone dicho medio de prueba (regla 177.2) y la segunda en la previsión de que sean los jueces quienes comiencen a interrogar a los testigos y, cuando sea el turno de las partes, ejerzan un control sobre la admisibilidad de las preguntas que aquellas formulen (regla 178.4 y 5)[687]. Por último, es digna de mencionar la opción por un sistema de exenciones al deber de declarar, siendo uno de los supuestos ser el testigo cónyuge, pareja de hecho, descendiente, hermano o progenitor de una de las partes (regla 179.3)[688].

De la prueba pericial debe destacarse que a los peritos designados por las partes les son aplicables las normas que regulan la prueba testifical. Es más, la única norma específica para tales peritos se halla ubicada en el mismo capítulo del RoP donde se regula la prueba testifical y radica en el contenido de la citación,

---

686 La infracción del deber de comparecer y declarar es sancionada con multa (regla 179).

687 La posición activa del Tribunal, e incluso preferente a la que se concede a las partes, en la práctica del interrogatorio de testigos resulta extraña a la mayoría de los sistemas procesales civiles de los Estados participantes. Cfr. sobre este tema, REMÉDIO MARQUES, J.P., *O (novo) Tribunal Unificado de Patentes. Competência e regras de processo*, cit., p. 200.

688 Esta exención al deber de declarar de los testigos parientes de una de las partes está contemplada también en la regla 91 del *Model European Rules of Civil Procedure* elaboradas por los institutos ELI y UNIDROIT. Su finalidad reside en proteger las relaciones familiares que se estiman prioritarias al objetivo de lograr la decisión justa.

en la que debe indicarse, expresamente, que el perito que ha de comparecer en el juicio oral debe asistir al Tribunal de manera imparcial en la materia de la que es un experto, obligación que prima sobre la que pudiera derivarse de su relación con la parte, así como, que ha de actuar con independencia y objetividad (regla 181).

Como ya se puso de relieve, resulta significativo que el único precepto incluido en el ATUP referente a un medio de prueba sea el dedicado a los peritos del Tribunal y además que se inserte en el grupo de artículos reguladores de las facultades del Tribunal. Pues bien, ya la primera regla que disciplina este medio de prueba (regla 185)[689] establece que el nombramiento de los peritos puede ser de oficio, tras oír a las partes. El RoP no impone que hayan de ser personas físicas, pero tampoco prevé que pueda encargarse el dictamen a personas jurídicas. Han de ser expertos en la materia y llevar a cabo su labor con independencia, imparcialidad y objetividad. Se detallan también cuáles son sus deberes (regla 186), poniendo cierto énfasis en la imparcialidad que se asegura, p. ej., prohibiéndoles que se comuniquen con una parte sin que la contraria esté presente y que informen del contenido de su dictamen a terceros. Finalmente, en lo relativo a la declaración del perito en la fase oral, se le aplican las exenciones previstas para los testigos (regla 188). Pese a ello, cabe afirmar que el régimen de exenciones es más a adecuado para los peritos de parte o los denominados

---

689 En las tres versiones oficiales del RoP, la inglesa, la francesa y la alemana, hay saltos de numeración en las reglas. Uno de ellos se produce en sede de prueba pericial pasando de la regla 181 a la 185. Entendemos que no hay una pérdida de contenido, sino que el error puede provenir del elevado número de borradores del RoP que ha sido manejados: https://www.unified-patent-court.org/en/court/legal-documents

testigos-peritos. A los peritos del Tribunal ya se les aplica el régimen de abstención y recusación previsto para los jueces (cfr. arts. 57. 3 ATUP y 7 ETUP), una de cuyas causas les prohíbe emitir dictámenes en procesos relativos a patentes en los que intervengan en calidad de asesores.

## 2.3 Carga de la prueba

EL RoP destina dos reglas, de índole general, a completar la disposición contenida en el art. 54 ATUP sobre la carga de la prueba (reglas 171 y 172). Ambas presentan una estructura similar: una primera proposición referida a la carga formal de la prueba y la segunda a la carga material. No obstante, sus supuestos de hecho son distintos lo que repercute en la actividad que debe realizar la parte sobre la que recae la carga formal. La regla 171 establece la carga de una parte de indicar las fuentes de prueba que pueden contribuir a probar los hechos que afirma y que son negados, o que probablemente serán negados, por la contraria. Es razonable entender que tal carga está directamente relacionada con la facultad que le otorga el art. 59 ATUP de solicitar al Tribunal que ordene a la otra parte que aporte al proceso las fuentes de prueba que obren en su poder. Si la parte no efectúa tal indicación, el Tribunal lo tendrá en cuenta al decidir sobre el asunto.

En cambio, el supuesto de hecho de la regla 172 difiere de la anterior en que la carga no consiste en indicar fuentes de prueba que no estén a disposición de la parte, sino en proponer la práctica de medios de prueba respecto de las fuentes de prueba que sí están en su poder. Se trata, pues, de la carga formal justificada por el principio de la facilidad probatoria: una afirmación fáctica que resulta controvertida debe ser probada por la parte que la efectuado y que tiene a su disposición la fuente de prueba. En el apartado segundo de la regla 172 se prevé la realización de dos actos procesales del Tribunal: el primero es un poder de dirección material que consiste en ordenar a la parte, que ha realizado una afirmación fáctica, que proponga el medio de prueba que se halla a su disposición; y el segundo es una pauta de decisión según la cual si la parte no propone la práctica del medio de prueba lo tendrá en cuenta al decidir sobre el asunto.

## 2.4 Cooperación judicial internacional en materia de prueba

Los litigios originados en el ejercicio de los derechos derivados de las patentes suelen tener elementos de extranjería que comportan la aplicación de normas, supranacionales, internacionales y nacionales, de cooperación judicial internacional. Su aplicación es, especialmente, relevante cuando el elemento de extranjería recae en la actividad probatoria, pues, al tener que practicarse un medio de prueba transnacional, el respeto a la soberanía nacional exige que se recabe la cooperación de órganos jurisdiccionales de Estados distintos al del foro.

No olvida este importante extremo el RoP y en su regla 173 relaciona los instrumentos legislativos en los que el Tribunal puede hallar el método para practicar una prueba transnacional. En primer lugar, señala que deberá aplicar el Reglamento (UE) 2020/1783 de obtención de pruebas[690]; si no es aplicable, el siguiente instrumento a tener en cuenta es el Convenio de La Haya de 18 de marzo de 1970 y, en su defecto, debe acudirse a las leyes nacionales de cooperación judicial. Sin embargo, la regla 173 RoP hubiera debido contemplar que la aplicación

---

690 Reglamento (UE) 2020/1738 del Parlamento Europeo y del Consejo, de 25 de noviembre de 2020, relativo a la cooperación entre los órganos jurisdiccionales de los Estados miembros en el ámbito de la obtención de pruebas en materia civil y mercantil (DOUE L 405, de 2.12.2020, pp. 1-39).

tanto del Reglamento (UE) 2020/1783 como del Convenio de la Haya es facultativa, de modo que para la práctica de pruebas en el extranjero no es obligado acudir a la cooperación judicial internacional. No es infrecuente que, siempre que no hayan de desplegar su poder público, los tribunales acudan a sus disposiciones nacionales a la hora de practicar medios de prueba respecto de fuentes personales o reales domiciliadas o situadas en otro Estado[691].

## IV. JURISPRUDENCIA DEL TRIBUNAL UNIFICADO DE PATENTES SOBRE PRUEBA

Hasta llegar a este apartado, el análisis de las normas sobre prueba previstas en el ATUP y el RoP se ha efectuado al amparo de las todavía escasas pero valiosas aportaciones doctrinales sobre el tema. Dicho análisis hubiera podido, o incluso debido, ser completado en los apartados precedentes con el examen de las resoluciones dictadas por las Divisiones locales y el Tribunal de Apelación que han interpretado y aplicado alguna de esas normas. Sin embargo, a consecuencia principalmente de tres factores como son el interés que suscita el ejercicio de la función jurisdiccional por el TUP, el desconocimiento del alcance de las controversias que podían generar algunos aspectos de

691 La aplicación facultativa de los mecanismos de cooperación judicial establecidos en el Reglamento (UE) 2020/1738 y en el Convenio de La Haya es asumida de forma expresa por las reglas 128 y 129 de las Reglas Modelo Europeas de Proceso Civil elaboradas por los institutos ELI y UNIDROIT. Cfr. al respecto, STADLER, A. y STRANDBERG, M., "General and procedural issues", cit., pp. 303-306; y SERRANO MASIP, M., "Algunas cuestiones, nuevas y clásicas, sobre la obtención de pruebas en materia civil o mercantil en la Unión Europea", en *Justicia. Revista de Derecho Procesal,* 2024, núm. 1, pp. 136-143.

los institutos probatorios objeto de este estudio y el hecho de que a causa del corto período de tiempo de funcionamiento del TUP sean pocas las resoluciones que ha dictado, se ha optado por dedicar un apartado específico a su jurisprudencia.

El propósito ha sido incorporar sino la mayoría, sí un número significativo, de las resoluciones que ha emitido el TUP sobre prueba[692]. Todas ellas son interlocutorias y se pronuncian sobre cuestiones procesales. Para su exposición se ha estimado conveniente seguir el orden que ha presidido la estructura de los apartados anteriores.

#### *a) Acceso público a documentos y pruebas (art. 45 ATUP y regla 262.1 b RoP)*

La delimitación de la esfera cubierta por la publicidad ha dado lugar a una cierta discordancia entre varias decisiones que se han pronunciado sobre peticiones de terceros no parte en el proceso, consistentes en poder acceder a las alegaciones escritas y los documentos probatorios aportados por las partes al expediente. Sin dejar de considerar que esas disparidades pueden ser atribuidas a las diversas concepciones dogmáticas existentes entre los sistemas jurídicos inspiradores del proceso ante el TUP, esto es, *civil* y *common law*, hay que tener en cuenta que las diferentes versiones lingüísticas del ATUP no contribuyen a superarlas. En efecto, mientras que en alemán y en francés el título del art. 45 ATUP es, igual que en español, "Vis-

[692] Las resoluciones que van a ser examinadas están publicadas en la web del TUP: https://www.unified-patent-court.org/en/decisions-and-orders

ta oral pública"[693], en inglés la expresión empleada es "Public proceedings" por lo que se comprende que es razonables que se le atribuya un significado más amplio.

La decisión del Tribunal de Apelación, de 10.4.2024 (ORD_19369/2024), basándose en que la publicidad no solo se predica de las audiencias y el juicio, sino de todo el procedimiento, incluyendo las fases escritas, estima la petición de permitir a terceros el acceso a documentos. El Tribunal de Apelación sostiene que los procesos ante el TUP están informados por el principio de publicidad lo que comporta no solo que las vistas sean accesibles al público, sino también los documentos custodiados en el registro de la Secretaría del TUP (art. 10.1 ATUP). La publicidad concebida en un sentido tan amplio favorece el escrutinio del funcionamiento del TUP, que al ser un signo de transparencia es susceptible de generar confianza en los justiciables. De ahí que personas interesadas en conocer los documentos escritos, que forman las actuaciones, puedan tener acceso a los mismos, pero siempre que no lo impida la debida protección de datos confidenciales y personales bien de las partes bien de terceros, y no sea contrario ni al interés general de la justicia ni al orden público.

En cambio, la División Central de Múnich se ha mostrado más restrictiva a la hora de conceder a terceros el acceso a las actuaciones. Dicha autorización no solo la somete a la ponderación de los criterios basados en la protección de la confidencialidad, el interés general de la justicia y el orden público, sino que además exige que aquellos acrediten razones concretas, verificables y legítimas para acceder a las actuaciones. Este doble control se observa en sus decisiones de 20.9.2023

693 En alemán "Öffentlichkeit der Verhandlungen" y en francés "Débats publics".

(ORD_550152/2023) y de 21.9.2023 (ORD_552745/2023). En ellas niega que constituyan motivos suficientes, verificables y legítimos para permitir a terceros consultar documentos en los que figuren las alegaciones de las partes, argumentos como el deseo de formarse una opinión profesional acerca de la validez de una patente o el propósito de querer aprender y ampliar la experiencia sobre el tema.

*b) Medidas de aseguramiento de la prueba y reconocimiento de lugares (art. 60 ATUP y reglas 192-199 RoP)*

La interpretación y aplicación de las normas reguladoras de las medidas de aseguramiento de la prueba han dado lugar a la emisión de resoluciones extensas y minuciosas ya que han debido responder a un buen número de cuestiones discutidas por las partes.

Un claro ejemplo lo constituye la decisión de la División Local de París de 1.3.2024 (ORD_9825/2024) que afronta cinco puntos cruciales de la interpretación y aplicación del art. 60 ATUP y de las reglas 192-199, 300 RoP. El primero de ellos es el relativo a la fijación del *dies a quo* del plazo establecido por la regla 197.3, que desarrolla la norma del art. 60.6 ATUP, para solicitar la revisión de una medida de aseguramiento de la prueba, adoptada sin oír al solicitado, y que estriba en el embargo de los productos infractores.

El sentido que ha de darse a la regla, según la cual la revisión debe interponerse en el plazo "de 30 días después de la ejecución de las medidas", es que dicho plazo empieza a contar desde que hayan finalizado completamente las actuaciones que comprenden la ejecución de la medida. Y dicho acudan a se produce con la notificación, realizada por el funcionario competente, de la decisión judicial de proceder al embargo. De modo que es a partir del día siguiente, a la recepción de la notificación, que comienza a contar el plazo legal para solicitar la revisión de la medida adoptada.

En segundo lugar, aborda la cuestión relativa a si las evidencias aportadas son las razonablemente disponibles para respaldarla la existencia de la violación del derecho de patente o de que va a serlo de modo inminente. La División Local entiende que la presentación de folletos publicitarios repartidos en una exposición internacional y la publicidad que el solicitado hace del producto infractor en su web constituyen evidencias suficientes para la adopción de la medida de aseguramiento, en especial, teniendo en cuenta que el proceso se halla en su fase inicial.

Las condiciones a las que se sujeta la adopción de una medida de aseguramiento, sin previa audiencia de la otra parte, constituyen el tema principal del tercer punto sobre el que ha de pronunciarse la División Local. Esta comienza aclarando que los dos presupuestos expresamente contemplados en el art. 60.5 ATUP y la regla 197.1 RoP en los que ha de fundarse la adopción de la medida, es decir, la urgencia en asegurar la prueba para evitar que cualquier dilación pueda causar daños irreparables al titular de la patente y el riesgo demostrable de destrucción de pruebas, no son concurrentes sino alternativos. Considera que hay indicios razonables de este último cuando el solicitado puede impedir que se acceda a sus bases de datos electrónicas o tiene la posibilidad de trasladar el producto infractor a otra de sus instalaciones.

En lo atinente a la validez de la patente y a su infracción, resulta clave la circunstancia de que las medidas se acuerdan en una fase muy temprana del procedimiento. De ahí que quepa inferir que la patente es válida si no hay constancia de haberse ejercitado una acción solicitando que se declare su nulidad; y, por lo que respecta a la infracción de la patente, son indicios suficientes de la misma los intentos del solicitado de distribuir un producto muy similar al protegido por la patente.

En cuarto lugar, la División Local, si bien admite que la medida de aseguramiento es distinta de la de reconocimiento o inspección de lugares, debiéndose ser solicitadas en distintas peticiones, sostiene que el embargo de los productos infractores debe efectuarse en el recinto del infractor razón por la cual la orden judicial autoriza al experto la entrada en el mismo.

Y, por último, surge la cuestión, a la que ya nos hemos referido en el apartado III, referente a si en el sistema judicial del TUP tiene cabida la noción de "ley nacional aplicable" entendida como *lex fori*. La División Local ha de dar su opinión, pues, ha de interpretar y aplicar normas del RoP que trasladan a la "ley nacional aplicable" la labor de fijar la persona que ha de ejecutar las medidas de aseguramiento de la prueba y del reconocimiento de lugares. La parte solicitada identifica la "ley nacional aplicable" con la *lex fori*, por tanto, con la ley procesal francesa que impone la intervención de un agente judicial en la ejecución de una medida de embargo de los productos infractores. Dicha intervención es consustancial a la naturaleza pública del embargo. Por el contrario, el RoP permite en su regla 196.5 que el embargo lo lleve a cabo un experto, que puede estar "asistido por un funcionario judicial". En opinión del solicitado no se ha aplicado la ley procesal francesa lo que ha comportado que se le hayan vulnerado una garantía pública del derecho de defensa. Frente a esta alegación, la División Local sostiene que la realización del embargo por un experto asistido por un agente judicial tal y como se dispone en la regla 196.5 RoP se alinea con lo previsto en la ley procesal francesa puesto que, de un lado, interviene un agente judicial y, de otro, el hecho de que el experto sea designado por el Tribunal conlleva que no quepa dudar de su imparcialidad.

Una segunda decisión que aplica la regulación de las medidas de aseguramiento de la prueba es la emitida por la División Local de Milán de 25.9.2023 (ORD_576298/2023). Esta decisión, además de resolver, en la línea de la decisión anterior, las controversias surgidas entre las partes atinentes a la acreditación de la titularidad y validez de la patente, deja constancia del ejercicio del poder discrecional del Tribunal cuando ha de pronunciarse sobre la concurrencia de los requisitos exigidos en la regla 194 RoP en orden a adoptar la medida *inaudita altera parte*. Uno de ellos es la necesidad de actuar con urgencia que afirma se da en el asunto que se le plantea, pues, advierte que se están llevando a cabo operaciones comerciales online que infringen una patente de procedimiento, pudiendo ser fácilmente borradas las evidencias de la infracción.

Por otro lado, la aplicación del principio de proporcionalidad justifica la adopción de medidas *inaudita altera parte*, ya que va a evitar que se incrementen los daños y perjuicios causados al solicitante, debido al alto riesgo de destrucción de las fuentes de pruebas, sin que sean equiparables a aquellos los inconvenientes que para el solicitado pueden derivarse del sometimiento a las medidas.

Un segundo pronunciamiento alude a la normativa que rige la práctica de la medida acordada. Según dispone la regla 196.4 RoP esta debe seguir lo dispuesto por la ley nacional del lugar donde se ejecutan las medidas, que resulta ser en el presente asunto la *lex fori*. La protección de la confidencialidad se erige en el tercer aspecto que ha de valorar el Tribunal. Interpretando lo dispuesto en el art. 58 ATUP y las reglas 196 y 199 RoP, prohíbe la transmisión al solicitante y a sus empleados de la información y los documentos recogidos por los expertos. El Tribunal solo proporcionará al solicitante la información contenida en el informe pericial una vez haya oído al solicitado para que le indique los datos que, al ser confidenciales, no deben ser comunicados al solicitante. Ahora bien, la División Local de Milán sostiene que, si la persona que ha de soportar la adopción de las medidas de aseguramiento de la prueba no incoa el procedimiento para su revisión (art. 60.6 ATUP), la consecuencia jurídica que ha de derivarse de tal conducta es la admisión tácita, plena e incondicionada, de la divulgación de la información obtenida.

Como veremos en la siguiente resolución, este pronunciamiento conlleva que el Tribunal de Apelación revoque la decisión de la División Local de Milán y le devuelva las actuaciones para que tramite el que cabe denominar "incidente de confidencialidad".

En su decisión de 23.7.2024 (ORD_36778/2024), el Tribunal de Apelación sostiene que el objetivo del procedimiento establecido en el art. 60 ATUP no es solo el aseguramiento de la prueba, o el reconocimiento de lugares, sino también la revelación al solicitante de los resultados de la ejecución de las medidas acordadas, entre los que se incluye el informe escrito elaborado por la persona designada. No en vano, con base en la información obtenida, el solicitante, primero, va a decidir si incoa el proceso sobre el fondo y, segundo, en caso afirmativo, va a seleccionar las fuentes de prueba que incorporará al proceso. Ahora bien, la comunicación al solicitante de aquellos resultados no es inmediata e incondicionada puesto que, el propio art. 60.1 ATUP ordena al Tribunal que garantice la protección de los datos confidenciales.

A este fin, el Tribunal de oficio ha de dar audiencia a la parte afectada y, si esta señala datos confidenciales motivando por qué no deben ser revelados, deben trasladarse sus alegaciones al solicitante. Este incidente contradictorio, encaminado a permitir que el solicitado invoque la confidencialidad de algunos datos recogidos a través de la medida de aseguramiento de la prueba, no debe confundirse con la revisión regulada en el art. 60.6 ATUP prevista, exclusivamente, para el supuesto de la adopción de aquella medida *inaudita altera parte.*

El Tribunal de Apelación incide en este punto a los efectos de aclarar que la tramitación del incidente para salvar la confidencialidad no debe subordinarse a que se haya pedido la revisión de la medida acordada; en definitiva, debe sustanciarse en todo caso, sin que, de una actitud pasiva del solicitado, p. ej. dejando pasar el plazo para la revisión de las medidas adoptadas, deba inferirse la admisión tácita de su divulgación. Y ello porque sin dar audiencia al solicitado, el Tribunal no es capaz de percibir si la información conseguida con la inspección y el reconocimiento de lugares es confidencial y, en consecuencia, no puede cumplir con su deber de protegerla restringiendo o prohibiendo su revelación. La argumentación del Tribunal de Apelación no solo se apoya en el ATUP y el RoP, sino que la complementa con referencias a preceptos de la Directiva 2004/48/CE[694].

*c) Forma de aportación de los medios de prueba (regla 170 RoP).*

La Division Local de Düsseldorf, emite, en un procedimiento de adopción de medidas provisionales (preliminary injunction), una decisión en la que interpreta la distinción entre fuentes y medios de prueba que, con carácter general, lleva cabo la regla 170 RoP [decisión de 25.9.2024 (ORD_53404/2024)]. Del hecho de no figurar en el apartado primero de la regla citada los testigos como fuente de prueba, el Tribunal extrae la consecuencia jurídica consistente en que las fuentes de prueba que cabe introducir en ese procedimiento han de ser únicamente documentos u objetos. Si interesa a una de las partes aportar la declaración de un testigo, esta debe primero consignarse en una declaración jurada escrita (*affidavit*). Ello no implica que esté prohibida la declaración oral de testigos, pero ni su citación ni la provisión del sistema de interpretación simultánea corren a cargo del Tribunal.

---

694 Directiva 2004/48/CE del Parlamento Europeo y del Consejo, de 29 de abril de 2024, relativa al respeto de los derechos de propiedad intelectual (DOUE L 195, de 2.6.2004, pp. 16-25).

*d) Orden de presentación de pruebas (art. 59 ATUP y regla 190 RoP)*

Respecto de este instituto jurídico se han dictado dos decisiones que se pronuncian, por un lado, sobre los extremos que debe acreditar el solicitante para que el Tribunal entienda cumplida la condición de aportar las pruebas "razonablemente disponibles y suficientes para respaldar sus alegaciones"; y, por otro, sobre los principios con base en los cuales el Tribunal ha de elaborar y motivar su decisión.

La primera es la decisión de la División Local de Hamburgo, de 4.6.2024 (ORD_28831/2024), en la que se afirma que, de conformidad con lo dispuesto en la regla 8.5 RoP, se presume, salvo prueba en contrario, que la persona que figura en el registro nacional de patentes y en el Registro Europeo de Patentes, es la propietaria de la patente. No obstante, la División Local advierte que la titularidad del derecho de patente no basta para que sea estimada petición el solicitante, por lo que puede ser requerido para que acredite que tiene un interés en el asunto o una necesidad de tutela judicial ("standing to sue").

La segunda es la decisión de la División Local de la Haya de 14.10.2024 (ORD_44108/2024). En el mismo sentido que la anterior, declara que la emisión de una orden de presentación de pruebas exige que el solicitante acredite la titularidad de la patente, su validez e infracción. Además, las pruebas cuyo acceso sea solicitado deben estar especificadas en la petición y hallarse a disposición de la parte solicitada. Y, finalmente, subraya que toda orden de presentación de pruebas debe satisfacer los requerimientos derivados de los principios de proporcionalidad, equidad y justicia enunciados no solo en los arts. 41 y 41 ATUP, sino también en el art. 3 Directiva 2004/48/CE[695].

---

[695] Es razonable entender que las referencias de las decisiones del TUP a la Directiva 2004/48/CE van a tener como consecuencia

## V. CONSIDERACIONES FINALES

Las normas sobre prueba analizadas en este trabajo no hallan su referente en un concreto modelo procesal dogmático, sino que responden a unas exigencias más bien pragmáticas. En nuestra opinión, son el producto de la influencia del derecho de patentes sobre la configuración del proceso que ha de tutelarlo, así como del propósito de satisfacer las expectativas que los distintos operadores jurídicos especializados en la materia han depositado en el éxito de la patente europea con efecto unitario y en el TUP, como el órgano jurisdiccional idóneo para resolver los conflictos que genere su interpretación y aplicación.

En ese contexto, la organización del TUP, su naturaleza de órgano judicial internacional y multinacional, pero común a todos los Estados contratantes que a su vez son todos Estados miembros de la UE, y que forma parte del sistema judicial de aquellos, comporta que esté obligado a respetar y aplicar el Derecho de la UE. Y es este derecho el que en gran parte se ha transferido, en materia de prueba, al ATUP y al RoP. Nos referimos a los arts. 6 y 7 relativos a las órdenes de entrega de pruebas y medidas de protección de pruebas de la Directiva 2004/48/CE y al art. 9.2 en la Directiva (UE) 2016/943 de secretos comerciales[696] en el que se relacionan algunas medidas que pueden adoptar los tribunales, previa solicitud de parte

---

que la jurisprudencia del TJUE, sobre dicho instrumento, sea manejada por el TUP en la interpretación y aplicación de las normas del ATUP y el RoP, respecto de institutos como las órdenes de presentación de prueba o las medidas de aseguramiento de la prueba. De la jurisprudencia del TJUE es oportuno citar aquí su sentencia de 27.4.2023 dictada en el as. C-628/21.

696 Directiva (UE) 2016/943 del Parlamento Europeo y del Consejo, de 8 de junio de 2016, relativa a la protección de los conocimientos técnicos y la información empresariales no divulgados contra

debidamente motivada, para preservar la confidencialidad de la información empresarial no divulgada.

Asimismo, las instituciones probatorias reguladas en el ATUP y el RoP hallan también su precedente en textos internacionales sobre patentes. Dentro de este ámbito cabe mencionar el Convenio sobre Concesión de Patentes Europeas, de 1973, en cuyo art. 117 se enumeran los medios de prueba admitidos en los procedimientos sustanciados ante la Oficina Europea de Patentes y que sirve de modelo a la relación plasmada en el art. 53 ATUP. Y también el Acuerdo TRIPS (Acuerdo sobre los Aspectos de los Derechos de Propiedad Intelectual relacionados con el Comercio), firmado en 1994, en el marco de la creación de la Organización Mundial del Comercio, donde se regula la carga de la prueba en los supuestos en los que el objeto de la patente es un procedimiento de obtención de un producto nuevo (art. 34) y las órdenes judiciales de presentación de pruebas (art. 43). El contenido de ambos preceptos se refleja muy fielmente en el ATUP.

En cualquier caso, es razonable admitir que, aun cuando referido a un objeto muy concreto, el sistema jurídico del TUP se halla en sintonía con iniciativas de la UE, tendentes a configurar un proceso ágil y flexible a través del cual se tramiten y resuelvan conflictos mercantiles internacionales ante un tribunal especial, que pretenden convertir o consolidar la UE como un territorio y una jurisdicción atractivos para las empresas a la hora de litigar[697].

---

su obtención, utilización y revelación ilícitas (DOUE L 157, de 15.6.2016, pp. 1-18).

697 Cfr. p. ej., Resolución del Parlamento Europeo, de 13 de diciembre de 2018, con recomendaciones a la Comisión sobre resolución acelerada de conflictos mercantiles (2018/2079(INL)).

## *Bibliografía*

BELLIDO PENADÉS, R., *El proceso civil sobre competencia desleal y propiedad industrial. (Aproximación a la incidencia de la LEC 2000 y de la Ley de Marcas de 2001)*, Madrid, Civitas, 2002.

CANTOS PARDO, M., *El proceso civil para la cesación de la infracción de patentes*, Valencia, Tirant lo Blanch, 2023.

CUCARELLA GALIANA, L.A., *El proceso civil en materia de patentes*, Granada, Comares, 1999.

DE LA OLIVA SANTOS, A., DÍEZ-PICAZO GIMÉNEZ I. y VEGAS TORRES, J., *Curso de Derecho procesal civi II. Parte especial*, 2ª ed., Madrid, Cerasa, 2014.

DE MIGUEL ASENSIO, P.A., "La patente europea con efecto unitario y su régimen jurídico", en *Revista de Direito Intelectual*, núm. 1, 2016, pp. 143-167.

DESANTES REAL, M., "Hacia un Tribunal Unificado y un efecto unitario para las patentes europeas en casi todos los Estados miembros de la Unión Europea. Consecuencias de la autoexclusión de España", en *Revista Española de Derecho Internacional*, vol. LXV/2, 2013, pp. 51-70.

FERNÁNDEZ ROZAS. J.C. y SÁNCHEZ LORENZO, S., *Derecho internacional privado*, 12ª ed., Cizur Menor, Thomson Reuters-Civitas, 2022.

FONTANELLAS MORELL, J.M., "Drets reals" en Font Segura, A., Fontanellas Morell, J. Ma, Gardeñes Santiago, M. y Garriga Suau, G. (coords), *Lliçons de Dret internacional privat*, Barcelona, Atelier, 2023, pp. 473-500.

GALGO PECO, A., "El procedimiento ante el Tribunal Unificado de Patentes", en *Comunicaciones en Propiedad Industrial y Derecho de la Competencia*, núm. 73, 2014, pp. 115-136.

GANDÍA SELLENS, Mª A., "El derecho a un proceso equitativo en el ámbito del Tribunal Unificado de Patentes: análisis de sus reglas de procedimiento a la luz de las del Tribunal Europeo de Derechos Humanos y del Tribunal de Justicia de la Unión Europea", en Salinas de Frías, A. Mª y Martínez Pérez, E.J. (dirs.) y Sánchez Frías, A. y Peña Diaz, F. (coords.), *La Unión Europea y la protección de los derechos fundamentales*, Valencia, Tirant lo Blanch, 2018, pp. 129-138.

GARCÍA VIDAL, Á., "La patente europea con efecto unitario (V). Las facultades del Tribunal unificado de patentes: obtención de pruebas y de información, reconocimiento de lugares. Aseguramiento de prueba, medidas preventivas y cautelares, órdenes permanentes", en *Análisis GA&P*, junio 2013, pp. 1-6.

GRANATA, S., "Rules of procedure of the UPC, a judge's perspective", en Matthews, D. y Torremans, P. (edits.), *European Patent Law. The Unified Patent Court and the European Patent Convention*, Berlin, de Gruyter, 2023, pp. 287-299.

MASSAGUER, J., *Acciones y procesos de infracción de derechos de propiedad industrial*, 2ª ed., Cizur Menor, Thomson Reuters-Civitas, 2020.

REMÉDIO MARQUES, J.P., *O (novo) Tribunal Unificado de Patentes. Competência e regras de processo*, Coimbra, Almedina, 2024.

SERRANO MASIP, M., "Consideraciones sobre el Tribunal Unificado de Patentes desde la perspectiva de la independencia judicial", en Asencio Mellado, J. Mª y Fuentes Soriano, O. (dirs.), *El proceso como garantía*, Barcelona, Atelier, 2023, pp. 273-280.

SERRANO MASIP, M., "Algunas cuestiones, nuevas y clásicas, sobre la obtención de pruebas en materia civil o mercantil en la Unión Europea", en *Justicia. Revista de Derecho Procesal*, 2024, núm. 1, pp. 119-174.

STADLER, A., SMITH, V. y GASCÓN INCHAUSTI, F. (eds.), *European Rules of Civil Procedure. A commentary on the ELI/UNIDROIT Model Rules*, Cheltenham -Northampton, Edward Elgar Publishing, 2023.

TESCHEMACHER, R. y MÜLLER-STOY, T., "From Bielefeld to the Unified Patent Court – A never-ending story?", en *International Review of Intellectual Property and Competition Law*, 2021, núm. 52, pp. 542-555.

VAN ZIMMEREN, E., "Trusting the Unified Patent Court: the importance of the institutional designo of the UPC and its judges", en Matthews, D. y Torremans, P. (edits.), *European Patent Law. The Unified Patent Court and the European Patent Convention*, Berlin, de Gruyter, 2023, pp. 221-234.

VIDAL FERNÁNDEZ, B., "La propuesta de Directiva sobre el establecimiento de normas mínimas comunes para un proceso civil europeo", en Jimeno Bulnes, M. (dir.) y Ruiz López, C. (coord.), *La evolución del espacio judicial europeo en materia civil y penal: su influencia en el proceso español*, Valencia, Tirant lo Blanch, 2022, pp.169-205.

VIRGÓS SORIANO, M. y GARCIMARTÍN ALFÉREZ, F.J., *Derecho procesal civil internacional. Litigación internacional*, 2ª ed., Cizur Menor, Thomson Reuters-Civitas, 2007.

XENOS, D., "Comments on the preliminary set of provisions for the rules of procedure of the European Unified Patent Court", en *SSRN*, 2013, pp. 1-7, accesible en http://dx.doi.org/10.2139/ssrn.2498521

# *Capítulo XI*

# *Las medidas cautelares y los escritos preventivos*

**FLORENCIO MOLINA LÓPEZ**

*Magistrado especialista mercantil. Doctor en Derecho*

*Juez español de la Alta Cámara de Recursos de la Oficina Europea de Patentes*

## I. INTRODUCCIÓN: APROXIMACIÓN NORMATIVA

Una sentencia en cuanto al fondo del asunto, en un procedimiento de infracción de patentes ante el Tribunal Unificado de Patentes (en adelante, TUP o UPC, por sus siglas en inglés), puede suponer un importante lapso de tiempo hasta la obtención de una decisión final[698].

Por lo tanto, los titulares de patentes y sus licenciatarios pueden tener interés en la solicitud y concesión de una medida cautelar pues, en otro caso, podrían sufrir o tener que soportar daños significativos[699] mientras esperan una decisión definitiva. Ahora bien, una medida cautelar también va a afectar sustancialmente a la actividad comercial y económica del

---

698 Así, p. ej., el asunto *Franz Kaldewei GmbH & Co. KG vs. Bette GmbH & Co. KG*, es la primera decisión del Tribunal de Primera Instancia del TUP sobre el fondo y es dictada un año después de que el Tribunal comenzara a funcionar (Decision of the Court of First Instance of the Unified Patent Court Local Division of Düsseldorf, issued on 3 July 2024, *Franz Kaldewei GmbH & Co. KG vs. Bette GmbH & Co. KG*, UPC_CFI_7/2023). *Vid.* BURNETT-HALL, G., "UPC – First decision on the merits / Franz Kaldewei v. Bette – summary and analysis", en *EPLAW.ORG blog*, 4 de julio 2024 [Disponible en: https://www.eplaw.org/blog/detail/upc-first-decision-on-the-merits-franz-kaldewei-v-bette-summary-and-analysis/ (visitado en octubre de 2024)].
También, WINLOW, E., "First ever permanent injunction at the UPC as the DüsseldorfLocal Division issues its fi nal decision in Franz Kaldewei v Bette", en *Kluwer Pantent Blog*, 3 de julio de 2024 [Disponible en: https://patentblog.kluweriplaw.com/2024/07/03/first-ever-permanent-injunction-at-the-upc-as-the-dusseldorf-local-division-issues-its-final-decision-in-franz-kaldewei-v-bette/ (visitado en octubre de 2024)].

699 Daños irreparables, según el caso. Precisamente, uno de los supuestos para la adopción de medidas cautelares *ex parte*, sin audiencia del demandado, es "en particular cuando cualquier dilación pueda causar daños irreparables al titular de la patente" (art. 60.5 ATUP y, en igual sentido, la regla 212.1 RoP).

demandado frente al que se dirige. Demandado que tendrá derecho a ser oído y, en caso de que se revoque o alce dicha medida cautelar, también tendrá derecho a obtener una compensación si aquella fue adoptada sin una razón justificada.

En concreto, el futuro demandado, ante la previsión o sospecha de la interposición de unas medidas cautelares *inaudita parte* por parte de los titulares de derechos de patentes, tendrá a su disposición un instrumento de defensa anticipatorio a través de la *protective letter* o escrito preventivo, a fin de que el tribunal, en el momento de tomar la decisión, pueda conocer previamente sus argumentos en contra de la adopción de las medidas.

El tribunal deberá, en cada caso concreto, realizar una ponderación de los intereses en juego, de los pros y de los contra, en un difícil equilibrio muchas veces, que se irá consolidando conforme el TUP vaya generando resoluciones y criterios en esta materia cautelar y, por tanto, vaya haciendo previsibles sus decisiones y, en consecuencia, reforzando la seguridad jurídica.

El marco normativo a tener en cuenta en estas materias de medidas cautelares y escritos preventivos es, por un lado, el Acuerdo de creación del Tribunal Unificado de Patentes (ATUP, en adelante)[700] y, por otro lado, las reglas de Procedimiento de dicho Tribunal[701] (RoP, en adelante).

---

700 El Acuerdo sobre el TUP está disponible aquí en inglés: https://www.unified-patent-court.org/sites/default/files/upc-agreement.pdf . En español, puede consultarse aquí: https://eur-lex.europa.eu/legal-content/ES/TXT/PDF/?uri=CELEX:42013A0620(01)&from=EN. Debe advertirse, no obstante, de la imprecisión de la traducción al español en algunos extremos.

701 Disponible solo en versión inglesa, puede consultarse el texto aquí: https://www.unified-patent-court.org/sites/default/files/upc_documents/rop_en_25_july_2022_final_consolidated_published_on_website.pdf

Tras remarcar su competencia judicial internacional en el art. 31 del ATUP[702], el art. 32 de dicho texto relaciona entre las competencias exclusivas del Tribunal "c) acciones por las que se soliciten medidas y requerimientos provisionales y cautelares". Esta competencia exclusiva en materia cautelar luego se manifiesta en el art. 56 ATUP que, al tratar de las facultades generales del Tribunal, señala que éste "podrá imponer las medidas, procedimientos y recursos que establece el presente Acuerdo y podrá imponer condiciones a sus órdenes, de conformidad con el Reglamento de Procedimiento"[703]. Por tanto, se destaca, por un lado, la competencia exclusiva del Tribunal junto con su facultad de adoptar medidas cautelares y, por otro, se efectúa una remisión al RoP para el procedimiento y regulación de cómo han de hacerse.

La facultad del Tribunal en medidas cautelares se completa con los arts. 60 a 62 del ATUP. El art. 60 trata de las medidas de aseguramiento de la prueba y reconocimiento de

---

702 Todo el Capítulo VI, de la Parte I, del ATUP se desarrolla bajo la rúbrica de "competencia judicial internacional" que se encabeza con el referido art. 31 que reza: "La competencia judicial internacional del Tribunal se establecerá de conformidad con el Reglamento (UE) nº 1215/2012 o, cuando proceda, basándose en el Convenio relativo a la competencia judicial, el reconocimiento y la ejecución de resoluciones judiciales en materia civil y mercantil (Convenio de Lugano)".

703 *NB:* como el apartado 2º de dicho art. 56 precisa que "el Tribunal tendrá en cuenta debidamente los intereses de las partes y, antes de dictar una orden, brindará a todas las partes la oportunidad de ser oídas, salvo que ello sea incompatible con la ejecución efectiva de dicha orden". Esta ponderación de "los intereses de las partes" en juego luego se repetirá en el art. 62.2 del ATUP así como en la regla 211.2 RoP como uno de los requisitos para la adopción de las medidas cautelares.

lugares. El art. 61 de las deciciones de embargo preventivo. Y ya el art. 62 trata, especifica y concretamente, de las "medidas privisionales y cautelares".

## *1. Los arts. 60 a 62 del ATUP*

La regulación de las medidas cautelares en el art. 62 del ATUP se estructura en cinco apartados. El apartado primero establece la facultad del Tribunal de emitir una "orden"[704] con el fin de impedir cualquier infracción inminente y/o prohibir con carácter provisional la continuación de una infracción ya iniciada, salvo que se supedite a la prestación de caución que garantice o asegure la indemnización del titular del derecho infringido.

El apartado segundo recoge el requisito de la ponderación de los intereses en juego entre las partes, a la hora de estimar o desestimar la solicitud cautelar.

El apartado tercero del art. 62 ATUP trata de un tipo de medida cautelar concreta, a saber, el embargo o incautación de productos presuntamente infractores a fin de impedir su entrada en el mercado o su retirada, si ya entraron. Además, este embargo preventivo no se limita a los productos presuntamente infractores si no que es extensible a activos en general del presunto infractor (incluidas cuentas bancarias) cuando haya circunstancias que justifiquen una puesta en peligro de la indemnización de daños y perjuicios derivada de la infracción.

---

704 Son dos los tipos de resoluciones que puede dictar el TUP: órdenes y decisiones. Las órdenes serían nuestro equivalente a autos, resoluciones de trámite del procedimiento. Mientras que las decisiones se identifican con nuestras sentencias, esto es, definitivas del procedimiento. Las reglas 350 y 351 del RoP tratan el contenido de las órdenes y de las decisiones del TUP.

El apartado cuarto refiere la carga de la prueba del solicitante de las medidas en relación a la titularidad de su derecho así como de los indicios racionales[705] de infracción o que dicha infracción es inminente.

El último apartado del art. 62 ATUP efectúa una remisión de aplicación analógica a los apartados 5 a 9 del art. 60 ATUP.

El art. 60 ATUP, que trata de las medidas de aseguramiento de la prueba y reconocimiento de lugares, prevé en su apartado quinto que el Tribunal podrá ordenar, de ser necesario, medidas cautelares *ex parte*, sin audiencia de contrario, "en particular cuando cualquier dilación pueda causar daños irreparables al titular de la patente, o cuando pueda demostrarse que existe riesgo de destrucción de pruebas".

Una vez adoptadas dichas medidas *ex parte*, se notificarán a las partes afectadas sin demora y éstas podrá solicitar una vista con audiencia a fin de decidir si las mismas se modifican, revocan o confirman (apartado sexto).

El apartado séptimo del art. 60 ATUP prevé la facultad[706] de la adopción de las medidas bajo prestación de fianza adecuada por el solicitante. Esta caución tendrá como fin garantizar la indemnización de daños y perjuicios a las partes afectadas para el supuesto de las medidas cautelares sean revocadas, queden sin efecto o se declare que no hubo infracción (apartado noveno).

El último apartado, octavo, supedita la vigencia de las medidas cautelares adoptadas que en "un plazo no superior a treinta

[705] El art. 62.4 ATUP utiliza en concreto la expresión "cerciorarse con suficiente seguridad".

[706] El precepto utiliza una dicción facultativa: "podrán estar sujetas".

y un días civiles o a veinte días hábiles" se interponga demanda sobre el fondo del asunto del ante el TUP.[707]

Finalmente, el art. 61.1 ATUP[708] prevé la posibilidad que Tribunal, a instancia de parte y sobre la base de pruebas razonables de infracción de patente o de inminencia de infracción, prohiba la comercialización u ordene la retirada de activos[709], "incluso antes de iniciarse un procedimiento sobre el fondo del asunto". Estableciéndose un segundo apartado que remite a la aplicación analógica a los apartados 5 a 9 del art. 60 ATUP, en los mismos términos que hemos visto que hace el art. 62.5 ATUP cuando trata de las medidas cautelares.

---

707 Esta previsión, incluso los plazos, son equivalentes a los que encontramos en nuestra LEC, en su art. 730.2, cuando regula posibilidad de solicitud de medidas previas a la demanda principal por razones de urgencia o necesidad: "En este caso, las medidas que se hubieran acordado quedarán sin efecto si la demanda no se presentare ante el mismo Tribunal que conoció de la solicitud de aquéllas en los veinte días siguientes a su adopción".

708 El art. 61 del ATUP lleva el título de "órdenes de embargo preventivo". Sería un equivalente al tipo de medidas cautelares que recoge nuestro art. 727.1ª LEC: "embargo preventivo de bienes, para asegurar la ejecución de sentencias de condena a la entrega de cantidades de dinero".

709 *NB:* la diferencia del alcance del embargo según el precepto atendiendo al tipo de medida: si la media consiste en la retirada de activos, ésta alcanza a activos de la parte que estén situados en el "territorio de su jurisdicción"; mientras que si la medida es la prohibición de comercialización, la medida se extiende "a cualesquiera activos, estén situados o no en el territorio de su jurisdicción".

## *2. Las reglas 205 a 213 del RoP*

Por lo que respecta las reglas de Procedimiento del Tribunal Unificado de Patentes (RoP), estas vienen a desarrollar las normas esenciales del ATUP en este ámbito y, así, se recoge toda una Parte 3 con la rúbrica "medidas provisionales", comprendiendo nueve artículos desde la regla 205 a la 213 para su tratamiento y regulación.

La regla 205 recoge las etapas del procedimiento, a través de una tramitación sumaria, en dos fases, escrita y oral (audiencia con una o con las dos partes).

La regla 206 refiere la solicitud de medidas provisionales, pudiendo ser ex parte, previas o posteriores al procedimiento principal y con un contenido material obligatorio, particularmente si son solitadas *ex parte.*

La regla 207 establece una exhaustiva y detallada regulación de todo lo referente al escrito preventivo.

La regla 208 recoge el examen de requisitos formales de la solicitud de las medidas provisionales, su inscripción en el registro, la adscripción al tribunal de la medida así como la designación del juez ponente/juez único.

La regla 209 hace referencia al examen de la solicitud de medidas provisionales así como, atendiendo a una serie de parámetros o circunstancias, las distintas facultades discrecionales que tiene el tribunal ante dicha petición (p.ej. desde convocar a ambas partes a vista o solo al solicitante de la medida).

La regla 210 establece las pautas en el caso de convocatoria a una vista o audiencia oral (lo más pronto posible, con requerimiento de documentación e información a las partes, consecuencias de la rebeldía, o el dictado *in voce* de la decición al finalizar la misma antes de su redacctado por escrito).

La regla 211 refiere el abanico de posibilidades del contenido que la orden estimando la solicitud de medidas provisionales: desde cese de la actividad infractora a la incautación de productos o bloqueo de cuentas y activos.

Este precepto, además, recoge los requisitos para la adopción de una medida cautelar ante el TUP: i) legitimación activa de conformodiad con el art. 47 ATUP; ii) validez de la patente en cuestión; iii) infracción del derecho o inminencia de la infracción; iv) ponderación de los intereses de las partes y daño potencial que resulte de la concesión o denegación de la medida para las mismas; v) demora irrazonable en la solicitud de medidas provisionales; vi) caución o garantía por si se causan daños al demandado siendo las medidas luego revocadas.

La regla 212 recoge la solicitud y adoptación de medidas provisionales sin audiencia del demandado (*ex parte*), "en particular cuando cualquier retraso pueda causar un daño irreparable al solicitante o cuando exista un riesgo demostrable de destrucción de pruebas".

Finalmente, la regla 213 regula la revocación o la caducidad de las medidas provisionales (en este último caso, p.ej. si no inicia el procedimiento principal en 31 días naturales o 20 días hábiles de la adopción de aquellas). En todo caso, con la posibilidad de compensación económica a favor del demandado afectado por las mismas.

## II. MEDIDAS CAUTELARES

### *1. Requisitos en general*

En el art. 62 ATUP y la regla 211 RoP se recogen los requisitos sustantivos para las solicitudes de medidas cautelares ante el TUP[710].

El primer requisito es que, al tomar su decisión, el Tribunal podrá[711] exigir al solicitante que proporcione pruebas razonables[712] que le permitan tener un grado suficiente de certeza[713]:

---

710 ENGLAND, P., "Preliminary Injunctions in the Unifed Patent Court", en *Bio-Science Law Review*, vol. 19., issue 4, año 2024. También, *vid.* BIJVANK, K., "Preliminary injunctions in the era of the UPC", presentación del despacho Brinkhof, 22 de marzo de 2024.

711 El art. 62.4 ATUP emplea la expresión "estará facultado para exigir al demandante"; mientras que la regla 211.2 RoP, en inglés, utiliza el verbo "may require".
ENGLAND, P., *Op. cit.*, dice que no se expresa como un requisito obligatorio pero ha sido tratado como tal en los casos de medidas cautelares. Así, en el asunto 10x Genomics vs. NanoString, de 19 de septiembre de 2023, de la División Local de Munich: "La relevancia de las circunstancias fácticas para la necesidad de otorgar medidas provisionales resulta, por ejemplo, de la regla 211.3, según la cual, a la hora de decidir sobre la solicitud de medida cautelar, también se debe tener en cuenta el posible daño que pueda sufrir el demandante (mientras que al sopesar el posible daño al demandado se debe tener en cuenta los intereses)". También, el asunto CUP&CINO Kaffeesystem-Vertrieb contra Alpina Coffee Systems (UPC_CFI_182/2023), 13 de septiembre de 2023 de la División Local de Viena.

712 La traducción oficial al español art. 62.4 ATUP habla de "pruebas razonablemente disponibles".

713 Tanto en el ATUP como en el RoP se usa la misma expresión de "sufficient degree of certainty". Se trata del presupuesto propio de toda medida provisional o cautelar, que no exige un cien por cien

i) que el solicitante es el titular del derecho (de patente)[714];

ii) que la patente en cuestión es válida[715]; y

---

de certeza absoluta – propio del procedimiento principal – sino un grado suficiente de convicción.

714 Así se expresa el art. 62.4 ATUP, en términos generales el solicitante es el "titular del derecho". En cambio, la regla 211.4 RoP utiliza un circunloquio, para concretar lo anterior: "que el solicitante tiene derecho a iniciar un procedimiento de conformidad con el artículo 47". En ambos casos, se está haciendo referencia a la legitimación activa para ejercitar acciones y solicitar la medida cautelar. El art. 47 ATUP relaciona quién puede ejercitar acciones ante el Tribunal, desde el titular de la patente hasta el titular de una licencia exclusiva o no exclusiva bajo ciertos condicionantes. Incluso, se remite dicho precepto a las legislaciones nacionales para reconocer la legitimación activa de "persona física o jurídica, o cualquier órgano con capacidad para ejercitar acciones de conformidad con su Derecho nacional, a quien afecte una patente".

715 El requisito de la validez de la patente aparece expresamente en la regla 211.4 del RoP. No así en el art. 62 ATUP, aunque se puede entender implícitamente al exigirse el requisito de que se infrinja el derecho (pues no se puede infringir lo que no es válido).

Se hacen necesaria pruebas razonables que conduzcan al Tribunal a tener un grado suficiente de certeza de la validez del título de patente. En nuestro ordenamiento jurídico, este requisito se enmarca dentro de la apariencia de buen derecho *o fumus bonis iuris* en el art. 728.2 LEC cuando dice que el solicitante de medidas cautelares también habrá de presentar los datos, argumentos y justificaciones documentales que conduzcan a fundar, por parte del tribunal, sin prejuzgar el fondo del asunto, un juicio provisional e indiciario favorable al fundamento de su pretensión. En defecto de justificación documental, el solicitante podrá ofrecerla por otros medios. Este requisito consiste en el análisis judicial preliminar tendente a la comprobación de la existencia de un indicio o principio de prueba de que la pretensión principal de quien solicita la medida cautelar se encuentra aparentemente bien fundada en derecho, es decir, de una apariencia probable de legitimidad y que a primera vista no parece ni descabellada, ni arbitraria, ni irrazonablemente fundada.

iii) que su derecho se está infringiendo[716], o que dicha infracción es inminente[717].

El segundo de los requisitos sustantivos para la adopción de medidas cautelares es la "ponderación de los intereses de las partes". El Tribunal, *debe*[718] ponderar los intereses de las partes y, en particular, tendrá en cuenta el daño potencial para cualquiera de las partes resultante de la concesión o denegación de la medida cautelar[719].

---

716 Se hacen necesaria pruebas razonables que conduzcan al Tribunal a tener un grado suficiente de la infracción del título de patente. Si lo comparamos con nuestro ordenamiento jurídico, superado el análisis de validez del título, el análisis de infracción del mismo se enmarca igualmente dentro de la apariencia de buen derecho *o fumus bonis iuris* en el art. 728.2 LEC. *Vid. n. supra.*

717 En nuestro ordenamiento jurídico, la jurisprudencia ha perfilado muy bien las notas características de la inminencia de la infracción de Derecho de Patente. Así, p.ej., la Sección 15ª de la Audiencia Provincial de Barcelona ya en el Auto de 10 de junio de 2013 (Caso Atomoxetina) y en el auto de 20 de enero de 2011.

718 Esta ponderación se expresa como un requisito obligatorio en la regla 211.3 del RoP, con el empleo del verbo auxiliar "shall": "(…) the Court shall in the exercise of its discretion weigh up the interests of the parties (…)". En cambio, el art. 62.2 ATUP emplea un verbo en términos facultativos: "The Court shall have the discretion to weigh up the interests of the parties". *Vid.* ENGLAND, P., *Op. cit.*
Lo cierto es que la traducción española del ATUP también menciona este requisito como una facultad del Tribunal y no como un requisito obligatorio: "El Tribunal podrá ponderar los intereses de las partes".

719 En nuestro ordenamiento, este requisito se encuadraría dentro la proporcionalidad que recoge el art. 726 de la LEC. Este precepto nos recuerda que las medidas deberán ser "(…) exclusivamente conducentes a hacer posible la efectividad de la tutela judicial que pudiera otorgarse en una eventual sentencia estimatoria, (...) eligiendo entre las que tienen el mismo grado de eficacia para tal fin, (…) la menos gravosa o perjudicial para el demandado".

El último de los requisitos es que el Tribunal tendrá en cuenta cualquier demora irrazonable en la solicitud de medidas provisionales[720].

Estos requisitos de validez de la patente, infracción actual o inminente, urgencia y ponderación de intereses son cumulativos. De forma que si no se da uno de ellos no sería necesario entrar en el resto, siendo facultad en todo caso del Tribunal entrar en el resto de requisitos a pesar de ello[721].

## 2. *Requisito de la urgencia y su interpretación por el TUP*

### 2.1 Aproximación comparativa

La regla 211.4 del RoP señala que "el Tribunal tendrá en cuenta cualquier demora irrazonable en la solicitud de medidas

---

720 Se recoge este requisito solo en el RoP en su regla 211.4.

721 Así se ha pronunciado el TUP en el asunto *Ericsson vs. AsusTek* de 15 de octubre de 2024 de la División Local de Lisboa (Order of the Court of First Instance of the Unified Patent Court Local Division of Lisbon, issued on 15 October 2024, *Ericsson vs. AsusTek*, UPC_CFI_317/2024): "Los requisitos para conceder medidas cautelares –validez de la patente, infracción actual o inminente, urgencia y ponderación de intereses– son acumulativos, lo que permite al tribunal no abordarlos todos si no se cumple alguno. Sin embargo, cuando esa evaluación no sea posible en una etapa temprana del procedimiento para oír a las partes en consecuencia, el tribunal podrá ejercer su discreción al evaluar los demás requisitos presentados por las partes". Y, precisamente, esto último fue lo que ocurrió pues el Tribunal, aunque constató en el caso que la falta de urgencia era suficiente para rechazar una solicitud de medida cautelar, decidió abordar más a fondo las cuestiones de validez e infracción, y en una evaluación preliminar encontró que la patente probablemente era válida e infringida.

provisionales". Son dos las consideraciones que se extraen de esta previsión: primera, parece que estamos ante un requisito de carácter obligatorio[722]; segunda, el análisis de la urgencia requiere analizar un elemento subjetivo: en general, la conducta del solicitante de las medidas y, en particular, el tiempo de reacción desde que tiene conocimiento de la infracción hasta que acciona para proteger su derecho y si ese transcurrso del tiempo ha sido razonable o no.

El requisito de la urgencia, como elemento de valoración en la concesión de medidas cautelares, es común en nuestro entorno europeo aunque existen matices en su aproximación[723].

En España, uno de los requisitos para la adopción de las medidas cautelares es la concurrencia de peligro por mora procesal o *periculum in mora* del art. 728.1 de la LEC, esto es, que "solo podrán acordarse medidas cautelares si quien las solicita justifica, que, en el caso de que se trate, podrían producirse durante la pendencia del proceso, de no adoptarse las medidas solicitadas, situaciones que impidieren o dificultaren la efectividad de la tutela que pudiere otorgarse en una eventual sentencia estimatoria".

---

[722] ENGLAND, P., *Op. cit.*

[723] BIJVANK, K., *Op.cit.* P. ej., en Holanda, tradicionalmente flexibles con este requisito, se considera que no hay urgencia cuando hay "razones aceptables" en la demora: descubrimiento reciente de la infracción; urgencia nacida de acontecimientos recientes; negociaciones en curso que justifica el retraso, etc.
En Alemania, más estrictos (1 o 2 meses), ponen el acento: i) en la demostración por parte del solicitante, mediante su conducta general, de que está tomando todas las medidas razonables para obtener una decisión rápida; el comportamiento debe reflejar esa urgencia; pero debe ser "razonable"; el solicitante no necesita apresurarse y arriesgarse a que la solicitud decaiga; y, finalmente, el solicitante puede "destruir" la urgencia con su propio comportamiento también durante el procedimiento.

Más en concreto, la "demora irrazonable en la solicitud de medidas provisionales" a la que se refiere la regla 211.4 del RoP, también encontraría su paralelismo en nuestro ordenamiento con la buena fe procesal del solicitante de las medidas, en la previsión del 728.1 LEC, cuando en su párrafo segundo señala que "no se acordarán medidas cautelares cuando con ellas se pretenda alterar situaciones de hecho consentidas por el solicitante durante mucho tiempo, a menos que éste justifique cumplidamente las razones por las que las medidas no se han solicitado hasta entonces"[724].

---

[724] Ahora bien, existen casos especiales y excepcionales en los que el diálogo se debe producir sólo entre el solicitante y el juez porque no es conveniente en ese momento escuchar al afectado. Tal y como resulta del art. 733.2 de la LEC, la necesaria audiencia del demandado puede suprimirse excepcionalmente cuando exista peligro para la utilidad de la medida cautelar por dos razones básicas:
i) por urgencia, es decir, cuando el tiempo necesario para emplazar a la otra parte y convocar a una vista no permita demorar la adopción de la medida cautelar, y/o
ii) por sorpresa, evitando que el demandado altere la situación de hecho existente, comprometiendo el buen fin de la medida cautelar. Por ejemplo, puede ser necesario que la medida cautelar (caso del comiso) se adopte sin oír a la parte afectada porque sólo con la sorpresa, llegando de improviso en un momento inesperado, será efectiva.
Este juicio de urgencia o el peligro del buen fin de la medida cautelar es un requisito adicional a los requisitos generales de adopción de las medidas previstos en el art. 728 LEC (la apariencia de buen derecho y el peligro de la mora procesal) y obliga a exponer las razones que aconsejan acordar las medidas sin audiencia del demandado (art. 733.2 LEC). Si se estimara justificada la petición de adoptar las medidas sin audiencia del demandado, se examinará "sin más trámite" (art. 733.2 LEC) los presupuestos de las medidas cautelares a la vista de la documentación aportada.
Así, PÉREZ DAUDÍ, V., *Las medidas cautelares en el proceso civil*, Barcelona, Atelier, 2012, pp. 164-166, explica el origen, critica dicho

## 2.2. Asunto 10x Genomics vs. NanoString de 19 de septiembre de 2023 de la División Local de Munich[725]

En el asunto *10x Genomics vs. NanoString*, de 19 de septiembre de 2023, la División Local de Munich declara que "para determinar una posible demora irrazonable en la solicitud de medidas provisionales (art. 62 ATUP), en primer lugar debe preguntarse cuándo tuvo conocimiento el demandante de la (inminente) infracción de la patente; en base a ello, debe identificarse el momento en el tiempo a partir del cual fue posible la solicitud de medidas provisionales por la infracción de la patente unitaria alegada ante el TUP".

El requisito de la demora irrazonable es tomado como un requisito obligatorio por parte del TUP a la hora de conceder las medidas, señalando los dos parámetros para su valoración: i) determinación del momento temporal en el que el demanante tiene conocimiento de la infracción/inminencia de la infracción (momento del conocimiento); ii) determinación del momento temporal a partir del cual *es posible* la solicitud de medidas (momento de la posibilidad de reaccionar). La confrontación de estos dos parámetros temporales permitirá valorar el carácter razonable o no de la demora.

En este concreto asunto, la División Local entendió que el requisito de demora irrazonable no se vio comprometido porque el demandante no hubiera solicitado una medida cautelar ante

precepto y nos recuerda que es importante distinguir entre el *periculum in mora* como presupuesto de adopción de la medida cautelar y como criterio para determinar el procedimiento de adopción, y que además es el mismo requisito por el que se permite adoptar la medida cautelar antes de iniciar el proceso principal (art. 730.2 LEC).

725 Decision and orders of the Court of First Instance of the Unified Patent Court Local Division of Munich, issued on 19 September 2023, *10x Genomics vs. NanoString*, CFI 2/2023.

el tribunal nacional antes de que el TUP entrara en vigor. El tribunal consideró que el TUP era una nueva jurisdicción, que no era accesible antes del 1 de junio y que el hecho de que el demandante no actuara ante los tribunales nacionales antes de esa fecha no era relevante. Además, los demandantes no podían esperarse al procedimiento principal, porque los productos del demandado iban a sustituir a los productos del demandante y, por tanto, bloquearían permanentemente el mercado; era probable que las actividades de marketing de los demandados causaran daños considerables, en particular a largo plazo, a los actores[726].

## 2.3 Asunto Ortovox vs. Mammut de 11 de diciembre de 2023 de la División Local de Düseldorf[727]

En el Asunto *Ortovox vs. Mammut,* de 11 de diciembre de 2023, la División Local de Düseldorf señala que "la urgencia requerida para estimar medidas provisionales sólo falta si la parte perjudicada ha sido tan negligente y vacilante en la persecución de sus reclamaciones que, desde un punto de vista objetivo, debe concluirse que dicha parte que no tiene un verdadero interés en hacer valer rápidamente sus derechos, por lo que no parece adecuado permitirle acogerse a una protección jurídica provisional".

Es decir, se pone el acento en el segundo de los parámetros para la valoración de la urgencia: el momento de la posibilidad de reaccionar con la solicitud de las medidas por parte del actor, una vez tuvo conocimiento ya de la infracción. De esta forma, se deniegan las medidas cuando los datos objetos

---

726 ENGLAND, P., *Op. cit.*

727 Order of the Court of First Instance of the Unified Patent Court Local Division of Düseldorf, issued on 11 December 2023, *Ortovox vs. Mammut,* UPC_CFI_452/2023.

evidencian que su comportamiento reactivo ha sido "negligente y vacilante" en la persecución de la infacción, hasta el punto de quedar diluido su "verdadero interés" en obtener una protección provisional rápida.

La División Local de Düseldorf concluye que no hay pruebas de esa "falta de urgencia" en el comportamiento del actor: tiene conocimiento de los productos presuntamente infractores en una feria en EEUU a principios de octubre de 2023; tiene conocimiento del ofrecimiento de dichos productos en la UE por primera vez el 3 de noviembre de 2023 y "solo pasó algo menos de un mes antes de que se presentara la solicitud de medidas provisionales. En este contexto, no se puede hablar de un enfoque retrasado".

### 2.4 Asunto Ericsson vs. AsusTek de 15 de octubre de 2024 de la División Local de Lisboa[728]

En este asunto *Ericsson vs. AsusTek*, la División Local de Lisboa razona: "en las medidas provisionales, el tribunal debe poder concluir objetivamente de la solicitud que existe urgencia y, por lo tanto, la necesidad de anticipar la protección de los derechos del solicitante. Es el solicitante quien debe convencer al tribunal, a la luz de los hechos particulares del caso, que no ha retrasado innecesariamente el procedimiento. En esa medida, el solicitante debe proporcionar al tribunal la información sobre el momento en que tuvo conocimiento de la infracción. Cuando el solicitante no se pronuncia sobre esa fecha y el tribunal no tiene forma de determinarla, el tribunal puede confiar únicamente en la fecha de la supuesta infracción, para la evaluación de la demora irrazonable".

---

728 Order of the Court of First Instance of the Unified Patent Court Local Division of Lisbon, issued on 15 October 2024, *Ericsson vs. AsusTek*, UPC_CFI_317/2024.

En el asunto referido, la solicitud de medida cautelar es desestimada por falta de urgencia. Los demandados argumentaron que los dispositivos supuestamente infractores se vendieron por primera vez en 2019 y tuvieron una buena publicidad en ese momento, pero Ericsson no reaccionó. Los demandados también esgrimieron que una acción similar, presentada en los EE. UU. en octubre de 2023 contra Lenovo, y las negociaciones en curso sobre licencias SEP entre Ericsson y AsusTek probaban que Ericsson estaba siguiendo activamente el mercado. Ericsson no proporcionó una fecha alternativa en la que tuvo conocimiento de la supuesta infracción, por lo que la fecha a partir de la cual se calculó un retraso irrazonable en la iniciación del procedimiento fue 2019 o, en el mejor de los casos, 2023. Esto llevó al Tribunal a concluir que "la demandante no ha aportado suficientes elementos temporales que permitan al Tribunal evaluar su diligencia al iniciar el procedimiento"[729].

Si bien una constatación de falta de urgencia es suficiente para rechazar una solicitud de medida cautelar, el Tribunal decide abordar más a fondo las cuestiones de validez e infracción, y en una evaluación preliminar viene a concluir que la patente probablemente sea válida y se infrinja.

---

729 JACKSON, M. and HORNBY, J., "UPC Denies Ericsson's Preliminary Injunction for Unreasonable Delay", en *Lexology.com*, 15 de octubre de 2024 [Disponible en: https://jakemp.com/en/news/upc-denies-ericssons-preliminary-injunction-for-unreasonable-delay/].
Tambien, *vid.* MAIERHÖFER, C., "UPC Lisbon LD clarifies burden of proof for establishing urgency in preliminary injunctions (PI) cases", en lexology.com, 23 de octubre de 2024 [Disponible en: https://www.lexology.com/library/detail.aspx?g=36991729-ca4b-4401-8fe8-143b246dfe1d].

### *3. Estándar para valorar la infracción y la validez*

El art. 62.4 ATUP establece que "… el Tribunal estará facultado para exigir al demandante que facilite todas las pruebas razonablemente disponibles a fin de cerciorarse con un grado suficiente de seguridad de que él es el titular del derecho y que se infringe su derecho o es inminente tal infracción".

Por su parte, la regla 211.2 del RoP dice: "al tomar su decisión, el Tribunal podrá exigir al solicitante que proporcione pruebas razonables que le permitan tener un grado suficiente de certeza de que el solicitante tiene derecho a iniciar un procedimiento de conformidad con el artículo 47, que la patente en cuestión es válida y que su derecho se está infringiendo, o que dicha infracción es inminente".

Tanto en el ATUP como en el RoP se usa la misma expresión en inglés de "sufficient degree of certainty". Se trata del presupuesto propio de toda medida provisional o cautelar, que no exige un cien por cien de certeza absoluta – propio del procedimiento principal – sino un grado suficiente de convicción.

Por otro lado, requisito de la validez de la patente aparece expresamente en la regla 211.4 del RoP. No así en el art. 62 ATUP, aunque se puede entender implícitamente al exigirse el requisito que se infrinja el derecho (pues no se puede infringir un derecho si no existe previamente un grado suficiente de certeza de que es válido).

### 3.1 Carga de la prueba de la infracción y de la validez

En el asunto *NanoString vs. 10x Genomics*, de 26 de febrero de 2024, la Corte de Apelación del TUP[730] declara: "La carga

---

730 Order of the Court of Appeal of the Unified Patent Court, issued on 26 February 2024, *NanoString v 10x Genomics, Inc*, UPC_

de la presentación y prueba de los hechos que supuestamente establecen el derecho a iniciar procedimientos y la infracción o infracción inminente de la patente, así como de todas las demás circunstancias que supuestamente respaldan la solicitud del solicitante, recae en el solicitante, mientras que, a menos que el objeto de la decisión sea la orden de medidas sin audiencia al demandado de conformidad con el Art. 60(5) en conjunción con el Art. 62(5) ATUP, la carga de la presentación y prueba de los hechos relacionados con la falta de validez de la patente y otras circunstancias que supuestamente respaldan la posición del demandado recae en el demandado".

Por tanto, en esta decisión de la Corte de Apelación, se establece en quién recae la carga de la prueba de los hechos y del derecho[731]: en materia de infracción (e inminencia) la carga de la prueba recae en el titular del derecho, solicitante de las medidas, así como "demas circusntancias" en que base su solicitud; en materia de validez de la patente la carga de la prueba la soporta el demandado así como otras circustancias que sustenten su posición como tal.

## 3.2 Estándar de valoración de la validez y su interpretación por el TUP

En el asunto *10x Genomics vs. NanoString*, de 19 de septiembre de 2023[732], el Tribunal analiza y confirma la validez de la patente en cuestión y concluye: "Para que exista un grado suficiente de certeza respecto de la validez de una patente para el

CoA_335/2023 App_576355/2023.

731 En inglés "burden of presentation and proof for facts".

732 Decision and orders of the Court of First Instance of the Unified Patent Court Local Division of Munich, issued on 19 September 2023, *10x Genomics vs. NanoString*, CFI 2/2023.

tribunal, en el ámbito de una orden de medidas provisionales (art. 62 ATUP), es necesaria una probabilidad preponderante, pero también suficiente. Por tanto, debe ser más probable, para una convicción suficientemente segura del tribunal, que la patente sea válida frente a que no lo sea". En particular, no es suficiente que la invalidez de la patente sea "meramente posible". Añade que el mero hecho de que la patente haya sido concedida por la EPO como tal, parece no ser suficiente si hay buenos argumentos de que la patente es inválida, en particular si hay un estado de la técnica anterior relevante accesible que no se ha tenido en cuenta en la tramitación[733].

En cambio, en la apelación de este mismo asunto, la Corte de Apelación del TUP[734] revoca la decisión de la instancia, considerando que es más probable que la patente no sea válida: "Un grado suficiente de certeza de conformidad con la regla 211.2 RoP, en conjunción con el art. 62(4) ATUP (véase también el art. 9(3) de la Directiva 2004/48/EC) exige que el tribunal considere, sobre la base de la preponderancia de las probabilidades, que es al menos más probable que improbable que el solicitante esté autorizado a iniciar procedimientos y que se haya infringido la patente. No existe un grado suficiente de certeza si el tribunal considera, sobre la base de la preponderancia de las probabilidades, que es más probable que improbable que la patente no sea válida"[735].

---

733 ENGLAND, P., *Op. cit.*

734 Order of the Court of Appeal of the Unified Patent Court, issued on 26 February 2024, *NanoString v 10x Genomics, Inc*, UPC_CoA_335/2023 App_576355/2023.

735 La Corte de Apelación coincide con la División Local en que los estándares de prueba no deben fijarse demasiado altos, en particular si las demoras asociadas a una remisión al procedimiento principal pueden causar un daño irreparable al titular de la patente. Sin embargo, por otro lado, no deben establecerse estándares de prueba demasiado bajos

El asunto *10x Genomics vs. NanoString* ha tenido gran repercusión[736], pues, aunque ambos Tribunales parten de un mismo estándar de valoración del requisito de validez de la patente, a saber, un juicio de probabilidad acerca de la validez o no del título, el resultado final es diferente[737]. Así, tras un análisis en profundidad de la validez, la Corte de Apelación del TUP consi-

para evitar que el demandado se vea perjudicado por la orden de una medida provisional que pudiera revocarse en una fecha posterior.

736 P. ej. COTTER THOMAS, F., "Two New Papers on Preliminary Injunctions in the UPC", en *Comparative Patents Remedies,* 12 de febrero de 2024, y "Court of Appeal of the Unifed Patent Court Reverses Preliminary Injunction Against Nanostring", 27 de febrero de 2024 [Ambos disponibles en:
https://comparativepatentremedies.blogspot.com/2024/02/two-new-papers-on-preliminary.html
https://comparativepatentremedies.blogspot.com/2024/02/court-of-appeal-of-unifed-patent-court.html].
También, SLATER, S., "UPC: Court of Appeal overturns first instance ruling for a preliminary injunction", en *Lexology.com,* 28 de febrero de 2024 [Disponible en:
https://www.lexology.com/library/detail.aspx?g=23424822-ebd3-48d4-87fe-a25eee33c033]; NIELSEN, M., "UPC Court of Appeal Reverses Preliminary Injunction in Harvard, 10x Genomics vs. NanoString, Reaffirms Low Standard of Proof for Validity When Granting a PI", en *Lexology.com,* 1 de marzo de 2024 [Disponible en: https://www.lexology.com/library/detail.aspx?g=08db5122-39b2-4b24-afa3-987f1ab6e4e5]; ENGLAND, P., *Op. cit.*

737 La División Local está convencida con suficiente certeza de que la patente no será revocada: es más probable que la patente sea válida que no sea válida. En cambio, la Corte de Apelación entiende que, contrariamente a la sentencia de primera instancia, la validez legal de la patente solicitada no era suficientemente segura para la concesión de la medida cautelar: era predominantemente probable que la patente no fuera válida. De hecho, la Corte de Apelación señala que es abrumadoramente probable que el objeto de la reivindicación 1, tal como se afirmaba en la solicitud principal, resulte no patentable, en concreto, que sea obvio.

dera que es más probable, que no, que la patente sea inválida y revoca la decisión de la División Local.

### *3.2.1. Asunto MyStromer vs. Revolt Zycling, de 22 de junio de 2023, de la División Local de Düseldorf*[738]

En el asunto *MyStromer vs. Revolt Zycling,* de 22 de junio de 2023, la División Local de Düseldorf analiza las circunstancias de la validez de la patente objeto de las medidas tomando en cuenta varios factores para mantener la presunción del título: i) que la patente se concedió en 2015; ii) que no se ha presentado ninguna oposición a su concesión ni constan acciones de nulidad interpuestas ante tribunales nacionales; iii) que el demandado no ha presentado ante el tribunal, ya en su oposición ya en su escrito preventivo, un estado de la técnica relevante.

### *3.2.2. Asunto Ortovox vs. Mammut, de 11 de diciembre de 2023, de la División Local de Düseldorf*[739]

En el asunto *Ortovox vs. Mammut,* de 11 de diciembre de 2023, la División Local, razona sobre el análisis de validez en los siguientes términos: "El hecho de que la patente en litigio no haya sobrevivido todavía a ningún procedimiento contradictorio en materia de validez no contradice esto (medida cautelar). Incluso sin tal procedimiento previo, la validez puede estar suficientemente acreditada. Este es el caso, por ejemplo, si la patente en

---

738 Order of the Court of First Instance of the Unified Patent Court Local Division of Düseldorf, issued on 23 June 2023, *myStromer vs. Revolt Zycling,* UPC_CFI_177/2023.

739 Order of the Court of First Instance of the Unified Patent Court Local Division of Düseldorf, issued on 11 December 2023, *Ortovox vs. Mammut,* UPC_CFI_452/2023.

cuestión se publicó hace muchos años, pero su validez no fue cuestionado y el demandado no lo hizo referencia al estado de la técnica relevante ni en la correspondencia previa al juicio ni en el escrito preventivo presentado por él (UPC_CFI_177/2023 (DL Düsseldorf), orden de 22 de junio de 2023)".

Añade el Tribunal que, incluso si la patente en disputa es objeto de un ataque jurídico paralelo de este tipo (p. ej., oposición a la concesión o acciones de nulidad en tribunales nacionales), ello no tiene por qué excluir la adopción de medidas cautelares. En tal caso, corresponde al órgano judicial valorar si la validez es suficientemente certera a pesar de tal ataque. Concluyendo: "Independientemente de la delimitación de determinados grados de probabilidad (cf. UPC_CFI_2/2023 (DL Munich), auto de 19 de septiembre de 2023, p. 58), este es el caso si las objeciones planteadas contra la validez jurídica de la patente en litigio no son adecuadas ni está justificado para suscitar dudas sobre la validez jurídica de la patente en litigio".

En consecuencia, como se observa, se deja un amplio margen de discrecionalidad al Tribunal a la hora de analizar la validez de la patente como requisito previo para la concesión de la medida. Pues, al margen del juicio estricto acerca del grado de probabilidad de la validez o no del título, se pueden tener en cuenta otras circunstancias para tener por acreditada la validez: objeciones no adecuadas o dudas no justificadas por parte del demandadao acerca de la validez de la patente en disputa. Esto no es sino acorde con el criterio de carga de la prueba que incumbe al demandado y que va más allá de la estricta validez del título, comprendiendo también "otras circunstancias que supuestamente respaldan la posición del demandado"[740].

740 *Vid. supra.* asunto NanoString vs. 10x Genomics, de 26 de febrero de 2024, de la Corte de Apelación del TUP, sobre la carga de la prueba.

### 3.3. Estándar de valoración de la infracción y su interpretación por el TUP

Según el art. 62.4 ATUP y la regla 211.2 RoP, al tomar su decisión, el Tribunal *podrá*[741] *exigir al solicitante que proporcione pruebas razonables disponibles que le permitan tener un grado suficiente de certeza*[742] *que su derecho se está infringiendo*[743], o que dicha infracción es inminente.

La carga de la aportación y prueba de los hechos de la infracción o de inminencia de la infracción de la patente, así como de todas las demás circunstancias que fundamentan la solicitud del solicitante, recae en el demandante de las medidas[744].

A continuación, relacionamos varios asuntos del TUP que analizan el criterio que ha de seguirse para la determinación del ámbito de protección de la patente que, como se verá, no es unívoco.

---

741 *Vid. n. supra.* ENGLAND, P., *Op. cit.*, no se expresa como un requisito obligatorio pero ha sido tratado como tal en los casos de medidas cautelares.

742 No se exige certeza absoluta – propio de un procedimiento principal – sino un grado suficiente de convicción.

743 Se hacen necesarias pruebas razonables que conduzcan al Tribunal a tener un grado suficiente de la infracción del título de patente.

744 Order of the Court of Appeal of the Unified Patent Court, issued on 26 February 2024, *NanoString v 10x Genomics, Inc*, UPC_CoA_335/2023 App_576355/2023.

### *3.3.1. Asunto SES-Imagotag vs. Hanshow Technology, de 20 de diciembre, de la División Local de Munich*[745]

En el asunto *SES-Imagotag vs. Hanshow Technology*, la División Local de Munich, aborda si ha de tenerse en cuenta el historial de tramitación de la patente a la hora de interpretar el ámbito de protección de las reivindicaciones[746], y concluye que: "El texto original de la reivindicación de una patente europea puede utilizarse como ayuda para la interpretación en relación con los cambios en el texto de la reivindicación realizados durante el procedimiento de concesión".

La División Local de Munich parece que deja abierta la vía para poder utilizar del expediente de tramitación de la patente en la interpretación de las reivindicaciones al sostener que la versión original de la reivindicación de una patente europea puede utilizarse como ayuda para la interpretación en relación con las modificaciones de la versión de la reivindicación realizadas durante el procedimiento de concesión.

---

745 Order of the Court of First Instance of the Unified Patent Court Local Division of Munich, issued on 20 December 2023, *SES-Imagotag SA v. Hanshow Technology Co. Ltd* (UPC_CFI_292/2023).

746 La cuestión sobre si el historial de tramitación (en inglés: *prosecution history/prosecution history estoppel/file-wrapper estoppel*) se puede utilizar o no a la hora de determinar el ámbito de protección de una patente es el eterno y recurrente debate en el ámbito del Derecho de Patentes Europeo.

### *3.3.2. Asunto Ortovox vs. Mammut, de 11 de diciembre de 2023, de la División Local de Düseldorf*[747]

En el asunto *Ortovox vs. Mammut* de 11 de diciembre de 2023, la División Local, explica: "En la medida en que los demandados se refieren a (supuestas) declaraciones hechas por el solicitante durante el procedimiento de concesión para justificar su opinión divergente, el expediente de concesión, en principio, no debe tenerse en cuenta a la hora de interpretar la patente. El artículo 24, apartado 1 (c) de la ATUP en combinación con el artículo 69 del CPE determina finalmente qué documentos se utilizarán al interpretar las reivindicaciones de la patente para determinar el alcance de la protección, es decir, la descripción de la patente y los dibujos de la patente. Las meras declaraciones en el proceso de concesión no limitan el alcance de la protección"[748].

Como se observa, a diferencia de la División Local de Munich en el caso anterior, la División Local de Düsseldorf entiende que el expediente de concesión, *en principio*[749], no debe tenerse en cuenta al interpretar la patente. En cambio,

---

747 Order of the Court of First Instance of the Unified Patent Court Local Division of Düseldorf, issued on 11 December 2023, *Ortovox vs. Mammut*, UPC_CFI_452/2023.

748 Continúa razonando el Tribunal sobre el caso concreto: "Inicialmente no es significativo. Como máximo, pueden tener un significado indicativo sobre cómo el experto puede entender la característica en cuestión (ver legislación alemana similar a BGH, NJW 1997, 3377, 3380–Dispositivo blando II). Sin embargo, teniendo en cuenta su contenido global, en la declaración relativa al procedimiento de concesión a que se refiere el presente documento no se menciona que la emisión simultánea de señales sonoras y mensajes de voz es absolutamente necesaria para la realización de las enseñanzas técnicas de la patente controvertida".

749 *Vid. n. supra.* cómo el Tribunal no descarta por completo y totalmente que pueda utilizarse el historial de tramitación: "Inicialmente no es

el artículo 24(1)(c) ATUP, en conjunción con el artículo 69 del CPE, determina de manera concluyente qué documentos deben utilizarse en la interpretación de las reivindicaciones de la patente que determinan el alcance de la protección, a saber, la descripción de la patente y los dibujos de la patente. Las simples declaraciones realizadas durante el procedimiento de concesión no tienen *inicialmente* ninguna importancia a la hora de limitar el alcance de la protección.

### *3.3.3. Asunto NanoString vs. 10x Genomics, de 26 de febrero de 2024, de la Corte de Apelación*[750]

En el asunto *NanoString vs. 10x Genomics*, la Corte de Apelación, razona en este caso: “La reivindicación de la patente no es sólo el punto de partida, sino la base decisiva para determinar el alcance de protección de una patente europea, según el artículo 69 del CPE en conjunción con el Protocolo sobre la interpretación del artículo 69 del CPE.

La interpretación de una reivindicación de patente no depende únicamente del sentido literal y estricto de los términos utilizados. Más bien, la descripción y los dibujos deben utilizarse siempre como ayudas explicativas para la interpretación de la reivindicación de la patente y no sólo para resolver cualquier ambigüedad en la reivindicación de la patente.

Esto no significa que la reivindicación de la patente sirva simplemente como guía, sino que su objeto también se ex-

significativo. Como máximo, pueden tener un significado indicativo sobre cómo el experto puede entender la característica en cuestión”.

750 Order of the Court of Appeal of the Unified Patent Court, issued on 26 February 2024, *NanoString v 10x Genomics, Inc,* UPC_CoA_335/2023 App_576355/2023.

tiende a lo que, tras el examen de la descripción y los dibujos, parece ser el objeto para el que el titular de la patente solicita protección.

La reivindicación de una patente debe interpretarse desde el punto de vista de un experto en la materia.

Al aplicar estos principios, se pretende combinar una protección adecuada para el titular de la patente con una seguridad jurídica suficiente para terceros.

Estos principios de interpretación de una reivindicación de patente se aplican igualmente a la apreciación de la infracción y a la validez de una patente europea".

Es decir, la Corte de Apelación, como órgano superior del TUP recuerda la posición tradicional y de consenso recogida en el Protocolo interpretativo del art. 69 CPE sobre la determinación del alcance de protección de la patente y la interpretación de las reivindicaciones[751].

---

751 El Protocolo interpretativo del art. 69 CPE dice: "El artículo 69 no deberá interpretarse en el sentido de que el alcance de la protección que otorga la patente europea haya de entenderse según el sentido estricto y literal del texto de las reivindicaciones y que la descripción y los dibujos sirvan únicamente para disipar las ambigüedades que pudieran contener las reivindicaciones. Tampoco debe interpretarse en el sentido de que las reivindicaciones sirvan únicamente de línea directriz y que la protección se extienda también a lo que, en opinión de una persona experta que haya examinado la descripción y los dibujos, el titular de la patente haya querido proteger. El artículo 69 deberá, en cambio, interpretarse en el sentido de que define entre esos extremos una posición que garantiza a la vez una protección equitativa para el solicitante de la patente y un grado razonable de certidumbre a terceros". Puede consultarse aquí: https://www.boe.es/buscar/doc.php?id=BOE-A-2003-1584

#### *3.3.4. Asunto MyStromer vs. Revolt Zycling, de 22 de junio de 2023, de la División Local de Düseldorf*[752]

En el asunto *MyStromer vs. Revolt Zycling* de 22 de junio de 2023, la División Local de Düseldorf analiza las circunstancias de la infracción de la patente y, en particular, tiene en cuenta el comportamiento del demandado con carácter previo a la interposición de las medidas cautelares a tal efecto: "El demandado no ha negado de forma significativa, ni extrajudicialmente ni en su escrito preventivo, que la realización impugnada infrinja directa y literalmente la patente en cuestión. En particular, el diseño de la realización impugnada, (…), sigue estando cubierto por el ámbito de protección de la patente en cuestión (…)".

De lo razonado parece que el Tribunal da a entender que, si bien la carga de la prueba de la infracción recae sobre el solicitante[753], los escritos preventivos deben entrar en la infracción de "manera significativa"[754].

752 Order of the Court of First Instance of the Unified Patent Court Local Division of Düseldorf, issued on 23 June 2023, *myStromer vs. Revolt Zycling,* UPC_CFI_177/2023.

753 Order of the Court of Appeal of the Unified Patent Court, issued on 26 February 2024, *NanoString v 10x Genomics, Inc,* UPC_CoA_335/2023 App_576355/2023.

754 *Vid. infra.* Capítulo III acerca de la valoración de los escritos preventivos por el TUP.

### *3.3.5. Inminencia de la infracción: Asunto Celltrion vs. Novartis, de 6 de septiembre de 2024, de la División Local de Düseldorf*[755]

En el asunto *Celltrion vs. Novartis (omalizumad)*, la División Local de Düseldorf concluye en relación a la inminencia de la infracción lo siguiente: "1. El art. 25 de la LPI constituye un derecho sustantivo uniforme y el art. 62 (1) del ATUP un derecho procesal uniforme, que tiene prioridad sobre las leyes nacionales de patentes y cuyo contenido debe ser interpretado de manera independiente por el Tribunal.

Una situación de infracción inminente puede configurarse por la concurrencia de determinadas circunstancias que hagan pensar que la infracción aún no se ha producido, pero que el infractor potencial ya ha creado las condiciones para que ésta produzca. La infracción no solo es una cuestión de cuando se inicia la misma. Los activos preparativos para la infracción deben haberse desarrollado por completo. Estas circunstancias deben evaluarse caso por caso".

Por lo tanto, la División Local deja claro, en primer lugar, que los art. 25 y 62 (1) ATUP tienen preferencia sobre la legislación nacional de patentes[756]. Y, en segundo lugar, da unas

---

755 Order of the Court of First Instance of the Unified Patent Court Local Division of Düseldorf, issued on 6 September 2024, *Celltrion Inc.v. Novartis AG, Genentech, Inc* (UPC_CFI_166/2024).

756 En nuestro ordenamiento jurídico, la jurisprudencia ha perfilado muy bien las notas características de la inminencia de la infracción de Derecho de Patente. Así, p.ej., la Sección 15ª de la Audiencia Provincial de Barcelona ya en el Auto de 10 de junio de 2013 (Caso Atomoxetina) y en el auto de 20 de enero de 2011.
Según doctrina establecida por la Sección 15ª de la AP de Barcelona, para configurar la inminencia de infracción no basta que existan actos que revelen que la infracción pueda representarse como posible o incluso probable sino que es preciso que concurra un dato

---

adicional, que sea inminente, esto es, que se va a producir de forma efectiva y próxima.

Las notas que caracterizan la inminencia son:

(a) La claridad, esto es, que resulte evidente o que pueda ser percibida con facilidad. Ello exige, de una parte, una probabilidad cualificada de que el acontecimiento se produzca; de otra, y de forma esencial, cercanía temporal en la que se espera que se produzca el acontecimiento esperado (quando) (párrafos 11 y 13 del auto de 10.06.2013).

(b) La segunda nota consiste en que exista una probabilidad muy cualificada de que la infracción se terminaría produciendo de no mediar la medida cautelar solicitada. Dicho en otros términos, la inminencia presupone que la infracción se va a producir caso de no adoptarse la medida. No es suficiente, por tanto, que exista un mero riesgo de que se pueda producir sino que es necesario algo más, esto es, que se pueda representar como algo casi seguro (párrafo 18 del auto de 10.06.2013).

(c) La tercera nota implica que la inminencia requiere una gran cercanía temporal, aunque no nos atrevemos a cuantificarla de forma cerrada porque somos conscientes de su carácter relativo, esto es, dependiente de las concretas circunstancias de cada caso. Ello nos obliga a ponerla en relación con los instrumentos de reacción que pone el ordenamiento procesal a disposición de las partes para evitar que la infracción que amenaza como inminente se pueda materializar. Esto es, no podemos perder de vista, al interpretar el sentido que debe conferirse a ese requisito, el tiempo necesario para poder conseguir la tutela del derecho de exclusiva que concede la patente. En nuestro ordenamiento ese plazo es realmente escaso, de solo unos días, unas semanas a lo sumo, dado que es posible conceder la tutela ante causam y sin necesidad de prestar audiencia al inminente infractor. Por consiguiente, la inminencia o cercanía temporal debe tener también un alcance limitado, referido a semanas, o algunos (pocos) meses, a lo sumo. Pero no creemos que pueda referirse a años y muy dudoso que pueda sobrepasar el plazo de un par de meses (párrafos 25 en relación al 22 del auto de 10.06.2013).

(d) La cuarta nota que caracteriza el concepto tiene que ver con el enjuiciamiento y consiste en que es exigible un canon de seguridad más elevado del que es habitual en el enjuiciamiento civil, en el que basta con una razonable probabilidad de certeza de la alegación

pautas para configurar el concepto de "infracción inminente": i) deben valorarse las existencia circunstancias que permitan deducir que, por parte del presunto infractor, se han establecido ya las condiciones para que se produzca la infracción, aun cuando ésta aún no se haya producido; ii) no es solo un debate de cuándo comienza la infracción; iii) deben haberse completado y desarrollado todos los actos preparatorios tendentes a consumación de la infracción; iv) estas circunstancias deben valorarse caso por caso.

En el asunto de *Celltrion vs. Novartis (omalizumad),* la División Local de Düsseldorf de la UPC rechaza las medidas al concluir que no hay "indicios concretos" de ninguna "infracción inminente" de la patente de la formulación de omalizumab. Para que una infracción sea inminente en este caso, todos los pre-

para poder tenerla como fijada como hecho cierto a los efectos del proceso. Por consiguiente, esta cuarta nota exige que existan indicios concluyentes sobre el riesgo de infracción, de forma que no podríamos considerar suficientes aquellos indicios que puedan ser equívocos o poco seguros (párrafo 26 del auto de 10.06.2013).

La SAP de Barcelona, Sección 15ª, de 26 de abril de 2021, (ECLI:ES:APB:2021:3501) ha cambiado este criterio en base al art. 8.2 y a la Disposición Adicional Sexta, ambos del RD 177/2014, pues dicho órgano considera que la citada normativa "ha establecido un nuevo régimen en cuanto al momento en el que un medicamento se incluye en la prestación farmacéutica del Sistema Nacional de Salud, que ya no se corresponde con la obtención del precio de venta por parte del laboratorio, sino transcurridos los plazos previstos legalmente desde la comunicación sobre la intención de comercialización del medicamente a la" Agencia Española de Medicamentos y Productos Sanitarios (AEMPS).

Este último cambio de criterio ha sido criticado por la doctrina. Así, MASSAGUER FUENTES, J., "Infracción de patente y medidas cautelares de cesación: ¿"algo más" que infracción para concederlas o "algo menos" que infracción para denegarlas?", en *Actas de derecho industrial y derecho de autor*, Tomo 42, 2022, pp. 175-196.

parativos previos al lanzamiento debían haberse completado de tal manera que se pudiera presentar una oferta de suministro en cualquier momento. Aunque Celltrion había obtenido la autorización de comercialización europea para en mayo de 2024, el Tribunal considera que no había pruebas suficientes de un calendario específico para las negociaciones de precios o de que se hubieran presentado solicitudes de reembolso. Tampoco había pruebas de que se hubieran proporcionado muestras a los clientes potenciales. En estas circunstancias, se deniega la solicitud de medidas provisionales de Novartis[757].

### *4. Ponderación de los intereses de las partes*

El art. 62.2 ATUP dice que "el tribunal tendrá la facultad discrecional de ponderar los intereses de las de las partes y, en particular, tener en cuenta los posibles daños que se deriven, para cualquiera de las partes, de la expedición o la denegación del requerimiento".

---

757 *Vid.* PEARCE IP, "UPC Denies Novartis/Genentech Preliminary Injunction Against Celltrion in Omalizumab Patent Dispute", en *lexology.com*, 6 de septiembre de 2024 [Disponible en: https://www.lexology.com/library/detail.aspx?g=3baf4ee2-a0a9-4ede-9c19-60e751fa6e3a].
También, *vid.* EPLAW, "UPC – Novartis v. Celltrion / definition of 'imminent infringement", en *EPLAW Blog,* 11 de septiembre de 2024 [Disponble en: https://www.eplaw.org/blog/detail/imminent-infringement-upca/].
Igualmente, HOULDSWORTH, A., "UPC slaps down Novartis' Xolair injunction request in latest blow to pharma patentees", en *Iam-media.com,* 6 de septiembre de 2024 [Disponible en: https://www.iam-media.com/article/upc-slaps-down-novartis-xolair-injunction-request-in-latest-blow-pharma-patentees].

Por su parte, la regla 211.3 del RoP dice "al tomar su decisión, el Tribunal, discrecionalmente, debe ponderar los intereses de las partes y, en particular, tendrá en cuenta el daño potencial para cualquiera de las partes que resulte de la concesión o de la denegación de la medida cautelar".

La ponderación se expresa como un requisito obligatorio en la regla 211.3 del RoP, con el empleo en el texto autentico en inglés del verbo auxiliar "shall": "(…) the Court shall in the exercise of its discretion weigh up the interests of the parties (…)". En cambio, el art. 62.2 ATUP emplea un verbo en términos facultativos tanto en la versión española ("el tribunal tendrá la facultad discrecional de ponderar…") como en la versión inglesa ("The Court *shall have* the discretion to weigh up the interests of the parties…").

Una posible solución a esta discrepancia, esto es, si estamos ante un requisito facultativo u obligatorio para el Tribunal, a la hora de conceder o denegar medidas cautelares, sería considerar que el art. 62.2 ATUP contiene una redacción clara y concluyente y que, por su mero rango normativo, habría de prevalecer sobre la redacción de la regla 211.3 del RoP[758].

Lo cierto es que ya en el asunto *10x Genomics vs. NanoString* de 19 de septiembre de 2023[759], la División Local de Munich lo interpreta como un requisito obligatorio. Así, señala que la constatación de una inmencia de infracción de la patente no basta para otorgar las medidas cautelares[760] sino que se *debe*

---

758 *Vid.* ENGLAND, P., *Op. cit.*

759 Decision and orders of the Court of First Instance of the Unified Patent Court Local Division of Munich, issued on 19 September 2023, *10x Genomics vs. NanoString*, CFI 2/2023.

760 Literalmente razona la División Local: "Del requisito de motivación de la medida provisional previsto en la regla 206, núm. 2(c) del

*de tener en cuenta* el daño irreparable al demandante y *sopesarlo* frente al posible daño al demandado: "La relevancia de las circunstancias fácticas para la necesidad de conceder medidas provisionales resulta, por ejemplo, de la regla 211.3, según la cual, al decidir sobre la solicitud de medida cautelar, también debe tenerse en cuenta el posible daño que pueda sufrir el solicitante (mientras que al ponderar los intereses debe tenerse en cuenta el posible daño al demandado)"[761].

Por lo demás, la redacción de los preceptos establecen que el Tribunal *debe* ponderar los intereses de las partes "y, en particular, tendrá en cuenta el daño potencial para cualquiera de las partes que resulte de la concesión o de la denegación de la

---

Reglamento de Procedimiento se desprende que debe existir una necesidad para ordenar medidas provisionales. Por lo tanto, la mera constatación de una (amenaza) infracción de patentes, que también es un requisito previo para una orden definitiva en virtud del artículo 63 del Código Civil, no puede ser suficiente para ordenar medidas provisionales".

761 ENGLAND, P., *Op. cit.*, recuerda: "Esto es coherente con el considerando 22 de la Directiva de ejecución 2004/48/ CE, que establece que si bien es esencial prever medidas provisionales para la terminación inmediata de las infracciones, sin esperar una decisión sobre el fondo del asunto, los derechos de la defensa deberá observarse, asegurando la proporcionalidad de las medidas provisionales según corresponda a las características del caso concreto de que se trate. Esto también se refleja en el artículo 3(2) de la Directiva de Aplicación, que exige que las medidas aplicadas no sólo sean efectivas, sino también proporcionadas".

En nuestro ordenamiento, este requisito se encuadraría dentro la proporcionalidad que recoge el art. 726 de la LEC. Este precepto nos recuerda que las medidas deberán ser "...exclusivamente conducentes a hacer posible la efectividad de la tutela judicial que pudiera otorgarse en una eventual sentencia estimatoria, ....eligiendo entre las que tienen el mismo grado de eficacia para tal fin, ...la menos gravosa o perjudicial para el demandado".

medida cautelar". Es decir, al sopesar los intereses de las partes, el tribunal debe analizar las desventajas jurídicas y económicas y los daños que podrían causarse al titular del derecho si se deniega la medida cautelar – si luego, posteriormente, la decisión sobre el fondo del asunto concluye que existe una infracción –, por contraposición a las desventajas jurídicas y económicas que sufriría el demandado si se concede la medida cautelar y ésta resulta posteriormente infundada – por ejemplo, si la patente se declara nula posteriormente o en el procedimiento principal se concluye que no se ha infringido la patente –[762].

Por tanto, el daño irreparable parece ser decisivo en la ponderación de intereses. Así, en el asunto *10x Genomics vs. NanoString*, la División Local efectúa esta ponderación de intereses de la siguiente forma: "(...) considera que el interés del titular de los derechos en que no se vulneren sus derechos es mayor que el interés del infractor potencial en asegurarse cuotas de mercado continuando la infracción, que ya no podrá obtener más adelante mediante la celebración de un contrato de licencia. El daño que puede causar a los demandantes una continuación de los actos infractores por parte de los demandados es también difícil de compensar económicamente, puesto que se trata de operaciones de adquisición con efectos a largo plazo; su reversión es mucho más difícil para los demandantes que para los demandados, que están contractualmente implicados en esas operaciones"[763].

---

762 *Idem.*

763 ENGLAND, P., *Op. cit.,* dice con acierto: "Los casos farmacéuticos en los que hay una caída de precios en caso de lanzamiento de un genérico proporcionan el contexto más obvio para un daño irreparable. En general, el equilibrio de intereses depende en gran medida de los hechos individuales del caso que deben presentar las partes en la solicitud de otorgamiento de medidas provisionales y en el escrito de protección o escrito de contestación".

Por último, debe reseñarse cómo la prestación de caución o garantía, como otro requisito de las medidas, puede ser a su vez ser un factor de ponderación y equilibro de los intereses en juego en el caso particular. En este sentido, por ejemplo, en el asunto *NanoString vs. 10x Genomics*, de 5 de diciembre de 2023[764], la Corte de Apelación del TUP señala: "Por el contrario, si existen incertidumbres sobre determinadas circunstancias relevantes para la ponderación de intereses que minan la convicción del tribunal, éste puede considerar como medida más indulgente la continuación de la infracción alegada sujeta a la prestación de una garantía o incluso a la desestimación de la solicitud". Y, en igual sentido, utilizando la caución en garantía de eventuales daños irreparables, lo encontramos en el asunto *Ortovox vs. Mammut* de 11 de diciembre de 2023 de la División Local de Düseldorf[765].

## *5. Caución o garantía*

El art. 60.7 del ATUP[766] dice: "las medidas de aseguramiento de la prueba podrán estar sujetas a la prestación, por quien las solicite, de una fianza adecuada o de una garantía equivalente

764 Order of the Court of Appeal of the Unified Patent Court, issued on 5 December 2023, *NanoString v 10x Genomics, Inc*, UPC_CoA_2/2023.

765 Order of the Court of First Instance of the Unified Patent Court Local Division of Düseldorf, issued on 11 December 2023, *Ortovox vs. Mammut*, UPC_CFI_452/2023. Señala la División: "...su interés se tiene suficientemente en cuenta mediante la orden de depósito de garantía para asegurar posibles daños por mejoras. Debido a la creciente atención generada por el laudo ISPO, es importante para el demandante, como fabricante y distribuidor de un producto competidor, [...] evitar la ocurrencia de daños irreparables. "El interés de los demandados en sacar provecho de los productos atacados debe pasar a un segundo plano".

766 Aplicable por analogía según el art. 62.5 ATUP a las medidas cautelares y provisionales previstas en el art. 62.

para garantizar la indemnización de todo perjuicio que pueda sufrir la parte contraria, conforme a lo dispuesto en el apartado 9".

Y, por su parte, la regla 211.5 del RoP señala: "El Tribunal podrá ordenar al demandante que preste una garantía adecuada para la indemnización correspondiente por los perjuicios que puedan ocasionarse al demandado y que éste pueda tener que soportar en caso de que el Tribunal revoque la orden de medidas provisionales. El Tribunal deberá hacerlo así cuando se ordenen medidas provisionales sin haber oído al demandado, a menos que existan circunstancias especiales que lo impidan. El Tribunal decidirá si es procedente ordenar la garantía mediante depósito o garantía bancaria. La orden sólo será efectiva después de que la garantía haya sido prestada al demandado de conformidad con la decisión del Tribunal".

Varios criterios se extraen de estos preceptos. En primer lugar, se trata de un requisito, en todo caso, facultativo del Tribunal. Es cierto que, si estamos ante una medida cautelar sin audiencia del demandado, la regla 211.5 RoP dice que "el tribunal deberá hacerlo...", es decir, marca un tono obligatorio para ese supuesto. Pero, a la vez, la regla establece una clara y expresa salvaguarda: "a menos que existan circunstancias especiales que lo impidan". Por lo tanto, se ve rebajado el matiz imperativo de exigencia de caución en medidas *ex parte* en atención a las circunstancias particulares del caso concreto.

En segundo lugar, se establece una regla sobre el momento en el que va a desplegar efectos la medida cautelar: una vez haya sido prestada la caución o garantía de acuerdo con la decisión del Tribunal[767].

---

767 Nuestra LEC recoge una previsión similar en el art. 737: "La prestación de caución será siempre previa a cualquier acto de cumplimiento

En tercer lugar, la finalidad de la garantía es asegurar la indemnización de los daños y perjuicios que pueda sufrir el demandado si luego las medidas son revocadas o dejan de ser aplicables por acción u omisión del demandante, o cuando se declare posteriormente que no ha habido violación del derecho de patente en grado de consumación ni de tentativa[768].

En cuarto lugar, un aspecto solo formal, los tipos de garantía procedentes: mediante depósito o garantía bancaria.A continuación, analizamos algunas decisiónes del TUP en donde se pronuncian sobre el requisito de la garantía o caución.

### 5.1. Asunto 10x Genomics vs. NanoString de 19 de septiembre de 2023 de la División Local de Munich[769]

*En el asunto 10x Genomics vs. NanoString*, de 19 de septiembre de 2023, de la División Local de Munich, se conceden las medidas cautelares pero sin exigencia de garantía[770], al entender el Tribunal que debido a la capacidad económica de los actores así como las leyes del país en cuestión (EE.UU), no habrá ningún problema en la liquidación de una eventual indemniación de daños y perjuicios a favor de los demandados. Dice la División Local: “Según las alegaciones de las partes, no existen indicios para la

de la medida cautelar acordada. El tribunal decidirá, mediante providencia, sobre la idoneidad y suficiencia del importe de la caución”.

768 Así se prevé en el art. 60.9 ATUP, que es aplicable por analogía según el art. 62.5 ATUP a las medidas cautelares y provisionales previstas en el art. 62.

769 Decision and orders of the Court of First Instance of the Unified Patent Court Local Division of Munich, issued on 19 September 2023, *10x Genomics vs. NanoString*, CFI 2/2023.

770 Esta decisión confirma el carácter facultativo de este requisito de exigencia de caución para la concesión de medidas cautelares.

División Local de que, en caso de una posible ejecución necesaria de una reclamación de indemnización de los demandados de conformidad con la regla 211 (5) RoP contra los demandantes en los EE. UU., se deban esperar dificultades en relación con la ejecución que requieran la prestación de una garantía; esto se aplica tanto con respecto a la condición económica de los demandantes como con respecto a la ley de ejecución de los EE. UU.".

### 5.2. Asunto Ortovox vs. Mammut de 11 de diciembre de 2023 de la División Local de Düseldorf[771]

En el asunto *Ortovox vs. Mammut*, de 11 de diciembre de 2023, la dificultad para determinar en ese momento la cuantía de la caución es resuelta por la División Local equiparando dicha monto a la cuantía/valor del pleito: "En cuanto al importe de la garantía, ésta debe cubrir las costas judiciales, otros gastos de ejecución, así como la posible indemnización por los daños que se hayan producido o puedan producirse, R. 352.1 RoP. Sin embargo, la cuantía de los posibles daños y perjuicios es difícil de estimar para la división local en el momento en que se emite esta orden. En este contexto, el depósito de garantía fijado se basa en el importe en disputa"[772].

---

[771] Order of the Court of First Instance of the Unified Patent Court Local Division of Düseldorf, issued on 11 December 2023, *Ortovox vs. Mammut*, UPC_CFI_452/2023.

[772] Cabría preguntarnos si esta dificultad/imposibilidad para el Tribunal de establecer, en ese momento, una cuantía indemnizatoria podría ser una de las "circunstancias especiales" a las que se refiere la regla 211.5 RoP que habilitan al Tribunal a no exigir caución en una medida cautelar *ex parte*.

### 5.3. Asunto MyStromer vs. Revolt Zycling de 22 de junio de 2023 de la División Local de Düseldorf773

En el asunto *MyStromer vs. Revolt Zycling*, de 22 de junio de 2023, se puede comprobar la supeditación de la eficacia de la medida cautelar a la acreditación de la prestación de la caución, estableciéndose un plazo para el depósito de la misma y la consecuencia de caducidad de la misma si no se hace: "Se ordena al demandante que preste garantía a favor del demandado en el plazo de 10 días a contar desde la notificación de la presente orden, en forma de depósito o garantía bancaria por un importe de 500.000 euros. Si el demandante no cumple con este requisito en el plazo antes mencionado, la ejecución caducará hasta que se preste la garantía en su totalidad".

## *6. Medidas cautelares ex parte*

### 6.1. Presupuestos legales para su concesión

El art. 56.2 del ATUP dice que "el Tribunal tendrá en cuenta debidamente los intereses de las partes y, antes de dictar una orden, brindará a todas las partes la oportunidad de ser oídas, salvo que ello sea incompatible con la ejecución efectiva de dicha orden".

Por su parte, el art. 60.5 del ATUP[774] señala que "el Tribunal ordenará medidas, en caso necesario, sin haber oído a la otra parte, en particular cuando cualquier dilación pueda causar

---

773 Order of the Court of First Instance of the Unified Patent Court Local Division of Düseldorf, issued on 23 June 2023, *myStromer vs. Revolt Zycling*, UPC_CFI_177/2023.

774 Aplicable por analogía según el art. 62.5 ATUP a las medidas cautelares y provisionales previstas en el art. 62.

daños irreparables al titular de la patente, o cuando pueda demostrarse que existe riesgo de destrucción de pruebas". Y, en iguales términos, se pronuncia la regla 212 del RoP.

Por lo tanto, teniendo en cuenta los intereses de las partes, la regla general será la audiencia a la parte contraria. La excepción será la adopción de la medida sin haber oído a la otra parte, cuando ella sea necesario o la audiencia sea incompatible con la efectividad de la medida.

Más específicamente, dentro de esa previsión de incompatibilidad con la efectividad de la medida, el art. 60.5 del ATUP y la regla 212 del RoP establecen dos supuestos concretos – "en particular" – que permiten la adopción de las medidas sin oír a la parte contraria: i) riesgo de destrucción de pruebas [p.ej. los datos digitales pueden ocultarse o borrarse fácilmente si se notifica previamente a los acusados este tipo de solicitud (UPC_CFI_286/2023)]; ii) daños irreparables [p.ej. una feria comercial que permite al demandado contactar con clientes potenciales y que puede dar lugar a una pérdida de ventas o de cuota de mercado difícilmente reversible (UPC_CFI_177/2023)][775].

El uso por el ATUP y por el RoP de la expresión "en particular" para explicitar los dos supuestos concretos que habilitarían la adopción de medidas *ex parte* – riesgo de destrucción de pruebas y/o daños irreparables – deja abierta la cuestión de si sería posible la adopción de las mismas en otros escenarios diferentes, pero en los que la audiencia a la parte contraria fuera "incompatible con la ejecución efectiva de dicha orden" (art. 56.2 ATUP). Una interpretación sistemática de los preceptos expuestos así lo avalaría. Más aún si tenemos en cuenta que podrían darse situaciones y circunstancias concretas que podrían escapar a las dos hipótesis legal y expresamente previstas.

---

775 *Vid.* BIJVANK, K., *Op. cit.*

### 6.2. Contenido de la solicitud de medidas ex parte

La regla 206.3 del RoP prevé que "cuando el solicitante pida que se ordenen medidas provisionales sin oír a la otra parte, la solicitud de medidas provisionales deberá contener, además:

a) las razones para no oír al demandado, teniendo en cuenta en particular la regla 197; y

b) información sobre cualquier correspondencia previa entre las partes en relación con la supuesta infracción".

Las razones para no oír al demandado nos conectan directamente con los supuestos legales recogidos en el art. 60.5 del ATUP y la regla 212 del RoP para las medidas sin audiencia, "en particular", daños irreparables o riesgo de destrucción de pruebas.

Por otro lado, la referencia a la correspondencia previa entre las partes acerca de la infracción será necesaria para valorar el comportamiento extraprocesal y previo de las partes. Permitirá analizar el requisito de la demora irrazonable en la solicitud de las medidas que prevé la regla 211.4 RoP, por ejemplo, el tiempo de reacción desde que el solicitante tiene conocimiento de la infracción hasta que acciona para proteger su derecho y si ese transcurrso del tiempo ha sido razonable o no[776].

La regla 206.4 del RoP añade que "el solicitante tendrá el deber de revelar cualquier hecho material de su conocimiento que pueda influir en el Tribunal a la hora de decidir si dicta una orden sin escuchar al demandado, incluidos los procedimientos pendientes y/o cualquier intento infructuoso en el pasado de obtener medidas provisionales respecto de la

776 *Vid. supra.* el epígrafe 2 acerca del requisito de la urgencia y su interpretación por el TUP.

patente".[777] En definitiva, se trata de añadir más información y más elementos de valoración por parte del solicitante hacia el Tribunal que permitan a éste un juicio adecuado y completo acerca de la procedencia o no de la adopción de las medidas sin audiencia.

### 6.3. Examen de la solicitud de medidas y facultad del Tribunal

La regla 209.1 del RoP establece que, aun cuando la solicitud se haya presentado cumpliendo el solicitante las previsiones de la regla 206.3 RoP, el Tribunal tendrá la facultad discrecional para: i) informar al demandado para que presente una oposición en un plazo; ii) convocar a vista a ambas partes; o iii) convocar a vista solo al demandante sin presencia del demandado.

Para ello tendrá en cuenta, "en particular:

a) si la patente ha sido concedida tras un procedimiento de oposición ante la EPO o ha sido objeto de un procedimiento ante cualquier otro tribunal;

b) la urgencia de la acción;

c) si el solicitante ha solicitado medidas provisionales sin oír al demandado y si las razones para no oír al demandado parecen fundadas; y

---

777 Esto incluye especialmente la información sobre cualquier procedimiento pendiente, ya sea procedimiento de infracción o procedimiento de declaración de no infracción, procedimiento de revocación, procedimiento de oposición y similares en relación con la misma(s) patente(s). También incluye el deber de informar al tribunal sobre cualquier intento infructuoso en el pasado de obtener medidas provisionales y cualquier correspondencia no confidencial con el demandado sobre la infracción.

d) cualquier escrito preventivo presentado por el demandado; el Tribunal considerará en particular la posibilidad de citar a las partes a una audiencia oral si el demandado ha presentado un escrito preventivo adecuado" (regla 209.2 RoP).

La utilización de la expresión "en particular" abona la interpretación de que no estamos ante una lista cerrada de circunstancia a tener en cuenta por el Tribunal a la hora de decidir la convocatoria o no de vista.

Y de los supuestos relacionados, llama especialmente la atención el apartado d) relativo a cualquier escrito preventivo presentado por el demandado. Así, parece que la existencia del mismo se erige en un importante elemento a considerar por parte del Tribunal a la hora de citar a una audiencia. Eso sí, no parece que valga cualquier y mero escrito preventivo, sino que deberá ser un escrito preventivo "adecuado". La utilización del adjetivo no es baladí[778].

### 6.4. Límites al estándar de prueba

En el asunto *NanoString vs. 10x Genomics*, de 26 de febrero de 2024, de la Corte de Apelación del TUP[779], se razona: "El estándar de prueba no debe ser demasiado elevado, en particular si los retrasos asociados a una remisión a un procedimiento sobre el fondo causarían un daño irreparable al titular de la patente.

Por otra parte, no debe fijarse en un nivel demasiado bajo para evitar que el demandado resulte perjudicado por una orden de medida provisional que se revoque en una fecha posterior".

---

778 *Vid. infra.* el apartado III, relativo a "La valoración de los escritos preventivos por el TUP".

779 Order of the Court of Appeal of the Unified Patent Court, issued on 26 February 2024, *NanoString v 10x Genomics, Inc*, UPC_CoA_335/2023 App_576355/2023.

Por un lado, el TUP tiene en cuenta el elemento del daño irreparable como factor para la adopción de la medida cautelar y lo concecta con el estándar de prueba, en una especie de relación de vasos comunicantes: si la demora procesal puede ocacionar un daño irreparable al titular de la patentes, el estándar de prueba no puede ser "demasiado elevado".

Pero, por otro lado, el TUP marca un límite mínimo al estándar de prueba en la medida cautelar, señalándo que tampoco debe ser "demasiado bajo" para acceder a su concesión porque el perjudicado podría ser el demandado si luego posteriormente se revoca o alza la misma.

### 6.5. Notificación y plazos

El art. 60.6 del ATUP dice que las medidas *ex parte* "(...) se notificará a las partes afectadas sin demora y a más tardar inmediatamente después de la práctica de las medidas. A instancia de las partes afectadas se procederá a una revisión, con derecho a ser oídas dichas partes, con objeto de decidir, dentro de un plazo razonable una vez notificadas las medidas, si estas se modifican, revocan o confirman".

Por tanto, notificadas las medidas *ex parte*, la parte demandada podrá oponerse y solicitar su alzamiento. En igual sentido, se pronuncia la regla 212 del RoP.

Y el art. 60.8 del ATUP supedita la vigencia de las medidas cautelares adoptadas a que en "un plazo no superior a treinta y un días civiles o a veinte días hábiles" se interponga demanda sobre el fondo del asunto del ante el TUP[780].

---

[780] Esta previsión, incluso los plazos, son equivalentes a los que encontramos en nuestra LEC, en su art. 730.2.

## III. ESCRITOS PREVENTIVOS (*PROTECTIVE LETTERS*)

El reconocimiento y regulación del mecanismo de los escritos preventivos en la regla 207 del RoP es relevante por dos motivos: por un lado, por primera vez, se homologa jurídicamente en un norma paneuropea el escrito preventivo como mecanismo de defensa frente a las medidas cautelares *inaudita parte*, otorgándole plena carta de naturaleza[781]; por otro lado, se superan las dudas que en muchos países europeos aún existen sobre su reconocimiento y/o sobre su funcionamiento (requisitos, plazos, legitimación, etc.)[782].

### *1. Regulación*[783]

La regla 207 del RoP[784] lleva por título *protective letter* y tiene la siguiente estructura y contenido:

---

781 Al menos en la materia de objeto del TUP, la patente europea con efecto unitario.

782 En España, la figura del escrito preventivo se encuentra regulada en el art. 132 de la Ley de Patentes de 2015. Un estudio amplio de este instrumento y, en particular, en nuestro país, se encuentra en MOLINA LÓPEZ, F., "El escrito preventivo frente a las medidas cautelares *inaudita parte*", [tesis doctoral], Barcelona, J. M. Bosch editor, 2022. Dos estudios doctrinales relevantes sobre este mecanismo procesal son el de SCHUMANN BARRAGÁN, G., "Los escritos preventivos en la Ley de Patentes", en *La Ley Mercantil*, núm. 62, octubre, 2019; y, por otro lado, el de CANTOS PARDO, M., "Análisis procesal de los escritos preventivos en materia de propiedad industrial", en *Revista General de Derecho Procesal*, núm. 53, enero 2021.

783 Apartado extraído de MOLINA LÓPEZ, F., "El escrito preventivo frente a las medidas cautelares *inaudita parte*", [tesis doctoral], Barcelona, J. M. Bosch editor, 2022, pp. 51-59.

784 En nuestro país, a nivel doctrinal, el autor que más refiere la regulación del escrito preventivo establecida por el art. 207 del Re-

*1. Apartado primero: hecho habilitante para la presentación de la protective letter.*

Cuando una persona, legitimada para ser parte según el art. 47 del Acuerdo del TUP, considere probable (sospeche) que se van a solicitar medidas cautelares frente a ella como demandada, puede con anterioridad presentar al tribunal un escrito preventivo.

Se hace una remisión al art. 47 del Acuerdo del TUP, que reconoce y habla de la legitimación para el ejercicio acciones a terceras personas, distintas del titular y de los licenciatarios de la patente[785].

Por lo demás, la mención relativa a que "se considere probable o se sospeche" que se va a solicitar una medida cautelar, como hecho habilitante para la presentación del escrito preventivo, debe de conectarse con el apartado tercero de esta misma regla 207 del RoP, relativo al contenido del escrito, en el que han de figurar los hechos y evidencias disponibles y que son la base sobre la que se espera ser objeto de una medida cautelar.

---

glamento del TUP es GARCÍA VIDAL, A., en "Las protective letters en materia de patentes", en Sebastián Quetglas, R., (coord.), en *2015 Práctica Mercantil para abogados,* Madrid, La Ley, 2015; en *El sistema de la patente europea con efecto unitario,* Cizur Menor (Navarra), Thomson Reuters-Aranzadi, 2014, pp. 245-247 y, también, en "La Patente Europea con Efecto Unitario (V). Las facultades del Tribunal unificado de patentes: obtención de pruebas y de información, reconocimiento de lugares. Aseguramiento de prueba, medidas preventivas y cautelares, órdenes permanentes", en *Análisis farmacéutico Gómez-Acebo & Pombo,* junio 2013.

785 Los apartados primero a quinto del art. 47 del Acuerdo del TUP tratan de la legitimación para el ejercicio de acciones por parte del titular del derecho de patente y/o del licenciatario, ya exclusivo ya no exclusivo.

*2. Apartado segundo: forma y contenido obligatorio de la protective letter.*

La *protective letter* debe presentarse ante el registro en el idioma de la patente y deberá contener:

(a) el nombre del demandado o demandados que presentan la protective letter así como el nombre de su representante[786];

(b) el nombre del presunto solicitante de medidas cautelares[787];

(c) dirección postal y electrónica para la notificación de la *protective letter* al demandado que presenta la *protective letter* y los nombres de las personas autorizadas por él para recibir los documentos;

(d) dirección postal y, cuando se disponga de ella, dirección electrónica del presunto solicitante de medidas cautelares y los nombres de las personas autorizadas por él para recibir los documentos, si son conocidas[788];

(e) cuando se disponga del mismo, el número de la patente en cuestión y, en su caso, la información sobre cualquie-

---

786 *Vid.* el art. 48 del ATUP.

787 Como se ve, necesariamente, ha de identificarse al potencial o presunto demandante de la medida cautelar de la que se pretende protegerse o prevenirse. Aquí encontramos, por tanto, una diferencia con el sistema alemán de escritos preventivos, donde en el formulario *online* del Registro central de escritos preventivos se permite, en relación con el presunto demandante de la medida cautelar, marcar la opción de "desconocido".

788 Téngase en cuenta que, de conformidad con el art. 47 del Acuerdo del TUP, la legitimación activa puede tenerla no sólo el titular de la patente sino también el licenciatario exclusivo y no exclusivo siempre que lo permita el contrato de licencia y se informe previamente al titular de la patente.

ra de las diligencias previas o pendientes mencionadas en la regla 13.1 (h) [789]; y

(f) la manifestación de que se trata de una *protective letter*.

*3. Apartado tercero: Contenido facultativo de la protective letter.*

La *protective letter* puede contener:

(a) la indicación de los hechos sobre los que se basa el escrito, pudiendo incluir una contestación a los hechos que se espera que sean invocados por el presunto solicitante de la medida y/o, en su caso, cualquier afirmación de que la patente no es válida y los motivos de tal afirmación[790];

(b) cualquier evidencia escrita disponible invocada[791];

(c) los argumentos de derecho, incluyendo las razones por las que cualquier solicitud de medidas provisionales debe ser rechazada[792].

---

789 La regla 13.1 (h) ATUP hace referencia a información sobre los procedimientos anteriores o pendientes relativos a la patente en cuestión ante el tribunal incluyendo cualquier acción de nulidad o de declaración de inexistencia de infracción ante la División central y la fecha de dicha acción, ante la Oficina Europea de Patentes o cualquier otro tribunal o autoridad.

790 *NB:* se permite una alegación de hechos amplia, comprensiva de todo lo que el solicitante espera que sea invocado por el demandante de las cautelares, con especial referencia a la falta de validez del título de patente, por tanto, motivos como falta de novedad o actividad inventiva, entre otros.

791 También se expresa en términos amplios el material probatorio que puede ser aportado. Podría ser, por tanto, desde mera documental hasta informes periciales.

792 Si el punto (a) se refiere a hechos y el punto (b) se refiere a prueba, el último punto (c) de este apartado, es el de los fundamentos de derecho. Se sigue, por tanto, el esquema propio de una demanda y/o contestación ordinarios.

4. Apartado cuarto: pago de la tasa.

El demandado o demandados que presentan la *protective letter* deberán pagar la cuota o tasa para la presentación del escrito, de conformidad con la Parte 6. La regla 15.2 se aplicará *mutatis mutandis*[793].

*5. Apartado quinto: examen de admisibilidad de la protective letter.*

El registro examinará tan pronto como sea posible si los requisitos de los párrafos 2 (a) a (f) y 3 se han cumplido. Es decir, el registro verificará los requisitos de forma, de contenido obligatorio y potestativo así como que la tasa se haya satisfecho. En caso afirmativo, el registro tan pronto como sea posible:

(a) anotará la fecha de recepción y asignará un número a la *protective letter*;

(b) sin perjuicio del apartado 7, registrara la *protective letter* en el registro;

(c) proporcionará detalles de la *protective letter* a todas las divisiones; y

(d) cuando una solicitud de medidas provisionales ya se ha presentado, informar al panel de jueces o al único juez de la presentación de la *protective letter*[794].

---

793 La regla 15 del Reglamento lleva por título "tasa por la acción de infracción" y señala que:
"1. El demandante deberá pagar la cuota fija por la acción de infracción de conformidad con la Parte 6.
2. El escrito de demanda no se considerará que se ha presentado hasta que la cuota fija por la acción por infracción ha sido pagado, a no ser que se disponga otra cosa".

794 Los datos facilitados del contenido del escrito preventivo, van a permitir almacenar, tratar y cruzar la información a los efectos de enlazar un concreto escrito preventivo con la concreta medida cautelar.

*6. Apartado sexto: subsanación de defectos.*

Si el demandado no ha cumplido con los requisitos expuestos, el registro requerirá a la parte demandada:

(a) corregir las deficiencias dentro de los 14 días siguientes a dicha notificación;

(b) y, en su caso, el pago de la tasa correspondiente.

*7. Apartado séptimo: publicidad de la protective letter.*

La *protective letter* no se hará pública por el registro hasta que se haya remitido al solicitante de conformidad con el párrafo 8[795].

*8. Apartado octavo: traslado de la protective letter al panel de jueces o juez competente así como al solicitante.*

Cuando una solicitud de medidas provisionales se haya presentado, se enviará una copia de la *protective letter* al panel de jueces o el juez designado por la regla 208 junto con la solicitud de medidas provisionales y remitirá una copia al solicitante automáticamente[796].

*9. Apartado noveno: periodo de validez de seis meses, prorrogable.*

Si no se presenta la solicitud de medidas provisionales dentro de los seis meses siguientes a la fecha de recepción de la *protective letter*, ésta será eliminada del registro, a menos

795 *Vid. n. infra.*

796 La regla 207 sigue, en este sentido, a los sistemas alemán y suizo, en los que no se notifica la admisión del escrito preventivo al potencial solicitante de las medidas cautelares previamente. Éste desconoce su misma existencia y el contenido en el momento de interponerlas. Es una vez interpuestas las medidas cautelares cuando se verifica en el sistema si existe o no un escrito preventivo relacionado con las mismas y, en caso afirmativo, es en ese momento – y no antes – cuando, por un lado, se descarga y junto con las medidas cautelares se envían copias al juez o jueces correspondientes y, por otro, se remite de forma automática una copia del preventivo al solicitante.

que la persona que ha presentado la *protective letter*, antes del término de dicho plazo solicite una prórroga de seis meses y pague de nuevo la cuota. Se pueden solicitar y obtener prórrogas adicionales, abonando la cuota correspondiente[797].

## *2. Valoración de los escritos preventivos por el TUP*

### 2.1. Asunto Ortovox vs. Mammut de 11 de diciembre de 2023 de la División Local de Düseldorf[798]

En el asunto *Ortovox vs. Mammut*, de 11 de diciembre de 2023, la División Local de Düseldorf critica al demandado por no haber presentado un escrito preventivo, en particular teniendo en cuenta el amplio tiempo transcurrido entre la carta de advertencia que envió el demandante y la solicitud de las medidas cautelares por este: "Los demandados no han hecho uso de la opción de presentar un escrito preventivo (R. 207 RoP) a pesar del tiempo transcurrido desde la recepción de la advertencia"[799].

---

797 El plazo de validez de seis meses es el plazo común en el entorno europeo, además con la previsión de la posibilidad de prórroga – por comparación con la norma actual española que, como se verá, establece un plazo de tres meses sin mención expresa a la posibilidad de prórroga –.

798 Order of the Court of First Instance of the Unified Patent Court Local Division of Düseldorf, issued on 11 December 2023, *Ortovox vs. Mammut*, UPC_CFI_452/2023.

799 En noviembre de 2023, Ortovox envió una carta de advertencia a Mammut alegando que estaba infringiendo la patente de Ortovox para un dispositivo de búsqueda y un método para localizar víctimas de avalanchas, a lo que Mammut respondió. Mammut exhibió un dispositivo presuntamente infractor en una feria comercial y lo puso a disposición de empresas para su venta por anticipado, pero no presentó un escrito preventivo. En diciembre de 2023, Ortovox

El Tribunal también señala que esto supuso que el demandado perdió la oportunidad de reforzar su defensa en respuesta a las acusaciones del demandante. En ausencia de un escrito preventivo, el Tribunal dedujo qué argumentos de validez e infracción probablemente habría presentado el demandado, basándose en los argumentos que ya había planteado en procedimientos de nulidad pendientes en otro país (Suiza) y su respuesta a la carta de advertencia al actor, que el Tribunal consideró que era una "fuente importante de información". El Tribunal concluye, tras un examen sumario, que esos argumentos no daban lugar a ninguna duda justificada en cuanto a la validez de la patente y que no había razón para esperar que el demandado pudiera negar de manera significativa la infracción[800].

### 2.2. Asunto MyStromer vs. Revolt Zycling de 22 de junio de 2023 de la División Local de Düseldorf[801]

En el asunto *MyStromer vs. Revolt Zycling*, de 22 de junio de 2023, la División Local de Düseldorf explica que el registro de un escrito preventivo no garantiza la denegación de una solicitud de medidas provisionales ni siquiera una audiencia antes de que se concedan las medidas provisionales. Se debe tener

---

solicita a la DivisiónLocal de Düsseldorf una medida ex parte, que le fue concedida diez días después sin una audiencia.

*Vid.* PHIPPS-JONES, C., DIX, M., "Damned if you do and damned if you don't"?–Ex parte PIs at the UPC: how effective are protective letters?", en *lexology.com*, 18 de julio de 2024 [Disponible en: https://www.lexology.com/library/detail.aspx?g=244dedbc-e093-4913-b1cb-06ae68b48f3d].

800 *Idem.*

801 Order of the Court of First Instance of the Unified Patent Court Local Division of Düseldorf, issued on 23 June 2023, *MyStromer vs. Revolt Zycling*, UPC_CFI_177/2023.

cuidado para proporcionar argumentos exhaustivos y *prima facie* pertinentes y suficientes para demostrar la no infracción y, preferiblemente, también la nulidad, a fin de ofrecer la mejor posibilidad de evitar la concesión de medidas provisionales. Por tanto, debe garantizarse la calidad y la pertinencia de los argumentos presentados en una *protective letter.*

En casos de extrema urgencia, el tribunal puede ordenar una medida cautelar *ex parte* inmediatamente, en particular, cuando cualquier demora es probable que cause un daño irreparable al solicitante o cuando exista un riesgo demostrable de destrucción de pruebas. En este caso, el solicitante había dejado en claro que una demora causaría un daño irreparable[802] y la medida fue concedida, de hecho, en 24 horas[803].

---

802 Dice la División Local: "La demandante ha presentado argumentos creíbles en el sentido de que sufriría un daño irreparable como consecuencia de un retraso (regla 212.1 del RoP). La "EuroBike 2023" es una feria comercial de gran importancia para todo el sector, que permite a la demandada entrar en contacto con clientes potenciales y, de este modo, establecer su propia presencia en el mercado. Es evidente que la exposición del producto supuestamente infractor en esta feria comercial podría dar lugar a una pérdida irreversible de ventas o de cuota de mercado de la demandante. Los productos de ambas partes son productos sustituibles entre sí y que compiten directamente entre sí".

803 ENGLAND, P., *Op. cit.*, disecciona el asunto: "Ejerciendo su discreción para conocer del asunto *ex parte*, la División Local de Düsseldorf sostuvo que:
(1) El demandado no había negado significativamente que la realización impugnada violara literalmente la patente en uso, ni fuera del tribunal ni en su escrito preventivo.
(2) La validez de la patente estaba asegurada en la medida requerida para la emisión de la orden judicial. En este caso, la validez de la patente no había sido impugnada en la EPO ni en una jurisdicción nacional y el demandado tampoco pudo presentar ningún estado de la técnica relevante ni ante el tribunal ni en su escrito preventivo.

En definitiva, de este asunto demuestra que incluso argumentos sólidos pueden no sean suficientes para evitar la concesión de medidas provisionales sin una audiencia en situaciones especialmente urgentes, como por ejemplo, en el marco de una feria comercial en curso[804].

***Bibliografía***

BIJVANK, K., "Preliminary injunctions in the era of the UPC", presentación del despacho Brinkhof, 22 de marzo de 2024.

BURNETT-HALL, G., "UPC – First decision on the merits / Franz Kaldewei v. Bette – summary and analysis", en *EPLAW.ORG blog*, 4 de julio 2024 [Disponible en: https://www.eplaw.org/blog/detail/upc-first-decision-on-the-merits-franz-kaldewei-v-bette-summary-and-analysis/].

CANTOS PARDO, M., "Análisis procesal de los escritos preventivos en materia de propiedad industrial", en *Revista General de Derecho Procesal*, núm. 53, enero 2021.

COTTER THOMAS, F., "Two New Papers on Preliminary Injunctions in the UPC", en *Comparative Patents Remedies*, 12 de febrero de 2024 [Disponible en: https://comparativepatentremedies.blogspot.com/2024/02/two-new-papers-on-preliminary.html].

COTTER THOMAS, F., "Court of Appeal of the Unifed Patent Court Reverses Preliminary Injunction Against Nanostring", en *Comparative Patents Remedies*, 27 de febrero de 2024 [Disponible en: https://

(3) El asunto era lo suficientemente urgente como para justificar medidas ex parte, porque la feria comercial principal en cuestión estaba en curso. Además, el demandante no había notado que la realización impugnada fuera infractora antes de inspeccionar la realización impugnada el 19 de junio de 2023, inmediatamente antes del inicio de la feria comercial.".

804 JULIN, S., and NIELSEN, M., "First Preliminary Injunction Order Issued by UPC: Are Protective Letters Not So Useful After All?", en *lexology.com*, 8 de Agosto de 2023, disponible en: https://www.lexology.com/library/detail.aspx?g=e77c22aa-7705-47c6-917b-0e680fa38f11

comparativepatentremedies.blogspot.com/search?q=Court+of+Appeal+of+the+Unifed+Patent+Court+Reverses+Preliminary+Injunction+Against+Nanostring].

ENGLAND, P., "Preliminary Injunctions in the Unifed Patent Court", en *Bio-Science Law Review*, vol. 19., issue 4, año 2024.

GARCÍA VIDAL, Á., "Las protective letters en materia de patentes", en Sebastián Quetglas, R., (coord.), en *Práctica Mercantil para abogados*, La Ley, Madrid, 2015.

GARCÍA VIDAL, Á., *El sistema de la patente europea con efecto unitario*, Cizur Menor (Navarra), Thomson Reuters-Aranzadi, 2014.

GARCÍA VIDAL, Á., "La Patente Europea con Efecto Unitario (V). Las facultades del Tribunal unificado de patentes: obtención de pruebas y de información, reconocimiento de lugares. Aseguramiento de prueba, medidas preventivas y cautelares, órdenes permanentes", en *Análisis farmacéutico Gómez-Acebo & Pombo*, junio 2013 [Disponible en: https://www.ga-p.com/wp-content/uploads/2018/03/la-patente-europea-con-efecto-unitario-v.pdf ].

HOULDSWORTH, A., "UPC slaps down Novartis' Xolair injunction request in latest blow to pharma patentees", en *Iam-media.com*, 6 de septiembre de 2024 [Disponible en: https://www.iam-media.com/article/upc-slaps-down-novartis-xolair-injunction-request-in-latest-blow-pharma-patentees].

JACKSON, M. and HORNBY, J., "UPC Denies Ericsson's Preliminary Injunction for Unreasonable Delay", en *lexology.com*, 15 de octubre de 2024 [Disponible en: https://jakemp.com/en/news/upc-denies-ericssons-preliminary-injunction-for-unreasonable-delay/].

JULIN, S., and NIELSEN, M., "First Preliminary Injunction Order Issued by UPC: Are Protective Letters Not So Useful After All?", en *lexology.com*, 8 de Agosto de 2023 [Disponible en: https://www.lexology.com/library/detail.aspx?g=e77c22aa-7705-47c6-917b-0e680fa38f11].

MAIERHÖFER, C., "UPC Lisbon LD clarifies burden of proof for establishing urgency in preliminary injunctions (PI) cases", en *lexology.com*, 23 de octubre de 2024 [Disponible en: https://www.lexology.com/library/detail.aspx?g=36991729-ca4b-4401-8fe8-143b246dfe1d].

MASSAGUER FUENTES, J., "Infracción de patente y medidas cautelares de cesación: ¿"algo más" que infracción para concederlas o "algo menos" que infracción para denegarlas?", en *Actas de derecho industrial y derecho de autor*, Tomo 42, 2022, pp. 175-196.

MOLINA LÓPEZ, F., "El escrito preventivo frente a las medidas cautelares inaudita parte", [tesis doctoral], J. M. Bosch editor, Barcelona, 2022, pp. 51-59.

NIELSEN, M., "UPC Court of Appeal Reverses Preliminary Injunction in Harvard, 10x Genomics vs. NanoString, Reaffirms Low Standard of Proof for Validity When Granting a PI", en *lexology.com*, 1 de marzo de 2024 [Disponible en: https://www.lexology.com/library/detail.aspx?g=08db5122-39b2-4b24-afa3-987f1ab6e4e5].

PÉREZ DAUDÍ, V., *Las medidas cautelares en el proceso civil*, Barcelona, Atelier, 2012.

PHIPPS-JONES, C., and DIX, M., "Damned if you do and damned if you don't"?–Ex parte PIs at the UPC: how effective are protective letters?", en *lexology.com*, 18 de julio de 2024 [Disponible en: https://www.lexology.com/library/detail.aspx?g=244dedbc-e093-4913-b1cb-06ae68b48f3d].

SCHUMANN BARRAGÁN, G., "Los escritos preventivos en la Ley de Patentes", en *La Ley Mercantil*, núm. 62, octubre, 2019.

SLATER, S., "UPC: Court of Appeal overturns first instance ruling for a preliminary injunction", en *lexology.com*, 28 de febrero de 2024 [Disponible en: https://www.lexology.com/library/detail.aspx?g=23424822-ebd3-48d4-87fe-a25eee33c033].

WINLOW, E., "First ever permanent injunction at the UPC as the DüsseldorfLocal Division issues its fi nal decision in Franz Kaldewei v Bette", en *Kluwer Pantent Blog*, 3 de julio de 2024 [Disponible en: https://patentblog.kluweriplaw.com/2024/07/03/first-ever-permanent-injunction-at-the-upc-as-the-dusseldorf-local-division-issues-its-final-decision-in-franz-kaldewei-v-bette/].

# *Capítulo XII*

# *Los recursos y la ejecución de las resoluciones del TUP*

**MARÍA GÓMEZ SANTOS**
*Prof. Ayte. Dra. de Derecho Mercantil*
*(acreditada a Profesora Titular de Universidad)*
*Universidad de Salamanca*



## I. RECURSOS

### *1. El recurso ordinario*

#### 1.1 Objeto

Contra las órdenes y las resoluciones que hayan sido dictadas por el Tribunal de Primera Instancia, el ATUP permite la interposición de un recurso general ante el Tribunal de Apelación.[805] A tenor de lo dispuesto en los apartados 1 y 2 del art. 73 del ATUP, esta posibilidad se otorga a la parte que se haya visto perjudicada por la decisión dictada en primera instancia, esto es, que el contenido le haya resultado desfavorable en todas o en parte de sus pretensiones. Se reconoce, pues, la posibilidad de plantear un recurso tanto parcial como total ante el Tribunal de Apelación.

Respecto del fundamento de los recursos contra las resoluciones y órdenes dictadas por el Tribunal de Primera Instancia, el art. 73.3 del ATUP establece que estos podrán sustentarse tanto sobre fundamentos de hecho como de Derecho, dejando, así, un amplio margen para posibilitar la interposición de recursos sin mayor restricción. Al tratarse este de un recurso de carácter ordinario, parece lógico que el recurrente pueda alegar todas las razones que considere pertinentes para lograr su objetivo último: revertir la resolución y/o orden cuyo contenido le resulta perjudicial.

En cuanto a lo que a nuevos hechos y pruebas se refiere en fase de recurso ante el Tribunal de Apelación, las partes interesadas tan solo podrán presentar aquéllas que se entendiese razonable no pudieron haber sido ser aportadas a lo largo del procedimiento ante el Tribunal de Primera Instancia. Dicho de otra manera, el Tribunal de Apelación podrá desestimar la admisión de todos aquellos hechos y pruebas que no fueron

---

805 En concreto, la regla 220 del Reglamento de procedimiento del Tribunal Unificado de Patentes (en adelante, RoP) dispone que los recursos pueden ser planteados contra tres tipos de resoluciones: a) las resoluciones definitivas del Tribunal de Primera Instancia; b) las resoluciones que pongan fin al procedimiento en lo que respecta a una de las partes; c) las órdenes a las que se refieren los artículos 49. 5, 59, 60, 61, 62 o 67 del ATUP.

presentados durante el procedimiento tramitado ante el Tribunal de Primera Instancia.

En este sentido, por indicación del propio ATUP (el apartado 4 del art. 73), es preciso tener en cuenta lo dispuesto en la regla 222 RoP, en concreto, en lo que atañe a qué situaciones o elementos van a ser los tenidos en cuenta por el Tribunal de Apelación a la hora de valorar si, efectivamente, los hechos o pruebas pueden ser calificados como nuevos a fin de determinar si su admisión resulta o no procedente.

A tales efectos, el Tribunal de Apelación tendrá en cuenta, en particular: si la parte que pretende presentar nuevos hechos y/o pruebas puede justificar que no habrían podido razonablemente haberse presentado durante el procedimiento ante el Tribunal de Primera Instancia; la pertinencia de los nuevos hechos y/o pruebas para la decisión sobre el recurso; así como la posición de la contraparte en relación con la presentación de los pretendidos nuevos hechos y/o pruebas.

### 1.2 Plazos para su interposición

En materia de plazos para la interposición del recurso ordinario ante el Tribunal de Apelación, el ATUP establece distinciones en función de si la decisión recurrida se trata de una resolución o si, por el contrario, es una orden dictada por el Tribunal de Primera Instancia y, dentro de estas últimas, a su vez, fija plazos diferentes atendiendo a su propia naturaleza.

Por lo que se refiere a los recursos planteados contra resoluciones dictadas por el Tribunal de Primera Instancia, el art. 73.1 del ATUP confiere a la parte a la cual dicha resolución haya resultado desfavorable el plazo de dos meses desde su notificación para que presente el recurso ante el Tribunal de Apelación.

En cuanto a los plazos previstos para recurrir las órdenes dictadas por el Tribunal de Primera Instancia, como se advertía anteriormente, es preciso concretar qué tipo de orden es la que pretende ser recurrida. En tal sentido, pueden distinguirse dos bloques de órdenes en función de los plazos establecidos para su eventual recurso.

En un primer bloque, a tenor de lo dispuesto en el apartado a) del art. 73.2 del ATUP), se determina un plazo de quince días naturales desde la notificación de la orden al demandante a fin de presentar recurso frente a:

- órdenes dictadas por el presidente del Tribunal de Primera Instancia, por motivos de equidad y teniendo en cuenta todas las circunstancias, incluida la posición de las partes y en particular la posición del demandado, mediante la que se resuelva que la lengua de procedimiento sea la lengua en la que haya sido concedida la patente (art. 49.5 del ATUP);
- órdenes que obliguen a la presentación de pruebas a la contraparte o terceros y, en particular, la comunicación de documentos bancarios, financieros o mercantiles en poder de la parte contraria (art. 59 del ATUP);
- órdenes relativas a medidas de aseguramiento de la prueba y de reconocimiento de lugares que pudieran ser adoptadas, incluso antes de iniciarse un procedimiento sobre el fondo del asunto (art. 60 del ATUP);
- órdenes referidas a embargos preventivos (art. 61 del ATUP);
- órdenes relativas a la adopción de medidas provisionales y cautelares (art. 62 del ATUP);
- órdenes mediante las cuales se exija la entrega a los infractores de cierta información, en concreto, del origen y las vías de distribución de los productos o procedimien-

tos infractores; de las cantidades producidas, fabricadas, entregadas, recibidas o encargadas, así como el precio obtenido por los productos infractores, y de la identidad de cualquier tercero que intervenga en la producción o en la distribución de los productos infractores o en la utilización de un procedimiento infractor (art. 67 del ATUP).

En cuanto al segundo bloque, de conformidad con lo dispuesto en el apartado b) del art. 73.2 del ATUP, en caso de que las órdenes recurridas sean distintas de las mencionadas anteriormente, se establece una doble posibilidad: bien que los recursos sean presentados de manera conjunta con el recurso contra la resolución, bien en el plazo de 15 días desde la notificación de la resolución.

## 1.3 Efectos

### *1.3.1. Efectos suspensivos y excepciones*

Con carácter general, los recursos planteados frente a resoluciones y órdenes presentadas ante el Tribunal de Apelación no producirán efectos suspensivos. Sin embargo, frente a esta regla general, el ATUP dispone una serie de supuestos en los que, efectivamente, puede surgir este tipo de efecto tras la interposición del recurso. Asimismo, se contemplan otros casos en los que, *ex lege*, el recurso siempre tendrá efectos suspensivos, sin excepción.

Así las cosas, empezando por este último supuesto, es preciso poner de relieve que, si el recurso es planteado contra una resolución sobre una acción o reconvención por nulidad de patente y sobre una acción fundada en cualquiera de las acciones relativas a las decisiones de la Oficina Europea de Patentes en el desempeño de las funciones a las cuales se refiere el art. 9

del Reglamento (UE) n.º 1257/2012[806], el recurso siempre tendrá efectos suspensivos, sin excepciones (art. 74.2 del ATUP).

Por lo que se refiere a la posibilidad de acordar efectos suspensivos, el Tribunal de Apelación puede resolver que sí

---

806 En concreto, las que siguen: "a) la gestión de las peticiones de efecto unitario presentadas por los titulares de patentes europeas; b) la inclusión del Registro para la protección unitaria mediante patente en el Registro Europeo de Patentes así como su gestión; c) la recepción y registro de las declaraciones relativas a las licencias a las que se refiere el artículo 8, su retirada y los compromisos en materia de licencias que los titulares de la patente europea con efectos unitarios asumen ante los organismos internacionales de normalización; d) la publicación de las traducciones a las que se refiere el artículo 6 del Reglamento (UE) n o 1260/2012 durante el período transitorio mencionado en dicho artículo; e) la recaudación y administración de las tasas anuales de las patentes europeas con efecto unitario, correspondientes a los años siguientes al año en que el Boletín Europeo de Patentes publique la nota de su concesión; la recaudación y administración de las sobretasas por demora en el pago de las tasas anuales, cuando se produzca dicha demora dentro de los seis meses siguientes a la fecha del vencimiento, así como la distribución entre los Estados miembros participantes de una parte de las tasas anuales recaudadas; f) la gestión del sistema de compensación para el reembolso de costes de traducción a que se refiere el artículo 5 del Reglamento (UE) nº 1260/2012; g) velar por que las peticiones de efecto unitario del titular de la patente europea se presenten en la lengua de procedimiento exigida en el artículo 14, apartado 3, del CPE, en el plazo máximo de un mes desde la publicación de la nota de concesión en el Boletín Europeo de Patentes, y h) velar por que, cuando se haya presentado una petición de efecto unitario, este efecto unitario se indique en el Registro para la protección unitaria mediante patente, y por que, durante el período transitorio previsto en el artículo 6 del Reglamento (UE) nº 1260/2012, se acompañe de las traducciones a las que se refiere dicho artículo, y por que se informe a la OEP de cualquier limitación, licencia, transferencia o revocación de las patentes europeas con efecto unitario."

procede cuando tal extremo es solicitado por cualquiera de las partes de manera motivada (art. 74.1 del ATUP). En este sentido, es preciso recurrir a las reglas contenidas en el RoP para completar el contenido de este precepto, en concreto, en aquellos aspectos vinculados a que la resolución sobre los efectos suspensivos se dicte sin demora.

En efecto, la regla 223 establece que la parte interesada podrá solicitar que se acuerden efectos suspensivos sobre la resolución u orden recurrida, en cuyo caso deberá indicar cuáles son las razones por las cuales considera que la interposición del recurso debe tener efecto suspensivo, así como aportar hechos, pruebas y argumentos que sustente tal petición. A tal efecto, la propia regla 223 dispone que el Tribunal de Apelación decidirá sobre la solicitud sin demora.

Junto a lo anterior, en casos de extrema urgencia, el solicitante podrá pedir al juez permanente designado por el Tribunal de Apelación, en cualquier momento y sin necesidad de cumplir con ningún requisito formal, que se acuerde la suspensión de los efectos del recurso. En estos supuestos, el juez permanente ostentará todos los poderes del Tribunal de Apelación y decidirá cuál es el procedimiento que se seguirá sobre la solicitud efectuada por la parte interesada, que podrá incluir una solicitud escrita posterior. El procedimiento para la adopción de esta decisión, tal y como dispone la regla 223.4, se regirá conforme a lo previsto en los apartados 3 y 8 de la regla 345.

Finalmente, el art. 74.3 del ATUP establece que la interposición de un recurso contra una orden dictada por el presidente del Tribunal de Primera Instancia resolviendo que la lengua empleada en el procedimiento sea la misma que aquella en la que se ha concedido la patente (art. 49.5 del ATUP); órdenes que obliguen a la presentación de pruebas a la contraparte o terceros (art. 59 del ATUP); órdenes relativas a medidas de aseguramiento de la prueba y de reconocimiento (art. 60 del

ATUP); órdenes referidas a embargos preventivos (art. 61 del ATUP), así como a la adopción de medidas provisionales y cautelares (art. 62 del ATUP); y órdenes mediante las cuales se exija la entrega a los infractores de cierta información (art. 67 del ATUP), no impedirán que prosiga la causa principal.

Ahora bien, pese a lo preceptuado, el propio art. 74.3 del ATUP dispone, seguidamente, que el Tribunal de Primera Instancia no dictará resolución alguna que decida la causa principal hasta que el Tribunal de Apelación no haya dictado resolución sobre la orden recurrida. Dicho en otras palabras: en línea con lo que determina la regla general (la no existencia de efectos suspensivos expresada), la interposición de recurso frente a las referidas órdenes carecerá de efectos suspensivos.

#### *1.3.2. Efectos no devolutivos y excepciones*

Otro aspecto importante a la hora de analizar los efectos que produce la interposición de un recurso ordinario ante el Tribunal de Apelación frente a resoluciones y órdenes es si su estimación implica que sea el propio Tribunal de Apelación el que adopte una nueva resolución sobre la resolución u orden recurrida (efecto no devolutivo) o si es el Tribunal de Primera Instancia el que, nuevamente, deba pronunciarse a tal efecto (efecto devolutivo).

Al respecto, el art. 75.1 del ATUP determina que "el Tribunal de Apelación revocará la resolución del Tribunal de Primera Instancia y dictará una resolución firme", de manera que sienta la regla general que regirá el efecto no devolutivo propio de este tipo de recurso ordinario. No obstante, tal y como sucediera con los efectos suspensivos, se establecen una serie de supuestos en los cuales se excepciona la aplicación de esta regla general, otorgando, pues, efectos devolutivos al recurso interpuesto.

Esta serie de supuestos presentan un carácter excepcional y el procedimiento que regula la adopción de tal medida se contempla en las reglas 242 y 243 del RoP. En este sentido, la regla 242.2 dispone que, en general, no será una circunstancia excepcional que justifique la remisión el hecho de que el Tribunal de Primera Instancia no haya decidido una cuestión que el Tribunal de Apelación deba decidir en apelación.

A mayores, el Tribunal de Apelación deberá necesariamente incluir en la decisión mediante la cual determine la devolución del recurso al Tribunal de Primera Instancia si ha de ser la misma Sala cuya decisión o resolución anterior se revoca la que deba conocer el recurso o si, por el contrario, el presidente de la Sala de que se trate deberá designar otro panel distinto del que conoció el asunto inicialmente (regla 243.1). En todo caso, cuando existan efectos devolutivos y sea el Tribunal de Primera Instancia el que deba resolver, este quedará vinculado por la resolución del Tribunal de Apelación en cuanto a los fundamentos de derecho (art. 75.2 del ATUP, reiterado a tenor del contenido de la regla 243.2).

Por último, cabe llamar la atención sobre el inciso que incluye la regla 242.1 del RoP en materia de imposición de costas, toda vez que el Tribunal de Apelación va a estar obligado a determinar lo que proceda tanto en lo que respecta al procedimiento de primera instancia como al de apelación.

## *2. El recurso extraordinario de revisión*

### 2.1. Objeto

Frente al carácter ordinario del recurso antes analizado, el ATUP establece la posibilidad de interponer un recurso extraordinario de revisión ante resoluciones dictadas por "el

Tribunal". Al respecto, cabe destacar que el tenor del art. 81.1 del ATUP no circunscribe la facultad de plantear este recurso extraordinario únicamente frente a resoluciones dictadas por el Tribunal de Primera Instancia, sino que amplía esta posibilidad e incluye, asimismo, la capacidad de entablar un recurso extraordinario de revisión frente a resoluciones que emanen del Tribunal de Apelación[807].

En comparación con el recurso ordinario, es posible apreciar que, si bien en este primero tan solo es posible interponer recurso frente a órdenes y resoluciones que hayan sido dictadas por el Tribunal de Primera Instancia, en sede del recurso extraordinario de revisión, resulta posible hacer lo propio frente a cualquier resolución con independencia del órgano que la haya dictado. Una diferencia que tiene sentido atendiendo, precisamente, a la naturaleza ordinaria y extraordinaria, respectivamente, de ambos recursos. Por su parte, también huelga poner de manifiesto que, si el recurso ordinario puede ser planteado tanto contra resoluciones como contra órdenes dictadas por el Tribunal de Primera Instancia, el recurso extraordinario de revisión únicamente es posible entablarlo frente a resoluciones, excluyendo, por tanto, la posibilidad de iniciar un recurso extraordinario de revisión frente a otro tipo de decisión.

## 2.2. Motivos tasados para que proceda su interposición

El recurso extraordinario de revisión constituye una vía excepcional que procede exclusivamente cuando concurre una serie de supuestos tasados; hecho que no sucede en el caso

---

807 Ello es así, habida cuenta de la definición de "Tribunal" que ofrece el propio ATUP en su art. 2. a): "«Tribunal», el Tribunal Unificado de Patentes creado en virtud del presente Acuerdo;".

del recurso ordinario, pues no resulta preceptivo el cumplimiento de ningún tipo de requisito formal para proceder a su planteamiento.

En este sentido, el art. 81.2 del ATUP determina las dos circunstancias que deben existir para que sea posible entablar un recurso extraordinario de revisión; situaciones que se establecen de manera alternativa, de manera que, si solo concurre una, sería suficiente para poder efectuarse la interposición de este tipo de recurso.

El primero de los motivos en que puede basarse el recurso extraordinario de revisión se identifica con aquellos supuestos en los cuales la parte que solicita la revisión ha descubierto un hecho que, con razón en su naturaleza, puede constituir un factor decisivo que hubiese hecho adoptar una resolución distinta al Tribunal, pero que le era desconocido en el momento de dictarse la resolución (apartado *a)* del art. 81.1 del ATUP). En este caso, el pretendido recurso extraordinario de revisión solo será admisible si el hecho antes desconocido se trata de un hecho que ha sido declarado delito por sentencia firme en un órgano jurisdiccional nacional. Al respecto, la regla 249 del *Reglamento de procedimiento del Tribunal Unificado de Patentes* dispone que sólo se considerará que se ha cometido un delito cuando un tribunal o autoridad competente lo declare definitivamente como tal, ello sin necesidad de que se haya impuesto una condena.

El segundo de los motivos que justifica la posibilidad de plantear el recurso extraordinario de revisión es la existencia de un vicio de forma de carácter esencial, en particular, cuando el demandado, no habiendo comparecido ante el Tribunal, no hubiera recibido la notificación del escrito de demanda o documento equivalente con suficiente antelación y de modo que le permitiera organizar su defensa (apartado *b)* del art. 81.1 del ATUP).

En este sentido, la regla 247 aclara que los vicios de forma de carácter esencial antes enunciados pueden identificarse con supuestos en los que un juez del Tribunal participó en la decisión recurrida, violando lo dispuesto en el art. 17 del ATUP[808] o del art. 7 del Estatuto del Tribunal Unificado de Patentes[809]; una persona no designada como juez del Tribunal formó parte del panel que tomó la decisión final recurrida; si se produjo una violación fundamental del art. 76 del ATUP[810] en los procedimientos que condujeron a la decisión final; si la decisión se tomó sin decidir sobre una solicitud pertinente a esa decisión; o, finalmente, si se produjo una violación de los derechos que confiere el art. 6 del Convenio para la Protección de los Derechos Humanos y de las Libertades Fundamentales[811]. Una

---

808 La garantía de ser juzgado por un tribunal independiente e imparcial, contemplando, expresamente, la existencia de conflicto de intereses como circunstancia subsumible en los motivos para interponer el recurso extraordinario de revisión.

809 Dicho precepto recoge qué requisitos se han de cumplir a fin de garantizar la imparcialidad de los jueces que resuelven una causa, así como las situaciones en las que estos no podrán participar en un concreto procedimiento al objeto de garantizar la imparcialidad.

810 El derecho a que las resoluciones sean debidamente fundadas sobre los argumentos, hechos y pruebas presentados por las partes o introducidos en el procedimiento por orden del Tribunal, así como el derecho a ser oído.

811 Entre otros, el derecho de cualquier persona acusada de haber cometido un delito a ser informada puntualmente, en un lenguaje que comprenda y en detalle, de la naturaleza y causa de la acusación; a tener el tiempo y facilidades adecuados para la preparación de su defensa; a defenderse él mismo o mediante asistencia legal de su propia elección o, si no tiene suficientes medios para costearse la asistencia legal, a ser proporcionada la misma gratuitamente cuando el interés de la justicia así lo requiera; a examinar o haber examinado testigos en su contra y a obtener la asistencia y examen de testigos de su parte bajo las mismas condiciones que los testigos

lista de supuestos que, tal y como expresa el tenor literal de la regla 247 RoP, no es cerrada, sino ejemplificativa.

## 2.3. Plazos

En materia de plazos, el art. 81.2 del ATUP dispone que la interposición del recurso extraordinario de revisión ha de ser efectuado en los diez días siguientes a la fecha de la resolución y antes de transcurridos dos meses de la fecha del descubrimiento del nuevo hecho o del vicio de forma en que se fundamente el referido recurso. Se establece, por tanto, dos tipos de *dies a quo* para plantear el recurso extraordinario de revisión en función del motivo de la resolución en que se funde.

En relación con el plazo de dos meses a contar desde la fecha del descubrimiento del nuevo hecho o del vicio de forma en que se fundamente este recurso, la regla 245.2 del RoP contempla ciertos matices que conviene señalar. Así, en aquellos supuestos en los que el recurso extraordinario de revisión se sustente en la presencia de un defecto fundamental de procedimiento, el cómputo de ese plazo de dos meses comenzará a partir del descubrimiento del meritado defecto o de la notificación de la decisión final.

Por su parte, cuando el fundamento que sostenga el planteamiento del recurso extraordinario de revisión sea un acto que se haya considerado, mediante una decisión judicial final, como constitutivo de delito penal, el plazo de dos meses se iniciará a partir de la fecha en la que se haya considerado como tal el delito o de la notificación de la decisión final objeto de la revisión, lo que suceda más tarde. En todo caso, añade el último apartado de la regla 245.2, el recurso extraordinario

---

en su contra; o a tener la asistencia gratuita de un intérprete si no puede entender o hablar el idioma utilizado en el tribunal.

de revisión solo podrá ser interpuesto en los diez años siguientes a la fecha de la notificación de la decisión final adoptada por el Tribunal[812] .

## 2.4. Efectos

Como norma general, la interposición del recurso extraordinario de revisión carecerá de efecto suspensivo, a no ser que el Tribunal de Apelación resuelva otra cosa (art. 81.2 del ATUP y regla 252 RoP).

No obstante lo anterior, en aquellos casos en los que quienes hagan uso de buena fe de patentes que sean objeto de una resolución recurrida mediante recurso extraordinario de revisión, el art. 81.4 del ATUP determina que estas "deberían" ser autorizadas a seguir usándolas, ello a pesar de que exista un

---

812 En relación con la regla 245.2, GARCÍA VIDAL apunta lo siguiente "En mi opinión, es muy dudoso que esta regla se ajuste a lo dispuesto por el ATUP. Porque el art. 81 del ATUP fija como *dies a quo* el conocimiento del hecho delictivo, no la fecha en que el hecho tuvo lugar, ni menos aún la fecha de notificación de la resolución recurrida. Además, la regla 245 del 15° BRP se aparta claramente de la exigencia del artículo 81 del ATUP de que el recurso se entable "en los diez días siguientes a la fecha de la resolución", al introducir otra regla que no encuentra amparo en el ATUP y según la cual no será posible entablar el recurso, en ningún caso, transcurridos diez años desde la notificación de la decisión objeto del recurso de revisión. Parece claro que, si el recurso tiene que ser entablado en los diez días siguientes a la fecha de la resolución, carece de sentido semejante previsión del BRP. Y por las mismas razones, tampoco se justifica que el BRP establezca que el plazo para recurrir una resolución cuando la causa sea un defecto formal, sea de dos meses desde que se conoce dicho defecto o desde la fecha de la resolución recurrida". GARCÍA VIDAL, A., *El sistema de la patente europea con efecto unitario,* Cizur Menor (Navarra), Aranzadi, 2014, p. 263.

riesgo de que la resolución que ponga fin al eventual recurso extraordinario de revisión tenga como efecto que el uso de esa patente devenga ilícito. En este sentido, quien suscribe, considera que es criticable el término empleado en el tenor literal de dicho precepto ("deberían"), toda vez que deja un margen de actuación muy amplio al Tribunal a la hora de obligar a reconocer el efecto no suspensivo en estos supuestos, dejando, por tanto, un cierto grado de inseguridad a las partes interesadas.

Por lo que se refiere al carácter devolutivo o no devolutivo del recurso extraordinario de revisión, el art. 81.3 del ATUP determina que, si el recurso está fundado, el Tribunal de Apelación anulará la resolución recurrida y reabrirá la causa a fin de que se celebre un nuevo juicio y, por consiguiente, se dicte una nueva resolución; una anulación que, por su parte, podrá ser total o parcial en función de las pretensiones esgrimidas y finalmente estimadas por el Tribunal. En otras palabras, el recurso extraordinario de revisión presenta carácter devolutivo.

Al respecto, las cuestiones procedimentales que van a regir en estos supuestos son las que contempla el Reglamento de procedimiento del Tribunal Unificado de Patentes, ello a tenor de lo que indica el propio art. 81.3 del ATUP. Así, la regla 253.1 establece que se revisará, tan pronto como sea posible tras de la presentación del recurso, si se han cumplido los requisitos contenidos en las reglas 245, 246 y 250, esto es, si se han respetado los plazos previstos en función de cada uno del *dies a quo* establecidos para cada supuesto; si el escrito del recurso contiene los requisitos formales esenciales (los nombres del peticionario y de su representante; las direcciones postal y electrónica para la notificación al peticionario y los nombres y direcciones de las personas autorizadas para aceptar la notificación; una indicación de la decisión que se revisará; así como la indicación de las razones para dejar sin efecto la decisión final, así como los hechos y pruebas en que se basa la solicitud) y el pago por parte del recurrente de las correspondientes tasas.

Una vez haya sido revisado el efectivo cumplimiento de estos requisitos, en caso de que el recurrente no cumpla con los mismos, este será requerido a corregir las deficiencias y/o a proceder al pago de la tasa en un plazo de 14 días. De no ser atendido en forma y plazo tal requerimiento, el caso será asignado al juez de turno, quien podrá rechazar la inadmisión del recurso, siempre previa audiencia del recurrente.

Finalizado el trámite de audiencia a las partes, el panel del Tribunal de Apelación podrá, bien rechazar la inadmisión del recurso por no ser admisible, en cuyo caso se tomará dicha decisión por mayoría de votos de los jueces del panel; bien tomar la decisión de admitir a trámite el recurso extraordinario de revisión, en cuyo caso se dejará sin efecto la decisión objeto de revisión, en todo o en parte, y reabrirá el procedimiento para la celebración de una nueva audiencia y la adopción de decisiones (regla 255).

## II. RECONOCIMIENTO Y EJECUCIÓN

Una vez han sido dictadas las órdenes y las resoluciones por el Tribunal de Primera Instancia o el Tribunal de Apelación, es preciso analizar el procedimiento legal por el cual se va a permitir su reconocimiento y ejecución, especialmente, habida cuenta de que las decisiones adoptadas con arreglo al ATUP van a afectar a una pluralidad de territorios. Precisamente, uno de los objetivos fundamentales que persigue el ATUP y, por extensión, el paquete de la patente unitaria, consiste en facilitar la efectiva ejecución y el carácter automático de las decisiones tomadas por el Tribunal.

Con arreglo a lo establecido en el art. 82.1 del ATUP, las órdenes y las resoluciones dictadas tanto por el Tribunal de Primera Instancia como por el Tribunal de Apelación gozarán de fuerza ejecutiva en los Estados que formen parte del ATUP. En su virtud, fuera de este supuesto, cabe preguntarse qué mecanismos aplicarán en el marco del reconocimiento y la ejecución de las decisiones adoptadas por el Tribunal en aquellos estados que no formen parte del ATUP, toda vez que estos no están vinculados por los mecanismos en él contemplados.

Así las cosas, son cuatro los escenarios posibles que pueden darse a la hora de abordar cómo va a procederse en sede del reconocimiento y la ejecución de las resoluciones que emanan del Tribunal. En primer lugar, cuando este reconocimiento y la ejecución se pretenda llevar a cabo en un Estado miembro firmante del ATUP; en segundo, en supuestos en los cuales los pretendidos efectos de las decisiones del Tribunal deben materializarse en Estados miembro que no han suscrito el ATUP; en un tercer escenario, casos en los que el reconocimiento y la ejecución de las decisiones tomadas por el Tribunal con arreglo al ATUP deban darse en territorios fuera de la Unión Europea —estados que, evidentemente, tampoco han suscrito el ATUP—, pero que forman parte del Convenio de Lugano y, por último, aquellos supuestos en los cuales el reconocimiento y la ejecución de las resoluciones que emanan del Tribunal han de surtir efectos en el resto de los territorios no incluidos en los apartados anteriores.

## *1. Reconocimiento y ejecución en los Estados firmantes del ATUP*

Las órdenes y las resoluciones dictadas tanto por el Tribunal de Primera Instancia como por el Tribunal de Apelación gozarán de fuerza ejecutiva en los Estados que formen parte del ATUP (art. 82.1 del ATUP)[813], esto es, que en todos aquellos

---

813 Los Estados miembros que, efectivamente, han firmado y ratificado el ATUP son 18: Alemania, Austria, Bélgica, Bulgaria, Dinamarca, Eslovenia, Estonia, Finlandia, Francia, Italia, Letonia, Lituania, Luxemburgo, Malta, Países Bajos, Portugal, Suecia y recientemente (ratificación el día 31 de mayo de 2024) Rumanía. Se pueden

países en los cuales la patente objeto del litigio presente efecto unitario su reconocimiento y ejecución será automática[814]. Sin duda, la implantación de este sistema de reconocimiento y de ejecución automática comporta numerosas ventajas en términos de tiempo y costes, toda vez que permite a las partes proteger sus legítimos derechos de manera más eficaz[815].

Por su parte, y solo en aquellos supuestos en los que proceda, la ejecución de una resolución exigirá la constitución de una fianza o de una garantía equivalente al objeto de afianzar el efectivo cumplimiento del pago de la indemnización por daños y perjuicios, especialmente, en el caso de que exista un requerimiento a tal efecto (art. 82.2 del ATUP).

Por lo que se refiere al Derecho aplicable al procedimiento de ejecución es preciso apuntar que, no solo este estará regi-

---

consultar las fechas de los instrumentos de ratificación actualizadas de cada Estado miembro en el siguiente enlace: https://www.consilium.europa.eu/es/documents-publications/treaties-agreements/agreement/?id=2013001

814 Ello en línea con lo establecido de manera general en el art. 34 del ATUP: "Las resoluciones del Tribunal tendrán fuerza de cosa juzgada, en el caso de una patente europea, en el territorio de los Estados miembros contratantes en que tenga efecto la patente europea."

815 Pero no solo desde la perspectiva del reconocimiento y la ejecución de sentencias. "La doctrina en general ha sabido apreciar los aspectos positivos que va a acarrear, ya que la puesta en marcha del TUP permitirá reducir algunos de los problemas que actualmente plantea el RBI bis, como los relacionados con la presentación de la reconvención de nulidad en los casos en los que el foro no cuenta con competencia exclusiva o las situaciones en las que se obliga al perjudicado por un infracción a realizar un costoso e ineficiente "peregrinaje judicial" para defender los derechos de sus patentes en todos los Estados en los que se vulnera." CANTOS PARDO, M., *El proceso civil para la cesación de la infracción de patentes*, Valencia, Tirant lo Blanch, 2023, pp. 91-92.

do por el Derecho del Estado miembro en que tenga lugar la ejecución, sino que la resolución dictada por el Tribunal se ejecutará en las mismas condiciones en las que deba ejecutarse cualquier otra resolución dictada en el Estado miembro integrante del ATUP en que tenga lugar dicha ejecución (art. 82.3 del ATUP).

En cuanto al eventual incumplimiento de lo establecido en una orden dictada por el Tribunal, la parte que no haya cumplido podría ser sancionada a pagar una multa. Al respecto, la cuantía de la multa cuyo pago puede imponer el Tribunal tendrá que ser proporcional a la relevancia de la orden que debe ejecutarse y su imposición no comporta que la parte afectada por el incumplimiento de la orden pueda reclamar los daños y perjuicios que estime oportuno (art. 82.4 del ATUP). La imposición de una multa y la estimación de daños y perjuicios con razón en el incumplimiento de una orden son, por tanto, acumulables y no excluyentes.

Si en el fallo de una resolución definitiva el Tribunal declara la nulidad total o parcial de una patente, se trasladará una copia de la referida resolución a la Oficina Europea de Patentes y, en aquellos supuestos en los que el litigio tenga por objeto resolver sobre la eventual validez de una patente europea, esta misma resolución será remitida, a su vez, a la oficina nacional de patentes de los Estados miembro que fuesen parte del ATUP (art. 65.5 del referido texto).

En materia de violación de derechos de patente, en concreto, en aquellos supuestos en los cuales el Tribunal dicte una resolución mediante la cual se declare que, efectivamente, ha existido tal violación, en sede de su ejecución, este podrá requerir al infractor a fin de que se abstenga de seguir contraviniendo ese derecho. Y no solo este requerimiento podrá ser efectuado al propio infractor; el ATUP permite que, a mayores, el Tribunal pueda expedir un requerimiento a cualquier intermediario que pueda contribuir a la violación del derecho de patente objeto del litigio (art. 63.1 del ATUP).

Así mismo, al igual que sucediera ante el eventual incumplimiento de lo establecido en una orden dictada por el Tribunal, solo cuando proceda, el incumplimiento del requerimiento por parte del destinatario consistente en no desistir en la conducta que vulnera los derechos de patente de un tercero podrá ser sancionado mediante el pago de una multa (art. 63.2 del ATUP).

Por lo que atañe a la eventuales medidas correctivas que pudieran imponerse en los procedimientos que versen sobre la violación de los derechos de patente, con independencia del pago de la correspondiente indemnización por los daños y perjuicios que se hubieran causado a la parte perjudicada, el art. 64.1 del ATUP establece la posibilidad de que el Tribunal adopte una serie de medidas complementarias; medidas que, únicamente podrán ser adoptadas si así lo solicita la parte demandante y que serán ejecutadas a cargo del infractor, salvo que, de manera excepcional, se justifique que no proceda dicha imposición (art. 64.3 del ATUP).

En términos generales, estas medidas correctivas podrán afectar a los productos de los que se ha declarado que son contrarios a los derechos de patente y, en su caso, a los materiales e instrumentos empleados por el infractor para la creación y/o fabricación de estos productos. En concreto, el propio ATUP recoge en su art. 64.2 una lista ejemplificativa de medidas correctivas que se pueden adoptar: la declaración de violación de derechos de patente; la eliminación del producto de las propiedades derivadas de la violación; la retirada definitiva de los productos de los circuitos comerciales, o la destrucción de los productos y/o de los materiales o instrumentos relacionados con la violación de los derechos de patente.

En cuanto al procedimiento para adoptar estas medidas correctivas, es preciso poner de relieve que rige el principio de necesidad y de proporcionalidad de la imposición de estas medidas y el Tribunal, a su vez, deberá considerar tanto el comportamiento del infractor —si se presta y tiene buena disposición a colaborar transformando los materiales de tal forma que no constituya una violación de la patente— como los intereses de terceros involucrados en la infracción (art. 64.4 del ATUP).

A mayores de las referidas medidas correctivas, respecto de las decisiones adoptadas por la Oficina Europea de Patentes en relación con aquellas acciones relativas a decisiones de la Oficina Europea de Patentes en el desempeño de las funciones a las cuales viene referidas el art. 9 del Reglamento (UE) nº.1257/2012, el Tribunal podrá ejercer la potestad conferida a la Oficina Europea de Patentes con arreglo a lo dispuesto en el propio art. 9 del referido Reglamento, incluyendo la eventual rectificación del Registro de la protección a través de la patente unitaria (art. 66.1 del ATUP).

Por último, resulta de interés hacer referencia a las disposiciones en materia de la eventual indemnización por daños y perjuicios que pudiera imponer el Tribunal, ya sea el Tribunal de Primera Instancia o el Tribunal de Apelación (art. 68 del ATUP).

En este sentido, siempre y cuando lo solicite la parte perjudicada, el Tribunal puede ordenar al infractor a que indemnice a la parte perjudicada de manera proporcional a los daños sufridos que sean consecuencia de la violación de los derechos de patente. Ahora bien, esta posibilidad solo emerge en aquellos supuestos en los cuales sea razonable pensar que el infractor era consciente de estar cometiendo tal vulneración o que, efectivamente, sabía que estaba actuando de manera contraria a Derecho. En otras palabras, la condena al pago de una indemnización por los daños y perjuicios sufridos no opera de manera automática, sino que es la parte perjudicada la que debe solicitarlo expresamente al Tribunal y, además, deben concurrir motivos razonables que indiquen que el infractor sabía que estaba cometiendo tal violación.

En cuanto a la determinación del monto de la indemnización por daños y perjuicios, el ATUP determina que el Tribunal deberá considerar elementos tales como los perjuicios económicos sufridos por la parte perjudicada —incluida, aquí, la pérdida de beneficios—, el beneficio obtenido por el infractor de manera ilegítima y, cuando así procediese, otros daños de diversa naturaleza, entre otros, el posible daño moral que pueda haber sufrido el perjudicado con razón en la violación del derecho de patente.

Frente a las anteriores consideraciones en materia de fijación de la cuantía que responde por los daños y perjuicios sufridos por la parte afectada, el Tribunal puede determinar una cantidad a tanto alzada tomando como base conceptos como el importe mínimo que el infractor hubiese tenido que abonar como regalía por obtener la licencia de explotación de la patente objeto del litigio. Nótese que, este segundo criterio resulta especialmente útil en aquellos casos en los que, bien por la ausencia de elementos válidos, bien por su elevado de complejidad, se antoja necesario cuantificar el daño sufrido sin contravenir el principio de prohibición de enriquecimiento injusto.

En este sentido, el propio ATUP contempla de manera expresa que, siempre que sea posible, la restitución a la parte perjudicada deberá consistir en devolverla a la situación en la que se habría encontrado en caso de que no se hubiese materializado la violación de sus derechos de patente.

A mayores, el ATUP establece que el infractor nunca podrá verse beneficiado como consecuencia de la violación de los derechos de patente afectados y, de imponerse, la indemnización carecerá de naturaleza punitiva, esto es, que no cumple con la doble función de indemnizar los daños causados y, a su vez, castigar al infractor por su conducta, disuadiéndole, asimismo, de volver a repetirla en el futuro. La indemnización no punitiva, pues, únicamente persigue compensar los daños provocados[816].

Por último, aclara el ATUP que, en los supuestos en los cuales la conducta del infractor constitutiva de una violación de la patente no haya sido realizada a sabiendas ni pueda concluirse que existan razones suficientes para suponer que era consciente de las repercusiones de sus actos, el Tribunal puede ordenar, bien el pago de la indemnización por los daños y perjuicios causados, bien el reembolso de los beneficios obtenidos de manera ilícita.

### *2. Reconocimiento y ejecución en Estados miembro que no forman parte del ATUP*

El segundo de los escenarios que se plantea en materia de reconocimiento y ejecución de las decisiones y órdenes adoptadas por el Tribunal es aquel en el cual el Estado receptor se trata de un Estado miembro que no forma parte del ATUP. Es decir, cuando el reconocimiento y la ejecución estas decisiones y órdenes se pretenda realizar en España, Italia, Chipre, República Checa, Grecia, Hungría, Irlanda y Eslovaquia. En todos estos supuestos, dado que el ATUP no es vinculante, será preciso acudir a las normas de derecho internacional privado que regulen tales cuestiones desde el prisma europeo, esto es, que será necesario acudir al Reglamento Bruselas I *bis* para encontrar la norma que regule su efectivo reconocimiento y ejecución.

---

816 CARRASCOSA GONZÁLEZ, J., "Daños Punitivos. Aspectos de Derecho Internacional Privado Europeo y Español", en Herrador Guardia, M.J., *Derecho de Daños,* Pamplona, Thomson Reuters Aranzadi, 2013, p. 3.

En este sentido, es importante poner de relieve que la redacción original del Reglamento Bruselas I *bis* en materia de reconocimiento y ejecución de sentencias dictadas por el Tribunal Unificado de Patentes ha sido modificada a través del Reglamento (UE) n.º 542/2014 del Parlamento Europeo y del Consejo, de 15 de mayo de 2014, por el que se modifica el Reglamento (UE) n.º 1215/2012 en lo relativo a las normas que deben aplicarse por lo que respecta al Tribunal Unificado de Patentes y al Tribunal de Justicia del Benelux (DO L 163 de 29.5.2014, p. 1–4)[817], aplicable a partir del 10 de enero de 2010 (ex. art. 2 del referido Reglamento 542/2014), precisamente, para acomodar las exigencias que imponía la lógica de aplicación del ATUP en todo el territorio europeo.

Así las cosas, a fin de garantizar la adecuada aplicación del ATUP en todos los territorios de la Unión Europea, con independencia de si los Estados miembro forman parte o no del ATUP, el Reglamento (UE) n.º 542/2014 introduce una importante novedad: el Tribunal creado a través del ATUP será considerado como un órgano jurisdiccional común[818], de manera

---

[817] En efecto, el Reglamento 542/2014 surge a fin de aclarar de manera expresa algunas de las cuestiones que habían sido puestas de manifiesto por la dotrina en relación con la coordinación del ATUP y el Reglamento Bruselas I *bis*. Al respecto, *vid.* IGLESIAS BUHIGUES, J.L., "Derecho internacional privado, patente europea con efecto unitario y Tribunal Unificado de Patentes", en *La unificación convencional y regional del Derecho internacional privado*, Marcial Pons, 2014, pp. 145-154, ARENAS GARCÍA, R., "Competencia judicial internacional y litigios en materia de patentes: Bruselas, LOPJ y Tribunal Unificado de Patentes, *liasons dangereuses*?", en *Problemas actuales de Derecho de propiedad industrial*, Civitas, 2013, pp. 123-176.

[818] Apartado 2 del art. 71 *bis* del Reglamento (UE) n.º 542/2014. Al respecto, DESANTES afirma que "la naturaleza jurídica de cada órgano jurisdiccional común a varios Estados miembros de la UE no debería venir determinada por el Reglamento 1215 —en absoluto

que las resoluciones que emanen del mismo habrán de ser reconocidas y ejecutadas en los términos previstos en el Reglamento Bruselas I *bis*.

Consecuencia de lo antedicho, emergen dos posibles escenarios. El primero, aquel en el cual las resoluciones judiciales dictadas por un órgano jurisdiccional común —en nuestro caso, el Tribunal creado a través del ATUP— deban ser reconocidas y ejecutadas en un Estado miembro que no sea parte en el instrumento por el que se establece el órgano jurisdiccional común. Tal sería el caso, por ejemplo, de una sentencia dictada por el Tribunal que deba ser reconocida y ejecutada en España, toda vez que, como ya se ha apuntado, esta no forma parte del ATUP[819].

---

competente para ello— sino por el acuerdo internacional —o, en su caso, por un acto de las instituciones de la UE consecuencia de un procedimiento de cooperación reforzada— que lo crea. En definitiva, será cada Estado miembro quien —de forma autónoma o reflejado en un acuerdo internacional o en un acto de las instituciones de la Unión decida sobre la integración o no de tal órgano jurisdiccional en el complejo entramado de su poder judicial a los efectos de la aplicación del Reglamento 1215." En DESANTES REAL, M., "Comentario al artículo 71 quinquies", en *Comentario al Reglamento (UE) nº 1215/2012 relativo a la competencia judicial, el reconocimiento y la ejecución de resoluciones judiciales en materia civil y mercantil: Reglamento Bruselas I,* Pamplona, Aranzadi, 2016, pp. 1146-1156.

819 Una situación que, ciertamente, resulta paradójica. "La sentencia del TUP resultará equiparable a una resolución judicial adoptada en un Estado miembro y, por lo tanto, reconocible y ejecutable en España, Croacia o Polonia por la vía del R. Bruselas I bis (art 71. *quinquies*.a). *A priori* no existe ninguna causa prevista en el art. 45 del Reglamento por la que los tribunales podrían denegar la ejecución de la sentencia adoptada por el TUP. La paradoja está servida: aunque España ha decidido no participar en el ATUP, nuestros tribunales están obligados a reconocer y ejecutar en España las resoluciones emitidas por este tribunal." LÓPEZ-

El segundo, se identifica con aquellas resoluciones judiciales dictadas por los órganos jurisdiccionales de un Estado miembro que no sea parte en el instrumento por el que se establece el órgano jurisdiccional común que deban ser reconocidas y ejecutadas en un Estado miembro parte en dicho instrumento. En este supuesto se subsumiría el caso de una sentencia española relativa a una materia sobre la cual el ATUP presente competencias exclusivas cuando la misma debe ser reconocida y ejecutada en uno de esos Estados miembro que formen parte del referido Acuerdo. Así las cosas, en ambos supuestos, el Reglamento Bruselas I *bis* sería el instrumento que regularía el reconocimiento y ejecución de las sentencias[820].

Frente a estas situaciones, el párrafo segundo del art. 71 *quinquies* del Reglamento 542/2014 añade que "en caso de que se solicite el reconocimiento y la ejecución de una resolución judicial dictada por un órgano jurisdiccional común en un Estado miembro que es parte en el instrumento por el que se establece el órgano jurisdiccional común, las normas de dicho instrumento en materia de reconocimiento y ejecución se aplicarán en lugar de las del presente Reglamento". Es decir, el

---

TARRUELLA MARTÍNEZ, A., "Hacia un nuevo escenario en la litigación transfronteriza de patentes en Europa: la jurisdicción internacional y la distribución de competencias en el Tribunal Unificado de Patentes, *Revista electrónica de estudios internacionales* (REEI), núm. 42, 2020, p.20.

820 No obstante, es preciso llamar la atención sobre cierto sector de la doctrina española que ha puesto de relieve la posibilidad de que, en España, se atienda a una interpretación distinta de este precepto en materia de reconocimiento y ejecución. En ARENAS GARCÍA, R., "Competencia judicial internacional y litigios en materia de patentes: Bruselas, LOPJ y Tribunal Unificado de Patentes, *liasons dangereuses?*", *Problemas actuales de Derecho de propiedad industrial,* Civitas, 2013, pp. 123-176.

Reglamento 542/2014 aclara de manera expresa que, cuando una sentencia dictada por el Tribunal sobre cualquiera de las materias sobre las cuales tiene competencias exclusivas deba ser reconocida y ejecutada en cualquier Estado miembro que, a su vez, forme parte del ATUP, la norma que regulará dicho proceso será el propio ATUP y no el Reglamento Bruselas I *bis*. Una precisión que, a todas luces, resulta redundante y absolutamente innecesaria[821].

En definitiva, las resoluciones del Tribunal han de ser consideradas al mismo nivel que las resoluciones propias de cada uno de los distintos Estados miembro y, por tanto, las mismas deben ser reconocidas y ejecutadas en el resto de los territorios de la Unión Europea sin perjuicio de su pertenencia al ATUP con arreglo al Reglamento Bruselas I *bis*. Y, de manera inversa, las resoluciones dictadas por los respectivos tribunales de Estados miembro que no forman parte del ATUP relativas a materias exclusivas conferidas al Tribunal con base en dicho Acuerdo han de ser reconocidas y ejecutadas en estos territorios en virtud del contenido del Reglamento Bruselas I *bis*.

---

821 "Se trata de una norma en buena medida innecesaria, que clarifica que el RB bis es aplicable al reconocimiento y ejecución de las resoluciones del TUP en los Estados miembros que no sean parte del ATIP, así como a las resoluciones de los tribunales de estos últimos que pretendan ser reconocidas y ejecutadas en un Estado miembro contratante del ATUP. Este último aspecto resulta una obviedad a la luz del ámbito de aplicación del RBI, al margen de la adopción del Reglamento 542/2014". En DE MIGUEL ASENSIO, P. A., "Tribunal Unificado de Patentes: competencia judicial y reconocimiento de resoluciones", en *Anuario Español de Derecho Internacional Privado*, núm. 13, 2013, p. 93. Por su parte, el profesor DESANTES se refiere al contenido de este párrafo II del art. 71 *quinquies* del Reglamento 542/2014 como "extravagante" o "confuso". En DESANTES REAL, M., "Comentario al artículo 71 quinquies", *op.cit.*, p. 1.147 y p. 1.150, respectivamente.

### *3. Reconocimiento y ejecución en Estados que forman parte del Convenio de Lugano*

El tercer escenario que se plantea a la hora de proceder al reconocimiento y ejecución de una resolución dictada por el Tribunal se identifica con situaciones en las cuales los Estados en los que se debe reconocer y ejecutar estas resoluciones no sean Estados miembro ni formen parte del ATUP, pero que sí hayan suscrito el conocido como Convenio de Lugano[822].

El Convenio de Lugano es un instrumento jurídico cuya finalidad no es otra que reproducir las normas vigentes europeas en materia de competencia judicial internacional y su sistema cuasiautomático de reconocimiento y ejecución de las resoluciones judiciales en materia civil y mercantil entre la Unión Europea y los Estados integrantes de la Asociación Europea de Libre Comercio, estos son, Suiza, Noruega e Islandia[823].

En definitiva, lo que se persigue es la posibilidad de extender las ventajas que comporta el marco creado en el seno de la Unión Europea en el ámbito del reconocimiento y la ejecución de las resoluciones judiciales a esos territorios, así como a los Estados miembros en relación con estos países, facilitando, así, tanto acceso de las resoluciones judiciales en materia civil dictadas por los tribunales nacionales de los estados integrantes de la Asociación Europea de Libre Comercio al espacio de jus-

---

822 Convenio relativo a la competencia judicial, el reconocimiento y la ejecución de resoluciones judiciales en materia civil y mercantil (DO L 147 de 10.6.2009, p. 5–43) suscrito entre la Unión Europea, Dinamarca y tres de los cuatro miembros de la Asociación Europea de Libre Comercio (Suiza, Noruega e Islandia).

823 Nótese que Liechtenstein, el cuarto territorio integrante de la Asociación Europea de Libre Comercio, no forma parte del Convenio de Lugano.

ticia de la Unión Europea en materia civil y mercantil, como de las resoluciones recaídas en el territorio europeo a los estados que forman dicha Asociación: Suiza, Noruega e Islandia.

## *4. Reconocimiento y ejecución en el resto de los territorios*

El último de los escenarios que pueden darse a la hora de analizar el reconocimiento y ejecución de las decisiones que emanan del Tribunal es aquel en el cual es preciso hacer valer esa decisión en un territorio que no forma parte del ATUP, ni se trata de un Estado miembro de la Unión Europea ni es firmante del Convenio de Lugano. En este sentido, a su vez, será necesario apuntar dos posibles situaciones. La primera, que estos territorios formen parte de la Convención de la Haya sobre Sentencias Extranjeras de 2019; la segunda, que exista entre ambos territorios un convenio bilateral.

Sobre el primero de los cauces apuntados, es preciso poner de relieve que la Convención de la Haya de 2019[824] tiene por objeto la promoción del acceso a la justicia en el ámbito internacional mediante la cooperación judicial internacional reforzada. En concreto, el principal cometido asignado a dicha Convención no es otra que mitigar los riesgos y gastos asociados a los litios transfronterizos, facilitando, por consiguiente, el comercio y la inversión en el plano internacional.

---

[824] La adhesión a este instrumento por parte de la Unión Europea se produjo mediante la Decisión (UE) 2022/1206 del Consejo de 12 de julio de 2022 relativa a la adhesión de la Unión Europea al Convenio sobre el Reconocimiento y la Ejecución de Resoluciones Judiciales Extranjeras en materia Civil o Mercantil (DO L 187 de 14.7.2022, p. 1–3).

Por su parte, algunas de las notas que caracterizan el contenido de la referida Convención son las que siguen: tanto el procedimiento para el reconocimiento como para la ejecución de la decisión se regirán por la normativa interna del Estado requerido, a menos que la propia Convención establezca otra cosa; el tribunal del Estado requerido no puede denegar el reconocimiento o la ejecución de una resolución amparándose en que debería solicitarse en otro Estado; toda resolución será reconocible y ejecutable en los Estados que suscriben la Convención solo si esta es dictada por un tribunal competente que cumpla las condiciones establecidas en su artículo 5; la resolución únicamente será reconocida si produce efectos en el Estado de origen y solo podrá ser ejecutada si también es ejecutoria en el Estado de origen, etc.

En cuanto a la posibilidad de reconocer y ejecutar sentencias en territorios ajenos a la Convención de la Haya sobre Sentencias Extranjeras, habrá que estar a lo dispuesto en los convenios bilaterales —si es que existen— para articular su efectivo reconocimiento y ejecución.

## *Bibliografía*

ARENAS GARCÍA, R., "Competencia judicial internacional y litigios en materia de patentes: Bruselas I, LOPJ y Tribunal Unificado de Patentes, liaisons dangere uses?", en Morral Soldevila, R. (dir.), *Problemas actuales de Derecho de la propiedad industrial. III Jornada de Barcelona de Derecho de la propiedad industrial,* Cizur Menor, Civitas/Thomson Reuters, 2013, pp. 123-176.

CANTOS PARDO, M., *El proceso civil para la cesación de la infracción de patentes,* Valencia, Tirant lo Blanch, 2023.

CARRASCOSA GONZÁLEZ, J., "Daños Punitivos. Aspectos de Derecho Internacional Privado Europeo y Español", en Herrador Guardia, M.J., *Derecho de Daños,* Pamplona, Thomson Reuters Aranzadi, 2013.

DE MIGUEL ASENSIO, P. A., "Tribunal Unificado de Patentes: competencia judicial y reconocimiento de resoluciones", en *Anuario Español de Derecho Internacional Privado,* núm. 13, 2013, pp. 73-99.

DESANTES REAL, M., "Comentario al artículo 71 quinquies", en Blanco-Morales Limones, P., Francisco Garau Sobrino, F., Lorenzo Guillén, M.L., Monteiro Muriel, F.J. (coords.), *Comentario al Reglamento (UE) n.º 1215/2012 relativo a la competencia judicial, el reconocimiento y la ejecución de resoluciones judiciales en materia civil y mercantil: Reglamento Bruselas I*, Pamplona, Aranzadi, 2016, pp. 1146-1156.

GARCÍA VIDAL, Á., *El sistema de la patente europea con efecto unitario*, Cizur Menor (Navarra), Aranzadi, 2014.

IGLESIAS BUHIGUES, J.L., "Derecho internacional privado, patente europea con efecto unitario y Tribunal Unificado de Patentes", en Pellisé de Urquiza, C., *La unificación convencional y regional del Derecho internacional privado*, Madrid, Marcial Pons, 2014, pp. 145-154.

LÓPEZ-TARRUELLA MARTÍNEZ, A., "Hacia un nuevo escenario en la litigación transfronteriza de patentes en Europa: la jurisdicción internacional y la distribución de competencias en el Tribunal Unificado de Patentes, en *Revista electrónica de estudios internacionales* (REEI), núm. 42, 2020.

## *Capítulo XIII*

# *Financiación del TUP, costas y justicia gratuita*

**VICENTE GOMAR GINER**
*Profesor doctor de Derecho Financiero y Tributario*
*Universidad CEU Cardenal Herrera*

**FERNANDO HERNÁNDEZ GUIJARRO**
*Profesor titular de Derecho Financiero y Tributario*
*Universitat Politècnica de València*

# I. FINANCIACIÓN

## *1. Financiación del Tribunal*

Los gastos de funcionamiento del Tribunal Unificado de Patentes (en adelante, TUP) se sufragan con cargo a su presupuesto, el cual se financia con los ingresos propios del Tribunal y, si es necesario, con contribuciones de los Estados miembro contratantes durante, al menos, los primeros siete años desde la entrada en vigor del Acuerdo sobre un Tribunal Unificado de Patentes (en adelante, ATUP)[825]. El presupuesto estará equilibrado, procediendo los ingresos financieros propios del Tribunal de las tasas del Tribunal y de otros ingresos (art. 36 ATUP).

Estas tasas las fija el Comité administrativo[826] y constan de una tasa fija, para todos los tipos de acciones, y, cuando se supere un valor determinado, se le añade una tasa basada en el valor. Actualmente, solamente se tiene que pagar tasas basadas en el valor en algunos tipos de acciones, como la acción por violación de patente, demanda de reconvención, etc., y siempre y cuando el valor estimado del caso al interponer la demanda supere los 500.000 euros, teniendo en cuenta que el valor estimado del caso debe reflejar el interés objetivo perseguido por el demandante al momento de interponer la demanda[827].

---

825 Periodo transitorio establecido en el artículo 83 del ATUP.

826 El Comité administrativo está compuesto por un representante de cada Estado miembro contratante, estando representada la Comisión Europea en las reuniones del Comité administrativo en calidad de observadora. Cada Estado miembro contratante tiene un voto (art. 12 ATUP).

827 Para ver valores de las tasas, Administrative Committee- Table of court fees, July 2022, AC/05/08072022_E [Disponible en: https://www.unified-patent-court.org/sites/default/files/upc_

El importe de las tasas es aquel que asegure un equilibrio adecuado entre el principio de acceso equitativo a la justicia[828], en particular para las pequeñas y medianas empresas, las microentidades, las personas físicas, las organizaciones sin ánimo de lucro, las universidades y los centros públicos de investigación, y una contribución adecuada de las partes a los gastos del Tribunal, teniendo en cuenta los beneficios económicos que obtienen las partes, así como el objetivo de que el Tribunal se autofinancie y tenga unas finanzas equilibradas.

El nivel de las tasas es revisado periódicamente por el Comité administrativo, pudiéndose plantear medidas de apoyo específicas para las pequeñas y medianas empresas y las microentidades. Si el Tribunal no logra equilibrar su presupuesto con los recursos propios, los Estados miembros contratantes le remitirán contribuciones especiales.

En este sentido, conviene destacar que hay casos en los que ya se han aprobado beneficios para las pequeñas y medianas empresas y las microentidades, ya que estas podrán beneficiarse de una reducción del 40% en las tasas judiciales, así como del reembolso de tasas fijas y basadas en el valor de hasta el 60% en los casos de resolución anticipada por las partes, desistimiento de la acción o utilización de un juez único[829].

---

documents/ac_05_08072022_table_of_court_fees_en_final_for_publication_clean.pdf ].

828 En los Considerandos del ATUP se recuerda el derecho de toda persona a la tutela judicial efectiva y a que su causa sea oída equitativa y públicamente y dentro de un plazo razonable por un órgano jurisdiccional independiente e imparcial.

829 Administrative Committee –Decision on scale of ceilings –24/04/2023, D–AC/10/24042023_E [Disponible en: https://www.unified-patent-court.org/sites/default/files/upc_documents/d-ac_10_24042023_ceiling_e_for-publication.pdf ].

## 2. *Formas de financiación del Tribunal*

### 2.1 Instalaciones

Los Estados proporcionarán las instalaciones necesarias para albergar la División local, regional o central, dependiendo del Estado en cuestión.

En este sentido, los Estados miembros que creen una División local facilitarán las instalaciones precisas para ello. Por otra parte, los Estados miembros que participen en una División regional suministrarán conjuntamente las instalaciones necesarias para ello. Por último, los Estados miembros que alberguen la División central[830], sus secciones o el Tribunal de Apelación proporcionarán las instalaciones requeridas para ello (art. 37.1 ATUP).

Además, los Estados proporcionarán personal administrativo de apoyo, sin perjuicio de lo dispuesto en el Estatuto de dicho personal, durante el periodo inicial de transición de siete años.

### 2.2 Contribuciones financieras

En un primer momento, los Estados proporcionarán las contribuciones financieras iniciales necesarias para la creación del Tribunal (art. 37.2 ATUP).

830 La distribución de asuntos en la División central se basa en la Clasificación Internacional de Patentes de la Organización Mundial de la Propiedad Intelectual (http://www.wipo.int/classifications/ipc/es ) , encontrándose repartidos entre las Secciones de Milán, París y Munich, de acuerdo con lo previsto en el Anexo II del ATUP.

Además, durante el período de transición de siete años, la contribución de cada Estado se calculará a partir del número de patentes europeas con efecto en su territorio cuando entra en vigor el ATUP y del número de patentes europeas respecto de las cuales se hayan ejercitado acciones por violación o nulidad de patente ante sus órganos jurisdiccionales nacionales durante los tres años anteriores a la entrada en vigor del ATUP[831].

Transcurrido el período inicial de transición de siete años, al término del cual se espera que el Tribunal haya logrado autofinanciarse, si resultaran necesarias contribuciones de los Estados miembros contratantes, dichas contribuciones se determinarán de acuerdo con la escala de distribución de las tasas anuales de las patentes europeas con efecto unitario aplicable en el momento en que resulte necesaria la contribución (art. 37.4 ATUP).

En este sentido, respecto al volumen de asuntos, cabe destacar que llegaron al TUP 217 en enero de 2024 y 274 en febrero de 2024, frente a los 160 asuntos que llegaron a finales de 2023, por lo que se ve una tendencia creciente muy positiva. En primera instancia, la mayoría de estos asuntos hacen referencia a acciones de infracción de patente iniciadas ante las divisiones locales y regionales del TUP (96 acciones) y reconvenciones por nulidad de patente (129 reconvenciones presentadas

---

831 Respecto a los Estados que ratifiquen o se adhieran al ATUP posteriormente, las contribuciones se calcularán a partir del número de patentes europeas con efecto en su territorio en la fecha de su ratificación o adhesión, y del número de patentes europeas respecto de las cuales se hayan ejercitado acciones por violación o nulidad de patente ante sus órganos jurisdiccionales nacionales durante los tres años anteriores a la ratificación o adhesión (art. 37.3 ATUP).

de forma individual por los demandados por infracción en 39 procedimientos)[832].

### *3. Otra finaciación*

Con cargo al presupuesto del Tribunal también se financian otras instituciones como el Centro de Mediación y Arbitraje en materia de Patentes. Este Centro presta servicios de mediación y arbitraje en los litigios sobre patentes que pertenezcan al ámbito de aplicación del Acuerdo y tiene sedes en Liubliana y en Lisboa (art. 39 ATUP).

Además, también se financia con cargo al presupuesto del Tribunal el marco de formación de los jueces, el cual se crea con el fin de mejorar y aumentar el conocimiento técnico existente sobre litigios relacionados con patentes y que dicho conocimiento y experiencia se extienda demográficamente. Las instalaciones de formación estarán en Budapest (art. 38 ATUP).

---

[832] Unified Patent Court, "Case load of the Court since start of operation in June 2023 – update" (https://www.unified-patent-court.org/sites/default/files/upc_documents/Case%20load%20of%20the%20Court_end%20Jan%202024_rev2_clean_final.pdf ) y Unified Patent Court, "Case load of the Court since start of operation in June 2023 – update" (https://www.unified-patent-court.org/sites/default/files/upc_documents/Case%20load%20of%20the%20Court_end%20Feb%202024_clean_final.pdf ).

## II. PRESUPUESTO DEL TRIBUNAL

### *1. Principio de buena gestión financiera*

El presupuesto se elabora de acuerdo con el principio de buena gestión financiera, por lo que debe respetar los siguientes principios:

a. el principio de economía, que establece que los medios empleados para llevar a cabo sus actividades estarán a disposición en el momento adecuado, en la cantidad y calidad correctas y al mejor precio;
b. el principio de eficiencia, que hace referencia a la óptima relación entre los medios utilizados, las actividades desarrolladas y el logro de los objetivos;
c. el principio de eficacia, referente a la medida en que se consiguen las metas perseguidas a través de las actuaciones acometidas.

### *2. Gastos*

Los gastos establecidos en el presupuesto se autorizan para la duración de un período contable. En el caso de que algún crédito que no se haya utilizado al finalizar el ejercicio contable, salvo los costes de personal, puede prorrogarse hasta la finalización del siguiente ejercicio. Los créditos se clasifican en varias rúbricas en función del tipo y la finalidad de los gastos, y podrán llegar a subdividirse si fuese necesario [art. 27 del Estatuto del Tribunal Unificado de Patentes (en adelante, ETUP)].

Además, el presupuesto del Tribunal puede incluir créditos para gastos imprevistos, aunque su uso está supeditado a la aprobación previa del Comité presupuestario (art. 28 ATUP).

### *3. Comité presupuestario*

El presupuesto se adopta por el Comité presupuestario a propuesta de la Mesa, la cual puede transferir fondos entre las diversas rúbricas o subrúbricas.

Una vez adoptado, el Secretario es el responsable de la ejecución del presupuesto de conformidad con el Reglamento Financiero y de formular anualmente una declaración sobre las cuentas del ejercicio presupuestario anterior relativas a la ejecución del presupuesto, que aprueba la Mesa (art. 27 ATUP). El ejercicio contable empieza el 1 de enero y finaliza el 31 de diciembre (art. 29 ATUP).

El Comité presupuestario está compuesto por un representante de cada Estado miembro contratante y se pronuncia por mayoría simple de los representantes de dichos Estados. Ahora bien, para la adopción del presupuesto se exige una mayoría de tres cuartos de los representantes de los Estados miembros contratantes, teniendo cada Estado un voto (art. 13 ATUP).

El Comité presupuestario adopta su reglamento interno y elige a su presidente de entre sus miembros por un período renovable de tres años (art. 13.5 ATUP).

### *4. Presupuesto provisional*

La Mesa es la encargada de presentar el proyecto de presupuesto del Tribunal al Comité presupuestario.

En el caso de que el Comité presupuestario no haya adoptado el presupuesto al inicio del ejercicio contable, los gastos podrán realizarse mensualmente por rúbrica u otra división del presupuesto hasta una doceava parte de los créditos presupuestarios correspondientes al ejercicio contable anterior, siempre que los créditos de que disponga de esta manera la Mesa no excedan de una doceava parte de los previstos en el proyecto de presupuesto.

En todo caso, el Comité presupuestario puede autorizar gastos superiores a una doceava parte de los créditos presupuestarios relativos al ejercicio contable anterior (arts. 30 y 31 ATUP).

### *5. Auditoría de cuentas*

Según se establece en el artículo 32 ETUP, unos auditores independientes analizan anualmente los estados financieros del Tribunal, emitiendo un informe al final de cada ejercicio contable en el que incluyen un dictamen firmado de auditoría.

Los auditores, que son nombrados y cesados por el Comité presupuestario, examinan que el presupuesto se ha ejecutado de acuerdo a la ley y con regularidad y que la administración financiera del Tribunal se ha llevado a cabo conforme a los principios de economía y gestión financiera sana. Dicho examen, que se basa en normas profesionales de auditoría, si fuese necesario, se realizaría *in situ.*

La Mesa remite al Comité presupuestario los estados financieros anuales del Tribunal, la declaración presupuestaria anual de ejecución del ejercicio contable anterior y el informe de los auditores, que son aprobados por el Comité presupuestario.

### *6. Reglamento Financiero*

El Comité administrativo se encarga de adoptar y, a propuesta del Tribunal, modificar el Reglamento Financiero[833]. Este reglamento establece especialmente:

---

833 El Comité administrativo del TUP, aprobó el 22 de febrero de 2022 y en virtud del art. 33 del Estatuto del Tribunal Unificado de Patentes, el Reglamento financiero del TUP (*Financial Regulations of the Unified Patent Court*), el cual reformó el 1 de junio de 2023.

a. maneras de establecer y ejecutar el presupuesto, así como de rendición de cuentas y auditoría;

b. el método y el proceso a seguir para poner a disposición del Tribunal los pagos y las contribuciones, incluidas las contribuciones financieras iniciales mencionadas en el apartado "2. Financiación del Tribunal" de la sección "I. FINANCIACIÓN";

c. las reglas relativas a las responsabilidades de los ordenadores de pagos y de los contables y las formas para su control, y

d. los principios contables habitualmente admitidos en los que se deben fundamentar el presupuesto y los estados financieros anuales.

## III. COSTAS, TASAS JUDICIALES Y DESTINO DE LAS MULTAS COERCITIVAS

### *1. Costas*

De acuerdo con el artículo 69 ATUP, las costas deben ser abonadas por la parte perdedora, cuando sean razonables y proporcionadas, así como el resto de gastos en que haya incurrido la parte vencedora, excepto que se disponga lo contrario por motivos de equidad y siempre por debajo del importe máximo fijado por el Reglamento de Procedimiento (en adelante, RoP).

En caso de que la parte vencedora lo sea parcialmente o en circunstancias excepcionales, el Tribunal puede decidir que las costas se distribuyan equitativamente o que cada parte asuma sus propias costas. En todo caso, los gastos innecesarios serán a cargo de la parte que los haya ocasionado.

Finalmente, el demandado puede solicitar al Tribunal que ordene al demandante a que preste una garantía suficiente para cubrir las costas procesales y demás gastos en que incurra el demandado y que puedan imputarse al demandante.

Por otra parte, conviene traer a colación algunas especialidades. En este sentido, según la regla 98 del RoP, las partes asumen sus propias costas en cualquier acción conforme a las reglas 85 o 97.

En primer lugar, respecto a la regla 85, esta regula el procedimiento ante el Tribunal de Primera Instancia cuando se interponga un recurso contra una decisión de la Oficina Europea de Patentes en el ejercicio de las funciones a que se refiere el artículo 9 del Reglamento (UE) n.º 1257/2012. En estos casos, existe un procedimiento escrito, que incluye la posibilidad de una revisión interlocutoria por la Oficina Europea de Patentes; un procedimiento provisional, que puede incluir una conferencia provisional; y un procedimiento oral que, a petición del demandante o a instancia del Tribunal, puede incluir una audiencia oral.

En segundo lugar, la regla 97 regula la solicitud de anulación de una decisión de la Oficina de rechazar una solicitud de efecto unitario. En estos casos, el titular de una patente cuya solicitud de efecto unitario haya sido rechazada por la Oficina presenta en el Registro una solicitud para revocar la decisión de la Oficina, en la lengua en que se concedió la patente, en el plazo de tres semanas a partir de la notificación de la decisión de la Oficina Europea de Patentes. La solicitud debe contener los datos exigidos y el titular debe pagar la tasa por la acción contra la decisión de la Oficina. El Registro remite lo antes posible la solicitud al juez permanente[834] para que resuelva en el plazo de tres

834 El juez permanente puede invitar al Presidente de la Oficina Europea de Patentes a formular observaciones sobre la solicitud.

semanas. Dicha resolución puede ser recurrida en apelación por el titular de la patente o el presidente de la Oficina Europea de Patentes en el plazo de tres semanas a partir de la notificación de la decisión. El recurrente debe abonar la tasa de apelación para que el recurso se entienda presentado. Si se han cumplido estos requisitos, el Registro registra la apelación y, tan pronto como sea posible, asigna la apelación al juez permanente del Tribunal de Apelaciones, quien puede invitar a la otra parte a presentar comentarios sobre la apelación, pero en todo caso decide la apelación dentro de las tres semanas siguientes a la recepción por el Registro de la Declaración de apelación. El Registro notifica a la Oficina, tan pronto como sea posible, su decisión.

## 1.1. Procedimiento separado para la decisión de costas

Las reglas 150 a 157 del RoP regulan el procedimiento separado para la decisión sobre costas, tanto el inicio del procedimiento, como la compensación por gastos de representación, peritos, testigos, intérpretes y traductores. También se recoge el procedimiento ulterior y la apelación contra la decisión sobre costas.

Respecto al procedimiento separado para la decisión sobre costas, cabe tener en cuenta que puede ser objeto de un procedimiento separado tras la decisión sobre el fondo y, en su caso, la decisión sobre la determinación de los daños y perjuicios. La decisión sobre costas cubre los gastos del procedimiento, como los de interpretación simultánea y otros, así como los de la parte vencedora, incluidas las tasas judiciales pagadas por dicha parte. Puede emitirse una sentencia provisional sobre costas a la parte ganadora en la decisión sobre el fondo o en una decisión para la determinación de daños.

Para iniciar el procedimiento, cuando la parte ganadora desee solicitar una decisión sobre costas, debe presentar en el plazo de un mes desde la notificación de la decisión, una solicitud de decisión sobre costas incluyendo una serie de información, como la fecha de la decisión y el número de actuación del expediente; una declaración sobre si la decisión sobre el fondo es objeto de apelación, si se conoce en la fecha de la solicitud; una indicación de los costes por los cuales se solicita la compensación, que puede incluir la recuperación de honorarios judiciales y de representación, de testigos, de expertos y otros gastos.

El solicitante tiene derecho a recuperar los costos razonables y proporcionados por la representación. En este sentido, el Comité Administrativo adopta una escala de límites máximos para los costos recuperables en función del valor de las actuaciones, pudiendo ser ajustada esta escala periódicamente. Al presentarse una demanda, reconvención, solicitud, petición o recurso sujeto únicamente al pago de una tasa fija, la parte interesada evalúa, en la primera presentación, su valor respectivo a los efectos de calcular el límite máximo aplicable, escuchándose a la otra parte.

Por otra parte, respecto a la compensación por los costes de los peritos, la compensación de los costes de los peritos de las partes que excedan los gastos de viaje y estancia y la pérdida de ingresos causada por su audiencia en persona debe basarse en las tarifas que sean habituales en el sector respectivo, teniendo debidamente en cuenta la pericia requerida, la complejidad del asunto y el tiempo empleado por el perito por los servicios prestados.

También existe, como se ha dicho, la posibilidad de compensar por los costes de los testigos y de los intérpretes y traductores. En primer lugar, cuando el Tribunal haya ordenado el depósito de una suma suficiente para cubrir los gastos de un testigo o de un perito de una parte, se puede solicitar una compensación por los pagos efectuados para cubrir esos gastos. En segundo lugar, también puede compensarse por los costes de los intérpretes y traductores. En estos casos, la compensación de los costes de los intérpretes y traductores es la tarifa usual en el país de la división de que se trate, en función de la formación y experiencia profesional del intérprete o traductor.

Con todo ello, el juez puede pedir al solicitante que aporte documentos que justifiquen todos los costes solicitados, así como dar a la parte perdedora la oportunidad de presentar observaciones por escrito sobre lo pedido, incluido cualquier coste que deba ser prorrateado o asumido por cada parte. Tras ello, el juez decide por escrito sobre las costas que deban ser impuestas y el plazo en que se deben pagar. Esta resolución puede ser recurrida.

### 1.2. Garantía de costas

Las reglas 158 y 159 del RoP hacen referencia a la garantía de las costas. En este sentido, en cualquier momento del procedimiento, a petición motivada de una de las partes, el tribunal puede ordenar a la otra parte que preste una garantía adecuada para sufragar las costas y demás gastos en que haya incurrido o deba incurrir la parte solicitante y que la otra parte pueda estar obligada a soportar. Al ordenar dicha garantía, el tribunal decide si procede ordenarla mediante depósito o garantía bancaria.

Las partes deben ser oídas por el tribunal con carácter previo a dictar una orden de caución y la orden de garantía debe indicar que se podrá interponer recurso de apelación. En caso de proporcionar garantía adecuada en el plazo establecido, el tribunal puede dictar una resolución en rebeldía, debiendo avisar con carácter previo.

## 2. Facultades del Tribunal respecto de las decisiones de la Oficina Europea de Patentes

Las partes correrán con sus propias costas en las acciones ejercitadas relativas a decisiones de la Oficina Europea de Patentes en el desempeño de las tareas administrativas en el marco de la Organización Europea de Patentes (en adelante, “OEP”) (art. 66.2 ATUP). De acuerdo con el artículo 9.1 del Reglamento (UE) nº 1257/2012 del Parlamento Europeo y del Consejo, de 17 de diciembre de 2012, por el que se establece una cooperación reforzada en el ámbito de la creación de una protección unitaria mediante patente, entre estas tareas podemos encontrar:

a. la gestión de las peticiones de efecto unitario presentadas por los titulares de patentes europeas;
b. la inclusión del Registro para la protección unitaria a través de patente en el Registro Europeo de Patentes así como su gestión;
c. la recepción y registro de las declaraciones relativas a las licencias del derecho, su retirada y los compromisos en materia de licencias que los titulares de la patente europea con efectos unitarios asumen ante los organismos internacionales de normalización;
d. la publicación, durante el período transitorio, de una traducción completa al inglés del folleto de la patente europea, cuando la lengua de procedimiento sea el francés o el alemán, o de una traducción completa del folleto de la patente europea a cualquier otra de las lenguas oficiales de la Unión, cuando la lengua de procedimiento sea el inglés;
e. la recaudación y administración de las tasas anuales de las patentes europeas con efecto unitario, correspondientes a los años siguientes al año en que el Boletín Europeo de Patentes publique la nota de su concesión;

la recaudación y administración de las sobretasas por demora en el pago de las tasas anuales, cuando se produzca dicha demora dentro de los seis meses siguientes a la fecha del vencimiento, así como la distribución entre los Estados miembros participantes de una parte de las tasas anuales recaudadas;

f. la gestión del sistema de compensación para el reembolso de costes de traducción en que incurran los solicitantes que presenten su solicitud de patente en la OEP en una de las lenguas oficiales de la Unión que no sea lengua oficial de la OEP;

g. la lengua oficial (alemán, francés o inglés) de la OEP en que se haya presentado la solicitud de patente europea o en que se haya traducido[835] en todos los procedimientos ante la OEP relativos a dicha solicitud o a la patente concedida como consecuencia, en el plazo máximo de un mes desde la publicación de la nota de concesión en el Boletín Europeo de Patentes, y

h. velar por que, cuando se haya presentado una petición de efecto unitario, este efecto unitario se indique en el Registro para la protección unitaria mediante patente, y por que, durante el período transitorio, se acompañe de las traducciones a las que se refiere dicho artículo, y por que se informe a la OEP de cualquier limitación, licencia, transferencia o revocación de las patentes europeas con efecto unitario.

---

835 En aquellos casos en los que las personas físicas y jurídicas tengan su domicilio o sede social en un Estado contratante con una lengua oficial distinta.

## 3. *Tasas judiciales y justicia gratuita*

Las partes en los procedimientos ante el Tribunal abonan unas tasas judiciales. Estas tasas judiciales se abonan por adelantado, salvo que el Reglamento de Procedimiento prevea lo contrario (art. 70 ATUP).

Si la parte no abona la tasa judicial, puede quedar excluida de la participación en el procedimiento. Ahora bien, en aquellos casos en los que la persona sea total o parcialmente incapaz de asumir los gastos del procedimiento puede solicitar el beneficio de justicia gratuita, que será concedido (total o parcialmente) o denegado por el Tribunal. A propuesta del Tribunal, el Comité administrativo fijará las prestaciones de la justicia gratuita y las normas para sufragar los gastos correspondientes.

### 3.1. Procedimiento ante el Tribunal de Primera Instancia

El procedimiento ante el Tribunal de Primera Instancia consta de diferentes etapas, entre las que podemos destacar un procedimiento escrito y un procedimiento para la concesión de daños y perjuicios, que puede incluir un procedimiento para abrir los libros contables.

#### *3.1.1. Procedimiento escrito*

En el caso de una acción por infracción, según la regla 15 del RoP, el reclamante debe pagar la tasa fija y, cuando corresponda, la tasa basada en el valor por la acción por infracción. En este sentido, la demanda no se considera presentada hasta que se haya abonado la tasa fija y, en su caso, la tasa basada en el valor de la acción por infracción, salvo que exista disposición en contrario. En cambio, según la regla 26 del RoP, en los casos de reconvención por revocación, la tasa debe pagarse por el demandado, aunque la regla mencionada en el final del párrafo anterior aplica *mutatis mutandis* en los casos de reconvención por revocación.

En el caso de una acción de revocación y la acción para declarar la no infracción, según las reglas 46 y 70 del RoP, el demandante debe abonar la tasa en ambos casos, tanto la tarifa fija como, cuando corresponda, la tarifa basada en el valor de la acción de declaración de no infracción.

En cambio, de acuerdo con la regla 53 del RoP, es el demandado el que debe pagar los honorarios por la reconvención por infracción, tanto la tarifa fija como, cuando corresponda, la tarifa basada en el valor de la reconvención por infracción.

#### *3.1.2. Procedimiento para la determinación de daños e indemnización*

La determinación del importe de los daños y perjuicios que se ordenen a la parte vencedora puede ser objeto de un procedimiento separado. En este caso, el solicitante debe pagar la tasa por la solicitud de determinación de daños, concretamente, debe pagar la tasa fija y, cuando corresponda, la tasa basada en el valor para la determinación de los daños, según la regla 132 del RoP.

### 3.2. Procedimientos ante el Tribunal de Apelaciones

#### *3.2.1. Procedimiento escrito*

En el caso de un procedimiento escrito, el apelante debe interponer escrito de apelación en el plazo de dos meses o quince días desde la notificación dependiendo del tipo de decisión, debiendo respetar los requisitos exigidos para el contenido del escrito de apelación (regla 225 del RoP) y del contenido de la exposición de motivos de apelación (regla 226 del RoP).

En estos casos, según la regla 228 del RoP, el apelante debe pagar la tasa de apelación, concretamente, la tasa fija y, cuando corresponda, la tasa basada en el valor de la apelación.

### *3.2.2. Procedimiento para la solicitud de revisión*

Cualquier parte afectada negativamente por una decisión final del Tribunal de Primera Instancia cuyo plazo para interponer recurso de apelación haya expirado o del Tribunal de Apelación puede presentar una solicitud de reconsideración. Esta solicitud de reconsideración debe indicar las razones para dejar sin efecto la decisión final, así como los hechos y pruebas en que se funda la solicitud.

En el caso de un procedimiento para la solicitud de revisión, según la regla 250 del RoP, la tarifa por la nueva audiencia debe ser pagada por el peticionario. En todo caso, el tribunal puede eximir el pago de la tasa cuando la solicitud de reconsideración se base en un defecto procesal fundamental o en un acto que, mediante decisión judicial definitiva, haya sido considerado constitutivo de delito penal.

## 3.3. Asistencia jurídica

### *3.3.1. Objetivo y costes*

Para garantizar el acceso efectivo a la justicia, el tribunal puede conceder asistencia jurídica a una parte. Esta asistencia se puede conceder respecto de cualquier procedimiento ante el tribunal.

En este sentido, según la regla 376 del RoP, la asistencia jurídica puede cubrir, total o parcialmente, los siguientes costes:

a) las costas judiciales;

b) los costes de asistencia jurídica y representación en relación con:

   a. asesoramiento previo al litigio con miras a alcanzar un acuerdo antes de iniciar procedimientos judiciales;

   b. iniciar y mantener procedimientos;

   c. todos los costes relacionados con los procedimientos, incluida la solicitud de asistencia jurídica;

   d. ejecución de decisiones;

c) otros costes necesarios relacionados con el procedimiento que deban ser sufragados por una parte, incluidos los costes de testigos, expertos, intérpretes y traductores y los costes necesarios de viaje, alojamiento y manutención del solicitante de la asistencia y su representante.

La asistencia jurídica gratuita puede cubrir también los costes concedidos a la parte ganadora, en caso de que el solicitante de la asistencia pierda el proceso.

En todo caso, para los gastos de representación, el nivel máximo de asistencia jurídica que puede conceder el tribunal es el importe máximo de los gastos recuperables establecido en la decisión del Comité Administrativo. En todo caso, este Comité puede definir umbrales inferiores a estos como nivel máximo de asistencia jurídica para la representación, teniendo en cuenta los costes necesarios para la representación jurídica en los Estados miembros contratantes y la necesidad de garantizar un acceso adecuado a la justicia.

### *3.3.2. Condiciones para la concesión de asistencia jurídica*

El solicitante, según la regla 377 del RoP, tiene derecho a solicitar asistencia jurídica gratuita cuando tengan lugar las tres circunstancias mencionadas a continuación:

a. teniendo en cuenta su situación económica, no pueda hacer frente, total o parcialmente, a los gastos mencionados en el apartado anterior (3.3.1 Objetivo y costes). Para ello, el Comité Administrativo puede definir umbrales por encima de los cuales los solicitantes de asistencia jurídica gratuita se consideran capaces de sufragar total o parcialmente los costes de los procedimientos. En todo caso, aunque la situación económica de los solicitantes esté por encima de dichos umbrales, los solicitantes tienen derecho a la asistencia jurídica gratuita si demuestran que de hecho no pueden sufragar los costes de los procedimientos como consecuencia del elevado nivel del coste de la vida en el Estado miembro de domicilio o de residencia habitual.

b. la acción respecto de la cual se presenta la solicitud de asistencia jurídica tiene una perspectiva razonable de éxito, considerando la posición procesal del solicitante.

c. el solicitante que solicita asistencia jurídica tiene derecho a interponer acciones en virtud del artículo 47 del ATUP.

A la hora de decidir sobre la concesión de asistencia jurídica gratuita, el tribunal tiene en cuenta todas las circunstancias pertinentes, incluida la importancia de la acción para el solicitante y también la naturaleza de la acción cuando la solicitud se refiera a una reclamación derivada directamente de la actividad comercial o profesional por cuenta propia del solicitante.

Al evaluar la situación financiera, según la regla 377A del RoP, se deben tener en cuenta sus ingresos y activos, entendiendo ingresos como el "ingresos disponibles", esto es, todas las ganancias en dinero o valor equivalente después de deducir todos los gastos que requiera el solicitante y las personas dependientes para cubrir sus gastos de vida razonables. Los gastos que pueden deducirse deben ser determinados por el Comité Administrativo, el cual también debe fijar el importe de las cuotas mensuales que debe abonar el solicitante. Todos los umbrales fijados por el Comité Administrativo se adaptan periódicamente a los índices de precios y de renta.

#### *3.3.3. Solicitud*

La solicitud de asistencia jurídica gratuita, según la regla 378 del RoP, puede presentarse antes o después de haberse iniciado el procedimiento ante el tribunal. En caso de recurso se debe presentar una nueva solicitud.

Esta solicitud de asistencia jurídica gratuita debe contener información de las partes y del caso en concreto, todo en una lengua de un Estado miembro. La información necesaria es:

a. el nombre del solicitante;

b. las direcciones postales y electrónicas para notificaciones al solicitante y los nombres de las personas autorizadas para aceptarlas;

c. el nombre de la otra parte, así como las direcciones postal y electrónica para notificaciones a la otra parte, cuando estén disponibles, y los nombres de las personas autorizadas para aceptar notificaciones, si se conocen;

d. el número de la acción respecto de la cual se presenta la solicitud o, cuando la solicitud se presenta antes de que se haya interpuesto la acción, una breve descripción de la acción;

e. una indicación del valor de la acción y de los costos que deberán cubrirse con la asistencia jurídica;

f. cuando se solicite asistencia jurídica para cubrir los gastos de asistencia jurídica y representación, el nombre del representante propuesto;

g. una indicación de los recursos financieros del solicitante, tales como ingresos, activos y capital, y de la situación familiar del solicitante, incluida una evaluación de los recursos de las personas que dependen económicamente del solicitante;

h. en su caso, una solicitud motivada de suspensión del plazo que, en otro caso, debería observarse hasta la fecha de notificación de la resolución por la que se decide la asistencia jurídica gratuita.

La solicitud de asistencia jurídica gratuita debe ir acompañada de pruebas de la necesidad de asistencia del solicitante, como certificados que acrediten sus ingresos, activos y capital y su situación familiar. Además, cuando la solicitud se presente antes de que se haya interpuesto la acción, la solicitud debe ir acompañada de una indicación de las pruebas en apoyo de la acción.

Para su admisión, según la regla 378A del RoP, la solicitud debe contener una exposición de los hechos y de la situación jurídica, con mención específica de las pruebas que deban presentarse. La solicitud debe contener también una exposición de la situación económica y financiera del solicitante. A la solicitud se adjuntan los siguientes documentos:

a. últimas declaraciones de bienes y de ingresos del solicitante;
b. un documento que acredite los ingresos mensuales personales del año anterior, o una declaración de desempleo expedida por las autoridades competentes, o un certificado que acredite que el solicitante recibe ayuda o apoyo financiero en el marco de un régimen de asistencia social;
c. un certificado que acredite la composición de la unidad familiar;
d. cualquier otro documento oficial que permita acreditar la situación financiera del solicitante.

Además, en caso de ser necesario, se adjunta a la demanda un certificado relativo a los ingresos de los demás miembros del hogar del solicitante, no pudiendo tener una antigüedad superior a tres meses aquellos documentos que sean oficiales.

El tribunal también puede solicitar la aportación de documentación adicional y una declaración jurada de la veracidad de sus declaraciones, no siendo admitida a trámite la demanda en caso contrario.

### *3.3.4. Examen y decisión*

Se examina, en virtud de la regla 379 del RoP, la admisibilidad formal de la solicitud de asistencia jurídica y las condiciones relativas a la situación financiera del solicitante. Si no se cumplen los requisitos, el solicitante puede subsanar las deficiencias en un plazo de 14 días. Tanto si se han cumplido los requisitos como si el solicitante no corrige una deficiencia, la decisión sobre dicha solicitud es adoptada, mediante auto, por el juez ponente o, cuando la solicitud se presente antes de que se haya interpuesto la acción, por el juez de turno.

Antes de decidir sobre una solicitud de asistencia jurídica gratuita, el tribunal invita a la otra parte a presentar observaciones por escrito, a menos que de la información presentada se desprenda que la acción respecto de la cual se presenta la solicitud de asistencia jurídica no tiene una perspectiva razonable de éxito. Los documentos relativos a la situación económica y financiera del solicitante sólo se ponen a disposición de la otra parte cuando el solicitante haya dado su consentimiento o su negativa a dar su consentimiento no sea razonable o, a juicio del tribunal, la otra parte tenga derecho a recibir información sobre la situación económica o financiera del solicitante.

La resolución puede conceder o denegar la asistencia jurídica gratuita. En el caso de que la resolución deniegue la asistencia jurídica gratuita, esta debe exponer los motivos en que se basa. Por otra parte, en caso de concederse, puede cubrir la asistencia de diferentes formas:

a. una exención, total o parcial, de las tasas judiciales;

b. una cantidad provisional que deberá pagarse para permitir que el solicitante y/o el representante del solicitante atiendan cualquier solicitud del juez ponente o del juez permanente antes de dictar una orden final;

c. una cantidad que debe pagarse al representante del solicitante o un límite que los desembolsos y honorarios del representante no pueden exceder;

d. una contribución que debe realizar el solicitante respecto a otros costes necesarios relacionados con el procedimiento que deban ser sufragados por una parte, incluidos los costes de testigos, expertos, intérpretes y traductores y los costos necesarios de viaje, alojamiento y manutención del solicitante y su representante.

La concesión de la asistencia jurídica gratuita sólo puede cubrir el período transcurrido desde la recepción de la solicitud ante el tribunal. Cuando la asistencia jurídica gratuita cubra, total o parcialmente, los costes de asistencia jurídica y representación, el auto de concesión de la asistencia jurídica gratuita designa al representante del solicitante. A solicitud del representante designado, el tribunal puede ordenar que se pague una cantidad a título de anticipo. En todo caso, cuando lo solicite el solicitante, el tribunal tiene que decidir sobre la suspensión de cualquier plazo.

De todas formas, esta decisión se toma teniendo en cuenta unas circunstancias concretas. Por ende, cualquier modificación en la situación económica del solicitante debe ser informada al tribunal.

En este sentido, si la situación económica del solicitante que ha dado lugar a la concesión de asistencia jurídica gratuita se modifica durante el procedimiento, según la regla 380 del RoP, el Tribunal puede en cualquier momento, de oficio o a petición motivada de la otra parte, retirar total o parcialmente la asistencia jurídica gratuita, pero sólo después de haber oído al solicitante.

El tribunal puede retirar total o parcialmente la asistencia jurídica gratuita si el solicitante:

a. al representar de manera inexacta las circunstancias del caso, ha tergiversado sus perspectivas de éxito, que son determinantes para la aprobación de la asistencia con los costes judiciales; o
b. haya hecho declaraciones falsas por negligencia grave sobre sus circunstancias personales o económicas; o
c. no haya informado inmediatamente al tribunal de una mejora considerable de su situación financiera;
d. haya estado en mora durante más de tres meses en el pago de una cuota mensual o en el pago de cualquier otra cantidad.

En todo caso, es necesario que la resolución que revoque la asistencia jurídica gratuita exponga los motivos en que se basa para dicha revocación.

### *3.3.5. Apelación y reembolso*

La resolución que deniegue o retire total o parcialmente la asistencia jurídica gratuita puede ser objeto de apelación ante el Tribunal de Apelación, tal y como se prevé en la regla 381 del RoP. El recurso debe interponerse ante el Tribunal de Apelación en el plazo de un mes a partir de la recepción de la resolución.

El Presidente del Tribunal de Apelación designa un tribunal que decidirá sobre el recurso tras haber oído al solicitante.

La solicitud de asistencia jurídica para recurrir una decisión del Tribunal de Primera Instancia se presenta ante el Tribunal de Apelaciones dentro del plazo previsto para el recurso y, cuando sea posible, debe ir acompañada del propio recurso.

Por último, en virtud de la regla 382 del RoP, cuando el tribunal haya ordenado a otra parte que pague las costas del solicitante de asistencia jurídica, esa otra parte está obligada a reembolsar al tribunal las sumas anticipadas en concepto de asistencia jurídica. En caso de que exista un déficit entre las costas así ordenadas y las sumas anticipadas en concepto de asistencia jurídica, el solicitante puede estar obligado a cubrir dicho déficit con la indemnización por daños y perjuicios que le haya concedido el tribunal o con cualquier suma que haya recibido en concepto de transacción. En caso de retirada de la asistencia jurídica, se puede exigir al solicitante que reembolse al tribunal las sumas adelantadas en concepto de asistencia jurídica.

### *4. Multas coercitivas*

La principal finalidad de los titulares de derechos de patente que están siendo violados es acabar con dicha infracción lo más pronto posible, ya que dicha infracción tiene un efecto instantáneo pudiendo afectar la posición competitiva de una empresa[836]. En cambio, los procesos judiciales pueden

---

[836] Bercovitz, A., "Las medidas cautelares en la nueva legislación sobre bienes inmateriales y Derecho de la competencia", en Grupo español de la AIPPI (ed.), *Estudios sobre Derecho industrial. Homenaje a H. Baylos,* Barcelona, Grupo español de la AIPPI, 1992, p.53.

extenderse mucho tiempo y suponer un importante perjuicio para esos derechos[837].

Con ello, es especialmente importante la existencia de medidas provisionales y cautelares. En este sentido, el Tribunal puede requerir al presunto infractor a evitar conductas que estén ocasionando o puedan derivar en una violación de los derechos de patente, o a continuar sus actuaciones bajo la prestación de garantías que aseguren la indemnización del titular del derecho.

En todo caso, cuando se declare la violación de derechos de patente mediante resolución, el Tribunal puede requerir al infractor, o a cualquier intermediario a cuyos servicios acuda un tercero para violar un derecho de patente, prohibiendo la continuación de la violación. En caso de incumplimiento se impone una multa coercitiva que debe ser abonada al Tribunal (art. 62 ATUP).

## *Bibliografía*

Administrative Committee- Table of court fees, July 2022, AC/05/08072022_E (https://www.unified-patent-court.org/sites/default/files/upc_documents/ac_05_08072022_table_of_court_fees_en_final_for_publication_clean.pdf ).

Administrative Committee –Decision on scale of ceilings –24/04/2023, D–AC/10/24042023_E (https://www.unified-patent-court.org/sites/default/files/upc_documents/d-ac_10_24042023_ceiling_e_for-publication.pdf ).

837 Szychowska, K., "Jurisdiction to Grant Provisional Measures in Intellectual Property Matters", en Nuyts, A. (ed.). *International Litigation in Intellectual Property and Information Technology*, Alphen aan den Rijn, Wolters Kluwer, 2008, p. 207.

Bercovitz, A., "Las medidas cautelares en la nueva legislación sobre bienes inmateriales y Derecho de la competencia", en Grupo español de la AIPPI (ed.), *Estudios sobre Derecho industrial. Homenaje a H. Baylos*, Barcelona, Grupo español de la AIPPI, 1992, p.53.

Szychowska, K.: "Jurisdiction to Grant Provisional Measures in Intellectual Property Matters", en Nuyts, A. (ed.), *International Litigation in Intellectual Property and Information Technology*, Alphen aan den Rijn, Wolters Kluwer, 2008, p.207.

Unified Patent Court, "Case load of the Court since start of operation in June 2023 – update" (https://www.unified-patent-court.org/sites/default/files/upc_documents/Case%20load%20of%20the%20Court_end%20Jan%202024_rev2_clean_final.pdf )

## *Capítulo XIV*

# *Mediación y arbitraje en los conflictos sobre Propiedad industrial: el Centro de Mediación y Arbitraje del Tribunal Unificado de Patentes*

**Mª DEL MAR ARANDA JURADO**

*Profesora Contratada Doctora Acreditada*

*Universidad Católica de Valencia San Vicente Mártir*

## I. INTRODUCCIÓN

La propiedad intelectual e industrial se ha convertido en uno de los activos más valiosos en la economía globalizada del siglo XXI[838]. El crecimiento de sectores como la tecnología, la biomedicina, las telecomunicaciones y la innovación digital ha incrementado la importancia de proteger y gestionar adecuadamente las invenciones, marcas, diseños industriales y otros activos intangibles. Según la Organización Mundial de la Propiedad Intelectual (OMPI), las solicitudes de patentes en el mundo han alcanzado cifras récord en las últimas dos décadas, reflejando un entorno empresarial en el que la propiedad intelectual (PI) es fundamental para la competitividad y el desarrollo económico[839]. En este contexto, las patentes juegan un rol crucial, ya que otorgan derechos exclusivos sobre innovaciones tecnológicas, permitiendo a las empresas recuperar inversiones y mantener ventajas competitivas.

Sin embargo, el auge de las disputas relacionadas con las patentes ha provocado un aumento significativo en los litigios de PI. Las empresas, tanto grandes como pequeñas, se enfrentan a un entorno jurídico cada vez más complejo y fragmentado, especialmente cuando los derechos de patente son disputados en múltiples jurisdicciones. Esto se ha visto reflejado en el sistema europeo de patentes, donde los litigios suelen ser largos, costosos y marcados por la disparidad de las decisiones de los

---

838 En el texto vamos a utilizar indistintamente la expresión Propiedad intelectual como englobadora de sus dos ramas. La industrial, referida a la las invenciones (patentes), las marcas, los dibujos y modelos industriales y las denominaciones de origen, y, la intelectual, referida a los derechos de autor, que abarcan las obras artísticas y literarias.

839 ORGANIZACIÓN MUNDIAL DE LA PROPIEDAD INTELECTUAL, *Informe mundial sobre la propiedad intelectual 2022. La dirección de la innovación*. Ginebra, OMPI, 2022, p. 67.

tribunales nacionales[840]. Los litigios de patentes no solo involucran grandes corporaciones, sino que también afectan a las pequeñas y medianas empresas (PYMEs), universidades e instituciones que dependen de la protección de sus innovaciones para financiar su investigación y desarrollo[841].

Dado este panorama, los métodos alternativos –o adecuados– de resolución de disputas o ADRs, como la mediación y el arbitraje, se han propuesto como soluciones viables para reducir la carga de los tribunales tradicionales y proporcionar vías más rápidas, económicas y flexibles para resolver conflictos relacionados con patentes. Estos métodos tienen el potencial de ofrecer una alternativa a los litigios judiciales, favoreciendo la colaboración entre las partes y la preservación de relaciones comerciales a largo plazo[842]. Además, la posibilidad de contar con expertos técnicos que comprendan las complejidades de las patentes es una ventaja significativa, ya que la resolución de disputas de propiedad intelectual a menudo requiere conocimientos especializados que no siempre están presentes en los tribunales ordinarios.

En particular, el Tribunal Unificado de Patentes (en adelante, TUP), establecido en el marco de la Patente Unitaria Euro-

840 LIANOS, I., DREYFUSS, R.C., "New Challenges in the Intersection of Intellectual. Property Rights with Competition Law. A View from Europe and the United States", *Centre for Law, Economics and Society Research Paper Series,* núm. 4, 2013, pp. 38-47.

841 CORBETT, S., "Mediation of Intellectual Property Disputes: A Critical Analysis", *Revista trimestral de derecho comercial de Nueva Zelanda,* Vol. 17, 2011, p. 59.

842 TORRE DELGADILLO, V., SOLÍS DELGADILLO, J.M., "El arbitraje y la mediación, más que propuestas, una necesidad para el acceso a la justicia en materia de propiedad intelectual", en *Justicia,* núm. 34, 2018, pp. 345-351.

pea o Patente Europea con efecto unitario, ha introducido un sistema de mediación y arbitraje especializado que busca ofrecer soluciones rápidas y eficaces a los litigios de patentes en Europa (art. 35 del Acuerdo sobre un Tribunal Unificado de Patentes o ATUP). Este tribunal tiene el potencial de transformar el panorama de las disputas sobre propiedad intelectual en la región, proporcionando un entorno unificado y especializado para resolver estos conflictos.

El objetivo principal de este capítulo es analizar la mediación y el arbitraje en la propiedad intelectual e industrial, con un enfoque particular en el servicio de mediación y arbitraje del Tribunal Unificado de Patentes. A lo largo del mismo, se explorará cómo estos métodos ADR pueden mejorar la resolución de disputas en el ámbito de las patentes, comparándolos con las alternativas tradicionales de litigio judicial. Se hará una revisión del contexto legal y normativo que regula la mediación y el arbitraje en propiedad intelectual, así como un análisis de los procedimientos específicos establecidos por el TUP para este tipo de disputas.

Además, se examinarán los beneficios y desafíos que presentan estos mecanismos para las partes involucradas en conflictos sobre patentes, así como las oportunidades de mejora que podrían implementarse para aumentar la eficacia y la adopción de la mediación y el arbitraje en la resolución de disputas sobre propiedad intelectual e industrial en Europa.

Para abordar este análisis, se adoptará una metodología que combina un enfoque normativo y una revisión de literatura académica. En primer lugar, se llevará a cabo una revisión normativa sobre el marco legal que regula la mediación y el arbitraje en el ámbito de la propiedad intelectual, con énfasis en las normativas europeas e internacionales, como la Convención de Nueva York de 1958, la Directiva 2008/52/CE sobre mediación y las normativas internas del Tribunal Unificado de Patentes.

Por último, se llevará a cabo una revisión bibliográfica de estudios académicos, informes institucionales y artículos especializados en mediación, arbitraje y propiedad intelectual. Esta revisión proporcionará una base teórica sólida para contextualizar el análisis y ofrecer una perspectiva crítica sobre los retos y las oportunidades que presentan los mecanismos de ADR en el contexto de las disputas sobre patentes.

## II. MARCO CONCEPTUAL: MEDIACIÓN Y ARBITRAJE EN LA PROPIEDAD INTELECTUAL

### *1. Mediación*

La mediación es un método alternativo de resolución de disputas en el cual un tercero neutral, denominado mediador, facilita el diálogo entre las partes en conflicto con el fin de ayudarles a llegar a una solución consensuada. A diferencia de los tribunales judiciales, en la mediación el mediador no tiene poder de decisión sobre el caso, sino que su función se limita a facilitar la comunicación, identificar los intereses de las partes y proponer soluciones que puedan ser aceptables para todos los involucrados. Según la Convención de las Naciones Unidas sobre la Mediación (UNCITRAL), la mediación es un proceso flexible y voluntario que se caracteriza por la confidencialidad, la autonomía de las partes y el control por parte de estas sobre la decisión final[843].

La mediación, como método alternativo de resolución de conflictos, se distingue por una serie de características fundamentales que la definen y diferencian de otros procedimientos. En primer

[843] UNCITRAL. *Guía sobre la mediación comercial,* Naciones Unidas, 2018.

lugar, cabe destacar la voluntariedad inherente a este instrumento, que se manifiesta en la libertad de las partes para iniciar, continuar o abandonarlo en cualquier momento, sin que ello conlleve consecuencias adversas. Esta característica es esencial para garantizar el compromiso y la predisposición de los participantes hacia la búsqueda de una solución consensuada.

Otro aspecto fundamental es la neutralidad del mediador, quien actúa como un facilitador imparcial en el proceso comunicativo entre las partes. Esta imparcialidad es esencial para generar un clima de confianza y colaboración, propicio para el diálogo constructivo y la exploración de intereses mutuos. La figura del mediador, al no favorecer a ninguna de las partes, contribuye a equilibrar las dinámicas de poder y a fomentar una participación equitativa en la resolución del conflicto.

La confidencialidad se erige como otro pilar esencial de la mediación, estableciendo un marco de seguridad para que las partes puedan expresarse libremente sin temor a que sus manifestaciones sean utilizadas en su contra en eventuales procedimientos judiciales o arbitrales. Este principio promueve la sinceridad y la apertura en las discusiones, elementos indispensables para abordar de manera efectiva las raíces del conflicto y alcanzar acuerdos satisfactorios.

Por último, la autonomía de las partes en la toma de decisiones constituye un elemento distintivo de la mediación. Este principio otorga a los participantes el protagonismo en la resolución de su disputa, permitiéndoles conservar el control sobre el proceso y el resultado final. La capacidad de las partes para determinar los términos del acuerdo no solo aumenta la probabilidad de que éste sea cumplido voluntariamente, sino que también contribuye a su empoderamiento y a la adquisición de habilidades para gestionar futuros conflictos de manera constructiva.

Estas características, en su conjunto, configuran la mediación como un procedimiento flexible, participativo y orientado hacia la satisfacción de los intereses de las partes, diferenciándola significativamente de los métodos tradicionales de resolución de conflictos y posicionándola como una alternativa valiosa en el panorama de la justicia contemporánea[844].

## 2. *Arbitraje*

El arbitraje, en cambio, es un instrumento en el cual las partes involucradas en una disputa acuerdan someterse a la decisión de uno o varios árbitros imparciales, quienes emiten una decisión vinculante sobre el caso. A diferencia de la mediación, donde las partes tienen el control de la solución, en el arbitraje, los árbitros tienen la autoridad para dictar una sentencia que las partes deben cumplir, similar a una decisión judicial. El arbitraje se utiliza comúnmente en contextos comerciales e industriales, incluida la propiedad intelectual, debido a su rapidez, flexibilidad y la posibilidad de elegir árbitros con experiencia técnica específica[845].

El arbitraje, como mecanismo alternativo de resolución de conflictos, se distingue por una serie de características fundamentales que lo definen y lo posicionan como una opción atractiva en el ámbito del Derecho privado. Entre estas características, destaca en primer lugar su naturaleza vinculante. A diferencia de otros métodos de resolución de disputas, el laudo arbitral posee fuerza obligatoria para las partes involucradas, quienes se comprometen a acatar la decisión emitida por el tribunal arbitral. Esta característica le confiere una eficacia comparable

---

844 LERNER, J. y TIROLE, J., "Standard-Essential Patents", en *Journal of Political Economy*, 123(3), 2015, pp. 547-586.

845 BORN, G.B., *International Commercial Arbitration*. Helsinki, Kluwer Law International, 2020, pp. 97-102.

a la de las sentencias judiciales, dotándolo de un poder resolutivo que garantiza la finalización efectiva del conflicto.

Otra característica distintiva del arbitraje es la posibilidad de contar con árbitros especializados. Esta particularidad permite a las partes seleccionar juzgadores con experticia técnica y conocimientos profundos en áreas específicas del Derecho o de la industria relevante para la disputa. Tal especialización resulta especialmente valiosa en controversias de alta complejidad técnica, como aquellas relacionadas con la propiedad intelectual, donde la comprensión detallada de conceptos y prácticas específicas del sector es crucial para alcanzar una resolución justa y adecuada. La capacidad de contar con árbitros expertos no solo enriquece el proceso de toma de decisiones, sino que también contribuye a la percepción de legitimidad y justicia del laudo arbitral.

Al igual que en la mediación, la confidencialidad se erige como un pilar fundamental del arbitraje. Este principio reviste particular importancia en disputas que involucran información sensible, secretos comerciales o cuestiones de propiedad intelectual. La garantía de confidencialidad proporciona un entorno seguro para que las partes expongan sus argumentos y evidencias sin temor a que estos trasciendan al dominio público, protegiendo así sus intereses comerciales y reputacionales. Además, la confidencialidad fomenta una mayor apertura y franqueza en el proceso, lo que puede conducir a resoluciones más eficientes y satisfactorias para todas las partes implicadas.

Estas características, en su conjunto, configuran al arbitraje como un método de resolución de conflictos eficaz, flexible y adaptado a las necesidades de las partes, especialmente en el contexto de disputas comerciales complejas y transnacionales. La combinación de obligatoriedad, especialización y confidencialidad hace del arbitraje una alternativa atractiva a la litigación tradicional, ofreciendo un marco que busca equilibrar la justicia, la eficiencia y la protección de los intereses de las partes en conflicto.

Finalmente, a diferencia de la mediación, el arbitraje es un medio heterocompositivo de resolución de los conflictos jurídicos,, lo que implica que la decisión es impuesta por el árbitro, y no acordada por las partes. Además, aunque más formal que la mediación, el arbitraje es más ágil y menos costoso que el litigio judicial tradicional[846].

### *3. La importancia de los métodos ADR en la Propiedad intelectual*

Las disputas relacionadas con la propiedad intelectual e industrial presentan características particulares que hacen que los métodos ADR sean especialmente apropiados. Las principales áreas de la propiedad intelectual, como las patentes, las marcas y los derechos de autor, implican activos intangibles de alto valor y complejidad técnica. Las partes involucradas suelen ser empresas o individuos con intereses estratégicos y económicos sustanciales, lo que convierte a las disputas en cuestiones de gran impacto para las partes y para la economía en general[847].

Las disputas en el ámbito de la PI se caracterizan por una serie de elementos distintivos que las diferencian de otros tipos de conflictos legales y que, a su vez, influyen en la elección de los mecanismos más adecuados para su resolución.

---

846 TORRE DELGADILLO, V., SOLÍS DELGADILLO, J.M., "El arbitraje y la mediación, más que propuestas, una necesidad para el acceso a la justicia en materia de propiedad intelectual", cit., p. 347.

847 RESTREPO, L.M., "Aplicación de los métodos alternativos de solución de conflictos en el ámbito de la propiedad intelectual", en *Cuadernos de la Maestría en Derecho*, núm. 4, 2014, pp. 203-207.

Entre estas características, destaca en primer lugar la complejidad técnica inherente a muchas de estas controversias. Las disputas sobre patentes, por ejemplo, frecuentemente involucran cuestiones tecnológicas y científicas de gran sofisticación, cuya comprensión y evaluación requieren un conocimiento especializado que va más allá del ámbito jurídico tradicional. Esta particularidad hace que los métodos alternativos de resolución de conflictos, como la mediación y el arbitraje, adquieran especial relevancia, ya que permiten a las partes seleccionar mediadores y árbitros con la experiencia técnica específica necesaria para abordar adecuadamente los aspectos más intrincados de la disputa.

Otro aspecto fundamental que define las disputas de PI es su considerable valor económico. Las decisiones sobre la titularidad, validez o infracción de derechos de propiedad intelectual, como patentes o marcas, pueden tener implicaciones financieras significativas para las partes involucradas. Esta realidad económica subraya la importancia de contar con mecanismos de resolución de conflictos que sean no solo efectivos, sino también eficientes en términos de tiempo y costos.

En este contexto, los ADRs se presentan como opciones atractivas, dada su capacidad para ofrecer soluciones más rápidas y económicamente viables en comparación con los procesos judiciales, sin comprometer la calidad y justicia de la resolución.

La confidencialidad emerge como el tercer pilar característico de las disputas en materia de PI. En este campo, las controversias frecuentemente involucran información sensible y estratégica, como secretos comerciales, tecnologías patentadas o estrategias de negocio. La divulgación pública de esta información podría comprometer seriamente la posición competitiva de las empresas en el mercado. En consecuencia, la confidencialidad que ofrecen tanto la mediación como el arbitraje se convierte en una ventaja crucial para las organizaciones que buscan proteger su propiedad intelectual y mantener su ventaja competitiva. Esta característica no solo salvaguarda los intereses comerciales de las partes, sino que también fomenta un entorno propicio para la negociación y la resolución constructiva de conflictos.

Estas características distintivas de las disputas de PI —complejidad técnica, alto valor económico y necesidad de confidencialidad— configuran un escenario en el que los métodos alternativos de resolución de conflictos se presentan como herramientas particularmente adecuadas y efectivas[848]. La flexibilidad, especialización y discreción que ofrecen estos mecanismos se alinean de manera óptima con las necesidades específicas de las partes involucradas en conflictos de propiedad intelectual, proporcionando un marco de resolución que equilibra la protección de los derechos, la eficiencia y la salvaguarda de los intereses comerciales en juego.

Una de las ventajas más destacadas es la celeridad con la que estos procedimientos se desarrollan. En un entorno empresarial donde la innovación y el desarrollo de productos son constantes, la resolución expedita de conflictos es crucial para mantener la competitividad y evitar interrupciones en proyectos estratégicos. Los procesos de mediación y arbitraje tienden a concluirse en plazos significativamente más breves que los litigios judiciales, lo que se traduce en una reducción del impacto económico y operativo de las disputas sobre las organizaciones involucradas[849].

---

848 Lo que ha sido señalado ampliamente por la doctrina, entre otros autores: CANTOS PARDO, M., "Las principales instituciones de mediación en materia de propiedad industrial", *Cuadernos de derecho y comercio,* núm. 78, 2022, pp. 188-189.

849 CHÁVEZ ZÁRATE, V., "Ponderación de la eficiencia y eficacia de la solución de conflictos por nombres de dominio. MX en las

La especialización de los terceros neutrales constituye otro beneficio fundamental de los ADR en el contexto de la propiedad intelectual. La posibilidad de seleccionar mediadores o árbitros con experiencia técnica específica en el área de la controversia garantiza una comprensión profunda de las cuestiones en disputa. Esta *expertise* no solo mejora la calidad de las resoluciones, sino que también minimiza el riesgo de interpretaciones erróneas en asuntos de alta complejidad técnica, frecuentes en litigios sobre patentes o secretos industriales.

Desde una perspectiva económica, los métodos ADR suelen representar una alternativa más eficiente en términos de costos[850].

La mayor agilidad de los procedimientos, combinada con estructuras administrativas más ligeras, resulta en una reducción significativa de los gastos asociados a la resolución de conflictos. Este ahorro es particularmente relevante en un sector donde los litigios pueden ser prolongados y onerosos, permitiendo a las empresas destinar más recursos a actividades de investigación y desarrollo.

La confidencialidad inherente al desarrollo de los ADR emerge como una ventaja significativa en el ámbito de la propiedad intelectual e industrial[851]. En un sector donde los activos intangibles constituyen el núcleo del valor empresarial, la capacidad de resolver disputas sin exponer información sensible al dominio público es inestimable. Esta característica

---

vías alternativa y contencioso-administrativa", en *Revista Iberoamericana de la Propiedad Intelectual*, núm. 14, 2021, p. 28.

850 GÓMEZ, M., & MARTÍNEZ, A., "*La resolución alternativa de disputas en propiedad intelectual: Una visión integral*", en *Revista de Derecho de la Propiedad Intelectual*, 13(2), 2020, pp. 78-102.

851 BORN, G.B., *International Commercial Arbitration*. Helsinki, Kluwer Law International, 2020.

permite a las partes abordar sus diferencias de manera discreta, salvaguardando secretos comerciales, estrategias de innovación y otros datos competitivamente sensibles que podrían verse comprometidos en un litigio público.

En definitiva, la combinación de rapidez, especialización, eficiencia económica y confidencialidad que ofrecen los métodos ADR los convierte en herramientas particularmente adecuadas para la gestión de conflictos en el campo de la propiedad intelectual e industrial. Estas ventajas no solo facilitan la resolución efectiva de disputas, sino que también contribuyen a preservar las relaciones comerciales y garantizar un entorno propicio para la innovación continua.

## *4. Marco normativo*

La regulación de la mediación y el arbitraje en la propiedad intelectual está guiada por varios tratados internacionales y directivas europeas que buscan proporcionar un marco coherente y eficaz para la resolución de disputas a nivel global.

El marco normativo internacional que regula los métodos alternativos de resolución de conflictos en el ámbito de la propiedad intelectual se fundamenta en diversos instrumentos jurídicos de alcance global y regional. Estos instrumentos han sido diseñados para facilitar y promover la utilización de mecanismos como el arbitraje y la mediación en la resolución de disputas transfronterizas, particularmente en el campo de la PI.

En el contexto global, la Convención de Nueva York de 1958 sobre el Reconocimiento y la Ejecución de las Sentencias Arbitrales Extranjeras se erige como un pilar fundamental. La Convención establece un marco jurídico que garantiza que los laudos arbitrales emitidos en un país signatario sean reconocidos y ejecutados en otros Estados miembros, proporcionando así una base sólida para la resolución de disputas que provocan conflictos de jurisdicción o problemas de competencia judicial internacional[852].

En el ámbito europeo, la Directiva 2008/52/CE sobre ciertos aspectos de la mediación en asuntos civiles y mercantiles representa un hito significativo en la promoción de los ADR. Esta directiva tiene como objetivo fomentar el uso de la mediación en la resolución de conflictos civiles y comerciales, incluyendo aquellos relacionados con la propiedad intelectual. Al establecer normas mínimas para los procedimientos de mediación, la directiva busca asegurar que estos sean eficientes, transparentes y de alta calidad en todos los Estados miembros, contribuyendo así a la creación de un espacio de justicia más accesible y armonizado en la UE (EU, 2008).

En el contexto específico de las patentes europeas, el Acuerdo sobre un Tribunal Unificado de Patentes de 2013 (en adelante, ATUP) introduce un marco normativo especializado para la resolución alternativa de disputas. Concretamente, en su artículo 35, crea un Centro para la mediación y el arbitraje en el ámbito de las patentes europeas, como parte del sistema del TUP. La creación de este tribunal responde a la necesidad de proporcionar una vía eficiente y especializada para la resolución de conflictos transnacionales en materia de patentes, evitando la fragmentación del sistema judicial europeo y promoviendo una mayor coherencia en la aplicación del derecho de patentes en Europa.

Estos instrumentos jurídicos, en su conjunto, configuran un marco normativo complejo y multinivel que busca promover y facilitar el uso de los ADR en el ámbito de la PI. Su implementación y desarrollo continuo reflejan el reconocimiento creciente de la importancia de estos mecanismos en la resolución eficaz y

---

852 UNCITRAL. *Convención sobre el Reconocimiento y Ejecución de Sentencias Arbitrales Extranjeras (Convención de Nueva York)*, Naciones Unidas, 1958.

especializada de disputas en un campo caracterizado por su complejidad técnica y su dimensión internacional.

## III. EL TRIBUNAL UNIFICADO DE PATENTES Y SU CONTEXTO

La creación del TUP es el resultado de un largo proceso de integración y reforma del sistema de patentes en Europa, orientado a resolver las dificultades inherentes al sistema fragmentado que existía previamente. La necesidad de un sistema de patentes más eficiente y coherente en Europa se hizo evidente a lo largo de varias décadas, especialmente con la creciente globalización de la economía y el auge de la innovación tecnológica, que demandaban un marco de protección más claro y armonizado.

El Acuerdo de París de 1883, que establece la Convención de la Unión Internacional para la Protección de las Obtenciones Vegetales, ha sido una piedra angular del sistema de patentes internacional. Sin embargo, pese a la existencia de acuerdos internacionales como la Convención de la Patente Europea (CPE) de 1973, que facilitó la solicitud de patentes en múltiples países a través de una única aplicación ante la Oficina Europea de Patentes (OEP), el sistema de patentes europeo seguía siendo fragmentado. Esto se debía a que, aunque las patentes europeas se otorgaban de manera centralizada por la OEP, su validación y litigio debían realizarse en cada país miembro de forma separada, lo que generaba costes elevados y una incertidumbre jurídica debido a la posibilidad de decisiones contradictorias entre los tribunales nacionales[853].

---

853 RESTREPO, L.M., "Aplicación de los métodos alternativos de solución de conflictos en el ámbito de la propiedad intelectual", cit., p. 215.

Ante esta situación, se planteó la necesidad de una centralización que permitiera resolver disputas de patentes de forma más eficaz y armonizada. El proceso culminó con la firma del Acuerdo del Tribunal Unificado de Patentes en 2013, tras superar varios obstáculos políticos y legales. Este tribunal, que entró en funcionamiento el 1 de junio de 2023, tiene como objetivo transformar radicalmente el sistema de patentes europeo, ofreciendo una plataforma para la resolución de disputas sobre patentes en el ámbito europeo e internacional. Según la Oficina Europea de Patentes (OEP), el TUP pretende hacer frente a las deficiencias del sistema previo, mejorando la eficacia, la coherencia y la rapidez de las decisiones judiciales relacionadas con las patentes.

El TUP es el resultado de una cooperación entre los Estados miembros de la Unión Europea que supone un avance hacia la unidad judicial en la resolución de disputas de propiedad intelectual. Su establecimiento responde a la necesidad de simplificar y centralizar la administración de las patentes europeas, lo que facilita la gestión de los litigios y reduce las discrepancias entre los tribunales nacionales.

### *1. Objetivos y funciones del TUP*

El Tribunal Unificado de Patentes se erige como una institución fundamental en el panorama de la propiedad intelectual europea, desempeñando un papel multifacético que trasciende la mera resolución de litigios. Su creación responde a la necesidad de unificar y simplificar el sistema de patentes en la Unión Europea, proporcionando un marco jurídico coherente y eficiente para la protección de las innovaciones tecnológicas. La función primordial del TUP radica en la resolución de disputas relacionadas con patentes europeas, abarcando tanto aquellas concedidas bajo el procedimiento tradicional como las otorgadas en el marco de la nueva Patente Unitaria Europea. Esta competencia se extiende a cuestiones de validación, infracción y nulidad de patentes, ofreciendo un foro centralizado que permite abordar estos asuntos de manera uniforme en el ámbito europeo[854]. La centralización de estos procedimientos no solo promueve la coherencia jurídica, sino que también reduce la fragmentación y los costes asociados a posibles litigios paralelos en múltiples jurisdicciones nacionales.

Este sistema innovador permite a los titulares de patentes obtener protección en todos los países miembros de la UE mediante una única solicitud y un procedimiento judicial unificado[855]. La simplificación que esto supone en términos de aplicación y ejecución de derechos de patente contribuye significativamente a la eficiencia del sistema, reduciendo la complejidad y los costes asociados a los procedimientos nacionales individuales.

Además de su función judicial, como se ha dicho, el TUP incorpora mecanismos alternativos de resolución de disputas, ofreciendo, en concreto, los servicios de mediación y arbitraje[856]. Estos procedimientos proporcionan a las partes vías flexibles, expeditas y confidenciales para resolver sus controversias, evitando la necesidad de recurrir a procesos judiciales largos y costosos.

Por último, el TUP también asume un rol educativo y formativo de gran relevancia, a través de iniciativas de capacitación y divulgación, contribuyendo a la creación de una cultura jurídica común

---

854 LERNER, J. y TIROLE, J., "Standard-Essential Patents", en *Journal of Political Economy*, 123(3), 2015, p. 576.

855 Acuerdo sobre un tribunal unificado de patentes (2013/C 175/01), Bruselas, 19 de febrero de 2013.

856 LIANOS, I., DREYFUSS, R.C., "New Challenges in the Intersection of Intellectual. Property Rights with Competition Law. A View from Europe and the United States", en *Centre for Law, Economics and Society Research Paper Series*, núm. 4, 2013, p. 56.

en Europa en el ámbito de la propiedad intelectual; un aspecto fundamental para la armonización y unificación del sistema judicial europeo en materia de patentes, fomentando una comprensión compartida de los principios y prácticas que rigen este campo.

En definitiva, el Tribunal Unificado de Patentes se configura como una institución polifacética cuyas funciones abarcan desde la resolución de litigios y la aplicación de la Patente Unitaria Europea hasta la promoción de mecanismos alternativos de resolución de conflictos y la formación especializada. Su papel es crucial en la consolidación de un sistema de patentes europeo más coherente, eficiente y accesible, contribuyendo así al fortalecimiento de la innovación y la competitividad en el mercado único europeo.

## *2. El sistema de patentes europeo y la necesidad de un tribunal único*

Antes de la creación del TUP, el sistema de patentes europeo estaba marcado por una gran fragmentación. Aunque la Oficina Europea de Patentes proporcionaba un sistema unificado para la concesión de patentes, los litigios debían resolverse en los tribunales nacionales, lo que conducía a una falta de coherencia en las decisiones judiciales. Esto daba lugar a resultados contradictorios y a una considerable incertidumbre jurídica para las empresas y los titulares de patentes, quienes debían enfrentarse a la posibilidad de decisiones dispares en diferentes países miembros de la UE. Como resultado, las empresas se enfrentaban a costes elevados y a demoras significativas al tener que litigar en múltiples jurisdicciones[857].

---

857 LÓPEZ-TARRUELLA MARTÍNEZ, A., "Hacia un nuevo escenario en la litigación transfronteriza de patentes en Europa: la jurisdicción internacional y la distribución de competencias en el Tribunal Unificado de Patentes", en *Revista Electrónica de Estudios Internacionales* (*REEI)*, núm. 42, diciembre 2021.

El Tribunal Unificado de Patentes emerge como una respuesta institucional a las deficiencias inherentes a ese sistema fragmentado de resolución de disputas en materia de patentes en el ámbito europeo[858]. Esta innovadora estructura judicial centralizada se erige con el propósito de abordar las problemáticas derivadas de la multiplicidad de jurisdicciones nacionales, ofreciendo un enfoque unificado y especializado para la resolución de controversias en el campo de la propiedad intelectual.

La coherencia jurídica se presenta así como uno de los pilares fundamentales sobre los que se sustenta la creación del TUP. La centralización de la toma de decisiones en un único órgano jurisdiccional propicia la emisión de resoluciones más consistentes y previsibles, mitigando así las discrepancias interpretativas que solían surgir entre los diversos tribunales nacionales. Esta uniformidad en la aplicación del derecho de patentes no solo refuerza la seguridad jurídica, sino que también facilita la planificación estratégica y la toma de decisiones en el ámbito empresarial, especialmente en sectores altamente dependientes de la innovación tecnológica.

En términos de eficiencia procesal, el TUP se perfila como un mecanismo capaz de agilizar significativamente la resolución de disputas en materia de patentes. La concentración de los procedimientos en una única instancia judicial supone una reducción sustancial tanto en los tiempos de tramitación como en los costes asociados a la litigación transfronteriza. Esta optimización de recursos y plazos resulta particularmente beneficiosa en un contexto donde la celeridad en la resolución de conflictos puede ser determinante para el éxito comercial y la protección efectiva de los derechos de propiedad intelectual.

---

858 CANTOS PARDO, M., "Las principales instituciones de mediación en materia de propiedad industrial", *Cuadernos de derecho y comercio*, núm. 78, 2022, p. 207.

La accesibilidad a la tutela judicial se erige como otro aspecto crucial que el TUP busca potenciar. La creación de un foro único y especializado en Europa facilita el acceso a la justicia en materia de patentes, beneficiando especialmente a las pequeñas y medianas empresas. Estas entidades, que anteriormente se veían disuadidas de defender sus derechos debido a la complejidad y los elevados costes asociados a litigios en múltiples jurisdicciones, encuentran en el TUP una vía más accesible y económicamente viable para la protección de sus innovaciones.

Así, podemos afirmar que el Tribunal Unificado de Patentes se configura como una institución diseñada para abordar las deficiencias estructurales del sistema previo, promoviendo una mayor coherencia jurídica, eficiencia procesal y accesibilidad en la resolución de disputas sobre patentes en el ámbito europeo. Este enfoque unificado no solo fortalece la protección de los derechos de PI, sino que también contribuye a fomentar un entorno propicio para la innovación y el desarrollo tecnológico en el mercado único europeo[859].

---

859 DUPLÁ MARÍN, M.T., "La mediación en los conflictos de propiedad intelectual: ¿Cómo preparar una mediación en materia de propiedad intelectual? Diez reflexiones útiles y eficaces", en *Diario La Ley*, núm. 8829, 2016.

## IV. EL CENTRO DE MEDIACIÓN Y ARBITRAJE DEL TRIBUNAL UNIFICADO DE PATENTES

### *1. Introducción*

El Centro de Mediación y Arbitraje en materia de Patentes o PMAC (por sus siglas en inglés: *Patent Mediation and Arbitration Centre*) tiene su sede en Liubliana (Eslovenia) y Lisboa (Portugal) y se creó con el objetivo de proporcionar a las partes en conflicto un mecanismo accesible y menos formal para resolver disputas, sin necesidad de pasar por los tribunales nacionales o el mismo TUP. No obstante, se encuentra todavía pendiente de elaboración y aprobación el Reglamento de mediación y arbitraje (art. 35.3 ATUP), la propuesta de tasas o la contratación del personal necesario para su funcionamiento, por lo que todavía no puede ofrecer sus servicios.

De acuerdo con el artículo 35 del ATUP, el tribunal tiene como objetivo no solo la resolución de los litigios sobre patentes a través de sentencias, sino también la promoción de soluciones consensuadas entre las partes mediante el uso de estos métodos alternativos. Esto es coherente con el principio fundamental del TUP de mejorar la eficiencia, la coherencia y la accesibilidad del sistema de patentes en Europa, haciendo que las disputas sean más fáciles de resolver y más rápidas de ejecutar, lo que a su vez contribuye a reducir los costes legales asociados. En concreto, a tenor del artículo 5 del Reglamento de organización del Centro de Mediación y Arbitraje[860], los objetivos de este órgano son:

[860] El Reglamento de organización del Centro de Mediación y Arbitraje fue aprobado por el Comité Administrativo del TUP, el 8 de julio de 2022 y puede descargarse desde la siguiente dirección web: https://

- facilitar apoyo institucional para los procedimientos de mediación y arbitraje.
- proporcionar reglas de mediación y arbitraje, baremos de honorarios, cláusulas modelo para su uso en mediación y arbitraje y otras regulaciones,
- proporcionar instalaciones que las partes puedan utilizar para llevar a cabo los procedimientos de mediación y arbitraje,
- promover y organizar la formación de mediadores y árbitros en cooperación con el centro de formación del TUP en Budapest y, en su caso, con otras instituciones,
- organizar actos de información, mantener un sitio web vinculado al sitio web del Tribunal, elaborar y distribuir publicaciones en el ámbito de la mediación y el arbitraje en materia de patentes,
- desarrollar cualquier otra actividad de su competencia que contribuya a la eficiencia y eficacia de la actividad del TUP.

La necesidad de estos mecanismos ADR en el ámbito de la propiedad intelectual surge por diversas razones. En primer lugar, las disputas de patentes suelen involucrar cuestiones de alta especialización técnica, y las soluciones tradicionales de litigio judicial pueden no ser las más apropiadas para resolverlas rápidamente ni de manera satisfactoria. Además, el coste y la duración de los litigios judiciales tradicionales pueden desincentivar a las pequeñas y medianas empresas o incluso a los innovadores individuales, que no disponen de los recursos necesarios para afrontar largos procedimientos judiciales en

---

www.unified-patent-court.org/sites/default/files/upc_documents/ac_06_08072022_rules_of_operation_mediation_arbitration_centre_en_final_for_publication.pdf

varios países. Por lo tanto, el TUP ofrece una alternativa atractiva, ya que permite resolver disputas con una mayor rapidez y a un menor coste[861], teniendo en cuenta, además, que las partes de un litigio podrán optar por una mediación o un arbitraje en cualquier etapa de la disputa, ya sea antes de que se inicie un procedimiento judicial o durante el litigio, lo que les otorga una flexibilidad considerable en la elección del método de resolución de conflictos.

El Reglamento, asimismo, especifica cómo se deben elegir los mediadores y árbitros, los plazos de resolución, y las condiciones de confidencialidad y ejecución de los acuerdos alcanzados. Además, para garantizar la imparcialidad y la independencia de los mediadores y árbitros, el reglamento establece una lista de profesionales cualificados y con experiencia en propiedad intelectual que serán designados para atender los casos de mediación y arbitraje.

Por último, la inclusión del servicio de mediación y arbitraje dentro del marco del Tribunal Unificado de Patentes responde a una necesidad creciente de métodos alternativos de resolución de disputas en el ámbito de la propiedad intelectual y las patentes. Los métodos ADR, como la mediación y el arbitraje, han ganado popularidad mundialmente, debido a su capacidad para ofrecer soluciones más rápidas, económicas y confidenciales que los litigios judiciales tradicionales. En el contexto de las patentes, donde las disputas son frecuentemente complejas, técnicas y con grandes implicaciones económicas, el TUP ha considerado esencial proporcionar un espacio que permita a las partes resolver sus diferencias de manera eficiente, sin recurrir a los costosos y lentos procedimientos judiciales[862].

---

861 PATRIDGE, M.V.B., *Alternative Dispute Resolution*, Nueva York, Oxford University Press, 2009, p. 45-56.

862 Op. cit., p. 112.

### 2. Procedimiento

Partiendo de la actual provisionalidad del Centro y su actividad hasta que se elabore la lista de árbitros y mediadores, se establezcan las tasas y demás aspectos imprescindibles para que comience su andadura, pueden hacerse algunas consideraciones. Así, el procedimiento de mediación o arbitraje ante el TUP puede ser iniciado por las dos partes en conflicto o la solicitud de uno de los litigantes. En el caso del arbitraje, este acuerdo es vinculante, lo que significa que las partes se comprometen a aceptar la decisión final del árbitro o panel de árbitros. En la mediación, las partes también acuerdan participar, pero pueden o no llegar a un acuerdo, el cual no es vinculante a menos que se formalice.

El inicio del procedimiento implicará la presentación de una solicitud formal por las partes, en la que se indica el tipo de disputa, la naturaleza de la solicitud (mediación o arbitraje) y los detalles del caso. El procedimiento se diseñará lo más sencillo y rápido posible, evitando la burocracia que caracteriza a los tribunales.

Para que un caso sea considerado para mediación o arbitraje bajo el TUP, deberá cumplir ciertos requisitos. En primer lugar, la disputa deberá ser sobre patentes europeas o la Patente Unitaria Europea. Además, las partes deberán acordar el uso del servicio y asegurarse de que no existe un procedimiento judicial abierto sobre el mismo asunto en otro tribunal. También se exigirá que las partes actúen de buena fe y colaboren en la selección de los mediadores o árbitros.

En los procedimientos de mediación y arbitraje del TUP podrán participar empresas, instituciones de investigación o individuos que estén involucrados en disputas sobre la titularidad o validez de patentes. Los participantes serán titulares de patentes, licenciatarios u otras partes interesadas que tengan un interés legítimo en la resolución de la disputa.

En el arbitraje, las partes podrán elegir a uno o varios árbitros, dependiendo de la complejidad del caso. En la mediación, las partes también podrán seleccionar al mediador, pero el procedimiento será más flexible, permitiendo una interacción más directa entre las partes y el mediador para llegar a una solución consensuada.

Los procedimientos de mediación y arbitraje del TUP están diseñados para ser más rápidos y menos costosos que los litigios judiciales. Los plazos para cada procedimiento varían dependiendo de la complejidad del caso, pero en general, el tiempo estimado para la resolución de un caso de mediación o arbitraje es considerablemente menor al de un litigio judicial.

En cuanto a los costes, el TUP pretende mantenerlos bajos en comparación con los procedimientos judiciales, lo que lo hace accesible tanto para grandes empresas como para PYMEs. Los honorarios de los mediadores y árbitros se basarán en tarifas fijas y transparentes, lo que permitirá a las partes conocer los costes desde el principio del procedimiento. Sin embargo, estos costes pueden aumentar en función de la duración del mismo y el número de árbitros o mediadores seleccionados.

## *3. Limitaciones y críticas*

A pesar de las ventajas, son varios los retos a los que se enfrenta el Centro de Mediación y Arbitraje del TUP. Uno de los principales cuestionamientos es su baja predisposición a someterse a estos ADR[863]. En la práctica, las partes involucradas en disputas de patentes tienden a recurrir al litigio judicial, dada la complejidad y el valor económico de las patentes, lo que les lleva a buscar decisiones con fuerza vinculante en lugar de

---

[863] Op. Cit., p. 208.

someterse a procesos extrajudiciales. Este fenómeno ha sido atribuido a la falta de confianza en la capacidad del TUP para ofrecer soluciones justas y a la preferencia por los tribunales nacionales con más experiencia y autoridad en cuestiones de propiedad intelectual.

La efectividad del servicio de mediación y arbitraje también ha sido puesta en duda por la doctrina, especialmente en lo que respecta a su capacidad para resolver conflictos complejos de patentes. Autores como Montesinos García[864] argumentan que, aunque el arbitraje puede ser efectivo en disputas más simples, las controversias sobre patentes suelen involucrar cuestiones técnicas altamente especializadas que requieren un conocimiento profundo de la tecnología subyacente, lo que dificulta su resolución a través de mediadores o árbitros sin la experiencia técnica adecuada[865].

Por otro lado, el arbitraje, a pesar de ofrecer mayor flexibilidad, puede no ser la opción más atractiva cuando las partes implicadas tienen diferentes niveles de acceso a recursos, lo que podría traducirse en una desventaja para las pequeñas empresas o los titulares de patentes individuales. La falta de equilibrio en las capacidades de negociación puede hacer que el arbitraje no sea una alternativa viable para todos los actores involucrados, especialmente en el ámbito de las patentes, donde las grandes corporaciones tienden a tener más influencia[866].

---

864 MONTESINOS GARCÍA, A., "El arbitraje en materia de propiedad intelectual", en *Riedpa: Revista Internacional de Estudios de Derecho Procesal*, núm. 1, 2013, p. 38.

865 Además, según el artículo 35.2 *in fine* ATUP, no se puede anular o limitar una patente a través de un procedimiento de mediación o arbitraje.

866 VEGA GARCÍA, P., "Mediación de la OMPI en conflictos sobre patentes y FRAND", en Vázquez de Castro, E., Estancona

Otro aspecto criticado por los expertos es la falta de recursos y la experiencia limitada del TUP en comparación con otras instancias judiciales de renombre. De Miguel[867] señala que, aunque el TUP ha sido diseñado para ser un foro eficiente, aún no ha logrado establecerse como una institución de resolución de disputas de patentes con la misma autoridad que el EPO o los tribunales nacionales de los países miembros. La falta de una infraestructura robusta y de un historial comprobado en la resolución de conflictos de propiedad intelectual reduce la confianza de los usuarios en la mediación y el arbitraje del TUP.

A pesar de las críticas, algunos autores proponen mejoras en la estructura y funcionamiento del TUP para aumentar la efectividad de sus servicios de mediación y arbitraje. Cantos Pardo[868] sugiere que, para que la mediación y el arbitraje sean más efectivos, el TUP debería contar con un panel de mediadores y árbitros con una sólida formación técnica en el ámbito de la propiedad intelectual, así como con experiencia práctica en la resolución de disputas complejas de patentes. Además, propone que el TUP promueva de manera más activa estos mecanismos alternativos de resolución de conflictos, mediante la creación de

---

Pérez A.A., Vega García, P. (coords.), *Mediación y convivencia: nuevos retos y nuevas oportunidades*, ed. Universidad de Cantabria, 2024, p. 168.

867 DE MIGUEL ASENSIO, P.A., "Tribunal Unificado de Patentes: competencia judicial y reconocimiento de resoluciones", en *AEDIPr*, Tomo XIII, 2013, pp. 73-99.

868 CANTOS PARDO, M., "La mediación intrajudicial en materia de propiedad industrial", en Aranda Jurado, M.M. (dir.), *La práctica de la mediación intrajudicial en el ordenamiento jurídico*, Valencia, Tirant lo Blanch, 2023, p. 426.

incentivos para que las partes opten por la mediación y el arbitraje en lugar de la litigación judicial tradicional.

Por último consideramos relevante abogar por una mayor integración del TUP con los tribunales nacionales y con el EPO, de modo que los actores puedan acceder a una mayor variedad de mecanismos de resolución de disputas que complementen el sistema de mediación y arbitraje. Esto podría ayudar a aumentar la confianza en el sistema y a asegurar que se resuelvan adecuadamente las disputas en el ámbito de las patentes.

## *4. Comparación con otros Modelos de Resolución de Disputas en Propiedad intelectual*

La resolución de disputas en el ámbito de la propiedad intelectual ha sido tradicionalmente un proceso largo, costoso y complejo, especialmente cuando se trata de litigios transnacionales que involucran múltiples jurisdicciones. Como resultado, internacionalmente se han desarrollado diversos mecanismos alternativos de resolución de disputas, entre los cuales destacan los servicios ofrecidos por la OMPI y la Oficina Europea de Patentes. Este epígrafe compara el Centro de Mediación y Arbitraje del Tribunal Unificado de Patentes con los modelos ofrecidos por estas instituciones, evaluando sus ventajas y desventajas comparativas.

### 4.1. El papel de la Organización Mundial de la Propiedad Intelectual

La Organización Mundial de la Propiedad Intelectual es una agencia especializada de las Naciones Unidas y juega un papel fundamental en la resolución de disputas en el ámbito de la propiedad intelectual. La OMPI ofrece mecanismos de mediación y arbitraje a través del Centro de Arbitraje y Mediación de la OMPI, establecido en 1994. La OMPI proporciona un foro neutral donde las partes pueden resolver disputas sobre patentes, marcas, derechos de autor, y diseños industriales mediante ADR[869].

La OMPI es ampliamente reconocida por su experiencia internacional en la resolución de disputas de propiedad intelectual y es conocida por su flexibilidad y capacidad para ofrecer soluciones que respeten las particularidades de los sistemas legales nacionales, sin necesidad de recurrir a un litigio judicial tradicional. A diferencia de otros foros, la OMPI permite a las partes involucradas seleccionar árbitros y mediadores con una gran especialización técnica y jurídica en propiedad intelectual, lo que permite una resolución eficiente de disputas, particularmente en el ámbito transnacional.

Una de las principales ventajas del sistema de la OMPI es su accesibilidad global. Así las partes pueden ser de diferentes países y seguir un proceso que se adapta a sus necesidades, sin tener que someterse a las complejidades de las legislaciones nacionales. Además, la OMPI es conocida por ofrecer un proceso confidencial y flexible, con costes transparentes y plazos predecibles. No obstante, a pesar de su accesibilidad y reputación, el proceso de la OMPI no tiene el carácter vinculante de un tribunal judicial, y las decisiones pueden ser difíciles de hacer cumplir en algunas jurisdicciones[870].

---

869 Al respecto del servicio de mediación del Centro de Arbitraje y Mediación de la OMPI, vid. CANTOS PARDO, M., "Las principales instituciones de mediación en materia de propiedad industrial", *Cuadernos de derecho y comercio,* núm. 78, 2022, pp. 192-199.

870 DUPLÁ MARÍN, M.T., "La mediación en los conflictos de propiedad intelectual: ¿Cómo preparar una mediación en materia de propiedad intelectual? Diez reflexiones útiles y eficaces", cit.

### 4.2. Comparación con la Oficina Europea de Patentes

La Oficina Europea de Patentes (EPO, por sus siglas en inglés) es otro actor clave en la propiedad intelectual en Europa, pero su enfoque en la resolución de disputas a través de métodos alternativos difiere del TUP. La EPO, al igual que el TUP, se ocupa de las patentes europeas, pero mientras que el TUP está centrado en la resolución de disputas relacionadas con la Patente Unitaria Europea, la EPO se enfoca en la concesión y la resolución de disputas sobre patentes europeas tradicionales; es decir, aquellas validadas en diferentes países miembros de la Convención de la Patente Europea.

La EPO ofrece servicios de mediación y arbitraje bajo su sistema de resolución de disputas intraeuropeo. El procedimiento de mediación de la EPO está diseñado para resolver disputas dentro de Europa de manera amigable y rápida, sin necesidad de litigar en varios tribunales nacionales. A diferencia del TUP, que actúa como un tribunal centralizado y único para las disputas relacionadas con la Patente Unitaria, la EPO se basa más en un sistema descentralizado, en el que las partes pueden someterse a la mediación o el arbitraje con la intervención de expertos independientes.

Sin embargo, el sistema de la EPO presenta ciertas limitaciones. Así, la EPO ha sido exitosa en la resolución de disputas en Europa, pero su enfoque es más limitado (centrado en la patente europea convencional) no cubre el ámbito global ni las patentes unitarias. Además, el proceso de mediación de la EPO, aunque efectivo, carece de la coherencia y unificación que ofrece el TUP en el marco de las patentes unitarias, lo que puede llevar a resultados dispares en disputas relacionadas con la misma patente.

### 4.3. Ventajas y desventajas comparativas

El sistema del Tribunal Unificado de Patentes (TUP) presenta varias características que lo hacen único y diferenciado en comparación con otros sistemas de resolución de disputas en propiedad intelectual, como los servicios ofrecidos por la OMPI y la EPO.

1. Centralización en la Patente Unitaria Europea: Una de las principales ventajas del TUP es su enfoque único en la Patente Unitaria Europea (PUE), un sistema que permite la protección de una patente en todos los países de la Unión Europea a través de una única solicitud. Esta centralización facilita la resolución de disputas de manera coherente y uniforme en todos los países miembros de la UE, eliminando la necesidad de litigar en tribunales nacionales separados. Por tanto, el TUP tiene una ventaja significativa frente a otros sistemas, como la EPO, que solo se encarga de patentes europeas tradicionales, y la OMPI, que no tiene una jurisdicción específica para Europa.

2. Mediadores y árbitros especializados: El TUP permite la selección de mediadores y árbitros con especialización técnica en patentes, lo que proporciona un nivel adicional de especialización que puede ser crucial en casos complejos de propiedad intelectual. Si bien la OMPI también ofrece la posibilidad de seleccionar expertos con conocimientos específicos en propiedad intelectual, la diferencia del TUP radica en que el sistema de Patente Unitaria Europea permite una resolución más armonizada y transnacional, sin la fragmentación de jurisdicciones nacionales.

3. Sistema vinculante: A diferencia de la OMPI, cuyos resultados de mediación no son vinculantes, el arbitraje ante el Centro de Mediación y Arbitraje del TUP tiene una decisión vinculante que las partes deben acatar, lo

que añade un nivel de certeza jurídica en comparación con otros sistemas ADR. Esta característica puede ser particularmente atractiva para empresas que necesitan una resolución final y efectiva de sus disputas.

### *5. Ventajas y desventajas frente a otros mecanismos internacionales*

Aunque el Tribunal Unificado de Patentes ofrece ventajas en términos de centralización y especialización, presenta ciertas desventajas y limitaciones en comparación con otros sistemas internacionales de resolución alternativa de disputas. En primer lugar, el TUP tiene una limitación geográfica significativa. Su ámbito de aplicación se restringe a las disputas sobre Patentes Unitarias Europeas, excluyendo otras formas de propiedad intelectual como marcas o derechos de autor.

En contraste, la Organización Mundial de la Propiedad Intelectual (OMPI) proporciona una cobertura global mucho más amplia, ya que sus servicios de mediación y arbitraje son aplicables a una gama más diversa de disputas de propiedad intelectual. Esta característica hace que la OMPI sea la opción preferida en casos que involucren disputas internacionales de marcas o derechos de autor.

Otro aspecto a considerar es la falta de precedentes vinculantes. A pesar de que las decisiones del TUP son vinculantes, no tienen el mismo impacto en términos de precedentes judiciales que los tribunales nacionales europeos o el Tribunal de Justicia de la Unión Europea. En este sentido, el sistema de la Oficina Europea de Patentes, al ser un sistema consolidado de patentes europeas, cuenta con una mayor tradición en cuanto a la jurisprudencia relacionada con las patentes europeas. Esta característica puede llevar a algunas empresas a preferir el sistema de la EPO para obtener mayor certeza jurídica en casos de alto riesgo.

Por último, la adopción limitada de los servicios del TUP, especialmente por parte de empresas grandes y litigantes frecuentes, representa una limitación significativa. Mientras que la OMPI goza de reconocimiento mundial, el TUP aún se encuentra en sus primeras fases de funcionamiento y no ha alcanzado el mismo nivel de confianza que otros mecanismos de resolución de disputas, como los ofrecidos por la EPO.

## V. PERSPECTIVAS FUTURAS DEL CENTRO DE MEDIACIÓN Y ARBITRAJE DEL TUP

El Tribunal Unificado de Patentes ha demostrado ser una herramienta valiosa para la resolución de disputas relacionadas con las patentes en Europa, especialmente a través de sus servicios de mediación y arbitraje. Sin embargo, como cualquier sistema emergente, el TUP enfrenta desafíos que podrían afectar su adopción y eficacia a largo plazo. Este epígrafe analiza las perspectivas futuras del servicio de mediación y arbitraje del TUP, sugiriendo propuestas de mejora y reflexionando sobre el papel de estos métodos ADR en la propiedad intelectual en un contexto global y tecnológicamente avanzado.

A partir de los análisis previos, es posible identificar algunas áreas en las que el servicio de mediación y arbitraje del TUP podría mejorar para hacer frente a los retos actuales y futuros en la resolución de disputas de patentes.

### *a) Mejora en la transparencia y la accesibilidad*

Uno de los aspectos críticos para aumentar la adopción de los métodos ADR es garantizar que las partes comprendan plenamente los beneficios de la mediación y el arbitraje, así como el procedimiento. Aunque el TUP ha establecido un marco claro, la complejidad de las disputas sobre patentes, especialmente aquellas que involucran tecnologías emergentes o de alta complejidad, puede resultar intimidante para empresas que no estén familiarizadas con estos métodos alternativos. Por lo tanto, es esencial que el TUP adopte estrategias educativas más efectivas y facilite una mayor transparencia en los procedimientos. Esto podría incluir la creación de materiales informativos sobre los métodos ADR, seminarios y talleres de formación para los usuarios del sistema, de modo que las empresas y abogados entiendan los beneficios de estos mecanismos de resolución de disputas.

Además, el TUP podría simplificar ciertos procedimientos administrativos, ofreciendo un sistema de registro más accesible en línea, de modo que las partes puedan presentar solicitudes y monitorear el progreso de sus casos sin la necesidad de realizar trámites complejos.

*b) Mayor especialización de mediadores y árbitros*

La resolución de disputas en el ámbito de la propiedad intelectual y las patentes requiere una gran especialización técnica. Si bien el TUP ya emplea mediadores y árbitros con experiencia en propiedad intelectual, en el futuro será fundamental que se amplíe el número de profesionales con conocimientos en áreas muy específicas, como la biotecnología, la inteligencia artificial o la tecnología cuántica, dado el vertiginoso avance de estas tecnologías y su creciente implicación en la resolución de disputas de patentes. Así, se puede garantizar que las decisiones sean técnicamente informadas y que las partes confíen en la capacidad de los mediadores y árbitros para abordar cuestiones altamente complejas.

*c) Incentivos económicos y reducción de costos*

Uno de los principales atractivos de los métodos ADR es el ahorro de costes en comparación con los litigios judiciales.

Sin embargo, en algunos casos, los costos de arbitraje y mediación pueden ser aún significativos, especialmente para las pequeñas y medianas empresas (PYMES). Para hacer el sistema más accesible, el TUP podría considerar la implementación de esquemas de tarifas escalonadas en función del tamaño de la empresa y la complejidad del caso. Además, se podrían ofrecer subvenciones o incentivos a las empresas más pequeñas para animarlas a recurrir a la mediación o el arbitraje en lugar de a los tribunales.

### *d) Promoción activa de la mediación*

Aunque el arbitraje es generalmente más conocido y utilizado, la mediación sigue siendo un método menos popular. Para promover la mediación como una primera opción antes del arbitraje, el TUP podría implementar programas de sensibilización y capacitación que destaquen los beneficios de la mediación, como la preservación de relaciones comerciales y la flexibilidad del proceso. Además, se podría considerar la creación de un "panel de mediadores" con una formación avanzada en técnicas de negociación y resolución de conflictos, lo que aumentaría la confianza de las partes en la mediación como una alternativa viable al arbitraje.

## VI. EL FUTURO DE LA MEDIACIÓN Y EL ARBITRAJE EN LA PROPIEDAD INTELECTUAL

Con el avance de la digitalización y la globalización de los mercados, los métodos ADR para la resolución de disputas en propiedad intelectual e industrial se enfrentan a nuevos retos. En particular, el aumento de los litigios transnacionales y los nuevos retos tecnológicos requieren una adaptación continua de los métodos de resolución de disputas.

*a) Digitalización y resolución de disputas en línea*

El contexto digital está transformando la forma en que se realizan los negocios, lo que implica que los litigios de propiedad intelectual y patentes también se están digitalizando. Con el aumento de los activos intangibles, como las plataformas digitales y las tecnologías emergentes, el TUP podría considerar la creación de un sistema de resolución de disputas en línea para la mediación y el arbitraje de patentes. Este sistema permitiría a las partes resolver disputas de manera más rápida y cómoda a través de plataformas digitales seguras, sin la necesidad de encuentros físicos, lo cual sería especialmente útil para las pequeñas empresas o las empresas que operan en diferentes jurisdicciones[871]. La eficiencia y la flexibilidad de este tipo de soluciones en línea podrían aumentar significativamente la adopción de métodos ADR.

*b) Disputas transnacionales y cooperación internacional*

La naturaleza globalizada de muchas disputas sobre patentes hace necesario que se desarrollen mecanismos de cooperación internacional más efectivos entre las distintas instituciones de propiedad intelectual. A medida que las disputas se hacen cada vez más transnacionales, el TUP podría beneficiarse de una mayor cooperación con organismos internacionales, como la

[871] El Centro de Arbitraje y Mediación de la OMPI precisamente es un ejemplo de esta digitalización, lo que se vio impulsado por la crisis provocada por la pandemia del COVID-19, a raíz de la cual aumentó el número de ADR que se desarrollaron por medio de estas herramientas digitales. CANTOS PARDO, M., "ADR en el ámbito de la propiedad industrial: el caso de la WIPO tras la pandemia", Candelario Macias, M.I. (dir.) *La propiedad industrial en tiempos de COVID-19*, Valencia, Tirant lo Blanch, pp. 225-262.

OMPI o la EPO, para proporcionar soluciones de mediación y arbitraje que sean reconocidas y ejecutables en múltiples jurisdicciones. Esta cooperación no solo mejoraría la eficacia de la resolución de disputas en el mercado global, sino que también podría contribuir a un sistema coherente y eficiente para la resolución de disputas transnacionales.

*c) Impacto en el sistema global de patentes*

El éxito o fracaso del Centro de Mediación y Arbitraje del TUP tendrá un gran impacto en la evolución del sistema global de patentes. Al punto, que si se convierte en un modelo exitoso de resolución de disputas, podría inspirar la creación de sistemas similares en otras regiones, lo que contribuiría a la centralización y armonización de la resolución de disputas sobre patentes en todo el mundo.

*d) Influencia en otros sistemas internacionales*

Un sistema de resolución de disputas eficaz y confiable, como el que aspira a ser el del TUP, podría influir en otros sistemas de patentes internacionales, promoviendo la adopción de métodos ADR también globalmente. En particular, la OMPI y la EPO podrían implementar reformas basadas en el modelo del TUP, lo que beneficiaría a las partes al proporcionar más opciones para la resolución de disputas fuera del sistema judicial tradicional.

*e) Hacia una mayor armonización*

El éxito también podría contribuir a una mayor armonización del sistema de patentes en el ámbito internacional. A medida que los métodos ADR se convierten en una alternativa más popular y aceptada para resolver disputas, la necesidad de sistemas judiciales nacionales dispersos puede reducirse, facilitando un enfoque más coherente y eficiente en la gestión de la propiedad intelectual a escala global.

Como se acaba de exponer, las perspectivas futuras del Centro de Mediación y Arbitraje del TUP son prometedoras, pero dependen de que su implantación sea la adecuada. En particular, de la elaboración de un buen Reglamento de mediación y arbitraje, que diseñe procedimientos claros y ágiles,. La simplificación del proceso, la formación especializada de mediadores y árbitros, la reducción de costos y la promoción activa de la mediación. Además, el TUP debe estar preparado para adaptarse a los cambios tecnológicos y globales que marcarán el futuro de la propiedad intelectual. El impacto del TUP podría ser significativo no solo en Europa, sino en todo el mundo, sentando las bases para un sistema de resolución de disputas más eficiente, accesible y armonizado.

## VII. CONCLUSIONES

En este capítulo se ha explorado el papel fundamental de la mediación y el arbitraje en el ámbito de la propiedad intelectual e industrial, con especial énfasis en el servicio de mediación y arbitraje del Tribunal Unificado de Patentes. Se ha analizado cómo estos métodos alternativos de resolución de disputas ofrecen una solución eficaz, rápida y menos costosa en comparación con los litigios tradicionales, especialmente en un campo tan técnico y especializado como el de las patentes. La creación del TUP, dentro del contexto del Acuerdo sobre la Patente Unitaria y el sistema europeo de patentes, ha marcado un hito en la centralización y armonización de la resolución de disputas en Europa, convirtiéndose en un modelo que podría influir en otros sistemas internacionales.

En particular, se ha destacado la importancia del Centro de Mediación y Arbitraje en materia de patentes del TUP como una herramienta para mejorar la eficiencia del sistema de patentes, ofreciendo a las partes la posibilidad de resolver sus disputas sin recurrir al costoso y largo proceso judicial. Además, se ha subrayado la necesidad de un mayor impulso a la adopción de la mediación y el arbitraje, superando las barreras iniciales y promoviendo una mayor especialización y transparencia en los procedimientos.

Desde un enfoque comparativo, el TUP se distingue por su capacidad para integrar la resolución alternativa de disputas en un sistema centralizado y especializado, en contraste con otros modelos internacionales, como los de la OMPI o la EPO, que también ofrecen mecanismos ADR, pero en contextos diferentes.

Como reflexión final, decir que es evidente que la mediación y el arbitraje son claves para el futuro de la propiedad intelectual e industrial. Estos métodos no solo ofrecen una alternativa más rápida y económica al sistema judicial tradicional, sino que, al ser implementados en un sistema centralizado y especializado como el del TUP, tienen el potencial de mejorar significativamente la coherencia y la accesibilidad del sistema de patentes europeo. Así, el TUP, como pionero en la integración de ADR en la resolución de disputas sobre patentes, está llamado a jugar un rol crucial en la evolución del sistema de patentes europeo y en la transformación de la resolución de conflictos en el ámbito de la propiedad intelectual global.

En un mundo cada vez más interconectado y digitalizado, la eficiencia y flexibilidad de los métodos ADR como la mediación y el arbitraje serán esenciales para afrontar los nuevos desafíos tecnológicos y las disputas transnacionales en materia de propiedad intelectual. El futuro del TUP, y de la resolución alternativa de disputas en el contexto de las patentes, será determinante no solo para la Unión Europea, sino para la armonización global de los sistemas de resolución de disputas en propiedad intelectual e industrial.

## *Bibliografía*


BORN, G. B., *International Commercial Arbitration*, Helsinki, Kluwer Law International, 2020.

BORN, G.B. y EBERMANN, S., "A New Patent Mediation and Arbitration Centre for Europe", en *Journal of International Arbitration*, vol. 40, núm.3, 2023, pp. 231-244.

CANTOS PARDO, M., "La mediación intrajudicial en materia de propiedad industrial", en Aranda Jurado, M. (dir.), *La práctica de la mediación intrajudicial en el ordenamiento jurídico*, Valencia, Tirant lo Blanch, 2023, pp. 419-452.

CANTOS PARDO, M., "Las principales instituciones de mediación en materia de propiedad industrial", *Cuadernos de derecho y comercio*, núm. 78, 2022, pp. 181-228.

CANTOS PARDO, M., "ADR en el ámbito de la propiedad industrial: el caso de la WIPO tras la pandemia", Candelario Macias, M.I. (dir.), *La propiedad industrial en tiempos de COVID-19*, Valencia, Tirant lo Blanch, 2022, pp. 225-262.

CHÁVEZ ZÁRATE, V., "Ponderación de la eficiencia y eficacia de la solución de conflictos por nombres de dominio. MX en las vías alternativa y contencioso-administrativa", en *Revista Iberoamericana de la Propiedad Intelectual*, núm. 14, 2021, pp. 7-40.

CORBETT, S., "Mediation of Intellectual Property Disputes: A Critical Analysis", en *Revista trimestral de derecho comercial de Nueva Zelanda*, Vol. 17, 2011, pp. 51-67.

DE MIGUEL ASENSIO, P.A., "Tribunal Unificado de Patentes: competencia judicial y reconocimiento de resoluciones", en *AEDIPr*, Tomo XIII, 2013, pp. 73-99.

DUPLÁ MARÍN, M.T., "La mediación en los conflictos de propiedad intelectual: ¿Cómo preparar una mediación en materia de propiedad intelectual? Diez reflexiones útiles y eficaces", en *Diario La Ley*, núm. 8829, 2016.

FASANO, P.C., "The Patent Mediation and Arbitration Centre (PMAC) of the Unified Patent Court (UPC): A Game Changer for European Patent Disputes", en *Dispute Resolution Journal*, vol. 76, núm. 3, 2023, pp. 71-78.

GÓMEZ, M., y MARTÍNEZ, A., "La resolución alternativa de disputas en propiedad intelectual: Una visión integral", en *Revista de Derecho de la Propiedad Intelectual*, 13(2), 2020, pp. 78-102.

LERNER, J. y TIROLE, J., "Standard-Essential Patents", en *Journal of Political Economy,* 123(3), 2015, pp. 547-586.

LIANOS, I. y DREYFUSS, R.C., "New Challenges in the Intersection of Intellectual. Property Rights with Competition Law. A View from Europe and the United States", *Centre for Law, Economics and Society Research Paper Series,* núm. 4, 2013, pp.6-157.

LÓPEZ-TARRUELLA MARTÍNEZ, A., "Hacia un nuevo escenario en la litigación transfronteriza de patentes en Europa: la jurisdicción internacional y la distribución de competencias en el Tribunal Unificado de Patentes", en *Revista Electrónica de Estudios Internacionales* (*REEI),* núm. 42, diciembre 2021.

MONTESINOS GARCÍA, A., "El arbitraje en materia de propiedad intelectual", en *Riedpa: Revista Internacional de Estudios de Derecho Procesal,* núm. 1, 2013, pp. 1-45.

ORGANIZACIÓN MUNDIAL DE LA PROPIEDAD INTELECTUAL, *Informe mundial sobre la propiedad intelectual 2022. La dirección de la innovación,* Ginebra, OMPI. 2022.

PATRIDGE, M.V.B., *Alternative Dispute Resolution, Nueva York,* Oxford University Press, 2009.

PICHT, P. G., "Arbitration Through the Unified Patent Court's Arbitration Centre", en Klopschinski/McGuire (ed.), *Research handbook on intellectual property rights and arbitration,* Edward Elgar Publishing, Forthcoming 2023, disponible en: https://ssrn.com/abstract=4305883

RESTREPO, L.M., "Aplicación de los métodos alternativos de solución de conflictos en el ámbito de la propiedad intelectual", en *Cuadernos de la Maestría en Derecho,* núm. 4, 2014, pp. 199-231.

TORRE DELGADILLO, V., SOLÍS DELGADILLO, J.M., "El arbitraje y la mediación, más que propuestas, una necesidad para el acceso a la justicia en materia de propiedad intelectual", en *Justicia,* núm. 34, 2018, pp. 340-357.

UNCITRAL, *Guía sobre la mediación comercial,* Naciones Unidas, 2018.

VEGA GARCÍA, P., "Mediación de la OMPI en conflictos sobre patentes y FRAND", en Vázquez de Castro, E., Estancona Pérez, A.A., Vega García, P. (coords.), *Mediación y convivencia: nuevos retos y nuevas oportunidades,* ed. Universidad de Cantabria, 2024, pp. 163-175.

WIPO ARBITRATION AND MEDIATION CENTER, *Resolución de controversias de propiedad intelectual y tecnología a través de los métodos ADR de la OMPI,* Ginebra, 2016.